학현 변형윤 전집 7

경제정의와 경제민주화

학현 변형윤 전집 간행위원회 엮음

지식산업사

학현 변형윤 전집 간행위원회

고　　　문 : 박우희 안병직 김세원 이경의 정기준 김수행
간행위원장 : 강철규
편 집 위 원 : 정일용(위원장) 김태동 이근식 장세진 이정우
　　　　　　　박순일 신상기 윤진호 장지상 김용복 원승연
후 원 위 원 : 홍용찬(위원장) 이종태 성기학 이종기

학현 변형윤 전집 7
경제정의와 경제민주화

초판 1쇄 인쇄　2012. 10. 10.
초판 1쇄 발행　2012. 10. 15.

지은이　변 형 윤
펴낸이　김 경 희
펴낸곳　㈜지식산업사
　　　　본사 • 경기도 파주시 교하읍 문발리 520-12
　　　　　전화 (031)955-4226~7 팩스 (031)955-4228
　　　　서울사무소 • 서울시 종로구 통의동 35-18
　　　　　전화 (02)734-1978　팩스 (02)720-7900
　　　　한글문패　지식산업사
　　　　영문문패　www.jisik.co.kr
　　　　전자우편　jsp@jisik.co.kr
　　　　등록번호　1-363
　　　　등록날짜　1969. 5. 8.
책값은 뒤표지에 있습니다.
ⓒ 변형윤, 2012
ISBN　978-89-423-3100-0 (94320)
ISBN　978-89-423-0066-2 (전9권)

이 책을 읽고 지은이에게 문의하고자 하는 이는
지식산업사 전자우편으로 연락 바랍니다.

발간사

이 전집은 우리나라 경제학계의 큰 별인 학현 변형윤 선생이 1955년 9월 서울대학교 상과대학 교수로 부임한 뒤 지금까지 경제학자로서, 교육자로서, 실천적 지성으로서 활동하면서 쓴 글과 선생의 사회 활동에 관한 기록을 모두 모은 것이다. 이 전집은 선생께서 50여 년 동안 학문 활동 및 사회 활동을 하면서 발표한 학술 논문, 다양한 매체에 기고한 에세이, 칼럼, 서평, 좌담 및 대담, 강연문, 기념사 등을 주제별로 나누어 모두 아홉 권으로 정리하였다. 이와 함께 대담 형식의 학현 선생 대화록을 출간하였다. 전집과 대화록을 통해 학현 선생의 깊은 학문세계와 치열했던 사회 활동의 전모를 처음으로 한 자리에서 살필 수 있도록 하였다.

학현 선생에게는 여러 가지 별칭이 붙어 다닌다. '학현학파의 창시자'라는 말 이외에도 '서울 상대의 산 증인', '한국경제학계의 거목', '진보경제학계의 대부', '대쪽 선비', '만년 야당', '이 시대의 마지막 의인' 등이 그것이다. 모두 학현 선생의 삶과 학문의 한 면모를 드러내는 말이라고 할 수 있다.

교육자, 학자, 실천적 지식인으로서 선생의 일생은 그대로 굴곡진

우리 현대사의 굽이굽이를 반영하는 것이기도 했다. 선생은 지금은 북한 땅이 된 황해도 황주에서 유교 가문의 장손으로 태어나 경기중학교를 거쳐 1945년 서울대학교 상과대학의 전신인 경성경제전문학교에 입학하였다. 그 뒤 지금까지 60여 년의 세월 동안 학생으로서, 교수로서, 학장으로서, 명예교수로서 서울상대와 떼려야 뗄 수 없는 관계를 가져온 '영원한 상대인(人)'이다. 선생은 1955년 서울상대 교수로 부임하여 1992년 정년퇴임하기까지 37년 동안 제자들 교육에 진력하였다. 선생은 무엇보다도 4·19 학생혁명 뒤 걷잡을 수 없는 소용돌이에 휩싸여 있던 서울상대를 손수 재건하였고 교무과장으로서, 또 학장으로서 서울상대를 한국 최고의 인재의 산실로 발전시킨 주역이었다. 학현 선생은 제자 교육에는 무서울 정도의 엄격함과 열정으로 임하셨지만 또 한편으로는 끝없는 자상함과 배려로 제자와 후학을 돌보아 주기도 했다. 1970년대 선생께서 서울상대 학장직에 있을 때, 민주화 운동 과정에서 제적될 위기에 처한 제자들을 보호하기 위해 학장직을 내던지면서까지 애썼고, 경찰에 연행되거나 구속된 제자들을 위해 몸소 경찰서와 법원을 드나들었던 일은 지금도 많은 졸업생들의 기억에 뚜렷이 남아 있는 일화이다.

학현 선생은 경제학자로서도 경제학의 여러 분야에서 선구적인 업적을 남겼다. 선생은 1950년대 후반기에 당시로서는 아직 생소했던 경제수학, 통계학, 수리경제학, 그리고 계량경제학을 한국경제학계에 도입하여 새로운 학문을 일으켰다. 1960년대에는 누구보다 앞서 경제발전론과 경제변동론의 최신 동향을 한국경제학계에 소개하였다. 무엇보다도 선생은 일생에 걸쳐 앨프리드 마셜(Alfred Marshall, 영국의 경제학자)의 학문을 연구하고 소개하는 일에 헌신했을 정도로 '마셜학파'의 대가이기도 했다. "냉철한 머리, 따뜻한 가슴"이라는 마셜의 경구는 지

금까지도 학현 선생의 좌우명이 되고 있을 정도로 선생은 마셜을 사표로 삼고 있다. 그러나 역시 학현 선생의 최대의 학문적 업적은 '한국경제학' 또는 '학현경제학'의 체계를 제시한 데 있다. 학현 선생은 일찍이 "한국경제의 현실과 밀착된 한국적 경제학의 정립"을 자신의 경제학 연구의 목표라고 밝힌 바 있다. 선생은 늘 경제학을 추상적인 이론의 틀에 가두어 두지 않고, 우리 현실에 바탕을 둔 연구이자, 곧 인간에 관한 연구로 승화시키고자 노력하였다. 이를 위해 현실분석의 수단으로서 통계학, 계량경제학 등 방법론 과목에 대한 학습이, 경제개발에 필요한 이론적 뒷받침을 위해서는 경제변동론, 경제성장론, 경제발전론에 대한 연구가, 그리고 경제발전의 가치와 방향 정립을 위해서는 경제학사, 경제철학 및 경제사상사에 대한 공부가 필요함을 역설하고 있다. 이 가운데서도 선생은 인간을 모든 가치의 중심에 놓은 '인간 중심의 가치'에 기초해서 한국경제의 발전 방향을 제시하고 한국경제를 분석하였다. 그러한 점에서 선생은 경제학을 실증과학의 범주에서 도덕과학의 범주로 끌어올리고 있다고 할 수 있다.

선생의 대표작에 속한다고 할 수 있는 《한국경제의 진단과 반성》(1980), 《한국경제연구》(1986), 《한국경제론》(1989) 등의 저서에 명시적으로 또는 묵시적으로 전제되어 있는 경제발전의 가치는 첫째, 평등과 분배의 정의, 둘째, 균형적 경제발전, 셋째, 자립경제 등이다. 또한 이 세 가지 가치가 실현되는 과정을 경제 민주화로 파악하고 있다. 학현 선생을 분배주의자, 평등주의자, 구조주의자, 그리고 민족주의자, 민주주의자로 규정하는 것은 선생의 이러한 가치지향성에 말미암는다 하겠다. 이로써 학현 선생의 '한국경제학'은 한국적 현실에서 진보적 경제학의 새 지평을 열었다고 할 수 있다.

학현 선생은 이러한 학문적 업적을 토대로 하여 이를 널리 전파하

고 계승하는 일에도 진력하였다. 선생이 1980년의 민주화 운동으로 말미암아 서울대 교수에서 강제로 밀려나 해직교수 생활을 하던 시절 창립한 '학현연구실'은 이후 서울사회경제연구소로 확대, 개편되면서 우리 사회의 진보·개혁적 경제학자들이 모여드는 중심 구실을 하여 왔다. 그뿐만 아니라 선생은 한국의 대표적인 진보적 경제학자들의 모임인 '한국사회경제학회'와 주류경제학에 비판적인 개혁적 경제학자들의 모임인 '한국경제발전학회'를 직접 창립하였고, 회장 및 이사장으로서 후배, 제자들의 든든한 보호막 구실을 하고 있다. 이렇게 하여 선생의 뜻을 따르는 진보적, 개혁적 경제학자들이 선생의 큰 그늘 아래 모여드니 언론에서는 이를 '학현학파'라고 부르고 있다. 학현학파는 '인간 존중'을 핵심적 가치로 삼으면서, 경제정의와 균형발전의 실현을 도모하는 경제학파라 하겠다. 오늘날 학현학파는 우리 사회의 여러 곳에서 활동하면서 민주화와 경제정의 실현을 위해 연구하고 실천하는 학자들의 집단으로 성장하였다.

학현 선생은 결코 상아탑에 안주하는 학자는 아니다. 지성인으로서 사회적 실천을 매우 중시하였다. 옳지 않은 일에는 끝없이 분노하고 저항하였다. 1960년 4·19 학생혁명 당시 자유당 독재체제에 저항하던 다수의 학생과 시민이 경찰의 발포로 희생되자 선생은 분연히 궐기하여 4·25 교수데모에 참여함으로써 4·19 혁명이 성공하는 데 결정적 계기를 만들었다. 선생은 또한 1980년 이른바 '서울의 봄' 시절에는 서울대 교수협의회 회장으로서 민주화를 촉구하는 시국선언에 앞장섰다가 군부정권에 의해 중앙정보부 남산분실로 끌려가 고초를 당하였고 드디어 4년간 해직교수 생활을 해야만 했다. 서울대 교수직에 복직한 뒤에도 학현 선생의 민주화를 위한 활동은 더 넓어지고 더 깊어졌다. 선생은 1987년의 민주화 운동 이후 창립된, 우리나라 시민운동의 효시

라 할 수 있는 '경제정의실천시민연합'의 초대 공동대표로서 경제정의
와 경제민주화를 위해 노력하였다. 선생은 또 이 시대의 스승으로서
경제민주화, 사회민주화, 언론민주화, 학원민주화 그리고 민족 통일을
위한 다양한 활동을 이끌었다. 신생은 그야말로 인행일치의 삶, 학문
과 생활이 일치하는 삶을 사셨다고 할 수 있다. 독자들은 그 구체적
내용을 이 전집과 선생의 대화록을 통해서 확인할 수 있을 것이다.

학현 선생의 가르침을 따르는 제자들은 선생의 회갑 기념으로 《한
국경제론》(1987), 서울대학교 교수정년퇴임 기념으로 《경제민주화의
길》(1992), 그리고 고희 기념으로 《한국경제의 구조개혁 과제》(1997)를
출간한 바 있다. 7년 전 선생의 팔순을 앞두고 서울사회경제연구소의
제자들을 중심으로 기념논문집 발간 문제를 논의하였으나 선생께서
극구 말리는 바람에 그냥 넘긴 일이 있다.

이 전집을 본격적으로 준비하게 된 계기는 한국사회경제학회, 한국
경제발전학회 그리고 서울사회경제연구소 공동 주최로 2009년 8월 대
구에서 열린 공동학술대회였다. 세계 경제위기가 확산되고, 한국 사회
의 양극화가 심화되어 가고 있으며, 민생과 민주주의가 후퇴하고 있는
정치·경제의 현실을 극복하기 위해서는 새로운 가치, 새로운 접근방법
이 필요하다는 데 학술대회 참가자들은 인식을 같이하였다. 그리고 그
러한 새로운 가치, 새로운 접근방법을 실천하기 위한 첫 걸음으로 경
제정의, 균형발전, 그리고 자립적 국민경제의 실현이라는 과제를 끌어
안고 평생 연구하고 실천하신 학현 선생의 삶과 학문을 되돌아보는
것이 필요하다는 데도 의견이 모아졌다. 이리하여 선생의 전집 발간을
위한 간행위원회가 꾸려져 작업에 착수하게 되었다. 이후 3년간에 걸
친 노력 끝에 마침내 학현 선생의 학문과 삶의 전모를 모은 전집 발간
에 이르게 되었다.

이 전집은 9권으로 구성되어 있다. 대화록을 합하면 모두 10권이 되는 셈이다. 제1권은 경제사상과 경제철학에 관한 선생의 연구를 모았다. 아담 스미스, 앨프리드 마셜, 존 메이너드 케인스, 조지프 슘페터, 그리고 군나르 뮈르달 등의 경제학자에 대한 선생의 연구를 이 책에 모았다. 독자들은 이를 통해 한국 경제발전의 가치 형성에 이들의 이론적, 철학적 논의가 어떤 영향을 미쳤는지 알게 될 것이다.

제2권은 경제학 각 분야, 특히 경제변동론, 경제성장론, 경제발전론, 경제체제론, 그리고 수리경제학, 계량경제학에 대한 선생의 이론적 연구를 수록하였다. 이를 통해 독자들은 선생의 경제학 연구가 얼마나 광범하고 또 선구적인 것인지를 확인할 수 있을 것이다.

한국경제에 관한 선생의 글은 제3권에서 제7권까지 다섯 권으로 나누어 정리하였다. 제3권에는 경제개발계획과 개발전략에 관한 글을, 제4권에는 한국 경제성장의 역사적 과정과 성장의 모순에 관한 글을, 제5권에는 산업구조와 인구구조의 분석에 관한 글을, 제6권에는 세계경제와 한국의 무역구조, 그리고 대외경제정책에 관한 글을, 그리고 제7권에는 경제민주화와 한국경제의 과제에 관한 글을 수록하였다. 통일, 경제윤리, 환경문제에 관한 글도 제7권에 포함시켰다.

제8권에는 학현 선생이 일상 생활에서 느낀 감상을 서술한 가벼운 에세이를 모았다. 주제가 일정하지 않은 짧은 글들이지만 오히려 세상사에 관한 선생의 높은 식견과 인품의 향기를 읽을 수 있을 것이다.

제9권에는 학현 선생의 '삶의 발자취'라는 제목으로 선생의 다양한 사회활동 가운데 쓴 강연, 기념사, 축사, 치사뿐만 아니라 대중매체에 보도된 선생에 대한 평, 그리고 각종 화보를 포함한 활동 보도 내용도 함께 실었다.

요즘처럼 사회가 어지럽고 나아갈 방향이 잘 보이지 않을수록 큰

가르침을 주고 올바른 방향을 알려줄 수 있는 큰 스승의 존재를 우러르게 되는 법이다. 따라서 학현 선생의 학문과 인품을 직접 보고 배울 수 있는 기회를 가졌던 우리 제자들은 이를 참으로 행운이라 여기고 자랑으로 심지 않을 수 없다. 선생께서는 여든을 훌쩍 넘긴 연세에도 불구하고 요즈음도 매일 서울사회경제연구소에 나와서 글을 읽고, 사색하며, 집필 활동도 하고 있다. 우리 모두 선생의 건강과 장수를 기원해 마지않는다.

　이 전집을 발간하는 과정에서 수많은 사람들의 열성과 노력이 있었다. 전집 발간을 위해 애써준 전집간행위원회 위원 여러분, 전집 발간을 재정적으로 후원해주신 분들, 그리고 기꺼이 출판을 맡아 수고해주신 지식산업사 김경희 사장과 직원 여러분에게 깊은 감사를 드린다.

2012년 9월
학현 변형윤 전집 간행위원회 위원장
강 철 규

12

차 례

제1편 분배와 경제정의

제2편 노동과 임금

제3편 경제민주화

제4편 한국경제의 진로와 과제

제5편 경제윤리, 저축, 소비, 환경

학현 변형윤 전집 차례

제1편
분배와 경제정의

분배의 정의와 이념

1. 머리말

분배문제는 생산·교환·소비의 문제와 더불어 경제의 기본문제이지만 문제의 중요성에 비추어 이 면의 이론적 연구나 현실적인 관심은 대단히 미흡하다. 근대경제학에서는 분배를 '소득의 기능적 분배'(functional distribution of income) 혹은 '생산요소의 가격결정이론'의 범주에 국한시켜 다루고 있으며, '계층적 분배'(size distribution of income) 혹은 '인적 분배'(personal distribution of income)와 같이 더 우리의 관심을 끄는 주된 분배문제에 대해서는 몇몇 실증적 연구[1]가 있을 뿐 이론체계조차 성립되어 있지 않은 실정이다. 이러한 현상은 근대경제학이 지니고 있는 제한·편중된 가치전제와 2차 대전 이후의 세계경

---

[1] 중요한 성과들로는 다음과 같은 것을 들 수 있다.

S. Kuznets, "Economic Growth and Income Inequality," *American Economic Review*, March 1955.

R. Weisskoff, "Income Distribution and Economic Growth in Puerto Rico, Argentina and Mexico," *The Review of Income and Wealth*, 1970, No. 4.

F. Paukert, "Income Distribution at Different Levels of Development: A Survey of Evidence," *International Labor Review*, August/September 1973.

제 구조 아래서 일관되어온 생산력 증대 위주의 성장 및 개발정책에
서 말미암은 것이라고 생각된다.[2] 특히 1960년대의 전 세계적인 성장
구호는 분배문제를 주관심의 바깥으로 밀어내기에 충분할 만큼 강력
한 것이었다. 이리하여 간혹 사회문제로서 그리고 저개발국의 현실적
문제에서 분배문제가 지적되었을 뿐 결코 중심문제로 다루어지지는
않았으며 분배문제는 주류경제학의 대상이 아니라는 경향조차 보였
다.[3]

　이러한 이론 경향은 로빈슨(J. Robinson) 여사로 하여금 '경제이론의
제2위기'(second crisis of economic theory)를 소리 높여 부르짖게 한 최대
의 요인이 되었으며,[4] 그렇지 않아도 선진국 이론의 저개발국에의 적
용에 회의를 품고 있던 사람들이 중심이 되어 분배문제에 대한 관심
을 높였다. 그리하여 오늘날에 이르러서는 분배문제의 중요성과 연구
의 필요성이 강조되고 있다. 이들의 비판은 근대경제학이 지주로 삼고
있는 시장기구, 즉 가격기능의 완전성에 입각한 요소가격의 결정이론
에 불과한 기능적 분배이론은 관심의 초점이 되는 계층적 분배의 설
명에 무력할 뿐만 아니라 실제로 오늘날 시장의 힘들은 분배의 불평
등을 확대시키며, 이러한 경향은 저개발국에서 더욱 강하게 나타나고
있다는 점에서 출발하여 이른바 귀족주의적 개발론에 대한 비판으로

---

2) 그렇기 때문에 G. Myrdal은 생산문제에만 주의를 집중시키기 위한 이러한 경
　제분석에서 이용되고 있는 생산이론과 분배이론의 구별은 지지될 수 없다는
　입장을 취하고 있다. G. Myrdal, *The Political Element in the Development of
　Economic. Theory*, Routledge & Kegan Paul, 1965, p. 129 참조.
3) G. Myrdal, *Economic Theory and Underdeveloped Regions*, Duckworth, 1957, 서문
　참조.
4) 근대경제학의 제2의 위기는 분배이론의 결여 외에도 스태그플레이션 및 공해
　문제에 대한 무력성, 절대적 빈곤의 해결 능력 결여 등에서 찾아진다. J.
　Robinson. "The Second Crisis of Economic Theory," *American Economic Review*,
　May 1972 참조.

집중되고 있다. 성장을 위해서는 자본축적이 필요하고, 이를 위하여 한계소비성향이 낮은 고소득층에 유리한 불평등 분배를 주장하는 이 논의에 따르면 평등분배를 위한 평등정책은 그만큼 성장을 둔화시키고 효율을 감소시킨다는 것이다. 이와 달리 평등분배는 생산의욕을 높여 생산성의 향상을 가져와 오히려 성장을 촉진하며 나아가서는 종래의 분배구조를 개선함으로써 경제의 질적 발전을 가져온다는 것이 이들의 이론이다.

사실 성장과 관련하여 국민경제의 순환에서 보더라도 분배문제는 저축률의 측면에서만 볼 것이 아니라 분배된 소득을 통한 유효수요의 면도 아울러 생각하여야 한다. 성장은 저축 증대를 통한 자본축적만으로는 불가능하며 유효수요의 확대가 이에 가세할 때 비로소 달성될 수 있음이 명백하다. 그러나 분배문제의 중요성은 성장 등과 같은 경제적 요인에만 국한되는 것이 아니라, 좀더 넓게 이른바 비경제적 요인까지 포함한 사회경제적 관점에서 보아야 할 것이다. 불평등 분배는 마침내 계층 간의 마찰을 야기시켜 사회경제의 기반을 송두리째 무너뜨리고 말 것이기 때문이다.

그럼에도 계층적 분배이론은 아직 일반이론으로 정립되지 못하고 있으며 또 그것은 현실적으로 매우 어려운 일임에 틀림없다. 따라서 이 글도 분배의 정의와 이념을 중심으로 하여 분배문제에서 지적되어야 할 것들을 개괄적으로 서술하는 데에 그치고자 한다.

2. 분배의 정의

한 국민경제에서 재화 및 용역의 생산이 이루어지면 이와 아울러 직·간접적으로 그 생산에 종사한 사람들에게 전체적으로 볼 때는 생

산액과 같은 크기의 소득이 발생한다. 이와 같은 소득의 귀속을 소득분배(distribution of income)라고 하는데, 새뮤얼슨(P. A. Samuelson)에 의하면 이러한 분배는 경제조직 즉 국민경제에서 '누구를 위하여'(for whom)라는 문제로서 생산물과 생산량, 즉 '무엇을'(what) 그리고 생산방법, 즉 '어떻게'(how)라는 문제와 더불어 경제의 기본문제이다.[5]

  소득분배는 두 가지 측면에서 고찰될 수 있는데 앞에서 말한 바대로 기능적 분배와 계층적 분배가 그것이다. 소득의 기능적 분배는 일정 기간 중에 재화와 용역의 생산과정에서 발생하는 소득이 각각 그 기능을 달리하는 생산요소들에게 그 대가로 분배되는 것을 일컫는 것으로, 구체적으로는 자본·노동·토지 등 생산요소들의 가격인 이자, 이윤, 임금 및 지대 등의 크기를 결정하는 것이다. 이와 달리 소득의 계층적 분배에서는 어떤 개인 또는 가계의 소득을 어떤 생산요소에 대한 보수로 획득하였는가와는 무관하게 개인 또는 가계의 소득의 크기가 얼마인가가 문제로 된다.[6] 따라서 이것은 전체소득의 모집단에서 어떤 소득계층에 속하는가 하는 접근으로, 결국 문제는 개인 또는 가계 간의 소득 격차이다. 우리가 보통 소득분배라고 할 때는 둘 중에서 계층적 소득분배를 가리키는 것이 일반적이며[7] 자주 제기되는 문제도 성장과정에서 소득분배의 평등 및 불평등이기 때문에 계층적 소득분배가 소득분배의 주된 문제로 취급되며 더욱 중요시된다고 볼 수 있다.[8] 그렇다고 하더라도 실제에서는 근래에 들어와 이에 대한 관심이 커졌음에도 소득의 계층적 분배에 대한 파악의 측면도 다양하고 각각 암묵적으로 가정하고 있는 분배의 공정 및 적정에 대한 견해차도 매

---

5) P. A. Samuelson, *Economics*, McGrow-Hill, 10th ed., 1976, pp. 17~18.
6) 변형윤·김윤환 편, 《한국경제론》, 유풍출판사, 1977, p. 569.
7) 장문각, 《신체계경제학사전》, 1976, p. 617.
8) 변형윤·김윤환 편, 앞의 책, p. 570.

우 크기 때문에 이에 대한 이론이나 인식은 물론 정책에서도 의견이 일치하고 있지 않아[9] 체계적인 이론 정립이 매우 곤란하다는 것은 이미 지적한 바와 같다.

분배의 정의와 관련하여 꼭 지적하고 넘어가야 할 것은 우리가 관심을 쏟는 분배문제는 소득분배만이 아니라 부(富)의 분배이며, 여기에 더하여 여가와 참여를 통한 성취감 등도 광범위하게 포함되어야 올바로 이해될 수 있다는 것이다. 일반적으로 소득분배를 분배문제의 대상으로 하는 것은 측정하기 쉽기 때문이기도 하지만, 소득분배와 부의 분배(distribution of wealth)는 대체로 비슷한 양상을 보이고 있다는 가정을 암묵적으로 깔고 있기 때문이기도 하다. 그러나 이는 제도나 정책에 따라 차이를 보이며 더욱이 저개발국에서는 후자가 전자보다 훨씬 불평등하기 때문에 부의 귀속을 나타내는 부의 분배의 파악이 절실히 요망된다. 그렇지 않을 경우 분배문제는 사실보다 덜 심각하게 인식되고 따라서 분배정책도 실효를 거두기가 힘들 것이다.

3. 분배의 이념

최대한으로 광의의 분배개념이 정립되었다고 하더라도 분배문제는 가치판단을 포함하고 있는 것이므로 당위성을 띤 이념이 설정되어야 한다. 그런데 이 이념은, 분배가 개인이나 가계의 행복이나 만족과 같이 지극히 개별적인 문제이면서도 전체적인 후생이나 복지, 그리고 생산력 등 국민경제의 순환 안에서 이루어지며 사회관계 안에서 의미를 가진다는 점을 감안하여, 반드시 사회제도적인 관점에서 고찰되어야

---

9) J. Pen, *Income, Distribution, Facts, Theories, Policies*, Praeger Publishers, 1971, pp. 7~12.

한다.10) 따라서 개별적인 행복이 전체적인 후생과 조화되고 국민경제의 성장이나 발전과 상승작용을 일으키는 것이어야 한다. 즉 분배의 이념은 추상적으로는 '최대다수의 최대행복'이라는 공리주의(utilitarianism)의 원리에 입각하지 않으면 안 된다.

여기서 우리는 평등(equality)과 공정(justice)의 원리를 충족시키는 상대적 평등을 분배의 이념으로 설정할 수 있으며, 이를 중심으로 분배의 이념을 실현하기 위해서 반드시 생각해야 할 문제와 이념구현을 위한 국가, 즉 정부의 평등정책에 대하여 기본적인 것을 지적해 보기로 하자.

1) 분배의 이념으로서 상대적 평등

분배의 기본이념은 평등이다. 그러나 역할이 다른 모든 개인이나 가계를 꼭 같은 수준에 머물게 하는 절대적인 평등은 현실적으로 존재할 수 없으며 필요가 다른 개인의 입장에서나 사회 전체로 보아서도 반드시 바람직한 것은 아니다. 분배의 평등은 각자의 역할과 필요를 고려하여 공정의 원리(principle of justice)를 충족하는 질적인, 즉 상대적인 평등이어야 한다. 지금까지 신고전학파의 한계생산력설에 입각한 분배이론11)은 이러한 평등의 이념과는 오히려 역행하는 추리를 정당화하고 있는 것으로밖에 볼 수 없으므로 분배의 준거가 되지 못한다.

원래 평등이나 공정이란 개념은 철학적인 가치 함축적 개념이다. 하

---

10) J. Rawls, *A Theory of Justice*, The Belknap Press of Harvard University Press, 1971, p. 275.

11) 기술수준이 일정하다고 할 때 $\frac{\partial Q}{\partial L}L + \frac{\partial Q}{\partial K}K = Q$ (오일러의 법칙)가 된다. 여기서 Q는 총생산량, L은 노동투입량, K는 자본투자량을 나타내고, $\frac{\partial Q}{\partial K}$는 노동의 한계물적 생산력(限界物的 生産力, MPP_L), 그리고 $\frac{\partial Q}{\partial K}$는 자본의 한계물적 생산력($MPP_K$)을 말한다.

버드 대학의 철학교수인 롤스(J. Rawls)는 평등의 기반(basis of equality)
에 대한 논의에서 평등의 적용수준을 ① 도덕적 인간,12) ② 인간 권리
의 동등, ③ 제도의 운용 등 3단계로 구분하고 있는데,13) 우리가 주목
하는 단계는 사회권계 안에서 미지막 단계임은 말할 필요가 없다. 이
러한 차원에서 평등의 이념은 상대적인 평등일 수밖에 없다.14) 그는
또 공정의 원리도 도덕적인 관점에서 나온 것이라 하고, 이를 '차별원
리'(difference principle)와 '보상원리'(principle of redress)의 둘로 나누고
있는데,15) 그의 논리를 빌려 말하자면 분배분의 공정(justice of distributive
shares), 즉 분배의 상대적 평등은 불리한 계층에 차별적으로 많은 정책
적 혜택을 베풀고, 또 사후적으로 이들에게 보상해 줌으로써 달성될
수 있다.16) 즉 분배의 이념은 출생, 자연부존, 사회제도, 사회경제정책
등에 기인한 '부당한 불평등'17)(undeserved inequalities)을 제거함으로써
모든 사람을 동등한 출발점(original position)에 서게 하는 평등화의 노
력에 의하여 충족될 수 있을 것이다.

그러나 이미 잘 알려진 바와 같이 지금까지의 경제이론은 '가치중
립'(Wertfreiheit)의 방패를 높이 치켜들고 평등의 이념을 무조건 배격하
여 왔으며 저개발국의 경제개발론에까지 이를 강요함으로써 대외적
불평등은 물론 대내적 불평등을 심화시키는 데 사실상 기여하였다.18)

---

12) "…… 정의상 그 최소한의 요건은 잠재능력이지 반드시 그 실현이 아니다."(J.
    Rawls, *op. cit.*, p. 509.)
13) *Ibid.*, pp. 504~505.
14) *Ibid.*, p. 512.
15) *Ibid.*, 제1장(Part One: Theory) 참조.
16) *Ibid.*, §17(pp. 100~108) 참조.
17) H. Spiegelberg, "A Defence of Human Equality," *Philosophical Review*, 1944, p.
    101.
18) G. Myrdal, *op. cit.*; do., *An International Economy, Problems and Prospects*, 1956;
    do., *the Challenge of World Poverty*, Phantheon Books, 1970 등을 참조.

이러한 상황은 뮈르달(G. Myrdal)로 하여금 서슴없이 반주류경제학자
의 대열에 서게 하여19) 저개발국에서 '평등의 교리'(doctrine of equality)
의 전도사가 되게 하였으며,20) 그로 하여금 기존 사회과학 방법론 전
반에 대한 정열적인 비판자가 되게 하였던 것이다.21) 두말할 필요도
없이 사회과학은 궁극적으로 가치를 떠나서 존재할 수 없으며 또 그
렇게 한 적도 없다. 분배문제에 있어서도 평등의 가치 전제를 사상하
고서는 아무런 이론도 인식도, 따라서 해결도 불가능함은 불을 보듯
분명하다. 경제학의 전문가라고 할 수 없는 롤스가 "정치경제학의 이
론은 공정의 개념에 기초한 공공재의 해석을 포함하여야 한다"22)고
한 것은 우리에게 꼭 필요한 조언이 될 것이다.

평등의 이념은 사실상 오래전부터 주장되어 온 것이나 기존 이데올
로기에 눌려 빛을 발하지 못하였으며,23) 오늘날에도 근대경제이론가
및 성장론자에 의하여 맹렬한 공격을 받고 있다. 그들에 따르면 평등
은 효율이 가장 중요한 오늘날에 효율성(efficiency)을 떨어뜨리고 성장
(growth)에 장애요소가 되며, 나아가서는 평등의 이념을 주장하는 것은
'모두를 가난하게 만드는 것'이라고까지 극단론을 펴고 있다. 이러한
논의는 우리의 주위에서 보는 선성장 및 후분배의 주장과 그 이론의
맥을 같이한다. 그러나 사실은 오히려 이와 반대라는 점을 명확히 인
식하지 않으면 안 된다.24) 정당성이 없는 효율성은 사태를 악화시킬

---

19) do., "Against the Stream," *Critical Essays on Economics*(國譯) 참조.
20) do., *Economic Theory and Underdeveloped Regions*, Chap. 9 참조.
21) do., Objectivity in Social Research, Phantheon Books, 1969; do., *Value in Social Research*, Harper & Row, 1958 등 참조.
22) J. Rawls, *op. cit.*, p, 259.
23) 주 20) 참조.
24) G. Myrdal은 "……진보적 사회에 있어서 가난한 사람의 운명을 향상시켜 준
다는 것은 부유한 사람들로부터 아무런 실질적인 희생을 수반하지 않고도 이

뿐이며 '정당성→효율성'은 언제든지 가능하고 바람직한 것이나 그 반대의 순서는 현실적으로 불가능하며 논리적으로도 반드시 옳지 않음은 널리 알려진 사실이다. 한계적 분석의 측면에서 운위되는 효율의 세고는 실세로 분배의 불평등을 더욱 확대하여 마침내 그 효율의 기반인 사회경제를 근본적으로 위협하는 것과 달리, 평등한 분배는 무엇보다 큰 인센티브(incentive)를 제공함으로써 효율을 향상시키고 성장을 가속적으로 촉진시킨다. 성장이나 효율의 장애는 평등이 아니라 불평등임을 우리는 확실히 해두어야 한다.[25] 이에 대한 뮈르달의 다음과 같은 주장은 이러한 사실을 강력히 지지한 것이다.

생산성 향상과 사회적 평등이라는 두 개의 목적은 불가분의 밀접한 관계에 있는바 이 점에 주목하여야 할 중요성이 있다. ……농지 해방 및 토지제도 개혁 등에 의하여 농업노동자에게 증산의 인센티브를 준다면 저개발국의 농업생산성을 현재의 3배까지 높이는 것이 가능하다.[26]

이렇게 볼 때 평등분배는 공정과 효율을 동시에 달성시키는 '경제적 정의'의 수단이며 따라서 사회정의 실현의 가장 기본적이고도 강력한 방법임을 알 수 있다. 그러므로 분배의 평등은 한계적 분석의 차원을 포함하여 사회경제의 구조적 측면에서 그 정당성이 인정된다. 뿐만 아

루어질 수 있으며 이는 또한 고소득을 포함한 일체의 소득층에 보다 높은 수준을 실현시키는 것과도 양립될 뿐만 아니라 그것을 위한 하나의 조건이기도 하다……"고 하였다. G. Myrdal, *Economic Theory and Underdeveloped Regions*; 國譯, p. 121.

25) 조용범, 〈불평등은 성장의 저해 요인이다〉, 《월간중앙》, 1976년 6월호 참조.

26) 1976년 5월 31일, 일본 오사카상공업회의소에서의 '개발도상국의 개발이란 무엇인가?'라는 제목의 강연. 이에 관해서는 《日本經濟新聞》 1976년 6월 1일자 참조.

니라 분배의 평등이념은 이른바 리버럴리스트의 주장과는 달리 경제적 자유의 폭을 넓혀주고 더욱 내용 있게 하는 것이라는 사실에 주목하여야 한다. 경제성장론자들은 성장의 목적을 경제적 활동 및 선택이 다양화되는 데 두고 평등분배는 모든 사람들로부터 이러한 자유의 영역을 축소시킨다고 주장한다. 그러나 우리가 이야기하는 분배의 이념으로서의 상대적 평등은 그들이 말하는 자유(liberty)와도 결코 배치되지 않으며 오히려 평등한 자유(equal liberty)를 실현시킴으로써 이를 더욱 보충하고 확장시킨다. 불평등한 자유는 실질적으로는 타인의 자유를 침해하는 것으로, 궁극적으로는 지배자 및 피지배자 사이의 적대의식을 고양시켜 구체적인 자유의 기반인 국가나 사회를 무너뜨리는 데까지 몰고 갈 것이다. 이렇게 볼 때 리버럴리스트가 주장한 자유의 위험성은 평등에 의하여서만 제거될 수 있음을 알 수 있다. 따라서 분배의 이념으로서 평등은 사회구성원 각자는 물론 사회 전체적인 자유의 폭을 확장시켜 자유의사의 실현을 가져온다는 사회사상적 의미를 갖는다.

2) 이념구현으로서 평등정책

분배의 이념으로서 평등은 당위적으로 요청되는 것이나 현실은 불평등한 상태에 있다. 이러한 불평등을 지양하는 것이 곧 상대적 평등의 이념구현의 길인데 오늘날 평등정책은 국가, 즉 정부에 의하여 실시될 것이 기대되고 있는 것이 일반적이다. 정책을 실시하기 위해서는 무엇보다도 현실인식이 중요한 것이므로 평등정책을 논하기 이전에 현실적으로 존재하는 불평등 문제의 인식과 불평등도의 측정에 관하여 몇 마디 언급해 둘 필요가 있다.

먼저 우리는 주로 계층적 불평등에 관하여 관심을 집중시키고 있지

만 불평등은 이외에도 국제적으로나 지역 사이에도, 그리고 세대 사이에도 존재하고 있으며 정책적 지원을 받는 부문과 그렇지 않은 부문 사이에 광범위하게 깔려 있다는 사실을 명확히 인식하여야 한다. 이러한 불평등은 서로 밀접히 연관되었으므로 평등정책에서 이 모든 문제들이 고려되어야 한다는 것이다. 이 중에서도 세대 사이의 불평등 문제는 정적으로 파악할 것이 아니라 현재와 장래의 이시적(異時的) 각도에서 동적으로 인식하여 심각하게 다루어야 할 것이며 여기에 더하여 보통 논외로 취급되고 있는 계급 사이의 불평등 문제도 더 심각하게 고려되어야 할 것이다. 이 하나하나는 모두 장기적이고 적극적인 평등정책을 필요로 한다. 그러나 그렇다고 해서 불평등이 극복될 수 없는 것은 아니다. 뮈르달은 의식적인 정책노력을 통하여 많은 효과를 얻을 수 있다고 하고,[27] 과거 선진국이 경제적 평등을 지향하는 노력을 경주함으로써 지속적인 경제성장을 이룬 역사적 경험을 통하여서도 저개발국은 그들의 계획을 밀고 나가야 할 것이라고 하였다.[28]

다음으로 불평등도의 측정은 기존 이론 내에서도 여러 가지 방법으로 이루어지고 있다. 평균소득을 중심으로 계층 간 소득의 분포를 나타내는 구간(range), 상대평균편차(relative mean deviation), 분산 및 변화계수, 대수의 표준편차, 그리고 지니계수(Gini coefficient)에 의한 방법들은 모두 소득분배를 기준으로 한 불평등도의 측정방법이다.[29] 이 중에서도 지니계수는 그것이 전체적인 불평등도를 잘 나타내주어서 가장 빈번히 사용되어 왔다. 그러나 이것 역시 불평등의 구조적 측면을 반영하지 못하기 때문에 사회경제적 의미를 명확히 전달해 주는

---

27) G. Myrdal, *op. cit.*, Chap. 6 참조.
28) *Ibid.*, Chap. 7 참조.
29) 이 각각에 대해서는 A. K. Sen, *On Economic Inequality*, Clarendon Press, 1972, pp. 24~31 참조.

데에는 만족스럽지 못하다.[30] 이에서 더 나아가 후생개념을 포함한
타일(H. Theil), 달튼(H. Dalton), 앳킨슨(A. B. Atkinson), 그리고 센(A.
K. Sen) 자신에 의하여 개발된 방법들이 있으나 주관적인 요소들에 기
초를 두고 있으므로 정밀한 측정이 불가능하다.[31] 사실 불평등도는
단순히 소득뿐만 아니라 여러 가지 형태의 부(富) 및 경제적 기회, 여
가, 심리적 요인 등까지도 고려할 때 비교 가능한 것이며, 원래 그것의
정밀한 측정은 곤란한 것이다. 따라서 앞서의 방법들에 의한 결론은
다른 여러 요인을 충분히 검토한 뒤에야 의미를 가질 수 있을 것이다.
따라서 이러한 불평등도를 국가 사이에 그대로 비교하는 데 사용하는
것은 대단히 경계해야 한다.

그러면 평등정책의 수단에는 어떠한 것이 있고, 평등정책의 주체로
서 정부는 어떠한 기능을 가지고 있으며, 전반적으로 평등정책의 원리
는 무엇이 되어야 할 것인가에 대하여 살펴보기로 하자.

일반적으로 평등정책에서는 주로 재분배 정책수단을 중심으로 논의
하는 경향이 있는데 평등정책은 우선 가격정책을 통하여 공정한 분배

---

30) 지니계수는 간단히 말해서 △OAX에 대한 반월형(半月形) OBA 면적의 비율
로 소득분배의 불평등도를 나타낸 것이다. 예를 들어 실선 OBA의 분배상태에
서 점선 OBA의 상태로 분배가 변화하였다고 하면 틀림없이 소득분배, 따라서
그 사회경제적 의미는 달라진다. 그러나 Ⅰ과 Ⅱ의 면적이 같다면 지니계수에
는 변동이 없게 된다. 이러할 경우 지니계수는 소득분배의 구조적 측면을 전혀
반영하지 못한다.

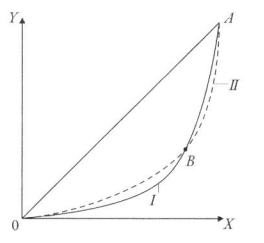

31) 각각에 관해서는 A. K. Sen, *op. cit.*, pp. 31~39 참조.

가 이루어지도록 하고 그 다음에 조세, 이전지출, 그리고 사회보장정
책의 실시로 이를 보완하는 것이 좋을 것이다. 조세정책은 우선 역진
적인 성격을 갖는 간접세에 지나친 의존을 탈피하고, 등급을 나누어
인센티브를 저해하지 않는 비례세와 누진세제를 적절하게 채택하는
것이 필요하며, 사치재에 대한 중과세는 여러 모로 유리한 작용을 할
것이다. 사회보장제도는 사회적 최소치(social minimum)를 충족시키는
수준에서 혜택받지 못한 계층을 중심으로 하여 이루어져야만 실효를
기대할 수 있을 것이다.[32]

평등정책의 주체인 정부는 평등보장의 강력한 지지기구(background
institution)로서 ① 자원배분 및 ② 완전고용의 유지를 통한 안정화의
기능을 수행하고 ③ 이전기능과 ④ 분배기능을 계획적으로 수행하여
야 한다.[33]

전반적으로 평등정책은 시장기구의 원리에 입각할 것이 아니라 계
획기구에 의하여 추진되어야할 것이다. 시장의 힘들의 작용은 불평등
을 감소시키기보다는 도리어 증대시키는 경향이 있으며,[34] 저개발국
에서는 이러한 경향이 더욱 심하다. 뮈르달은 이에 대하여

　…… 상대적으로 미약한 파급 효과를 가진 저수준의 경제개발에서는
경쟁적인 시장의 힘들은 순환적 인과관계에 의하여 항구적으로…… 불평
등을 초래하는 경향이 있으며, 불평등 그 자체는 경제개발을 저지할 것
이며, 동시에 평등정책을 위한 권력기초를 약화시킬 것이다[35]

---

32) J. Rawls, *op. cit.*, p. 285.
33) *Ibid*, pp. 275~279 참조.
34) G. Myrdal, *op. cit.*, Chap. 3 참조.
35) *Ibid.*(國譯), p. 41.

라고 하면서 정부의 역할을 강조하였다. 가격체계가 평등정책의 합리적 기준이 되지 못함은 명백하다. 이것은 비단 독과점에 기인한 것만은 아니나 완전경쟁이라고 할지라도 "독점은 바로 자유경쟁으로부터 나왔다"(Monopoly precisely comes out of free competition)는 사실을 기억하면 더욱 확실해진다. 정부는 루이스(W. A. Lewis)가 말한 대로 부패에서 완전히 자유로워야만 계획에 의한 평등정책을 제대로 수행할 수 있다는 점이 또다시 지적될 필요가 있다.[36]

4. 맺는말

분배문제는 경제의 성장 및 발전과 밀접히 관련되어 있으며 그 기초가 된다. 따라서 분배문제의 해결 없이는 성장도 발전도 장기적이지 못할 뿐만 아니라 사회조직의 존립도 보장되지 못하기 때문에 그 중요성을 거듭 강조할 필요가 있다.

또한 분배문제는 계층적 분배가 주가 된다. 그러나 이것을 더욱 의미 있게 하기 위해서는 소득분배뿐만이 아니라 여러 가지 형태의 부는 물론 무형재화의 분배까지 확장하여 고려하여야 한다.

분배의 기본이념은 평등이며, 이는 또 공정의 원리를 포함하는 상대적인 평등이라고 할 수 있다. 평등은 성장과 상치되지 않으며, 오히려 성장의 촉진제가 된다. 그러므로 평등을 도외시한 성장은 결국은 성장마저 달성시킬 수 없게 된다. 평등의 이념은 경제적 자유의 확대 및 충실의 기본이 되며 특히 식민지적 경험을 가진 저개발국에서는 식민지적 경제구조(불평등구조)를 타파한다는 의미를 지닌다.

---

36) W. A. Lewis, *Principles of Economic Planning*, Unwin University Books, 3rd ed,, 1969, p. 121.

이러한 평등의 이념을 실현하기 위해서는 여러 가지 측면에서 불평등한 현실이 올바로 인식되어야 하며 이러한 인식에 기초하여 정부가 주체가 되어 추진하는, 계획의 원리에 입각한 적극적인 평등정책이 요망된다.

이제까지 대외의존적 성장을 계속하여 온 저개발국에서는 특히 이때까지의 선성장 후분배의 정책기조를 과감히 타파하고 분배 즉 평등의 원리를 정책의 기본으로 함으로써 왜곡된 경제구조를 청산하여야 할 것이다. 이러한 전환의 시기는 너무 늦어서는 안 되고 빠르면 빠를수록 좋다. 분배문제를 중심으로 경제개발정책을 재정립할 시기가 우리에게도 이미 와 있다.

《고대문화》(1978. 5)

경제정의를 실현하는 길

강자와 약자

사실, '경제정의'란 굉장히 어려운 말입니다. 여러 가지 측면으로 정의할 수 있지만 여기서는 생략하겠습니다. 왜냐하면 '경제정의'를 정의하다 보면 굉장히 어려워지기 때문에, 오늘 여기에서는 '경제정의를 실현시키는 데 있어서 우리가 할 일이 무엇이냐?' 하는 정도만 이야기하기로 하겠습니다.

'경제정의'라고 할 때는 일단은 분배적인 측면에서, '소득분배에 있어서 정의'라고 받아주셔야 할 것 같습니다. 그런데 저는 그것을 좀 풀어서 포괄적으로 '경제적으로 약자의 입지를 개선 또는 강화하는 것'이라고 말하고 싶습니다. '경제적인 약자'란 소득분배에서 약한 처지에 있는 사람들입니다. 따라서 그 사람들이 서있는 처지를 강화시키고 개선한다는 것은 바로 '소득분배에서 약자에게 유리한 위치를 차지하게 해주는 것 혹은 차지한 상태'로 정의할 수 있습니다.

경제적인 약자는 여러 각도에서 측면을 달리해 볼 수 있습니다. 돈이 많은 사람을 '가진 자'라고 표현하는데, 사실은 '가진 자'보다는 한

문이지만 '부자'(富者)라고 하고, '가난한 자'란 표현도 '빈자'(貧者)라 하여—경제학에서도 이렇게 표현하기에—나누어 볼 때, 경제적으로 약한 처지에 있는 사람은 누가 봐도 '빈자'라고 보는 것이죠. 그러니까 빈자의 처지를 개선하는 것이 경제정의를 실현하는 것이리고 할 수 있습니다.

또 측면을 달리해서 '노동자'라고 많이 쓰는데 경제학 용어로는 '근로소득층'이라 합니다. 다시 말하면 '자신의 노동대가를 받아서 생활하는 사람들'입니다. 그런데 그 노동대가를 받는 데 있어서, 생산에 종사하는 블루칼라도 있고, 사무직에 종사하는 화이트칼라도 있습니다. 그 밖에도 여러 계층이 있을 수 있겠지만 아무튼 자기의 노동대가로 살아가는 사람들을 근로소득층이라고 합니다.

그러면 근로소득층이 아닌 사람들은 누구인가? 그것은 자산이나 재산으로 소득을 얻는 층이기 때문에, 일단 '재산소득층'이라고 부르겠습니다.

이렇게 근로소득층과 재산소득층으로 나누어 볼 때, 특히 여기에서 강조하고 싶은 것은, 정말 땀을 흘려서 성실하게 노력하는 사람들은 어디에 속하냐 하면 근로소득층에 속합니다. 그리고 부동산투기, 증권투기 등 갖가지 투기를 통해서 재산을 누리고 있는 사람들을 불로소득층이라고 하는데, 이들은 재산소득층에 포함된다고 봅니다.

우리가 다루고 있는 경제정의와 관련해서 얘기할 것은, 불로소득층과 '성실하게 땀 흘려서 일하는 노동자들'을 나누어 볼 때, 이들은 완전히 대조가 된다고 하겠습니다. 이때 '불로소득층'은 강자이고, '성실하게 땀 흘려서 일하는 사람들'은 약자입니다. 물론 주관적으로 '내가 왜 약자냐?' 할 수 있겠지만 상식적으로 그렇다는 얘기입니다.

그리고 지역적으로 볼 때, '도시'와 '농촌'으로 나눌 수 있겠습니다.

도시와 농촌에 사는 사람들 가운데는 부자도 있고 빈자도 있지만, 상대적으로 보면 도시에 비해서 농촌이 약자입니다. 다시 말하면 도시에 사는 사람을 '도시민'이라 하고 농촌에 사는 사람을 '농민'이라고 합니다. 물론 도시에 사는 사람 가운데도 농촌에 사는 사람보다 못하는 사람들이 많지만, 일반적으로 도시민이 농민보다 강자이고, 농민이 도시민보다 약자라고 경제적으로 얘기할 수 있지 않나 생각합니다.

그 다음에 산업별로 '농업'과 '공업'으로 나누어 볼 때, 농업이 한국에서는 경제적인 약자입니다. 물론 대규모의 농업에 종사하기도 하고, 목축업, 임업이 대규모로 행해질 수 있겠지만, 일반적으로 '농공 간의 격차'라는 말이 있듯이 농업은 경제적인 약자이고, 공업은 경제적인 강자입니다.

원래 농업과 제조업은 물건을 만드는 산업의 핵심으로 이것이 커질 때에는 뒷받침해주는 부분도 따라서 커지기 마련입니다. 그 뒷받침해주는 부분을 경제학적으로는 '사회간접자본'이라고 하는데, 그 대표적인 것이 건설, 전기, 수도, 가스, 통신, 창고, 운수 등이 있습니다. 사회간접자본은 농업과 제조업이 번성하고, 또 광업, 채취업이 번성함에 따라 그것을 지원해 주어야 하기 때문에 커질 수밖에 없습니다. 이와 더불어 돈을 다루고 물건을 팔고 하는 금융업, 보험업, 도소매업과 정부의 기능 역시 커지기 마련입니다.

그런데 우리가 주의할 것은 음식업, 숙박업이 지나치게 커지는 데에 문제가 있다는 것입니다. 개인서비스업, 과소비라고 하는 향락산업이 바로 음식업, 숙박업인데 올림픽 대회로 인하여 이 부분이 비정상적으로 커졌습니다. 농업이라는 것은 별로 힘을 못 쓰는 반면에, 농업 외의 이런 부분들이 커지는 것으로 봐서 경제적으로 역시 '농업이 약자다' 이렇게 보이는 것입니다.

또 측면을 달리해서 '물건을 만들어서 파는 쪽'과 '물건을 사는 쪽'으로 나눌 수 있는데, 물건을 사는 쪽을 소비자라고 하고, 물건을 만들어서 파는 쪽을 생산자, 즉 기업이라고 합니다. 지금 소비자 고발센타 등을 통해서 품질이 나쁘고, 비싸다고 얘기하는데도 생산하는 기업에서는 매스컴 광고를 통해 지속적으로 물건을 사도록 유인하지 않습니까? 그렇죠? 그렇게 보면 결과적으로 소비자가 약자입니다. 그러나 기업이라고 해서 모두 강자는 아닙니다. 기업 내부의 규모가 작은 중소기업, 영세기업은 대기업, 독과점기업, 재벌에 비해서 약자입니다. 이렇게 훑어볼 때 경제적으로 약자는 누구인지 짐작할 수 있겠죠.

종합해서 보면 어느 사람은 소비자가 되고, 어느 사람은 중소기업과 관련되고, 어느 사람은 근로자나 농사에 종사하는 사람이 되는데, 이런 사람들의 지위가 개선 또는 강화되는 것이야말로 우리가 경제정의를 실현하는 것이라고 할 때, 문제는 '경제정의를 어떻게 실현시킬 것이냐?' 하는 것입니다. 경제적인 약자가 가만히 있는데도 정부가 그야말로 시혜를 베풀어서 '아하, 너희들이 약자니까 이렇게 해줄게' 하는 식으로는 되지 않습니다. 그러므로 어떤 경우를 가리지 아니하고 자구적인 노력을 강구해야 됩니다,

경제민주화

1971년 《정의론》을 펴낸 롤스(J. Rawls)는 자기 저서에서 '경제정의는 평등화의 노력에 의해서 실현될 수 있다'라고 말했습니다. 다시 말해서 약자가 약자로서가 아니라 약자를 벗어나려고 하는 노력을 해야 경제정의가 실현될 수 있다는 것입니다. 어떻든 소득분배에서 약자가 자기 몫을 제대로 찾기 위한 자체적인 노력을 하지 않으면 안 되고 결

국은 경제정의를 실현하는 방향으로 나아가야 합니다.

경제정의는 소득분배의 정의라고 했습니다. 그것은 다름 아닌 소득분배의 개선입니다. 그런데 이것을 크게 저해하는 것이 요즘 많이 이야기하는 '경제력 집중' 현상입니다. 이는 중소기업에 비해서 대기업, 재벌이 자꾸 커지는 것을 말하는데, 이를 막기 위해서 보통 생각할 수 있는 것이 정부당국의 조세정책과 금융정책입니다. '조세정책'은 정부 정책을 통해 재산소득세는 좀 무겁게 하고, 근로소득세는 가볍게 하여 약자에게는 유리하게, 강자에게는 좀 부담을 주는 식으로 소득분배를 하는 방법입니다. '금융정책'은 돈이 대기업에 편중되는 것을 못하도록 하고, 중소기업이나 영세기업에 좀더 대출을 늘려주는 방법입니다.

선진국, 후진국을 가리지 아니하고 이런 조세정책과 금융정책을 소득분배 개선의 방법, 경제력 집중의 방안으로 채택하고 있습니다. 그런데 우리는 그런 방법만 가지고는 안 된다고 생각합니다. 우선은 경제정의의 기반조성이 절대적으로 필요합니다. 기반조성을 해주면서 조세정책, 금융정책을 실시해야 그때 비로소 정책의 효과가 나타납니다. 기반조성이 안 된 상태에서는 어떠한 방법도 좋은 효과를 기대하기 힘듭니다.

또한 기득권을 가지고 있는 사람들의 자세를 변화시키지 않는다면 조세정책, 금융정책 등을 가지고 경제정의의 실현, 소득분배의 개선을 한다는 것은 실속이 없는 말에 불과합니다. 그래서 일단은 기반조성과 기득권층의 자세확립이 강하게 요구되는 것입니다.

그러면 '기반조성'이란 무엇인가? 농업이 자꾸 침체되는데, 즉 농업이 침체되는 방향으로 나가면서 농민의 소득분배가 개선되기를 바랄 수는 없습니다. 그래서 농업을 강화시키고, 농업이 제 기능을 할 수 있도록 적극적인 정책을 펴야 합니다. 중소기업의 경우도 마찬가지로 대

기업, 재벌들이 지나치게 커지지 않도록 하기 위해서 규칙을 벗어날 때는 여러 가지 제재를 가하는 조치가 있어야 합니다.

예컨대 공정거래위원회 같은 곳이 제 기능을 발휘해야 합니다. 다시 말하면 공정한 거래, 대기업이 중소기업을 잠식한다거나, 중소기업의 원래 고유의 영역을 침범하는 경우 대기업과 중소기업 간의 규칙을 마련해 규칙을 위반할 때는 제재를 가하는 것들이 필요합니다. 농업을 강화시켜주고, 중소기업을 육성하고, 그리고 공정거래위원회의 권한을 강화시켜서 경제력 집중을 방지하는 기반을 조성하여야 합니다. 그러나 거기에서 하나 더 살펴볼 게 있습니다.

정부가 힘이 있어야 합니다. 힘이 있다는 것은 심판자로서 정부를 말합니다. 그런데 힘이 있기 전에 절대로 필요한 것은 국민으로부터 신뢰를 받는 정부라는 전제입니다. 국민으로부터 신뢰를 받는 정부가 그 권한을 제대로 행사할 수 있는 힘이 있어야 정책도 효과를 발휘합니다.

그 다음에 기득권을 가진 사람들의 자세 확립에서 그들에 대한 규제와 규제를 위한 법이 필요합니다. 기득권자들이 무법천지가 되는 식으로 행동할 때는 법상의 제재를 가해야 한다고 봅니다.

거기에 덧붙여 도저히 무법천지로 놀아나서는 기업으로 존재할 수 없고, 어떤 기득권을 가지고 있는 사람이라고 할지라도 그 기득권을 유지할 수 없다는 생각을 기득권을 가진 사람들이 갖도록 해주는 분위기가 조성되어야 합니다. 그 분위기는 도저히 불법을 조성해서는 안 되는 분위기를 말하는데 한국의 경우는 그런 분위기가 안 되어 있습니다. 그 분위기와 관련하여 강조하고 싶은 것은 여론형성기관이 취할 자세입니다.

여론형성기관인 텔레비전, 라디오, 신문, 잡지 등에 종사하는 사람

들이 계속적으로 기득권이 무법천지로 놀 때는 그들을 적극적으로 고발하고 그것을 국민들이 뒷받침해주어 결국은 기득권자들이 불법을 저지르지 않고, 불의를 저지르지 않는 방향으로 자기 분수를 깨닫도록 해주어야 합니다.

대략 이렇게 볼 때 경제정의의 기반조성은 기득권층의 자세 확립을 위한 조치와 여론형성기관의 역할을 강조하면서 국민의 신뢰를 받는 정부가 조세정책, 금융정책을 통해서 경제적인 약자에 대해 유리한 방향으로 끌고 가면 일단 분배의 개선이 실현될 수 있다고 생각합니다.

결론적으로 경제정의의 실현 과정이라고 하는 것은 경제민주화의 추진 과정이라고 강조하고 싶습니다. 왜냐하면 경제적인 약자라고 하는 사람들은 제 소리를 낼 수 없었습니다. 그렇다면 경제적인 약자들이 제 소리를 낼 수 있도록 하는 것이 무엇이냐? 그것은 바로 경제민주화입니다.

그동안 우리 사회는 경제적인 약자들이 제 소리를 낼 수 없도록 되어 있었습니다. 예를 들어 노동자가 노동3권을 제대로 행사할 수 없게 되어 있습니다. 따라서 경제민주화란 노동자나 근로소득층의 노동조합이 많은 사람들의 생각을 그대로 경제에 반영시키는 것이라고 할 수 있습니다.

그렇게 하기 위해서는 민주노조의 결성과 노조민주화가 이루어져야 하고 이것은 바로 경제민주화의 핵심입니다. 즉 경제적인 약자가 자구적인 노력을 할 수 있는 풍토를 말합니다.

농민 역시 그동안 제 목소리를 대변해주는 조직이 없었습니다. 따라서 농민들 사이에서도 민주농민조직체가 형성되고 하는 것도 경제민주화의 일환입니다. 그리고 경제적인 약자의 하나인 소비자도 그동안 당해오기만 했습니다. 그래서 요즘은 소비자단체끼리 서로 연락하고,

정부도 소비자들의 소리를 반영하기 위해서 소비자보호원을 만들어 놓고 있지만, 그것만 가지고는 아직도 부족하다고 봅니다. 왜냐하면 소비자들이 뿔뿔이 흩어져 있거든요. 그것을 하나로 규합할 수 있어야 됩니다.

그러나 그런 것이 허용되지 않고, 그런 일을 하는 사람들이 위험에 처하는 시기였기에, 그 소비자들의 진정한 소리를 대변해주고 외치게 하는 절차가 거의 없었고, 있더라도 힘이 없었습니다. 단체적인 조직이 형성되고 제 목소리를 낼 때 비로소 생산자들에 대해서 소비자들의 위력이 어떤 것인가를 보여줄 수 있습니다.

이상으로 보면 경제민주화는 노동자들의 입장을 강하게 대변할 수 있고, 근로층의 이익을 강하게 대변할 수 있는 노조의 결성이 우선적으로 이루어져야 합니다. 그래서 농민들의 의사를 반영할 수 있는 조직이나, 소비자들의 소리를 대변할 수 있는 조직들이 바로 경제민주화의 축, 즉 경제민주화의 핵심이라고 봅니다.

경제민주화와 관련해서 또 한 가지 짚고 넘어가야 할 것은 주식문제입니다. 일본의 경우에는 2차 대전이 끝난 뒤에 맥아더 사령부가 들어와서 당시의 재벌을 다 해체했습니다. 즉 주식을 일단 분산시켰죠. 우리나라와 같이 경제력 집중이 심화되고 있는 현실에서 대기업들의 주식을 분산시키는 일이 경제민주화의 또 하나의 중요한 과제입니다.

소수나 한두 사람이 소유주가 될 때를 경제력 집중, 기업의 집중이라고 하는데 이것은 경제민주화를 역행하는 것입니다. 기업은 필요한 자금을 은행 혹은 금융기관에서 조달하거나 증권시장에 주식을 상장해서 자금을 조달합니다. 이때 증권시장이 존재하는 이유는 그 주식이 소수에게 집중되지 않고 많은 사람들에게 분산되도록 함으로써 경제를 민주화 하는 데 있습니다. 주식이 분산되어 소수가 아니라 다수가

기업의 주인으로서 주식을 소유하게 하여 점차로 재벌해체의 효과를 얻게 하는 것이 증권시장의 임무인데 우리나라는 증권시장이 그런 역할을 못하고 있습니다.

잠깐 증권시장에 관해서 얘기하자면, 어떤 사람이 증권시장에서 매매를 통해 주식을 소유하게 되면 동시에 배당금을 받게 됩니다. 주식을 소유한 기업의 영업실적이 높아지면 배당금이 그만큼 많아지고 대신 손해를 볼 때에는 배당금을 못 받지만 평균적인 배당금이 은행이자보다 많으면 되는 것입니다. 그런 식으로 많은 사람에게 증권시장을 인식시키고 육성시켜 나가야 하는데, 요 몇 년 사이에 우리 사회의 증권에 대한 인식은 '한탕 하는 투기'로 잘못 인식되어 심지어 농촌에서조차 주식을 사느라고 난리였습니다.

1988년 11월에 종합주가지수가 810.18이었는데, 1990년 4월에는 810.16으로 거의 같아 평균적인 배당금은 30퍼센트 정도로 볼 수 있습니다. 그런데 그 사이인 1989년 4월 1일에는 1,007로 올라갔었습니다. 그러니까 1988년 11월에 사서 1989년 4월에 팔았다 하면 굉장히 돈을 벌었지만, 반대로 주식시세가 한참 오를 때 샀던 아낙네들과 농민들은 크게 손해를 본 것입니다. 그래서 이 정부가 잘못된 점이 많다는 것입니다.

주식투자가 기업들이 자금을 조달하는 하나의 중요한 기관이고 수단이라는 것을 확실히 해주어야 하는데, 사는 사람의 경우에는 배당금이 큰 쪽으로 노리게만 하는 투기시장화 됐다는 것입니다. 증권시장에서 주식이 분산될 수 있도록 여러 가지 절차를 권고해가야 비로소 경제력 집중현상이 완화될 수 있고 방지될 수 있는 것입니다. 이런 점에서 주식의 분산, 기업의 공개는 경제민주화를 위한 주요 환경입니다.

그리고 또 하나의 주요 환경으로 은행의 역할이 있습니다. 돈을 정

부가 하라는 대로 특정 재벌에게 그냥 배분해주고 대출해주면, 은행이 경제적인 강자 쪽으로 가게 마련입니다. 왜 작년에 한국은행의 중립성에 대해서 논란이 많았겠습니까?

이것은 다른 얘기기 이니고, 조세정책은 재무부에서 관장하는 것이고, 금융정책은 중앙은행에서 관장하고 있거든요. 그런데 중앙은행이 지금까지는 강자 쪽으로만 유리하게 정부의 시녀노릇을 해왔다는 얘기입니다. 그래서 이제는 중앙은행이 중립성과 독립성을 가지고 나름대로 금융기관의 역할을 충분히 발휘해야 합니다. 결과적으로 중앙은행의 독립성과 중립성도 경제민주화의 하나라고 보는 것입니다.

경제정의를 실현하는 길

지금까지 여기서 얘기했던 경제정의를 실현한다는 것은 경제민주화를 실천하는 것과 같습니다. 그래서 여러분들은 경제정의를 실현하는 것과는 거리가 멀다고 절대로 실망하지 마시고, 각각 소속하고 있는 자리에서 자기를 강하게 드러내면서 자기 몫을 찾아가는 것이 바로 경제정의의 실현이라고 얘기할 수 있습니다. 바로 그것이 경제민주화의 실천입니다. 경제민주화를 실천하는 방향으로만 가면 경제정의 실현되는 것입니다.

그 밖에도 경제적 불의, 경제적 부조리의 척결도 포함합니다. 좋지 않은 질의 상품을 만들어서 판다든가, 공무원들이 뇌물을 받는다든가, 조세를 징수하는 데도 문제가 있는 것들은 제거되어야 합니다. 이와 같이 경제적인 부조리들을 없애는 것도 경제정의의 실현이라고 보겠습니다.

마지막으로 정부에 있는 사람들, 특히 '4·4경제 활성화정책'을 낸

현재의 경제팀과 민자당이 대기업과 기득권층을 대변하면서 내세우는 논리를 짚고 넘어가야 합니다.

그들은 '한국경제가 지금 위기에 처해 있다. 한국경제가 다 죽어가고 있다. 그래서 토지공개념도 금융실명제도 안 된다. 지금 그런 수술을 하면 모두 죽기 때문에 일단 보약을 먹이고 그 다음에 수술해야 한다'라고 말하고 있습니다.

이 말의 요지는 성장정책을 써야 된다는 이야기입니다. 그들은 '성장정책을 쓰지 않으면 안 된다'라고 몰아가고 있습니다. 또한 그들은 경제정의를 실현하고 경제민주화를 추진하고자 주장하는 사람들이 성장은 안 해도 된다고 주장하는 것처럼 몰아세우고 있습니다.

정부가 주장하는 성장이란 무엇이냐? 수출드라이브 정책으로 인해 지금 문제가 팽배하잖아요. 경제정의 실현이나 분배가 잘 안되었다고 아우성이잖아요. 우리로 하여금 그렇게 만든 것이 바로 유신 때까지의 수출드라이브 정책이었습니다. 그런데 이것을 다시 재현시키겠다는 판입니다.

그렇기 때문에 우리는 더욱더 경제정의의 실현을 강하게 내세워야 합니다. 그러면서 알아야 할 것은 경제정의를 강조하고 분배문제를 강조하는 사람은 성장을 안 하겠다는 얘기가 절대로 아닙니다. 다만 어디에 차이가 있느냐 하면, 5~6퍼센트, 7~8퍼센트 경제성장을 하라는 얘기냐, 아니면 10퍼센트를 넘자는 얘기냐에 있습니다.

지금 희희낙락하는 경제팀들의 주장은 10퍼센트를 넘는 고도성장을 하겠다는 얘기입니다. 그들은 이것만이 한국경제를 살릴 수 있는 듯이 떠들어 대는데, 전혀 맞지 않는 얘기입니다. 경제정의를 실현하고 소득분배를 개선하면서도 5~6퍼센트, 6~7퍼센트의 성장을 할 수 있는 것입니다.

누구를 위해서 결국 성장하자는 겁니까? 다 잘살기 위해서 하자는 것이 아닙니까? 골고루 잘살기 위해서 성장하자는 것이지, 성장만 해 가지고 기득권층만 잘살고 다른 사람들을 자꾸 못사는 방향으로 끌고 가는 정부정책 때문에 지금 우리는 경제정의를 내세우고 있는데, 다시 정부에서는 그것을 재현하겠다니, 이게 어찌된 노릇입니까?

이런 사람들을 여론에서 정확하고 확실히 고발해야 합니다. 많은 국민들이 강하게 '그런 정책은 잘못된 것이다'라고 입을 모을 때 비로소 그런 사람들은 맥을 못 쓰게 됩니다.

다시 강조하겠는데, 경제정의를 실현하자, 소득분배를 하자는 사람들이 절대로 성장을 하지 말자고 주장하는 것은 아니라는 것을 알아야겠습니다.

《진리 편에 선 사람들》(천주교정의구현전국연합 편, 1990. 10)

선성장 후분배의 착오

1

바야흐로 1980년대가 개막되려고 하고 있다. 따라서 지난 1970년대를 되돌아보는 것도 의의가 있는 일일 것이다. 그러면 1970년대에 우리 경제에는 과연 어떤 일이 일어났는가, 1970년대는 우리 경제에 어떤 과제를 남겼는가, 또 어떤 의문을 제기했는가, 그리고 어떤 교훈을 주고 있는가.

2

1970년대에는 세 번의 불경기 혹은 경기후퇴가 있었다. 1970~72년과 1974~75년, 그리고 1978년 이후의 불경기가 그것이다. 이때 인플레이션도 함께 일어났음은 말할 나위도 없다. 말하자면 1970년대에는 우리 경제는 이른바 스태그플레이션 혹은 인플레적 경기후퇴를 세 번 맞이한 셈이다.

그리고 1970년대에는 우리 경제는 1972년의 8·3조치, 1976~77년의

중동 붐, 1977~78년의 부동산투자 붐 등을 겪기도 했다.

또 1970년대에는 전환기 혹은 전환점이라는 말이 운위되기도 했고 수출드라이브정책·중화학공업화가 외쳐지기도 했고 고도성장이 구가되거나 슬로건으로 내걸이지기도 했고 큰 재벌이 형성되기도 했다.

그러나 1979년대 말인 1979년에 와서 보니 우리 경제는 심각한 인플레이션, 무역수지적자 혹은 무역수지불균형, 산업구조의 이중성의 심화, 소득격차의 확대 등의 매우 어렵고 심각한 문제를 안게 된 것도 사실이다. 이의 주된 혹은 근본 원인이 무엇이냐에 대해서는 이견이 있을 수 있다. 그러나 그것은 일단 수출드라이브정책·중화학공업화와 결부된 고도성장정책의 추구에서 찾아질 것이다.

3

사실 1970년에서 1978년까지의 연평균 경제성장률은 9.7퍼센트나 되며 연평균 실업률은 4.1퍼센트이며 1인당 GNP는 1978년에 1천 달러를 상회하게 되었으며 1977년에는 수출이 1백억 달러를 넘어서게 되었으며 중화학공업의 비중이 경공업의 비중을 앞지르게 되었으며 경제수지가 1천2백만 달러의 흑자를 보일 뿐 아니라 노동력부족 현상이 일어난 것 같은 착각을 준 일이 있다.

그러나 다른 한편에 있어서는 1970~78년의 연평균 물가상승률은 도매의 경우에는 15.6퍼센트, 소비자의 경우에는 14.9퍼센트로서 1962 ~69년의 1960년대의 그것보다 높으며 연평균 GNP 디플레이션 상승률도 18.4퍼센트로서 그러하며 무역수지적자도 그 규모가 1960년대에 비해서 크게 확대되었으며 농공 간·공업 간의 연관도는 제고되지 못했으며 부익부 빈익빈의 현상이 두드러지게 나타나고 있으며 큰 재벌

이 눈에 띄게 되었다.

한마디로 말해서 1970년대는 명암이 심하게 엇갈린 10년이라고 해도 과언이 아닐 것 같다. 그러면서 한편으로는 경제성장 1인당 GNP 공업화 등에 대한 회의, 경제성장과 공업화의 속도에 대한 회의, 수출드라이브정책·중화학공업화의 추구에 대한 회의, 불경기 나아가서 불황의 경험은 불필요한지에 대한 회의, 진정으로 긴축의 경험을 가져본 일이 있는지에 대한 회의 또는 실업이냐 안정이냐의 선택에 있어서 진정으로 안정을 선택한 일이 있는지에 대한 회의, 농업혁명을 제대로 추진했는지에 대한 회의, 산업연관도의 제고를 제대로 추구했는지에 대한 회의, 1년 또는 단기의 수치 혹은 지표로 희비를 나타내는 일에 대한 회의, 고도성장정책의 추구를 촉구했다고 볼 수 있는 갖가지 주장에 대한 회의 등 많은 의문을 제기했다고 할 수 있다.

그리고 다른 한편에서는 경제성장은 어디까지나 수단이지 목적이 아닐 뿐 아니라 결과라는 것, 경제성장은 서두를 것이 못 된다는 것, GNP는 구성을 은폐하는 것이기 때문에 1인당 GNP가 반드시 각 개인에게 실감이 나는 것은 아니라는 것, 공업화도 역시 수단이며 서두를 것이 못 될 뿐 아니라 시간을 요한다는 것, 수출드라이브정책·중화학공업화는 강행할 것이 못 된다는 것, 경제 전체·기업·가계의 체질 강화는 불황의 긍정적인 면을 살릴 필요가 있다는 것, 진정으로 긴축의 경험을 가질 필요가 있다는 것 또는 실업이냐 안정이냐의 선택에 있어서는 안정을 선택해야 한다는 것, 농업의 역할과 중소기업의 역할을 새삼 중시하는 일이 필요하다는 것, 1년 또는 단기의 수치 혹은 지표로 희비를 나타내는 일은 피해야 한다는 것 등 많은 교훈을 주었다고 할 수 있다.

이와 아울러 고도성장정책의 추구를 촉구했다고 볼 수 있는 선성장

후분배의 주장이나 성장 초기에는 소득분배의 불평등은 불가피하다는 주장, 고도성장은 고고용이라는 주장, 고도성장하에서 인플레이션은 불가피하다는 주장 등이 시대착오적인 것이거나 잘못된 것이라는 점을 교훈으로 남겨주었다고 할 수 있음은 말할 나위도 없다.

즉 선성장 후분배의 주장은 복지사상이 팽배하고 있는 시대에는 시대착오적인 것이라고 할 수 있으며 성장과 더불어 그 과정에서 분배문제도 적극적으로 배려되지 않는 한 성장이 실현되었다고 해서 소득분배가 평등화하는 것은 결코 아니며 적극적인 고용수급정책을 펴나가기만 하면 고도성장이 아니더라도 고고용(高雇傭)은 실현될 수 있으며 고도성장은 저물가 아래서도 가능하다고 할 수 있다는 교훈을 남겨주었다고 할 수 있다.

4

따라서 1970년대가 준 이러한 교훈을 잘 살리면서 어떻게 심각한 인플레이션, 무역수지 적자 또는 무역수지 불균형, 산업구조의 이중성의 심화, 소득격차의 확대 등의 과제를 해결해 가는가가 1980년대의 우리 경제의 전망을 가늠해준다고 할 수 있을 것이다. 물론 원유문제에 어떻게 대처해 가는가도 결정적인 역할을 한다고 할 수 있다.

그러나 이 과제 중에서 산업구조의 이중성의 심화의 해소와 소득격차의 축소는 장기적으로 해결될 수 있는 과제라고 할 수 있으므로 우선 단기적인 것이면서 장기적인 과제라고도 할 수 있는 심각한 인플레이션과 무역수지 적자를 해소하도록 해야 한다.

그런 의미에서 적어도 1980년대 전반에는 안정을 추구해가야 한다. 물론 금년에 들어와서 이 심각한 인플레이션과 무역수지 적자의 해결

특히 인플레이션의 해결을 위해서 경제안정화정책이 추진되고 있고 앞으로 2, 3년 더 계속되리라고 하기는 하지만 이것은 1970년대가 준 교훈을 살리는 길이기도 하다고 할 수 있기 때문이다. 또 어느 기간에는 안정에 역점을 두고 어느 기간에는 확대에 역점을 두고 경제를 운용해도 결과적으로 성장을 얻어낼 수 있기 때문이다.

게다가 어떻게 보면 확대와 안정의 절충형(혹은 안정적 성장)이라는 말은, 과정에서는 혹은 사전적으로는 공허한 것 다시 말하면 실재하지 않는 것이고 결과적으로 혹은 사후적으로만 뜻이 있는 것인지도 모르기 때문이다.

만약 이것이 사실이라고 한다면 1980년대 전반에는 안정에 역점을 두면서도 그 후반에 확대에 역점을 둠으로써 1980년대에 성장을 실현시킬 수 있다고 할 수 있지 않을까. 특히 앞으로 원유 공급과 가격 전망이 불투명함을 감안할 때 더욱이 그러하다고 할 수 있을 것이다.

5

일단 안정이 찾아지고 안정기반이 굳어지게 되면 바람직스러운 경제상태인 저물가·고도성장·무역수지 균형·고고용을 실현시킬 수 있는 계기가 마련된다고 할 수 있다. 우리의 경쟁상대국인 대만은 1976년 이후 바로 이런 바람직스러운 경제상태를 실현시키고 있다고 볼 수 있다.

그런 뜻에서 안정과 긴축이 절실히 요청될 때 성장만 하면 만사가 해결된다는 성장만능론이나 고도성장 아래서는 인플레이션은 불가피하다는 인플레이션 감수론은 말할 것도 없고 고도성장은 곧 고고용이라는 주장 등으로 해서 실업이냐 안정이냐의 선택에 있어서 실업을

물가안정보다도 우선함으로써 확대정책으로 기울어지는 일 즉 불경기 내지 경기후퇴를 지나치게 두려워하거나 과장하는 일 등은 결코 있어서는 안 된다고 할 수 있다. 불경기 혹은 경기후퇴는 경제 전체·기업·가계의 체질강화라는 긍정적인 면을 갖고 있는 것이다. 그리고 적극적인 고용수급정책을 펴나가기만 하면 저성장 아래서도 고고용은 실현될 수 있는 것이다.

《성대신문》(1980. 1. 1)

복지사회의 실현은 가능한가

1. 서 설

최근 정부가 수년의 작업을 거쳐 확정 발표한 제4차 경제개발 5개년계획에 대하여 많은 논의와 관심이 집중되고 있다. 이것은 향후 5년여에 걸쳐 우리들이 당면하게 될 주요 환경을 예측하는 데 가장 신뢰할 만한 기초가 될 뿐만 아니라, 경제개발에의 참여의식을 높이거나 문제점을 해소할 계기를 마련한다는 점에서 바람직스러운 일이기도 하다. 제4차 계획은 선진국의 경험과 이론에만 의존하였던 1960년대 초의 제1차 계획에 비추어 커다란 진보를 뜻하는 것이다. 당시 필자는 어느 외국 인사와의 담론 중 '한국은 경제개발계획의 경험이 없지 않은가?' 하고 지적받고 당황했던 일이 있다. 그러나 이제 한국은 3차에 걸친 경제개발 5개년계획의 경험이 있고, 이를 바탕으로 경제개발계획의 수립 및 수행에 자신을 가지게 되었으며, 이에 대한 국민 일반의 인식과 이해도 크게 진척된 것이다.

그럼에도 불구하고 경제개발계획과 수행은 물론, 그것을 정확히 이해한다는 것은 역시 쉽지 않다. 경제계획의 질적 묘사는 불투명하며,

구체적인 통계수치는 국민 일반이 선뜻 그 의미를 감지할 수 있는 것이 아니다. 더욱이 계획은 많든 적든 표면에 드러나지 않은 문제점을 내포하고 있으며, 경제계획의 전례가 되는 메커니즘에 대한 이해는 불충분하고 또한 미래에 대한 예측은 다소의 불확실성을 포함하기 마련이다.

제4차 계획을 구체적으로 해설하는 것은 이 글의 목적이 아니다. 필자는 이 글을 통하여, 제4차 계획의 국민복지와 관련된 문제에 대한 독자의 이해를 돕고, 내재하는 문제를 지적하고자 한다. 이를 위하여 필자는 먼저 제4차 계획의 기본성격과 배경을 개관하고, 이를 바탕으로 복지사회의 실현에 관한 제4차 계획의 비전과 전략을 검토·평가한 다음, 물량 중심의 계획과정에서 상대적으로 경시된 인적 측면을 고찰하기로 한다.

본 논의에서 유의하여야 할 기본적인 두 가지 점은 다음과 같다. 하나는 질적인 방향은 물론 양적인 크기에 대해서 충분한 관심을 기울이는 것이다. 예컨대 소득수준 향상이라면, 우리는 그것이 얼마만큼의 향상인가, 어느 정도로 국민 일반에 파급될 것인가 등에도 관심을 갖지 않을 수 없다.

다른 하나는 경제 하부 메커니즘을 충분히 고려하는 것이다. 예컨대 한정된 재원으로 투자율도 향상시키고 고용기회도 확충한다면, 이들 사이에는 상충하는 메커니즘이 존재하지 않는가, 존재한다면 이를 어떻게 배분할 것인가 하는 점에 관심을 기울여야 할 것이다. 이들은 여러 가치의 종합적인 조정을 주로 다루는 경제학자가 사회현상을 관찰하는 기본적인 시각이기도 하다.

2. 제4차 계획의 기본성격과 환경

1) 계획의 기본성격

모든 계획은 달성하고자 하는 기본목표와 환경에 대한 예측을 발판으로 하여 세부목표 내지는 정책수단의 동원 및 이에 대한 환경적 요소의 반응에 대한 예측을 단계적으로 고려하여 수립된다. 마찬가지로 제4차 경제계획도 경제개발에 관한 몇 가지 기본목표와 국내외 경제환경에 대한 명시적 또는 암묵적 예측을 발판으로 세부전략이 마련되었다. 이제 제4차 계획의 복지사회 실현 가능성을 구체적으로 살피기에 앞서서 그 기본성격을 음미하고 계획의 전제가 된 국내외 경제여건 예측을 간단히 검토하기로 한다.

제4차 계획은 국가의 항구적 안전보장과 국민생활의 양적·질적 향상이라는 대전제 아래 착실한 성장과 사회개발을 계획기조로 내세우고 있다. 이는 무엇보다도 3차에 걸친 계획기간에서 소외되어 온 국민생활의 질적 측면 내지는 사회개발을 명시적으로 도입했다는 점이 특징이며, 이에 따라 형평이 개발이념의 하나로 제시되고 사회개발이 3대 기본목표의 하나로 채택되었다. 형평 또는 사회개발의 기치는 그동안 미뤄온 국민 일반의 기대에 부응하는 것이 아닐 수 없다. 다만 경제계획은 본질적으로 한정된 자원을 상충되는 여러 가치 목표에 배분하는 것이며, 사회개발이 흔히 저개발국의 전시적 구호로 사용될 수 있으며, 또한 경제계획 자체에서 사회개발의 본격화 및 후생 분배정책의 확충을 1980년대 초에 시작될 제5차 계획으로 미루고 있다는 점에서, 계획기간 동안 사회개발과 형평의 증진이 '어느 정도로' 국민 일반에 감지될 것인지에 대해서는 신중한 고려가 있어야 한다.

또한 제4차 계획은 특히 제2차 계획 이래 대외지향적 고도성장 과

정에서 일실(逸失)된 경제자립구조의 확립을 기본목표의 하나로 들고 있는 점에서 주목된다. 이는 구체적으로 투자재원의 국내조달과 국제 수지(경상수지)의 균형이 계획기간 중에 달성되는 것으로 압축되며, 한 국경제의 대외의존적 구조는 오래전부터 중요한 취약점으로 지적되어 왔다는 점에서 경제자립의 추구는 오히려 때늦은 감이 있는 의욕적인 진일보라 할 것이다. 다만 투자재원의 국내조달과 국제수지 균형은 관점을 달리하면 외자잔액 부담능력의 한계에서 불가피하게 달성해야 할 목표로서 지나치게 의욕적인 감이 있으며, 일국의 경제자립의 정도 는 그 밖에 무역의존도, 외채부담률 등을 종합적으로 고려하여 판단되 어야 할 것임을 지적해 두고자 한다.

그러면 우리는 제4차 계획의 핵심적인 기본성격을 어디에서 찾을 것인가? 그것은 역시 국가의 안전보장이나 국민생활의 향상이라는 대 전제가 함축하고, 성장과 능률이라는 개발이념이 명시하고 있는 바와 같이 고도성장의 추구에 있다. 이를 위하여 철강, 석유, 비료, 시멘트, 기계, 전자, 조선 등의 중화학공업을 중심으로 한 공업화전략이 계속 추구될 것이며, 이를 지원하기 위한 사회간접자본의 확충이 계속될 것 이다. 이와 관련하여 수출진흥 정책이 계속 강력하게 추진될 것이며, 국제경쟁력 강화를 위한 능률향상과 기술개발이 특히 강력히 추구될 것이다. 요컨대 제4차 경제계획은 사회개발과 자립경제의 추구로 윤색 되었더라도 공업지향 수출주도적 고도성장의 추구라는 3차에 걸친 경 제계획의 전통을 훌륭히 계승하고 있으며, 이는 국력배양이라는 강력 한 의지의 소산임은 말할 필요가 없다.

2) 국내외의 조건과 전망
① **국제환경**: 대외지향적 고도성장을 추구하여 온 3차에 걸친 계획

기간에 있어서 국제환경이 한국경제에 유리했었다는 것은 널리 지적되고 있다. 대일청구권 자금을 비롯한 막대한 외자가 공공 또는 민간경제를 통하여 도입되었으며, 1970년대 초에 이르기까지 필요한 자원이 비교적 염가로 충분히 공급되었다. 비슷한 시대에서 1973년을 정점으로 한 전 세계적인 자유무역 확대경향과 주요 선진국의 호황을 발판으로 수출은 경이적으로 신장되었으며, 성장의 주동력이 되었다.

이에 비하여 제4차 계획은 명백한 두 가지 약점을 안고 출발한다. 하나는 외채부담의 과중으로 투자재원의 대부분을 국내에서 조달하여야 한다는 것이며, 다른 하나는 아직 해소될 아무런 전망이 없는 자원민족주의에 대처하여야 한다는 것이다. 이러한 제약에서 오는 역기능 정도를 정확히 예측하는 것은 매우 어려운 일이지만 후술하는 수출수요의 제약보다 중요한 제약요인이 될 수 있음을 부인할 수는 없다.

최근 수년간의 세계적인 스태그플레이션은 한국의 수출주도적 경제성장 정책에 그림자를 드리웠다. 그렇지만 한국경제는 이를 잘 극복하였으며, 대체로 작년 가을을 기점으로 세계경제는 선진국 선도하에 회복되어 가고 있다. 이런 점에서 제4차 계획이 전제로 하고 있는 세계경제의 연 4~5퍼센트의 성장 예측은 적어도 1976~1977년 무렵에 이르기까지는 온당한 것이라 할 수 있다.

그러나 국제물가가 연 5퍼센트 상승에 그치리라는 예측은 이미 선진국에 인플레이션 압력이 존재함에 비추어 지나치게 낙관적이며, 이와 관련된 수요관리 정책 여하에 따라 세계경제의 장기전망은 아직 불투명한 실정이다. 또한 경제회복에 따라 세계무역 신장률도 당분간 급속히 회복될 전망이지만, 국제 통화질서의 문란과 신보호주의 무역정책은 중요한 제동작용을 할 것으로 보인다. 따라서 세계무역량이 계획기간 중 연 8퍼센트의 비율로 꾸준히 성장하리라는 예측은 다소간

낙관적이라 하겠으며, 이와 같이 불투명한 전망하에서 연동계획 방식을 채택한 것은 불가피한 일이 아닐 수 없다.

② **국내환경**: 양질저가의 풍부한 인적 자원은 한국경제의 중요한 잠재력이다. 이는 국민총생산대비로 같은 그룹 소득계층 국가의 평균치의 2배를 상회하는 대규모의 교육투자 결과이며, 경이적인 기술습득률을 통하여 직간접으로 경제성장을 촉진시켜 왔고, 또한 형평을 위한 주요한 전략이 될 것이다.

사회구조의 균질성은 정부의 제시책에 대한 국민 일반의 협조를 촉진함과 동시에 소비수요의 균질화를 통하여 수입대체산업을 비롯한 경공업 발전의 발판이 되어 왔다. 소득격차의 확대와 더불어 최근 대두되고 있는 상류계층의 형성은 이질감과 수요분산의 양면에서 경계되어야 한다.

제4차 계획이 국내여건의 분석이나 민간부문의 경제행동 유도에 관한 구체적인 정책 수단을 제시하지 않고 있다는 점에서도 나타나지만, 정책 당국은 민간부문의 경제활동의 통제 내지는 경제적 메커니즘의 조정에 상당한 자신감을 가지고 있는 것으로 보인다.

예컨대 많은 연구와 자문을 거쳤음에도 중간재의 수급에 대한 산업연관적 메커니즘에 대한 고려는 여전히 불충분해 보인다. 기본목표에서도 명시하였듯이 자립경제의 확립을 위해 전후방 연쇄효과를 되도록이면 국내에서 향유하도록 하는 배려가 필요하다. 수출품의 경우에도 원자재에서 해운에 이르기까지의 연쇄효과가 국민경제에 수용되도록 적극적이고도 조직적인 대책이 강구된다.

국내재원 조달을 위한 민간저축의 경우에도 민간의 소비 및 저축 메커니즘에 부합하는 정책수단이 제시되지 않고 있다. 저축증대(소비감소)가 단순히 이자율 상향조정에 의하여 달성되리라든가, 또는 목표

액 할당 등의 행정적인 직접통제에 의하여 달성되리라는 단순한 기대
는 곤란한 것이다.

또한 제4차 계획은 계획기간 중의 GNP 디플레이터 증가율을 연 7
퍼센트(1977년 제외)로 전제하고 있다. 이는 통화량 증가율을 연 23퍼
센트로 책정하고, 한국은행 측의 통화관계 자료를 충분히 활용한 것이
라 하나 지나치게 낙관적인 것으로 보인다. 과거의 경험으로 보아 통
화량 증가가 성공적으로 통제된다 하더라도 연 12~13퍼센트의 증가
율이 예상되며, 목표치와의 괴리는 아마도 정책 당국의 직접 가격통제
에 대한 자신감을 반영하는 것이 아닌지 모르겠다.

이러한 직접 통제방식이 비록 일시적으로 성공한다 하더라도 자유
경제의 대원칙에 역행하는 것임은 물론이다.

3. 제4차 계획의 비전과 전략

1) 재원 조달과 산업구조 개편문제

경제계획을 판단하는 궁극적인 가치기준으로서 이론적으로는 국민
개개인의 취향에 입각한 종합적이고 동학적인 사회후생함수를 상정할
수 있다. 그러나 여기서는 사회후생에 주요한 영향을 미치는 것으로
생각되는 국민소득 향상, 고용증대, 물가안정, 경제자립, 사회개발에
대하여 제4차 계획의 비전과 주요전략을 검토하는 데 그치기로 한다.

제4차 계획의 기본 특성은 중화학공업을 중심으로 한 수출주도적
고도성장의 추구에 있다. 계획기간 중 연평균 9퍼센트의 경제성장이
이루어지며, 특히 중화학공업은 연 17.2퍼센트 성장하고, 수출은 연 16
퍼센트 신장된다. 그 결과 1981년에는 70퍼센트가 증가해 15조 원
(1975년 가격: 311억 달러)이 되며, 제조업의 구성비는 28퍼센트(중화학

42.8%)에서 35퍼센트(중화학 51.5%)로 증대되고, 상품수출은 130억 달러(1975년 가격: 수입 124억 달러)로 2.6배 증가한다. 이러한 경제규모의 확대는 인구 성장률을 연 1.6퍼센트로 간주할 때, 1인당 GNP를 연 7.3퍼센트의 비율로 증가시키며, 그 결과 1981년에는 1,284달리(경상기격: 1975년 가격으로는 약 8백 달러)로 높은 수준에 이르게 된다. 이러한 청사진은 국력배양이나 국민생활의 양적 향상은 물론, 고용증대 사회개발 등과도 밀접한 관련을 갖는 것으로 경제계획의 대부분이 이를 중심으로 구성됨은 당연한 일이기도 하다.

제4차 계획의 고도성장에 대한 기본전략은 투자재원의 국내조달, 중화학공업 중심의 산업구조 고도화, 수출진흥과 수입억제의 세 가지로 요약될 수 있다. 그런데 이들 재원조달, 산업구조와 체질개선, 수출진흥 등은 계획 담당자에게도 문제점 내지는 주요 과제로 지적되고 있음은 특기할 만하다.

먼저 투자재원 조달 면에서 계획기간 중 필요한 17조 원이란 투자재원의 88퍼센트(1981년에 98%)를 국내저축으로 충당하도록 되어 있다. 이러한 투자재원 조달의 자립은 제3차 계획기간 중의 62.7퍼센트에 비하면 매우 의욕적이면서 동시에 불가피한 일이기도 하다. 왜냐하면 계획기간 중 투자재원의 외자조달을 억제함에도 불구하고, 원리금 상환부담과 외환보유고의 안정선 확보(경상지출의 25%)를 위해 1백억 달러(1975년 가격)의 외자도입이 필요하며, 이로써 1981년 차관잔액은 117억 달러(1975년 가격)에 이르기 때문이다. 이는 GNP 대비 국내 저축률을 제3차 계획기간 중 17퍼센트에서 23퍼센트로, 획기적으로 높이는 것을 필요로 한다. 이러한 저축증대에 대해 계획은 정부, 기업, 가계부문이 GNP 대비 저축률을 각각 2퍼센트포인트 내외씩 증가시킬 것을 당위로 삼은 것으로 보이나 정부예산과 금융저축 목표를 제시한

외에는 별다른 정책수단을 제시하지 않고 있다. 따라서 저축률 증대-소비율 억제는 이자유인이나 물가수준 외에도 여러 가지 요인에 의하여 결정되므로, 이에 대한 이론적·실증적 연구를 거쳐 민간소비지출 억제, 기업의 감가상각 및 배당정책, 조세저항 등을 고려한 적절한 폴리시 믹스(policy mix)가 수립되지 않으면 투자재원 조달의 문제는 제4차 계획의 결정적인 취약점으로 대두될 가능성이 있다. 이를 위해서는 국민의 협조를 얻을 수 있는 상황의 조성을 전제로 하여 직접통제의 방법이 불가피할 것으로 보이며, 이런 점에서 물가안정에 대한 신뢰는 매우 중요한 의미를 가질 것이다. 일반적으로 이자율유인은 저축할당 목표의 달성에는 효과적이겠으나, 총저축에 대한 효과는 정책 당국의 신뢰와는 달리 매우 의심스러워 보인다.

다음으로 산업 및 투자배분 정책에 있어서는 투자정책 및 고용효과가 높은 중화학공업, 특히 기계, 전자, 조선을 중점적으로 지원하도록 되어 있다. 계획기간 중 제1차, 제2차 및 제3차의 산업별 성장률은 각각 4.0퍼센트, 13.6퍼센트, 8.1퍼센트로 책정되었으며, 그 결과 산업구조는 26:29:45에서 20:37:43으로 고도화된다. 특히 제2차산업 중 중화학공업은 연 18.1퍼센트, 이 중 기계, 전자, 조선은 연 24.6퍼센트로 성장하여, 그 결과 이미 본 바와 같이 제조업 중 중화학공업의 비중은 42.8퍼센트에서 51.5퍼센트로 증가하고, 중화학공업 중 기계, 전자, 조선업의 비중은 13.2퍼센트에서 21.2퍼센트로 증가된다. 이를 위하여 투자재원도 상대적으로 3차산업부문의 비중을 줄이고 사회개발과 더불어 비철금속, 기계, 전자공업 등에 중점적으로 배분된다. 이는 정밀기계공업, 전자공업, 지식 및 정보산업 등을 주도부문으로 할 제5차 계획의 기반을 마련하는 것이기도 하다. 이미 지적한 바와 같이 이와 같은 산업구조 개편과정에서 원자재와 중간재의 수급을 포함하여 주

도산업의 전후방의 연쇄효과를 되도록 국내경제에서 향유하도록 하는 것이 긴요한 일이며, 또한 경제자립을 위한 바람직한 방향이기도 하다. 더욱이 자원이 부족하고 국내시장이 협소한 한국경제로서는 산업 연관에 대한 배려는 오히려 중요하고, 적절한 산업의 계열화가 중요한 과제로 대두된다.

이와 관련하여, 우수한 인적 자원과 대규모 인력개발 투자를 발판으로 선진기술의 도입과 습득이 급속히 진척될 것이 요청된다. 기술 습득의 한계가 어느 정도인지는 불분명하지만, 중화학공업의 급속한 육성에는 기술상의 애로가 문제될 수 있음은 물론이다. 나아가 계획에 포함된 의욕적인 연구개발 투자를 발판으로 투자효율은 높으나 자본 집약적인 선진기술의 도입에 만족하지 않고, 투자효율이 높고도 노동 집약적인 기술의 개발에도 지원을 아끼지 말아야 할 것이다. 기술 외에 경영, 유통 및 행정의 체질개선은 산업구조 고도화의 전제로서 해결되어야 할 과제이며, 또한 중소기업 문제를 비롯한 산업 내의 질적인 구조에도 적극적인 대책을 마련하여야 할 것이다.

마지막으로 고도성장의 관건은 수출진흥과 수입억제의 성공 여하에 있는바, 이에 대해서는 경제자립 부분에서 논의하기로 한다. 다만 여기서는 수출진흥, 더욱이 수입억제의 목표는 외자도입의 한계와 고도성장의 추구라는 제약에서 불가피한 것으로 1979년의 무역수지 흑자 전환 등은 상당히 의욕적이라는 느낌이 있다는 점만 지적해 둔다.

지금까지 연 9퍼센트의 경제성장 목표 달성에서 극복되어야 할 몇 가지 과제를 논의했는데, 우리는 그 내용상의 문제에 대해서도 충분한 관심을 기울여야 한다. 예컨대 연평균 9퍼센트의 GNP 성장이 과거와 같이 심한 경기변동을 수반하여 진행된다면 경기조절의 첨병으로서의 실업자군은 더 큰 사회문제로 등장하게 될 것이다. 따라서 고도성장의

과정에서는 정부의 경기조절 기능을 발동하여 지속적인 9퍼센트 내외
의 경제성장을 유지하도록 해야 할 것이다. 또한 조세부담 증가, 국내
저축 증대, 수출증가에 따라 GNP 중 민간소비지출의 비중이 70퍼센
트에서 60퍼센트 수준으로 감소한다는 점에서 국민의 기대감을 자극
하기보다는 성장과실의 균점에 대한 신뢰 등을 통하여 인내의 공감을
얻는 데 주력하여야 할 것이다.

그리고 소득의 향상 못지않게 소득분배도 중요하다. 무엇보다도 국
민의 기대가 쏠리고 있는 소득분배의 형평에 대해서 국가적인 견지에
서 정책 당국이 인색할 이유가 없다. 정책 당국으로서는 소득격차가
투자재원의 확보 집중에 유리하므로, 소득의 형평이 고도성장과 상충
되는 것으로 간주하는 것 같다. 그러나 소득격차와 이에 부수하는 분
배의 불안전성은 과시적 소비와 사치를 조장하는 역기능을 가지며 (고
소득층의 한계 저축성향이 높으리라는 것도 실증적 기반이 없다), 재원 집중
은 산업혁명기에나 문제될 수 있었다는 특수성을 염두에 두어야 할
것이다. 요컨대 소득격차(그것이 정당한 것이라는 공감이 있다면 근검정신
을 북돋을지 모르지만)의 해소 내지 완화가 선성장의 이름 아래 지연되
어야 한다는 주장은 이론적·실증적 기반을 잃고 있다.

소득향상의 유인 아래 가시적·비가시적 희생을 감내하고 있는 국민
일반의 공감과 협조를 얻기 위해서는 성장의 동학적 과정을 이용한
소득분배의 형평은 시급히 고려되어야만 한다.

2) 사회개발의 점진적 추진

① **고용증대**: 제4차 계획은 광공업부문의 선도하에 취업인구를 연
3.1퍼센트의 비율로 증가하도록 하고 있다. 이는 인구성장, 노동력 인
구 비중 증가, 경제활동인구 비중 증가에 의한 경제활동인구 증가율을

흡수하는 데 그치고 실업률은 현 수준으로 유지하는 것을 의미한다.

고용증가율 3.1퍼센트는 소득형평의 관점에서는 고용증가율이 경제성장률을 초과하여야 임금격차가 해소된다는 주장에 비추어 볼 때에도 극히 소극적인 수준임이 명백하다. 이는 고도성장의 추구에서 투자효율이 높은 중화학공업에 주력함으로써 자본집약적인 선진기술을 채택하는 데서 생기는 것이다. 계획은 노동집약적인 기계, 전자, 조선을 중점 지원함으로써 고용효과를 기대하고 있으나, 여기서 '노동집약적'이라 함은 어디까지나 원래 자본집약적인 중화학공업을 기준으로 하는 것이며, 그것이 당초 고용정책으로 추구된 것인지도 의심스럽다. 요컨대 제4차 계획은 경제성장 자체에 의한 고용확대 외에 별다른 고용정책을 제시하지 않고 있다. 이는 현재의 실업률 4퍼센트 내외를 낙관적으로 받아들인 소산이겠으나, 실제로 저학력자를 중심으로 체감되는 실업문제는 향후 5년간 방치하여도 좋을 정도는 결코 아닐 것이다. 따라서 부가가치 중 임금급료 지급액의 일정률을 부가가치세 과표에서 공제한다든지, 투자 우선순위의 결정에 고용효과를 명시적으로 도입한다든지 하여 기업이 노동집약적 기술을 선호할 유인을 마련하여야 하며, 중소기업의 육성 등의 적극적인 고용흡수 정책, 나아가 투자의 효율이 높으면서도 자본집약적인 생산방법의 연구개발 등의 대책을 마련하여야 할 것이다.

② **물가안정**: 물가안정은 경제안정이나 근로소득자 보호라는 복지적 측면은 물론 고도성장에 필요한 내자조달 및 국제경쟁력 배양의 관점에서도 극히 중요하다. 제4차 계획은 계획기간 중 GNP 디플레이터 상승률을 연평균 7퍼센트로 책정한 외에는 별다른 물가대책을 제시하지 않고 있다. 7퍼센트는, 이미 지적한 바와 같이, 동 기간 가운데 통화량이 23퍼센트 안팎으로 억제된다 하더라도 지나치게 의욕적인 것이다.

이는 물가안정을 재정 및 금융 정책을 통해서 달성하겠다는 의지라기보다는 가격의 직접통제의 가능성을 배경으로 하는 것으로 보인다. 이런 점에서 물가안정에 대한 신뢰할 만한 정책수단을 제시하지 않는다는 것 자체가 심리적으로 인플레이션의 요인이 될 수 있다. 바꾸어 말하면, 의욕적인 목표보다 구체적인 정책수단을 시급히 마련하여야 할 것이며, 그 자체가 경제를 안정시키고 또한 일시적으로라도 가격통제에 대한 저항감을 완화시키는 수단이 될 수 있을 것이다.

③ **경제자립:** 제4차 계획에서 기본목표의 하나로 제시된 경제자립은 국가안전보장과 관련되며, 경제구조의 대외의존적 취약성을 완화하기 위한 것이다. 제4차 계획에서 말하는 경제자립의 구체적인 의미는 전술한 바와 같이, 국제수지의 균형과 투자재원의 국내 조달에 있다.

먼저 국제수지는 무역수지의 급속한 선도하에 경이적으로 개선되고, 그 결과 1981년에 외환보유고는 안정수준에 이르게 된다. 즉 수출은 중화학공업제품을 중심으로 하여 연 16퍼센트의 실질성장률을 보이는 반면에, 수입은 내수상품을 중심으로 연 12퍼센트로 억제하여 1979년에는 무역수지가 흑자로 역전된다는 것이다. 그러나 세계경제가 회복기에 들어섰지만 그 장기전망은 불투명하며, 또한 수입이 효율적으로 억제될 수 있을지도 의문이다. 그러나 이는 외자의존적으로 성장하여온 한국경제가 언젠가는 극복하지 않으면 안 될 과제인 것이다.

급속한 무역신장은 목표연도에 1975년 불변가격에 의한 무역의존도를 82퍼센트(1975년 62%)로 증가시키게 된다. 이러한 과다한 무역의존도의 선악을 논하기는 어려운 일이지만, 그로 말미암아 야기되는 세계경기변동의 민감한 파급이 바람직하지 않다면, 수출주도적 성장정책을 새로운 각도에서 검토하여야 할 위치에 와 있는 것으로 생각된다.

투자재원의 국내 조달이 제4차 계획의 특징이기도 하지만, 계획기

간 중에 원리금상환과 경상수지 적자보전 등을 위하여 1백억 달러의 외자가 도입되며, 그 결과 목표연도의 차관잔액은 117억 달러(1975년 가격)에 이른다. 이는 GNP의 3분의 1에 해당하며, 국부의 10퍼센트를 싱회하는 이례적으로 높은 수준이 아닐 수 없다. 이와 같이 과다한 외채부담도 앞으로 한국경제가 해결하지 않으면 안 될 주요 과제이다.

산업구조 면에서는 연관효과를 논했지만, 이를 떠나서도 전략자원 특히 식량의 자급은 중요하다. 정책 당국은 농림수산업의 성장률을 연 4퍼센트로 책정하고, 농업에 대해서 정리개발사업 및 농업기계화 등 다각적인 대책을 마련하고 있다. 필자로서는 기본식량의 자급도를 제고하는 데 1차적인 관심이 있기에 실정에 맞지 않는 기계화보다도 농산물 가격을 현실화 및 안정화시키는 것이 식량증산과 소비절약의 양면에서 시급하고도 효과적이라고 본다. 이 경우, 저소득층의 생계비 가중은 다른 방법을 통해 경감시켜 주어야 할 것이다.

④ 사회개발: 사회개발은 형평을 더 직접적으로 확보하는 방법이며, 경제개발에 대한 참여의식을 고조시킨다는 점에서 그 자체가 하나의 전략일 수 있는 동시에, 빈곤과의 투쟁이라는 경제개발의 궁극적 당위에 합치되는 것이다. 제4차 계획은 사회개발의 기치 아래, 특히 교육 및 인력개발, 보건, 상하수도에 중점을 두어 총투자재원의 21.4퍼센트(제3차 계획: 18.0%)를 배분하고 있다. 그러나 본격적인 형평 및 후생정책의 추구는 1980년대로 미루어지고, 이를 위한 제도적 준비와 방향설정이 주요 목표로 되어 있다.

교육 및 인력개발은 계획기간 중 총투자재원의 4.5퍼센트(제3차 계획: 2.3%)가 투입되는 중점사업이며, 과학기술계 인력 특히 기능공의 직업훈련을 비롯한 인력수급계획을 중심으로 구성된다. 따라서 교육의 간접적이고 우회적인 투자효과가 상대적으로 경시되었고, 교육 자

체가 갖는 효용도 경시되고 있다.

보건정책으로 3,620억 원이 투입되며, 상하수도 시설, 저소득층 의료혜택의 확대가 중점적으로 추구된다. 그러나 공해방지 등에 대한 구체적인 대책은 제4차 계획에도 여전히 누락되어 있다. 주택정책으로서는 농어촌 주택이 중점 지원되는 외에 별다른 대책이 제시되지 않고 있다. 주택 부족률이 25퍼센트에서 20퍼센트로 줄어드는 것은 경제성장의 부수적 효과에도 미달하는 수준이다.

이상에서 알 수 있는 바와 같이 제4차 계획은 고도성장의 대원칙에 위배되지 않는 범위 안에서 극히 점진적으로 사회개발을 추진할 의지를 보이고 있다고 할 수 있다.

4. 제4차 계획의 인적 측면

경제개발은 기본적으로 경제사회를 구성하고 있는 경제주체와 경제주체를 제약하고 또 그에 의하여 변동되는 경제환경과의 교호(交互)적 작용의 총화로 파악될 수 있다. 우리는 앞에서 주로 물량적인 측면을 중심으로 작성된 제4차 계획이 한국경제의 구조적인 취약성과 상충되는 여러 가치의 의욕적 추구로 인하여 여러 가지 문제점과 불확실성을 드러내는 것을 보아왔다. 이러한 문제점의 어떤 부분은 계획 자체의 조정을 필요로 하는 것이지만, 또 어떤 부분은 계획을 수행해 나가는 과정에서 극복하지 않으면 안 될 것이다. 이것은 예측과 계획의 차이이기는 하나, 그 문제가 심각할수록 단순히 물량적 측면 외에, 경제 메커니즘을 구성하고 또 변동시키는 인적 측면에 대해서도 신중한 검토를 하여야 한다. 본 항에서는 이러한 인적 측면을 전통적 이론에 따라 가계, 기업, 정부 등으로 분류하고, 그 주체로서의 소비자, 기업가,

정책 당국의 할 일에 대해서 논의하기로 한다.

1) 소비자

가계는 전통적으로 소극적·피동적으로 행동한다고 간주되어 왔기 때문에, 경제개발 과정에서의 잠재적 역할을 소홀히 생각하는 경향이 있다. 그러나 부의 소유자인 동시에 소득의 처분자로서의 소비자는 자원배분, 소득분배, 수급조정 등을 결정하는 가장 큰 잠재력을 가진 존재인 동시에, 경제계획의 궁극적 수혜자요 결정권자라는 점에서 가계행동의 내재적 메커니즘의 이해와 유인 및 조정은 경제계획의 성패를 좌우할 수 있다.

소비자는 소비-저축의 결정자로서 투자재원을 직접 조달할 뿐 아니라, 기업의 소유주 또는 조세의 부담자로서 기업저축과 정부저축에 관여한다. 따라서 획기적인 저축증대가 요청되는 계획기간에 있어서는 저축제도의 개선으로 저축을 유인하는 한편, 소득의 형평 등에 의한 과시효과 억제로 자원부족 아래의 절약정신을 일깨워야 할 것이다. 이는 일방적인 애국심의 강조에서 이루어지는 것이 아니므로 물가수준 등 경제적 안정과 미래의 비전에 대한 신뢰성을 기하여 개인의 동기가 국가적 목적에 부합되도록 배려되어야 한다.

국내소비자의 소비감소는 수출주도적 경제에서 경시되는 경향이 있으나, 역사적으로 그리고 현실적으로도 국내시장에 발판을 둔 기업이 해외시장에 성공적으로 진출할 수 있었음에 유의하여야 한다. 소득격차의 해소에 의하여 소비의 동질성을 확보하고, 이를 내부 및 외부경제를 향유하는 연관효과가 높은 산업부문으로 유도하는 것은 중화학공업 우선의 제4차 계획 기간에도 극히 중요하다. 이를 위해서 기업의 투자활동은 물론 판매촉진 활동에도 적절한 규제가 필요하다.

저축은 어떤 형태로 존재하든 인플레이션 없는 재원조달을 가능하게 하지만, 그 구체적 효과는 저축형태에 따라서 다를 수 있다. 예컨대 저축이 부동산, 골동품, 귀금속의 형태를 취하면 가격상승분만큼 허구의 부를 증가시켜서 GNP에 대한 소비성향을 높이게 된다. 따라서 이에 대한 적절한 규제방안도 마련하여야 한다.

요컨대 소비자는 소득처분 행동을 통하여 투자재원의 조달원천이 되고, 시장 또는 생산구조를 결정한다. 그런데 가계행동의 적절한 조정을 위해서는 경제적 안정과 신뢰감의 확보가 전제되어야 할 것이다.

2) 기업가

제4차 계획은 기업의 체질개선을 전제로 하여 민간주도적인 경제체제를 지향하고 있다. 이것을 그동안의 정부주도적 경제성장 과정에서 누적되어 온 기업의 정부의존적 취약성에 대한 반성을 의미하는 것이다. 원래 기업가는 여러 생산자원의 통합조정자로 자본조달에서 판매에 이르기까지 경영 각 분야에서 기술혁신의 담당자로서, 또한 확대재생산을 위한 축적기능의 담당자로서 크게 주목을 받아왔다. 기업가 본연의 임무는 이와 같이 여러 생산요소 소유자의 이해관계를 통합·조정하는 동시에, 기술혁신을 통한 품질향상과 가격저렴화에 의하여 이윤을 추구하고, 이러한 이윤을 끊임없이 재투자하여 기업을 확장시켜 나가는 것이다(요즈음 기업가의 사회적 책임이 자주 거론되고 있지만, 필자로서는 이러한 기업가 본연의 임무에 충실하는 것이 무엇보다 중요하다고 생각한다). 기업가로 하여금 이러한 기능 내지는 임무를 혼신의 노력으로 수행하도록 만드는 것으로서 이윤동기와 더불어 창조적, 위험적 성취욕구가 지적되고 있다. 그러나 그동안의 정부주도적 성장정책은 기업가로 하여금 기술혁신 등의 본연의 임무보다는 정책 당국과의 긴밀

한 관계가 훨씬 중요한 결정요인이라고 생각하게끔 만들어왔다는 느낌이 짙다. 이러한 기업가와 정책 당국과의 관계는 흔히 비공식적인 경로를 통해서 이루어짐으로써, 기업가는 기업가로서의 긍지보다는 기업경영을 하나의 수단으로 간주하게 되어, 흔히 방만한 경영을 야기하는 풍토를 조성해 온 면이 있었던 것이다.

기업가의 활동을 유인 또는 조정하여 경제개발에 적극적인 역할을 담당하도록 하기 위해서는 기술개발을 지원·촉진한다든지, 부가가치세 도입으로 타인자본 과중의 재무구조를 개선한다든지, 투자 패턴을 장기적인 산업구조정책에 맞추어 조정·통제하는 것 등이 중요함은 물론이다. 그러나 앞에서 본 바와 같이 기업가가 기업가로서의 긍지를 가질 수 있는 기업환경, 또한 본연의 기능에 충실한 것이 이윤확보에 이르는 유일한 길로 널리 인정되는 기업풍토를 조성하는 것이 무엇보다도 시급한 것으로 보인다. 그런 의미에서 산업정책의 각종의 지원(또는 제한)정책의 기준(예컨대 공식적인 투자우선순위의 산정기준)의 공식화와 일관성 있는 적용 등 정부의 적극적인 활동이 선행되어야 할 것이다.

3) 정책 당국

경제계획의 수행과정에서 정부는 직접적으로 국민경제의 일익을 담당할 뿐 아니라, 민간부문으로 하여금 국가경제적 목표에 접근하게 하는 적절한 유인을 마련하거나 때로는 직접적인 통제수단을 사용함으로써 경제계획 수행의 사령탑 역할을 담당하게 된다. 이러한 기능을 수행하는 과정에서 정책 당국은 다음에 지적하는 세 가지 함정에 빠지기 쉽다.

첫째는 성급한 판단이다. 국민이 바라는 것이 무엇인가에 대해서도

성급한 판단이 이루어지기 쉬우며, 또한 정책수단을 선정하는 데에서 경제적 메커니즘을 과소평가하거나 단순히 목표를 할당하는 식의 안일한 판단을 일삼기 쉽다. 정책 당국은 국민의 의사를 집약하는 정치적 과정이 실패할 수도 있으며, 또한 경제적 메커니즘에 대한 우리의 이해가 불충분하다는 것을 깊이 인식하고 더 겸허한 자세로 정책수행에 임하여야 할 것이다.

둘째는 주어진 부서 및 임기에 과업을 완수하겠다는 과도한 성취동기에 사로잡히기 쉬운 것이다. 이러한 경향은 국민경제 전반에 걸친 장기적 과업을 수행하는 데 역효과를 가져올 수 있음을 우리는 적지 않게 보아왔다.

셋째는 민간부문에 대한 권한을 이용하여 개인적 이익을 추구하거나 부정부패와 결탁하는 유혹을 받기 쉬운 것이다. 따라서 고위정책 당국은 소극적으로는 이에 대한 감독은 물론, 적극적으로 '청렴한 공무원'으로서 긍지를 가질 수 있는 풍토를 마련해야 할 것이다.

제4차 경제개발 5개년계획은 공업화지향적, 수출주도적 고도성장을 추구하고 있다는 점에서 이전의 3차에 걸친 경제개발 5개년계획과 근본적으로 비슷하다. 그러나 국내외의 여건변동에 입각한 자립경제와 사회개발의 필요성은 내자동원, 산업구조 개편, 경상수지 개선, 물가안정 등의 부담을 새로이 가중시키고 있다. 이러한 여러 과제를 극복하기 위해서는 소비자, 기업가, 정책 당국을 포함한 명실상부한 전 국민적 협동이 요구되고 있다. 이를 위해서는 성장과실의 균점과 경제안정을 통하여 경제 개발에 대한 국민의 신뢰와 협조를 얻는 것이 무엇보다도 중요한 것으로 보인다.

제4차 계획이 수행되는 5년이라는 기간은 어쩌면 국민경제구조의 전면적인 개선을 위해서는 지나치게 짧은 기간으로 볼 수 있다. 그러

나 그 5년 동안은 한국경제가 스스로의 힘으로 복지사회를 이룩할 수 있느냐가 드러나게 될 중요한 시기이기도 한 것이다.

《신동아》(1976. 8)

중산층 육성

6차 5개년계획(1987~1991) 시안(試案)이 공개리에 검토되고 있다. 보도된 바에 의하면 중산층 육성이 계획의 중점과제의 하나로 되어 있다고 한다. 그러니까 그 중산층 육성이 6차 계획부터 본격적으로 다루어지게 되는 셈이다.

중산층은 원래는 주로 경제적 기초에 의거하는 계급개념으로서 중소(中小)상인, 중소광공업자 등의 중소기업주와 독립자영농(獨立自營農)을 일컫는다. 그러나 사회안정 세력이라는 관점에서는 전문기술직 종사자, 행정관리, 사무직 종사자 등의 화이트칼라 내지 신중간계급(新中間階級)도 포함한다. 따라서 중산층은 일단 중소기업주와 화이트칼라를 말한다고 할 수 있다.

그러면 중산층을 이렇게 정의할 때 그것의 육성책은 무엇이라고 할 수 있는가. 물론 여러 가지를 생각할 수 있을 것이다. 그러나 그것은 어디까지나 우리나라의 기업성장과 고용·임금 및 생산성, 농업발전 및 농가소득, 계층 간·지역 간 소득격차, 물가 등에 관한 면밀한 분석의 토대 위에 서 있는 것이어야 함은 말할 나위도 없다. 그렇다면 일단 생각해 볼 수 있는 그 육성책의 전제·기본방향 및 구체적 방안은 대체

로 다음의 것이라고 할 수 있지 않을까.

전제: ① 물가안정 ② 누진세(累進稅)의 강화 ③ 상호이해 ④ 국제적 전시효과의 슬기로운 방지 ⑤ 허용하는 범위 내에서의 지속적인 추신 ⑥ 이원적인 접근. 이들 가운데에서 특히 ④는 계층 간의 소득격차를 실감하게 함으로써 계층 간의 위화감을 조장하는 전시효과의 국내파급을 방지하는 것을, ⑤는 우리경제의 성장단계에 맞추어서 지속적으로 추진한다는 것을, ⑥은 선진국에서 채택되고 있는 제도나 정책수단을 그 도입이 가능한 부문에서는 채택한다는 것을 각각 말한다.

기본방향: ① 경제자립 지향형의 경제성장을 추구하는 가운데에서 추진되어야 한다. 경제자립도를 저하시키는 경제성장은 우리가 바라는 바가 아니기 때문이다. ② 중산층의 보전도 도모하면서 추진되어야 한다. 형성된 중산층의 파괴는 바람직한 것이 못되기 때문이다. ③ 가능한 한 생산물에 대한 '충분한 보상의 구현'을 실현하는 가운데에서 추진되어야 한다. 이러할 때 비로소 진정한 의미에서 중산층 확대의 가능성이 엿보인다고 할 수 있기 때문이다. ④ 소득균점·사회개발을 적극적으로 추구하는 가운데에서 추진되어야 한다. 그럴 때 저소득층의 경제복지 수준의 지속적인 상승이 실현될 수 있기 때문이다.

구체적 방안: ① 저소득층의 세부담의 우선 경감. 저소득층에 대해서 교육비공제·의료비공제 등의 인적(人的) 공제를 우선적으로 실시한다. ② 근로자 재산형성저축제도의 확충. 이 제도에 가입하는 저소득 근로자층에게는 특별한 지원을 제공하며 물가연동제(物價連動制)를 도입하여 저축액이나 저축장려금의 실질가치를 유지할 수 있도록 하며 그 대상을 농민에게까지 확대한다. ③ 저소득층의 주택·토지 소유에 대한 우선 지원. 주택·토지소유를 촉진하기 위해서 보조금 지급 등의 지원을 저소득층에 대해서 우선적으로 실시한다. ④ 임금인상 및 임금

격차의 축소. 적어도 노동생산성 상승률만큼 임금을 인상해 가도록 하며 화이트칼라와 블루칼라 간의 지나친 임금격차를 축소시키도록 한다. 가계지출을 충당하고도 어느 정도의 저축 여력을 가질 수 있을 만큼 임금이 상승된다면 근로자 재산형성저축제도에 가입할 수 있는 근로자층이 증가하게 될 것이다. 한편 이와 아울러 노사협의제(勞使協議制)가 제 기능을 충분히 발휘할 수 있는 여건조성을 위해서 적절한 지원을 하도록 한다. ⑤ 종업원지주제(從業員持柱制)의 장려. 근로자로 하여금 자기회사의 주식을 소유할 수 있게 하는 제도를 적극적으로 장려한다. 이 제도는 임금의 자본화에 도움이 될 뿐 아니라 노사협의제의 원만한 운영에도 도움이 될 것이다.

⑥ 고곡가(高穀價) 정책의 추진. 고곡가 정책을 추진한다. 1980년을 100으로 한 패리티율(parity ratio, 농가 판매가격 지수/농가 구입가격 지수 ×100)은 1981년 99.7, 1983년 91.8, 1984년 92.6이다. 농가의 교역조건이 불리함을 알 수 있다. 고곡가정책과 병행해서 판매와 구매에서 유리한 것과 주로 공장에서의 추가취업을 통한 소득증대에 중점을 두도록 한다. 농업외 소득증대를 위해서는 중소 규모의 농촌공업의 진흥 내지 도시로부터의 유치 및 이의 효율적 운영 등이 필요함은 두말할 나위가 없다. 이 고곡가 정책의 추진, 농업 외 소득증대는 물론 도시와 농촌 간의 소득격차의 해소, 도시와 농촌의 균형적 발전 등에 도움이 될 것이다. ⑦ 공장시설의 지방분산 강화. 도시의 공장시설을 지방으로 분산하는 경우에는 각종 지원을 하도록 하되 특히 가장 낙후된 지역으로 공장시설을 분산하는 기업에 대해서는 특별히 유리한 지원을 하도록 한다. ⑧ 중소기업의 육성. 대기업과 중소기업 간에 건전한 하청계열(下請系列) 관계를 조성하며 중소기업에 대한 기술개발 지원체제를 확립하며 중소기업을 농촌 및 지방공업으로 진출시키며 중견규

모화(中堅規模化)한다. 중견규모 기업은 자본 및 의사결정의 독립성을 갖고 있고 자본시장을 통한 자금조달이 가능하고 개인회사 및 동족회사적(同族會社的)인 비능률을 경영합리화로 극복하고 있으며 또 제품의 차별화(기술 설비 고인) 능력을 갖고 있고 대량생산에 성공해서 대기업에 대항할 정도의 시장점유율을 갖고 있는 중소기업을 말한다.

이상의 구체적 방안은 개별적으로 제시되었지만 어디까지나 한 세트(set)로서 추진되어야 하며 또 중산층 육성책이 제대로 추진되기 위해서는 소득분배에 관한 기초자료의 정비, 소득분배의 현상분석 등이 필요함은 말할 나위도 없다.

앞에서 우리나라의 기업성장과 고용, 임금 및 생산성, 농업발전과 농가소득, 계층 간·지역 간 소득격차, 물가 등에 관한 나름의 분석에 의거해서 일단 생각해 볼 수 있는 중간층 육성책의 시나리오를 펼쳐 보았다. 어떻게 보면 막연한 것 같고 또 어떻게 보면 이미 실시 중에 있거나 실시하기 매우 어려운 것들을 포함하고 있는 것 같은 감이 들 것이다. 그것을 솔직히 시인하고자 한다.

그러나 모처럼 중산층 육성이 6차 계획의 중점과제의 하나로 삼게 되어 있는 이상 이제부터는 각자가 생각하는 바를 털어놓고 서로 논의할 필요가 있지 않나 생각된다.

이렇게 털어놓고 논의하는 가운데에 잘 '정서'(整序)지워진, 그리고 국민적 합의를 얻은 실현성이 있는 구체적 중산층 육성책이 만들어질 가능성이 크기 때문이다.

이 글을 쓴 동기도 바로 여기에 있다. 어떻든 앞으로 건전한 중산층의 육성을 통해서 사회적 안정세력이 공고하게 형성됨으로써 사회적 마찰 없이 지속적인 경제성장이 실현되어 갔으면 한다.

《재정》(1985. 8)

좌담

중산층 육성을 위한 현안을 집중 진단한다[*]
: 소득불균형, 부의 편재를 막아야

'중산층' 개념 정립이 중요

변형윤 6차 5개년계획 수립에 있어서 중산층 육성을 중요 과제로
설정한 것은 과거의 정책에 대한 반성에서 출발한 것이라 생각합니다.
공업화 위주의 개발정책을 추진하는 과정에서 소득불균형, 부의 편재
가 심화되고 계층 간의 위화감 또는 고소득층에 대한 반감 등 여러 가
지 문제점이 파생된 게 사실이지요.

그래서 중산층을 육성해서 그 층을 두텁게 하여 사회안정세력을 형
성해야겠다는 데서 출발한 것으로 봅니다.

중산층 육성책에서 가장 중요한 것은 중산층의 개념을 어떻게 설정
하느냐, 어디서 어디까지를 중산층으로 보느냐가 중요하다고 생각됩
니다.

---

[*] 《재정》지가 창간 37주년을 기념하여 기획한 이 좌담회에는 변형윤 교수를 비
롯하여 정태성(매일경제신문 논설주간), 김중수(KDI 연구위원) 씨가 참석하였
다.

정태성 그렇지요. 생활패턴이나 소득수준만 볼 게 아니라고 생각합니다. 소득만 기준으로 해서 중산층이다 아니다 해서는 안 되고 의식면도 살펴야 하고 사회적으로 공통된 의식과 세력을 갖고 있느냐 없느냐는 판단도 중요하다고 봅니다.

변형윤 제3자가 볼 때 중산층에 속하면서도 자신은 중산층이 아니고 저소득층이라고 생각하는 사람도 있겠고, 반대로 저소득층에 있는 사람이 중산층이라고 생각하는 사람도 있겠지요.

정태성 외국 같으면 어떤 정당은 중산층의 이익을 대변한다든가, 중산층을 중심으로 정당이 구성되어 있어 중산층을 구분하기 쉬운데 우리나라는 그렇게 안 되어 있어서 구분이 어렵다고 봅니다. 우리나라에서는 봉급생활자만 중산층의 대상으로서 확연할 뿐 다른 계층은 매우 애매하다는 생각이 듭니다.

예를 들면 교육수준이 아주 낮은 사람이 소득이 많은 경우나 공사장 십장도 소득만 많으면 중산층에 속하느냐는 문제가 발생할 수 있겠지요. 중산층을 육성한다고 해도 대상을 어떻게 정하느냐에 따라 정책이 크게 달라진다고 생각합니다.

변형윤 교육수준만 가지고 따져서는 안 되겠지요. 상인 중에서도 중소상인들은 중산층이라고 봐야겠지요. '중소'의 규모를 어떻게 보느냐가 문제겠지만 중소기업인들은 중산층에 들어간다고 봅니다.

조사자료 부족의 문제

김중수 중산층 육성문제에서 우선 개념 정립이 가장 중요합니다. 중산층이 무엇이냐고 할 때 우리사회에서는 계급이라는 문제는 별로 없습니다.

  사회학자들은 주로 생산수단을 가지고 신흥 중산층이니 하는데 경제학자들은 그보다는 생활방식을 봅니다. 그 첫째 변수가 소득이고, 둘째가 교육수준, 셋째가 주택소유 여부, 넷째가 직업, 다섯째가 종사상의 지위 즉 상용이냐, 임시냐는 것입니다. 따라서 소득이나 교육 등 어떠한 부분만 가지고 기준을 삼으면 안 된다는 것이지요. 소득이 가장 중요한 변수임에는 틀림이 없지만 돈이 아무리 많아도 가난하다, 하층이다 하는 생각을 가진 사람이 있지요. 또 무학자나 국민학교만 졸업한 사람도 큰 부자가 있는데 그런 사람은 사회적 위신이 없어요.

  제 생각에는 연령을 상당히 중요시해야 한다고 봅니다. 우리나라에서는 70년대부터 교육열이 급속히 향상되었습니다. 따라서 현재 20대로 국민학교만 졸업한 사람이 아무리 좋은 직장에 취직했다 해도 중산층이라고 보기는 어렵고, 반대로 40대나 50대가 국민학교만 졸업했지만 큰 부자가 되었다면 중산층이 아니라고 말할 수 없지 않느냐는 것입니다.

  중산층의 범위를 설정하는 데 가장 중요한 문제는 우리나라 전 국민을 대상으로 한 조사자료가 별로 없다는 점입니다. 그 유일한 것이 제5공화국 출범 이후 1981년에 빈곤계층을 없앤다, 절대빈곤을 타파한다는 구호 아래 경제기획원에서 사회통계조사를 실시한 일이 있어요. 2만 7천 가구 약 10만 명을 대상으로 조사를 했는데 소득, 연령, 교육정도, 가구당 인원수, 주거생활상태 등 모든 변수가 포함되었어요. 주거상태도 자기집이냐 아니냐, 상·하수도 시설, 목욕탕 유무 등도 조사했지요. 또 이 자료의 장점은 소득수준에 대해 본인의 귀속의식 상태를 조사했다는 점입니다. 생활정도를 상, 중, 하로 나누고 이것을 다시 상, 중, 하로 나누어 모두 9개 계층으로 구분해서 의식상태를 조사했는데 통계적으로는 상층이라고 생각하는 사람이 3분의 1이 돼야 하

는데 주관적인 평가를 조사한 결과는 상층이라고 생각한 사람은 3퍼센트에 불과했다는 것입니다. 그리고 하층이라고 생각하는 사람이 56퍼센트였어요. 그 후 국내 여러 신문사에서 의식조사를 한 결과를 보면 약 80퍼센트가 중류의식을 갖고 있는 것으로 나타났습니다. 일본의 경우는 국민 전체를 대변할 수 있는 조사를 실시했는데 약 80퍼센트가 중산층이라고 합니다.

상대적 빈곤감이 문제

중산층 여부를 구분하는 데는 주관적 평가와 객관적 평가를 나누어서 보아야 하는데 우리나라에서는 이 주관적 평가와 객관적 평가 사이에 너무 거리가 있다는 것입니다. 다시 말하면 근본적으로 절대적 빈곤문제가 아니라 상대적 빈곤감의 문제라는 것이지요. 아까 소득불균형이 심화되었다고 말씀하셨는데 바로 그것입니다. 그런데 제가 볼 때 소득보다 부의 불균형이 더 심화됐다고 봅니다. 외국에서는 소득과 부의 분배가 거의 같이 나가고 있는데 우리나라에서는 부의 분배가 상당히 악화되지 않았는가 생각됩니다. 현재 상당한 소득은 있지만 부는 거의 없는 사람이 많다고 봅니다.

문제는 상대적 빈곤감인데 소득 자체에도 큰 차이가 있는데 다른 것은 오죽하겠습니까. 또 현재 국민들은 높은 기대감을 갖고 있다고 봅니다. 예를 들면 정부가 우리도 잘 살 수 있다는 구호 아래 너무 홍보를 해서 국민이 실상보다 너무 높은 기대감을 갖게 되고 또 과거에 높은 성장을 달성했기 때문에 약간만 성장이 떨어져도 기대감을 충족시키지 못하여 불만을 갖게 된다고 봅니다.

또 하나 정부가 성장을 서두르다 보니 부의 편재가 심하다는 것을

몰라서가 아니라 알면서도 방치해두지 않았나 생각되기도 합니다.

중산층, 대를 물려가야

변형윤 중산층의 개념이 넓고 그 한계가 막연하기 때문에 육성책을 세우는 데 어려움이 많다고 봅니다. 중산층을 육성한다는 것은 정치적으로는 자유민주주의가 실현돼야 한다는 것이고 민주주의를 실현시키는 데는 사회 안정세력이 필요하고 그 안정세력이 바로 중산층이라는 얘기지요. 중산층은 어느 정도 보수성을 띠고 있으며 그런 층이 많아지면 많아질수록 좋다고 생각합니다.

정태성 부에 관한 얘기가 나왔는데 현재의 상속세제 아래서는 부의 상속이 잘 안 되지 않겠습니까. 현 제도대로 세금을 다 내면 아무리 당대에 부를 많이 모아도 상속이 어려울 것 같아요. 중산층이란 가족 단위로 세전(世傳)된다는 의미도 갖는 것으로 볼 수 있는데 당대에서는 중산층으로 있다가 다음 대에 가서는 하층으로 밀려나게 되어 있다면 안정대로서의 중산층은 형성되기 힘들다고 볼 수 있습니다. 한 가문으로서 연속성이 어느 정도 있어야 한다고 봅니다. 그 재산의 기반이 옛날에는 토지였지만 현재는 가옥, 토지 그리고 주식 등의 금융자산이 되겠지요. 그런데 상속세로 다 내고 나면 남는 것이 없게 되지 않겠습니까.

변형윤 그러나 상속세로 다 빼앗긴다고 볼 수는 없지요. 몇 퍼센트만 남아도 상당히 크다고 봅니다.

정태성 예를 들어 아들이 둘이 있는 경우 집이 한 채라고 하면 차남은 어떻게 됩니까. 다른 재산상속이 있으면 괜찮지만, 상속세로 빼앗기면 아들 가운데 하나는 교육을 받았어도 다시 하층으로 밀려나지

않을까요. 중산층이란 다른 나라에서는 가족 단위, 혈연 단위로 존속되어 나갑니다. 그래야만 보수적인 세력을 심어 나갈 수 있지요. 계층 간의 이동이 너무 심하면 중산층 육성정책은 되어가기 어려워진다고 봅니다.

중산층은 사회안정 세력

변형윤 중산층을 육성해야 한다는 생각은 여러 가지 요인을 전제로 해서 실시해야 한다는 거지요. 지금까지는 양극화 현상을 심화시키면서 개방정책을 끌어왔는데 이제부터는 그러지 말고 상·하 양쪽을 끌어당길 수 있는 구심점 역할을 하는 층을 육성해야 한다는 거지요. 앞으로는 그런 방향으로 나가야 합니다.

문제는 지금까지의 양극화 현상이 너무 심화되고 그런 방향으로 나가는 것이 어려운 상태로까지 왔다는 것이고 또 하나 정말로 정책방향을 바꾸겠는가 하는 점입니다. 정책 당국의 의지라고 할까요. 60년대 후 지금까지 다섯 차례 5개년계획을 읽어보면 정책목표대로만 실현되었으면 아마 벌써 지상낙원이 되지 않았겠느냐고 생각됩니다.

5개년계획에 중산층 육성이 중요과제로 들어간 것이 6차 계획이 처음이지요?

김중수 그렇지요. 이번 6차 계획의 첫 번째에 중산층 육성이 들어갈 것으로 봅니다.

변형윤 중농은 분명히 중산층이라고 보아야 합니다. 전체적으로 농업 분야는 낙후되어 있지만 농업이란 부문을 놓고 볼 때 적어도, 예를 들어 1정보 또는 2정보 이상의 농토를 가졌다면 농촌 사회에서는 중농이라고 봅니다.

정태성 저는 그런 사람을 중농으로 보느냐 안 보느냐가 중요한 게 아니라 그들 자신이 어떤 생각을 지니고 있느냐가 중요하다고 봅니다. 그런 사람들일수록 도시 고소득층에 대해 막연한 반감이 크다고 봅니다.

변형윤 산업별로 볼 때 도농 간의 격차, 농공 간의 격차가 심화되었는데 그 원인은 공업화 위주로 개발정책을 끌어온 결과지요. 지금까지 양극화 현상을 끌어온 결과지, 원래 정상대로 되었다면 그런 사람은 중농, 즉 중산층이고 중산층 의식, 안정지향적이고 보수적 의식을 갖는다고 볼 수 있지요. 따라서 지금까지 잘못된 정책의 결과만 가지고 중산층 육성이 된다, 안 된다 얘기해서는 안 될 것입니다. 앞으로는 정책적 변화가 있어야지, 중산층을 육성한다는 말만 앞세워서는 안 될 것입니다.

김중수 변 교수님께서 정책의 큰 전환이 필요하다고 강조하셨는데 당연한 얘기입니다. 또 중산층이라 해서 아무런 불만도 없는 계층이라고 볼 수는 없지요. 중산층은 저소득층보다 교육을 많이 받았고 또 욕구도 강하여 더 많은 것을 요구하지요. 어떤 정책에 대해서도 중산층은 잘 알고 있기 때문에 반론을 제기할 수도 있고요. 단지 문제는 마지막에 가서 과연 현재의 사회와 변혁되는 사회 중에서 어느 것을 택하느냐고 할 때 현재의 사회를 택한다는 것이지 중산층이 아무런 불만이 없다거나 어떤 정책에 대해 반대가 없다는 것은 아니지요.

정책 전환을 전제로

정태성 한 사회에서 중산층이 계속 두터워지는 것이 바람직하지요. 가령 중산층 이하의 계층에 있는 사람도 자기만 열심히 노력하면 중

산층이 될 수 있다는 확신을 가질 수 있고 또 그런 결과를 가져오게 하면 그 사람들의 생각이 온건해질 것입니다. 그러나 실제로는 그렇게 되기가 상당히 어렵지 않겠느냐는 것입니다. 가령 주택 문제만 해도 중산층의 기준의 하니기 지기 집을 갖는 것이라면 집 문제를 해결하려다가 결과적으로 토지투기를 일으켜서 부유층에게만 이득을 주고 내 집을 마련하려는 사람에게는 득이 안 되었다는 것이 과거의 경험이었습니다. 이런 현상이 불만의 씨가 되고 현실을 부정하는 쪽으로 생각을 몰아갈 가능성이 크지 않느냐는 것이 문제가 되지요.

변형윤 지금까지 취해온 방식이 결국 중산층을 도태시키는 결과를 가져왔다고 볼 수 있고 또 그러니까 지금까지의 방식대로 하면 안 된다는 것이지요. 진정으로 서민을 위한 정책, 서민이 열심히 노력하고 절약하고 저축하면 자기 토지, 자기 주택을 가질 수 있게 하는 방향으로 나가야지요. 그래야 없는 사람도 기대를 갖고 노력할 것입니다.

이미 서울시내는 곤란하고 서울 주변이나 지방으로 많이 나가도록 해야 하는데 그러기 위해서는 서울 주변도시, 지방도시 등의 생활환경을 개선해야지요.

중산층 육성을 위해서는 물가안정이 꼭 필요합니다. 그래야만 인플레에 따른 영세민의 피해를 줄이고 상대적 빈곤감을 줄일 수 있지요.

동시에 중소기업의 육성과 중농정책의 계속 추진이 필요합니다. 여러 가지 정책으로 10년, 20년 계속 추진하면 중산층이 눈에 보이게 두터워질 것이라고 봅니다.

고소득층의 생활 패턴에 일단 브레이크를 걸어서 더 이상 앞질러 가지 않도록 하는 것도 중요합니다.

게임의 규칙 잘 지켜져야

김중수 문제는 사회제도의 정비가 앞서야 한다고 봅니다. 게임의 규칙이 잘 지켜져야 한다는 거지요. 규칙을 알고 잘 지키면 게임에 지더라도 큰 피해가 없는데 게임의 규칙이 명확하지 않은 사회에서는 자기가 이익을 보는데도 불구하고 다른 더 많은 이익을 보는 사람에 비해서 억울하게 생각하지요.

사회보장제도가 확립되면 사람들이 앞으로 안정적으로 생활을 할 수 있고, 현재 중산층에 있는 사람이 탈락하지 않도록 방지되겠지요.

변형윤 얼마 전에 앨빈 토플러가 강연한 것을 보면 앞으로 한국에서도 정보화 사회가 되면 중산층은 형성되고도 남는다고 말하는 것 같더군요.

김중수 앞으로 정보화 사회가 이루어진다면 대기업보다는 중소기업이 더 커진다고 봅니다. 산업이 자본집약형이 되면 대기업이 되지만 앞으로 사회가 다양화되고 기술집약형으로 발전해 나가면 미국에서처럼 제조업보다는 서비스산업이 더 커지고 또 대기업보다 중소기업의 역할이 커집니다.

중소기업 육성도 산업정책에서 온 역할을 한다고 봅니다.

변형윤 그런 점에서 공정거래법을 강력히 실시해야 한다고 봅니다. 대기업의 횡포를 막고 대기업의 중소기업 분야 침식을 방지하는 등 여러 가지 관련되는 정책을 한 묶음으로 해서 추진해야지요.

부분적인 정책만 실시하면 실효가 없다고 봐요.

정태성 역사적 유산이 없는 후진국이나 개발도상국을 예로 들면 1인당 GNP로 따져서 어느 수준 이상이 돼야 비로소 중산층이 형성된다든가 하는 어떤 객관적 기준은 없습니까? 유럽에서는 부르주아라고

하는 유산이 있었기 때문에 1인당 GNP라는 경제발전의 단계와는 관계없이 중산층이 있을 수 있었으나 그런 것이 없는 우리 같은 나라에서는 경제의 발전단계와 중산층 형성 간에 어떤 관계가 있음직도 한데요.

예를 들어 1인당 GNP가 1천 달러 정도 가지고는 중산층이 있을 수 없지 않느냐 하는 생각이 드는데요.

파이의 크기 따질 것 없어

변형윤 1인당 소득이 얼마 이상인 나라에만 중산층이 있을 수 있고 그 이하면 있을 수 없다는 말은 할 수 없겠지요.

정태성 가령 1인당 소득이 1천 달러 미만인 나라에서는 경제발전의 단계도 낮고 따라서 이른바 중산층은 형성될 수 없다고 봐야 하지 않을까요. 중산층이란 배분문제와 관계가 있는데 분배할 파이 자체가 적으면 적정한 배분이 안 되고 아무리 노력해도 양극화될 수밖에 없을 것도 같은데요.

변형윤 일본이나 영국 같은 나라, 특히 영국에서는 자본주의가 자생적으로 발전했고 그러한 사회에서는 중산층이 계획적으로 이루어진 것이 아니라 자생적으로 성장해서 계속 그 층이 두터워졌다고 봅니다. 그렇게 되기까지는 오랜 연대를 쌓아 왔지요. 그런 나라에서는 경제계획이라는 것도 별로 실시한 일이 없어요.

정태성 일본에서는 메이지유신 이후 근대화가 시작되는데 그 당시 중산층이란 어떤 계층이라고 할 수 있을까요?

변형윤 당시의 무사계급이라고 하겠지요. 번주란 것은 지배계급이지만 나머지는 대부분 중산층이라고 볼 수 있습니다.

정태성 메이지유신으로 무사계급은 붕괴되었는데 그 이후는 어떤 층이 중산계급이라 할 수 있을까요.

변형윤 중소기업자, 중소상공인, 화이트칼라 등이겠지요. 처음에는 '나는 중산층이 아니다'라고 생각한 사람이 있었겠지만 2대, 3대를 이어오면서 열심히 노력해서, 할아버지 대에서는 하층이었다가 아들, 손자 대에 와서는 중산층이 된 사람이 많겠지요.

우리나라에서는 해방 이후 토지개혁이다 뭐다 해서 또 혼란이 계속되는 가운데 중산층의 존재가 희미했던 거지요. 그러다가 1962년부터 경제개발계획을 추진하는 과정에서 대기업 위주로 해왔기 때문에 중산층이 형성될 여지가 없었다고 봅니다. 그래서 아직도 우리나라에서 중산층이라고 하는 뚜렷한 무엇이 없었던 게 아닙니까.

정태성 아프리카의 후진국을 예로 들어서 그 나라들이 자본주의체제의 경제개발을 추진하면서 중산층을 육성할 여력이 있느냐가 의문입니다.

변형윤 그 점에 대해 나는 달리 생각합니다. 여력을 따질 것이 아니라고 봅니다. 일단 단계적으로 가면 된다고 봅니다. 1인당 소득이 1백 달러인데 5년이나 10년 안에 5백 달러로 간다고 너무 의욕적으로 나가면 안 되겠지요.

고소득층 이익 줄여

정태성 그렇게 해야 된다, 또는 안 된다는 게 아니라 과연 가능한가 하는 거지요.

변형윤 나는 가능하다고 봅니다. 계획이란 것을 그런 뜻으로 생각합니다.

정태성 오늘날 우리나라에서 과거의 중농 혹은 일부 화이트칼라의 중산층이 몰락했다면 60년대 경제개발정책 입안자들이 중산층 육성의 필요성을 외면했기 때문이겠지요.

변형윤 그렇지요. 처음부터 우선 파이를 키워놓고 보자, 분배는 그 다음에 다루자는 것이었다고 봅니다.

정태성 그런데 내 의문은 설령 그 당시 그 사람들이 중산층 육성의 필요성을 절감했다 하더라도 실현이 안 됐을 것 아니냐는 생각이 듭니다. 그럴 힘이 있었겠습니까?

또 이제는 중산층을 육성해야 한다는 요구가 정치하는 쪽이 아니라 오히려 국민들 쪽에서 요구되기에 이르렀기 때문에 더 이상 무시할 수 없는 단계에 와 있었다는 것으로 볼 수 있지 않을까요?

변형윤 중산층 육성이 필요해져서 의도했든 안했든 이제는 중산층 육성에 대한 요청이 커졌기 때문에 논의되기 시작했다는 뜻이겠지요.

지금까지 양극화로 치달아 왔는데 이제부터 한다고 해서 어느 정도 효과가 있겠느냐는 부정적 견해도 있지만 이런 부정적 시각을 놓고 앞으로 긍정적인 방향으로 중산층을 육성해야 하지 않겠느냐고 생각합니다.

정태성 중산층의 범위가 문제인데, 가령 대학을 나와서 처음 대기업에 취직한 사람을 어떻게 보느냐에 따라 정책이 여러 가지로 달라진다고 봅니다. 주택문제, 저축문제 등 지원시책이 달라질 것입니다.

변형윤 그렇게까지 세분해서 얘기하면 어렵지요. 이른바 중산층이 아니라고 생각하는 사람을 중산층으로 끌어올리고, 또 중산층이라고 생각하는 사람을 그대로 중산층 상태로 유지해 나가도록 해야 됩니다.

정태성 하나의 예로 들었을 뿐이지요. 대상을 정하기에 따라 육성방안이 달라진다는 뜻에서. 중산층을 육성하는 데 파이 자체가 커 나가

면서 위쪽으로 접근해 나가는 방식이 되면 좋지요. 파이는 일정한데 중산층을 육성하려면 위쪽 몫에서 떼든지 아래쪽 몫에서 떼어야 하는데 문제가 있지요. 상층도 있고 하층도 있는데 중산층만 육성한다면 우리의 사회적 윤리관에 비추어 받아들여지기 어렵다고 봅니다. 예컨대 화이트칼라들은 다른 계층에 비해 소득세가 높은데 이것을 낮추라고 한다면 다른 계층이 부담하게 되지 않습니까.

변형윤 경제가 성장하는 과정에서 파이가 커진 부분이 고소득층에는 적게 돌아가게 하자는 것이지요. 지금까지 이득을 많이 본 사람들이 손해를 적게 보느냐, 많이 보느냐는 것인데 손해를 적게 보게 하면서 육성해야지 그렇지 않으면 곤란하지요.

정태성 정치학 사전을 보면 계급, 계층을 가문, 학벌 또는 교육정도, 소득수준, 직업 등 여러 가지 요인이 복합적으로 형성되고 작용해서 비슷한 의식구조를 가지고, 또 비슷한 행태를 하면서 사회적 역할을 수행하는 하나의 집단이라고 정의했더군요. 이런 여러 가지 요건 중에서 어디다가 비중을 두느냐에 따라 상당히 달라집니다.

변형윤 정치학과 사회학, 경제학에 따라 관점이 달라집니다. 경제학에서는 소득이나 부 쪽에 자중을 두지요. 정치학자의 견해와 경제학자의 견해를 맞추려고 하면 힘들 것 같아요.

정태성 정치학 쪽에서는 중산층을 정치세력이란 면에서 파악하고 있어요. 사회학 쪽에서는 향상심, 독립심 같은 것들이 요건이 되고요.

주관적 평가의 결정요인

변형윤 지금까지 많은 얘기가 나왔는데 김 박사가 정리를 해주시고 또 김 박사의 견해를 설명해 주시지요.

김중수 우선 중산층의 개념을 정립해야 정책이 추진될 것 같아요. 사람의 형태는 주관적 평가에서 나오기 때문에 안정을 원하느냐, 아니냐는 것은 주관적 평가가 아니겠습니까. 중산층이란 이질적 그룹이기 때문에 어떤 사람은 A라는 변수가 있지만 B라는 변수가 없고 해서는 곤란합니다.

주관자 평가에 따라서 상대적 빈곤감이 있는 사람이 있고, 없는 사람이 있습니다. 즉, 소득수준만 보더라도 상층에 속하는 사람이 30퍼센트가 돼야 하는데 3퍼센트밖에 안 나오는 상태입니다.

그런데 그런 주관적 평가의 결정요인이 무엇이냐 하면 아까 말씀드린 대로 첫째 소득, 둘째 주택, 셋째 교육, 넷째 직업, 다섯째 종사상의 지위입니다.

그런데 무학자가 큰 부자가 된 사람이 빈곤감을 느끼는 사람이 있고 반대되는 사람이 있습니다. 그래서 비슷한 정의를 내려야 합니다.

우선 소득의 경우는 우리나라의 근로소득의 계층별 분포를 통계적으로 보고 다음 최저생계비를 파악합니다. 최저생계비는 보사부, 노동부, KDI 등에서 추정한 것이 있는데 전부 달라요.

보사부와 노동부가 추정한 것은 도시가계의 평균 이상을 최저생계비로 보고 있지요. KDI가 추정한 것은 엥겔 곡선(Engel Curve)을 기준해서, 의식주, 광열비 등을 모두 포함시켜서 기초 생계비를 구한 것이 있습니다. 그래서 예를 들어 '기초생계비의 두 배 이상은 돼야 중산층이다' 하는 식으로 객관적 기준을 정했습니다. 근본적으로 중요한 것은 주관적인, 상대적 빈곤감인데 그런 자료는 구할 수 없기 때문에 객관적 기준을 정했습니다,

둘째, 주택은 주거생활이 안정되어야겠다는 생각이고, 셋째, 교육문제는 아무래도 연령과 관련시켜야겠다고 봅니다. 우리나라 전체 노동

시장을 보면 대졸자는 7~8퍼센트인데 20~30대는 대학 진학률이 40퍼센트쯤 됩니다. 따라서 교육수준은 연령별로 기준을 마련해야 됩니다. 넷째, 직업은 화이트칼라는 전부 중산층이고 블루칼라는 아니라고 일률적으로 정하는 것은 곤란합니다. 종사상의 지위에서 일용과 임시직은 직업이 불안정하기 때문에 중산층으로 볼 수 없다고 생각합니다.

최저생계비의 2.5배 돼야

마지막으로 경제활동 비(非)참가자 중에서 상당한 사람들이 스스로 높은 소득을 가졌다고 보고하는 사람들이 있는데 이것은 지하경제가 큰 비중을 차지하고 있기 때문이지요.

이상과 같은 다섯 가지 변수에 각각 가중치를 주고 그 가중치를 자기의 귀속의식에 따라 분석해 본 결과 다섯 개의 순서대로 나왔습니다. 가중치의 합이 1이 되는 수치를 구한 것이지요. 즉 소득은 0.4, 주택은 0.3, 이런 식으로 가중치를 주었지요. 그렇지 않으면 정책을 펼 수 없지요. 이런 식으로 상당한 사람들이 동의할 수 있는 기준을 만들어 보고 그 기준에 따라 우리나라의 현황을 조사해 보았습니다.

최저 생계비의 2.5배 정도로 보게 되면 도시가계 조사에 나타나는 도시근로자 소득의 평균치 정도가 됩니다. 또 주택을 볼 때 서울의 경우 자가소유자는 약 40퍼센트고, 전국적으로도 농촌을 제외하면 50퍼센트 정도입니다. 따라서 자가소유자를 기준으로 하면 50퍼센트는 대상에서 빠지게 되지요. 이렇게 되면 안정그룹이 거의 없어집니다. 그래서 주택문제도 연령별로 기준을 두자고 해서 30대까지는 전세 가옥은 되고 월세는 곤란하다고 보았습니다.

다음 종사상의 지위는 아까 말씀드린 대로 상용과 자영업자는 중산

층으로 볼 수 있지만 일용직과 임시직은 뺐습니다.

그리고 직업은 무시했습니다. 화이트칼라나 블루칼라가 확연하게 구분되는 것도 아니고 그 자체가 이질적 그룹이기 때문에 그 기준은 무시했습니다. 다음 교육도 40대 이후는 교육수준은 감안하지 않아도 되지만 30~40대까지는 중졸 이상은 돼야 하고 30대 미만은 고졸 이상은 돼야 한다고 보았습니다.

월세는 안 되고 교육은 연령 따라

이상과 같은 기준 아래 여러 가지 시나리오를 만들어 보았지요.

주관적 평가는 대개 소득을 기준으로 하는 경우가 많은데 자기가 중산층이라고 생각하는 사람이 41퍼센트, 상류층이라고 생각하는 사람이 2.6퍼센트입니다. 따라서 하류층이라고 생각하는 사람은 56.6퍼센트가 됩니다. 물론 여러 가지 기준이 자의성이 많지요. 시나리오 A, B, C, D 등을 만들어서 A안으로 하면 중산층이 몇 퍼센트고, B안으로 하면 몇 퍼센트가 된다는 식이지요.

기준을 많이 제한하면 중산층의 폭이 적어지고 완화하면 넓어지지요. 따라서 정책을 결정하는 입장에서는 언젠가는 명확한 결정을 내려야 한다고 생각합니다.

소득은 최저생계비의 2.5배쯤 되고, 전셋집에서 사는 사람은 되고 월세는 안 되며 또 상용직은 된다는 식으로 현황을 살펴보고 인구조사 자료 등을 통해서 수치를 작성해 본 다음 중산층을 대상으로 한 정책을 생각해 보았습니다.

종업원 지주제가 중요

중산층 육성의 첫째 정책이 근로자 재산 형성입니다. 이것은 두 가지 측면에서 해야 하는데 하나는 금융자산 축적이고 다른 하나는 실물자산입니다.

금융자산 형성은 종업원 지주제가 매우 중요하다고 봅니다. 현재 상장기업 대부분이 우리사주조합이 있는데 종업원 지주총액이 상장주시가총액의 1퍼센트 미만입니다. 아주 빈약하지요. 그래서 우리사주조합을 활성화시킬 필요가 있습니다. 그 방안은 결국 금융, 세제 지원책이 되겠지요.

둘째, 실물자산 형성은 역시 주택문제 입니다.

주거 안정이라든가 사회적 귀속의식이 집이 있는 사람과 집이 없는 사람은 차이가 대단히 크다고 봅니다. 주택마련 방법은 주택금융제도의 활성화를 통한 주택 구매력의 향상이라고 생각됩니다.

다음 정책으로 중소기업 육성을 들 수 있어요. 앞으로 우리 산업구조가 고도화되고 기술집약형으로 발전하면 중소기업이 중요한 위치를 차지합니다.

세 번째는 농업정책입니다. 농촌을 이탈하는 것은 방지하되 농업을 떠나도록 재촌리농(在村離農) 정책을 펴야 합니다. 농촌에 공업단지를 만들고 농업 인구를 흡수하는 정책을 장려해야 한다는 얘기지요.

네 번째가 사회제도의 정비입니다. 지하경제의 불식도 중요하고 무엇보다 사회보장제도가 실시돼야 합니다. 영세민 가운데는 빈곤이 세습된 게 아니라 전에는 잘 살았는데 아버지가 죽거나 실직해서 영세민으로 전락한 사람이 상당수에 달합니다. 중산층에서 탈락한 것이죠.

중산층에서 탈락하는 것을 방지하는 방안이 강구돼야 하는데 이를

위해 국민연금, 의료보험 확대, 더 나아가서는 실업보험 실시 등이 필요합니다.

동시에 사회적 기풍이 확립돼야 합니다. 부유층의 과소비 풍조가 계속되면 아무리 바른 정책을 써도 상대적 빈곤감을 없애지 못합니다. 정부정책을 과잉 홍보해서 국민의 기대감을 너무 높이는 것도 바람직스럽지 않다고 생각됩니다.

경제적 시혜만으론 어려워

정태성 김 박사 설명 가운데 한두 가지 의문이 있는데, 첫째 중산층과 하류층에 대한 대책의 구분이 명확치 않아요. 근로자 재산 형성 대책도 지금까지 중산층이나, 월소득 얼마 이상이면 안 되고 월소득 얼마 이하여야 한다는 방식으로는 저소득층 위주로 한 것이 아닌가 생각됩니다. 종업원 지주제도도 블루칼라라 할 수 있는 근로자를 주 대상으로 하지 않았나 생각됩니다. 이런 것들이 나쁘다는 게 아니라 이 사람들에게 재산상 약간의 혜택을 베푸는 정책으로 중산층이 되겠느냐는 의문이 생깁니다. 주택문제도 그 같은 정책이나 계획 때문에 땅값이나 집값이 올라서 후대 사람들은 엄두도 낼 수 없는 수준까지 되지 않을까 하는 우려가 있습니다.

중산층이 커지면 정치적, 사회적 안정세력이 된다. 그런 필요성 때문에 중산층 육성을 하자는 것인데 그렇게 하려면 중산층에 어떤 정치적, 사회적 의식을 부여할 필요가 있지 않을까, 또는 중산층의 권익과 이해를 대변하는 정당이 필요하지 않나 등의 정치적 접근도 검토되어야 한다고 생각됩니다.

물질적, 경제적 조건만 충족한다 하여 중산층이 형성되기는 어렵지

않겠냐는 거지요.

또 육성대책과 관련해서 기업의 임금체계를 보면 일본의 경우 연공서열제 또는 종신고용제가 중산층 형성에 큰 도움이 되었는데, 우리의 경우 이 같은 관습이 처음엔 약간 있다가 지금은 거의 무너진 것 같고 그것을 대신할 유럽식 공정한 능력급 같은 것도 없어요. 직업의 안정이 상당히 불안한 형편입니다. 이런 점은 기업 쪽에서도 무엇인가 배려가 있어야 할 것입니다.

또 중산층에 가장 큰 문제의 하나가 교육비 부담입니다. 자녀 교육에 대한 지원도 중산층 육성을 위한 하나의 방법이라고 봅니다. 상속세, 소득세 문제도 현실적으로 어떻게 접근해야 하는가 문제입니다.

직업문제에서도 전문직, 공무원 사회의 직업관료, 군인사회의 직업군인 등 직업에 대한 의식이 확립돼야 중산층 육성이 된다고 봅니다.

제도를 만드는 게 중요

김중수 중산층 육성책과 지금까지의 빈곤 대책이 어떤 차이가 있느냐는 게 이유가 될 것 같은데 지금까지는 빈곤을 없애자는 정책으로 나오다가 중산층 육성책이 실시되면 결국 큰 차이가 없지 않는가 생각됩니다. 영세민 대책과는 다르지요. 81년부터 정부가 빈곤층 자녀에게 취업알선을 해주고 소득보조도 해주었는데 이런 정책이 중산층 육성책으로 발전한 것입니다.

정태성 근로자 재산 형성이나 내집 마련은 장기저리의 금융지원이 전제가 되는데 그런 지원 시책이 혜택을 받는 사람에게는 득이 되지만 다른 사람에게는 득이 안 되지요. 모든 사람에게 동시에 베풀 수는 없으니까 자연히 저축을 얼마 이상 한 사람에게 지원한다는 식으로

제한을 가하겠지요. 영세민들은 그런 능력이 없으니까 혜택을 못 받게 되고 그렇게 되면 불만이 생긴다고 봅니다. 또 도시를 계속 개발하고 주택을 건축하면 땅값이 오르고, 땅값 상승으로 반사적 이익을 보는 계층이 생기겠지요. 저축을 해서 정부의 지원을 받아 집을 짓는 사람은 괜찮지만 저축할 힘이 없는 사람은 집도 안 생기고 땅값만 오르는 결과가 된다는 것입니다. 그 사람들이 집을 살 때에는 땅값이 엄청나게 오른 후가 되지 않겠느냐는 것이고 그래서 어느 계층을 희생시키지 않고 어느 계층을 육성한다는 것이 매우 어렵다는 것입니다.

변형윤 문제는 제도를 마련한다는 데 있다고 봅니다. 그런 제도를 활용하느냐, 않느냐는 국민 각자에게 달렸다고 봐요. 활용할 수 있는 사람은 중산층으로 성장할 것이고 못하는 사람은 안 되고. 또 땅값 문제는 정부가 토지의 공급문제를 감안한다는 것을 전제로 하는 것이라고 생각합니다.

김중수 중간계층이 득을 보는 데 대해 하층이 불만을 갖는다고 우려하셨는데 제 생각은 그렇더라도 득을 못 보는 것보다는 득을 보는 것이 좋다고 생각해요. 왜냐하면 기회가 균등하게 부여된다면 그 결과가 균등치 못할지는 몰라도 사회가 발전하는 데 기회가 균등치 못하면 안 되지요.

또 하나 전제 조건은 이 같은 정책을 실시해서 상층이 더불어 득을 보아서는 안 된다는 것을 강조하고 싶어요. 과거의 정책은 중산층이나 영세민을 위한 정책을 실시했어도 부동산투기가 그 대표적인데 자본이득(capital gain)은 상층이 얻었습니다. 정책은 좋았으나 결과적으로 땅값만 올렸지요.

또 한 가지 나빴던 것은 이 같은 자본이득에 대한 과세가 불충분했다는 점입니다. 현재 큰 집을 짓지 말고 작은 집을 지으라고 하는데

잘 안 되는 것은 재산세 때문이라고 봅니다. 현재 같은 재산세 아래서는 대규모화 할 수밖에 없어요.

정치적·사회적 접근도 필요

변형윤 정 주간께서 여러 가지 지적하신 가운데 경제적 대책과 병행해서 정치적, 사회적 측면, 의식적 측면도 중요하다고 하셨는데 그런 것이 있어야 된다는 것도 분명히 못 박아야 할 것입니다. 본인이 '나는 중산층이다' 하고 생각하는 의식, 확고한 직업의식 같은 것을 갖도록 의식 면에서 대책도 강구하고, 정치적인 면에서도 중산층을 내세우고 중산층을 대변하는 정당, 잘 모르긴 해도 지금 보수정당들은 다 내세우고 있는 것으로 봅니다만 사회적 제도의 정비 등이 병행돼야 한다고 봅니다.

또 중산층 육성정책은 경제성장을 전제로 하는 것이라고 생각해요. 즉 하향평준화 하는 게 아니라 현재는 중산층이 아니지만 5년이나 10년 후에는 중산층이 되도록 해주고 또 중산층에서 탈락하지 않도록 하는 게 중요합니다. 대기업의 횡포가 심해서 물의를 일으키고 있는데 이를 방지하고 부유층이 자제해서 국민의 반감을 사지 않도록 하는 것도 중요합니다.

또 중산층을 소득이 얼마 이상 못 박을 필요가 있을까요. 기준을 선명하게 하기보다 약간 막연하게 해두는 것이 좋다고 보는데.

김중수 앞으로 정책을 구체적으로 추진하는 데 숫자가 필요해서 만들어 본 것이지 그 기준이 꼭 좋다고 하는 것은 아니지요.

정태성 실물자산 형성과 관련해서 또 한 가지 지적하고 싶은 것은 그 같은 정책을 추진하기 위해서는 토지제도에 대한 근본적인 손질이

선행돼야 한다고 보는데 과연 현실적으로 그런 합의를 얻을 수 있느냐, 가령 토지의 소유를 제한한다든가, 토지의 공개념에 대해 정부의 정책입안자가 각오가 되어 있느냐, 많은 반대를 배제할 수 있느냐가 문제로 제기됩니다.

변형윤 결국은 정책 당국이나 집권층이 결정할 문제인데 현재 국유지나 공유지 등이 많이 있으니까요. 땅값을 올리면서 해서는 안 되고 택지공급을 늘리는 방향으로 추진해야지요. 또 서울이나 대도시만을 대상으로 생각할 필요가 없겠지요. 아까 토지공개념이란 말이 나왔는데 나는 공개념이란 말을 쓰고 싶지 않아요. 현재 정부가 가지고 있는 토지를 활용하여 땅값을 안정시키면서 추진해야 할 것 같아요.

정태성 어떤 면에서는 토지는 약간 통제한다고 할까, 제한을 해두고 자산축적을 주식, 예금 등 금융자산 쪽으로 몰고 가는 것이 바람직하지 않습니까. 땅값이 오르니까 자산 형태를 땅만 보유하는 상태로 계속 나가면 계층 간의 위화감만 조장한다고 생각됩니다.

농촌 활성화가 시급

변형윤 조금 전에 김 박사가 이농방지는 안된다고 설명하셨는데 앞으로는 농업정책다운 농업정책을 펴서 농업을 자극시켜야 한다고 생각해요.

농가소득 향상은 물론 농촌의 교육 시설, 문화 환경 등을 개선하여 농촌을 살기 좋게 만들어 농촌에서 떠나지 않도록 할 뿐 아니라 도시 영세민을 농촌으로 다시 끌어들이도록 하는 것이 필요합니다.

농외소득을 강조하셨지만 실제 농외소득의 비중은 27퍼센트에 불과합니다. 식생활 개선이라 하여 밀수입을 늘려 밀의 자급률을 1퍼센트

미만으로 떨어뜨리고 고기를 많이 먹으라고 축산진흥정책을 실시했는데 그 같은 일련의 정책이 農村을 상대적으로 위축시켰다고 생각합니다. 농촌에 자극을 불어 넣어서 살기 좋은 농촌을 만들도록 노력해야 합니다.

김중수 현재 농촌인구가 27퍼센트인데 일본 등 다른 나라보다 월등히 높아요. 대만은 삼모작이라 비교하기 곤란하지만, 농촌 인구를 그대로 유지시키면서 농촌경제를 효율화시키는 방안이 있으면 좋겠는데 사실 어렵지요.

변형윤 농촌인구를 늘리는 것이 좋지 않다는 데는 동감입니다. 그런데 도시인구 증가는 농촌에서 못살겠다고 농촌을 떠난 사람이 대도시로 밀려와서 도시문제를 일으키지 않았습니까. 이번에 중산층 육성책을 추진하는 것을 계기로 농촌문제를 심각하게 생각해야 한다는 얘기지요.

정태성 농산물 수입도 억제해서 농업을 우리나라 중요 산업으로 살려야 한다고 생각합니다. 농업문제를 비교우위라는 관점에서만 생각하면 안 될 것입니다.

변형윤 여러 가지 좋은 말씀을 해주셔서 감사합니다. 정부가 의도하는 중산층 육성이 진정으로 실효를 거두기를 바랍니다.

《재정》(1985. 10)

한국경제, 이제 분배의 문제를 고민해야 합니다[*]
: 경제학은 인간 연구의 일부,
노동자 권익 존중하는 경제 민주주의 이뤄야

쌀쌀한 겨울 아침. 차가운 바람을 등지면서 선생님이 이사장으로 계시는 서울사회경제연구소로 인터뷰를 하기 위해 나섰다. 서울대 경제학과 교수를 거쳐 현재 명예교수로 계시는 변형윤 선생님은 정년퇴임하신 지 5년이 지났는데도 불구하고 한국의 경제 문제를 해결하기 위해 연구를 계속하고 계시는 경제학계의 원로이다. 선생님이 저술하신 《한국경제론》은 많은 대학생들이 필독하는 명저이다.

경제학의 석학이신 분을 면전에서 뵙자니 이제 경제학의 신참인 나 자신이 매우 위축되었지만 선생님의 반갑고 따뜻한 모습에 긴장이 풀리기 시작했다. 선생님께서는 내가 경제학을 전공하기로 결심한 이유를 묻자 매우 솔직하게 답해주셨다.

— 경제학을 전공하시게 된 특별한 이유라도 있으신지요?

---

* 이 글은 한국외대 경제학과 석사과정 조진한 씨와 나눈 대담 내용이다.

"특별히 거창한 이유는 없어요. 애초에는 이과 공부를 할 생각이었
는데 색약이라서 문과 공부를 하게 되었지요. 그래서 이과 공부와 가
장 비슷한 학문을 찾다 보니 경제학을 하게 되었어요."

— 아, 그렇군요. 경제학을 공부하시면서 선생님께서 가장 존경하는
경제학자는 누구이며 그 이유는 무엇인지요?

"앨프리드 마셜(A. Marshall)을 가장 존경해요. 영국 케임브리지 학파
의 창시자이기도 한 마셜은 경제학은 인간 연구의 일부라고 말했지요.
경제도 인간관계를 연구하는 학문이기 때문에 경제를 기술적으로 표
현하는 신고전파의 이론은 한계가 있다는 것입니다. 마셜은 가난한 사
람들을 유복하게 하는 것이 경제학의 목적이라고 했고 이를 위해서
경제학의 두 측면 즉 성장과 분배의 두 측면 중에서 특히 분배에 역점
을 두었습니다. 젊은이들이 흔히 쓰는 '냉철한 머리와 따뜻한 가슴'이
라는 말도 그의 말입니다. 그가 경제학을 대하는 입장을 가장 잘 보여
주는 표현이지요.

— 그렇다면 선생님은 경제학의 실증적 측면과 규범적 측면 중 규
범적 측면을 강조하는 것인지요. 신고전파적 전통에서는 사실을 규명
하는 실증적 측면을 강조하는 것으로 알고 있습니다만.

"규범경제학과 실증경제학, 두 가지를 구분하는 것은 매우 위험한
생각입니다. 두 가지 모두가 조화를 이루어야지 한쪽으로 치우쳐서는
안돼요. 사실에 대한 설명도 중요하지만, 규범에 대한 가치판단도 이
에 못지않게 중요합니다. 중요한 것은 균형을 맞추는 것이지요."

— 선생님께서 저술하신 《한국경제론》은 많은 대학생들이 필독하는
책입니다. 한국경제를 연구하시면서 한국경제에서 가장 커다란 문제
점은 무엇이며, 그 대응책은 어떠해야 한다고 생각하십니까?

"한국경제의 가장 큰 문제점은 바로 성장 제일주의입니다. 경제의

성장과 분배 두 측면 중 한국은 지금까지 성장을 우선시 해왔습니다. 마치 성장하면 분배가 자연적으로 해결된다는 식으로 말입니다. 그 결과를 보면 먼저 재벌이 거대해진 것을 들 수 있지요. 그리고 생산을 담당하는 농업과 공업은 침체된 반면 유통을 담당하는 유통업은 기형적으로 비대해졌어요. 국내생산이 안 늘어도 수입이 많이 늘면 생산물의 매개를 담당하는 유통업은 얼마든지 비대해질 수 있어요.

일각에서는 미국을 예로 들어 서비스업의 거대화가 마치 산업구조의 선진화인 양 말하는데, 미국은 서비스업이 거대하고 비록 농업인구가 전체 인구의 3퍼센트밖에 안 된다 할지라도 세계 최대의 농업국가입니다. 물론 세계 최강의 공업국가이기도 하지요. 그런데 우리나라 농업은 어떻습니까? 자급자족도 어려운 실정이잖아요. 선진국의 예를 우리에게 적용하는 것은 적절하지 않아요."

— 그렇다면 우리나라의 농업을 살리기 위해서는 어떻게 해야 하는지요?

"산업이 발달할수록 농업인구가 줄어들게 되는데 가장 바람직한 경우는 농업 내부에서 밀어내는 힘과 밖에서 끌어들이는 힘이 만나서 농촌의 인구가 도시로 이동한다면 별 문제가 되지 않습니다. 그러나 우리나라의 경우는 농업 내부에서 밀어내는 힘이 거의 작용하지 않은 경우입니다. 그러니 자꾸만 농촌이 고령화되어가고 농업이 쇠퇴해가고 있지요. 우선 젊은이들이 농촌으로 많이 갈 수 있게 해야지요. 그래서 그들이 농업에 종사하도록 해야 합니다. 그리고 농가가 생계와 경영을 분리해 가도록 해야만 합니다."

— 김영삼 정부는 몇 해 전부터 '세계화'를 제기하면서 기업인·노동자·정부가 하나가 되어 경쟁력을 향상시켜야 한다고 국민들을 계몽하고 있습니다. 정부의 세계화 정책에 대해서 평가해 주시고 선생님이

생각하고 계시는 세계화란 무엇인가에 대해서 말씀해 주십시오.

"정부의 세계화는 재벌의 국제 경쟁력을 강화시켜야 한다는 논리라고 할 수 있습니다. 그러기에 형평과 효율 중에 효율만을 강조하고 있지요. 너무 경쟁만 강조한 나머지 복지가 어려워지고 있어요.

또 일각에서는 세계화다 뭐다 하며 조기 영어교육 등의 바람이 부는데 영어를 잘한다고 세계화가 되는 것은 아니라고 생각해요. 세계화란 우리 것을 중심으로 한국을 잘 아는 것으로부터 시작된다고 봐요. 왜, 가장 한국적인 것이 가장 세계적인 것이라는 말이 있잖아요. 그리고 세계화는 세계 어디 내어 놓아도 최소한 손색이 없는 것을 전제로하고 있다고 할 수 있어요."

— 현재 경제위기론이 대두되면서 '노동법 개정'이 친자본적으로 귀결되고 있다는 보도가 있는데요. 선생님께서는 현재의 노동 현실에 비추어 볼 때 정부의 노동법 개정이 균형에 입각한 결정이라고 보시는지요. 그리고 노동법 개정은 어떠한 원칙에 입각해야 한다고 보십니까?

"지난번 노개위 안을 보고 약간 사용자 쪽에 기울어져 있는 것 같은 생각이 들었어요. 그런데 이번 정부는 완전히 사용자 쪽에 기울어진 것 같아요. 노개위에서조차도 이번 개정에 불만을 갖고 있잖아요. 지금까지 노동자들의 요구를 받아들인 적은 없었어요. 성장을 이유로 정권은 언제나 사용자측에 기울어 있었지요. 그러니 이제는 조금 기울었다 싶을 만큼 노동자들의 요구를 받아들여야 해요. 그래야 형평을 유지할 수 있습니다."

— 며칠 전 한겨레신문에서는 아직도 우리 사회의 빈민층이 다수 존재하고 소외된 계층에 대한 국가적 차원의 지원이 미비하다고 지적한 바 있는데요. 선생님께서는 정부가 이들을 위해서 구체적으로 어떠

한 일을 해야 한다고 생각하십니까?

"빈민층의 문제를 책임지고 있는 곳은 정부입니다. 그러니 당연히 빈민의 문제도 정부가 해결해야지요. GNP 1만 달러 시대라고 해서 선진국이 되는 것처럼 들떠 있지만, 최소 2백만 명 정도가 절대 빈민층입니다. 이들은 배울 기회조차도 상실한 채 사회에 의해 방치되어 있습니다. 결국 사회가 계속해서 이들을 재생산하는 것이라 할 수 있어요. 정부가 이들의 의식주 및 교육문제에 대해 책임져야 합니다."

— 한국의 경제력이 상승하면서 경제 개방에 대한 요구가 있는 반면, 성급한 개방에 대한 우려의 목소리가 있습니다. 전자는 개방에 따른 경쟁력 향상에 중심을 두고 있고, 후자는 개방에 따른 취약한 경제 구조의 악화와 혼란을 강조하고 있는 것 같습니다. 우리나라의 OECD 가입에 대한 선생님의 생각을 말씀해 주십시오.

"지금의 OECD 가입은 서두른 감이 있어요. 금융산업이 낙후되어 있는 것을 보나 외채가 계속 증가하는 것을 보아도 이는 매우 성급한 결정이라고 생각합니다. OECD에 가입하면 선진국이라는 생각은 잘못된 것이지요. 그리스나 스페인도 OECD 회원국 아닙니까?

그리고 OECD에 대한 가입 자격이 신흥 공업국이나 체제 이행국으로까지 확대되어 멕시코나 헝가리, 체코, 폴란드 등이 가입하고 있어요. OECD 가입이 곧 경쟁력 향상이라는 얘기는 무책임하기 짝이 없습니다. 다수의 국내기업이 파산해도 무방한 것은 아니잖아요? 사전에 국내적으로 충분히 대비하지 않은 채 OECD에 가입하는 것은 아주 무책임한 일이지요."

— 정부에서는 한국경제가 몇 년 후에는 선진국으로 진입할 것이라고 발표한 바 있습니다. 그러나 일각에서는 선진국과의 기술 격차가 벌어지는 동시에, 아시아를 비롯한 신흥 시장으로부터 추격을 우려하

고 있습니다. 선생님께서는 21세기의 한국경제가 어떠할 것으로 예측하고 계십니까?

"지난 5월에 발표된 '21세기 경제 장기구상'에 따르면 2020년에 우리나라는 GNP에서는 세계 7개국, 무역에서는 세계 6대국에 되는 것으로 되어 있습니다. 그리고 이른바 삶의 질에서는 2010·2020년에 가서야 서독, 프랑스 등의 1인당 GNP 1만 달러의 해외 수준에 이르는 것으로 보고 있습니다. 서독, 프랑스는 각각 1978년, 1979년에 그것을 돌파했어요. 이에 대해서 우리나라는 1995년에 그것을 돌파했습니다. 따라서 돌파의 격차는 16, 17년인 셈이지요. 그러나 물가상승과 환율을 감안한 가격을 기준으로 할 때에는 우리나라는 이들과 30여 년의 격차를 갖고 있는 것으로 평가되는 것 같습니다. 그러기에 현재로서는 우리나라가 2020년 적어도 GNP, 무역 이외의 많은 면에서 1만 달러를 돌파한 해의 독일, 프랑스 등의 수준에라도 도달할 수 있었으면 하는 바람을 가질 뿐입니다. 물론 이것은 문화의 차이, 민주주의의 발달 정도의 차이 등을 고려하지 않고 하는 말이지요."

— 마지막으로 경제학을 전공하는 후학들에게 한마디 해주십시오.

"먼저 어느 한쪽으로 치우치지 않았으면 해요. 경제학을 주류경제학과 마르크스 경제학으로 나눈다면, 둘 다 배우고 익혀야 해요. 하나를 선택하는 것은 그 다음이지요. 그렇지 않고 처음부터 어느 하나만을 공부하면 균형 감각을 잃게 됩니다. 결코 배타적이어서는 안 돼요. 다음으로 경제사, 경제이론, 경제정책을 다 같이 중시했으면 좋겠어요. 더욱이 역사는 과거의 경험으로 오늘을 배운다는 점에서 매우 중요합니다.

끝으로 용어 사용을 정확히 해 줄 것을 부탁하고 싶어요. 예를 들어 정치경제학이라 하면 마르크스의 정치경제학도 있지만 이것을 반대하

는 정치경제학도 있어요. 때문에 용어를 정확히 사용하지 않는다면 많은 오해를 일으키게 되지요."

　선생님의 말씀을 듣고 있으면 옛날이야기를 듣고 있는 것처럼 마음이 편하였다. 사투리가 섞여 있어 고향을 여쭈었더니 이북이 고향이라고 이야기하시며 자연스럽게 통일에 대한 이야기를 하셨다. 그렇지만 선생님께서는 역시 경제학자답게 감상만 난무한 통일이야기는 하지 않으셨다. 선생님께서는 결코 눈물을 흘리시지 않으신다고 한다. 짧은 대담 시간이었지만 선생님의 균형을 갖춘 학식에 고개를 숙이지 않을 수 없었다. 시류를 엿보고 그에 편승하여 곡학아세(曲學阿世)하려는 요즘의 젊은 지식인들을 보면서, 진정으로 민중을 위하는 경제학자의 길은 매우 많은 성찰과 반성을 요한다는 것을 새삼 느꼈다.

《한국대학원신문》(1996. 12. 30)

노동과 임금

제12편

한국의 임금
: 광업·제조업을 중심으로

1. 서 론

임금과 급료는 서로 같은 뜻으로 사용되기도 한다. 그것은 다음과 같은 근거에서다. 첫째로 사무종업원의 수가 증가함에 따라서 그들의 급여수준은 점차로 노동자의 그것에 접근하는 경향이 있다.[1] 둘째로 급료는 간접비로서 (직접비로서의) 임금과 구별하여 취급되고 있지만 이와 같은 구별의 근거는 상당히 희박하다. 끝으로 사무종업원과 노동자(생산종업원)의 구별은 그 업무내용의 차이에 의한 것이라기보다도 도리어 노무관리상의 편의라든가 혹은 신분적 색채에 의한 것이다. 이들 세 가지는 임금과 급료를 구태여 구별하여 취급하지 않아도 좋을 만한 충분한 근거를 마련해주는 것이라고 할 수 있다. 그러나 이 글에서는 양자 간에는 일정한 비례관계가 있으므로, 즉 한 산업이면 한 산업, 한 기업이면 한 기업에서는 사무종업원의 급여(급료)가 평균해서

---

1) Colin G. Clark, *The Conditions of Economic Progress*, 2nd ed., p. 467.

노동자의 급료의 2배면 2배, 3배면 3배라는 관계를 갖고 있으므로 양
자를 구별하기로 했다.[2] 이 글에서는 임금은 노동자 즉 생산종업원의
급여의 의미로 사용된다.

임금은 그 성격에 있어서 이면성(二面性)을 갖고 있다. 그 하나는 노
동자의 생활수준을 유지하는 원천으로서의 역할이며 생계비와 대비될
성격이다. 그 둘은 기업의 생산비의 일부로서의 역할이며 기계설비비
라든가 원재료비 등과 대비될 성격이다. 그리고 또 임금은 한 나라의
경제발전을 상정하며 동시에 경제발전의 결과적 표현이기도 하다. 따
라서 임금의 문제는 현재뿐 아니라 과거에도 경제문제 가운데 가장
중요한 하나가 되어 왔다. 사실 임금에 관한 연구는 오랜 역사를 가지
고 있다.[3]

그러나 우리나라에서 임금에 관한 연구는 불행히도 빈약한 발판 위
에 서서 실제적인 결론만을 성급히 끌어내려는 경향을 갖고 있는 것
같이 생각된다. 그러나 이렇게 해서는 적절한 문제의 해결은 좀처럼
얻어질 수 없다. 적어도 문제의 중요성에 합당한 결론을 얻으려면 우
리나라 임금의 수준, 격차, 형태의 실정과 그것을 초래한 요인을 되도
록 정확하게 파악할 필요가 있다. 이 글은 바로 이와 같은 입장에서

---

2) 생산종업원과 사무종업원의 급여(1962년)

	생산종업원	사무종업원
광 업	3,532원	7,068원
제 조 업	2,883원	6,249원
평 균	2,971원	6,367원

출처: 한국생산성본부,《생산성연구》제10집에서 작성.

이 표에서 우리나라의 경우에는 사무종업원의 급여가 생산종업원의 그것의 2
배를 조금 넘고 있음을 알 수 있을 것이다.

3) 중농학자(Physiocrats) 이래로 임금의 생성과 배분은 경제학의 중요 과제의 하
나로 되어 왔다.

시도된 것이다. 아래에서는 이들 세 가지가 차례로 다루어진다.

2. 임금수준

우리나라 경제의 특징이라면 보통 과잉인구, 빈약한 자원, 큰 무역 의존도, 절대적으로 낮은 축적수준 등이 들어진다. 그러나 이 밖에 저임금도 우리나라 경제의 또 하나의 특징으로서 들 수 있을 것이다.

〈표 1〉에서 보는 바와 같이 우리나라의 임금수준은 매우 낮은 수준에 머물러 있다. 대체로 광업과 제조업을 평균한 값에서 보면 1963년에는 노동자의 임금은 월 4천1백여 원에 불과하다. 따라서 1개월을 노동해서 겨우 쌀 1가마 내외밖에 벌지 못하는 셈이 된다. 그뿐이 아니다. 1963년 6월 13일자 《조선일보》에 실린 근로자임금백서를 보면 노동자의 임금이 얼마나 낮은 수준의 것이며 따라서 그들의 생활이 얼마나 비참한 것인가를 쉽사리 알 수 있다.

〈표 1〉 광업 및 제조업의 임금(월당)

(단위: 원)

연 별	1957	1958	1959	1960	1961	1962	1963
광 업	2,640	2,700	3,220	3,570	4,060	4,550	4,990
제 조 업	2,030	2,170	2,350	2,600	2,830	2,990	3,310

출처: 한국은행 조사부, 《경제통계연보》, 1964년판.

어떻든 우리나라의 노동자들의 대부분은 현재 자기 혼자만의 생활조차 지탱해 나갈 수 없는 정도의 저임금을 강요당하고 있다. 원칙적으로 말한다면 국민의 사회적·문화적 수준의 발달 정도에 따라서 일반적인 생활수준이 정해지는 것이며 임금은 이 수준의 생활을 유지할 수 있게 하는 정도로 정해지는 것이 당연한 일이다. 우리나라의 일반

적인 생활수준은 구미 국가들, 일본 등에 비해서 훨씬 낮다. 그런데 이렇게 낮은 수준을 보장할 만한 임금조차도 지불되고 있지 못한 것이 오늘날의 실정이다.

그러나 한국의 저임금이 의미하는 바는 이에 그치는 것이 아니다. 더 나아가서 이것은 다음과 같은 두 가지 의미를 내포하고 있다.

첫째로 국제적으로 비교해 볼 경우에 우리나라의 임금은 현저히 낮은 수준에 있다는 것을 의미한다. 선진국이나 일본과 같은 나라와는 비교할 필요조차도 없으며(〈표 2〉) 다음의 〈표 3〉에서 보는 바와 같이 제조업에서의 임금이 우리나라와 마찬가지로 저소득국의 그룹에 속하고 있는 나라와 비교해 보아도 낮은 수준임을 알 것이다. 우리나라와

〈표 2〉 임금과 국제 비교(1959년)

국　　별	시간당 임금(원)	한국을 1로 한 배율	국　　별	시간당 임금(원)	한국을 1로 한 배율
미　　국	284.7	24.1	이 탈 리 아	46.0	3.9
영　　국*	106.4	9.0	일　　본**	37.5	3.2
독　　일*	85.2	7.2	한　　국**	11.8	1
프　랑　스	61.9	5.2			

* 남자만의 임금.
** 1개월 25일, 1일 8시간으로 계산하였음.
출처:《UN 통계연감》, 1961년판에서 작성.

〈표 3〉 임금의 국제 비교(남녀평균월당)

(제조업부문) 1959년

제1군: 1인당 국민소득 100달러 미만		제2군: 1인당 국민소득 100달러 이상 200달러 미만	
미얀마	$ 24.3 (1958년)	스리랑카	27.1
중국(대만)	17.2	한국	18.1
인도	23.4	필리핀	32.7
파키스탄	17.3 (1958년)	일본	57.8
		베트남	27.3

출처:《UN 통계연감》, 1961년판에서 작성.작성.

동일한 소득국 그룹에 속하는 필리핀이나 스리랑카에 비해서도 낮고 우리나라보다 낮은 소득국 그룹에 속하는 인도, 파키스탄 등과 대동소이하다. 이 숫자는 공정환율에 의거하여 환산한 것이므로 결코 정확도가 높은 것은 아니지만 그래도 국제적으로 저임금임을 뒷받침하고도 남는다.

둘째로 우리나라의 임금은 절대적으로 낮을 뿐 아니라 상대적으로도 낮다. 〈표 4〉에서 보는 바와 같이 1958년에 제조업에서의 부가가치 중 임금 및 급료가 차지하는 비율은 일본이 41퍼센트인 데 대해서 우리나라는 1958년 4월부터 1959년 3월까지의 1년 동안 37퍼센트로서 매우 낮다.

〈표 4〉 ECAFE 국가들의 임금 및 급료

	(A) 임금 및 급료	(B) 부가가치	(A)/(B)	비 고
	(100만 각국 통화단위)			
미얀마(kyat)	116.0	360.8	32%	1957/1958
중국(NT$)	1039.5	4410.9	24%	1954
인도(rupee)	2681.2	4898.8	55%	1958
파키스탄(rupee)	461.7	1339.0	34%	1958
스리랑카(rupee)	61.1	202.4	30%	1951
한국(원)	5765.4	15754.9	37%	1958.4/1959.3
필리핀(peso)	379.5	1140.0	33%	1957
일본(yen)	1171366	2865352	41%	1958

출처: 《UN 통계연감》, 1961년판.

이상과 같이 우리나라의 임금은 그 수준이 낮다는 특징이 있다. 그러면 이와 같은 저임금은 무엇에 기인하고 있는가.

우리나라의 저임금을 뒷받침하는 것의 하나는 농촌을 중심으로 하는 방대한 과잉노동력, 즉 남아도는 산업예비군의 존재이다. 〈표 5-1〉에 따르면 취업자의 수는 8월과 12월의 사이에 약 250만의 차가 생기

는데 이것을 대체로 잠재실업자로 간주하여도 무방할 것이다.

〈표 5-2〉에서 알 수 있는 바와 같이 이 차이를 만들고 있는 부분은 주로 가족종사자이다. 그러나 완전실업자를 제외한 경제활동인구는 모두 취업자로 간주되고 있다는 점과 불완전취업자가 상당수 존재하며 자영업주 중 그 소득만으로는 생활을 유지할 수 없는 자가 상당히 존재하며 또 비경제활동인구 가운데 취직희망자 수가 상당히 존재한다는 점 등을 고려한다면, 우리나라의 잠재실업자 수는 250만보다도 훨씬 많다고 말할 수 있겠다. 미국이라든가 영국에서와 같이 총취업자 수의 90퍼센트 내외가 고용자이고 실업자가 현재화하고 있는 경우와는 달라서, 이와 같은 방대한 산업예비군의 존재는 자연히 우리나라의 임금구조에 독특한 왜곡을 초래하지 않을 수 없을 것이다. 그런데 이 방대한 산업예비군은 해마다 확대되어 간다. 왜냐하면 경제성장에 따르는 고용기회의 확장보다도 인구증가에 따르는 경제활동인구의 증대

〈표 5-1〉 경제활동상태별 인구

(단위: 천 명)

연 도	취업자							실업자			총 수		
	합 계	정상적 취업자		비정상적 취업자		휴업자		합 계	남	여	합 계	남	여
		남	여	남	여	남	여						
1962. 8	9,058	5,092	2,625	264	1,039	28	10	735	401	334	15,100	7,142	7,958
1962. 12	6,615	4,197	1,483	255	653	24	3	695	421	274	15,023	7,102	7,921

출처: 경제기획원 조사통계국, 《경제활동인구조사》 제1권, p. 16.

〈표 5-2〉 종사상의 지위별 취업인구

(단위: 천 명)

연 월	총 수			자영업주			가족종사자			상용고			임시 및 일고		
	합계	남	여	합계	남	여	합계	남	여	합계	남	여	합계	남	여
1962. 8	9,058 (100)	5,384	3,674	3,320 (36.7)	2,637	683	3,550 (39.2)	1,223	2,327	1,151 (12.7)	909	242	1,037 (11.4)	615	422
1962. 12	6,615 (100)	4,476	2,139	2,831 (42.8)	2,096	735	1,329 (20.1)	536	793	1,065 (16.0)	877	188	1,385 (20.9)	963	422

출처: 경제기획원 조사통계국, 《경제활동인구조사》 제1권, p. 91.

가 더 큰 것이 현재 우리나라의 실정이기 때문이다.

이와 같은 막대한 산업예비군의 존재는 노동시장을 항상 구매자시장으로 만들고 있다. 이것이 바로 저임금의 일반적인 요인이다.

그러나 일반적으로 임금수준을 인하하는 작용을 하는 이와 같은 노동력의 과잉 외에 우리나라의 노동력 구성이 갖는 전근대성이 노동시장에서 노동의 자유로운 이동을 저지하도록 작용하여 일부에서 극단적인 저임금을 만들어 내고 있는 점을 무시해서는 안 될 것이다. 예컨대 우리나라의 농촌의 경우에는 과잉노동력이 존재한다. 그러나 그 노동력의 전부가 농촌을 탈출할 수 있는 것이 아니다. 그들은 농한기에는 분명히 과잉이지만 농번기에는 없어서는 안 될 일꾼인 경우가 많다. 또 농번기에는 임노동을 행하고 있는 사람도 불러들이는 경우가 많겠는데 이들의 노동력은 임노동을 한다고 해도 그 취업선(先)에는 일정한 제한이 있으며 도시의 공장 등에서는 일고(日雇), 임시공(臨時工) 혹은 계절적인 토목공사 또는 시간의 제약이 적은 지방의 영세공업 등이 아니면 취업할 수 없게 된다.

이와 같은, 말하자면 '매여 있는'(tie-up) 노동력은 노동력으로서는 불완전한 것이며 자연히 저임금을 감수하지 않을 수 없다. 지방의 영세공업에서는 이러한 불완전노동력에 의존하여 저임금을 경영의 기초로 삼고 있는 경우가 많다. 이들에 있어서는 많은 농가의 여자노동력이 기초가 되어 있고 임금의 지불형태도 성과불제(능률급제)로 되어 있는 경우가 많다. 이 사태는 그렇지 않아도 낮은 임금을 한층 더 불안정한 것으로 만든다. 그러므로 '매여 있는' 불완전한 노동력은 대기업의 노동력에 부여되어 있는 최저 생활보장도 받지 못한 채 더욱더 무리한 노동을 강요받고 있다.

또 저임금을 초래하는 노동시장의 특수성으로서는 경공업 중심의

공업구성에서 오는 노동수요의 성격도 고려하지 않으면 안 된다. 예컨대 방직업이라든가 제사업(製絲業)을 생각해 보자.

거기서 일하고 있는 노동자는 주로 나이 어린 부녀노동자, 이른바 여공(女工)이다. 전형적인 경우, 한 집의 주된 생계는 부모가 영위하는 농업에 의해서 지지되고 여식은 공장에서 일하는 경우다. 방직공장이라든가 제사공장에서 받는 임금은 부모의 농업수입을 보조하기 위한 것이든가, 경우에 따라서는 양친에 의존하지 않고 자기의 수입으로 결혼준비를 하려고 하는 자연적인 의도에 의한 것이다. 어떻든 가계보조적 노동자라는 명칭으로 총괄되는 부류의 노동자가 우리나라의 경공업에서 노동자의 중추를 이루고 있는 것은 사실이다(〈표 6, 7〉).

이와 같은 형태의 노동자는 공장에서 수년 일하고 퇴직해서 결혼하는 것이 통례이다. 연공서열형의, 즉 연령과 근속연한이 극히 중요한 역할을 하는, 임금이 지배하는 우리나라의 산업계에서는 이들 여공의 대부분은 초임급(初任給) 혹은 초임급보다 그다지 높지 않은 임금수준에 머무르고 있다. 여학교 정도를 졸업한 여자가 차례로 새로운 공급원이 되어 결혼을 위해서 퇴직하는 노동자의 뒤를 메우어 간다. 우리나라의 임금수준을 극도로 낮게 고정시킨 요인으로서 가계보조적 노동자가 공장노동자 가운데 중요한 부분을 차지하고 있음을 간과해서

〈표 6〉 제조업의 구성(1961년)

식 품	28.6%	화 학	8.2
방 직	17.4	기 계 ┐	11.2
유 리 토 석	4.2	철 강 │	
기 타	27.1	비 철 ┘	
소 비 재	77.3	생 산 재	19.3
		기 타	3.4

자료: 한국산업은행 조사부, 《한국의 산업》, p. 7.

는 안 된다. 이 밖에 종신고용제도도 노동력의 자유로운 이동을 방해하고 있다.

이와 같은 노동력 측 요인 외에 자본 측으로부터 저임금을 초래하는 요인이 있다. 그것은 자본 측이 노동자의 채용에 있어서 한정된 범위 내의 연고모집에 의존하는 예가 많은 것이다. 이것은 오랜 역사를 갖는 대기업에서도 흔히 볼 수 있는 사례이지만 뭐니뭐니 해도 중소기업일수록 현저하다. 지금 근대적인 대공장인 부산에 소재하는 모 공장의 직원채용방법을 예로 들어 보면, 대학 출신의 기술자를 제외한 기타의 직원은 거의가 한정된 연고모집에 의존하고 있다. 따라서 중소기업, 특히 영세기업에서는 이 경향은 한층 더 강하다고 해도 무방할 것이다. 노동자가 연고채용되면 고용 그 자체가 일종의 은혜로 여겨진

〈표 7〉 제조업의 남녀별 분포(1960년)

(단위: 명)

	남	여	합 계	
식 품	14,506	6,787	21,293	
방 직	16,462	56,522	72,984	
유 리 토 석	10,465	2,865	13,330	
기 타	45,461	14,803	60,264	
소 비 재	86,894	80,977	167,871	(74.1)
화 학	13,171	4,630	17,801	
기 계	18,747	1,314	20,061	
철 강 ┐ 비 철 ┘	14,665	727	15,392	
생 산 재	46,583	6,671	53,254	(23.5)
기 타	3,274	1,978	5,252	(2.4)
합 계	136,751	89,626	226,377	(100.0)

( ) 안은 백분율.
출처: 한국산업은행, 《광업 및 제조업 사업체조사 종합보고서》, 1960에서 작성.

다. 근대적인 노사관계가 신분이라든가 은혜의 결연으로 대치되어 버린다. 사실 영세기업의 고용자 중에는 경영에 반드시 필요하지 않은 자도 포함되어 있는 예가 많다는 것이 알려져 있다. 그러나 그와 같은 예외를 제외하고서 생각해도 은혜로서 부여된 고용에서는 임금을 경영의 일방적인 결정에 위임해 버리게 됨은 불 보듯 뻔한 사실이다. 이와 같이 정해진 중소기업의 저임금은 전체 임금에 대한 보이지 않은 중압이 되어 마침내 대기업에도 영향을 미쳐 그 초임급을 인하하게 된다.

상술한 바에 더하여 가계가 저임금을 강요당할 때 사용하는 타개책이 그 가계 중에서 새로운 저임금노동자를 또 보내는 것, 즉 가계의 저임금의 재생산이라는 것을 생각할 때 한국의 임금은 계속 낮은 수준으로 유지될 가능성을 내포하고 있다. 특히 우리나라의 영세농가의 가계가 급격히 임노동자화함으로써 생활을 지탱해 가려고 하는 것을 생각하면 우리나라 저임금의 기반은 빈곤한 사람들의 생활 속에서도 찾을 수 있을 것이다. 결국 빈곤의 악순환도 바로 한국의 저임금의 기반이 되어 있는 셈이다.

이상과 같은 여러 요인 외에 끝으로 한두 가지 더 언급하지 않으면 안 될 요인이 있다. 그 하나는 우리나라 사람의 식생활에서 큰 비중을 차지하고 있는 미곡의 가격이 그동안의 저물가정책으로 인해 낮게 유지됨으로써 노동자의 생활비(한국의 경우에는 생존비라고 함이 더 타당할 것이다) 혹은 노동의 재생산비가 낮게 유지되고 이 생활비에 의해서 결정되는 임금수준이 낮은 수준으로 유지될 수 있었다는 것이다.[4] 사

---

[4] 노동공급이 지배적인 때에는 이와 같은 고전파적 견해가 타당하며 일단 노동수요가 급격히 증가하여 노동수급의 밸런스가 변할 때에야 비로소 신고전파 이론이 타당한 범위가 확대된다.

실 물가변동의 선도적 역할을 하는 미곡의 가격이 낮은 수준으로 유
지되지 않았다면 오늘과 같은 저임금이 유지되었을지 매우 의심스럽
다. 이제 미곡의 가격과 임금의 추세를 보여주는 표를 들면 〈표 8〉과
같다.

〈표 8〉 미가 및 제조업 임금의 추세

연 도	1957	1958	1959	1960	1961	1962
미 가 (단위: 원/20 ℓ)	361	297	266	304	367	377
임 금 (단위: 원)	2,030	2,170	2,350	2,600	2,830	2,990

출처: 한국은행 조사부, 《경제통계연보》 1963년판, p. 262 및 p. 272.

그 둘은 노동조합이 결성되어 있지 않거나 결성되어 있다 해도 노
동조합의 힘이 약한 것이다. 노동조합에 의한 단체교섭이 활발하면 임
금수준은 상방으로 움직이기 쉬우며 하방으로는 움직이지 않게 된다.
임금의 하방경직성이라는 것이 그것이다. 그런데 우리나라에는 노동
조합이 결성되어 있지 않거나 혹은 있다 해도 제 구실을 못하는 경우
가 많으므로 자연히 저임금에 머무르지 않을 수 없다. 우리나라의 노
동조합의 결성 상황을 보면 〈표 9〉와 같다. 이에서 대체로 결성된 노
동조합의 수가 그다지 많지 않음을 알 수 있을 것이다. 그런데 과거의
예에 비추어서 잘 알고 있는 바와 같이, 우리나라에서는 이 결성된 노
동조합마저 노동자가 무권리 상태에 놓여 있음으로 해서 제 구실을
못하거나 혹은 간부들이 정치적으로 이용함으로써 본래의 사명을 다
하지 못하는 경우가 많다.

〈표 9〉 한국노동조합의 지부 결성 상황

	철도	섬유	광산	전력	외국기관종업원	체신	운수	해상	금융	전매	화학	금형	부두	연합	출판	자동차	계
1961. 12. 31. 현재	0	8	7	5	0	0	17	7	0	1	11	2	9	5	–	–	72
1962. 12. 31. 현재	10	30	40	25	10	3	41	22	7	14	55	13	27	30	–	–	331
1963. 12. 31. 현재	15	46	121	36	21	4	63	39	15	18	90	30	43	57	2	7	418

출처: 보건사회부 노동국.

3. 임금격차

제2절에서 우리는 노동력 측의 요인, 그것을 이용하는 자본 측의 요인, 그리고 기타의 여러 요인으로 우리나라 임금이 낮은 수준으로 유지되고 있음을 고찰하였다. 그러나 우리나라의 임금은 낮은 편이며 동시에 규모별, 업종별, 남녀별, 지역별로나 상당히 큰 격차가 있다.

규모별 임금격차를 보면 〈표 10〉과 〈표 11〉과 같다. 이에서 알 수 있는 바와 같이 소기업의 임금은 대기업의 약 55퍼센트밖에 안 된다. 이와 같은 규모별 임금격차는 일본을 제외한 선진국에서는 찾아볼 수 없는 현상이다.[5]

그러면 이와 같은 규모별 임금격차의 요인은 무엇인가. 우선 그 요인으로서 생산성격차를 들 수 있다. 일반적으로 대기업의 생산성이 소기업보다 높다는 것은 잘 알려져 있는 사실이다. 생산성이 높으면 임금도 높다는 것, 바꿔 말하면 양자가 정(正) 혹은 순(順)의 상관관계를 갖는다는 것은 (분배율)×(노동의 부가가치생산성)＝(1인당임금)〔여기서 분배율은 (임금급료 총지불액)÷(부가가치)를 그리고 노동의 부가가치생

---

5) 藤本武 씨에 의하면 제조업의 경우에는 대기업에 대한 소·영세기업의 임금은 90~80%의 나라가 많은데 일본에서는 50~40%로 낮은 수준이라 한다(《エコノミスト》, 1961년 8월 8일호, p. 46).

〈표 10〉 광업 및 제조업의 규모별 임금(연당)(1960년)

(단위: 원)

규 모	광 업	제 조 업	평 균
30~49인	21,796(41.5)	21,015(68.1)	21,062(54.6)
50~99	22,068	21,703	21,755
100~199	28,080	22,628	23,545
200~499	30,287	26,759	27,442
500 이상	52,446(100.0)	30,822(100.0)	38,528(100.0)

출처: 한국산업은행, 《광업 및 제조업사업체조사 종합보고서》, 1960에서 작성.

〈표 11〉 광업 및 제조업의 규모별 임금(월당)(1962년)

(단위: 원)

규 모	광 업	제 조 업	평 균
30~49인	2,658(40.0)	2,608(71.1)	2,612(60.0)
50~99	2,747	2,949	2,920
100~199	3,923	2,924	3,103
200~499	3,556	3,389	3,427
500 이상	6,687(100.0)	3,671(100.0)	4,367(100.0)

( ) 안은 백분율.
출처: 한국생산성본부, 《생산성연구》 제10집에서 작성.

산성은 (부가가치)÷(종업원 총수)[6]를 말한다]에서 증명되는 바이지만 다음의 〈그림 1〉도 그것을 실증해 준다.

규모별 임금격차의 둘째 요인으로서는 중소기업의 특수성을 들 수 있다. 중소기업은 지방적 특수 생산에 종사하고 있는 경우가 많으며 시장이란 점에서도 대기업과의 경합 문제는 볼 수 없는 경우가 많다. 그와 같은 폐쇄적인 기업은 자연히 타 기업과는 격리된 생산구조를 가지며 독자적인 저임금이 가능하게 된다. 혹은 동종의 생산에 종사하고 있는 경우에도 대기업과 중소기업 간에는 각종의 지배관계가 성립하고 있는 경우가 있다.

---

6) '순생산성'(純生産性)이라고도 한다. 이에 대해서 가치생산성 즉 (출하액)÷(종업원 총수)는 '조(粗)생산성'이라고 한다.

〈그림 1〉 임금, 생산성의 국제 비교(1953=100)

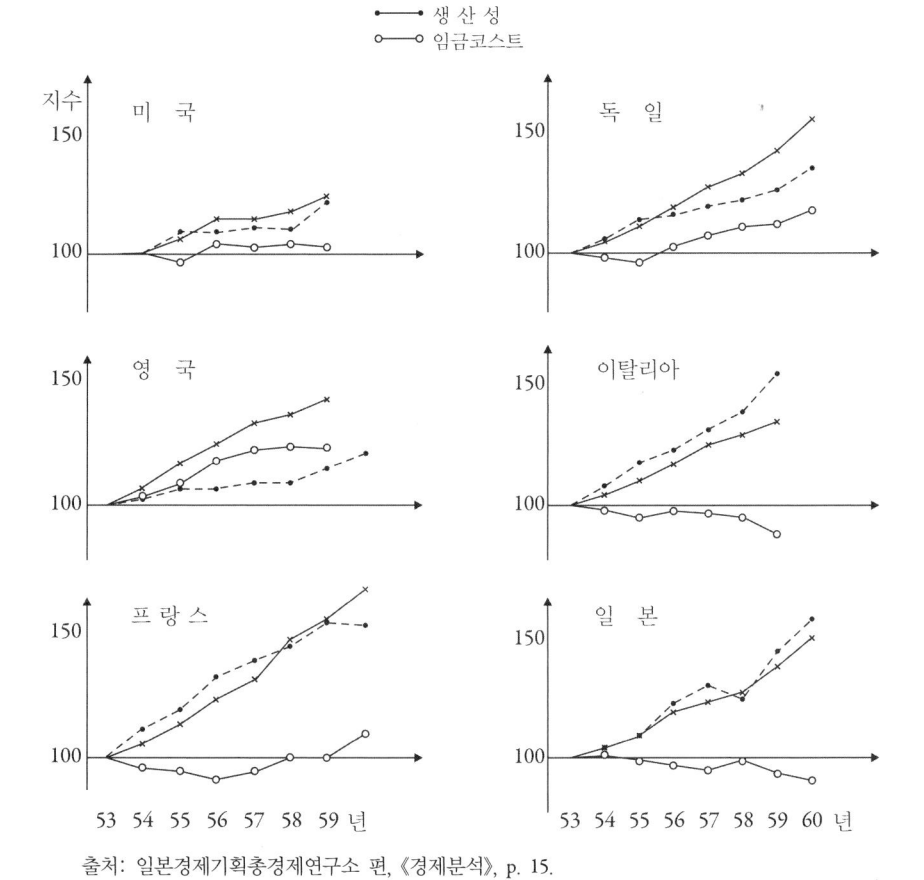

출처: 일본경제기획총경제연구소 편,《경제분석》, p. 15.

이 경우에는 중소기업은 불가불 불리한 조건을 감수하지 않을 수 없으며 이와 같은 불리한 상황에 대비하기 위하여 노동자의 희생에 의한 생산비 절감이 필요하게 된다.

그러나 규모별 임금격차의 가장 중요한 요인으로는 대기업과 중소기업 간에 존재하는 노동력의 질적 차이를 들 수 있다. 노동시장에서

의 치열한 경쟁이 대기업에는 양질의 노동력을 고용시키게 하고 중소기업에는 그 나머지의 노동력을 고용시키게 하는 결과를 낳으며 고용된 후의 경로에도 또 차이를 만든다. 대체로 대기업에서의 신규 채용자는 미취업자, 농촌출신자가 많은 데 반해서 소기업이 될수록 경험자 내지 도시의 상업·서비스업 출신자의 비율이 높아지고 있음이 알려져 있다. 즉 대기업은 새로운 노동력을 자기가 요구하는 근대적 노동자로 양성할 수 있는 입장에 놓여 있는 데 반해 소기업은 타 기업에서 양성되어 이직한 사람들을 다량으로 포함하고 있는 것이다.

이에 대하여 처음부터 소공장에 들어가는 사람은 그만큼 노동력으로서는 불리한 조건을 갖고 있는 셈이며 이후의 양성도 불충분한 채로 있는 경우가 많으므로 초임급은 거의 같다고 해도 그 이후의 양성과정에서 노동력의 질에 차이가 생겨 이것이 임금수준에 반영되는 것이 사실이다.

다음에 업종별 임금격차를 보면 〈표 12〉와 같다. 이에 따르면 광업에서는 석탄광업이, 제조업에서는 인쇄·출판업, 유리·토석제품 제조업, 제1차금속제품 제조업, 수송용기계 제조업, 피혁·피혁제품 제조업 등이 높은 임금의 업종이다. 이와 반대로 광업에서는 비금속광업이 그리고 제조업에서는 식료품제조업, 방직업, 기타 제조업 등이 낮은 임금 업종이다. 이에서 대체로 임금이 높은 업종은 자본집약적인 생산기술과 종업원의 숙련 노동을 필요로 하는 부문이며, 다른 한편 임금이 낮은 업종은 노동집약적인 생산기술과 종업원의 단순노동을 필요로 하는[7] 부문임을 알 수 있다. 표에서 보는 바와 같이 낮은 업종의 임금은 높은 업종 임금의 50~40퍼센트밖에 안 된다. 이 또한 일본을 제외

---

7) 따라서 이와 같은 산업에서는 비숙련노동자나 부녀자 및 연소종업원이 종업원의 대부분을 차지한다.

〈표 12-1〉 업종별 임금(월당)(1960년)

(단위: 원)

업종별	임 금	업종별	임 금
석탄광업	3,785	인쇄·출판업	3,260
금속광업	2,550	피혁 및 피혁제품 제조업	2,533
토사석채굴업	2,738	고무제품 제조업	2,288
비금속광업	1,634	화학공업	2,216
광업 평균	3,222	석유 및 석탄제품 제조업	2,059
식료품 제조업	1,563	유리·토석제품 제조업	2,815
음료품 제조업	2,047	제1차 금속제품 제조업	2,691
방직업	1,747	금속제품 제조업	1,876
화(靴)류의복 및 장신품 제조업	2,267	기계 제조업	2,301
제재·목재 제조업	2,299	전기기계기구 제조업	1,926
가구제비품 제조업	2,229	수송용기계기구 제조업	2,545
지류 및 지제품 제조업	1,800	기타 제조업	1,724
		제조업 평균	2,059

출처: 한국산업은행,《광업 및 제조업 사업체조사 종합보고서》, 1960에서 작성.

〈표 12-2〉 업종별 임금(월당)(1962년)

(단위: 원)

업종별	임 금	업종별	임 금
석탄광업	3,852	인쇄출판 및 유사업	3,809
금속광업	3,772	피혁 및 피혁제품 제조업	4,244
토사석채굴업	1,152	고무제품 제조업	2,653
기타 비금속광업 및 채석업	2,878	화학 및 화학제품 제조업	2,645
광 업 평 균	3,532	석유 및 석탄제품 제조업	3,017
식료품 제조업	3,161	비금속광물 제조업	2,928
음료품 제조업	3,923	제1차 금속제품 제조업	4,485
연초 제조업	(6,046)	금속제품 제조업	3,408
방 직 업	2,271	기계 제조업	3,390
화류·의복류 및 기타직물 제조업	2,900	전기기계기구 제조업	3,391
목재 및 목제품 제조업	3,121	수송용기계기구 제조업	3,217
가구 및 제비품 제조업	1,665	기타 제조업	2,038
지류 및 지류제품 제조업	2,568	제조업 평균	2,883

출처: 한국생산성본부,《생산성연구》제10집, pp. 68~69.

〈표 12-3〉 업종별 임금(월당)(1962년)

(단위: 원)

업종별	임 금	업종별	임 금
석탄광업	5,510	고무제품 제조업	2,910
금속광업	4,390	화학 제조업	2,650
비금속광업	2,660	석탄제품 제조업	3,290
광업 평균	4,550	유리·토석제품 제조업	3,860
식료품 제조업	2,870	제1차 금속제품 제조업	4,610
음료품 제조업	4,110	금속제품 제조업	2,880
방직업	2,460	기계 제조업	2,560
제재 및 목제품 제조업	2,920	수송용기계 제조업	3,450
지류 및 지류제품 제조업	3,950	별게 이외의 제조업	2,240
인쇄 및 출판업	5,120	제조업 평균	2,990

출처: 한국은행 조사부, 《조사월보》, 1963년 6월호.

한 선진국에서는 볼 수 없는 현상이다.[8]

이상과 같은 규모별 임금격차와 업종별 임금격차 외에 남녀별 임금 격차가 있다. 그러나 적당한 자료가 없는 관계로 보건사회부의 자료를 사용하기로 한다. 〈표 13〉에서 보는 바와 같이 여성의 임금은 광업, 제 조업을 통해서 보면 남성 임금의 46.2퍼센트이며 광업과 제조업별로 보면 광업에서는 49.1퍼센트, 제조업에서는 43.0퍼센트다.[9] 물론 여기 서 말하는 남녀별 임금격차는 남녀집단의 평균임금의 비율을 의미한 다.[10] 그러면 이와 같은 남녀별 임금격차의 요인은 무엇인가. 그 요인

---

8) 藤本武에 의하면 높은 업종에 대한 낮은 업종의 임금은 선진국에서는 65~55%라고 한다(앞의 책, p. 46). 그러나 일본은 우리나라의 경우와 거의 동 일하다.

9) 小島健司에 의하면 영국은 약 61%, 독일은 약 63%, 프랑스는 약 88%, 일본은 약 45%의 격차를 갖고 있다(小島健司, 《日本の賃金》, p. 65). 이 밖에 ILO 자료 에 의하면 방직업의 경우에는 벨기에는 68%, 캐나다는 78%, 핀란드는 71%, 독일 은 76%, 네덜란드는 59%, 뉴질랜드는 63%의 격차를 각각 갖고 있다 (*International Labor Review*, March 1963, p. 282).

10) 남녀별 임금격차에는 이 밖에 동일업적 임금격차, 동일비용 임금격차, 동일평 가 직무 임금격차가 있다.

으로서는 첫째로 여성은 가계보조적 노동자라는 것, 둘째로 여성은 남
성보다 어리고 훈련기간이 짧으며 그 직무가 단기간에 익숙해질 수
있거나 혹은 기능을 필요로 하지 않을 뿐 아니라 공급할 수 있는 노동
력이 잠재적으로 어느 정도 항상 존재하고 있는 것을 들 수 있다.

〈표 13〉 산업별 남녀별 임금(월당)(1963년)

(단위: 원)

산 업 별	남	여
광 업*	2,610 (100.0)	1,281 (49.1)
제 조 업	2,767 (100.0)	1,190 (43.0)
평 균	2,689 (100.0)	1,236 (46.2)

* 10~19인의 규모는 포함하고 있지 않음.
출처: 보건사회부,《1963년 근로자임금실태 조사보고서》에서 작성.

끝으로 지역별 임금격차를 보면 〈표 14〉와 같다. 이에서 알 수 있는
바와 같이 지역적으로는 강원도가 가장 높고 다음으로 서울이며 전북
이 가장 낮다. 그리고 전북의 임금은 강원도의 임금의 50~40퍼센트
다.11) 이 지역별 임금격차는 쉽사리 알 수 있는 바와 같이 앞에서 설
명한 세 가지 임금격차가 지역적으로 어떻게 배합되어 있는가에 기인
한다.12)13)

---

11) 藤本武에 의하면 지역별 임금격차에서는 선진국이 10% 혹은 25~20%의 차이
고 일본이 45~40% 차이다(동, p. 46).
12) 이 밖에 직능별 임금격차가 더 있다(L. G. Reynolds and C. H. Taft, *The
Evolution of Wage Structure*, pp. 9~10).
13) J. T. Dunlop와 M. Rothbaum에 의하면 인플레이션은 백분비로 측정될 때 모
든 임금격차를 좁히는 경향을 갖는다고 한다(*International Labor Review*, April
1955, p. 362). 그러나 자료의 한계로 우리나라에서의 검증은 행할 수 없다.

〈표 14-1〉 도별 임금(연당)(1960년)		
		(단위: 천 원)
도	별	임 금
서	울	32.59
경	기	25.27
충	북	27.23
충	남	20.34
강	원	43.69
경	북	23.23
경	남	21.46
전	북	17.35
전	남	21.34
제	주	37.27*
평	균	22.78

* 신빙도가 낮음.
출처: 한국산업은행,《광업 및 제조업 사업
체조사 종합보고서》, 1960에서 작성.

〈표 14-2〉 도별 임금(월당)(1962년)		
		(단위: 원)
도	별	임 금
서	울	3,699
경	기	3,379
충	북	2,368
충	남	2,350
강	원	4,277
경	북	2,694
경	남	2,428
전	북	2,068
전	남	2,725
제	주	2,840
평	균	2,971

출처: 한국생산성본부,《생산성연구》제
10집, p. 66.

4. 임금형태

제2절과 제3절에서 우리나라의 임금이 낮은 편이라는 것과 규모별, 업종별, 남녀별, 지역별로 상당히 큰 격차를 갖고 있는 것을 보았다. 그러나 우리나라의 임금은 또 임금형태와 관련해서 다음의 두 가지를 특징으로서 갖고 있다.

그 하나는 우리나라에서는 임금형태의 기본형식인 시간급과 성과급 (능률급)이 임금체계와 얽혀 있는 것이다. 선진국에서는 보통 임금형태의 기본형식인 시간급과 성과급 중에서 어느 하나를 정해가지고 그 정해진 한 가지 형태로 임금이 지불된다.

일본의 시노하라(篠原)에 따라 임금형태가 임금체계 및 임금의 각 구성요소와 어떠한 관계에 있는가를 표시하면 다음 〈그림 2〉와 같다.

〈그림 2〉 급여구성요소

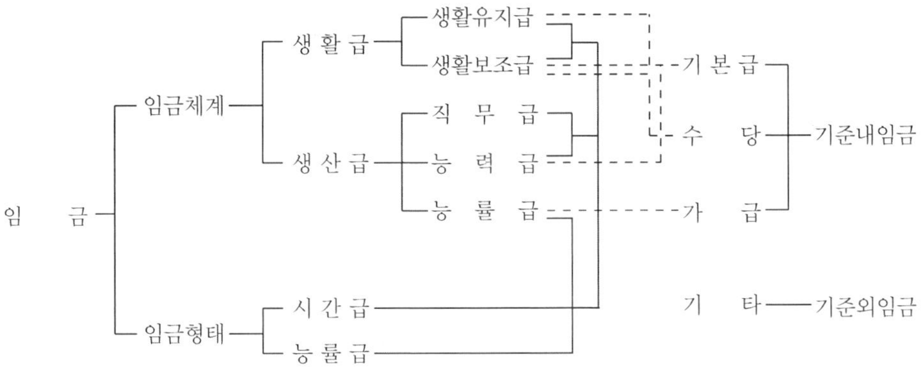

```
                              ┌── 생활유지급 ───┐
                  ┌─ 생활급 ─┤                 ├─── 기본급 ─┐
                  │          └── 생활보조급 ───┤            │
         ┌ 임금체계┤          ┌── 직무급 ──────┤   수  당 ─┼── 기준내임금
         │        │          │                │   (가급)   │
 임  금 ─┤        └─ 생산급 ─┼── 능력급 ──────┘            │
         │                   └── 능률급 ───────── 가  급 ──┘
         │        ┌─ 시간급 ──────────────────────────────
         └ 임금형태┤                                    기  타 ── 기준외임금
                  └─ 능률급 ──────────────────────────────
```

출처: 中山伊知郞 편, 《임금기본조사》, p. 505.

〈표 15〉 급여구성요소

기본급[*]	장려급	생활보조급[**]	초과 근무수당	임시작업급	불취업급	기 타
1. 연령급 2. 학력급 3. 근속경험급 4. 능력급 5. 직책급 6. 직무급 7. 특수작업급 8. 일정액급 9. 종합결정급	1. 정개근급 2. 능률급	1. 가족급 2. 독신자·가구 주급 3. 통근급 4. 주택급 5. 지역급 (근무지급) 6. 세, 보험료 사업주 부담금 7. 기타 별거수 당·자녀교육수 당 등	1. 시간외근무급 2. 심야근무수당 3. 휴일출근급 4. 연근급 및 교대급 5. 당·일직급	임시로 소정 근로조건의 노 동을 행한 것 에 대해서 지 불되는 급여	1. 연차유급휴 가수당 2. 자기사정에 의한 휴가에 대 한 수당 3. 휴업수당 등 자기의 책임에 기인하지 않는 휴일에 대한 수 당	정기적으로 지 불되는 급여로 서 딴 항목으로 분류할 수 없는 급여

* 기업에서 기본급, 본급, 기초급이라고 불리지 않고 특별수당, 임시가급, 물가수당 등의 명칭을 붙이고 있는 경우라 해도 기본급에 일정의 배율을 곱해서 산정 지불되는 급여는 모두 이에 포함된다.

** 급여의 명칭이라든가 지급의 목적이 생활보조의 외관을 갖는 급여라 해도 그 산정방법으로 보아서 실질적으로 생활비의 차이와 관계가 없는 요소를 기초로 하고 있는 급여는 이에 포함되지 않는다.

주: 이 표는 일본노동성의 급여구성조사에서의 분류를 표시한다.

출처: 中山伊知郞 편, 《임금기본조사》, pp. 538~539, p. 569.

이 표가 표시하는 바와 같이 임금을 노동력 재생산의 보장으로 보는
가, 생산성에 대한 대가로 보는가에 따라서 생활급·생산급으로 나누는
임금체계와 임금의 산정기초가 노동시간인가 양적 성과인가에 따라서
시간급·성과급으로 나누는 임금형태, 그리고 그림의 말단에 있는 임금
의 각 구성요소는 서로 일련의 교착관계에 있다. 여기서 '기본급'에는
본인급, 연령급, 근속경험급, 학력급, 특수작업급, 직책급, 직무급, 직
능급(능력급) 등이 포함되며, 수당14) 말하자면 '생활보조급'에는 가족
수당, 지역수당, 주택수당, 통근수당 등이 포함되며, '가급'(加給) 즉
'능률급'(성과급)에는 단순성과급, 표준시간급, 시간할증급, 고율성과급
및 고율표준시간급, 이율성과급 및 이율표준시간급(이상은 개인능률급
이다), 단체장려급, 이윤분배제가 포함된다. 그리고 '기타'에는 앞 표에
서 알 수 있는 바와 같이 초과근무수당, 임시작업급, 불취업급, 기타가
포함된다.

　우리나라의 임금의 구성요소는 〈표 15〉에 표시한 바와 같다. 〈표
15-1〉에서 '기본급'은 월급 혹은 일급 등으로 고용주와 근로계약상 정
해진 바에 따라 산정·지불되는 급여로서 기본급수당(가족수당, 직무수
당, 정근수당, 근무지수당, 출납수당, 유급휴가수당 등)을 포함하며, '시간외
수당'은 소정시간 외의 근로 즉 연장, 야간, 휴일근로 등에 대한 수당
을 말하며 '특별급'은 '기본급', '시간외 수당' 이외의 수당으로 지불된
급여(예컨대 특별상여금, 결혼수당 등)을 말한다. 그리고 〈표 15-2〉에서
'기본급'은 기준 작업조건과 작업시간에 대하여 지불되는 임금을 말하
며 '장려급'은 정상적인 '기본급' 이외의 근로조건에 의해 노동을 제공

---

14) 모든 노동자에 적용하는 기초적 급여를 '급'(給)으로 그리고 그 일부분의 노
　동자에 적용하는 보조적 보완적인 급여를 '수당'(手當)으로 불러 구별하고 있
　는 수가 있지만 그 한계는 실제 명백하지 않으며 또 구분에 반드시 의미가 있
　는 것도 아니다.

한 경우 이를 장려하는 의도에서 지불되는 초과근무수당, 휴일수당, 직무수당, 기술수당 등을 말하며 '생활보조급'은 '기본급'이 너무 낮아서 생계유지가 어려운 경우에 생계보조를 위해서 지불되는 물가수당, 가족수당, 지역수당 등을 말한다. 그러나 '기타'에 대해서는 확실한 언급이 없다.

〈표 15-1〉 임금구성(1963년)

산　　업　　별	기본급	시간외 수당	특별급
광　　　　업	80.5%	10.2%	9.3%
제　　조　　업	88.2%	9.1%	2.7%

출처: 보건사회부, 《근로자임금실태조사 보고서》에서 작성.

〈표 15-2〉 임금구성(1962년)

산　업　별	기본급	장려급	생활보조급	기 타
광　　　업	77.0%	8.3%	2.6%	12.1%
제　　조　　업	75.2%	10.9%	3.9%	10.0%

출처: 한국생산성본부, 《한국생산성연구》 제10집, pp. 80~81.

그러면 이와 같이 임금형태가 임금체계와 얽혀 복잡하게 되어 있는 것은 무엇 때문인가. 첫째, 저임금 때문이다. 제2절에서 이미 말한 바와 같이 우리나라에서는 낮은 수준의 생활마저 보장하지 못하는 저임금이 지불되고 있다. 따라서 임금과 생활비의 차이를 메우어 주기 위해서 근소하나마 각종의 명목으로 화폐가 지불되지 않을 수 없다. 둘째, 인플레이션 때문이다. 인플레이션은 우리가 다 알고 있는 바와 같이 임금과 생활비의 차이를 만든다. 그런데 우리나라는 계속해서 인플레이션의 위협을 받아오고 있다. 따라서 양자의 갭을 메우어 주기 위해서 각종의 명목으로 화폐가 지불되지 않을 수 없다. 던롭(J. T.

Dunlop)과 로스바움(M. Rothbaum)도 〈임금구조의 국제비교〉라는 논문에서 인플레이션이 여러 가지 형태의 임금의 구성요소를 만들어 낸다는 것을 밝히고 있다.15) 셋째, 과세관계 때문이다. 저임금과 인플레이션하에서는 임금은 과세대상이 되지 않도록 여러 가지 명목으로 지불되지 않을 수 없다. 끝으로 '제도의 경직성'에 때문이다. 여기서 제도의 경직성이란 한 번 제도가 생기면 그것을 폐지하는 것이 매우 어려운 것을 의미한다. 우리가 잘 알고 있는 바와 같이 우리나라에서는 한 번 제도가 생기면 그것을 폐지하는 것이 매우 어렵게 되어 있다. 따라서 어떤 계기로 새롭게 만들어진 급여가 그것을 필요로 한 원인이 제거된 후에도 그대로 남아 있거나 혹은 딴 명칭으로 바뀌어 있는 경우를 생각할 수 있다.

이상과 같은 특징 외에 다른 특징은 임금이 생활급이며 연공서열형이라는 것이다. 연공서열형의 임금이란 연령과 근속연한이 극히 중요한 역할을 하는 임금, 즉 독신자임금을 기점으로 하여 가족의 증가에 의한 생활비의 팽창을 연공에 따르는 승급으로 해결해 주는 임금을 말한다. 따라서 말하자면 우리나라의 임금은 '생산성의 대가'라기보다도 '노동력 재생산 보장'이라는 성격을 띠고 있으며 또 연공에 따라서 증가하게 되어 있다. 좀 이상하기는 하지만16) 〈표 15-2〉를 그대로 사용하여 장려급의 비율을 보면 그것은 광업의 경우에는 8.3퍼센트이며 제조업의 경우에는 10.9퍼센트다.17) 이것은 〈표 16〉에서 알 수 있는

---

15) ILO, *International Labor Review*, April 1955, p. 362.
16) 이 표에는 다음의 두 가지 의문점이 있다.
    첫째로 제조업 기본급의 비율이 광업보다 작다. 일본의 경우를 보면 분명히 그 반대로 되어 있다. 〈표 16〉을 참조하라. 小島健司가 든 것을 보아도 광업이 51.9%, 제조업이 64.6%로 되어 있다(小島健司, 《日本の賃金》, p. 108).
    둘째로 장려급의 비율은 제조업이 광업보다 크다. 〈표 16〉을 참조하라.
17) 이 장려급은 규모가 커짐에 따라서 증가하고 있다(한국생산성본부, 《생산성

〈표 16〉 산업별 급여구성(1953년 9월분)

산 업 별	기본급	장려급	생활보조급	초과근무수당	임시작업급	불취업급	기 타
광 업	51.9%	26.3%	7.6%	11.1%	0.2%	2.8%	0.1%
제 조 업	64.6%	14.8%	7.0%	12.3%	0.0%	1.2%	0.1%

출처: 일본의 급여구성조사에서 작성.

〈표 17〉 생산급의 산업별 분포(1962년)

산업별	조사 사업체 수	시간급(고정급)		성과급(능률급)						이윤 분배제
		직무 (계)급	능력급*	단순성과급 (단순산출량급)	표준시간급 (시간청부급)	할증급	개인성과급 (개인능률급)	조별성과급** (조별능률급)		
광 업	58 (100.0)	39 (67.2)	29 (50.0)	33 (56.9)	12 (20.7)	4 (6.6)	29 (50.0)	28 (48.3)		2 (3.4)
제 조 업	362 (100.0)	210 (58.0)	229 (63.3)	131 (36.2)	68 (18.8)	38 (10.5)	178 (49.2)	54 (14.9)		7 (1.9)
합 계	420 (100.0)	249 (59.3)	258 (61.4)	164 (39.0)	80 (19.0)	42 (10.0)	207 (49.3)	82 (19.5)		9 (2.1)

* 직능급이라고도 한다.
** 조별성과급은 우리의 '단체장려제'라고 생각하면 된다.
주: 1) 상기표의 표 머리의 괄호 안에 들어 있는 것은 생산성본부에서 사용하고 있는 용어를 표시한다.
   2) 괄호 안의 숫자는 조사사업체 총수에 대한 백분율을 표시한다.
출처: 한국생산성본부,《생산성연구》제10집, pp.84~85와 pp.88~89에서 작성.

바와 같이 우리나라와 실정이 거의 비슷한 일본보다도 훨씬 작다.

그러면 이와 같이 임금이 생활급이며 연공서열형인 것은 무엇에 기인하고 있는가. 우리나라의 임금이 생활급인 것은 저임금과 인플레이션 때문이며 연공서열형인 것은 저임금 때문이다. 이제 우리나라 임금의 연공서열적 성격이 얼마나 뿌리 깊은 것인가를 보면 다음과 같다.

〈표 17〉에 따르면 직무급의 채택 비율은 상당히 크다. 우리나라에서도 대기업을 중심으로 해서 직무급이 채택되고 있다. 임금형태는 시간급(고정급)에서 성과급(능률급)으로, 그리고 성과급에서 고정급의 한 형태인 직무급으로 발전해 왔다. 직무급은 확실히 근대적인 임금형태

―――――――――――

연구》제10집, p. 79).

다. 이것의 묘미는 사람과 독립된 직무에 의해 결정되는 데 있다. 이 직무급에서는 연령, 근속연한, 부양가족수 등이 고려되지 않는다. 그러나 첫째로 우리나라의 경우에는 직무분석과 직무평가가 제대로 안 되어 있으며 직무의 내용이 불분명하며 정원제가 엄격히 실시되고 있지 않다. 직무급은 직무분석, 직무평가, 직무내용의 명확한 규정, 정원제의 엄격한 실시를 전제로 하고 있다.

둘째로 저임금 상태에서는 직무급이 범위직무급18)으로 되는 것이 보통이다. 즉 연공 등의 타 요인에 의해서 임금이 좌우되는 것이 보통이다. 왜냐하면 독신자의 경우나 장년의 경우나 직무가 동일할 때 임금도 동일하게 하려면 독신자의 임금을 장년의 그것까지 인상하든지 그렇지 않으면 장년의 임금을 독신자의 그것까지 인하하든지 하여야 할 터인데, 저임금 상태에서는 기업이 임금을 인상할 리 없고 또 후자의 방법은 도저히 생각할 수 없는 일이기 때문이다.

셋째로 중소기업이 대다수를 차지하고 있는 한, 그리고 과잉인구의 압력으로 인한 노동자의 무권리 상태가 존재하고 있는 한 대기업의 임금체계는 중소기업에 남아 있는 낡은 임금체계에 영향을 받게 되어 있다. 이와 같은 상태에서는 근대적인 직무급은 연공과 접목되게 되어 있다. 즉 직무급은 왜곡 내지 변질되게 되어 있다.

따라서 우리나라에서 설사 대기업을 중심으로 근대적인 직무급이 채택되고 있다고 해도 이 사실에서 곧 대기업의 임금관리가 근대성을 갖고 있다고 결론낼 수는 없다고 하겠다. 연공서열적인 성격은 어떠한 임금체계를 취하든 우리나라에서는 뿌리 깊게 남아 있는 것이다. 사실 우리나라의 유수한 그리고 또 가장 규모가 큰 부산의 모 방직공장의

---

18) 직무급에는 한 직무에 대해서 복수의 임률을 갖는 이와 같은 범위직무급 외에 한 직무에 대해서 한 임률을 갖는 단일직무급이 있다.

고원(雇員)의 임금규정·승급규정을 보면 이 공장은 분명히 직무급제를 채택하고 있다. 그러나 임금사정(査定)을 할 때엔 직무평가치 외에 연령, 학력별, 근속별 승급단계 기준과 근무성적 평정결과가 기준으로서 사용되고 있는 것이다.

시간급(고정급)과 성과급(능률급)의 분포 비율에 관한 자료가 없으므로 우리나라에서 성과급의 채택 비율은 알 수 없으나 〈표 17〉에서 보는 바와 같이 할증급, 조별성과급, 이윤분배제 등의 성과급이 우리나라에서도 채택되고 있다. 그러나 설령 정밀한 성과급이 채택되고 있다고 해도 그것이 직무급의 경우와 마찬가지일 것임은 뻔한 일이라 하겠다.19)

5. 결 론

앞 절까지에서 다음의 것을 찾아냈다.

우선 우리나라의 임금은 저임금이다. 이것은 방대한 산업예비군의 존재, 불완전한 노동시장, 빈곤의 악순환, 노동조합의 미결성 혹은 그 활동이 활발하지 않음 등에 기인한다.

다음으로 우리나라의 임금은 규모별, 업종별, 남녀별, 또 지역별로

---

19) 이상에서는 임금은 화폐임금의 의미로 사용했기 때문에 '실물급여'는 다루지 않았다. 실물급여는 '물품급여' 혹은 '현물급여'를 포함하기도 하지만 전시 혹은 전후의 물자통제기라든가 극도의 자금궁색기를 제외하고서는 급식, 부식비의 일부 부담과 복리후생비를 의미한다. 복리후생시설로서는 (ㄱ) 기숙사, 사택 등의 주택시설, (ㄴ) 보건위생시설, (ㄷ) 교육, 문화, 위락시설 등이 들어지지만 기업이 지불하는 주요한 비용으로는 (ㄱ) 사택·기숙사 보수비, 수도전기대, 연료비, 인건비, (ㄴ) 병원, 목욕탕, 진료소 등 경비의 일부, (ㄷ) 법정사회보험비가 있다. 그런데 이 실물급여는 대체로 화폐임금과 정 혹은 순의 상관관계를 갖고 있는 것이다.

상당히 큰 격차를 갖고 있다. 규모별 임금격차는 생산성 격차, 중소기업의 특수성, 대기업과 중소기업 간에 존재하는 노동력의 질적 차이 등에 기인하며, 업종별 임금격차는 필요로 하는 생산기술과 노동의 차이에 기인하며, 남녀별 임금격차는 주로 여자노동이 가계보조적 노동형, 출가(出稼) 노동형인 데 기인하며, 지역별 임금격차는 이들 세 가지 격차의 지역적인 배합의 차이에 기인한다.

끝으로 우리나라에서는 임금형태는 임금체계와 얽혀서 복잡하게 되어 있으며 임금은 생활급이며 연공서열형이다. 임금이 복잡하게 되어 있는 것은 저임금, 인플레이션, 과세관계, 제도의 경직성 등에 기인하며, 생활급으로 된 것은 저임금과 인플레이션에 기인하며, 연공서열형으로 된 것은 저임금에 기인한다.

이에서 우리나라의 임금은 선진국과 비교할 때 매우 기형적임을 알 수 있다. 그러면 이와 같은 기형성의 제거책은 무엇인가. 이미 서론에서 임금은 한 나라의 경제발전의 결과적 표현이라는 말을 했다. 만약 우리나라도 현재의 선진국과 동일한 경제발전 단계에 도달한다면 현재와 같은 기형성은 자동적으로 제거될 것이다. 따라서 궁극적으로는 경제발전을 위한 노력이 바로 우리나라 임금의 기형성의 제거책이라 하겠다. 바꾸어 말하면 경제적 후진성을 초래한 경제외적 여러 요인의 제거와 생산성의 향상이 바로 우리나라 임금의 기형성의 궁극적인 해결책이라 하겠다. 그뿐 아니다. 서론에서 말한 바와 같이 임금은 또 한 나라의 경제발전의 규정자, 즉 원동력이기도 하다. 그런데 제3절에서 본 바와 같이 임금과 생산성은 정(正) 혹은 순(順)의 상관관계에 있다. 따라서 생산성의 향상은 이 면에서도 우리나라 임금의 궁극적인 해결책의 하나가 된다. 분명히 생산성의 향상은 경제발전을 초래한다. 그리고 제3절에서 본 바와 같이, 또 〈표 18〉에서 보는 바와 같이 분명히

그것은 임금의 증가를 초래한다.

〈표 18〉 생산성 향상 결과의 국제 비교*

(1953년=100)

	노동생산성 (시간당)	생 산	명목임금 (시간당)	실질임금 (시간당)	고 용	노동시간
서 독	133	165	148	132	131	95
미 국	122	114	126	116	94	99
이 탈 리 아	152	159	132	117	105	99
일 본	144	220	131	132	148	103

* 이것이 어느 연도의 것인지 분명하지 않음.
출처: 《エコノミスト》, 1961년 6월 27일호, p. 15.

그리고 〈표 18〉에서 보는 바와 같이 분명히 그것은 고용의 증가와 노동시간의 단축을 초래한다. 그러나 이 표에서 알 수 있는 바와 같이 독일의 경우를 제외하고서는 생산성의 향상 속도가 임금 증가의 속도보다 훨씬 빠를 뿐 아니라 고용이 거꾸로 감소하고 있거나 혹은 고용의 증가의 속도가 생산성 향상의 속도보다 대단히 완만한 경우가 있으며 또 노동시간이 단축되지 않고 도리어 증가하고 있는 경우가 있다. 우리나라는 제2절에서 말한 바와 같이 방대한 산업예비군을 갖고 있다. 따라서 생산성 향상의 속도가 임금 증가의 속도보다 훨씬 빠를 뿐 아니라 고용 증가의 속도가 생산성의 향상 속도보다 훨씬 완만하거나 혹은 고용이 감소할 가능성이 있으며 또 노동시간의 증가를 초래할 가능성이 있다. 따라서 이 점을 사전에 방지하는 조치를 강구하면서 생산성의 향상을 도모할 필요가 있다.[20] 생산성 향상의 성과에

20) 프랑스에는 생산성의 향상에 의해서 종업원의 해고 혹은 보수를 인하할 수 없으며 기업은 생산성 향상의 성과를 종업원 전체에 배분할 것과 기업의 생산 전환·이동에 의한 실업을 보장하며 실업에 대한 직업보전, 노동이동에 필요한 주택시설을 보장할 것의 두 가지를 규정하는 입법조치가 취해져 있다.

대한 어떤 조치를 수반하는 생산성의 향상, 바로 이것이 이 글에서 말하는 생산성의 향상이다.

앞에서 노동조합이 결성되어 있지 않거나 혹은 그 활동이 활발하지 못한 것도 직간접적으로 우리나라 임금 기형성의 원인이 되고 있음을 보았다. 또 제2절에서 우리나라의 임금은 선진국과 비교할 것 없이 우리나라와 동일한 처지에 놓여 있는 ECAFE 지역의 후진국과 비교해 보아도 낮은 편임을 보았다. 이와 더불어 대기업과 중소기업의 임금격차는 상당히 크다. 현재의 실정으로 보아 대기업의 임금마저 노동력의 재생산을 겨우 가능하게 하는 수준으로 정해지고 있는 것이 사실인데 중소기업의 노동자에게는 노동력의 재생산을 보장할 만한 임금도 지불되고 있지 않다는 것은 말할 나위도 없다. 그런데 그들은 그나마 이와 같은 저임금을 확보하기 위해서 무리한 노동을 하지 않으면 안 되게 되어 있다.

따라서 위에서 말한 궁극적인 해결책과 병행해서 노동조합의 결성촉진과 그 활동의 장려,[21] 그리고 최저임금제[22]의 실시를 적극적으로 도모하여야 할 것이다.[23]

《경제논집》(서울대, 1964. 12)

---

21) 저임금이 경영의 불합리 예컨대 사용주의 낭비 등을 초래하고 있는 경우에는 임금의 인상이 이와 같은 불합리를 없애는 압력이 될 수 있으며, 또 저임금이 저코스트를 통해서 수출촉진을 가능하게 하는 것은 사실이지만 앞으로의 수출전망이 그다지 좋지 않은 경우에는 차라리 임금의 인상을 통해서 국내의 구매력의 증가를 도모하는 것이 국내생산을 위해서 유리할 것이므로 노동조합의 결성 촉진과 그 활동의 장려는 이런 면에서도 의의를 갖고 있다.
22) 다행히도 우리나라의 근로기준법은 최저임금 규정을 갖고 있다(제34조).
23) 이 글에서 필자는 과잉인구가 저임금의 결정적인 요인이라는 것만을 밝혔을 뿐 이 과잉인구 초래요인의 분석은 하지 않았다. 이러한 분석이 우리나라 임금에 대한 보다 깊은 인식을 갖게 한다는 것을 시인하면서도 이 글의 성격에 비추어서 그것을 하지 않기로 했다. 이 글을 끝내면서 이 점을 다시금 밝혀둔다.

한국의 경제성장, 고용 및 임금

1. 서 론

실업과 과소고용은 빈곤과 비참의 주원인이다. 그리고 완전하고 생
산적이고 자유로이 선택된 고용은 취업 기회의 범위를 넓히고 경제성
장을 가속시키며 저개발국의 신속한 경제성장과 선진국의 최빈곤 계
급의 생활수준 향상을 위한 관건이 된다.[1] 따라서 각국은 현재 모든
국민에게 취업의 기회를 주고 그들 생활의 안정 향상을 도모하는 것
을 정치 및 경제정책의 근간으로 삼고 있다. 특히 우리나라와 같이 실
업자 혹은 그와 유사한 불완전취업자를 많이 갖고 있고 또 인구 증가
의 압력을 부단히 받고 있는 경우에는 고용의 문제는 무엇보다도 중
요한 과제라 아니할 수 없다. 거기에 우리나라는 현재 신속한 경제개
발을 서두르고 있는 것이다.

한편 고용의 대가로서의 임금은 취업자의 생활수준을 유지하는 원
천으로서의 역할과 기업의 생산비의 일부로서의 역할을 한다. 그리고

---

[1] *International Labour Review*, Feb. 1964, p. 125.

또 임금은 한 나라의 경제발전을 규정하는 동시에 경제발전에 대한 결과직 표현이기도 하다. 따라서 임금의 문제는 고용의 문제와 더불어 과거뿐만 아니라 현재에서도 경제문제 가운데 가장 중요한 하나가 되어 있다.

그러나 우리나라에서 고용과 임금에 관한 연구는 불행히도 빈약한 발판 위에 서서 실제적인 결론만을 성급히 끌어내려는 경향을 갖고 있는 것 같이 생각된다. 그러나 이렇게 해서는 적절한 문제의 해결은 좀처럼 얻어질 수 없다. 적어도 문제의 중요성에 합당한 결론을 얻으려면 우리나라 고용과 임금의 실정과 그것을 초래한 요인을 되도록 정확하게 파악할 필요가 있다. 그리고 거기에 더해서 이들을 경제성장과 관련시켜서 파악할 필요가 있다.

이 글은 바로 이와 같은 입장에서 시도된 것이다. 이하에서는 경제성장, 고용, 임금 그리고 경제성장, 고용 및 임금의 관계가 차례로 다루어진다.

2. 경제성장

우리나라의 국민소득통계의 공식계열은 1953년부터 갖추어져 있다.[2] 그러나 여기서는 1960년 이후만을 다루기로 한다.

1960~1966년 기간 중의 연평균 경제성장률은 6.9퍼센트이며 1962~1966년(제1차 경제개발 5개년계획) 기간 중의 그것은 8.3퍼센트이다. 그리고 1인당 국민총생산 증가율도 각각 연 4.0퍼센트와 5.5퍼센트이다. 이것은 1960~1966년 기간 중에 국민총생산이 55.1퍼센트 증가한 것

---

2) 한국은행, 《한국의 국민소득》, p. 8 및 p. 10을 보면 1948년부터 계열이 있으나 공식적으로는 1953년 이후의 계열만이 이용된다.

을 의미하며 또 1인당 국민총생산이 31.7퍼센트 증가한 것을 의미한다
(〈표 1, 표 2〉).

〈표 1〉 산업별 국민총생산

(1965년 불변가격) (단위: 10억 원, %)

산업＼연도	1960	1961	1962	1963	1964	1965
제1차산업	243.97	268.53	252.37	270.56	314.31	311.63
성장률	0.1	10.1	△6.0	7.2	16.2	△0.9
구성비	41.4	43.8	39.7	39.1	41.9	38.7
제2차산업	107.44	112.03	129.60	150.37	159.51	194.36
성장률	7.3	4.3	15.7	16.0	6.1	21.8
구성비	18.2	18.2	20.4	21.7	21.3	24.0
제3차산업	237.66	233.05	253.00	272.10	276.49	299.86
성장률	2.4	△1.9	8.6	7.5	1.5	8.5
구성비	40.4	38.0	39.9	39.2	26.8	37.3
국민총생산	589.07	613.61	634.97	693.03	750.31	805.85
성장률	2.3	4.2	3.5	9.1	8.5	7.4
구성비	100.00	100.00	100.00	100.00	100.00	100.00

산업＼연도	1966	1960~66평균	1962~66평균	$\frac{1966}{1960} \times 100$	$\frac{1966}{1962} \times 100$
제1차산업	345.91	—	—	141.8	137.1
성장률	11.0	5.4	5.5	—	—
구성비	37.9	40.4	39.5	—	—
제2차산업	227.37	—	—	211.6	202.9
성장률	17.0	12.6	15.3	—	—
구성비	24.8	21.2	22.4	—	—
제3차산업	340.55	—	—	143.3	134.6
성장률	13.6	5.7	7.9	—	—
구성비	37.3	38.4	38.1	—	—
국민총생산	913.82	—	—	155.1	143.9
성장률	13.4	6.9	8.3	—	—
구성비	100.00	100.00	100.00	—	—

자료: 한국은행, 《조사월보》(1967. 7).

〈표 2〉 1인당 국민총생산

(1965년 불변가격) (단위: 원, %)

구분 \ 연도	1960	1961	1962	1963	1964	1965
1인당 국민총생산	23,854	24,156	24,305	25,794	27,155	28,398
증 가 율	△0.6	1.3	0.6	6.1	5.3	4.6

구분 \ 연도	1966	1960~66평균	1962~66평균	$\frac{1966}{1960}\times100$	$\frac{1966}{1962}\times100$
1인당 국민총생산	31,418	-	-	131.7	129.3
증 가 율	10.6	4.0	5.5	-	-

자료: 한국은행, 《조사월보》(1967. 7)와 경제기획원, 《주요경제지표》에서 작성.

〈표 3〉 각국의 성장률

(단위: %)

국 명		경제성장률	1인당	국 명		경제성장률	1인당
영 국	(1960~1964)	3.4	2.6	아르헨티나	(1960~1964)	2.0	0.3
미 국	(〃)	4.3	2.7	칠 레	(〃)	3.5	1.0
프 랑 스	(〃)	5.4	3.8	대 만	(1960~1963)	7.1	3.6
일 본	(〃)	10.8	9.7	인 도	(〃)	3.1	0.7
이 스 라 엘	(〃)	10.8	6.5	미 얀 마	(〃)	4.0	1.9
파 키 스 탄	(〃)	2.0	3.1	말레이시아	(〃)	6.1	2.8

자료: 경제기획원, 《경제백서》(1967), p. 111.

타국과 비교해 볼 때 이것은 상당히 높은 성장률임에는 틀림없다 (〈표 3〉).

산업별 연평균성장률을 보면 1960~1966년 기간 중에는 제1차산업이 5.4, 제2차산업이 12.6, 제3차산업이 5.7퍼센트의 성장률을 나타내고 있다. 이에서 제2차산업의 성장이 두드러짐을 알 수 있다. 이것은 1960~1966년 기간 중에 제1차산업이 41.8, 제2차산업이 111.6, 제3차산업이 43.3퍼센트 증가한 것을 의미한다. 이에 더하여 제2차산업은

연차별로 마이너스의 성장을 보이기도 하는 등 그 기복이 심한 제1차 산업과 달리 매년 지속적인 성장을 보이고 있다. 이와 같은 제2차산업의 성장은 주로 제조업의 성장에 기인한다.

제조업의 주요 업종별 성장을 보면 1962~1966년 기간 중에 기계제 조업이 연평균 성장률 29.8퍼센트로서 가장 높았고 그 다음은 25.4, 22.3, 20.9퍼센트의 연평균 성장률을 각각 나타낸 화학제조업, 요업, 금속제조업이 차례로 차지하고 있다(〈표 4〉). 그리하여 중공업화율은 1961년에 17.8퍼센트였던 것이 1966년에는 24.1퍼센트로 되었다(〈표 5〉). 그러나 이것이 선진국에 비해서 아직 낮은 수준임은 물론이다.

〈표 4〉 주요 제조업별 성장률

(단위: %)

업 종	음식품	섬 유	화 학	요 업	금 속	기 계	기 타	전 제조업
1962~66년 평균	7.4	15.8	25.4	22.3	20.9	29.8	15.2	15.0

자료: 경제기획원, 《경제백서》(1967), p. 120.

〈표 5〉 주요 제조업의 구성

(1965년 불변가격에 의한 부가가치 기준)   (단위: %)

연도 / 업종	1961	1966	일본(1964)
음 식 품	26.7	18.6	7.4
섬 유	26.5	27.1	7.2
화 학	5.4	8.6	13.8
요 업	3.2	4.3	4.9
금 속	4.3	5.3	15.9
기 계	8.1	10.2	32.5
기 타	25.8	25.9	18.3
전 제 조 업	100.0	100.0	100.0
중 화 학 공 업 화 율	17.8	24.1	62.2

자료: 경제기획원, 《경제백서》(1967), p. 121.

이와 같은 산업별 국민총생산의 성장률의 불균형은 산업구조 즉 국민총생산의 산업별 구성비를 변화시켰다. 제1차산업은 1960년과 1962년의 41.4와 39.7퍼센트가 1966년에는 37.9퍼센트로 되었고, 제2차산업은 1960년과 1962년의 18.2와 20.4퍼센트가 1966년에는 24.8퍼센트로 되었고, 제3차산업은 1960년과 1962년의 40.4와 39.9퍼센트가 1966년에는 37.3퍼센트로 되었다. 그리하여 1960~1966년 기간 중의 평균구성비는 제1차산업이 40.4, 제2차산업이 21.2, 제3차산업이 38.4퍼센트가 되었고 1962~1966년 기간 중의 평균구성비는 제1차산업이 39.5, 제2차산업이 22.4, 제3차산업이 38.1퍼센트가 되었다.

끝으로 취업자 1인당 국민총생산은 1963~1966년 기간 중에는 연평균해서 7.3퍼센트 증가했다. 이것은 1963년에 비해서 1966년에 21퍼센트나 증가했음을 의미한다. 이것을 산업별로 보면 제1차산업은 1963~1966년 기간 중에 28.1퍼센트 증가한 데 반해서 제2차산업과 제3차산업은 각각 16.6과 2.1퍼센트 증가하고 있다(〈표 6〉). 이에서 알 수 있는 바와 같이 제3차산업의 증가는 특히 미미하다.

일반적으로 농산물을 주로 하는 제1차산업 생산물에 대한 수요의 소득탄력성은 기타의 재화나 서비스보다 훨씬 작은 것이 보통이다. 따라서 경제가 성장함에 따라서 제1차산업의 비중은 점차로 떨어지는 필연성을 갖고 있다. 이 관계는 외국무역이 없는 폐쇄경제에서 가장 뚜렷하게 나타난다.[3]

그러나 제1차산업의 취업자 1인당 국민총생산은 경제성장과 더불어 상대적으로 저하된다고 하는 필연성은 없다. 타 산업과의 균형적 발전

---

3) 그러나 실제의 국민경제는 국제적인 통상관계를 갖는 개방경제이므로 다소를 불문하고 이 관계는 수정 받는다. 예컨대 다량의 농산물을 수출하는 농업국에서는 국민경제의 성장과 1차산업의 성장이 평행하게 진행하는 경우가 있을 수 있다. 미국, 호주, 뉴질랜드 등에서는 19세기 말경에 그와 같은 시기가 있었다.

〈표 6〉 취업자 1인당 국민총생산

연도\산업	1962	1963	1964	1965	1966	1963~66평균	$\frac{1966}{1962}\times100$	$\frac{1966}{1963}\times100$
제 1 차 산 업	−	53,886	61,823	62,326	69,003	−	−	128.1
증 가 율	−	−	14.7	0.8	10.7	−	−	−
제 2 차 산 업	−	169,145	173,948	172,764	197,190	−	−	116.6
증 가 율	−	−	2.8	△0.7	14.1	−	−	−
제 3 차 산 업	−	133,644	125,165	125,534	126,602	−	−	102.1
증 가 율	−	−	△6.3	△0.1	9.2	−	−	−
국 민 총 생 산	79,931	87,206	91,390	94,561	105,534	−	132.0	121.0
증 가 율	−	9.1	4.8	3.5	11.6	7.3	−	−

(1965년 불변가격) (단위: 원, %)

자료: 한국은행, 《조사월보》(1967. 7)와 경제기획원, 《경제활동인구조사》(1966)에서 작성.

〈표 7〉 주요 경제활동인구지표

(단위: 천 명)

구분\연도	경제활동인구	취업자	실업자	18시간 이하 취업자	취업률	실업률	18시간 이하 취업률
1962	−	7,944	−	−	−	−	−
1963	8,652	7,947	705	693	91.9	8.1	8.0
1964	8,894	8,210	683	763	92.3	7.7	8.6
1965	9,199	8,522	677	674	92.6	7.4	7.3
1966	9,326	8,659	666	760	92.8	7.1	8.1

자료: 경제기획원, 《경제활동인구조사》(1966).

이 가능한 만큼 제1차산업에서 타 산업으로 인구의 이동이 이루어지면 산업으로서의 비중은 작아져도 제1차산업의 1인당 국민총생산은 상대적으로 하락하지 않을 것이다.

3. 고 용

1966년의 취업률은 92.2퍼센트이며 취업자 수는 8,659인이다(〈표 7〉). 그나마 비교적 자료가 구비되기 시작했다고 볼 수 있고 또 제1차 경제개발 5개년계획의 제1차년도이기도 한 1962년에 비해서 총수에서

〈표 8-1〉 산업별 취업률

(단위: 천 명)

산업 연도	전 산업 총수	제1차산업 취업자	구성비	제2차산업 취업자	구성비	제3차산업 취업자	구성비
1962	7,944	5,179	65.2	850	10.7	1,915	24.1
1963	7,947	5,022	63.2	889	11.2	2,036	25.6
1964	8,210	5,084	61.9	917	11.2	2,211	26.9
1965	8,522	5,000	58.7	1,124	13.2	2,397	28.1
1966	8,635	4,994	57.8	1,150	13.3	2,491	28.9
1966/1962(%)	108.7	96.4	–	135.3	–	130.0	–

자료: 국무총리기획조정실, 《제2차 경제개발 5개년계획 평가보고서》.

〈표 8-2〉 산업별 취업자

(단위: 천 명)

산업 연도	전 산업	농림어업 제1차산업 농림업 (A)	수렵업 어업	비농림어업 제2차산업 광업 채석업	제조업 (B)	건설업
1963	7,947	4,821	200	59	631	200
	(100.0)	(60.7)	(2.6)	(0.7)	(7.9)	(2.5)
1964	8,210	4,906	178	55	670	192
	(100.0)	(59.8)	(2.1)	(0.7)	(8.2)	(2.3)
1965	8,522	4,784	215	79	800	245
	(100.0)	(56.2)	(2.5)	(0.9)	(9.4)	(2.9)
1966	8,659	4,826	187	83	857	213
	(100.0)	(55.7)	(2.2)	(0.9)	(9.9)	(2.5)

산업 연도	비농림어업 제3차산업 전기 가스업	상업 (C)	운수업	서비스업 (D)	미 상	A+B+C +D
1963	25	785	117	1,108	2	7,345
	(0.3)	(9.9)	(1.5)	(13.9)	–	(92.4)
1964	13	863	163	1,171	–	7,610
	(0.2)	(10.5)	(2.0)	(14.4)	–	(92.9)
1965	19	977	204	1,197	–	7,758
	(0.2)	(11.5)	(2.4)	(14.0)	–	(91.1)
1966	22	979	180	1,312	–	7,974
	(0.2)	(11.3)	(2.1)	(15.2)	–	(92.1)

자료: 경제기획원, 《경제활동인구조사》(1966).

는 8.7퍼센트 증가하고 있고, 또 비(非)농림어업인 제2차산업과 제3차
산업에서는 각각 35.2, 30.0퍼센트 증가하고 있으나 농림어업인 제1차
산업에서는 도리어 3.6퍼센트 감소하고 있다(〈표 8-1〉). 비농림어업의
증가는 주로 제조업, 상업, 서비스업의 증가에 기인한다.

이리하여 구성비도 1962년의 제1차산업 65.2, 제2차산업 10.7, 제3
차산업 24.1퍼센트에서 1966년에는 57.8, 13.3, 28.9퍼센트로 변화했다.
구성비에서는 농림업이 단연 큰 비중을 차지하고 있고 제조업, 상업,
서비스업도 각각 상당히 큰 비중을 차지하고 있다. 이들은 전 산업의
92퍼센트나 차지하고 있다(〈표 8-2〉).

이와 같은 우리나라의 산업별 취업자의 구성을 주요국과 비교하면
제1차산업 취업자의 비율은 영국의 5.0, 서독의 23.2, 미국의 12.5, 프
랑스의 36.5, 일본의 41.0퍼센트 등과 차이가 매우 크다. 또 제2차산업
취업자의 비율은 영국의 46.4, 서독의 41.6, 미국의 34.6, 프랑스의
25.6, 일본의 24.0퍼센트에 비해서 대단히 낮은 편이다. 그러나 제3차
산업 취업자의 비율은 영국의 48.7, 서독의 33.1, 미국의 51.3, 프랑스
의 31.0, 일본의 34.0퍼센트에 비해서 상대적으로 비교적 큰 편이다.[4]

산업별 취업자 구성에서 단연 큰 비중을 차지하고 있는 농업이 영
세규모의 가족경영으로 행해지고 있고 그 다음으로 큰 비중을 차지하
고 있는 서비스업, 상업도 영세적인 가족경영이 많고 제조업에서도 중
소규모가 그간 50퍼센트를 초과하고 있음(〈표 9〉)은 주지의 사실이다.
선진국에서는 이와 같은 소규모의 비중은 매우 작다(〈표 10〉). 그뿐 아
니다. 우리나라의 경우에는 제조업에서조차 소규모경영에 있어서는
자영업주 및 가족종사자가 단연 많다(〈표 11〉).

---

4) 1955년《UN 인구연감》에 의거한 것이다.

〈표 9〉 제조업 취업자 수 규모별 구성

(단위: %)

규모\연도	소 (5~29인)	중 (30~99인)	대 (100인 이상)
1960 (표본조사)	45.2	22.4	32.4
1963 (센서스)	36.6	20.2	43.2
1966 (센서스)	31.4	18.9	49.7

자료: 한국산업은행, 《광공업센서스보고서》 및 《광공업표본조사보고서》.

〈표 10〉 주요국의 제조업 취업자의 규모별 구성

(단위: %)

규모\국별	미국(1958년)	영국(1958년)	서독(1959년)	일본(1960년)
1~9인	3.6	2.2	11.7	14.7
10~49인	13.6	9.5		28.7
50~99인	9.8	8.6	8.6	11.1
100~499인	30.2	31.6	28.4	21.3
500~999인	12.3	13.6	51.3	7.5
1,000인 이상	30.5	34.5		16.7
계	100.0	100.0	100.0	100.0

자료: 《일본사회정책학회연보》 제12집, p. 38.

〈표 11〉 규모별 종사상의 지위별 제조업 취업자(1963)

(단위: 인, %)

규모\종사상의 지위	계	자영업주 및 가족종사자	고용자
소	147,102	18,502(91.1)	128,600
중	81,069	1,617(7.9)	79,452
대	173,810	213(1.0)	173,597
계	401,981	20,332(100.0)	381,649

자료: 한국산업은행, 《광공업센서스보고서》(1963).

상술한 데서도 대체로 상상할 수 있는 바와 같이 우리나라의 총취업자 중에서 고용자가 차지하는 비율은 작으며 1966년에 그것은 33.3퍼센트에 불과하다. 이에 대해서 자영업주는 36.2퍼센트를 차지하고 있고 가족종사자는 30.5퍼센트를 차지하고 있다(〈표12-1〉). 다시 산업별로 보면 1966년에는 제1차산업에서는 가족종사자가 45.9, 자영업주가 39.9퍼센트나 차지하고 있고 제3차산업에서는 고용자가 54.5, 자영업주가 35.7퍼센트를 차지하고 있다(〈표 13〉). 말하자면 제1차산업은 가족종사자·자영업주형이고 제2차산업은 고용자형이고 제3차산업은 고용자·자영업주형인 셈이다.

이와 같이 근대적인 고용관계하에 일정의 임금을 받고 있는 고용자가 전 취업자의 33.3퍼센트에 불과하고 무보수를 원칙으로 하는 가족종사자가 30.5퍼센트에 이르고 스스로 육체노동에도 종사하는 자영업주가 36.2퍼센트에 이르고 있는 것은 우리나라 산업구조에 비근대적인 부문이 많음을 시사해 준다. 영국, 미국은 고사하고라도 다른 나라에 비해서 우리나라의 (자영업주+가족종사자)÷(총취업자)가 대단히 높은 것을 보면 얼마나 우리나라의 고용구조가 후진적인가를 알 수 있을 것이다(〈표 14〉).

우리나라의 1961년의 (완전)실업률은 7.1퍼센트이며 완전실업자 수는 666천 명이다. 이와 같이 정부의 통계에 의해서 표시되는 숫자는 비교적 작은 셈이다. 그러나 여기서 말하는 완전실업은 "조사기간 중 1시간도 일에 종사하지 않았으나 일할 의사와 능력을 가지고 있으며 구직운동을 하고 있는 자"이기 때문에 우리나라와 같이 실업보험제도가 제대로 발달하지 않고 있고 빈곤한 노동자층이 광범하게 존재하는 곳에서는 실업률이 낮아지는 것이 도리어 당연한 일이다. 실업으로 해서 곤궁한 노동자는 그 최저한의 생활을 유지하기 위해서 제 아무리

〈표 12-1〉 종사상의 지위별 취업자

(단위: 천 명)

종사상의 지위 / 연월	총 수			자영업주			가족종사자		
	계	남	여	계	남	여	계	남	여
1962. 8	9,058 (100.0)	5,384	3,674	3,320 (36.7)	2,637	683	3,550 (39.2)	1,223	2,327
1962. 12	6,615 (100.0)	4,476	2,139	2,831 (42.8)	2,096	735	1,329 (20.1)	536	793
1963.	7,947 (100.0)	5,145	2,802	2,952 (37.1)	2,332	620	2,497 (31.4)	927	1,570
1964.	8,210 (100.0)	5,327	2,883	3,034 (37.0)	2,427	607	2,666 (32.5)	984	1,682
1965.	8,522 (100.0)	5,499	3,023	3,129 (36.7)	2,491	638	2,663 (31.2)	913	1,750
1966.	8,659 (100.0)	5,634	3,025	3,133 (36.2)	2,538	595	2,639 (30.5)	890	1,749

종사상의 지위 / 연월	고 용								
	계			상 고			임고 및 일고		
	계	남	여	계	남	여	계	남	여
1962. 8	2,188 (24.1)	1,524	664	1,151 (12.7)	909	242	1,037 (11.4)	615	422
1962. 12	2,450 (36.9)	1,840	610	1,065 (16.0)	877	188	1,385 (20.9)	963	422
1963.	2,498 (31.5)	1,886	612	974 (12.3)	794	180	1,524 (19.2)	1,092	432
1964.	2,509 (30.5)	1,916	593	971 (11.8)	806	165	1,538 (18.7)	1,110	428
1965.	2,731 (32.1)	2,096	635	1,139 (13.4)	931	208	1,592 (18.7)	1,165	427
1966.	2,887 (33.3)	2,206	681	1,300 (15.0)	1,064	236	1,587 (18.3)	1,142	445

주: ( ) 안은 백분율.
자료: 경제기획원, 《경제활동인구조사》.

〈표 12-2〉 종사상의 지위별 취업자

(단위: 천 명)

종사상의 지위 연월	계	자영업주	가족종사자	상 고	임 고	일 고
1963. 6	9,247	3,089	3,376	988	466	1,327
1963. 12	6,407	2,447	1,623	935	600	802
1964. 6	9,895	3,305	3,700	978	614	1,298
1964. 12	6,362	2,520	1,402	983	645	812
1965. 6	10,129	3,356	3,822	1,123	718	1,110
1965. 12	6,841	2,607	1,427	1,152	743	912
1966. 6	10,392	3,371	3,875	1,283	630	1,233
1966. 12	6,960	2,643	1,454	1,394	639	830

자료: 경제기획원, 《경제활동인구조사》.

〈표 13〉 산업별 종사상의 지위별 취업자의 구성

(단위: %)

종사상의 지위 연도	농림어업 제1차산업								비농림어업 제2차산업			
	계	계	자영업주	가족종사자	고 용				계	계	자영업주	가족종사자
					계	상 고	임 고	일 고				
1963	100.0	85.1	40.3	44.8	14.9	1.3	3.0	10.6	100.0	30.0	21.7	8.3
1964	100.0	86.2	39.6	46.6	13.8	1.0	3.2	9.6	100.0	32.5	23.6	8.9
1965	100.0	85.9	39.5	46.4	14.1	1.5	4.0	8.6	100.0	31.3	22.8	8.5
1966	100.0	85.8	39.9	45.9	14.2	1.5	3.6	9.1	100.0	29.5	21.2	8.3

종사상의 지위 연도	비농림어업											
	2차산업				제3차산업							
	고 용				계	계	자영업주	가족종사자	고 용			
	계	상 고	임 고	일 고					계	상 고	임 고	일 고
1963	70.0	26.5	26.2	17.3	100.0	44.8	36.2	8.6	55.2	33.0	11.7	10.5
1964	67.5	24.0	23.5	20.0	100.0	46.1	36.4	9.7	53.9	31.6	9.6	12.7
1965	68.7	28.4	23.2	17.1	100.0	47.7	37.5	10.2	52.3	31.1	8.0	13.2
1966	70.5	30.9	22.5	17.1	100.0	45.5	35.7	9.8	54.5	34.8	9.1	10.6

자료: 경제기획원, 《경제활동인구조사》(1966).

〈표 14〉 주요국의 자영업주 가족종사자의 비율

(단위: %)

국 명	자영업주 + 가족종사자 총취업자	국 명	자영업주 + 가족종사자 총취업자
일 본(1956)	55.6	미 국(1950)	17.8
필 리 핀(1948)	51.9	벨 기 에(1947)	28.6
아르헨티나(1947)	25.4	프 랑 스(1954)	34.4
브 라 질(1950)	49.2	서 독(1950)	29.1
이 집 트(1947)	45.1	이탈리아(1951)	38.8
캐 나 다(1951)	22.7	영 국(1951)	7.6

자료: 篠原三代平 편, 《산업구조》, p. 88.

노동조건이 나쁠지라도 어떤 일에든 종사하지 않을 수 없을 것이다. 따라서 이 완전실업자 중에는 진정으로 구제를 필요로 하는 가장 비참한 실업자는 그다지 포함되지 않고 도리어 생활에는 궁색하지 않지만 마음에 드는 직장이 있으면 일해보고 싶다고 하는 정도의, 어떤 의미에서 여유를 갖고 있는 자가 많이 포함되게 된다. 이런 점을 생각하면 우리나라의 완전실업자 수가 비교적 작은 것은 고용상태가 양호함을 나타내는 것이 아니고 거꾸로 그것이 극히 불량함을 나타내는 것에 불과하다.

그뿐 아니다. 우리나라에서는 각 산업에 걸쳐서 광범하게 불완전취업자층5)이 존재하고 있음을 부인할 수 없다. 이와 같은 불완전한 취업상태는 우리나라의 산업구조와 불가분의 관계에 서는 것이지만 이것은 또 경제·사회구조와 밀접하게 관련한다.

우리나라의 경우에는 노동력의 공급원을 도시인구층에서도 찾지만 오늘날에서조차 그 주요 부분을 농촌에서 찾고 있다. 그것은 우리나라

---

5) 잠재실업자층이라고도 한다. 이에 대해서는 J. Robinson, *Introduction to the Theory of Employment*, 1937 및 *Essays on the Theory of Employment*, 2nd ed., 1948 등을 참조하라.

의 자본주의화가 늦었고 또 철저하지 못하고 농민의 이촌(移村)도 매우 불완전, 불충분한 데 기인한다고 말하지 않을 수 없다.

이와 같이 농촌에는 불완전취업자가 정체하고 있으나 불완전취업자가 많은 것은 농촌뿐이 아니다. 우리나라에는 농업을 비롯하여 중소기업 및 영세경영에 저임금취업자가 수많이 존재하고 있다.

상술한 데서 알 수 있는 바와 같이 우리나라의 고용상태는 한 극에는 완전취업자가 있고 또 다른 극에는 완전실업자가 있으며, 그 중간에 불완전취업자층이 광범하게 존재한다고 말할 수 있다.

물론 이 불완전취업자층은 그 종류도 형태도 다양하므로 단일 기준에 의하여 파악하기는 어렵지만 몇 가지 기준에서 측정을 하고 있다.[6]

현재 우리나라에 얼마만큼의 불완전취업자가 존재하는가는 확실하지 않다. 그러나 〈표 15〉에 따르면 6월과 12월과 사이에 약 330만의 차가 생기는데 이것은 대체로 우선 불완전취업자로 간주해도 무방할 것이다. 그런데 이 차를 만들고 있는 부분은 주로 가족종사자이며 또 주로 여성취업자이다. 또 〈표 16〉에 따르면 1966년에는 전직 및 추가희망자 수가 약 250만이나 된다. 이것은 어떤 의미에서든 현재의 고용상태에 불만을 갖고 전직 혹은 추가취업을 희망하고 있으므로 일단 불완전취업자로 간주할 수 있다. 그러나 〈표 7〉에서 알 수 있는 바와 같이 18시간 이하의 취업자가 76만이다. 전직 및 추가희망자 중에 포

---

6) 주로 '소득수준' 기준과 '취업자의 주관적인 의식' 기준이 널리 이용된다. 후자에 대해서는 설명이 행해지므로 여기서는 전자에 대해서만 언급해 둔다. '소득수준' 기준이란 자영업주와 가족종사자에 대해서는 생활보호가구의 1인당 취업자의 연소득을 얼마로 정하고 그것을 기준으로 하여 이하의 저소득자를 불완전취업자로 다루고, 고용자에 대해서는 월소득 얼마로 정하고 그 이하의 노동자를 불완전취업자로 다루는 것을 말한다.

〈표 15〉 종사상의 지위별 취업자

(단위: 천 명)

언월 \ 종사상의 지위	총계	자영업주	가족종사자	상고	임고	일고	계	자영업주	가족종사자	상고
	총			수			남			
1963. 6~1966. 6	9,916	3,280	3,693	1,093	607	1,242	5,953	2,641	1,184	891
1963. 12~1966. 12	6,643	2,554	1,477	1,116	657	839	4,719	2,040	617	921

연월 \ 종사상의 지위	임고	일고	계	자영업주	가족종사자	상고	임고	일고	남	여
	자		여					자	분류 불능 또는 미상	
1963. 6~1966. 6	436	802	3,962	639	2,510	203	171	440	–	–
1963. 12~1966. 12	465	678	1,923	515	860	196	192	161	–	–

자료: 경제기획원, 《경제활동인구조사》(1966)

〈표 16〉 전직 및 추가취업 희망자

(단위: 천 명)

연도	취업자 총수	총계	계	1~18 시간	19~29 〃	30~34 〃	35~39 〃	40~49 〃	50시간 이상
			전 직 희 망 자						
1963	7,947	–	–	–	–	–	–	–	–
1964	8,210	–	–	–	–	–	–	–	–
1965	8,522	–	–	–	–	–	–	–	–
1966	8,659	2,524	1,254	145	172	105	85	219	528

연도	계	1~18 시간	19~29 〃	30~34 〃	35~39 〃	40~49 〃	50시간 이상	비희망자
	추 가 취 업 희 망 자							
1963	1,878	216	263	168	164	357	708	6,068
1964	1,959	173	235	141	139	356	916	6,251
1965	2,080	176	264	165	165	417	893	6,440
1966	1,270	139	198	123	96	260	454	6,135

자료: 경제기획원, 《경제활동인구조사》(1966).

함되어 있는 18시간 이하의 취업자 수인 약 28만을 이에서 뺀 48만을 가산한다면, 역시 이 경우에도 불완전취업자 수는 약 3백만이나 된다.

그러나 완전실업자를 제외한 경제활동인구는 모두 취업자로 간주하고 있다는 점과 자영업주 중 그 소득만으로는 생활을 유지할 수 없는 자가 상당히 존재한다는 점 등을 고려한다면, 불완전취업자 수는 3백만 혹은 330만보다 훨씬 더 많다고 말할 수 있을 것이다.

이와 같이 광범한 불완전취업자층이 존재하고 있는 것은 우리나라의 실업의 추세가 단순히 그 표면에 나타난 것만으로 판단할 수 없는 심각성을 갖고 있음을 말해준다.

상술한 바와 같이 취업자는 그 종사상의 지위에 의해서 자영업주, 가족종사자, 고용자의 셋으로 구분된다. 그 중에서 고용자는 말하자면 근대적인 노동관계에 의한 취업자이며 그 비율이 높을수록 근대적인 고용구조를 가진 사회로 볼 수 있다.[7] 사실 전형적 자본주의국가인 영국에서는 취업 중에서 차지하는 가족종사자의 비율은 0.2퍼센트에 불과하며 고용자의 비율은 90퍼센트에 달하고 있다.[8]

그런데 우리나라에서는 1966년에 취업자 중에서 차지하는 가족종사자의 비율은 30.5퍼센트나 되고 고용자의 비율은 33.3퍼센트에 불과하다. 이에서 알 수 있는 바와 같이 우리나라의 고용구조는 비근대적이다. 그러나 근대적 산업부문의 고용구조는 비교적 근대적인 것임에 틀림없다. 따라서 고용구조도 이중성을 갖고 있다고 할 수 있다.

또 우리나라에는 3백만을 훨씬 넘는 불완전취업자층이 존재한다. 어떻든 이들이 비근대적인 취업형태를 갖고 있는 농업, 중소기업에 광

---

7) 이와 같이 고용구조의 근대화의 기준으로서는 '임금취득고용'이 자료관계로 널리 이용된다(*International Labour Review*, Dec. 1964, pp. 547~548).
8) 가족종사자의 비율은 기타의 구미 국가들에서는 대체로 10% 이하이다.

범하게 존재하고 있는 것은 틀림없는 사실이다. 그러나 영국 등의 구미 선진국에는 실업은 이와 같은 잠재실업의 형태로 나타나지 않고 현재실업으로 나타나며 그 비율도 3~4퍼센트 정도이다. 이 점에서도 우리나라의 고용구조는 비근대적이라고 할 수 있다.

이 밖에 다음의 4-2절에서 설명되지만 임금격차가 크다는 것도 우리나라의 고용구조가 비근대적이라는 것을 나타낸다.

결국 고용자의 비율이 낮은 것, 불완전취업자층이 많은 것, 임금격차가 큰 것의 세 가지는 우리나라의 고용구조의 비근대성 내지 후진성을 나타내는 지표이다. 이들은 또 우리나라 고용구조의 특징을 나타내는 것이기도 하다.[9]

4. 임 금

1) 임금수준

우리나라 경제의 특징이라면 보통 과잉인구, 빈약한 자원, 큰 무역의존도, 절대적으로 낮은 수준의 축적 등이 들어진다. 그러나 이 밖에 저임금도 우리나라 경제의 또 하나의 특징으로서 들 수 있을 것이다. 〈표 17〉에서 보는 바와 같이 우리나라의 임금은 매우 낮은 수준에 머물러 있다(이하에서는 임금은 생산종업원의 급여의 의미로 사용된다). 대체로 광업과 제조업을 평균한 값에서 보면 1966년에는 노동자의 임금은 월당 7천2백여 원에 불과하다. 따라서 1개월을 노동해서 겨우 쌀 약 2가마밖에 못 버는 셈이 된다.

그뿐이 아니다. 1966년 1월 12일자 《경향신문》의 사설을 보면 노동

---

9) 고용구조는 산업연관관계에서도 볼 수 있다 이에 대해서는 한국은행, 1960년 및 1963년의 《韓國經濟의 産業聯關分析》을 참조하라.

〈표 17〉 광업 및 제조업의 임금(월당)

(단위: 원)

연 도	광 업	제조업	연 도	광 업	제조업
1957	2,640	2,030	1962	4,860	2,990
1958	2,700	2,170	1963	5,320	3,310
1959	3,220	2,350	1964	6,220	4,010
1960	3,900	2,600	1965	7,680	4,680
1961	4,400	2,840	1966	8,920	5,480

자료: 한국은행, 《경제통계연보》(1967).

자의 임금이 얼마나 낮은 수준의 것이며 따라서 그들의 생활이 얼마나 비참한 것인가를 쉽사리 알 수 있다. 어떻든 우리나라 노동자들의 대부분은 현재 자기 혼자만의 생활조차 지탱해 나갈 수 없는 정도의 저임금을 강요당하고 있다. 원칙적으로 말한다면, 국민의 사회적 문화적 수준의 발달 정도에 따라서 일반적인 생활수준이 정해지는 것이며 임금은 이 수준의 생활을 유지할 수 있게 하는 정도로 정해지는 것이 당연한 일이다. 우리나라의 일반적인 생활수준은 구미 국가들, 일본 등에 비해서 훨씬 낮다. 그런데 이렇게 낮은 수준을 보장할 만한 임금조차도 지불되고 있지 못한 것이 오늘날의 실정이다.

그러나 한국의 저임금이 의미하는 바는 이에 그치는 것이 아니다. 더 나아가서 이것은 다음과 같은 두 가지 의미를 내포하고 있다.

첫째로 국제적으로 비교해 볼 경우에 우리나라의 임금은 현저히 낮은 수준에 있다는 것을 의미한다. 선진국이나 일본과 같은 나라와는 비교할 필요조차도 없으며(〈표 18〉) 다음의 〈표 19〉에서 보는 바와 같이 제조업에 있어서의 임금이 우리나라와 마찬가지로 저소득국의 그룹에 속하고 있는 나라와 비교해 보아도 낮은 수준에 있음을 알 것이다. 우리나라와 동일한 소득국 그룹에 속하는 필리핀이나 스리랑카에

〈표 18〉 임금의 국제 비교(1959년)

(단위: 원)

국 별	시간당 임금	한국을 1로 한 배율	국 별	시간당 임금	한국을 1로 한 배율
미 국	284.7	24.1	이 탈 리 아	46.0	3.9
영 국*	106.4	9.0	일 본**	37.5	3.2
독 일*	85.3	7.2	한 국**	11.8	1.0
프 랑 스	61.9	5.2			

주: * 남자만의 임금.
　　** 1개월 25일, 1일 8시간으로 계산하였음.
자료:《UN통계연감》(1961)에서 작성.

〈표 19〉 임금의 국제 비교(남녀평균월당)(제조업부문)

1959년

제1군 1인당 국민소득 100달러 미만		제2군 1인당 국민소득 100불 이상 200달러 미만	
미 얀 마	$ 24.3(1958년)	스 리 랑 카	27.1
중 국 (대 만)	17.2	한 국	18.1
인 도	23.4	필 리 핀	32.7
파 키 스 탄	17.3(1958년)	일 본	57.8
		베 트 남	27.3

자료:《UN 통계연감》(1961)에서 작성.

비해서도 낮고 우리나라보다 낮은 소득국 그룹에 속하는 인도, 파키스탄 등과 대동소이하다. 이 숫자는 공정환율에 의거하여 환산한 것이므로 결코 정도가 높은 것은 아니지만 그래도 국제적으로 본 저임금을 뒷받침하고도 남는다.

　둘째로 우리나라의 임금은 그 절대액에서 낮을 뿐 아니라 상대적으로도 낮음을 의미한다. 〈표 20〉에서 보는 바와 같이 1958년에 제조업에서 부가가치 중 임금 및 급료가 차지하는 비율은 일본이 41퍼센트인 데 대해서 우리나라는 1958년 4월부터 1959년 3월까지 1년에 37퍼센트로서 매우 낮다.

⟨표 20⟩ ECAFE 국가들의 임금 및 급료

국 명	(A) 임금 및 급료	(B) 부가가치	(A)/(B) (%)	비 고
	(100만 각국 통화단위)			
미얀마(kyat)	116.0	360.8	32%	1957/1958
중국(NT$)	1,093.5	4,410.9	24	1954
인도(rupee)	2,681.2	4,989.8	55	1958
파키스탄(rupee)	461.7	1,339.0	34	1958
스리랑카(rupee)	61.1	202.4	30	1951
한국(원)	5,765.4	15,751.9	37	1958. 4/1959. 3
필리핀(peso)	379.5	1,140.0	33	1957
일본(yen)	1,171,366	2,865,352	41	1958

자료: 《UN통계연감》(1961).

이상과 같이 우리나라의 임금은 그 수준이 낮다는 특징을 갖는다. 그러면 이와 같은 저임금은 무엇에 기인하고 있는가?

우리나라의 저임금을 뒷받침하는 것의 하나는 농촌을 중심으로 하는 방대한 과잉노동력의 존재, 즉 완전실업자와 불완전취업자층의 존재이다.

이미 3절에서 본 바와 같이 완전실업자 수는 70만을 또 불완전취업자 수는 3백만을 훨씬 넘는다. 미국이라든가 영국에서와 같이 총취업자 수의 90퍼센트 안팎이 고용자이고 실업자가 현재화하고 있는 경우와는 달라서, 이와 같은 방대한 과잉노동력의 존재는 자연히 우리나라의 임금구조에 독특한 왜곡을 초래하지 않을 수 없을 것이다. 그런데 이 방대한 과잉노동력은 해마다 확대되어 간다. 왜냐하면 경제성장에 따르는 취업기회의 확장보다도 인구증가에 따르는 경제활동인구의 증대가 더 큰 것이 현재 우리나라의 실정이기 때문이다.

이와 같은 방대한 과잉노동력의 존재는 노동시장을 항상 구매자시장으로 만들고 있다. 이것이 바로 저임금의 일반적인 요인이다.

그러나 일반적으로 임금수준을 인하하는 작용을 하는 이와 같은 노

동력의 과잉 외에 우리나라의 노동력 구성이 갖는 전근대성이 노동시장에서 노동의 자유로운 이동을 저지하도록 작용하여 일부에서 저임금을 만들어 내고 있는 점을 무시해서는 안될 것이다. 예컨대 우리나라 농촌의 경우에는 과잉노동력이 존재한다. 그러나 그 노동력의 전부가 농촌을 탈출할 수 있는 것이 아니다. 그들은 농한기에 있어서는 분명히 과잉이지만 농번기에 있어서는 없어서는 안 될 일꾼인 경우가 많다. 또 농번기에는 임노동을 하고 있는 사람도 불러들이는 경우가 많겠는데, 이들의 노동력은 임노동을 한다고 해도 그 취업선에는 일정한 제한이 있으며 도시의 공장 등에서는 일고(日雇), 임시공(臨時工) 혹은 계절적인 토목공사 또는 시간의 제약이 적은 지방적 영세공업 등이 아니면 취업할 수 없는 결과가 된다. 이와 같은 말하자면 '매여 있는'(tie-up) 노동력은 노동력으로서는 불완전한 것이며 자연히 저임금을 감수하지 않을 수 없다. 지방의 영세공업에 있어서는 이와 같은 불완전노동력에 의존하여 그러한 저임금을 경영의 기초로 삼고 있는 경우가 많다. 이들은 많은 농가의 여성노동력을 기초로 하고 있고 임금의 지불형태도 성과불제(능률급제)로 하는 경우가 많다. 이 사태는 그렇지 않아도 낮은 임금을 한층 더 불안정한 것으로 만든다. 따라서 '매여 있는'(tie-up) 불완전한 노동력은 대기업의 노동력에 부여되어 있는 최저의 생활보장도 부여받지 못한 채 더욱더 무리한 노동을 강요받고 있는 결과가 된다.

또 저임금을 초래하는 노동시장의 특수성으로서는 경공업 중심의 공업구성에서 오는 노동수요의 성격도 고려하지 않으면 안 된다. 예컨대 방직업이라든가 제사업(製絲業)을 생각해 보자. 거기서 일하고 있는 노동자의 대부분은 나이 어린 부녀노동자, 이른바 여공(女工)이다. 전형적인 경우는 한 집의 주된 생계는 부모가 영위하는 농업에 의해서

지지되고 그 여식은 공장에서 일하는 경우다. 방직공장이라든가 제사 공장에서 받는 임금은 부모의 농업수입을 보충하기 위한 것이든가, 경우에 따라서 부모에 의존하지 않고 자기의 수입으로 결혼준비를 하려고 하는 자연적인 의도에 의거하는 것이다. 어떻든 가계보조적 노동자라는 명칭으로 총괄되는 부류의 노동자가 우리나라 경공업에서 노동자의 중추를 이루고 있는 것은 사실이다(〈표 21, 표 22〉).

이와 같은 형의 노동자는 공장에서 수년 일하고 퇴직해서 결혼하는 것이 통례이다. 연공서열형의, 즉 연령과 근속연한이 극히 중요한 역할을 하는 임금이 지배하는 우리나라의 산업계에서는 이들 여공의 대부분은 초임급(初任給) 혹은 초임급보다 그다지 높지 않은 임금수준에 머무르고 있다. 여학교 정도를 졸업한 여성이 차례로 새로운 공급원이 되어 결혼을 위해서 퇴직하는 노동자의 뒤를 메운다. 우리나라의 임금수준을 극도로 낮게 고정시킨 사정으로서 가계보조적 노동자가 공장노동자 가운데 중요한 부분을 차지하고 있음을 간과해서는 안 된다. 이 밖에 종신고용제도도 노동력의 자유로운 이동을 방해하고 있다.

이와 같은 노동력 측 요인 외에 자본 측으로부터 저임금을 초래하는 요인이 있다. 그것은 다름이 아니고 자본 측의 노동자 채용에 있어서 한정된 범위의 연고모집에 의존하는 예가 많은 것이다. 이것은 오랜 역사를 갖는 대기업에서도 흔히 볼 수 있는 사례이지만 뭐니뭐니해도 중소기업일수록 현저하다. 지금 근대적인 대공장인 부산에 소재하는 모 공장의 직원채용방법을 예로 들어 보면, 대학 출신의 기술자를 제외한 기타의 직원은 거의가 한정된 연고모집에 의존하고 있다. 따라서 중소기업, 특히 영세기업에 있어서는 이 경향이 더욱더 강하다고 생각해도 무방할 것이다. 노동자가 연고채용되는 결과는 고용 그 자체가 일종의 은혜로서의 성격을 띤다. 근대적인 노사관계가 신분이

〈표 21〉 제조업의 구성

(1960년 불변가격에 의한 부가가치 기준)　　　　　　　　　　　　　　　　(단위: %)

업종＼연도	1960	1963	1966
음　식　품	26.1	21.0	19.4
섬　　　유	19.2	15.2	16.2
화　　　학	6.8	10.9	11.5
요　　　업	5.0	6.4	8.1
금　　　속	4.9	5.6	5.3
기　　　계	7.2	10.5	12.2
기　　　타	30.8	30.4	27.3
합　　　계	100.0	100.0	100.0
중화학공업화율	18.9	27.0	29.0

주: (1) 1966년은 잠정추계에 의함.
　　(2) 중화학공업에는 제조업 중분류 중 화학제품, 석유 및 석탄제품, 제1차금속, 금속
제품, 기계, 전기기기, 운송용기기 등이 포함됨.
자료: 한국산업은행, 《한국의 산업(하)》(1966).

〈표 22〉 제조업의 남녀별 분포(1963년)

(단위: 명)

업 종	종　업　원　총　수			생　산　종　업　원		
	계	남	여	계	남	여
음　식　품	51,936	39,018	12,912	40,466	28,684	11,782
섬　　　유	109,456	28,732	80,724	101,266	22,208	79,058
고　　　무	18,951	7,682	11,290	18,056	6,893	11,163
화　　　학	40,559	30,372	10,187	32,092	22,913	9,179
요　　　업	23,651	19,598	4,058	18,639	15,369	3,270
금　　　속	28,178	26,350	1,828	24,245	22,702	1,543
기　　　계	44,768	41,556	4,042	38,025	35,207	2,818
기　　　타	84,482	61,268	22,384	68,853	47,660	21,193
계	401,981	254,571	147,410	341,642	201,636	140,006

자료: 한국산업은행, 《광공업센서스보고서》.

라든가 은혜의 결연으로 대치되어 버린다. 사실 영세기업의 고용자 중
에는 경영에 반드시 필요하지 않는 자도 포함되어 있는 예가 많다는
것이 알려져 있다. 그러나 그와 같은 예외를 제외하고서 생각해도 은

혜로서 부여된 고용에서는 임금을 경영의 일방적인 결정에 위임해 버리게 됨은 불 보듯 뻔한 사실이다. 이와 같이 해서 정해진 중소기업의 저임금은 전체 임금에 대한 눈에 보이지 않는 중압이 되어 마침내 대기업에도 파급되어 초임급을 인하하게 된다.

상술한 바에 더하여 가계가 저임금을 강요당할 때 사용하는 그것의 타개책이 그 가계 중에서 새로운 저임금노동자를 또 보내는 것, 즉 가계의 저임금의 재생산이라는 것을 생각할 때 한국의 임금은 낮은 수준으로 유지될 가능성을 내포하고 있다고 하겠다. 특히 우리나라의 영세농가의 가계가 급격히 임노동자화함으로써 생활을 지탱해 가려고 하는 것을 생각하면 우리나라의 저임금의 기반은 빈곤한 사람들의 생활 속에서도 찾을 수 있을 것이다. 결국 빈곤의 악순환도 바로 한국의 저임금의 기반이 되어 있는 셈이다.

이상과 같은 여러 요인 외에 끝으로 한두 가지 더 언급하지 않으면 안 될 요인이 있다. 그 하나는 우리나라 사람의 식생활에서 큰 비중을 차지하고 있는 미곡의 가격이 그동안의 저물가정책으로 해서 낮게 유지됨으로써 노동자의 생활비(한국의 경우에는 생존비라고 함이 더 타당할 것이다) 혹은 노동의 재생산비가 낮게 유지되어 이 생활비에 의해서 결정되는 임금수준이 낮은 수준으로 유지될 수 있었다는 것이다.[10] 사실 물가변동의 선도적 역할을 하는 미곡의 가격이 낮게 유지되지 않았다면 오늘과 같은 저임금이 유지되었을지 매우 의심스럽다. 이제 미곡의 가격과 임금의 추세를 보여주는 표를 들면 〈표 23〉과 같다.

그 둘은 노동조합이 결성되어 있지 않거나 결성되어 있다 해도 노

---

10) 노동공급이 지배적인 때에는 이와 같은 고전파적 견해가 타당하며 일단 노동수요가 급격히 증가하여 노동수급의 균형이 변할 때에야 비로소 신고전파 이론이 타당한 범위가 확대된다.

〈표 23〉 미가 및 제조업 임금의 추세

(단위: 원)

연 도	미 가	임 금	연 도	미 가	임 금
1957	361	2,030	1962	377	2,990
1958	297	2,170	1963	602	3,310
1959	266	2,350	1964	736	4,010
1960	304	2,600	1965	701	4,680
1961	367	2,840	1966	–	5,480

자료: 한국은행,《경제통계연보》(1967), p. 315.

〈표 24〉 한국노동조합의 지부결성 상황

연도 \ 구분	계	철 도	섬 유	광 산	전 력	외국기관 종업원	통 신	운 수
1961. 12. 31 현재	72	–	8	7	5	–	–	17
1962. 12. 31 〃	327	10	30	40	25	10	3	41
1963. 12. 31 〃	607	15	46	121	36	21	4	63
1964. 12. 31 〃	341	11	23	46	30	13	4	13
1965. 12. 31 〃	356	12	23	49	29	16	4	13
1966. 12. 31 〃	359	12	24	56	26	16	4	13

연도 \ 구분	해 상	금 융	전 매	화 학	부 두	연 합	출 판	자동차	금 속
1961. 12. 31 현재	7	–	1	11	9	5	–	–	2
1962. 12. 31 〃	22	7	14	55	27	30	–	–	13
1963. 12. 31 〃	39	15	18	90	43	57	2	7	30
1964. 12. 31 〃	15	10	29	60	18	31	9	14	15
1965. 12. 31 〃	15	11	30	65	18	33	8	14	16
1966. 12. 31 〃	14	12	32	54	18	41	9	15	13

자료: 노동청 노동국.

동조합의 힘이 미약한 것이다. 노동조합에 의한 단체교섭이 활발하면 임금수준은 상방으로 움직이기 쉬우며 하방으로는 움직이지 않게 된다. 임금의 하방경직성이라는 것이 그것이다. 그런데 우리나라에는 노동조합이 결성되어 있지 않거나 혹은 있다 해도 제 구실을 못하는 경우가 많으므로 자연히 저임금에 머무르지 않을 수 없다고 할 수 있다.

우리나라의 노동조합의 결성상황을 보면 〈표 24〉와 같다. 이에서

대체로 결성된 노동조합의 수가 그다지 많지 않음을 알 수 있을 것이다. 그런데 과거의 예에 비추어서 잘 알고 있는 바와 같이 우리나라에서는 이 결성된 노동조합마저 노동자가 무권리 상태에 놓여 있음으로해서 제 구실을 못하거나 혹은 간부들이 정치적으로 이용됨으로 해서본래의 사명을 다하지 못하는 경우가 많다.

2) 임금격차

바로 앞에서 우리는 노동력 측의 요인, 그것을 이용하는 자본 측의요인, 그리고 기타의 여러 요인이 합쳐져 우리나라의 임금을 낮은 수준으로 유지하고 있음을 고찰하였다. 그러나 우리나라의 임금은 낮은수준인 동시에 규모별, 업종별로 상당히 큰 격차를 가지고 있다.

규모별 임금격차를 보면 〈표 25〉와 같다. 이에서 알 수 있는 바와같이 소기업의 임금은 대기업의 약 54퍼센트밖에 안 된다.11)

그러면 이와 같은 규모별 임금격차의 요인은 무엇인가? 우선 그 요

〈표 25〉 광업 및 제조업의 규모별 임금(월당)(1966년)

(단위: 원, %)

규 모	광 업	제조업	평 균
30~49인	5,907(53.6)	4,312(58.4)	4,410(53.5)
50~99 〃	5,438	4,839	4,905
100~199 〃	6,901	5,835	6,202
200~499 〃	6,473	5,928	5,987
500인 이상	11,568(100.0)	7,385(100.0)	8,240(100.0)

주: ( ) 안은 백분비.
자료: 한국생산성본부, 《생산성연구》 제64집에서 작성.

---

11) 藤本武에 의하면 제조업의 경우 대기업에 대한 소·영세기업의 임금은 90~80%인 나라가 많은데 일본에서는 50~40%로 낮은 수준이라 한다(《エコノ ミスト》, 1961년 8월 8일호, p. 46).

인으로서 생산성격차의 존재를 들 수 있다. 일반적으로 대기업의 생산
성이 소기업보다 높다는 것은 잘 알려져 있는 사실이다. 생산성이 높
으면 임금도 높다는 것, 바꾸어 말하면 양자가 정(正) 혹은 순(順)의
상관관계를 갖는다는 것은

$$\frac{W}{N} = \frac{W}{Y} \cdot \frac{Y}{N}$$

단, $\frac{W}{N}$ =1인당 임금, $\frac{W}{Y}$ =임금분배율

$\frac{Y}{N}$ =노동의 부가가치 생산성[12]

에서 증명되는 바이지만 다음의 〈그림 1〉도 그것을 실증해 준다.

〈그림 1〉 임금, 생산성의 국제 비교(1953=100)

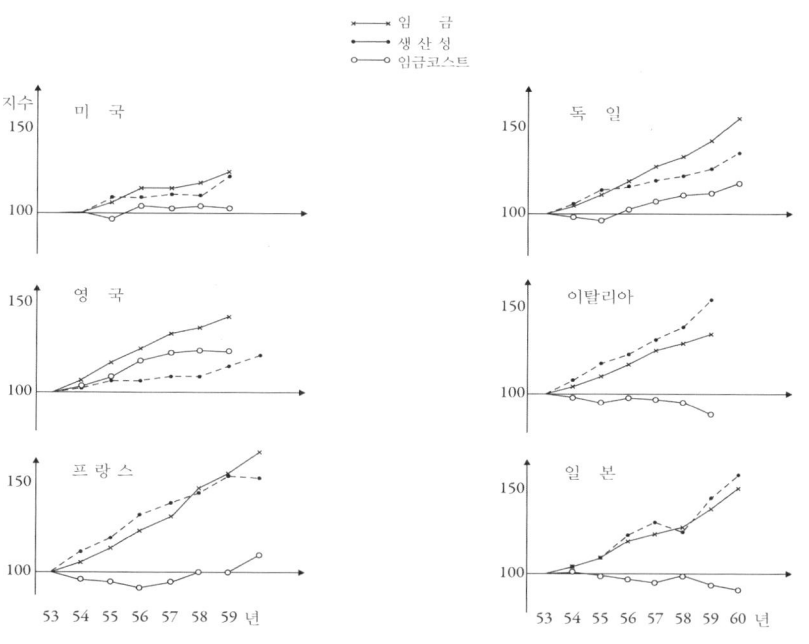

---

12) 순생산성이라고 한다. 이에 대해서 가치생산성 즉 (출하액)÷(종업원 수)는
   조생산성이라고 한다.

규모별 임금격차의 둘째 요인으로서는 중소기업의 특수성을 들 수 있다. 중소기업은 지방의 특수한 생산에 종사하고 있는 경우가 많으며 시장이란 점에서도 대기업과의 경합문제는 볼 수 없는 경우가 많다. 그와 같은 봉쇄적인 기업은 자연히 타 기업과는 격리된 생산구조를 가지며 독자적인 저임금이 가능하게 된다. 혹은 동종의 생산에 종사하고 있는 경우에도 대기업과 중소기업 간에는 각종의 지배관계가 성립하고 있는 경우가 있다. 이 경우에는 중소기업은 불가불 불리한 조건을 감수하지 않을 수 없게 되는데 이와 같은 상황에 대비하기 위해서는 노동자의 희생에 의한 생산비의 절하가 필요하게 되는 셈이다.

그러나 규모별 임금격차의 가장 중요한 요인으로서는 대기업과 중소기업 간에 존재하는 노동력의 질적 차이를 들 수 있다. 노동시장에서의 치열한 경쟁이 대기업에는 양질의 노동력을 고용하게 하고 중소기업에는 그 나머지의 노동력을 고용하게 하는 결과를 낳으며, 고용된 후의 경로에도 차이를 만든다. 대체로 대기업에서 신규채용자는 미취업자 농촌출신자가 많은 데 반해서 소기업이 될수록 경험자 내지 도시의 상업·서비스업 출신자의 비율이 높아지고 있음이 알려져 있다. 즉 대기업은 새로운 노동력을 자기가 요구하는 근대적 노동자로 양성할 수 있는 입장에 놓여 있는 데 반해서 소기업은 도리어 타 기업에서 양성되어 이직한 사람들을 다량으로 포함하고 있는 것이다.

이에 더하여 처음부터 소공장에 들어가는 사람은 그만큼 노동력으로서는 불리한 조건을 갖고 있는 셈이며 이후의 양성도 불충분한 채로 있는 경우가 많으므로 초임급은 거의 같다고 해도 그 이후의 양성과정에서 노동력의 질에 차이가 생겨 이것이 임금수준에 반영되는 것이 사실이다.

다음에 업종별 임금격차를 보면 〈표 26〉과 같다. 이에 따르면 광업

〈표 26〉 업종별 임금(월당)(1966년)

(단위: 원, %)

업 종	임 금	업 종	임 금
석탄광업	10,480(100.0)	피혁 및 동제품 제조업	3,500(41.8)
금속광업	7,170	고무제품 제조업	5,060
비금속광업	4,870(46.4)	화학 제조업	5,380
광업 평균	8,920	석유 및 석탄제품 제조업	6,160
		유리·토석제품 제조업	6,900
		제1차 금속제품 제조업	8,020
식료품 제조업	5,400	금속제품 제조업	5,410
음료품 제조업	7,380	기계 제조업	4,510
방직업	4,790	전기기계 제조업	6,250
제재 및 목제품 제조업	6,860	수송용기계 제조업	5,770
지류 및 지류제품 제조업	5,740	(별게 이외의 제조업)	(3,490)
인쇄 및 출판업	8,350(100.0)	제조업 평균	5,480

자료: 한국은행, 《조사월보》(1967. 8).

에서는 석탄광업이 그리고 제조업에서는 인쇄 및 출판업, 유리·토석제품 제조업, 제1차 금속제품 제조업, 전기기계 제조업, 음료품 제조업, 제재 및 목제품 제조업 등이 높은 임금을 갖고 있는 업종으로 되어 있다. 한편 이와 반대로 광업에서는 비금속광업이 그리고 제조업에서는 방직업, 피혁 및 동 제품 제조업, 기계제조업 등이 임금이 낮은 업종으로 되어 있다. 이에서 대체로 임금이 높은 업종은 자본집약적인 생산기술과 종업원의 숙련노동을 필요로 하는 부문이며, 다른 한편 임금이 낮은 업종은 노동집약적인 생산기술과 종업원의 단순노동을 필요로 하는[13] 부문임을 알 수 있을 것이다. 표에서 보는 바와 같이 낮은 업종의 임금은 높은 업종의 임금의 50~40퍼센트밖에 안 된다.[14)15)]

---

13) 따라서 이와 같은 산업에서는 비숙련노동자나 부녀자 및 연소종업원이 종업원의 대부분을 차지한다.
14) 藤本武에 의하면 높은 업종에 대한 낮은 업종의 임금은 선진국에서는 65~55%라고 한다(앞의 책, p. 46). 그러나 일본은 우리나라의 경우와 거의 동일하다.

5. 경제성장, 고용 및 임금의 관계

경제성장, 고용 및 임금의 관계는 경제성장과 고용의 관계, 경제성장과 임금의 관계의 둘로 나누어서 생각해 볼 수 있을 것이다.[16]

1) 경제성장과 고용

1인당 국민소득성장률을 α, 인구증가율을 n이라고 하면 경제성장률 G는

$$G = \alpha + n \tag{A}$$

으로 된다. 물론 인구증가율은 그대로 고용증가율이 되지 않는다.[17]

그러나 인구증가율과 고용증가율이 같다고 한다면 경제성장률과 고용증가율이 병행한다는 것, 즉 경제성장률이 커지면 고용증가율이 커진다는 것을 알 수 있다.

〈표 27〉은 바로 이 사실을 입증해 주고 있다. 이 표에 따르면 경제성장률은 일본의 10.5퍼센트가 가장 높고 영국의 2.7퍼센트가 가장 낮은데 전 산업의 고용증가율도 일본의 5.6퍼센트가 가장 높고 영국의 0.7퍼센트가 가장 낮다.[18]

---

15) 임금격차에는 이 밖에 성별, 지역별 격차가 있다. K. Taira는 이와는 달리 임금격차로 노동시장의 불완전에 기인하는 임금격차, 성별·연령별·지위 및 기타별 임금격차, 직업별 임금격차의 셋으로 나누고 있다(*International Labour Review*, March 1966, pp. 281~282).

16) 물론 이 밖의 고용과 임금의 관계를 더 생각할 수 있다. 그러나 경제성장은 다음의 1)에서 보는 바와 같이 고용증가, 고용구조의 개선을 통해서 임금의 상승을 가져올 것이므로 고용과 임금의 관계는 경제성장과 고용구조 및 경제성장·임금으로 해소시킬 수 있을 것이다.

17) 일반적으로는 1인당 소득가득력의 증가와 함께 부양력이 증가하므로 취업률은 점차 저하하는 것으로 생각된다.

18) 《日本社會政策學會年報》 제12집, pp. 24~25.

〈표 27〉 주요국 경제성장률과 고용증가율

(단위: %)

국 명	경제성장률 1952~1961년 평균	전 산업 고용증가율 1952~1961년 평균	제조업 생산증가율 (1961/1952년)	제조업 고용증가율 (1961/1952년)
미 국	2.8	1.0	28.3	△9.5
영 국	2.7	0.5	37.7	11.0
캐 나 다	–	–	28.7	△1.0
프 랑 스	4.2	0.7	46.1	5.0
서 독	7.1	3.9	15.6	46.4
이탈리아	6.0	4.7	98.9	12.0
아일랜드	–	–	47.2	11.7
노르웨이	–	–	70.5	8.0
일 본	10.5	5.6	325.5	69.0

자료:《일본사회정책학회연보》제12집, p. 24.

물론 노동생산성의 상승으로 인해서 경제성장률이 증가해도 고용은 도리어 감소하는 경우도 생각할 수 있다. 그러나 미국에서 보는 바와 같이 생산성 향상과 고용증가를 동시에 진행시킬 수 있다. 미국에서는 생산성의 향상이 있어도 고용의 감소는 일어나지 않을 뿐 아니라 고수준의 기술을 가짐으로써 국제경쟁에서 우위를 유지하고 있다.

다음으로 경제성장에 따라서 제1차산업 인구(제1차산업 취업인구)의 비중은 감소하고 제2차, 제3차산업 특히 제3차산업 인구가 증가한다는 것이 알려져 있다.[19] 이것은 〈표 28〉에서도 알 수 있다.

이상이 경제성장과 고용의 관계를 나타내주는 것이다. 이미 앞에서 본 바와 같이 1962~1966년 기간 중에 국민총생산이 43.9퍼센트 증가한 데 대해서 취업자는 동 기간 중에 8.7퍼센트밖에 증가하지 못하고 있다(〈표 1, 표 8-1〉). 이것을 다시 산업별로 보면 부가가치가 제1차산

---

19) 각국의 국민소득통계라든가 노동력통계를 구사하여 세계경제적 규모에서 이 경향을 입증한 사람은 C. Clark이므로 이것을 클라크 법칙이라고도 한다. (C. Clark, *The Conditions of Economic Progress*, 1951).

〈표 28〉 주요국의 산업별 인구구성의 추이

(단위: %)

영국 Ⅰ Ⅱ Ⅲ	미국 Ⅰ Ⅱ Ⅲ	이탈리아 Ⅰ Ⅱ Ⅲ	스웨덴 Ⅰ Ⅱ Ⅲ	일본 Ⅰ Ⅱ Ⅲ
(1881)13-50-37	(1870)53-22-25	(1881)57-26-17	(1910)48-27-25	(1872)77- 4-19
(1921) 7-49-44	(1920)23-33-39	(1921)56-24-20	(1920)41-32-27	(1920)54-21-25
(1931) 6-47-47	(1940)19-35-46	(1936)48-29-23	(1940)29-36-35	(1940)44-26-30
(1951) 5-49-46	(1950)13-37-50	(1954)41-32-27	(1950)21-41-38	(1955)41-24-35

주: Ⅰ, Ⅱ, Ⅲ은 각각 제1,2,3차산업율 표시한다.
자료: ILO, *International Labour Review*, May 1956.

업에서는 37.1, 제2차산업에서는 102.4, 제3차산업에서는 34.6퍼센트 증가한 데 대해서 취업자는 제1차산업에서는 3.6퍼센트 감소하고 있고 제2차, 제3차산업에서는 각각 35.3, 30.0퍼센트 증가하고 있다.

그동안의 경제성장은 고용의 증가를 수반하는 것이었다고 할 수 있다. 그러나 경제성장에 비해서 고용증가는 극히 미미하다.

〈표 8-1〉에서 보는 바와 같이 1962년의 제1차산업 65.2, 제2차산업 10.7, 제3차산업 24.1퍼센트라는 취업자 구성이 1966년에는 제1차산업 57.8, 제2차산업 13.3, 제3차산업 28.9퍼센트로 제2차 및 제3차산업 인구율이 높아진 것만은 사실이다. 그러나 우리나라의 경우, 제3차산업 중에는 상업 기타의 가족경영체가 많으며 취업자 중에 다수의 가족종사자가 포함되어 있다. 따라서 제3차산업 인구율이 높은 것을 가지고 곧 서구식으로 고용구조 근대화의 지표로 간주하는 것은 문제가 있다.

일반적으로 전 취업자 중에서 차지하는 고용자(임금노동자)의 비율이 높을수록 고용구조는 근대적이라고 말할 수 있다. 고로 고용구조는 근대화의 진전상태를 더 정확하게 알기 위해서 전 산업을 고용자 비율이 80퍼센트 이상의 산업(Ⅰ), 고용자 비율이 20퍼센트 이하의 산업(Ⅲ) 및 그 중간에 위치하는 산업(Ⅱ)의 세 가지와 상용고용자 비율이 40퍼센트 이상의 산업(Ⅰ'), 상용고용자 비율이 10퍼센트 이하의 산업

〈표 29-1〉 취업자에 대한 고용자 비율

(단위: %)

산업 연도	농업	광업	제조업	건설업	전기업	상업	운수업	서비스업
1963	14.9	91.3	63.6	83.1	84.0	11.3	82.1	82.7
1964	13.8	96.4	60.2	84.5	85.8	10.0	80.1	82.3
1965	14.1	96.3	64.0	77.6	89.5	11.7	79.0	80.1
1966	14.2	95.2	64.8	84.0	90.9	13.8	78.9	80.9
평균	14.3	94.8	63.2	82.3	87.6	11.7	80.0	81.5

자료: 부표에서 작성.

〈표 29-2〉 취업자에 대한 상용 비율

(단위: %)

산업 연도	농 업	광 업	제조업	건설업	전기업	상 업	운수업	서비스업
1963	1.3	53.4	31.0	4.5	52.0	6.2	54.7	49.2
1964	1.0	48.2	27.4	5.2	64.4	4.4	41.6	49.9
1965	1.5	39.5	34.6	5.7	52.7	6.8	44.6	47.8
1966	1.5	32.5	36.6	7.0	63.7	8.1	52.2	51.7
평균	1.3	43.4	32.4	5.6	58.2	6.4	48.3	49.7

자료: 부표에서 작성.

(Ⅲ′) 및 그 중간에 위치하는 산업(Ⅱ′)의 세 가지로 각각 나누어서 각 산업의 변화를 고찰하기로 한다(〈표 29〉). 건설업만이 제1분류와 제2분류에서 차이를 갖는다.

건설업은 제1분류에서는 산업 Ⅰ에 속했으나 제2분류에서는 산업Ⅲ′에 속한다. 이것은 건설업이 주로 일고(日雇)를 이용하는 산업인 까닭이다. 건설업에서는 일고는 평균 고용의 69.5퍼센트를 차지하고 있다.

1963년에 대한 1966년의 취업자의 증가율은 산업 Ⅰ에서는 19.9퍼센트인데 대해서 산업Ⅱ에서는 35.6, 산업Ⅲ에서는 3퍼센트이다(〈표 30-1〉). 또 산업 Ⅰ′에서는 그것이 22.0퍼센트인 데 대해서 산업Ⅱ′에서는 35.6, 산업Ⅲ′에서는 3.1퍼센트이다(〈표 30-2〉).

〈표 30-1〉 산업별 고용자

(단위: 천 명)

연도 \ 산업	I (광+건+전+운+서)	II (제조)	III (농 + 상)
1963	1,510	632	5,815
1964	1,597	671	5,947
1965	1,734	792	5,977
1966	1,810	852	5,992
(1966/1963) ×100	119.9	135.6	103.0

자료: 부표에서 작성.

〈표 30-2〉 산업별 상고(常雇)

(단위: 천 명)

연도 \ 산업	I′ (광+전+운+서)	II′ (제조)	III′ (농+건+상)
1963	1,309	632	6,016
1964	1,403	671	6,141
1965	1,489	792	6,222
1966	1,597	857	6,205
(1966/1963) ×100	122.0	135.6	103.1

자료: 부표에서 작성.

이에서 알 수 있는 바와 같이 고용자 비율이 높은 산업(I 및 I′)에서보다도 그 비율이 중간적인 산업(II 및 II′)에서 취업자의 증가가 더 크게 일어난 셈이다.

다음에 종사상의 지위별로 취업자 수의 변화를 보기로 하자.

1963년과 1966년을 비교하면 총수는 7,947천 명에서 8,659천 명으로 9퍼센트, 고용자는 2,496천 명에서 2,887천 명으로 15.7퍼센트 증가한 데 대해서 자영업주는 2,952천 명에서 3,133천 명으로 6.1퍼센트의 증가를 나타내고 있고 가족종사자는 2,497천 명에서 2,887천 명으로 5.7퍼센트의 증가를 나타내고 있는 데 불과하다(〈표 31〉). 앞에서 경제성장에 비해서 고용증가는 미미하다는 말을 했는데 이것은 상고와 일

〈표 31〉 종사상의 지위별 구성

(단위: 천 명, %)

종사상의 지위 \ 연도	1963(A)	1966(B)	(B/A)× 100	B−A
자 영 업 주	2,952	3,133	106.1	181(25.4)
가 족 종 사 자	2,497	2,639	105.7	142(20.0)
고 용 자	2,496	2,887	115.7	391(54.6)
상 고	974	1,300	133.5	326(45.7)
임 고	1,007	944	93.7	△63(△9.1)
일 고	515	643	124.7	128(18.0)
계	7,947	8,659	109.0	712(100.0)

자료: 〈표 12-1〉에서 작성.

고의 증가는 크지만 전체의 69.2퍼센트나 되는 자영업주와 가족종사자
의 증가가 이와 같이 작은 데 기인한다.

자영업주와 가족종사자의 고용증가는 정체 상태에 있다고 해도 과
언이 아니다. 1963년에서 1966년까지 사이에 취업자의 증가 수는 712
천 명인데 그 중에서 고용자의 증가는 391천 명으로서 전체 증가의
54.6퍼센트를 차지하고 있다(〈표 31〉).

이 때문에 취업자 중에서 차지하는 고용자의 비율은 1963년의 31.5
에서 1966년에는 33.3퍼센트가 되었다(〈표 12-1〉).

따라서 고용자의 비율은 그동안 별로 높아지지 않았다고 할 수 있
다. 따라서 1967년의 《경제백서》는 1963~1966년 기간 중에 고용상태
가 크게 호전되었다[20]고 말하고 있는데 이것은 이상과 같은 분석을
하지 않고 내린 피상적인 결론이라는 것을 알 수 있다.

끝으로 대체로 우선 불완전취업자로 간주해도 무방한 6월과 12월의
취업자 수의 차를 보면 그것은 가족종사자의 급격한 증가로 해서

---

20) 경제기획원, 《경제백서》, 1967 p. 123.

⟨표 32⟩ 종사상의 지위별 취업자 (6월과 12월의 차)

(단위: 천 명)

연도 종사상의 지위	1963	1964	1965	1966
자 영 업 주	642	785	749	728
가 족 종 사 자	1,753	2,298	2,395	2,421
고 용 자	444	450	144	283
상 고	53	△5	△29	△111
임 고	△134	△31	△25	△9
일 고	525	486	198	403
계	2,840	3,533	3,288	3,432

자료: ⟨표 12-2⟩에서 작성.

1966년에는 도리어 1963년보다 더 증가하고 있다(⟨표 32⟩). 원래 이것은 경제성장에 따라서 감소하여야 한다.

이 밖에 임금격차의 축소 여부를 통해서도 고용구조의 근대화 여부를 볼 수 있다. 그러나 이것은 다음의 2)에서 다루어진다.

2) 경제성장과 임금

칼도어(N. Kaldor)[21]는 다음과 같이 경제성장과 자본축적에 따라서 임금분배율의 증가가 가능함을 제시하고 있다.

$$\frac{P}{Y} = \frac{1}{1-c} \frac{I}{Y} \tag{B}$$

단 P, Y 및 I는 각각 이윤, 소득 및 투자지출이며 c는 이윤의 소비율 즉 자본가의 소비성향이다.

그러나 그에 따르면

$$\frac{I}{Y} = Gv$$

---

21) N. Kaldor, *Essays on Economic Stability and Growth*, 1960, pp. 251~252.

이므로 이 (B)식은

$$\frac{P}{Y} = \frac{1}{1-c} Gv \tag{C}$$

로 된다. 단 G는 (기업가의) (평균)예상시장확장률 즉 경제성장률이며 v는 자본계수이다.

이 (C)식은 결국 이윤분배율이 (ⅰ) 경제성장률 (ⅱ) 자본계수 (ⅲ) 자본가의 소비성향의 세 가지에 의존하고 있음을 말해준다. 지금 $v=4$, 연당 $G=3\%$, $c=50\%$라고 하면 $\frac{I}{Y}$는 12%(4× 3%)이며 따라서 이윤분배율 $\frac{P}{Y}$는 24%가 된다. 그러므로

$$Y - P = W, \quad 즉 \quad 1 - \frac{P}{Y} = \frac{W}{Y}$$

에서 임금분배율[22] $\frac{W}{Y}$는 76%가 된다. 그리고 또 $v=4$, 연당 $G=3\%$, c $=66\%(=\frac{2}{3})$라고 하면 $\frac{P}{Y}$는 36%(3×12%)가 되며 따라서 $\frac{W}{Y}$는 64%가 된다. 이에서 c가 작으면 작을수록, 즉 자본축적이 이루어지면 이루어 질수록 임금분배율이 커짐을 알 수 있다.[23][24] 물론 임금분배율이 증가한다는 것과 임금수준이 커진다는 것은 일치하지 않는다. 즉 임금분배율이 크다는 것은 반드시 고임금수준을 의미하지 않으며 또 임금분배율이 작다는 것은 반드시 저임금수준을 의미하지 않는다. 호황기에 개인의 임금수준은 증가하고 있는데도 불구하고 노동자 총평균의 임

---

22) 이 W/Y의 역수에서 1을 뺀 $(Y-W)/W$는 Marx의 잉여가치율 m/v(단 m은 잉여가치, v는 가변자본)와 같다.

23) 제조업에 관한 것을 다룬 것이기는 하지만 Arrow-Chenery-Minhas-Solow의 논문에도 경제성장을 자본노동비율의 증가로 간주한다면 경제성장에 따라서 임금분배율이 증가한다는 것이 밝혀져 있다(K. J. Arrow, H. B. Chenery, B. S. Minhas, and R. M. Solow, "Capital-Labor Substitution and Economic Efficiency," *The Review of Economics and Statistics*, Aug. 1961, p. 246).

24) 그러나 경제발전의 단계에 따라서 임금분배율이 하락하는 경우가 있다는 것을 밝히고 있는 사람도 있다(川口弘, 嘉治元郞 편, 《成長過程の經濟政策》, p. 174).

금수준은 하락하고 있는 현상을 보는 수가 있는데, 이것은 이 호황기에서의 강한 노동수요가 연소·미숙련하고 저임금수준의 노동자를 다수 고용하여 노동자의 연령·숙련별의 구성을 일변시킨 데 기인하는 현상이며 취업자와 관련해서 일어난 것이다. 임금소득을 고찰할 때에는 임금수준과 취업자 수를 고려하여야 한다.

또 일본에서의 연구결과는 임금분배율이 (i) 장기에 일본의 물가 등귀율이 각국에 비해서 상당히 높기 때문에 강제저축의 현상을 발생시킨 것 (ii) 임금수준의 변동이 현저히 경직적이기 때문에 특히 호황기에서의 실질임금의 하락과 임금분배율의 하락이 있었던 것 (iii) 노동의 공급원인 농촌의 생활수준이 낮은 것과 낮은 미가가 겹쳐서 저임금수준을 초래하여 임금분배율이 현저히 낮아진 것의 세 가지에 기인해서 낮은 수준에 머물렀다는 것을 밝히고 있다.[25]

그리고 또 임금분배율이 하락해도 노동생산성이 높으면 1인당 임금은 높아질 수 있으며, 거꾸로 노동분배율이 상승해도 노동생산성이 낮으면 1인당 임금은 낮아질 수 있다. 왜냐하면 이미 앞에서 본 바와 같이

$$\frac{W}{N} = \frac{W}{Y} \cdot \frac{Y}{N}$$

이기 때문이다.

이상과 같은 사실은 〈표 33〉이 대체로 입증해 준다. 이 표에 따르면 경제성장률은 일본과 중국(대만)이 높고 영국이 가장 낮은데 임금증가율에서는 일본과 대만이 높은 것만은 사실이지만 영국이 가장 낮지 않고 도리어 미얀마가 가장 낮다. 그러나 대체로 경제성장률이 병행한다는 것은 사실이다.

다음에 경제성장률에 따라서 임금격차는 축소되어 간다는 것이 알

---

25) 中山伊知郎 편, 《賃金基本調査》, p. 70.

〈표 33〉 주요국의 경제성장률과 임금증가율

국 명	경제성장률 (1960~64년 평균)	임금증가율 (1960~64년 평균)	국 명	경제성장률 (1960~64년 평균)	임금증가율 (1960~64년 평균)
미 국	4.0	4.7	필 리 핀	4.2	2.7
영 국	3.8	6.1	대 만	10.5	10.0
프 랑 스	5.8	7.9	미 얀 마	4.6	2.5
이탈리아	5.9	10.4	인 도	4.8	3.1
일 본	11.5	9.6			

자료: UN, *Yearbook of National Account Statistics*(1965)과 ILO, *Yearbook of Labour Statistics*(1966)에서 작성.

〈표 34〉 광공업 생산종업원 실질임금 추세(월평균)

(단위: 원)

연도 산업	1960	1961	1962	1983	1964	1965	1966	1960년대 증감비율	$\frac{1966}{1962} \times 100$	$\frac{1966}{1963} \times 100$
광 업	3,900	4,070	4,219	3,827	3,456	3,757	3,883	△0.4	92.0	101.5
제 조 업	2,600	2,627	2,595	2,381	2,233	2,299	2,386	△8.2	91.9	100.2

주: 경상가격을 소비자물가지수로 디플레이트한 것임.
자료: 한국은행, 《조사월보》(1967. 8).

려져 있다. 사실 대기업을 100으로 한 소기업의 임금은 영국에서 82.5 퍼센트(1949년), 서독에서 81.7퍼센트(1954년)이다.[26] 그러나 미국에서 는 그것이 63퍼센트(1954년)이다. 따라서 경제성장과 임금격차의 축소 는 병행하는 것이 사실이지만 최저임금제의 채택 여부, 사회보장제의 확립 여부, 노동조합의 활동 정도 등에 따라서 그 관계가 달라질 수 있다. 이상이 경제성장과 임금의 관계를 나타내 주는 것이다.

〈표 34〉에서 보는 바와 같이 1962~1966년 기간 중에 광업과 제조 업의 실질임금은 각각 8.0과 8.1퍼센트 감소하고 있다. 그리고 또 〈표 35〉에서 보는 바와 같이 동 기간 중에 디플레이터인 서울 소비자물가 지수는 평균해서 16.6퍼센트 증가한 데 대해서 광업은 15.3퍼센트 증

---

26) 小島健司,《日本の賃金》, p. 55.

〈표 35〉 물가지수와 임금지수(1960=100)

(단위: %)

구분 / 연도	서울 소비자물가지수		광업 임금지수		제조업 임금지수	
	지 수	전년 대비 증가율	지 수	전년 대비 증가율	지 수	전년 대비 증가율
1960	100.0	–	100.0	–	100.0	–
1961	108.1	9.1	128.8	12.8	109.2	9.2
1962	115.2	6.6	124.6	10.5	115.0	5.3
1963	138.0	20.7	146.4	9.5	127.3	10.7
1964	180.0	29.5	159.5	16.9	154.6	21.4
1965	204.4	13.6	196.9	23.4	180.8	16.9
1966	229.7	12.4	228.7	16.2	210.8	16.6
1962~66년 간 연평균	–	16.6	–	15.3	–	14.2

자료: 국무총리기획조정실, 《제1차 경제개발 5개년계획 평가보고서》.

〈표 36〉 피용자보수의 구성비

(단위: %)

연 도	1960	1961	1962	1963	1964	1965	1966
분배국민소득	37.2	34.1	36.6	31.2	28.4	30.8	32.5
가계와 민간 비영리단체 경상수지	37.7	34.7	37.6	31.9	28.8	31.5	33.0

자료: 한국은행, 《조사월보》(1967. 7).

가하고 있고 제조업은 14.2퍼센트 증가하고 있다. 따라서 광업과 제조업의 실질임금은 각각 감소하고 있는 셈이다.

한편 피용자보수의 구성비도 1962년에 36.6퍼센트이던 것이 1966년에는 32.5퍼센트로 감소하고 있다. 이와 같은 피용자보수 구성비의 감소는 주로 임금분배율을 감소시키는 여러 요인, 즉 물가상승이 상당히 높았던 것, 임금수준의 변동이 상당히 경직적인 것, 노동의 공급원인 농촌의 생활수준이 낮은 것과 저미가(低米價)가 겹쳐서 저임금수준을 초래한 것 등에 기인한다. 그리고 실질임금의 감소는 주로 피용자 보수구성비의 감소와 저임금수준 고용자의 고용이 증가한 것이 겹친 것과 물가상승률이 상당히 높았던 것에 기인한다.

〈표 37〉 취업자 1인당 실질피용자보수

(단위: 원, %)

연도 산업	1960	1962	1963	1964	1965	1966	1963 ~66 평균	$\dfrac{1966}{1962}\times100$	$\dfrac{1966}{1963}\times100$
제1차산업	–	2,708	2,769	3,155	3,177	3,331	5.4	123.0	120.3
	–	–	(2.3)	(13.9)	(0.7)	(4.8)	–	–	–
제2차산업	–	30,545	33,891	36,193	32,675	38,235	6.3	125.2	112.8
	–	–	(11.0)	(6.8)	(△9.7)	(17.0)	–	–	–
제3차산업	–	29,496	25,897	22,481	22,888	26,839	△1.7	91.0	103.2
	–	–	(△12.5)	(△13.2)	(1.8)	(17.3)	–	–	–
계	9,413	12,144	12,176	12,051	12,612	14,761	5.3	121.5	121.2
	–	–	(0.3)	(△1.0)	(4.7)	(17.0)	–	–	–

주: (1) 취업자 1인당 피용자보수를 서울 소비자물가지수로 디플레이트한 것임.
　　(2) 국민총생산의 (1966/1963)×100은 131.9이며 경제성장률의 1963~66년 평균은 9.5임.
자료: 경제기획원, 《경제활동인구조사》와 한국은행, 《조사월보》(1967. 7)에서 작성.

〈표 38〉 광업 및 제조업의 규모별 임금(월당)

(단위: 원, %)

규 모	광 업		제조업		평 균	
	1962	1966	1962	1966	1962	1966
30~49인	2,658(40.0)	5,907(53.6)	2,608(71.1)	4,312(58.4)	2,612(60.0)	4,410(53.5)
50~99 〃	2,747	5,438	2,946	4,839	2,920	4,905
100~199 〃	3,923	6,901	2,924	5,838	3,103	6,202
200~499 〃	3,556	6,473	3,389	5,928	3,427	5,987
500인 이상	6,687(100.0)	11,008(100.0)	3,671(100.0)	7,385(100.0)	4,367(100.0)	8,240(100.0)

주: ( )는 백분비.
자료: 한국생산성본부, 《생산성연구》제10집 및 제64집.

〈표 39〉 광업 및 제조업의 업종별 임금(월당)

(단위: 원, %)

업종	연도	1962	1966
광업	비금속광업	2,660(48.3)	4,870(46.4)
	석탄광업	5,510(100.0)	10,480(100.0)
제조업	방직업	2,460(46.1)	–
	피혁 및 동제품	–	3,500(41.8)
	인쇄 및 출판업	5,120(100.0)	8,350(100.0)

자료: 한국은행, 《조사월보》(1967. 8).

〈표 37〉에서 보는 바와 같이 취업자 1인당 실질피용자보수도 증가율이 경제성장률보다 낮다. 즉 1인당 피용자보수는 실질적으로 감소했다.

끝으로 〈표 38〉에서 보는 바와 같이 규모별 임금격차는 1962~1966년 기간 중에 광업의 경우에는 축소되었지만 제조업의 경우에는 도리어 확대되었으며 평균의 경우에도 마찬가지로 확대되었다. 그리고 또 업종별 임금격차도 확대되었다(〈표 39〉).

이것은 우리가 피부로 느낄 수 있는 근대적 산업과 전통적 산업의 구별의 현저화, 즉 이중구조의 현저화에 기인하는 것으로 생각된다.

6. 결 론

5절까지에서 다음의 것을 찾아냈다.

(1) 1962~1966년 기간 중에 연평균 8.3퍼센트의 상당히 높은 경제성장을 이룩했다. 그리고 제조업은 경제성장의 선도적 역할을 했다. 그러나 동 기간의 1인당 국민총생산 연평균 증가율은 5.5퍼센트이며 1963~1966년 기간 중의 취업자 1인당 국민총생산 연평균 증가율은 7.3퍼센트이다.

(2) 첫째로 1966년의 산업별 취업자구성에서는 제1차산업은 57.8, 제2차산업은 13.3, 제3차산업은 28.1퍼센트를 차지하고 있다. 그리고 농림업이 단연 큰 구성비를 갖고 있으며 제조업, 상업, 서비스업 등의 구성비도 상당히 크다. 이들은 전 산업의 92퍼센트를 차지하고 있으며 또 이들 산업에서는 영세규모 내지 중소규모의 경영이 큰 비중을 차지하고 있다. 둘째로 자영업주와 가족종사자가 총취업자 중에서 차지하는 비율은 65퍼센트를 초과한다. 즉 고용자의 비율은 35퍼센트 미만이다. 산업별로 보면 제1차산업은 가족종사자·자영업주형이고 제2차

산업은 고용자형이고 제3차산업은 고용자·자영업주형이다.

셋째로 1966년의 완전실업률은 7.1퍼센트이며 완전실업자 수는 666천 명이다. 이것은 비교적 작은 수이다. 그러나 완전실업자의 특수성을 생각할 때 그 수가 비교적 작다는 것이 결코 고용 상태가 양호함을 나타내는 것은 아니다.

넷째로 각 산업에 걸쳐서 광범하게 완전불취업자층 혹은 잠재적 실업자층이 존재하고 있다.

결국 우리나라의 고용상태는, 한 극에는 완전취업자가 있고 다른 극에는 완전실업자가 있고 그 중간에 불완전취업자층이 상당히 광범하게 존재한다고 할 수 있다. 불완전취업자 수는 어떻게 보아도 3백만을 초과한다고 할 수 있다.

요컨대 우리나라의 고용구조는 비근대적 내지 후진적이다. 이것은 고용자의 비율이 낮은 것, 불완전취업자층이 많은 것, (다음에서 설명되지만) 임금격차가 큰 것의 세 가지를 통해서 알 수 있다.

동시에 우리나라의 고용구조는 이중적이다.

(3) 첫째로 우리나라의 임금은 저임금이다. 이것은 방대한 과잉노동력의 존재, 불완전한 노동시장, 빈곤의 악순환, 노동조합의 미결성 내지 그 활동이 활발하지 못함에 기인한다. 둘째로 우리나라의 임금은 규모별, 업종별로 상당히 큰 격차를 갖고 있다. 규모별 임금격차는 생산성 격차, 중소기업의 특수성, 대기업과 중소기업 간에 존재하는 노동력의 질적 차이 등에 기인하며 업종별 임금격차는 필요로 하는 노동과 기술의 차이에 기인한다. 결국 임금격차는 이중구조의 반영이라고 할 수 있다.

(4) 첫째로 경제성장률이 크면 고용증가율도 크게 되어 있다. 둘째로 경제성장에 따라서 제1차산업 인구의 비중은 낮아지고 제2차, 제3

차산업 특히 제3차산업 인구는 증가한다. 그간의 고용증가는 극히 미미하다. 다음으로 제3차산업 인구율이 높아진 것은 사실이다. 그러나 고용자 비율을 기준으로 해서 전 산업을, 재분류하여 각 산업의 취업자 수의 변화를 본다거나 종업상의 지위별 취업자 수의 변화를 본다고 할 때에는 이 사실을 곧 서구식으로 고용구조의 근대화의 지표로 간주하는 데에는 문제가 있다.

끝으로 불완전취업자 수는 도리어 증가하고 있다. 이것은 주로 경제활동인구 증가의 압력에 기인한다.

(5) 칼도어에 따르면 경제성장과 자본축적에 따라서 임금분배율은 커진다. 물론 임금분배율이 크다고 해서 1인당 임금이 크다고는 말할 수 없다. 그러나 노동생산성만 증가하면 설사 임금분배율이 낮아지더라도 1인당 임금은 높아질 수 있다. 그렇다면 경제성장에 따라서 임금분배율과 1인당 임금은 커진다고 할 수 있다. 경제성장에 따라서 임금격차는 축소된다.

그런데 1962~1966년에는 피고용자보수의 구성비, 즉 임금분배율과 광업 및 제조업의 실질임금은 각각 감소하고 있다. 그리고 취업자 1인당 실질피용자보수도 감소하고 있다. 다음으로 규모별, 업종별 임금격차는 확대되고 있다. 이것은 주로 이중구조의 현저화에 기인한다.

이미 본 바와 같이 우리나라에서는 불완전취업자층이 상당히 많다. 이 불완전취업자층이 많은 것은 고용구조가 비근대적인 데 기인하지만 다른 한편에서는 저임금과 큰 임금격차라는 임금의 기형성을 초래하는 원인이기도 하다. 따라서 고용구조만 근대화되면 불완전취업자층은 해소될 것이며 따라서 임금의 기형성도 제거된다고 할 수 있다.

그런데 비근대적인 고용구조가 계속되는 큰 원인의 하나는 인구 혹은 노동력인구의 증가에 비해서 경제성장이 불충분한 데 있다. 만약

근대적 산업부문의 성장률이 크고 이 부문에서 농업이라든가 상업, 중소기업으로부터 대량의 노동력을 흡수할 수 있다면 농업, 상업, 중소기업부문의 고용구조의 근대화는 진행될 것이다.

결국 이렇게 보면 어떻게 하면 높은 경제성장률을 지속시키느냐가 고용구조의 근대화, 불완전취업층의 해소, 임금의 기형성의 제거를 위한 관건이 되는 셈이다. 거기에 우리나라는 부단히 과잉인구의 압력을 받고 있다. 그러므로 더욱더 고도성장의 지속이 절실히 요구된다. 그뿐 아니다. 앞에서 말한 바와 같이 경제성장과 취업증가는 반드시 일치하지 않지만 경제성장률이 큰 발전적 경제에서는 그것이 일치한다.

그러면 높은 경제성장률의 기본 동인은 무엇인가? 물론 이에 대해서는 사람에 따라서 여러 가지 견해가 있을 줄 안다. 그러나 역시 그것은 높은 투자수준이 아닌가 생각한다. 그러나 투자의 급격한 증대는 인플레와 국제수지 악화의 위험을 수반함으로써 도리어 장기적으로는 경제성장률을 낮추게 되어 완전고용의 달성을 지연시킨다. 따라서 장기적인 성장정책의 목표는 경제성장의 극대화와 안정화를 어떻게 조화시키는가에 있다고 할 수 있다.

그런데 안정적 성장을 위해서는 저축의 범위 내에서 투자가 필요하므로 결국 저축의 증대, 즉 자본축적이 관건이 되는 셈이다.

이렇게 보면 높은 자본축적을 통한 높은 안정적 성장, 바로 이것이 장기적으로 본 우리나라의 고용정책의 기본선이 된다. 그리고 또 나아가서 장기적으로 본 우리나라의 임금정책의 기본선이 된다. 그러나 여기서 말하는 높은 안정적 성장은 결코 레이놀즈(C. G. Reynolds)의 주장에 따라 추구되는 그것은 아니다. 레이놀즈는 그의 한 논문 가운데서 "서구식으로 조직된 공업 그리고 특히 더 큰 저개발국에서 유행하고 있는 중공업은 그다지 노동사용적이 아니다. …… 공업내부에서는

금일까지 일본경제에서 추구되어 왔고 또 실질적으로 고도성장에 기여한 소규모의 더 분권적인, 더 노동사용적인 형태의 조직을 찾아내야 한다. 또 어느 일정한 점까지는 더 노동사용적인 기술이 생산증가적이라는 것을 표시할 수 있다. 풍부한 노동공급을 사용하는 방향으로 마련되지 않은 개발정책은 또 국민생활을 확대하지 못할 것이다"라고 말하고 있다.27) 그러나 이 말에 대해서 그가 같은 부분에서 "공업부문 외부에서 즉 노동절약적이기보다는 토지절약적인 새 기술이 과잉노동을 흡수할 수 있는 농업, 넉시(R. Nurkse)의 주장에 따라 조직된 노동집약적 공공사업 및 자본투자보다는 주로 교육과 조직을 필요로 하는 기타 방향에서 취업기회를 더욱더 정력적으로 추구하여야 한다"고 한 말에 전적으로 찬성하면서도 이의를 제기하지 않을 수 없다. 왜냐하면 그의 견해는 너무나도 근시안적이기 때문이다. 역시 장기적으로 보면 현대 공장식 공업과 특히 중공업의 발전이 중시되어야 한다.

여기서 말하는 높은 안정적 성장은 다름 아닌 현대 공장식 공업과 특히 중공업의 발전을 중시하는 레이놀즈의 주장에 따라 추구되는 그것이다. 결국 이런 식의 높은 안정적 성장을 장기적으로 추구해 가면서 불완전업취자층의 해소와 새로이 추가되는 노동력의 흡수를 도모하여야 할 것이다.

그러나 불완전취업자층이 대량으로 존재하는 것은 그 경제라든가 사회의 근대화가 뒤늦은 데에도 기인한다면 그들의 해소를 위해서는 그들이 머물고 있는 농업, 상업, 중소기업 같은 부문 자체의 근대화도 서둘러야 하지 않을까 생각한다.

생산성의 향상은 경제성장을 초래하기도 하지만 또 경제성장에 의

---

27) L. G. Reynolds, "Wages and Employment in the Labor-Surplus Economy," *The American Economic Review*, March 1965, p. 38.

〈표 40〉 생산성 향상 결과의 국제 비교*

(1953년=100)

국 별	노동생산성 (시간당)	생 산	명목임금 (시간당)	실질임금 (시간당)	고 용	노동시간
서 독	133	165	148	132	131	95
미 국	122	114	126	116	94	99
이탈리아	152	159	132	117	105	99
일 본	144	220	131	132	148	103

* 이것이 어느 연도의 것인지 분명치 않음.
자료: 《エコノミスト》 1961년 6월 27일호, p. 15.

해서 초래되기도 한다. 그런데 이미 4절에서 보았고 또 〈표 40〉에서 보는 바와 같이, 분명히 그것은 임금의 증가를 초래한다.

그리고 또 〈표 40〉에서 보는 바와 같이 분명히 그것은 고용의 증가와 노동시간의 단축을 초래한다. 그러나 이 표에서 알 수 있는 바와 같이 독일의 경우를 제외하고서는 생산성의 향상의 속도가 임금 증가의 속도보다 훨씬 빠를 뿐 아니라 고용이 거꾸로 감소하고 있거나 혹은 고용 증가의 속도가 생산성 향상의 속도보다 대단히 완만한 경우가 있으며, 또 노동시간이 단축되지 않고 도리어 증가하고 있는 경우가 있다. 우리나라는 4절에서 말한 바와 같이 방대한 과잉노동력을 갖고 있다. 따라서 생산성 향상의 속도가 임금의 증가의 속도보다 훨씬 빠를 뿐 아니라 고용 증가의 속도가 생산성 향상의 속도보다 훨씬 완만하거나 혹은 고용이 감소할 가능성이 있으며 또 노동시간의 증가를 초래할 가능성이 있다. 따라서 이 점을 사전에 방지하는 조치를 강구하면서 생산성의 향상을 도모할 필요가 있다.28) 생산성 향상의 성과

---

28) 프랑스에는 생산성 향상에 따라 종업원을 해고하거나 보수를 인하할 수 없으며 기업은 생산성 향상의 성과를 종업원 전체에 배분할 것과 기업의 생산전환, 이동에 의한 실업을 보장하며 실업에 대한 직업보도, 노동이동에 필요한 주택시설을 보장할 것의 두 가지를 규정하는 입법조치가 취해져 있다.

에 대한 어떤 조치를 수반하는 생산성의 향상, 바로 이것이 여기서 말하는 생산성의 향상이다.

4절에서 노동조합이 결성되어 있지 않거나 혹은 그 활동이 활발하지 못한 것도 직간접적으로 우리나라 임금의 기형성의 원인이 되고 있음을 보았다. 또 4절에서 우리나라의 임금은 선진국의 그것과 비교할 것 없이 우리나라와 동일한 처지에 놓여 있는 ECAFE 지역의 후진국과 비교해 보아도 낮은 편임을 보았다. 거기에 더해서 대기업과 중소기업의 임금격차는 상당히 크다. 현재의 실정으로 보아 대기업의 임금마저 노동력의 재생산을 겨우 가능하게 하는 수준으로 정해지고 있는 것이 사실인데 중소기업의 노동자에게는 노동력의 재생산을 보장할 만한 임금조차 지불되고 있지 않다는 것은 말할 나위도 없다. 그런데 그들은 그나마 이와 같은 저임금을 확보하기 위해서 무리한 노동을 하지 않으면 안 되게 되어 있다. 따라서 노동조합의 결성 촉진과 그 활동의 장려[29] 그리고 최저임금제[30]의 실시 등도 적극적으로 도모하여야 할 것이다.

그러나 우리나라의 현 실정에서 볼 때 어떠한 고용정책이나 임금정책도 단기적으로는 별로 커다란 성과를 올리지 못할 것이고 장기적으로 비로소 성과를 올리게 되어 있다. 따라서 현재 필요한 것은 장기적으로 본 고용정책이나 임금정책의 기본선을 제대로 설정하는 일이라는 것을 잊어서는 안 될 것이다.

---

29) 저임금이 경영의 불합리, 예컨대 사용주의 낭비 등을 초래하고 있는 경우에는 임금의 인상이 이와 같은 불합리를 없애는 압력이 될 수 있으며, 또 저임금이 낮은 비용을 통해서 수출촉진을 가능케 하는 것은 사실이지만 앞으로의 수출전망이 그다지 좋지 않은 경우에는 차라리 임금의 인상을 통해서 국내의 구매력의 증가를 도모하는 것이 국내생산을 위해서 유리할 것이므로 노동조합의 결성촉진과 그 활동의 장려는 이러한 면에서도 의의를 갖고 있다.
30) 다행히도 우리나라의 〈근로기준법〉은 최저임금규정을 갖고 있다.

〈부표〉 산업 및 종사상의 지위별 취업자

(단위: 천 명)

산 업	농업, 임업, 수렵업 및 어업					
종사상의 지위	계	자영업주	가족종사자	상 고	임 고	일 고
1963년 평균	5,029 (100.0)	2,030 (40.4)	2,249 (44.7)	66 (1.3)	147 (2.9)	537 (10.7)
1964년 평균	5,085 (100.0)	2,014 (39.6)	2,370 (46.6)	52 (1.0)	160 (3.2)	489 (9.6)
1965년 평균	5,001 (100.0)	1,977 (39.5)	2,321 (46.4)	74 (1.5)	198 (4.0)	431 (8.6)
1966년 평균	5,013 (100.0)	2,000 (39.9)	2,299 (45.9)	77 (1.5)	181 (3.6)	456 (9.1)
산 업	광업 및 채석업					
종사상의 지위	계	자영업주	가족종사자	상 고	임 고	일 고
1963년 평균	58 (100.0)	5 (8.7)	– –	31 (53.4)	9 (15.5)	13 (22.4)
1964년 평균	56 (100.0)	2 (3.6)	– –	27 (48.2)	18 (32.1)	9 (16.1)
1965년 평균	81 (100.0)	3 (3.7)	– –	32 (39.5)	19 (23.5)	27 (33.3)
1966년 평균	83 (100.0)	3 (3.6)	1 (1.2)	27 (32.5)	23 (27.7)	29 (35.0)
산 업	전기, 가스, 수도 및 위생시설 서비스업					
종사상의 지위	계	자영업주	가족종사자	상 고	임 고	일 고
1963년 평균	25 (100.0)	4 (16.0)	– –	13 (52.0)	4 (16.0)	4 (16.0)
1964년 평균	14 (100.0)	1 (7.1)	1 (7.1)	9 (64.4)	2 (14.3)	1 (7.1)
1965년 평균	19 (100.0)	2 (10.5)	– –	10 (52.7)	2 (10.5)	5 (26.3)
1966년 평균	22 (100.0)	2 (9.1)	– –	14 (63.7)	3 (13.6)	3 (13.6)

산 업	상 업					
종사상의 지위	계	자영업주	가족종사자	상 고	임 고	일 고
1963년 평균	786 (100.0)	561 (71.4)	136 (17.3)	49 (6.2)	21 (2.7)	19 (2.4)
1964년 평균	862 (100.0)	612 (71.0)	164 (19.0)	38 (4.4)	30 (3.5)	18 (2.1)
1965년 평균	976 (100.0)	684 (70.1)	178 (18.2)	66 (6.8)	30 (3.1)	18 (1.8)
1966년 평균	979 (100.0)	669 (68.3)	175 (17.9)	79 (8.1)	30 (3.6)	26 (2.6)
산 업	제조업					
종사상의 지위	계	자영업주	가족종사자	상 고	임 고	일 고
1963년 평균	632 (100.0)	165 (26.1)	65 (10.3)	196 (31.0)	125 (19.8)	81 (12.8)
1964년 평균	671 (100.0)	187 (27.9)	80 (11.9)	184 (27.4)	154 (23.0)	66 (9.8)
1965년 평균	792 (100.0)	212 (26.8)	73 (9.2)	274 (34.6)	159 (20.1)	74 (9.3)
1966년 평균	857 (100.0)	213 (24.9)	88 (10.3)	314 (36.6)	164 (19.1)	78 (9.1)
산 업	건설업					
종사상의 지위	계	자영업주	가족종사자	상 고	임 고	일 고
1963년 평균	201 (100.0)	24 (11.9)	10 (5.0)	9 (4.5)	20 (10.0)	138 (68.6)
1964년 평균	194 (100.0)	26 (13.4)	4 (2.1)	10 (5.2)	13 (6.7)	141 (72.6)
1965년 평균	245 (100.0)	40 (16.3)	15 (6.1)	14 (5.7)	16 (6.5)	160 (65.4)
1966년 평균	213 (100.0)	27 (12.7)	7 (3.3)	15 (7.0)	12 (5.6)	152 (71.4)

산 업	운수, 보관 및 통신업					
종사상의 지위	계	자영업주	가족종사자	상 고	임 고	일 고
1963년 평균	117 (100.0)	17 (14.5)	4 (3.4)	64 (54.7)	18 (15.4)	14 (12.0)
1964년 평균	161 (100.0)	28 (17.4)	4 (2.5)	67 (41.6)	36 (22.4)	26 (16.1)
1965년 평균	195 (100.0)	35 (17.9)	6 (3.1)	87 (44.6)	38 (19.5)	29 (14.9)
1966년 평균	180 (100.0)	35 (19.4)	3 (1.7)	94 (52.2)	30 (16.7)	18 (10.0)
산 업	서비스업					
종사상의 지위	계	자영업주	가족종사자	상 고	임 고	일 고
1963년 평균	1,109 (100.0)	158 (14.2)	34 (3.1)	546 (49.2)	171 (15.4)	200 (18.1)
1964년 평균	1,172 (100.0)	162 (13.8)	46 (3.9)	585 (49.9)	214 (18.3)	165 (14.1)
1965년 평균	1,194 (100.0)	177 (14.8)	61 (5.1)	571 (47.9)	245 (20.5)	140 (11.8)
1966년 평균	1,312 (100.0)	188 (14.3)	63 (4.8)	678 (51.7)	203 (15.5)	180 (13.7)

《경제논집》(서울대, 1967. 9)

노동생산성과 임금

1. 머리말

후진국의 문제는 한마디로 말하면 경제발전의 문제이다. 그런데 경제발전이라는 것은 무슨 대단히 어려운 개념이 아니라 인간이 도구를 가지고 생산을 행하는 노동-생산 과정이 개선·향상되어 이전보다 더 많은 산출량을 생산할 때 우리는 이것을 경제발전이라고 부르는 것이다. 따라서 노동-생산 과정의 계기를 이루는 노동력과 생산수단이 또한 경제발전을 좌우하게 되는 것이다.

하나의 국민경제가 발전하려면 노동력의 질이 개선·향상되고 양이 증대될 뿐만 아니라 생산수단이 개선되어야 한다. 바꾸어 말한다면 노동과 자본이라는 두 요소로 표현되는 생산함수에서 노동과 자본의 더 적은 투입량으로 더 많은 산출량을 생산할 때 국민경제는 발전하게 되는 것인데, 이때 산출량/투입량을 보통 생산성이라고 부르고 있다. 그러므로 생산성의 상승은 후진국 경제발전에서 가장 중요한 위치를 차지하고 있다.

그런데 생산성이 상승한다는 것은 결국 낮은 비용으로 더욱 많은

상품을 생산하는 것을 의미하므로 생산성의 상승은 이윤분배율의 증가로 자본가를, 임금수준의 상승으로 노동자를, 상품가격의 하락으로 소비자를 이롭게 할 수 있는 가능성을 주는 것이다. 따라서 국민이 생활수준을 상승시키는 데 있어서도 생산성의 상승은 매우 중요한 요인을 구성하고 있다.

이 글에서는 생산성을 중심으로 하여 임금까지도 분석할 것이다. 그런데 이 논문의 중심과제는 다음과 같은 것이다.

첫째, 생산성의 상승이 매우 큰 문제로 등장하고 있는데, 그것의 개념은 무엇이며 생산성은 어떠한 요인에 의하여 상승할 수 있는가?

둘째, 우리나라의 생산성수준은 국제적으로 비교하여 어떠한가?

셋째, 우리나라에서 생산성 상승에 의한 이익은 어떻게 배분되고 있는가?

넷째, 우리나라에서 임금수준은 국제적으로 어떠한 수준인가?

다섯째, 우리나라의 경제발전을 위해서 생산성과 임금은 어떻게 변동하여야 하는가?

2. 노동생산성의 개념과 결정요인

일반적으로 생산과정이란 여러 생산요소의 조합에 의한 기술적 변형을 통하여 생산물을 획득하는 과정인데 이 과정에 투입되는 여러 생산요소가 생산물의 생산에 공헌하는 정도를 그 요소의 생산성이라 한다. 원래 산출량은 노동·자본·토지·기술·경영·기타의 투입량의 결합적인 결과이기 때문에 생산성이라는 것은 이들 투입량의 조합 1단위당 산출량이라고 파악하는 것이 타당할 것이지만, 투입량은 대단히 이질적인 양들로 구성되어 있어서 동질적인 투입량의 조합을 각 산업

마다 추출하여 비교할 수는 없으므로 투입의 조합 1단위당 산출량은
실제의 지표로 사용할 수 없다. 따라서 노동을 제외한 자본이나 토지
등의 투입요소를 노동의 생산성을 제고하는 수단이라고 해석하여 노
동생산성만을 중요시하고 있는 것이다.

노동생산성이란 노동투입량을 분모로 하는 투입단위당 산출량을 가
리키는데 여기에는 가치생산성과 부가가치생산성이라는 두 개의 개념
이 있다. 가치생산성은 종업원 1인당 총생산량을 가리키고, 부가가치
생산성은 종업원 1인당 부가가치액을 가리키는데, 부가가치액이란 총
생산액에서 중간원재료액을 뺀 것과 같다. 이렇게 볼 때 가치생산성은
물가변동에 의한 가치인상을 포함하지 않은 실질적인 생산성이고 부
가가치생산성은 명목적인 생산성이라 볼 수 있다.

이 글에서의 용어는 가치생산성을 노동생산성이라 부르고 부가가치
생산성은 그대로 부가가치생산성이라고 부를 것이지만, 두 개의 개념
은 모두 광의의 노동생산성의 측정에 적절하다.

그러면 생산성은 어떠한 요인에 의하여 결정되는가?

부가가치생산성을 풀어보면 다음과 같다.

$$부가가치 생산성 = \frac{부가가치액}{종업원수}$$

$$= \frac{총자본}{종업원수} \times \frac{부가가치액}{총자본} \cdots\cdots\cdots\cdots (1)$$

$$\frac{기계장치}{종업원수} \times \frac{부가가치액}{기계장치} \cdots\cdots\cdots\cdots (2)$$

$$= \frac{유형고정자산}{종업원수} \times \frac{부가가치액}{유형고정자산} \cdots\cdots (3)$$

여기에서 (1)식의 앞 것은 자본집약도, 뒤 것은 총자본투자효율, (2)식의 앞 것은 기계장치율, 뒤 것은 기계투자효율, (3)식의 앞 것은 노동장비율, 뒤 것은 설비투자효율을 가리키며 이러한 여러 지표가 노동생산성의 수준을 결정한다. 그런데 (1)·(2)·(3)식의 앞 것은 자본 및 설비의 문제이고 뒤 것은 효율의 문제이므로, 크게 나누어 앞 것을 자본 측의 요인, 뒤 것을 노동 측의 요인이라 할 수 있을 것이다. 결국 생산성은 자본 측의 요인과 노동 측의 요인이 상호작용에 따라 결정된다고 말할 수 있다.

그런데 자본 측의 요인이란 기술혁신, 최신기계 및 설비의 도입, 동력사용량의 증대 등을 가리키며 노동 측의 요인이란 노동의 숙련도·노동강도·노동조건·작업조직·작업방법 등의 개선·향상을 의미한다.

최근 우리나라에서는 최신기계 및 설비의 도입과 설비투자의 확대를 통하여 주로 자본 측의 요인에 의한 생산성 상승을 유도하고 있으며 그 성과는 상당한 것으로 나타나고 있다. 그러나 우리나라는 자본이 부족하기 때문에 자본 측 요인에 치중한 생산성 상승운동은 필연적으로 외국자본의 대량도입을 불가피하게 하고 있으며 실제로 외국자본을 최근 놀랄 만한 정도로 도입하고 있다. 그런데 외국자본의 도입은 원리금상환 문제뿐만 아니라 대외의존 문제를 심각하게 제기할 가능성이 있으므로 생산성 상승운동에 있어서 상대적으로 풍부하며 질이 높은 노동력을 합리적으로 활용하는 방안을 연구하는 것이 앞으로의 과제가 되어야 할 것이다. 즉 기술교육과 직업훈련의 강화, 기업경영의 합리화 등은 물론 노동조건을 개선하여 노동자로 하여금 자신이 지닌 모든 창조적·능동적 에너지를 충분히 방출하도록 하는 것이 앞으로의 생산성 향상운동에 있어서 중심을 차지하여야 할 것이라고 생각한다.

3. 우리나라 노동생산성의 수준

1960~67년간 노동생산성의 연평균 증가율은 〈표 1〉에서 보는 바와
같이 전 산업은 9.3퍼센트이고 제조업은 9.5, 광업은 6.0, 전기업은
16.2퍼센트이었다. 전기업의 생산성 상승률이 이렇게 높은 것은 전원
(電源)개발을 위해 투입된 막대한 자본과 기술도입 등에 크게 의존하
였다고 볼 수 있으며 우리나라의 생산성 상승은 결국 산업구조상 큰
위치를 차지하는 제조업의 공헌이 컸다는 것을 알 수 있다.

〈표 1〉 노동생산성 요인분석(1965=100)

		1960	1961	1962	1963	1964	1965	1966	1967	평균증가율
제조업	노동생산성	63.9	71.7	73.4	78.2	85.1	100.0	103.8	119.7	9.5
	산출량	56.3	58.8	68.6	77.6	82.9	100.0	117.9	144.3	14.6
	노동투입량	88.1	82.0	93.5	99.2	97.4	100.0	113.6	120.6	4.8
광 업	노동생산성	75.2	84.6	90.9	91.1	92.9	100.0	100.6	112.5	6.0
	산출량	56.9	64.5	76.6	87.4	96.2	100.0	110.8	119.5	11.3
	노동투입량	75.5	76.3	84.3	95.9	103.6	100.0	110.1	106.2	5.2
전기업	노동생산성	52.6	51.6	57.4	62.9	80.9	100.0	119.3	146.8	16.2
	산출량	52.2	54.5	60.8	67.9	83.1	100.0	119.6	151.1	16.6
	노동투입량	99.2	105.6	106.0	108.0	102.7	100.0	100.2	102.9	0.6
산업총합	노동생산성	64.8	72.4	75.1	79.4	86.3	100.0	103.9	119.9	9.3
	산출량	56.2	59.4	69.5	78.6	84.9	100.0	117.3	142.1	14.5
	노동투입량	86.7	82.0	92.5	99.0	98.4	100.0	112.9	118.5	4.8

자료: 한국생산성본부, 〈노동자 생산성 지수〉.

한편 노동생산성 상승률을 국제적으로 비교하여 보면 〈표 2〉에서와
같이 우리나라는 1960~66년간에 연평균 8.5퍼센트의 상승률을 나타

냄으로써 일본(9.0%) 다음으로 높은 증가율을 나타내었다. 이와 같이
생산성 상승률이 선진국을 훨씬 능가하고 있는 것은 공업부문을 중심
으로 한 새로운 시설투자와 기술도입, 가동률의 향상과 생산규모의 확
대 등에 기인한다고 볼 수 있을 것이다. 우리나라의 노동생산성의 절
대수준은 국제적으로 어떠한가?

〈표 2〉 노동생산성지수의 국제 비교(제조업)(1960=100)

	1960	1961		1962		1963	
	지 수	지 수	증가율	지 수	증가율	지 수	증가율
미 국	100.0	102.8	2.8	110.2	7.2	113.9	3.4
일 본	100.0	110.2	10.2	113.4	2.9	124.4	9.7
한 국	100.0	112.2	12.2	114.8	2.4	122.4	6.5
프 랑 스	100.0	104.5	4.5	107.9	3.2	112.3	4.2
서 독	100.0	103.5	3.5	107.0	3.4	110.5	3.3
이 탈 리 아	100.0	106.6	6.6	117.4	10.1	124.0	5.6
영 국	100.0	98.2	-1.8	100.0	1.8	105.4	5.4
이 스 라 엘	100.0	103.3	3.3	105.6	2.2	111.1	5.3

	1964		1965		1966		1960~ 1966
	지 수	증가율	지 수	증가율	지 수	증가율	평균 증가율
미 국	120.4	5.7	125.0	3.8	127.8	2.2	4.2
일 본	141.7	13.9	148.8	5.0	166.9	12.2	9.0
한 국	133.2	8.8	156.5	17.5	162.4	3.8	8.5
프 랑 스	115.7	3.0	121.3	4.9	128.1	5.6	4.2
서 독	119.3	7.9	124.6	4.4	127.2	2.1	4.1
이 탈 리 아	131.4	6.0	141.3	7.5	158.7	12.3	7.9
영 국	111.7	6.0	113.5	1.6	115.3	1.6	2.4
이 스 라 엘	120.0	8.0	130.0	8.3	134.4	3.4	5.1

자료: ILO, *Year Book of Labor Statistics*, 1967.

〈표 3〉에서 보는 바와 같이 우리나라의 산업별 부가가치생산성은 1966년 제조업에서 일본의 1/4, 광업은 1/3, 전기업은 1/4, 건설업은 1/5, 도소매업은 1/5, 운수업은 1/8, 서비스업은 1/3이다. 또 1967년에 미국 제조업의 부가가치생산성은 우리나라의 거의 10배에 이르고 있다.

〈표 3〉 부가가치생산성의 국제 비교

(단위: 천 원)

	1966		1967		
	한 국	일 본	한 국	일 본	미 국
제 조 업	320	1,334	341	1,571	3,396
광 업	365	972	220	941	–
전 기 업	871	3,204	1,169	3,460	–
건 설 업	492	2,402	973	2,742	–
도 소 매 업	440	2,222	447	2,627	–
운 수 업	200	1,722	301	1,903	–
서 비 스 업	327	1,049	292	1,388	–

자료: 한국은행, 《기업경영분석》; 일본은행, 《주요기업경영분석》.

이와 같이 우리나라의 노동생산성이 낮은 수준에 놓여 있는 것은 〈표 4〉와 〈표 5〉에서 보는 바와 같이 노동장비율·설비투자효율·자본집약도·기계장비율 등에서 선진국에 훨씬 뒤떨어지고 있기 때문이다. 즉 우리나라의 저생산성의 원인은 자본력의 빈약과 기술수준의 후진성 및 노동능력의 저위성에 기인하는 것이다.

한편 규모별 노동생산성을 비교하여 보면 〈표 6〉과 같은데, 중소기업(종업원 5~199인)의 부가가치생산성은 대기업(종업원 200인 이상)에 비하여 훨씬 낮을 뿐만 아니라 그 생산성의 격차는 매년 확대되고 있다. 이러한 노동생산성의 규모별 격차는 표에서 보는 바와 같이 노동

〈표 4〉 주요 제조업체의 생산성지표 비교

(단위: 천 원)

	1965			1967		
	한 국	일 본	일본/한국	한 국	일 본	일본/한국
부가가치생산성	271	1,218	4.49	341	1,591	4.67
노 동 장 비 율	387	1,532	3.96	460	1,715	3.73
설비투자효율 (%)	(70.0)	(79.2)	(1.13)	(74.2)	(92.8)	(1.25)
자 본 집 약 도	1,003	5,356	5.34	1,301	6,085	4.68

자료: 한국은행, 《기업경영분석》; 일본은행, 《주요기업경영분석》

〈표 5〉 미국의 생산성관련지표(제조업)

	1960	1961	1962	1963
부가가치생산성(천 원)	2,665	2,989	2,913	3,039
기 계 장 비 율 (천 원)	1,521	1,566	1,540	1,588

자료: *Statistical Abstract of the United States*, 1965.

〈표 6〉 규모별 생산성의 관련지표

		부가가치생산성 (천 원)	총자본투자효율 (%)	설비투자효율 (%)	기계투자효율 (%)	노동장비율 (천 원)	기계장비율 (천 원)	자본집계도 (천 원)
중소기업	1964	221	31.33	77.18	191.22	286	116	705
	1965	232	26.69	67.28	158.03	344	147	868
	1966	306	32.88	84.70	201.59	362	152	932
	1967	255	33.33	94.96	217.67	268	117	765
대기업	1964	243	27.64	64.04	102.76	379	236	879
	1965	278	27.05	70.48	123.99	394	224	1,028
	1966	322	27.88	75.46	130.75	427	247	1,156
	1967	366	25.09	70.98	139.81	516	262	1,459

자료: 한국은행, 《기업경영분석》.

장비율·기계장비율·자본집약도 면에서 대기업이 중소기업을 훨씬 앞
서고 있기 때문에 일어난다. 그런데 총자본투자효율·설비투자효율·기
계투자효율에서는 중소기업이 오히려 대기업을 앞서고 있는데, 이것
은 중소기업이 가지고 있는 기계 및 설비의 대부분이 간편한 소규모
의 경기계류로서 미숙련노동자를 장시간 노동시키므로 그 조업도를
높인 것을 의미한다. 여하튼 대기업은 외자도입을 통하여 현대시설과
혁신된 기술을 설치·적용하므로 생산성이 급격히 상승하고 있는 데
반하여, 중소기업에서는 아직도 미숙련과잉노동력을 발판으로 한 인
습적이며 전근대적인 기업경영을 탈피하지 못하고 있으므로 대기업과
중소기업의 생산성 격차는 점차 확대되고 있는 것이다.

4. 생산성 상승에 의한 이익의 배분

1952년 국제노동기구는 제조공업생산성 전문가회의를 개최하고 다
음과 같은 결론을 내렸다. 즉,

"생산성 상승은 전반적인 생활수준 향상의 기회를 줌과 동시에, ㉠
가장 저렴한 비용과 가격으로 소비재와 생산재의 공급을 풍부히 하고,
㉡ 실질소득을 높이고, ㉢ 노동시간의 단축과 작업조건 및 생산조건의
개선을 가져오며, ㉣ 일반적으로 인류복지의 경제적 기초를 강화하는
기회를 준다.

또한 생산성 상승이 실제로 생활수준의 향상을 가져다주기 위해서
는 다음과 같은 조건이 필요하다. ㉠ 생산성 향상에 의한 이익을 자본
가, 노동자 및 소비자에게 균등하게 배분할 것, ㉡ 재화 및 용역에 대
한 수요를 고(高)수준으로 유지할 것, 그리하여 생산성 향상에 따라
발생하는 실업을 방지하기 위하여 적절한 조치가 취해질 것, 자본부족

때문에 고용기회가 제한되고 있는 나라에서는 자본형성률을 적절히 확보하는 문제에 특별한 주의를 기울일 것.

이러한 것은 사회정의와 경제적 필요성의 문제이고 생산성 향상에 의한 이익이 널리 배분되지 않고 수요와 고용의 유지가 불가능한 경우에는 생산성 향상 지속화의 조건이 존재하지 않는 것을 의미할 것이다."

이상이 전문가회의가 생산성 향상의 배분에 관해 내린 결론인데, 생산성 향상에 의한 이익이 자본가, 노동자 및 소비자에게 균등하게 배분됨으로써 생산성 향상이 전반적인 생활수준의 향상을 일으킬 수 있으며 이것은 또한 생산성 향상을 지속시킬 수 있는 조건이라고 지적하고 있다.

이제 생산성 상승의 이익분배 원리를 간단히 설명해보자.

지금 실질국민총생산을 Y, 물가를 P, 명목임금률을 W, 고용노동량을 L, 국민총생산에 대한 노동소득분배율을 S라고 하면,

$$WL = SPY \cdots\cdots\cdots\cdots (1)$$

인데,

이것은 $\dfrac{Y}{L} = \dfrac{W}{SP} \cdots\cdots\cdots\cdots (2)$

로 고쳐 쓸 수 있다.

이때 $\dfrac{Y}{L}$는 노동생산성을 가리키는데 이것을 π로 나타내고 명목임금·노동소득분배율·물가·노동생산성의 변화율을

$$\triangle W / W = \dot{W}, \triangle S / S = \dot{S}, \triangle P / P = \dot{P}, \triangle \pi / \pi = \dot{\pi}$$

로 나타내면, (2)식은

$$\dot{\pi} = \dot{W} - \dot{S} - \dot{P} \cdots\cdots\cdots\cdots (3)$$

로 고쳐 쓸 수 있다.

즉, 노동생산성의 상승률은 명목임금상승률에서 노동소득분배율의 상승률과 물가상승률을 뺀 것과 같다. 이것을 좀더 길게 설명하면, 노동생산성의 상승은 명목임금률을 상승시키든지, 노동소득분배율을 감소시키든지, 물가를 하락시키며, 경우에 따라서는 두 개의 요인이 동시에 변화할 수도 있으며 세 개의 요인이 동시에 변화할 수도 있다. 이 중에서 노동소득분배율의 감소는 이윤분배율의 증가로 자본가에게 이익을 주며 물가의 하락은 소비자에게 이익을 주며, 명목임금의 상승은 노동자에게 이익을 준다. 그런데 노동자에게 귀속되는 실질적인 이익은 명목임금의 상승이 아니다. 실질임금 $(\frac{w}{p}=r)$의 상승이므로 (2)식을 고쳐 쓰면,

$$\frac{Y}{L}=\frac{r}{s}$$

따라서,

$$\dot{\pi}=\dot{r}-\dot{s} \cdots\cdots\cdots(4)$$

가 된다. 즉 노동생산성의 상승에 의하여 실질임금이 증가하지 않는다면 그것은 결국 노동소득분배율의 감소를 통하여 이윤분배율의 증대를 초래하게 된다는 것이다. 지금까지 나타난 수식을 정리하면 다음과 같다. 즉,

노동생산성 상승률=

명목임금 상승률-물가 상승률-노동소득분배율 상승률,

노동생산성 상승률=

실질임금 상승률-노동소득분배율 상승률

이제 이러한 이론적 분석무기를 가지고 우리나라를 비롯한 각국의 노동생산성 향상에 의한 이익의 배분형태를 살펴보자(〈표 7〉).

〈표 7〉 노동생산성과 임금 및 물가[장조업(裝造業)]

		1960	1961	1962	1963	1964	1965	1966	1967
한국	노동생산성지수	100.0	112.2	114.8	122.4	133.2	156.5	162.4	187.3
	명목임금지수	100.0	109.2	115.0	127.3	154.6	180.8	210.8	259.2
	물 가 지 수	100.0	108.1	115.2	139.0	180.0	204.4	229.7	249.2
	실질임금지수	100.0	101.0	99.8	61.6	85.9	88.5	91.8	104.0
일본	노동생산성지수	100.0	110.2	113.4	124.4	141.7	148.8	166.9	190.0
	명목임금지수	100.0	111.2	122.4	134.5	149.1	162.9	180.8	−
	물 가 지 수	100.0	105.3	112.5	121.0	125.6	135.2	142.1	−
	실질임금지수	100.0	105.9	108.5	111.4	118.6	119.8	127.2	138.8
서독	노동생산성지수	100.0	103.5	107.0	110.5	119.3	124.6	127.2	−
	명목임금지수	100.0	111.1	123.9	132.5	142.7	156.4	−	−
	물 가 지 수	100.0	102.3	105.4	108.5	111.1	114.9	118.9	−
	실질임금지수	100.0	108.6	117.6	122.1	128.4	136.1	−	−
영국	노동생산성지수	100.0	98.2	100.0	105.4	111.7	113.5	115.3	−
	명목임금지수	100.0	106.1	110.5	115.8	124.6	136.8	−	−
	물 가 지 수	100.0	103.4	107.8	109.9	113.5	119.1	123.7	−
	실질임금지수	100.0	102.6	102.5	105.4	109.8	114.9	−	−
미국	노동생산성지수	100.0	102.8	110.2	113.9	120.4	125.0	127.8	−
	명목임금지수	100.0	102.8	105.6	109.3	112.1	115.9	−	−
	물 가 지 수	100.0	101.1	102.2	103.5	104.8	106.6	109.7	−
	실질임금지수	100.0	101.7	103.3	105.6	107.0	108.7	−	−

자료: 한국은행, 《조사월보》, 1968. 7.

우리나라는 1960~67년간에 노동생산성은 87.3퍼센트 상승하였고, 명목임금은 159.2, 물가는 149.2, 실질임금은 4퍼센트 증가하였다. 이러한 관계를 도표로서 나타내면 〈그림 1〉과 같다. 즉 추세적으로 볼 때 물가지수＞명목임금지수＞노동생산성지수＞실질임금지수의 관계를 나타내고 있다. 즉 노동생산성지수가 실질임금지수보다 추세적으로 더 높고 그 격차가 확대되어 갈 뿐만 아니라 실질임금은 1966년까

〈그림 1〉 우리나라의
노동생산성, 임금 및 물가의 변동

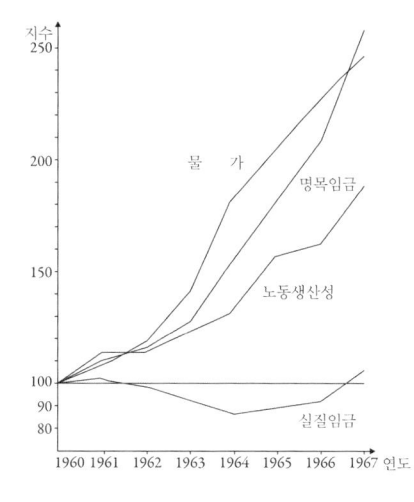

〈그림 2〉 일본의
노동생산성, 임금 및 물가의 변동

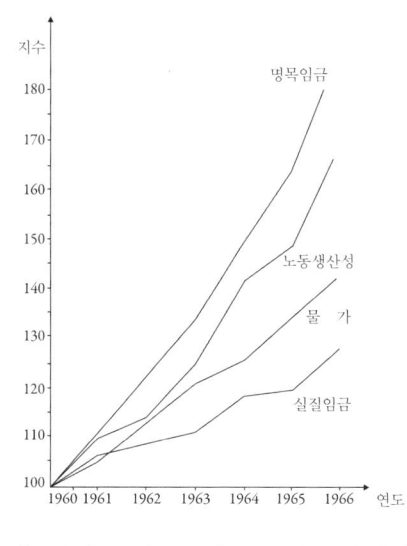

지는 1960년 수준보다 낮았다는 것은 노동생산성의 상승에 따른 이익이 노동자에게는 조금도 배분되지 않고 오직 자본가에게만 배분되고 있다는 것을 가리킨다.

그러나 1964년 이후에는 실질임금지수가 비록 1960년보다 낮은 수준이기는 하지만 조금씩 상승하고 있다. 따라서 1964년을 기준년도로 하여 노동생산성과 실질임금의 관계를 파악하면 노동생산성 상승에 따른 이익이 노동자에게도 조금은 배분되고 있다고 볼 수 있을 것이다.

그러면 우리나라에서는 왜 노동생산성 상승의 이익이 대부분 자본가에게만 귀속되고 노동자에게는 균등히 배분되지 않고 있는가? 그것은 첫째, 절대적인 생산성수준이 낮기 때문에 그 상승분도 매우 작아 그것을 노동자와 자본가가 균등히 배분할 수 없다는 것, 둘째, 노동수급상에서의 노동력과잉이 임금수준의 상승을 억압하고 있다는 것, 셋째, 만성적인 인플레 과정에서 일어나는 물

가상승이 명목임금의 상승을 초
과하고 있으며, 넷째, 현재 우리
나라의 발전단계가 자본축적이
제1차석 중요성을 가지면 소득
분배는 제2차적 의의를 가지는
단계라는 것, 다섯째, 노동조합
의 힘이 미약하다는 것 등일 것
이다.

결국 우리나라는 1960~67년
동안에 노동생산성 향상에 따른
이익은 자본가만이 전유하였다
고 결론지을 수 있다.

일본의 경우에는 추세적으로
명목임금 > 노동생산성 > 물가 >
실질임금의 관계를 나타내고 있
으며 실질임금은 1960년 이래
계속 상승하고 있다(〈그림 2〉).
따라서 비록 노동생산성의 상승
률이 실질임금의 상승률보다 높
아 자본가에게 귀속되는 이익분

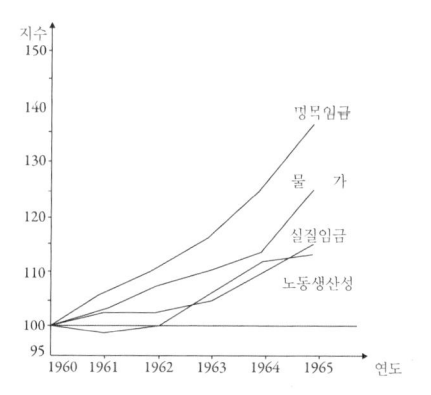

〈그림 3〉 영국의
노동생산성, 임금 및 물가의 변동

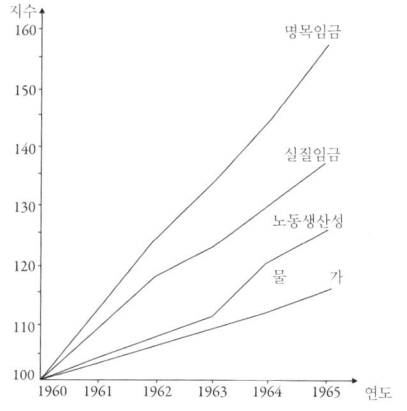

〈그림 4〉 서독의
노동생산성, 임금 및 물가의 변동

이 더욱 크긴 하지만 노동자에게도 그 이익이 어느 정도 균등히 배분
되고 있다고 볼 수 있다.

영국 및 서독에서는 추세적으로 볼 때 실질임금의 상승이 노동생산
성의 상승을 상회하고 있다(〈그림 3〉, 〈그림 4〉). 따라서 노동생산성의
상승은 그 이상의 실질임금의 상승을 일으키고 이것은 자본가의 이윤

〈그림 5〉 미국의
노동생산성, 임금 및 물가의 변동

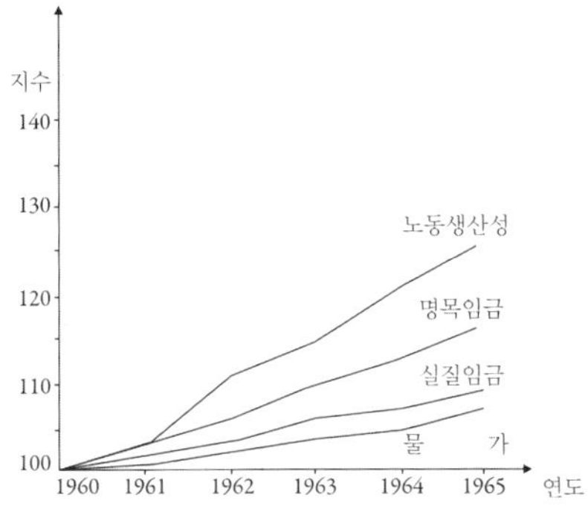

지수
140
130
120
110
100

노동생산성
명목임금
실질임금
물　가

1960　1961　1962　1963　1964　1965　연도

분배율을 억압하고 있다고 볼 수 있다.

미국은 〈그림 5〉에서 보는 바와 같이 노동생산성지수가 실질임금지수보다 더욱 크게 증가하고 있다. 따라서 노동생산성의 상승에 의한 이익은 자본가와 노동자에게 동시에 배분되고 있다고 볼 수 있는데 그 배분율은 노동생산성증가율과 실질임금증가율의 격차에 따라 자본가 측이 더욱 크게 나타나고 있다.

5. 우리나라의 임금수준

우리나라의 임금수준(명목)은 〈표 8〉에서 보는 바와 같이 1967년에 광업은 월당 1만 1,740원이며, 제조업은 월당 6,740원으로서 제조업부문에 종사하는 노동자는 1개월을 노동해서 대략 쌀 1가마를 구입할 수 있는 저임금으로서 노동자 자신만의 생활을 겨우 지탱할 수 있을 정도이다.

우리나라의 임금수준을 국제적으로 비교하면, 더욱 현저한 낮은 수준임을 알 수 있다.

즉, 공업부문의 시간당임금을 국제적으로 비교하면 〈표 9〉와 같은데 우리나라의 임금수준은 1967년에 미국의 1/23, 서독의 1/9, 일본의 1/5, 대만의 1/1.3이며 이러한 격차는 1962년보다 더욱 확대된 것이다. 제조업부문의 임금수준을 국제적으로 비교하여 보면 〈표 10〉과 같

〈표 8〉 광업 및 제조업의 임금(월당)

(단위: 원)

	광 업	제 조 업		광 업	제 조 업
1960	3,900	2,600	1964	6,220	4,020
1961	4,400	2,840	1965	7,680	4,700
1962	4,860	2,990	1966	8,920	5,480
1963	5,320	3,310	1967	11,740	6,740

자료: 한은, 《조사월보》.

〈표 9〉 공업 임금수준의 국제 비교

(단위: 달러)

		1962		1967		1962년에 대한 1967년의 증가율(%)
		시간당 임금	지 수	시간당 임금	지 수	
한	국	0.115	100.0	0.123	100.0	7.0
미	국	2.32	2,017.4	2.83	2,300.8	22.0
서	독	0.73	634.8	1.15	935.0	57.5
일	본	0.34	295.7	0.63	512.2	35.8
대	만	0.12	104.3	0.16	130.1	33.3

자료: UN, *Monthly Bulletin of Statistics*.

다. 우리나라는 1960년에 명목임금으로 월당 2천6백 원을 받고 있는데 비하여 일본은 1만 7천 원, 미국은 12만 3천 원, 영국은 4만 2천 원, 서독은 3만 5천7백 원이었으며, 1965년의 실질임금으로는 우리나라는 급속한 물가상승 때문에 오히려 임금수준이 하락하여 2천3백 원, 일본은 2만 4백 원, 미국은 13만 2천8백 원, 영국은 4만 8천3백 원, 서독은 4만 8천6백 원이었다.

이와 같이 우리나라의 임금수준은 절대적으로도 낮을 뿐만 아니라 상대적으로도 낮으며 외국과의 임금격차는 점점 확대되고 있다.

이와 같이 우리나라의 임금수준이 낮은 것은 근본적으로 노동력수

〈표 10〉 제조업 임금수준의 국제 비교

(단위: 월당 급여액, 천 원)

	한 국		일 본		미 국		영 국		서 독	
	명목	실질	명목	실질	명목	실질	명목	실질	명목	실질
1960	2.6	2.6	17.0	17.0	123.1	123.1	42.0	42.0	35.7	35.7
1961	2.8	2.6	18.6	18.0	126.4	125.2	44.5	43.1	39.5	38.8
1962	3.0	2.6	20.4	18.4	130.2	127.2	46.4	43.0	44.0	42.0
1963	3.3	2.4	22.7	18.9	134.0	130.0	48.5	44.3	47.1	43.6
1964	4.0	2.3	24.8	20.2	137.9	131.7	52.2	46.1	50.7	45.8
1965	4.7	2.3	27.1	20.4	142.2	132.8	57.4	48.3	55.6	48.6

주: 실질임금은 1960년의 물가를 100으로 하여 계산하였음.
자료: 일본은행, 《국제비교통계》.

〈표 11〉 취업상황

(단위: 천 명)

	1963	1964	1965	1966	1967
경 제 활 동 인 구	8,652	8,893	9,199	9,325	9,504
취 업 자 수	7,947	8,210	8,522	8,659	8,917
비 전 년 증 가 율(%)	–	3.3	3.8	1.6	3.0
실 업 자 수	705	683	677	666	590
실 업 율(%)	8.1	7.7	7.4	7.1	6.2
불 안 전 취 업 자 수	1,597	1,765	1,712	1,792	1,587
불 완 전 취 업 율(%)	20.1	21.5	20.1	20.7	17.8

주: 불완전취업자는 주당취업시간이 30시간 미만인 자로 하였음.
자료: 경제기획원.

급상의 불균형, 노동생산성의 저수준, 물가상승의 격화, 노동조합의 미약성 등에 기인한다고 볼 수 있다.

우리나라에는 완전실업자 및 불완전취업자가 많다. 완전실업자의 수는 1967년에 59만 명으로 경제활동인구의 6.2퍼센트에 불과하다(〈표 11〉). 그러나 여기에서 말하는 완전실업은 '조사기간 중 1시간도 일에 종사하지 않았으나 일할 의사와 능력을 가지고 있으며 구직활동을 하

는 자'이기 때문에 완전실업의 개념은 우리나라의 고용구조를 현실적으로 파악하는 데 도움을 주지 못한다. 왜냐하면 우리나라와 같이 실업보험제도가 제대로 발달하지 않은 곳에서는 직업이 없는 노동자는 그 최저한의 생활을 영위하기 위하여 제 아무리 노동조건이 나쁘더라도 어떤 일에 종사하지 않을 수 없으므로, 실업은 현재화하지 않고 잠재화하기 때문이다.

그러면 우리나라의 잠재실업자(불완전취업자)의 규모는 어느 정도인가? 취업자 중 주당 취업시간이 30시간 미만인 자를 잠재실업자라고 간주할 수 있으며 그 규모는 1967년에 158만 7천 명이었다. 따라서 우리나라에는 완전실업자와 잠재실업자를 합한 210만 명 이상이 직업을 구하고 있으므로 이것이 임금수준을 억압하는 가장 중요한 요인을 이루고 있다.

또한 노동생산성이 낮은 것은 저임금으로 이어진다. 〈표 12〉에서 보는 바와 같이 일본과 비교해서 우리나라의 부가가치생산성은 매우 낮고 이것은 임금수준의 격차로 나타나고 있다. 그런데 노동생산성은 결국 자본축적 정도 내지 경제발전 정도에 따라서 상이하므로 우리나라의 임금수준이 낮은 것은 경제발전이 뒤떨어지고 있다는 것을 의미하는 것이다.

그리고 물가의 급속한 상승은 명목임금의 상승을 능가하기 때문에 노동자의 실질구매력인 실질임금은 하락하는 것이다. 외국에 비하여 급속한 물가상승은 외국과의 실질임금의 격차를 일으키는 가장 중요한 요인의 하나이다. 노동조합의 미약성도 저임금의 원인의 하나로 들 수 있다. 임금의 하방경직성이라는 것은 결국 노동조합의 단체교섭력에 의하여 실현되는 것인데 우리나라의 노동조합은 매우 미약한 존재이기 때문에 물가상승률을 보상하는 명목임금의 인상이나 노동생산성

〈표 12〉 한국과 일본의 임금수준 비교

	단 위	연 도	제 조 업		광 업		전 기 업	
			한 국	일 본	한 국	일 본	한 국	일 본
임 금 수 준	천 원	1966	115	548	216	614	216	875
	〃	1967	132	633	239	683	357	950
노 동 소 득 분 배 율	%	1966	35.9	41.5	59.1	64.5	24.8	27.5
	〃	1967	38.8	40.7	72.4	75.7	30.5	27.6
부 가 가 치 생 산 성	천 원	1966	320	1,334	365	972	871	3,204
	〃	1967	341	1,571	220	941	1,169	3,460

자료: 한국은행, 《기업경영분석》·일본은행, 《주요기업경영분석》

의 상승에 따른 실질임금의 인상을 실현하지 못하고 있다.

6. 맺는말

우리나라는 현재 공업화를 통한 근대화에 총력을 기울이고 있다. 공업화란 결국 생산수단의 개선·향상을 통하여 기업에서의 노동장비율 및 기계장비율을 높이는 것을 의미하므로 이것은 노동생산성의 향상과 직결된다고 할 수 있다.

그런데 공업화 또는 노동생산성 향상에는 자본 측의 요인과 노동 측의 요인이 있으며, 이 두 개의 요인이 상호작용함으로써 공업화 또는 노동생산성의 향상은 달성될 수 있는 것이다. 최근 우리나라는 외국자본의 대량도입에 의하여 기술혁신을 수행하여 생산성의 현저한 상승을 기록하고 있다. 그러나 노동 측 요인에 대해서는 이렇다 할 개선이 이루어지지 못하고 있다. 기술교육, 직업훈련, 경영합리화, 작업조직 및 방법의 개선, 노동조건의 향상 등도 노동생산성의 향상에 있어서 매우 적극적인 역할을 하는 것이므로 이 노동 측 요인에 대한 특

별한 주의가 요망된다.

한편 우리나라의 임금은 여러 가지 원인으로 극히 낮은 상태를 견지하고 있다. 물론 이 저임금노동력의 효과적 활용으로 공업화 및 수출증대를 달성하고 있는 것은 사실이지만, 이 저임금수준은 노동력의 단순재생산조차 불가능하게 하여 노동자로부터 모든 창의력과 능동적 에너지를 말살해버리고 노동의욕이나 노동능률을 급강하시킬 위험이 있다. 따라서 노동자의 명목임금을 노동생산성 상승률과 물가 상승률을 합한 수준까지 인상함으로써($w = \dot{\pi} + \dot{p} + \dot{s}$의 공식) 실질임금의 상승률과 노동생산성의 상승률을 같도록 하는 것이 현재의 저임금수준을 타파하고 '고임금-고생산성'이라는 보편타당한 진리를 우리나라에서도 구현하는 방법이 될 것이다.

그런데 현재까지 노동생산성의 상승에 의한 이익은 그 대부분이 자본가에게 귀속되어 소득구조의 극심한 불균형을 초래하고 있다. 이러한 소득구조의 불균형은 노동자의 소득수준이 매우 낮다는 것과 결합하여 국내시장의 규모를 현저하게 좁히고 있다. 따라서 국내수요에 기반을 둔 내포적 공업화보다는 수출증대에 의한 외향적 공업화를 점점 더 추구하지 않을 수 없는데, 이때 만약 지속적인 수출증대의 가능성이 없다면 이 외향적 공업화조차 성공하지 못할 가능성이 있는 것이다. 그러므로 노동생산성 상승의 이익을 자본가와 노동자에게 균등히 배분하는 것이 요망되며 현재의 임금수준이 지극히 낮은 수준이므로 당분간은 노동생산성 향상의 이익을 전부 노동자의 실질임금에 배분하는 것도 긴 안목으로 볼 때 매우 바람직하다고 할 것이다.

《정책계보》(공화당정책연구실, 1969. 3. 30)

경제성장과 임금

1. 경제성장과 임금의 관계

칼도어(N. Kaldor)[1]에 따르면

$$\frac{P}{Y} = \frac{1}{s_p} \frac{I}{Y} \quad \cdots\cdots\cdots\cdots\cdots\cdots (1)$$

라고 한다. 단 P, Y, I는 각각 이윤, 소득 및 투자지출이며 s_p는 이윤의 저축율, 즉 자본가의 저축성향이다.

(1)식은 그의 다음과 같은 모델에서 노동자의 저축성향(s_w)을 0으로 하여 유도된 것이다. 단 W는 임금, S는 저축이다.

$$Y = W + P \quad \cdots\cdots\cdots\cdots\cdots\cdots (2-1)$$

$$S = s_w W + s_p P \quad \cdots\cdots\cdots\cdots (2-2)$$

$$S = I \quad \cdots\cdots\cdots\cdots\cdots\cdots (2-3)$$

$$s_p > s_w \quad \cdots\cdots\cdots\cdots\cdots\cdots (2-4)$$

따라서 (1)식은 이윤의 소비율, 즉 자본가의 소비성향을 c_p로 하면

---

[1] B. J. McCormick, *Wages*, 1969, p.142.

$$\frac{P}{Y} = \frac{1}{1-c_p} \frac{I}{Y} \cdots\cdots\cdots (1)'$$

로 표시될 수도 있다.

그런데 그에 따르면

$$\frac{I}{Y} = Gv$$

이므로 (1)식은

$$\frac{P}{Y} = \frac{1}{s_p} Gv \cdots\cdots\cdots\cdots (3)$$

로 된다. 단 G는 (기업가의) (평균)예상시장확장률, 즉 경제성장률이며 v는 자본계수이다.

이 (3)식은 결국 이윤분배율이 (1) 경제성장율 (2) 자본계수 (3) 자본가의 저축성향의 세 가지에 의존하고 있음을 말해 준다. 지금 v =4, G=3%, s_p=0.5라고 하면 $\frac{I}{Y}$는 12%(4×3%)이며 따라서 이윤분배율 $\frac{P}{Y}$는 24%가 된다. 고로 $Y - P = W$ 즉 $1 - \frac{P}{Y} = \frac{W}{Y}$에서 임금분배율[2] $\frac{W}{Y}$는 76%가 된다. 그리고 또 v=4, G=3%, s_p=0.333이라고 하면 $\frac{P}{Y}$는 36%(3×12%)가 되며 따라서 $\frac{W}{Y}$는 64%가 된다.

이에서 s_p가 커지면 커질수록, 즉 자본축적이 이루어지면 이루어질수록 임금분배율이 커짐을 알 수 있다. 따라서 자본축적의 확대를 경제성장으로 간주한다면 경제성장이 행해지면 행해질수록 임금분배율이 커진다고 할 수 있다.[3]

---

2) 이 $\frac{W}{Y}$의 역수에서 1을 뺀 $(Y - W)/W$는 Marx의 잉여가치율 m/v(단 m은 잉여가치 v는 가변자본)와 같다.

3) 제조업에 관한 것을 다룬 것이기는 하지만 Arrow-Chenery-Minhas-Solow의 논문에도 경제성장을 자본노동비율의 증가로 간주한다면 경제성장에 따라서 임금분배율이 증가한다는 것이 밝혀져 있다(K. J. Arrow, H. B Chenery, B. S. Minhas, and R. M. Solow, "Capital-Labor Subsitution and Economic Efficiency," *The Review of Economics and Statistics*, Aug. 1961, p. 246).

물론 임금분배율이 증가한다는 것과 임금수준이 높아진다는 것은 일치하지 않는다. 즉 임금분배율이 크다는 것은 반드시 고임금수준을 의미하지 않으며 또 임금분배율이 작다는 것은 반드시 저임금수준을 의미하지 않는다. 호황기에 개인의 임금수준은 높아지고 있는데도 불구하고 노동자 총평균의 임금수준은 하락하고 있는 현상을 볼 수가 있는데 이것은 이 호황기에서 강한 노동수요가 연소·미숙련한 저임금수준의 자를 다수 고용하여 노동자의 연령·숙련별의 구성을 일변시킨 데 기인하는 현상이며 취업자 수와 관련해서 일어난 것이다. 임금소득을 고찰할 때에는 임금수준과 취업자 수를 고려하여야 한다.

또 일본에서의 연구결과는 임금분배율이 (1) 장기에 걸친 일본의 물가상승률이 각국에 비해서 상당히 높기 때문에 강제저축의 현상을 발생시킨 것, (2) 임금수준의 변동이 현저히 경직적이기 때문에 특히 호황기에서 실질임금의 하락과 임금분배율의 하락이 있는 것, (3) 노동의 공급원인 농촌의 생활수준이 낮은 것과 저미가(低米價)가 겹쳐서 저임금수준을 초래하여 임금분배율이 현저히 낮아진 것의 세 가지에 기인해서 낮은 수준에 머물렀다는 것을 밝히고 있다.

그리고 또 임금분배율이 낮아도 노동생산성이 높으면 1인당 임금은 높아질 수 있으며, 또 거꾸로 임금분배율이 상승해도 노동생산성이 낮으면 1인당 임금은 낮아질 수 있다. 왜냐하면

$$\frac{W}{N} = \frac{W}{Y} \frac{Y}{N}$$

이기 때문이다. 단 $\frac{W}{N}$=1인당 임금, $\frac{W}{Y}$=임금분배율, $\frac{Y}{N}$=노동의 부가가치생산성이다.

이상과 같은 사실은 〈표 1〉이 대체로 입증해 주는 것으로 보인다. 이 표에 따르면 경제성장률은 일본과 대만이 높고 영국이 가장 낮은

데 임금증가율에 있어서는 일본과 대만이 높은 것만은 사실이지만 영국이 가장 낮지 않고 도리어 미얀마가 가장 낮다. 그러나 대체로 경제성장률과 임금증가율이 병행한다는 것은 사실이다.[4]

이상은 경제성장과 임금수준의 관계를 표시한 것이다. 다음으로 경제성장과 임금격차의 관계를 보면 업종별,[5] 산업체 규모별 임금격차는 경제성장에 따라서 축소되어 간다는 것이 잘 알려져 있는 사실이다.[6]

사실 제조업에서 업종별 임금격차를 보면 미국의 경우에는 별로 크지 않을 뿐 아니라 그 편차도 작다(〈표 2〉). 그리고 레버고트(Lebergott)가 분석한 바에 따르면 각 선진국의 임금구조에 현저한 유사점이 있다고 한다. 즉 그는 제조업에 있어서의 업종별 시간임금에 대해서 미국과 캐나다, 기타 여러 나라 간의 상관계수를 계산하여

    미국과 캐나다   0.94
    미국과 영국   0.89
    미국과 스웨덴   0.71

등과 같은 결과를 얻고 있다.[7]

맥코믹(McCormick)은 여기서 말하는 산업별 임금격차를 부문 간 임금격차로 보고 있는데, 그에 따르면 부문 간 임금격차는 본질적으로 농공(農工) 간의 임금격차를 말하며 이 격차는 공업화에 따라서 노동

---

4) 임금상승의 억제를 내용으로 하는 협의의 소득정책이 총수요의 증가의 둔화→실질생산고의 성장률 즉 경제성장률의 둔화를 초래할 수 있다는 사실은 이 주장을 뒷받침해 주는 것이라고 할 수 있을 것 같다(東洋經濟新報社,《週刊東洋經濟》, 1963, pp. 68~69 참조). 최근에 우리나라에서 운위되고 있는 생산성임금제는 협의의 소득정책의 하나로 볼 수 있다.
5) 여기서 말하는 업종별은 산업분류상의 중분류별, 산업별은 대분류별이다.
6) 직종별·남녀별 임금격차도 경제성장에 따라서 축소되어 간다.
7) 中山伊知郎 편,《賃金基本照査報告》, 1956, pp. 223~4.

이 자본가부문으로 유입하여 종국적으로는 농업임금을 인상시킴으로써 축소된다고 한다.[8] 말하자면 농공 간의 임금격차는 경제성장에 따라서 축소되는 셈이며 잘 알려져 있는 클라크의 법칙 또는 페티의 법칙은 산업별 또는 부문 간 임금격차의 축소를 말해주는 것이기도 한 셈이다.

규모별 임금격차도 경제성장에 따라서 축소되어 간다. 사실 대기업을 100으로 한 소기업 임금은 영국에서 82.5퍼센트(1949년), 서독에서 81.7퍼센트(1954년)이다. 그러나 미국에서는 그것이 63퍼센트(1954년)이다. 따라서 경제성장과 규모별 임금격차의 축소는 병행하는 것만은 사실이지만 최저임금제의 채택 여부, 사회보장제의 확립 여부, 노동조합의 활동 정도 등에 따라서 그 관계가 수정되는 수가 있다.

이상이 경제성장과 임금의 관계를 나타내 주는 것이다.

2. 한국의 임금실태

우리나라의 임금수준은 〈표 3〉에서 보는 바와 같다. 즉 1969년에 광업의 그것은 월 1만 5,100원이며 제조업은 월 1만 1,270원이다. 따라서 광업에 종사하는 노동자는 1개월을 노동해서 쌀 2가마 남짓을 살 수 있고 제조업에 종사하는 노동자는 쌀 1.5가마 남짓을 살 수 있을 뿐이다. 이 임금수준을 국제적으로 비교하면 더욱 현저하게 낮은 수준임을 알 수 있다. 즉 제조업의 시간당 임금은 〈표 4〉에서 보는 바와 같은데 우리나라의 임금수준은 1967년에는 미국의 1/23, 서독의 1/9, 일본의 1/5, 대만의 1/1.3이다. 그뿐 아니다. 실질임금은 〈표 5〉에서 보는 바

---

8) B. J. McCormick, *op. cit.*, pp.118~9.

와 같이 1961~69년간에 연 5.3퍼센트[9]씩 상승한 데 불과하며 1968년
의 실질임금지수는 132.3으로 노동생산성지수 146.8을 밑돌고 있다
(〈표 3〉).

그리고 《조선일보》 시설[10]에 따르면, 동 경제부가 조사한 대상업체
130개 곳 가운데 초임월급이 7천 원 미만인 업체가 102개 곳이고 5천
원 미만인 것이 74개 곳으로 되어 있으나 개중에는 보통 3개월에서 1
년에 이르는 견습공 기간 동안에는 임금을 전혀 주지 않는 곳도 있고
몇몇 섬유업체는 일당최저 65원에서 70원을 주고 있는 곳도 있다. 또
초임월급보다 기숙비가 더 많은 업체도 있다. 강원도 어느 광산지대의
광주들은 현금을 60일 후에 지급하는 전표로써 임금에 대용하고 있는
데 현금이 급한 광부들은 그것을 월 10퍼센트라는 고리로 할인해서
쓰고 있다. 고무신 공장, 직물 공장, 메리야스·양말·스웨터 공장 등에
서는 상당히 규모가 큰 경우에도 중세적 도급제가 성행하고 있다. 검
은색 운동화 한 켤레에 3원 30전, 나일론 1마에 2원, 스웨터 한 벌에
35원 하는 식의 저임금을 한 푼이라도 더 벌기 위해 전심전력으로 12
시간 이상의 장시간 노동을 계속해도 월수는 숙련공으로서도 4~5천
원에서 1만 원 안팎이 고작이다. 또 그러한 극단적 강도로써 노동한
결과로 도급공의 실적이 올라가면 업주는 그것에 견주어 시간공의 임
금을 깎아내리는 구실로 삼고 있다.

이와 같이 우리나라의 임금은 매우 낮은 수준이다. 그러나 그와 동
시에 그것은 업종별, 산업별, 규모별로 상당히 큰 격차를 갖고 있다.

9) 노동청이 1971년 3월 12일 발표한 39개 업종 1,710개 업체의 84만 4,500명에
   대해서 행한 임금실태조사보고인 《노동백서》에 의하면, 1965~70년간에 농림업
   을 제외한 산업전체의 실질임금은 연평균으로 8.6% 상승했다고 한다(1971년 3
   월 13일자 《동아일보》).
10) 1969년 5월 20일자 사설.

업종별 임금격차는 〈표 6〉과 같다. 제조업을 보면 1967년에는 최저인 기타 제조업의 임금수준은 최고인 화학공업의 50퍼센트이며 1969년에는 최저인 가구 및 장치품 제조업의 임금수준은 최고인 수송용기계·기구 제조업의 48.7퍼센트이다.[11] 산업별 임금격차는 〈표 7〉과 같다. 1967년에는 최저인 운수업의 임금수준은 최고인 건설업의 13.8퍼센트에 불과하며 1970년 6월 현재로 최저인 제조업의 임금수준은 최고인 전기·가스업의 40퍼센트에 불과하다. 그리고 농공 간의 임금격차가 크다는 것은 잘 알려져 있는 사실인데, 〈표 8〉에서 알 수 있는 바와 같이, 1965년 이후 계속해서 농업노동 임금지수가 제조업 임금지수를 밑돌고 있다. 이에서 농공 간의 임금격차는 확대되고 있음을 알 수 있다. 규모별 임금격차는 〈표 9〉와 같다. 제조업을 보면 1967년에는 대기업의 임금수준을 100으로 한 소기업의 임금수준은 57.5퍼센트로서 양자 간에 상당히 큰 격차가 있다.

이와 같이 우리나라의 임금수준이 낮은 것은 주로 노동수급상의 불균형과 노동조합의 취약성 및 노동생산성의 저수준에 말미암는다고 볼 수 있다. 사실 우리나라에는 완전실업자뿐 아니라 방대한 불완전취업자층이 존재하며 노동조합이 결성되어 있지 않거나 결성되어 있다 해도 노동조합의 힘이 미약하며 종업원 1인당 부가가치생산성이 선진국에 비해서 매우 낮다. 그리고 실질임금의 상승이 억제된 것은 인플레이션에 따른 소비자물가의 고등(高騰)이 가중된 데도 기인한다.

다음으로 업종별, 산업별 임금격차는 노동생산성과 임금분배율의 차이에 기인한다. 그리고 규모별 임금격차도 노동생산성의 격차에 기

---

11) 앞의 《조선일보》 사설에 따르면 격차도 상식적인 것을 넘어서고 있다고 한다. 예를 들면 수출산업으로 번성하고 있는 스웨터업의 초임기본급은 면방의 반밖에 안 된다.

인한다. 즉 대기업은 외자도입을 통하여 현대시설과 혁신된 기술을 도입·적용함으로써 노동생산성 향상이 급속히 진행되는 데 반하여 중소기업에서는 아직까지도 미숙련 과잉노동력을 발판으로 한 인습적이며 선근내적인 기입경영을 탈피하지 못하고 있기 때문에 규모별 노동생산성격차가 생겨나고 이것이 임금격차를 발생시키고 있는 것이다.

3. 한국 임금정책의 방향

우리나라의 실질임금은 1961~69년간에 연 5.3퍼센트씩 증가했다. 이것은 동 기간의 연평균 경제성장률에 훨씬 미달한다(〈표 10〉). 그리고 업종별, 산업별, 규모별 임금격차는 도리어 확대되었다.

물론 우리나라의 명목임금이 근년에 상승 속도가 빨라진 것은 사실이며 또 제조업 명목임금지수(1965년=100)는 1968년에 182.6으로 노동생산성지수 146.8을 35.8포인트나 웃돌고 있다. 따라서 임금의 급격한 상승이 물가를 위협하고 수출산업의 국제경쟁력을 하락시키니 임금상승의 폭을 노동생산성 상승폭 이내로 억제하여야 한다는 생산성임금제가 운위 또는 제창될 여지가 있는 것으로 생각할지도 모른다.

그러나 임금수준이 매우 낮은 데다가 실질임금의 연증가율은 5.3퍼센트에 불과하며 거기에 더해서 노동조건이 매우 나쁘다. 그뿐 아니다. 우리나라의 물가상승은 근본적으로 총수요가 총공급을 초과하는 데 기인하며 결코 임금상승에 기인하는 것이 아니다. 즉 우리나라의 인플레이션은 디멘드 풀 인플레이션(demand-pull inflation)이지 코스트 푸시 인플레이션(cost-push inflation)이 아니다. 따라서 물가상승을 억제한다 하여 임금수준을 억제할 것이 아니라 전반적인 수요증대, 특히 통화량의 과대방출을 억제하여야 할 것이다. 또 수출산업의 국제경쟁

력은 경영합리화 또는 노동생산성의 제고를 통해서 이룩될 수 있다. 다시 말하면 제조원가에서 매우 큰 비중을 차지하는 재료비의 절감만 가져올 수 있다면 임금상승이 곧 제조원가의 상승이 되지 않는다. 그런데 과연 수출산업이 얼마만큼 이와 같은 노력을 하고 있는지 저의가 의심스럽다. 그리고 임금상승은 유효수요의 확대 즉 시장의 확대를 의미하며 또 노동자의 창의력, 노동의욕 등을 불러일으키며 노동능률을 제고시키기도 한다. 그리고 또 현재의 임금상승은 저임금과 노동조건의 개선, 즉 임금의 현실화를 위한 시도라는 의의를 갖고 있는 데 불과하다. 그러므로 생산성임금제는 현재의 상태하에서는 운위 또는 제창될 여지조차 없는 것이라고 할 수 있다.

따라서 앞으로는 먼저 실질임금의 더 큰 상승을 초래하기 위해서 노력하여야 할 것이다. 그러기 위해서는 무엇보다도 노동생산성을 제고시켜야 할 것이며 또 그에 못지않게 물가안정을 도모하여야 할 것이다.

다음으로 각종 임금격차의 축소를 위해서 노력하여야 할 것이다. 이때 저생산성부문의 더 큰 노동생산성 및 임금분배율의 제고가 필요함은 물론이다.

셋째로 완전실업자의 흡수와 불완전취업자층의 해소를 위해서 노력하여야 할 것이다. 일반적으로 완전실업자의 흡수와 불완전취업자층의 해소, 임금의 기형성의 제거 등을 위한 관건은 높은 경제성장의 지속으로 간주되고 있다. 물론 여기서 말하는 높은 경제성장은 주로 높은 국내저축에 뒷받침된 높은 자본축적을 통한 높은 안정적 경제성장을 뜻한다. 결국 이와 같은 안정적 경제성장을 장기적으로 추구해 가면서 완전실업자 및 새로이 추가되는 노동력의 흡수와 불완전취업자층의 해소를 도모하여야 할 것이다. 그리고 그와 동시에 불완전취업자

층이 대량으로 존재하는 것은 그 경제라든가 사회의 근대화가 뒤늦은
데도 기인한다면 그것의 해소를 위해서 그들이 머물고 있는 농업, 상
업, 중소기업 같은 부문 자체의 근대화도 서둘러야 할 것이다.

끝으로 노동조합의 결성 촉진과 그 활동의 장려, 노사관계의 전근대
성의 타파 등도 적극적으로 도모하여야 할 것이다.

〈표 1〉 주요국 경제성장률과 임금증가율

국 명	경제성장률 (1960~64년 평균)	임금증가율 (1960~64년 평균)	국 명	경제성장률 (1960~64년 평균)	임금증가율 (1960~64년 평균)
미 국	4.0	4.7	필 리 핀	4.2	2.7
영 국	3.8	6.1	대 만	10.5	10.0
프 랑 스	5.8	7.9	미 얀 마	4.6	2.5
이 탈 리 아	5.9	10.4	인 도	4.8	3.1
일 본	11.5	9.6			

출처: 서울대학교 상과대학 한국경제연구소, 《경제논집》, 1967. 9, p. 26.

〈표 2〉 업종별 임금의 미·일 비교

업 종	미 (시간액)	일 (월액)	업 종	미 (시간액)	일 (월액)
	달러	엔		달러	엔
식 료 품	1.68	9,378	고 무 제 품	1.93	10,514
연 초	1.32	13,722	피 혁 · 피 혁 제 품	1.39	11,237
방 직	1.36	7,915	유 리 · 토 석 제 품	1.74	13,031
의 복 · 장 신 품	1.37	6,191	제 1 차 금 속	2.06	18,760
목 재 · 목 제 품	1.61	8,839	금 속 제 품	1.88	12,394
가 구 장 비 품	1.56	10,349	기 계	2.00	14,305
지 및 유 사 품	1.73	14,336	전 기 기 계 기 구	1.80	13,368
인 쇄 출 판	2.25	13,451	수 송 용 기 계 기 구	2.10	18,107
화 학 공 업	1.87	13,988	의 · 리 · 광 학 기 계 · 시 계	1.81	13,242
석 유 석 탄 제 품	2.25	15,222	기 타 제 조 업	1.60	8,805

		최 고 최 저 배 율	변 화 계 수
미	국	1.70	16.1
일	본	3.03	25.5

주: 미국은 1953년분, 일본은 1954년 4월분임.
출처: 中山伊知郎 편, 《임금기본조사보고》, 1956, p. 224.

〈표 3〉 임금, 물가 및 노동생산성

1965=100(단위: 원)

구분 연도	임금 및 지수				서울 소비자 물가지수	노동생산성 지수		
	광 업		제조업			전 산업	광 업	제조업
	금 액	지 수	금 액	지 수				
1960	3,300	46.2	2,330	50.7	49.8	64.8	75.2	63.9
1961	3,780	53.0	2,610	56.7	53.9	72.4	84.7	71.9
1962	4,230	59.0	2,780	60.4	57.5	75.1	90.9	73.4
1963	4,670	65.5	3,180	69.1	68.8	79.4	91.1	78.2
1964	5,620	78.8	3,880	84.3	88.0	86.3	92.9	85.1
1965	7,130	100.0	4,600	100.0	100.0	100.0	100.0	100.0
1966	8,410	114.1	5,420	117.8	112.1	104.1	100.7	104.0
1967	10,990	154.1	6,640	144.3	124.2	122.4	113.1	122.4
1968	12,240	171.5	8,400	182.6	138.0	144.7	113.7	146.8
1969	15,100	211.8	11,270	245.0	152.0			

출처: 한국은행, 《경제통계연보》, 1970; 한국생산성본부, 《노동생산성지수》.

〈표 4〉 제조업 임금수준의 국제 비교(1967)

(단위: 달러)

	시간당 임금	지 수
한 국	0.123	100.0
미 국	2.83	2,300.8
서 독	1.15	935.0
일 본	0.63	512.2
대 만	0.16	130.1

출처: 노동청, 《산업과 노동》, 1·2호, 1969. 1, p. 22.

〈표 5〉 실질임금

(단위: 원)

구분 연도	광		업	제	조	업
	금 액	지 수	증 가 율	금 액	지 수	증 가 율
1960	6,748.5	94.7		4,764.8	103.6	
1961	7,145.6	100.2	5.8	4,933.8	107.3	3.6
1962	7,500.0	105.2	5.0	4,929.0	107.2	-0.1
1963	6,867.6	96.3	-8.5	4,676.4	101.7	-5.1
1964	6,379.1	89.5	-7.1	4,404.1	95.7	-5.9
1965	7,130.1	100.0	11.7	4,600.0	100.0	4.5
1966	7,502.2	105.2	5.2	4,835.0	105.1	5.1
1967	8,848.6	124.1	18.0	5,346.2	116.2	10.6
1968	8,869.6	124.4	0.2	6,087.0	132.3	13.9
1969	9,934.2	139.3	12.0	7,414.5	161.2	21.8
평균			4.7			5.3

주: 실질임금은 〈표 3〉의 임금액을 서울 소비자물가지수로 나누어서 구한 것임.
출처: 〈표 3〉.

〈표 6〉 제조업의 업종별 임금(월간)

(단위: 원, %)

	1962	1967	1969
방 직	2,460 (46.2)	-	-
화(靴)류·의류 및 장신품	-	5,140 (50.0)	-
가 구 및 장 치 품	-	-	8,470 (48.7)
인 쇄 및 출 판	5,120(100.0)	-	-
제 1 차 금 속	-	10,330(100.0)	-
수 송 용 기 계 기 구	-	-	17,390(100.0)

주: 한국은행, 《임금기본조사보고》, 1968, p. 19에 따르면 최저업종은 기타 제조업이고 최고업
    종은 제1차금속, 화학제품이다. 그리고 최고액을 100으로 한 최고액의 비율은 54.5이다.
출처: 한국은행, 《경제통계연보》, 1970.

〈표 7-1〉산업별 임금

(단위: 천 원)

	연 도	제조업	광 업	전기업	건설업	도소매업	운수업	서비스업
부가가치생산성	1966	320	365	871	492	440	200	327
	1967	341	330	1,169	973	447	301	292
임　　금	1966	115	216	216	352	110	89	167
	1967	132	239	357	701	113	97	166

출처: 한국은행, 《기업경영분석》, 1968.

〈표 7-2〉산업별 임금

(단위: 원)

	67.10	68.4	69.4	70.6
총　평　균	9,180	9,970	11,002	16,664
광　　업	11,980	12,220	14,612	18,887
제　조　업	8,380	9,030	9,589	13,915
건　설　업	10,400	10,740	20,073	21,649
전 기 · 가 스 업	19,210	24,380	25,903	35,553
상　　업	17,950	23,400	-	35,089
운 수 · 창 고 업	9,140	11,210	16,292	18,953
서 비 스 업	-	16,200	-	25,070
최 고 · 최 저	100:44.1	100:37.0	100:38.0	100:39.0

출처: 1971년 3월 13일자 《동아일보》.

〈표 8〉임금지수

	제 조 업	농 업 노 동
1960	50.7	43.1
1961	56.7	47.6
1962	60.4	51.5
1963	69.1	65.2
1964	84.3	88.5
1965	100.0	100.0
1966	117.8	116.9
1967	144.3	142.7
1968	182.6	178.3
1969	245.0	216.4

출처: 한은, 《경제통계연보》, 1970; 농협중앙회, 《농협조사월보》, 1970. 10.

〈표 9-1〉 제조업의 규모별 임금

(단위: 원)

	1962	1966
30~49인	2,608(71.1)	4,312(58.4)
50~99 〃	2,949	4,839
100~199 〃	2,924	5,838
200~499 〃	3,389	5,928
500인 이상	3,671(100.0)	7,358(100.0)

주: ( )는 백분비임. 출처:《경제논집》, 1967. 9, p. 27.

〈표 9-2〉 규모별 임금(1967)

(단위: 천 원)

	계	500인 이상	200 ~499인	100 ~199인	30 ~99인	10 ~29인	5 ~9인	최고액에 대한 최고액의 비율
광 업	10.2 (100.0)	13.6 (133.3)	10.2 (100.2)	9.1 (89.2)	7.1 (69.6)	8.1 (79.4)	− (−)	(52.2)
제조업	8.1 (100.0)	10.1 (124.5)	9.9 (122.2)	8.2 (101.2)	7.6 (93.8)	6.4 (79.0)	5.8 (71.6)	(57.5)
광공업	8.3 (100.0)	10.8 (130.1)	10.0 (120.5)	8.3 (100.0)	7.5 (90.4)	6.6 (79.5)	5.8 (69.9)	(53.7)

주: ( )는 백분비임. 출처: 한국은행,《임금기본조사보고》, 1968, p. 20 및 pp. 46~49.

〈표 10〉 경제성장률

연 도	성 장 률	연 도	성 장 률
1961	4.2	1966	13.4
1962	3.5	1967	8.9
1963	9.1	1968	13.3
1964	8.3	1969	15.9
1965	7.4		
1961~64년 평균			9.3
1965~69년 평균			11.8

출처: 경제기획원,《한국경제의 개관》.

《경영실무》(서울대 상대 한국경영연구소, 1971. 3)

첨단산업 발전과 심각해지는 고용문제

10월 초순에 모 일간신문에 실린 한 기사를 보고 나는 착잡한 기분에 사로잡혔던 일이 있다. 그러면 그 기사의 내용은 무엇이었던가. 제목은 〈로봇 산업 국산화 시대로 도약〉이었고 첫머리 구절은 "국내 로봇 산업이 도약단계에 접어들고 있다. 단순조립생산에 그쳤던 초기단계를 벗어나 로봇의 핵심이라는 컨트롤러(행동 제어장치)의 국산화를 서두르는가 하면 수요확대에 대비, 양산체제를 갖추기에 여념이 없다" 이었다.

국내의 기술수준, 수출의 확대, 능률·품질의 향상 등을 생각하면 매우 기쁜 일이지만 고용문제를 생각하면 걱정되는 면이 있으니 자연히 그럴 수밖에 없었다. 로봇은 바로 컴퓨터 등과 함께 마이크로일렉트로닉스(ME), 바이오테크놀러지(생명공학) 등으로 나뉘는 이른바 첨단산업의 산물이다. 그러나 바이오테크놀러지는 보통 21세기의 기술로 불린다. 따라서 현재로서는 첨단기술하면 일단 ME로 보아도 무방할 것이다.

그런데 이 ME는 종래의 동일한 생산기능을 유지하기 위해서 필요한 노동력의 투입이 적어도 될 뿐 아니라 생력화(省力化)의 극한인 무

인화(無人化)의 가능성을 내포하고 있다. 그리고 그것은 어제까지의 생산기술의 혁신이 공장 현장의 혁신에 그치고 있던 데 대해서 생산단계에서 정보처리 수단의 변혁을 초래할 뿐 아니라 사무부문조차 그 영향 아래 둔다. 바꾸어 말하면 종래에는 생산수단을 사용하기 위해서 필요한 정보처리·전달기능을 사람이 숙련(熟練)이라는 형태로 지니고 있었는데 ME는 정보처리·전달기능을 사람의 역할로 남겨두지 않고 그것을 기계설비 속에 짜 넣어버린다. ME는 이러한 특성을 갖는다.

따라서 ME는 기술진보 내지 기술혁신→생력화→고용의 둔화라는 관계를 성립시킨다고 할 수 있다. 그리고 그것은 한편에서는 숙련의 해체(解體)를 초래하면서도 다른 한편에서는 전자공학적 이론을 이해하고 전자공학적 기구를 관리할 수 있는 고도의 지식을 갖는 사람만이 생산의 현장에 남을 수 있도록 한다고 할 수 있다. 즉 ME는 질적으로는 고도의 지식을 갖는 인간노동만을 살아남게 하면서 양적으로는 인간노동에 의존하는 정도를 매우 적게 만들어간다고 할 수 있다.

그렇다면 ME화는 과잉인구를 갖고 있는 저개발국에게는 심각한 고용문제를 야기시키거나 가중시킬 가능성이 크다고 할 수 있을 것이다. 사실은 그렇지 않아도 노벨경제학상 수상자인 미국의 레온티에프(W. W. Leontief)도 지난 4월에 있은 일본에서의 한 강연에서 컴퓨터화, 오토메이션화(즉 ME화)에 의해서 경제의 성장 내지 발전에 따라서 취업인구에서 제3차산업(특히 서비스산업)의 비중이 커진다고 하는 경향(이것은 패티의 법칙 내지 패티·클라크·피셔의 법칙 혹은 쿠즈네츠의 법칙의 내용을 이룬다)은 끝을 고할 것이며, 또 저개발국은 공업화를 추진해도 그다지 고용을 창출할 수 없다고 하는 고경(苦境)에 빠지고 있다고 말한 바 있다. 이것은 그가 특별히 작성한 산업연관표(産業聯關表)를 이용하여 컴퓨터화, 오토메이션화가 진행된다고 하는 상황 아래에서 미

국 경제와 저개발국 경제가 2000년까지 사이에 각각 어떻게 신장하는
가를 예측한 결과에서 얻어진 결론이다.

우리나라는 고용문제로 고민하고 있는 나라 중 하나인 것이 사실이
다. 그런데 ME화의 예견되는 결과가 고용 둔화라고 한다면 비록 아직
은 그 영향이 나타나지 않았다거나 덜 심각하다고 해서 안일하게 생
각하는 일이 있어서는 안 될 것이다. 도리어 지금부터 그 영향을 심각
하게 받아들여서 사전에 슬기롭게 대처해 갈 방안을 모색해가는 것이
바람직하다고 생각된다. 이때 가능한 한 인간노동을 생산의 현장에 남
기려고 하는 노력이 전제가 되어야 함은 말할 나위도 없다. 어떻게 하
면 인간노동을 생산의 현장에 덜 남기는가 하는 관점에서 ME화에 대
응하는 일은 장기적으로 볼 때 잘못 선택된 대응이라고 할 수 있다.
이 점은 ME화로 고용문제가 심각하게 되었을 때 겪을 어려움을 예상
할 때, 또 정부의 정책대응에 대한 이제까지 경험에 비추어 볼 때 특
히 강조될 필요가 있을 것이다.

결국 이렇게 보면 앞으로 모색되어야 할 대응방안을 고용 둔화의
방지와 수출의 확대, 능률·품질의 향상 등을 양립(兩立)시켜 주는 ME
화가 되는 셈이다. 그런 의미에서 이런 관점에서의 고용정책, 수출정
책, 수입정책, 산업정책 등 관련 있는 모든 정책의 검토와 재정비는 반
드시 필요하며 또 서두를 필요가 있다고 할 수 있다. 그러나 그와 함
께 대행의 ME제품 혹은 첨단기술제품은 가능한 한 수출과 연관짓도
록 정책적으로 유도하는 것도 또 노사(勞使) 양측의 적극적인 노력에
못지않게 중요함은 말할 나위도 없다. 그리고 세계에서 ME화가 가장
급속하게 추진되고 있는 일본에서의 대응방안을 참고로 하는 것도 필
요할 것이다.

일본의 노동성 고용문제정책회의(노사중립의 대표자 모임임)는 지난

4월 25일에 〈고용문제에서 마이크로일렉트로닉스화에의 대응방안에 대해서〉를 마련해서 노동장관에게 제언했는데 그 속의 'ME화에의 대응 5원칙'을 보면 다음과 같다.

첫째, 실업자를 발생시키는 일이 없도록 고용의 안정·확대에 노력할 것.

둘째, 노동자의 부적응(不適應)을 초래하는 일이 없도록 노동능력의 향상에 노력할 것.

셋째, 노동재해(災害)의 발생, 노동조건의 저하를 초래하는 일이 없도록 노동복지의 향상에 노력할 것.

넷째, 노사 간의 의사소통이 충분히 도모되도록 산업, 기업, 직장 차원에서 구체적인 문제에 관한 협의 시스템의 확립에 노력할 것. 또 국가 차원에서도 노사정(勞使政) 간의 의사소통의 촉진에 노력할 것.

다섯째, 국제 경제사회의 발전에 기여하도록 국제적 시야에 맞춘 대응에 노력할 것.

어떻든 수출의 확대, 능률·품질의 향상 등만을 생각해서 무턱대고 ME화를 추진해 가다가 심각한 고용문제에 봉착하여 허둥대는 일이 없도록 지금부터라도 사전에 만반의 대응방안을 강구해 갔으면 한다.

《주간매경》(1984. 10. 25)

부잣집 딸 같은 실업군상

작년 12월 17일에 경제기획원은 11월 기준으로 전국 15만 4백 가구를 대상으로 실시한 제1차 고용구조 조사결과를 분석, 발표한 바 있다. 그 결과에 의하면 우리나라의 14세 이상 인구는 2,736만 5천 명이고 그 가운데 주부, 학생, 군인, 연로자 등을 제외한 이른바 취업상태에 있거나 구직활동을 하고 있는 인구, 즉 경제활동인구는 52.2퍼센트인 1,429만 4천 명이다.

그리고 이 경제활동인구 중 취업자 수는 1,373만 6천 명이고 실업자 수는 나머지인 55만 8천 명이다. 따라서 실업자 수가 경제활동인구에서 차지하는 비율인 실업률은 3.9퍼센트가 된다.

말하자면 경제활동을 할 수 있는 능력과 의사를 가지면서도 (즉 경제활동인구 중에서도) 조사기간(1주일) 중 "수입 있는 일에 전혀 종사하지 못한 자로서 구직활동을 하고 있는 자와 일기불순 대기(待期), 일시적인 병, 자영업 준비 등 기타 사유로 구직활동을 실제로 하지 못한 자"가 차지하는 비중이 3.9퍼센트나 된다.

좀더 부연하면 국제 비교에 주안점을 두고 있는 ILO 방식을 채택하고 있기에 1주일에 1시간 이상 일하면 취업자로 분류되는 데에도 불

구하고 1주일에 1시간도 일하지 못함으로서 실업자로 분류된 사람이 경제활동인구의 3.9퍼센트나 차지하고 있는 셈이다.

얼른 생각하면 이 3.9퍼센트라는 실업률은 우리나라의 고용상태가 양호한 것을 나타내는 지표로 받아들여질는지 모른다. 그러나 우리나라에서는 실업보험제도가 실시되지 않고 있고 또 가난한 노동자층이 광범하게 존재하고 있음을 감안할 때 거꾸로 그것은 우리나라의 고용상태가 매우 불량함을 나타내는 지표라고 하는 것이 옳을 것이다. 사실 실업으로 곤궁한 노동자는 최저한의 생활을 유지하기 위해서 제아무리 노동조건이 나빠도 어떤 일에 종사하지 않을 수 없을 것이다. 따라서 실업자 중에서 진정으로 구제를 필요로 하는 가장 비참한 실업자는 그다지 포함되지 않고 도리어 생활에는 곤궁하지 않지만 마음에 드는 일터가 있으면 일해 보겠다는 정도의, 말하자면 부잣집 딸 같은 사람이 다수 포함되게 된다고 할 수 있다. 이처럼 우리나라에서의 3.9퍼센트라는 실업률과, 실업보험제도가 발달되어 있고 빈곤한 노동자층이 광범하게 존재하지 않고 있는 선진국에서의 실업률 사이에는 커다란 차이가 있는 것이다. 따라서 선진국의 실업률과 우리나라의 실업률을 단순 비교해서 우리나라의 실업률이 마치 선진국보다 낮은 것 같은 착각에 빠지거나 그런 말을 하는 일이 있어서는 안 될 것이다.

그러나 그렇다고 해서 실업문제를 전면에 내세워, 경제성장률은 적어도 몇 퍼센트 이상은 되어야 한다거나 1970년대에서처럼 고도성장의 지속이 절대 필요하다거나 하는 주장에도 문제가 있다고 아니할 수 없다. 사실 실제지표가 경제성장률이 높아진다고(즉 고도성장이 된다고) 고용증가율이 그에 정비례해서 커지는 것이 아니라는 것을 나타내주는 데에도 불구하고, 1970년대에는 말할 것도 없고 아직까지도 고(高)경제성장률이 고(高)고용증가율을 초래하는 양 착각하고 있는 사

람들이 있지만, 그동안 우리나라가 겪은 심한 인플레이션은 그런 착각의 산물이라고 해도 과언이 아니라는 것을 이해한다면 결코 그런 착각에 빠져서는 안 될 것이다.

실업이냐 고물가(高物價)냐에 있어서는 실업자에게도 고물가의 폐해가 미치므로 고물가의 진정 내지 물가안정의 유지에 해결의 우선순위를 두는 것이 이론적으로 바람직스럽다고 할 수 있다. 사실 고물가의 폐해는 원칙적으로 대부분의 사람들에게 미치게 되어 있다. 그런가하면 더 낮은 경제성장률에서도 고용흡수효과가 더 큰 산업을 육성하는 산업 및 투자정책을 채택하는 경우에도 경제성장률이 더 높으면서도 고용흡수효과가 더욱 작은 산업을 육성하는 산업 및 투자정책을 채택하는 경우보다 오히려 실업률을 낮출 수 있다. 이것은 이제까지 우리나라에서의 경험들이 잘 실증해 주고 있다.

따라서 앞으로는 실업문제의 심각성은 그대로 받아들이되 고도성장의 추구가 아니라 고용흡수효과가 큰 산업 및 투자정책을 착실히 추구해 가야 할 것이다. 그리고 아울러 인구의 도시집중을 방지하거나 도시인구의 지방분산을 적극적으로 추진해 가야 할 것이다. 수도권에 대한 인구집중이 가속화돼 1982년 11월에서 1983년 11월까지의 1년 동안에 경제활동인구 이동은 서울, 인천, 경기 지역에서는 전출보다 전입이 많고 부산을 포함한 지방에서는 전출이 전입보다 많다는 사실과 서울(6.4%), 부산(5.8%), 대구(6.1%), 인천(6.3%) 등 대도시의 실업률이 전국평균인 3.9퍼센트를 크게 상회하고 있으며 전체 실업자의 59.1퍼센트가 이들 4대 도시에 집중되어 있다는 사실 또한 고용구조 조사 결과에서 밝혀졌음에 비추어 볼 때, 이 점은 강조되어야 할 줄 안다.

이런 의미에서도 농업과 중소기업의 적극적인 육성은 절실하다고 할 수 있다. 농업의 육성은 농업이 고용흡수효과가 큰 산업이기에 농

촌으로부터의 인구 유출을 방지할 뿐 아니라 도시로부터 인구 역류(逆流)도 가능케 해주며, 중소기업의 육성은 중소기업이 역시 고용흡수효과가 큰 산업인 데다가 농촌 공업으로서도 적합하기 때문이다.

앞으로는 농업과 이러한 중소기업의 새로운 역할에 적극적인 의미 부여를 해 가야 할 것이다. 고용흡수 면에서는 서비스산업의 역할이 크지만 어디까지나 그 산업은 직접적인 생산활동 부문인 농업, 광공업, 중소기업 등에서 고용흡수의 극대화를 도모하면서 추구되는 역할, 말하자면 부차적인 역할을 맡아야 할 것이다. 서비스산업의 비대화가 곧 도시화를 의미하거나 도시화가 서비스산업의 비대화를 의미한다면 더욱이 그러하다고 할 수 있다.

물론 고용구조 내지 구성의 근대화도 추구해 가야 한다. 취업자는 그 종업상의 지위에 따라서 봉급·임금을 받고 일하는 피고용자, 농업이라든가 중소기업의 경영주 등의 자영업주, 가족원으로서 자기 집의 일에 종사하는 무급(無給) 가족종사자의 셋으로 구분되는데, 그 가운데 피고용자를 말하자면 근대적인 노사관계에 의거한 취업자이며 그 비중이 클수록 그 나라는 근대적인 고용구성을 가진 것으로 간주된다. 또 대기업과 중소기업 사이의 임금격차의 해소도 추구해 가야 한다. 일반적으로 선진국에서는 그 임금격차가 작은 것으로 알려져 있다.

《주간매경》(1985. 2. 7)

면방업계의 노사분규
: 과연 직장폐쇄까지 가야만 했던가?

1

지난 7월 1일 전국직유노조가 대한면방협회 산하 15개 면방기업체를 상대로 당시의 기본 일급 253원을 325원으로 28.8퍼센트 인상하여 줄 것을 요구하여 제기한 노동쟁의는 2개월여 간 방협 측의 17퍼센트 인상선의 고수와 노조 측의 최소한 306원선 주장으로 노사협의가 결렬, 마침내 9월 9일 노조가 개별공장에서 시한부파업을 단행하게 되었고, 이에 맞서 방협 산하 15개 면방기업체가 일제히 전면무기한 직장폐쇄를 감행하는 데에까지 이르러 사회에 커다란 물의를 일으키고 있다가, 9월 17일 정부의 개입으로, 302원(19.3% 인상)으로 기본임금을 인상하는 것으로 우선 일단락되었다.

그러나 일단 수습은 되었지만, 이번의 면방업계의 노사분규는 한국의 기업·노동자·정부 앞에 심각히 검토해야 할 몇 가지 중대한 과제와 교훈을 던져주고 있다.

그것은 첫째, 노사분규가 한국과 비교되지 않을 정도로 빈번히 그리

고 격렬하게 벌어지고 있는 구미나 일본에서도 기업 측이 방위적이며 최후적 자위수단으로만 아주 드물게 사용하는 직장폐쇄를, 이번 면방 기업체들에서는 다분히 협박적·공격적으로 그것을 서슴없이 사용하여 건전한 노동조합운동의 발전에 시련과 암영(暗影)을 던져주었다는 점과 둘째로 방협이 그러한 직장폐쇄의 합리론으로 내세운 고임금 내지 과도한 노임인상이 기업의 도산위기를 불러일으키고 있으며, 국제경쟁에서 패배를 자초하고 있다는 주장의 진위 문제와 이에 따른 임금 및 노동정책의 방향설정 문제가 제기되었다는 점이다.

한국의 노동쟁의의 80퍼센트 이상이 임금문제에 그 원인을 두고 있어, 위에서 말한 두 번째 과제는 이번에 새삼스럽게 제기된 것은 아니나, 이번의 노사분규에서는 일 기업가가 아니라, 한국 기업에서 지도적 위치를 차지하고 있는 기업가들의 집단적 이론과 행동으로서 제기되었으므로, 이 기회에 면방업을 중심으로 한국의 임금문제를 새로이 검토해 볼 필요성을 느낀다.

2

우선 방협이 주장하는 바와 같이 경영난을 불러일으킬 만큼 면방업 근로자의 임금이 고임금이냐 하는 것을 검토해 보자.

〈표 1〉에 나타난 바와 같이 면방업 근로자의 월평균 임금은 1965~1968년에 전 도시근로자 가구 평균 비용지출의 2분의 1~3분의 1선에 있으며, 면방업 근로자의 한 가구당 인원을 약 2.5인으로 셈한 최저생계비에도 미달하고 있는 실정이다.

더욱이 다음과 같은 몇 가지 문제점을 검토할 때 면방업 근로자의 임금이 고임금이라는 주장은 무색해질 것이다. 즉 첫째, 〈표 1〉에서

취급한 면방업 근로자의 월평균임금은 심야노동 또는 연장노동수당·
상여금까지 포함시켰다는 점, 둘째 본공(本工)만의 평균임금을 취급하
고, 본공의 절반 수준의 일급을 받고 있는 초임양성공을 포함시키지
않았다는 점, 셋째 면방업 근로자의 평균가구원을 약 2.5인으로 계산
하였으나, 한국의 가구당 평균 취업자 수가 1.2인이며, 여공이 실제에
서는 가계보조적이 아니라 가계주축적인 취업자가 되어 있다는 점 등
을 감안한다면 면방업 단순재생산비용에 미달하는 폭은 더욱 크리라
고 본다.

<표 1> 면방업 노동자의 임금 및 최저생계비

연 도	기본일급 (본공)	인상률	월평균 임금(A)	전 도시 근로자가구 비용지출(B)	면방근로자 생계비(C)	(A)-(C)
1965	143원	19.1%	5,005원	9,560원	4,111	894
1966	170원	18.8%	5,950원	13,100원	5,633	317
1967	200원	17.6%	7,000원	19,980원	8,581	△1,581
1968	253원	26.5%	8,855원	23,310원	10,233	△1,398

주: (A)는 기본일급×35인일(Man days) (수당, 상여금을 포함)
　　(B)는 5.8인을 1가구로 한 것임.
　　(C)는 $(B) \times \dfrac{5}{5.8} \times \dfrac{2.46인}{5인}$
자료: 전국직유노조, 《사업보고서》(1966~1969) 및 경제기획원의 《한국통계연감》
　　　(1966~1968)에서 작성.

섬유노조의 이론생계비 추계에 따르더라도 1969년 1월 현재 5인 가
구당 월 가계비가 1만 9,772원, 공과금을 포함한 비용지출이 2만 2,680
원으로서 2.46인을 면방업 근로자의 평균가구원으로 한다 하더라도 이
번의 28.8퍼센트 임금인상안은 제1차적 생존을 가능하게 하는 노동력
의 단순재생산비용을 요구한 것이었을 따름이다.

면방업 근로자의 임금이 모방(毛紡)이나 생사(生絲)부문 근로자들의

임금과 평준화 되어가고 있으며, 섬유공업부문의 임금수준이 타 산업보다 유달리 높은 것도 아니다. 비교적 정확한 통계인 한국은행《임금기준조사보고》(1967년)에 따르면 섬유공업은 18개 제조업부문 중 겨우 15위의 임금수준일 뿐이다.

3

현재 한국의 임금문제의 핵심은 '고임금의 기업 위협'에 있는 것이 아니다. 섬유공업부문뿐만 아니라, 한국의 노동자임금이 노동력의 단순재생산비용에 미치지 못하는, 최저생계비의 절반에 미달하는 수준에 있으며, 더욱이나 평균임금이 음식물비에도 미달하고 있다는 데에 있다. 〈표 2〉에서 보는 바와 같이 한국의 광업부문 근로자들의 평균임금이 최저생계비 1인 390원(1967년 2·4분기)에 미달하는 수는 광산근로자들의 90퍼센트에 육박하고, 제조업부문 근로자들의 92퍼센트 이상을 차지하고 있다. 특히 광산근로자들의 약 44퍼센트, 제조업부문 근로자들의 68퍼센트가 제1차적 생존을 불능하게 하는 음식물비 8,600원 미달(엥겔계수 100% 이상)의 임금을 받고 있다.

실정이 이러한데 어떻게 고임금이라는 용어를 쓸 수 있으며, 현행 수준의 임금을 경영난의 요인으로 단죄할 수 있겠는가. 일반적으로 임금은 노동력의 가치로서 설명될 수 있으며, 노동력의 가치는 노동력의 재생산비용에 접근한다.

자본이 노동에게 노동력 재생산비용을 지불할 수 없다면, 바꾸어 말하여 기업이 실제로 그러한 지불능력을 갖지 못한다면, 그러한 기업은 이미 성립할 수 없는 것이 된다.

노동력의 가치인 임금은 역사적·사회적 요소나 전통적 생활요소 및

〈표 2〉 광공업부문 근로자 임금계층별 종업원 구성비(천분비)

1967. 6

	광 업		제조업	
	종업원도수 (천분비)	누적도수	종업원도수 (천분비)	누적도수
~3,999원	100.1	100.1	244.9	244.9
4,000~5,999	144.4	244.5	248.0	492.9
6,000~7,999	519.7	404.2	158.6	651.5
8,000~9,999	131.1	535.3	99.6	751.1
10,000~11,999	110.3	645.6	66.3	817.4
12,000~13,999	106.7	752.3	48.2	865.6
14,000~15,999	74.5	826.8	40.2	905.8
16,000~17,999	46.2	873.0	22.3	928.1
18,000~19,999	34.5	907.5	15.5	943.6
20,000~24,999	53.0	960.5	25.2	968.8
25,000~29,999	17.9	978.4	11.5	980.3
30,000~39,999	15.9	994.3	11.8	992.1
40,000~49,999	4.8	999.1	4.4	996.5
50,000~69,999	0.6	999.7	2.6	999.1
70,000원 이상	0.3	1,000.0	0.9	1,000.0
		(68,388)		(549,156)

주: ( ) 안은 종업원 수임.
자료: 한국은행, 《임금기본조사보고》(1967), p. 30.

노동자의 역량관계 등에 따라 때로는 노동력 재생산비용 수준에서 일탈하여 노동력의 가치 이하로 깎아내려지기도 하는데, 일제 통치에서부터 시작된 가혹한 우리의 저임금의 역사적·사회적 형성은 노동 천시의 사상과 더불어 오늘날까지 변화가 없다. 방협에서는 이렇듯 인간의 육체적 한계 이하의 생활을 강요하는 저임금을 국제적으로 보아 낮지 않다고 하면서, 대만보다 임금이 높아서 수출경쟁에서 패배를 가져오고 있다고 주장하였다.

임금의 국제 비교에서 객관성을 띠는 것은 시간당 평균임금이다. 〈표 3〉의 각국 면방업 근로자들의 시간당 평균임금이 한국은 미국의 1/21, 파키스탄·인도·대만의 절반 수준을 겨우 넘는 가장 낮은 수준인

것이다. 이런데도 국제경쟁력의 취약성의 책임을 어떻게 임금에 둘러씌울 수 있겠는가.

<표 3> 각국 면사업 근로자의 시간당 평균임금
및 미국을 100으로 한 지수(1965)

국 명	달 러	미국=100으로 한 지수
미 국	1.87	100
영 국	1.27	68
서 독	0.75	48
프 랑 스	0.72	39
이 탈 리 아	0.53	28
멕 시 코	0.42	22
일 본	0.36	19
홍 콩	0.25	13
필 리 핀*	0.18	10
파 키 스 탄	0.14	7
인 도*	0.14	7
대 만	0.13	7
한 국*	0.08	4

주: *표는 평균월수(月收)÷194, 기타 국가는 1일당 평균수입÷8
자료: 미국노동성 및 상무성의 조사: 1966. 12. 23 일본 섬유산업연구회에서 행한 일
      본방적협회 有田理事의 보고서 기록 p. 13에서 전재.

4

다음으로 과도한 임금상승률 특히 '상승률'을, 방협에서는 단죄하여 경영난의 원인·국제경쟁력 약화의 원인으로 연결시킨 문제를 검토해 보기로 하자.

이번의 섬유노조의 인상 주장선인 28.8퍼센트는 대단한 것처럼 보인다. 그러나 근소한 액수에 대한 비율이라는 데에 주목하여 인상률보

다 실제로 인상된 금액, 인상 후의 임금액에 대하여 판단해야 하는 것
이 너무나도 자명한 상식이다. 또한 극심한 인플레가 있는 조건 아래
서 명목임금 인상의 의미는 크게 퇴색해버린다는 것을 주목해야 할
것이다.

대만에서의 연평균 물가상승률은 1.3퍼센트(1963~1967년)인데, 임금
상승률은 3퍼센트였다. 동 기간 중에 한국은 15퍼센트이며, 면방업 근
로자들의 임금상승률은 18퍼센트였다. 즉 대만에서의 임금상승률 대
물가상승률은 2대 1이다. 이것을 한국에 적용한다면, 한국 면방업 근
로자들의 임금상승률은 연간 30퍼센트가 돼야 한다는 논리가 나오므
로 연간 18퍼센트 인상이 과도한 상승률이라는 표현이 어울리지 않는
것이다. 그리고 상승률이 과도하다고 말할 수 있기 위해서는 기준년도
의 임금수준이 노동력재생산비용이나 어느 정도의 적정임금 수준에
도달해 있어야 한다는 것이다. 왜냐하면 임금이 노동력재생산비용(우
선 그 단순재생산비용만에라도)에 이르러야 한다는 명제는 너무나도 당
연하며, 그러한 임금수준에 도달하는 과정에서는 우선 상승률이 준거
해야 할 어떤 다른 기준이 없다고 말하여도 과언이 아니기 때문이다.
면방업 근로자들의 임금인상 과정은 바로 이러한 노동력 단순재생산
비용에 우선 도달해가는 과정인 것이다.

면방공원(綿紡公員)의 기본임금이 65년 이후 연평균 18.1퍼센트 상
승해 왔다고 하나 임금상승률을 그간의 물가 및 노동생산성의 상승
또는 당해 공업의 실질성장률과 대비해 볼 때, 그 상대적 지위는 악화
했다는 것을 발견하게 된다. 즉 68년도만 두고 보더라도 섬유공업의
실질성장률이 26.3퍼센트이고, 경상가격에 의한 경제성장률도 26.1퍼
센트였으므로 임금상승이 적어도 26퍼센트 선을 획득할 수 있는 근거
를 갖게 되었으므로 28.8퍼센트가 과도하다는 평가를 받을 수가 없다.

5

작년부터 한국의 일부 기업가들과 정부 일각에서 임금상승률이 노동생산성 상승률을 상회한다 하여 임금 억제익 논의들이 발생하여 이제까지 그와 유사한 시도들이 있는 것은 앞에서 지적한 자명한 논리를 깨닫지 못한 소치이다. 이와 관련하여 특별히 〈표 4〉를 통해서 강조하고 싶은 것은 첫째, 실질임금수준이 1967년도에 가서야 1960년도의 수준을 회복한 것을 보고 고임금에 이르기 시작한다고 생각하는 것은 1960년도의 임금수준 자체가 시급히 타개해야 할 노동력재생산 비용에 미달하는 저임금수준이었다는 것을 망각하고 있다는 점, 둘째 1967년만을 두고 전년 대비 임금상승율과 노동생산성 상승률을 비교하여 근로자의 지위를 결정하려 한다는 것은 난센스라는 점이다. 즉 1960~1967년간에 노동생산성이 연평균 9.1퍼센트 상승, 경제성장률도 6.4퍼센트이므로 이것이 근로자의 실질임금 인상에 반영되었어야 함에도 오히려 실질임금이 하락했던 연도가 더 많았다. 따라서 근로자의

〈표 4〉 경제성장, 임금, 노동생산성

연 도	국민총생산* (억 원)	성장률	실질임금지수	노동생산성지수
1960	5,890	–	100.0	100.0
1961	6,136	4.2	101.5	111.7
1962	6,349	3.5	100.9	115.6
1963	6,930	9.1	92.4	122.3
1964	7,503	8.3	86.3	133.0
1965	8,058	7.4	88.1	154.1
1966	9,138	13.4	92.0	160.1
1967	9,954	8.9	104.8	184.1

* 국민총생산은 1965년 불변가격.
자료: 경제기획원, 한국은행, 한국생산성본부.

상대적 지위의 약화를 시급히 시정해야 할 뿐만 아니라, 하락 기간 중
에 있었던 피해까지도 보상해 가는 차원에서 문제가 제기되어야 한다
는 점이다.

면방업계의 경영난의 요인이 임금이 아니라는 근거는 〈표 5〉의 면
직공업의 임금지급률의 하락에서도 나타난다. 즉 부가가치가 증가해
갔음에 반하여 부가가치 중 '임금지급률=노동소득분배율'은 65년
32.5, 66년 28.3, 67년 25.6, 68년 28.1퍼센트로 하락하였다는 것이다.

이상에서 임금이 면방업의 경영난이나 국제경쟁력 약화의 원인이
아니라는 점이 밝혀졌거니와, 면방업의 진정한 애로점과 그 타개책은
무엇인가에 대해서도 검토해 보고자 한다.

한국 면방업의 애로점으로서는 첫째 PL480에 의한 '바이 아메리칸'
정책으로 국제가격보다 11퍼센트나 높은 미면(美綿)만을 비상업적으
로 구매한다는 것을 들 수 있다. 이는 국내 면화생산고를 영점으로 조
락시킨 미국 잉농물(剩農物)에 의한 방직공업의 국내분업 관련으로부
터의 일탈에서 비롯된 것이다. 10퍼센트의 수입관세·원면구매를 위한
금리부담까지 가중되어 이 요인이 바로 비용과 크게 관련되는 문제인
것이다.

둘째, 노후한 시설을 개체(改替)하는 것이 부진하여 자본생산성이

〈표 5〉 면직공업의 임금지급률

구 분	1965	1966	1967	1968
부가가치 (단위: 천 원)	328,936	393,416	610,281	734,040
임 금 (단위: 천 원)	106,592	114,393	154,561	211,568
임금지급률 (%)	32.5	28.3	25.6	28.1

자료: 한국산업개발연구소, 《방직공업실태조사보고서(약칭)》, 1969. 5., p. 72.

낮다는 것이다.

셋째, 면사의 통제가격에 의해 65년 이후 3퍼센트로 묶여 있는 가격의 정체를 들 수 있다.

넷째, 수출의존도가 14.3퍼센트인데 환율상승률이 64년 이후 11.6퍼센트에 불과한 점.

다섯째, 수출경쟁에서 승리할 수 있는 기술수준의 강점을 갖고 있지 못하다는 것.

여섯째, 타인자본 구성비가 79퍼센트나 되어 금리 압박을 심하게 받는다는 것 등이다.

이렇듯 극복해야 할 큰 과제가 산적해 있는데도 이러한 과제에 대해선 별다른 대책이나 강력한 자기 노력을 들이지 않던 면방업계가, 아무런 경영상의 책임이 없으며 경영난의 요인이 되지 않고 있는 노동에 자기의 곤란을 전가시키고 노동 압박을 통해서 그 출구를 찾아보려 한다는 것은 떳떳하지 못한 일이다.

오히려 노동 우대에 의해서 문제를 해결하는 계기를 찾는 것이 면방업계, 그리고 한국경제가 가야 할 유일한 방향이 아닌가 한다.

6

한국은 자본과 자연자원이 부족하다. 따라서 경제발전의 요인 중에서 노동과 기술을 중심으로 경제발전을 도모해야 한다. 그런데 기술도 자본과 관련되는 차원에서만 생각할 것이 아니라, 노동의 기능수준 향상을 통한 측면에서 추구되어야 할 것이다. 근로자의 문화·기술수준·물질적 복지를 향상시킴으로써 기술과 제조방법을 개선해 나가는 근로자의 창의성 발휘 여부에 의하여 한국의 경제발전의 장래가 달려

있다 할 것이다.

경제 '방직여공애사'(紡織女工哀史) 시절은 끝난 지 오래이다. 전후 연평균 9퍼센트 이상의 놀라운 고도성장을 이룩한 일본경제의 성장요인들 중에서 활발한 노동조합운동에 의한 노동자들의 '실질임금 향상=구매력 향상=근로의욕의 제고'라는 요인을 일본의 경제학자들은 특히 강조하고 있다.

한국의 면방업이 선진국의 사양산업화의 길에 들어섰다고 판단한다는 것은 지나친 속단이다. 면방경영상의 상기한 애로요인을 경영합리화나 이에 맞는 대책을 강구함으로써 해결해가고, 특히 근로자의 창의성에 기초하여 노동과 기술을 결부시켜 면직유(綿織維)가 갖는 독특한 우수성을 개발해가기만 한다면, 봉재기술의 우수성과 연결되어 수출에 있어서나 국내 시장에서나 발전을 기할 수 있는 것이다.

한국경제 발전의 계기를 근로자의 창의성을 불러일으키는 데에서 찾아야 한다는 것을 한국의 기업가들이나 정부가 깊이 깨달아야 한다.

오늘날 한국의 노동조합들은 자신들의 권익향상 문제뿐만 아니라, 위에서 지적한 한국경제의 당면과제를 해결해가야 할 임무까지 부여받고 있다. 좁게는 기업가가 주저하는 경영의 합리화를 단행하는 데에 앞장을 서고, 넓게는 국민경제의 발전을 위한 올바른 발언권을 확보해야 한다. 왜냐하면 기업들이 퇴영적 개별자본의 입장만을 고수할 때 국민경제의 장래를 끌고 갈 수 있는 것은 근로자뿐이기 때문이다. 한국의 노동조합은 갤브레이스가 말하는 독점자본에 대한 경제상쇄력의 역할뿐만 아니라, 능동적으로 국민경제발전의 추진자로서, 민주주의운동의 기둥으로서의 자기 역할을 권익향상운동과 결부시켜 새로이 전개해 나아가야 할 것이다.

《현대경영》(한국능률협회, 1969. 10)

노사분규 푸는 길 있다

 노사분규, 이것은 우리 경제가 현재 직면하고 있는 난제의 하나임에 틀림없다. 사실 올해 들어서만도 이미 120건 이상의 노사분규가 발생했고 3월 들어서부터는 주로 임금교섭을 둘러싼 노사분규가 더욱 가열될 것이 확실시되고 있다. 일부에서는 노사분규에 대해 매우 걱정스러운 눈으로 보는 것도 사실이다. 그러나 지나친 낙관도 금물이라고 하겠지만 지나친 비관 역시 금물이라고 아니할 수 없다. 왜냐하면 노사분규가 결코 해결될 수 없는 것이라고는 생각되지 않기 때문이다.

 우리는 87년 하반기와 88년의 경험을 상기할 필요가 있다. 87년 하반기에는 노사분규로 인해 마치 우리 경제가 깊은 수렁 속으로 빠져들어가는 것처럼 떠들어댔지만 실제로 경제실적은 어떠했는가. 주요 경제지표를 통해서 보면 87년의 경우는 86년에 못지않은, 아니 도리어 더 좋은 경제실적을 올렸다. 또한 노사분규 등의 어려움을 겪으면서도 88년에도 경제실적은 여전히 좋게 나타나 87년의 경제실적에 못지않은 것이었다. 게다가 노사 쌍방은 노사분규를 겪는 과정에서 그런대로 분규해결에 관한 경험을 어느 정도 쌓았다고 할 수 있다.

 이러한 경험으로부터 우리는 노사분규를 막연히 부정적인 시각으로

만 볼 것이 아니라 그 발생원인이 무엇인가를 알고 이에 대한 올바른 해결책을 강구하려는 노력이 필요하리라 생각된다.

그러면 그동안의 노사분규의 주된 원인은 무엇인가. 노사분규를 겪는 과정에서 근로자들의 요구는 노조민주화·임금인상·작업조건과 작업환경의 개선·인간적인 대우 등으로 잘 드러났다. 그렇다면 이제 필요한 일은 왜 근로자가 그런 요구를 하게 되었는가를 철저히 밝히는 것이라고 할 수 있다. 이는 다음과 같은 질문을 던져봄으로써 반추해 볼 수 있을 것이다.

노동민주화는 현재 제대로 진행되고 있다고 할 수 있는지, 임금은 기업의 비용에 불과하며, 임금인상은 곧 물가상승이라고 할 수 있는지, 정부는 정부로서 꼭 해야 할 일을 제대로 수행하고 있다고 할 수 있는지, 사업주는 근로자를 자기 식구처럼 생각하고 있는지, 혹은 그것에 미치지는 못한다고 하더라도 적어도 그들의 처지를 진정으로 이해하려고 하는지, 그리고 근로자들도 정녕 자신이 속한 기업과 사업주의 처지를 이해하려고 노력하고 있는지, 노사 간의 불신은 그 정도가 심각한 것은 아닌지.

물론 이런 물음에 대해서는 각기 상반되는 의견이 개진될 수 있을 것이다. 그러나 그 의견에 대한 옳고 그름을 논하기 이전에 다음 사실만은 확실히 할 수 있으리라 생각된다. 무엇보다도 사업주와 근로자 간에 노사문제를 협의할 때 근로자의 대표는 다수 근로자의 의사를 반영할 수 있는 진정한 대변자이어야 한다는 점이다. 근자에 보면 이러한 기본적 원칙마저도 무시되는 경우를 흔히 보게 되는데, 어떻게 근로자의 진정한 대변자가 되지 못하는 대표자와의 합의가 효력을 발휘할 수 있다고 생각할 수 있는가.

임금은 기업으로 볼 때에는 원가의 구성부분임에 틀림없지만 근로

자에게는 유일한 소득원천이며, 생계를 지탱해주는 수단이다. 따라서 생계에 어려움을 느낄 때에는 자연히 임금인상에 대한 욕구가 강해질 뿐만 아니라 인상요구율도 클 수밖에 없다. 그런데 인상률의 크기 자체는 기준이 되는 임금액과 함께 사용될 때 비로소 의미를 갖는다. 가령 인상액 자체만 보면 그 기준이 되는 임금액이 50만 원일 때 10퍼센트 인상하는 경우와 10만 원일 때 50퍼센트 인상하는 경우가 같은 것이다. 한편 임금은 원가의 구성부분이지만 그 밖에도 다른 구성부분(비임금 구성부분)이 존재한다. 따라서 비록 임금이 인상되었다고 해도 경영합리화를 통하여 비임금 구성부분을 줄일 수만 있다면 기업에 커다란 부담이 되지 않을 뿐만 아니라, 따라서 물가에도 별다른 영향을 주지 않을 수도 있다. 더 나아가서 물가 안정이 실현되고 사업주가 검소한 생활을 영위한다면 임금인상률은 얼마든지 작을 수도 있는 것이다. 이렇게 볼 때 임금인상이 물가상승의 주범이라든지, 기업의 경쟁력을 약화시킨다는 말은 지나치게 과장된 것임을 알 수 있다. 오히려 적정한 수준에서 임금인상을 함으로써 경제발전에 도움이 될 수 있을 것이다.

한편 정부가 중립적인 입장을 지킨다고 하면서도 악덕사업주를 신속히 제재하지 않는다면 노사분규는 좀처럼 해결되지 않은 채 장기화할 가능성이 얼마든지 존재한다. 그리고 사업주가 근로자들을 진정 자기 식구처럼 생각한다면 저임금·열악한 작업조건·작업환경을 개선하는 데 스스로 앞장서야 한다. 근로자 역시 자기 기업과 사업주의 처지를 이해하는 노력이 필요할 것이다. 그리고 노사 간의 불신을 해소하는 방법의 하나로 노사 쌍방이 신뢰하는 연구기관 내지 조사기관에서 임금인상률 등 임금교섭과 관련 있는 통계를 작성, 제시하도록 하는 것도 고려해봄 직하다.

지금까지 노사분규의 해결을 위해서 일단 생각해보아야 할 점이 무엇인가를 살펴보았다. 요컨대 노사 쌍방 및 정부 각자가 자신의 역할을 충실히 수행하는 한편, 상대방의 저치를 가능한 한 이해하려고 노력하는 것만이 노사분규 해결의 관건이 될 것이다.

《한국일보》(1989. 2. 28)

서평

《미래를 위한 새로운 노사관계》[*]
: 우리 시대의 참여의 경제학

우리는 제품의 질을 개선하여 기업의 경쟁력을 높이고, 노동자들이 충분히 자기의 권리를 확보하여 노동의 민주화를 달성해야 한다는 두 가지의 과제를 안고 있다. 과연 두 가지의 과제를 동시에 달성하는 것은 불가능한 것일까? 최근 이러한 물음에 긍정적으로 답하면서 새로운 대안을 제기하는 견해가 있어서 우리의 주목을 끌고 있다.

소개하려는 이 책의 특징은 한편의 이익은 다른 한편의 손해라는 제로섬(zero-sum) 게임적 사고방식을 거부하면서 노동자와 경영자는 대립적 요소보다는 협조적 요소를 더 많이 가지고 있어서 공동의 이익을 증진시킬 수 있음을 강조하는 데 있다. 특히 이 책은 전미자동차노조(UAV) 간부를 지낸 아버지와 경제학을 전공한 아들이 함께 집필했는데 현실과 이론을 조화시키고 있다는 면에서 강점을 가지고 있다.

저자들이 논의의 출발점으로 삼고 있는 것은 기업경쟁력 저하로 말

---

[*] 원저는 Barry Bluestone & Irving Bluestone, *Negotiating the Future*, 1992, Harper Collins Publishers. Inc.이고 장현준 박사의 번역으로 한국노동연구원이 출간(1995)했다.

미암은 미국경제의 장기간에 걸친 위기이다. 그들은 위기의 원인을 많은 경제학자가 주장하는 자본투자의 수준과 신기술의 양의 저위(低位)에서 찾는 게 아니라 노사관계가 올바로 정립되지 못한 데서 찾고 있다. 그들은 노동자들이 나태하기보다는 제대로 관리되지 못하고 있고, 노동자가 인격적으로 존중받지 못하고 있기 때문에 생산성이 낮게 유지되고 있음을 주장하고 있다. 따라서 그들은 미국경제를 재건시키기 위한 초석을 노사관계의 근본적 재조정과 새로운 노동문화를 창조하는 것에서 찾고 있다.

이를 위해 그들은 노동조합과 더불어 건설적으로 기업을 운영하자는 이른바 기업협약(enterprise compact)을 제안하고 있다. 여기서 계약(contract)이 아닌 협약(compact)이라는 개념을 사용하고 있는 것은 계약이 적대적 개념이라 한다면 협약은 공동의 목표를 위해 노력한다는 협력적인 개념이기 때문이다. 경영자는 노동자를 단순히 잘 대해 준다는 차원을 넘어서 인격적으로 존중하고, 의사결정 과정에서 노동자를 참여시키고, 노동자는 회사를 적대적 존재로 보지 말고, 제품의 질을 제고시키는 데 힘씀으로써 기업의 경쟁력을 강화시켜 가도록 노력해야 한다는 것이다.

그들은 이 같은 기업협약이 공상적인 주장이 아니라 미국기업들이 취해 가고 있는 현실적 추세임을 강조하고 있다. 1950년대와 1960년대에 미국 기업들의 주된 노사관계는 '경영권이 경영자의 고유권한이고 단지 임금·복지·근로조건 등을 노동조합과 적대적으로 협상'하는 '작업장계약'(workplace contract) 관계로 표현될 수 있으며, 고도성장기에는 잘 유지되었다. 그러나 1970년대 중반 이후 미국기업의 경쟁력이 저하되고 있을 때, 이 관계는 더 이상 유지되기 어려워졌다. 미국기업들, 예컨대 이스턴항공·그레이하운드고속 등은 작업장계약에 입각하여 임

금삭감, 복리후생 감축, 해고 등으로 대응한 결과, 파산의 쓴맛을 보게 되었다. 반면 휴렛팩커드·3M·GM 등과 같이 노동자들과 이윤을 공유하고, 고용의 안정을 보장하고, 노동조합을 경영에 참여시키는 방식 등 노동자와의 공동의식을 제고시키는 새로운 기업문화를 창출한 기업은 오히려 크게 성장하였다. 이에서 기업협약은 치열해져 가는 국제경쟁 속에서 살아남기 위한 매우 중요한 선택이라는 것을 알 수 있을 것이다.

이 책은 '참여의 경제학'의 중요성을 다시 한번 일깨워 준다. 노동자들은 자신의 존재를 충분히 인정받고, 회사의 발전이 자신의 발전으로 이어지는 현실에서 신명나게 일함으로써 생산성을 증대시킬 수 있다는 것은 두말할 나위가 없다. 노동자들의 경영참여를 허용하는 독일에서 '고임금 고생산성 경제'가 구축되고 있다는 것은 이를 잘 말해준다.

그렇지만 이 책의 주장을 한국에 직접 적용하는 데에는 한계가 있음을 지적하지 않을 수 없다. 한국의 노동조합의 조직 정도와 그 조직력이 강하지 못하고, 법적·제도적 장치 등 제반조건이 미비 된 상태에서는 형식적인 기업협약이 이루어질 우려가 있는 것이다.

실질적인 기업협약이 가능해지기 위해서는 법적·제도적 정비와 함께 무엇보다 노사관계에 대한 인식의 전환이 필요하다. '기업을 살리기 위해서는 어쩔 수 없이 노동자의 권리를 유보해야 한다', '경영은 경영자의 고유권한인데, 어찌 감히 노동자들이 경영에 참여할 수 있다는 말인가?', '경영자의 이익증대는 노동자들의 이익을 줄이는 것이다' 등의 흔히 말해지고 있는 종래의 주장을 과감히 버려야 할 것이다. 기업협약의 출발은 노사 모두 상대방을 상호발전을 위한 동반자로 인정하는 데 있을 것이다.

《현대경영》(1995. 1)

경제미래화

제3편

경제민주화의 의의와 과제

1. 서 언

경제민주화란 무엇인가. 이에 대한 해답에는 여러 가지가 있을 것이다. 그러나 그것을 일단 경제의 민주적 관리[1]화 내지 운용화로 정의하기로 한다.

그러면 민주적 혹은 민주주의적이란 무엇인가. 민주주의라는 말이 다의적이고 논쟁적으로 사용되고 있는 것이 사실이기에 민주적이라는 말도 자연히 여러 가지로 정의될 수 있다.

여기서는 그것을 비전제적, 비소수지배적, 비군사독재적,[2] 비독점적,[3] 비명령적으로 정의하기로 한다.[4]

---

1) R. E. Dahl, *A Preface to Economic Democracy*, 1975, p. 127 참조.
2) 社會思想社(日本),《現代社會思想事典》下, 1982, p. 2091 참조.
3) 독점(monopoly)이 법률적으로나 실질적으로나 제한되지 않는다면…… 민주적 원리(democratic principle)는 폐지된다(J. A. Schumpeter, *Capitalism, Socialism and Democracy*, 1954, p. 296).
4) 민주적이라는 것이 무엇인가를 이해하는 데 있어서는 Dahl의 민주화 과정의 기준도 많은 참고가 되리라고 생각한다. 그는 그것의 기준으로서 ① 평등한 투표(혹은 투표상의 평등), ② 유효한 참여, ③ 분명한(enlightened) 이해, ④ 인민

그러나 물음을 한국에서의 경제민주화란 무엇인가로 바꿀 때에는 경제민주화의 구체적인 내용을 밝히는 것이 중요하다고 생각한다. 그럴 경우 2차 대전 후 일본에서의 경험, 즉 군국주의적 통제경제하에 있던 일본에서 패전 이후 미국 점령군사령부에 의해서 취해진 일련의 경제민주화를 위한 개혁(경제민주화 조치)들이 좋은 참고가 되리라고 생각된다.

따라서 이하에서는 전후 일본에서의 경제민주화 조치들을 우선 다루고 다음에 그것을 참고로 하되 한국경제의 실정을 감안하여 한국에서의 경제민주화의 내용과 과제를 밝히고, 끝으로 경제민주화와 관련해서 특별히 유의해야 할 점을 제시하고자 한다.

2. 전후 일본에서의 경제민주화 조치[5]

전후 정치사회 면의 민주화와 함께 경제 면에서의 민주화가 미국점령군에 의해서 추진되었고, 이것은 전후 일본의 경제체제 또는 경제질서 형성의 본질적 계기를 이루었다. 경제민주화를 위한 3대 개혁은 재벌해체·집중배제, 노동민주화, 농지개혁으로 요약된다.[6]

〈재벌해체·집중배제〉

점령군사령부에 의한 재벌해체의 목적은 대체로 다음 두 가지로 이

대중(the demos)에 의한 의제의 최종관리, ⑤ 포괄성(inclusiveness)을 들고 있다(*ibid.*, pp. 59~60, 84~85).

5) 이 조치에 대해서는 서울대 경제연구소, 《日本經濟硏究》, 1987, pp. 17~23을 참조하라.

6) 경제민주화 조치는 일본을 비군사화하기 위한 것이었기 때문에, 이 밖에 재계 지도자의 추방, 군수공업의 금지 등의 조치도 이루어졌다.

해될 수 있다. 첫째는, '전체주의적인 독점력을 갖는 경제세력을 타파하여 일본의 군국주의적 재건을 불가능하게 하는 것'이고, 둘째는 '재벌이 전시중에 얻은 거대 부당이익을 반환하게 함으로써 전쟁이 어떠한 사람에게도 유리한 사업이 아니라는 것을 일본인에게 인식시키려는 것'이었다.

재벌해체의 구체적 내용은 우선 재벌지배의 중심으로 되어 있던 재벌본사 지주회사를 해체하고, 그 소유주식을 공개하는 것이었다. 당시 재벌본사가 소유한 주식은 167백만 주, 금액으로는 81억 엔이었는데, 이는 당시 총주식수가 443백만 주였던 것을 고려하면 재벌본사가 재벌 전체의 40퍼센트 가까이를 소유하고 있었다는 것을 알 수 있다. 또 재벌가족을 지정하여, 그들의 재산 처분 및 회사임원 취임을 제한하는 등의 조치가 취해졌다. 이러한 조치에 따라서 소수의 특권적 가족집단이 지주회사를 장악하고 그것을 매개로 하여 거대기업집단을 지배하는 체제는 타파되었다고 할 수 있다.

이러한 재벌해체 조치는 독점자본을 장악하는 대자산가의 지배력을 약화시키고, 상대적으로 전문경영인의 지위를 향상시키는 효과가 있었다.

재벌해체와 관련하여 취해진 또 하나의 주요한 조치는 독점금지 정책이라고 할 수 있다. 1947년 4월 '독점금지법'이 공포되고 12월에 '과도경제력집중배제법'이 공포되었다. '독점금지법'은 셔만법(Sherman Act) 이래의 미국의 반트러스트법의 원리를 그대로 도입한 것으로서, 이것은 거대기업의 시장지배에 대한 농민, 중소기업가, 노동자의 반트러스트 감정 및 심리에 기초를 두면서 자유민주주의 또는 고전적 분권주의의 토대를 갖는 것이라고 할 수 있다. '과도경제력집중배제법'은 지정회사가 심사에 의해서 시장지배를 갖는다고 인정되는 경우에

는 그 분할을 명령할 것을 규정하고 있다. 이것에 따라 1948년 2월 325개사가 지정되었으나 냉전하에서 일본경제의 재건이 긴급히 요구되었기 때문에 '과도경제력집중배제법'의 적용은 대폭 완화되어 실제 분할된 것은 18개사에 불과했다.

⟨노동민주화⟩

점령군의 지령에 따라서 노동조합법, 노동기준법, 노동관계조정법 등 이른바 노동3법이 제정되었다. 노동조합법은 미국의 노동조합법을 모델로 한 것으로서 노동자의 단결권과 단체교섭권을 보장하고 파업권을 인정하며 사용자가 조합활동을 이유로 해서 노동자를 해고하는 것을 금지하여 노동조합활동을 법률적으로 보장하는 것이었다. 미국이 이러한 노동입법을 일본에 도입한 배경은 뉴딜 이후 미국에 실현된 대항력형(counterveiling type) 민주주의 사고라고 할 수 있다. 즉, 커다란 영향력을 갖고 있는 대기업에 대하여 약한 입장에 있는 노동자를 단결시키는 것에 의해서 사회적 불균형을 시정한다는 사고방식이라고 할 수 있다.

여러 입법과 함께 노동조합의 조직률은 급속히 상승하여 1945년에 0퍼센트이던 것이 1946~1975년에는 60퍼센트 가까이로 되었다. 당시 유럽 각국의 노동조합 조직률이 30퍼센트 정도였던 것에 견주면 이례적으로 높은 수치였다고 할 수 있다.

⟨농지개혁⟩

전전의 농지는 그 46퍼센트가 지주의 소유지였다. 물론 대지주, 소지주에 따라 농지소유 규모에 큰 차이가 있어 그 규모는 1천 정보에서부터 1정보에 이르기까지 분포되어 있다. 소작농은 이들 지주의 토지

를 경작하고 수확의 50~60퍼센트라는 고율의 소작료를 현물로 지불하여 왔다.

전후 농림성은 지주에게 5정보를 남기고 그 이상의 토지를 경작자에게 양도하는 것을 의무로 하는 농지개혁안을 만들었으나, 점령군사령부는 이러한 개혁안이 기생지주의 권익을 보호하는 아주 미온적인 것이라고 비판하고 훨씬 철저한 개혁내용을 담은 권고안을 발표하였다. 이후 점령군사령부와 일본 정부의 절충에 따라서 농지개혁안이 1946년 가을 임시의회에서 통과되었다

이 농지개혁의 주된 내용은 ① 정부는 자작농 창설에 필요한 토지를 농지위원회 계획에 따라 강제로 매수하여 그것을 자작농이 될 만한 농민에게 매도한다. ② 매수 대상 농지는 부재(不在)지주의 농지 전부, 재촌(在村)지주의 소유자작지에 대해서는 1정보를 넘는 부분으로 한다. ③ 정부에 의한 매수가격의 지불은 농지증권의 교부에 따른다. ④ 농지를 매수한 농민은 농지대금의 전부 또는 일부를 일시불로 지급하고 잔액에 대해서는 장기저리로 상환하는 것을 인정한다는 등 매우 철저하고 개혁적인 것이었다.

농지개혁의 결과, 소작지의 비율이 46퍼센트에서 10퍼센트 전후로 하락하였다. 특히 동북지방, 북해도에 있어서 그 변화가 철저하였다. 한편 이러한 농지개혁과 더불어 농업생산력이 급속히 높아졌다. 소유권의 이전이 진전됨에 따라 토지개량사업이 크게 이루어지고, 새로운 미작기술이 도입됨으로써 농업생산력이 급속히 상승했던 것이다. 이러한 기술의 진보와 소득의 상승은 노동민주화에 기초한 임금상승과 함께 국내시장의 확대를 가져오고 따라서 전후 경제성장의 기초를 형성하였다.

3. 한국에서의 경제민주화

그러면 한국에서의 경제민주화의 내용은 무엇인가. 그리고 경제민주화의 과제는 무엇인가. 이하에서는 이것을 밝히기로 한다.

1) 경제민주화의 내용

1961년 5·16 이후 노조, 농민조직, 소비자조직의 활동이 정부로부터 많은 제약을 받았다. 또 1962년부터 실시된 경제개발계획은 입안 자체가 정부관료, 업계대표, 학계 등의 전문가에 의해서 이루어진 데다가 집행이 목표(계획치)집착형 내지 고지점령식으로 이루어졌기에, 경제체제로서 자본주의적 시장경제를 채택하고 있음에도 불구하고, 경직적이고 강권적 내지 강제적인 성격의 것이었다고 규정지을 수 있다. 당연한 결과로 기업, 금융기관의 활동도 강한 정부의 개입 내지 간섭을 받았다.[7] 그리고 재벌이 형성되고 독과점화, 경제력 집중이 크게 진전되었다.

따라서 5·16 후의 한국경제는 패전 전의 일본경제를 방불케 하는 것이었다고 할 수 있다. 특히 유신시대와 그에 이어지는 시기의 한국경제는 더욱 그러했으며, 아직도 많은 면에서 그런 모습을 연상시킨다고 할 수 있다.

그러나 패전 전의 일본과 5·16 후의 한국 간에는 차이점이 있음은 말할 나위도 없다. 사실 한국에서는 이미 농지개혁이 실시되었으며, 일본의 재벌은 전쟁에 적극적으로 협력했지만 한국의 재벌은 그런 일이 없었으며, 일본에는 종합적인 경제계획이 없었다는 등의 차이점이

---

7) 기업활동과 관련해서는 1970년대 초에 이미 기업가들에 의해서 민간주도형(시장경제를 의미한다고 보면 된다)이 주장된 사실을 상기할 필요가 있다.

존재한다. 따라서 전후의 일본 경제민주화에 관한 경험을 참고로 할 때에는 이런 차이점에 특별히 유의할 필요가 있다.

이런 양국 내지 양국 경제 간의 유사점과 차이점을 감안할 때, 결국 한국에서의 경제민주화의 주 내용은 다음의 다섯 가지로 묶어볼 수 있다. ① 민주적인 노조·농민조직·소비자조직의 결성, ② 실질적인 기업공개·주식분산, ③ 독과점 및 경제력 집중의 규제, ④ 금융자율화, ⑤ 경제계획의 실질적인 신축화·유연화가 그것이다. 물론 이 중에서 경제민주화의 핵은 첫 번째의 것이다. 이런 내용규정은 자유민주주의국인 오늘날의 선진자본주의국들의 실정을 안다면 충분히 이해가 갈 것이다.

2) 경제민주화의 과제[8]

경제민주화의 주 내용이 밝혀진 이상 경제민주화의 과제는 자명해진 셈이다. 즉 그것은 다음과 같다.

〈민주적인 노조·농민조직·소비자조직의 결성촉진〉

이는 이미 조직이 존재하는 경우에 그것을 민주적인 것으로 개혁하는 것을 포함한다. 노동자, 농민, 소비자의 조직이 민주적일 때 비로소 그들의 진정한 목소리를 대변할 수 있을 것이고, 또 나아가서 견제세력 또는 압력단체로서의 역할을 제대로 할 수 있을 것이다. 사실 노조, 농민조직, 소비자조직이 이런 역할을 충분히 해낼 수 있을 때 비로소 노사의 관계, 농민과 정부의 관계, 소비자와 기업의 관계 등이 안정적인 것으로 될 수 있다.

---

8) 중앙대학교 경제연구소,《경제민주화의 과제》, 1987. 11. 5를 참조하라.

〈실질적인 기업공개·주식분산의 추진〉

여기서 '실질적'이란 단순히 공개 및 분산의 양적 또는 형식적인 요건의 충족뿐만 아니라 질적 또는 실제 내용으로 보아도 요건이 갖추어지는 것을 의미한다. 이러할 때 비로소 창업자 단독으로 또는 가족 집단적으로 이루어지는 기업의 사적 지배가 진정으로 종식될 수 있을 것이다. 즉, 진정한 소유와 경영의 분리 또는 분화가 이루어질 수 있고, 또 나아가서 기업의 민주적 관리[9]가 가능하게 될 것이다. 그런 의미에서 정부의 감시기능이 강화될 필요가 있다.

〈독과점 및 경제력 집중의 규제 강화〉

올바른 시장경제는 독과점과 경제력 집중의 규제를 전제로 한다. 이를 위해 각국은 공공규제기구를 두고 있으며, 한국에서도 현재 경제기획원에 공정거래위원회가 설치·운영되고 있다. 따라서 앞으로 이 기구의 기능을 더욱 강화해 가야 할 것이다. 그리고 더 나아가서 중소기업의 육성 또는 강화, 소득재분배에 의한 조정·강화 등이 이루어져야 할 것이다.

〈금융자율화의 추진〉

이는 금융 타율로부터 탈피의 추진을 말한다. 금융자율화를 위해서는 금융정책 수립에서 독자성의 보장이 절대적으로 필요하므로, 자연히 중앙은행의 독립성 또는 중립성이 확보되어야 할 것이다.

그리고 금융자율화를 위해서는 시중은행의 정책금융의 비중을 크게 낮출 필요가 있다. 그런 의미에서 시중은행의 정책금융을 한국산업은

---

9) 기업민주주의라 해도 좋다.

행 등의 정책금융기관으로 점차 이관시켜, 정책금융은 전적으로 이들 정책금융기관에 맡기도록 해야 할 것이다. 금융자율화를 위해서는 금융기관의 인사권의 독립이 필요함은 말할 나위도 없다.

〈경제계획의 실질적인 신축화·유연화〉

프랑스[10]를 비롯한 많은 유럽 국가들, 일본 등의 이른바 선진 자본주의국가(선진 자본주의적 시장경제국가)에서의 경제계획은 경제정책의 기본방향을 제시함과 함께 기업이나 국민이 활동의 지침으로 삼게 하려고 하는 것이며, 경제사회활동의 전 분야에 걸쳐서 상세하게 그 내용을 규정하고 엄격하게 그 실시를 강제하는 것은 아니다. 다시 말하면 그 계획은 신축적이고 유연한 것이며 기업이나 국민에게 하나의 신호등으로서 역할을 하는 데 그치는 것이다.

이런 성격의 계획은 보통 지시적 내지 유도적 계획이라고 불린다. 따라서 앞으로는 지금까지의 경제계획이 실질적으로 지시적 내지 유도적 계획이 되도록 추진해 가야 한다. 물론 시장경제가 창달되면 경제계획이 지시적 내지 유도계획화 하는 것은 분명한 사실이다. 그러나 그럼에도 적극적인 노력이 필요한 것 또한 사실이다.

적어도 이상 다섯 가지만이라도 제대로 성과를 거둔다면 한국에서 경제의 민주적 관리화 내지 운용화가 실현된다는 것은 틀림없는 일이라고 할 수 있을 것이다.

---

10) 프랑스는 경제체제로서 자본주의적 시장경제를 채택하고 있는 선진 제국 중에서 최초로 경제계획을 실시했으며, 그 계획은 다른 유럽 제국, 일본 등의 계획화에 크게 영향을 미쳤다.

4. 결 언

경제민주화는 사회의 전반적인 민주화가 크게 부각되고 있는 한국의 사정을 고려하면 매우 중요한 문제임에 틀림없다고 할 수 있다. 물론 경제민주화란 무엇인가에 대한 해답은 추상적인 것에서 구체적인 것, 이론적인 것에서 현실적인 것까지 여러 가지가 있을 것이다. 그러나 그 물음을 '한국에서의 경제민주화란 무엇인가'로 바꿀 때에는 그 내용이 구체적이고 현실적이지 않으면 안 된다. 바로 이런 입장에서 다루어진 것이 앞의 3절에서 밝힌 것이라고 할 수 있다.

그러나 이 글은 한국의 경제민주화에 대한 본격적인 시도는 아니며, 하나의 시론적인 것에 지나지 않는다. 즉, 본격적인 시도를 위한 하나의 준비를 의미하는 것일 뿐이다.

경제민주화와 관련해서는 아래에서 언급되는 바와 같이, 적어도 간과해서는 안 될 전제와 자칫하면 오해하기 쉬운 점에 대해 특별히 유의할 필요가 있을 것이다.

오늘의 선진자본주의국가들은 민주정부를 갖고 있는 것이 사실이다. 그렇다면 경제민주화는 민주정부를 전제로 한다고 할 수 있다. 그런 의미에서 경제민주화는 정치민주화를 전제로 하고 있는 셈이다. 그러나 경제민주화는 정치민주화의 실질내용, 즉 알맹이를 이루는 것임에 틀림없는 한, 정치민주화와 병행해서 추진되어야 한다.

또 한국에서의 경제민주화는 시장경제를 전제로 한다. 따라서 경제민주화와 병행해서 시장경제의 창달도 추진되어야 한다.

시장경제는 전혀 정부의 개입이나 간섭이 없는 경제도 아니고, 또 지나친 정부의 개입이나 간섭이 있는 제도도 아니다. 그것은 어디까지나 꼭 해야 할 일만을 정부가 행하는, 그러한 범위 내에서 정부의 개

입이나 간섭이 허용되는, 혹은 바꾸어 말하면 제대로 된 정부의 역할
이 기대되는 경제를 말한다. 따라서 시장경제가 제대로 된 의미, 혹은
제 모습을 가지려면 무엇보다도 우선해서 정부가 꼭 해야 할 일과 절
대로 해서는 안 될 일의 명확한 구별이 필요하다고 할 수 있다.

한편, 경제민주화는 시장경제의 창달을 촉진하는 것이라는 데서도
알 수 있듯이 결코 경제효율이나 경제성장의 저하를 초래하는 것이
아니다.

또, 경제민주화는 민주적인 노조·농민조직의 결성 강화, 농업·중소
기업의 육성 강화 등을 과제로 한다는 것에서 알 수 있는 것처럼 소득
분배 개선, 산업 간·부문 간·규모 간의 균형, 경제자립의 제고 등을
초래한다고 할 수 있다. 소득분배 개선은 경제정의의 실현을 의미하기
도 함은 말할 나위가 없다.

참고문헌

J. A. Schumpeter, *Capitalism, Socialism and Democracy*, 1954.
R. E. Dahl, *A Preface to Economic Democracy*, 1975.
Mcmillan and Free Press, *International Encyclopedia of the Social Science*, Vols. 4
　　and 12.
社會思想社(日本),《現代社會思想事典》下, 1982.
서울대 경제연구소,《일본경제연구》, 1987.

《경제민주화의 길》(1992. 3)

경제개혁과 한국경제학의 과제

1. 머리말

'변화와 개혁'을 내걸고 현 정부가 등장한 지 1년이 지났다. 현 정부의 출범 당시 우리 경제는 치열해지는 국제경쟁에 능동적으로 대처하고, 평화적 통일에 대비하고, 상실된 경제활력을 부추길 새로운 발전 전략을 찾아야 하는 시대적 과제에 직면해 있었다. 이러한 상황에서 제기된 '경제개혁'에 대해서 국민들은 무언가 달라질 것이라는 기대를 가지고 있었다.

그러나 1년이 지난 지금에 와서 보면 무엇을 위해 하는 것인지 의문이 들 정도로 경제개혁은 표류하고 있다. 따라서 이 시점에서 경제개혁의 방향이 어떠해야 하는가를 밝히는 것은 매우 의미있는 일이라 아니할 수 없다.

경제개혁의 방향은 각국의 주어진 정치·경제체제 및 제도, 경제의 발전 단계, 사회·문화적 관습, 그리고 내외적 환경 등에 의해 각각 다르게 설정되어 왔다. 그리고 그 수행에 있어 많은 성과와 동시에 한계도 드러내고 있다. 경제개혁의 과제를 안고 있는 우리의 입장에서는

외국의 경험을 고찰해 보는 것이 큰 도움이 될 수 있을 것이다.

따라서 이 글의 2절에서는 2차 대전 이후 서독, 일본의 경제개혁과 최근 동구를 비롯한 시장지향적 경제개혁의 경험을 간략하게 살펴보기로 한다. 그리고 3절에서는 현 정부의 경제개혁이 과연 올바르게 방향을 설정하고 있는지를 평가해 보려 한다.

4절에서는 한국에서 수행되어야 할 경제개혁의 방향이 어떠해야 하는가를 제시하고, 이러한 경제개혁을 수행하는 데 한국경제학의 과제가 무엇인지를 살피려고 한다.

2. 외국 경제개혁의 추세와 교훈

1) 외국 경제개혁의 추세

2차 세계대전 이후 있었던 주요한 경제개혁은 세계경제가 자본주의체제와 사회주의체제로 양립되어 오면서 당면한 경제적 위기를 극복하기 위한 다양한 체제 내적 개혁과 1980년대 중반 이후 사회주의체제가 동요되면서 나타난 경제개혁으로 정리될 수 있다. 그리고 거기에 덧붙여 패전국인 일본과 서독에서의 군국주의적 경제체제를 없애고 민주적인 경제체제를 구축하려는 경제민주화 등을 들 수 있을 것이다.

그런데 서독과 일본 등에서의 2차 세계대전 이후 개혁과 독재정권 붕괴 직후 스페인 등에서의 사회민주주의적 개혁을 예외로 한다면, 이들 국가에서 취하고 있는 경제개혁의 방향은 대체로 '효율'을 중요시하는 시장지향적 개혁을 취하는 추세를 보이고 있다.

전후 사회주의적 계획경제체제를 채택한 국가들은 초기에 양적인 성장을 보이다가 그것이 한계에 부딪치게 되자 '평등' 이념과 계획경제의 기초 위에서 시장경제적 원리를 도입하여 '효율'을 제고시키려는

실험적인 경제개혁을 추진하였다. 그러나 구소련과 동유럽에서 추진
된 수차례의 개혁은 뚜렷한 '효율' 제고의 성과를 거두지 못한 채,
1980년대에 들어서서는 전반적인 정체상태에 빠지게 되었다.

한편 자본주의적 시장경제체제를 채택해 온 선진국들도 1960년대까
지 꾸준한 성장을 견지하여 왔으나 1970년대 들어 영미경제의 상대적
후퇴가 뚜렷해지고 오일쇼크 이후 대부분의 국가는 인플레이션의 진
행 속에 저성장, 고실업에 직면하게 되었다. 이러한 배경에서 등장한
보수정권은 과거 케인스적 정책에서 탈피하여 정부의 규제완화, 민영
화 등 작은 정부, 더 많은 시장을 지향하는 경제개혁을 추진하였다.
1980년대 라틴아메리카에서도 인플레이션, 재정적자 확대, 국제수지
악화 등 극심한 경제난에 직면하여 새로이 등장한 정부에 의해서 선
진자본주의국가와 유사한 신자유주의적 이데올로기에 기초한 경제개
혁이 추진되었다. 이러한 신자유주의적인 경제개혁은 '효율'의 측면을
더욱 강조하는 것이었다.

더욱이 1985년 고르바초프 등장 이래 변화된 정세 속에서 공산당
정권이 붕괴된 후 구소련과 동구에서도 1990년대에 들어서면서 급속
히 시장경제체제로의 전환을 꾀하는 경제개혁을 추진하고 있다.

이와는 대조적으로 중국은 1978년 이래 개혁·개방을 표방하면서 점
진적으로 시장경제적 요소를 도입하면서도 사회주의체제를 유지하는
경제개혁을 추진하여 왔으며, 최근에는 이른바 사회주의시장경제를
목표로 하여 경제개혁을 가속시키고 있다.[1]

---

1) 중국의 개혁에 대해서는 이근(1993)을 참조하기 바란다.

2) 외국 경제개혁의 교훈

1980년대 라틴아메리카, 그리고 최근 동구와 구소련 등 구사회주의 국가에서 추진되고 있는 시장지향적 경제개혁은 국가별로 초기조건이 상이하고 진진속도와 성과 면에서도 커다란 차이를 보이고 있지만,[2] 이들 경제개혁은 공통적으로 가격 및 생산의 규제철폐를 통한 경제자유화, 긴축적 통화공급과 재정균형을 통한 거시적 안정화, 국유재산의 매각을 중심으로 하는 민영화 등 시장기능의 확대와 정부부문의 축소를 기본 내용으로 하고 있다.

이와 같은 시장지향적 개혁은 시장경제 창달을 통하여 '효율'을 증대시켜 궁극적으로 '형평'도 보장하는 것을 목표로 하고 있다. 그러나 현실은 '효율' 증대를 통해 '형평'이 제고되고 있지 못하고, 오히려 대부분 '효율'의 제고조차도 제대로 실현하지 못하고 있다. 라틴아메리카의 경제개혁은 일부 국가에서 초인플레이션의 진정 등 부분적인 성과를 거두었지만, 생산회복이 지연되는 가운데 1인당 소비 감소, 실업증대, 대폭적인 실질임금 하락, 사회보장지출 감소 등 막대한 사회적 비용을 치르게 하였다. 그 결과 1992년 현재 라틴아메리카에서 빈민으로 추정되는 인구가 전 인구의 약 40퍼센트(1.9억 명)로 증가하여 칠레, 멕시코, 브라질, 페루, 아르헨티나 등에서는 경제발전 과정에서 '형평'을 제고하기 위한 사회정책이 필수적 요소로 인식되고 있고, 최근 빈곤퇴치 프로그램을 도입하기에 이르렀다.[3] 또한 동구 각국에서의 시장지향적 개혁도 당초 기대와는 달리 격심한 생산활동의 침체가 장기화되는 가운데 대량실업이 발생하고 물가상승이 지속되고 있다. 그

---

2) 이에 관한 포괄적 비교분석은 Bruno(1993), Bresser Pereira et al.(1993)을 참조하기 바란다.
3) U.N.(1993), p. 40을 참조하기 바란다.

런데도 적절한 생계보장대책이 마련되지 않아 노동자, 농민 등 다수가 생활고에 시달리고 있다. 특히 최근 의회선거 결과에서 보듯이 폴란드, 러시아에서는 급진적 개혁에 대한 정치적인 저항이 유발되고 있는 등 시장지향적 개혁이 한계에 부딪혀 정부에 의한 적극적 산업보호와 자국 실정에 적합한 개혁의 요구가 강해지고 있다.

한편 중국은 점진적인 개혁을 통하여 많은 성과를 거두어 최근에는 새로운 경제강국으로 부상하고 있다. 중국이 동구와 달리 고도성장을 나타내고 있는 것은 여러 요인에 기인한 것이지만, 자기중심을 유지한 상태에서 개혁·개방으로 방향전환을 했고, '실험 후 확산'이라는 단계적 방식을 채택한 것이 주효한 것으로 보인다.

통제경제에서 시장경제로 성공적으로 이행하였던 전후 서독과 일본의 경제개혁은 많은 시사점을 주고 있다. 즉 서독에서는 중화학공업과 금융부문에서 과도하게 집중된 경제력을 분할·해체하고 카르텔금지법을 제정하는 한편, 민주적 노조활동 보장 등 노동기본권의 확립과 공동결정제도가 도입되었다. 일본에서는 노동조합 등 민주적 조직의 결성, 토지개혁 실시와 함께 대기업의 해체, 독점의 규제 등과 같은 경제개혁 조치가 취해졌다. 이러한 경제개혁은 제도적으로 경제력 집중을 완화하고, 노동자, 농민 등이 자기 권익을 주장할 수 있는 민주적 경제운영 기반을 구축하여 공정한 시장경쟁을 가능하게 하였다.[4] 이러한 경제개혁에 의해 각 경제주체가 경제 건설에 자발적으로 참여할 수 있었으며, 이를 바탕으로 안정 속에 지속적인 고도성장을 실현할 수 있었다.[5]

---

[4] 일본의 전후 개혁에 관해서는 변형윤(1988), 독일의 전후 개혁에 관해서는 Dornbusch et al.(1993)의 1, 2장을 참조하기 바란다.

[5] 특히 일본의 노동개혁과 토지개혁은 노동소득과 농업소득 증대를 통하여 국내 시장 확대와 높은 저축을 가능케 함으로써 고도성장에 기여할 수 있었다.

그리고 서독과 일본에서는 비록 시장경제질서를 기본으로 하였으나 정부의 조정적 역할이 경제성장에 크게 기여하였다. 즉 서독에서는 임금, 금리, 생필품가격 등이 통제되고 국유부문이 광범위하게 존재하는 통제경제에서 출발하여 점진적으로 규제를 철폐하고 경쟁력에 기초한 대외개방을 추진하여 수출주도형 고도성장을 달성할 수 있었다. 일본도 기본적으로 시장기구에 기초하면서도 실용적인 정책적 개입을 통하여 시장을 관리함으로써 생산능력을 확장하고 경쟁력을 향상시키는 데 성공하였던 것이다.

위와 같은 외국의 경험은, 첫째, 경제적 약자의 생활을 제도적으로 보장하는 조치가 수반되지 않을 경우 경제개혁은 장기적으로 '효율' 제고의 성과를 거두지 못하며, 둘째, 경제력 집중의 완화, 민주적 조직 육성 등 경제민주화 조치는 각 경제주체의 자발적인 참여를 통해 건실한 성장을 가져오고, 셋째, 경제개혁 과정에서 규제철폐, 민영화 등 정부 역할의 축소가 반드시 바람직한 것은 아니고 정부의 조정적 역할이 매우 중요하다는 등의 교훈을 준다고 할 수 있다.

3. 현 정부의 경제정책 비판: 경제개혁을 중심으로

1) 경제철학의 빈곤

최근 한국경제는 저기술수준 및 국내기술개발 부진, 산업공동화, 소득불평등 및 경제력 집중의 심화, 금융자율화의 부진, 불건전한 사회기풍 등에 직면해 있다. 특히 UR협상의 타결 등 국제경제환경의 변화 등은 이러한 어려움을 가중시키고 있다. 그리하여 경제가 활력을 잃고 있고, 미래에 대한 전망도 불투명한 상태이다. 한국경제가 이러한 상황에 처한 것은 그동안 지나치게 양적 성장 위주의 발전전략이 채택

되었고, 그 경제성장이 일반대중(노동자, 농민, 도시서민 등)의 소외 속에서 이루어졌다는 데 크게 기인한다. 따라서 성장을 지속하면서도 '효율'에 치우쳤기 때문에 발생한 문제를 해결하는 것이 한국경제의 중장기적 과제[6]라고 할 수 있으며, 이를 위해서는 '효율'과 '형평'을 조화시키는 것, 특히 '형평'이 착실하게 다져져 각 경제주체들의 자발적 참여를 유발하여 '효율'을 제고시키는 것이 무엇보다 필요하다.

그러나 현 정부에게는 한국경제를 어떻게 끌고 가겠다는 철학도 빈곤하고, 비전의 제시도 없다. 단적으로 현 정부가 지난 1년간 시행해 온 경제정책이 매우 심한 변화를 보여왔다는 점만 보아도 경제철학이 빈곤하다는 것을 잘 알 수 있다.

현 정부는 출범하면서부터 경제개혁을 외치면서도 신경제 100일 계획을 추진하여 오히려 경제개혁을 시행하기 어려운 여건을 만들어 갔고, 100일 계획이 실패로 끝나자 93년 8월에는 정권 후반기에나 실시될 것으로 전망되던 금융실명제를 갑작스럽게 실시하여 외양적으로나마 개혁적 경제정책으로 급선회하였다. 그러나 다시 11월 APEC 정상회담 이후에는 국제화 추세 속에서 국가경쟁력을 강화시켜야 한다고 강조하면서 '효율'을 강조하는 방향으로 경제정책의 방향을 바꾸어 경제개혁을 뒷전으로 밀어놓았다. 이처럼 현 정부 경제정책의 기조는 일관되지 못한 모습을 보여왔다.[7]

또한 현 정부가 강력히 내세우고 있는 '국가경쟁력의 강화', '규제완화'는 경제개혁을 추진할 수 있는 논리로서는 부족하다고 생각된다. 왜냐하면 현재의 '국가경쟁력의 강화', '규제완화'는 일반대중의 희생을 바탕으로 재벌 대기업의 수익성을 회복시키려는 것이어서 전 사회

---

6) 한국의 중장기적 과제에 대해서는 변형윤(1994)을 참조하기 바란다.
7) 이 때문에 국민들은 경제정책의 정치화를 우려하게 되었다.

적 동의와 참여를 획득하면서 지속적으로 수행되기 어렵기 때문이다.

더욱이 문제가 되는 것은 현 정부의 경제정책이 새로운 비전을 제시하지 못하고 3공화국 때부터 시행되어 온 성장지상주의 원칙을 답습하고 있다는 점이다. 현 정부는 계속하여 경제개혁을 외치고 있지만 실제로는 가시적이고 단기적인 성장을 강조하고 있고, 경제주체의 적극적이고 창조적인 참여를 유발시킬 수 있는 '형평'의 문제는 포기하고 있는 것이다.

2) 신경제 100일 계획의 평가

신경제 100일 계획은 현 정부의 빈곤한 경제철학을 그대로 보여주고 있다. 100일이라는 단기간에 가시적인 경제적 효과를 달성하겠다는 조급함의 문제는 차치하더라도 신경제 100일 계획이 갖는 가장 큰 문제는 현 정부가 출범하면서 내세운 경제개혁을 시행하기 어렵게 만들었다는 점이다.

신경제 100일 계획은 경제개혁의 기반을 다지기 위한다는 복적에서 실시되었다. 그러나 100일 계획은 1990년 4·4 경제활성화종합대책[8]을 그대로 수용한 단기적인 경기부양대책으로 일관하였다.[9] 경기활성화를 위해 주로 기업을 지원하는 정책수단이 사용되었는데, 금리를 의도적으로 낮추고, 자금을 무분별하게 풀었으며, 경제력 집중을 방치하였다. 더욱이 기업의 비용부담을 절감시키기 위해 노동자들에게는 임금인상 요구를 자제하도록 고통분담을 호소하였다.

이러한 100일 계획은 '효율'을 지나치게 강조한 것으로, 경제개혁의

---

8) 4·4 경제활성화종합대책은 한국경제의 안정기조를 파괴하고, 비생산적인 경제 풍토를 만연케 하는 등 경제에 악영향을 끼쳤던 것으로 평가되고 있다.

9) 신경제 100일 계획이 4·4 경제활성화 종합대책을 거의 그대로 수용했다는 점은 안국신(1994)에서 잘 나타나고 있다.

바람직한 방향과는 어긋나는 결과를 낳았다고 평가할 수 있다. 경제개혁이 최소한 경제력 집중의 방지, 지하경제 등 비생산적 경제활동의 근절, 경제의 건전한 활력 제고, 각 경제주체의 정당한 권리 인정 등에 있다고 할 때 100일 계획은 경제개혁의 기반을 마련하기는커녕 오히려 경제력 집중을 방치하고, 일반대중의 정당한 권리를 침해하였으며, 당시 경제개혁이 당연시되는 사회적 분위기를 사라지게 했던 것이다.

또한 무분별한 통화증발은 물가상승 압력으로 작용하여(물론 이후 금융실명제의 충격 완화를 위한 통화증발도 크게 작용하였지만) 경제의 안정성을 파괴하였고, 일반대중의 자발적인 참여의식을 꺾어버리는 작용을 하였다.10) 임금상승은 억제되면서도 물가는 상승하여 노동자를 비롯한 일반시민의 생활고는 더욱 가중되었다. 국민들은 이제 신경제를 고통분담이 아니라 고통전담으로 느끼게 되었다.

3) 현 정부 경제개혁의 평가

현 정부의 경제정책이 성장 우선, 즉 '효율'을 중시하면서도 경제개혁을 강조한다는 면에서 과거의 정부와 구별된다. 이는 4대 경제개혁11)을 내세운 신경제계획의 수립과 금융실명제의 실시로 나타났다. 그러나 신경제계획에서 내세우고 있는 제반 경제개혁과 금융실명제는 자체 내에 많은 한계를 가지고 있을 뿐만 아니라 상호 간의 연계가 결여된 상태로 방치되고 있어 현 정부의 개혁의지를 의심케 하고 있다.

---

10) 막대한 통화증발로 작년 말 소비자 물가상승률은 5.8%를 기록하였다. 이 수치는 선진국과 신흥공업국을 통틀어 2번째로 높은 것이다. 그리고 통화증발은 올해 1월만 해도 1.3%의 높은 소비자 물가 상승을 낳게 하는 주요한 요인으로 작용하였다.

11) 신경제 5개년계획에서 내세운 4대 경제개혁은 재정개혁, 금융개혁, 행정개혁, 의식개혁 등이다.

먼저 금융실명제 자체만 하더라도 차명계좌에 의한 차명예금 인출에 대해 사실상의 합법화 조치를 취함으로써 금융실명제는 정경유착, 부정부패에 의한 불로소득, 부동산투기소득, 지하경제 등을 발본색원한다는 본래의 목적이 무색하게 되어버렸다. 대신 금융실명제는 그 정착을 위한다는 명목으로 막대한 통화증발을 합리화시켜 경제의 안정을 해치는 폐해를 낳고 말았다.

또한 신경제계획에서 내세우고 있는 4대 개혁도 근본적인 개혁이라고 하기에는 한계가 클 뿐 아니라 금융실명제의 시행으로 인해 많은 부분이 수정되어야 함에도 별다른 수정작업 없이 추진되고 있다. 또한 1993년 말 타결된 UR협상과 같은 중대한 경제환경의 변화도 반영하지 못하고 있다.

먼저 재정개혁과 관련하여 금융실명제의 실시와 조응된 세제개혁이 필요하다. 금융실명제가 명실상부하게 실시되기 위해서는 금융차명제를 없애야 하는데, 이를 위해서는 금융자산소득의 종합과세가 필수적이다. 그리고 이로 인한 부동산투기의 발호를 막기 위해 종합토지세와 양도소득세제의 개편이 이루어져야 한다. 그런데 정부가 발표한 종합토지세의 평균실효세율 인상계획 등은 지나치게 미온적이다.[12] 그리고 조세감면규제법의 폐지, 부가가치세를 포함한 세율의 전반적 인하 등이 단행되는 세제개혁이 필요하다는 것을 지적할 수 있다.

금융개혁과 관련해서도 금융정책을 정부가 계속 장악하겠다는 것에는 변함이 없다. 경제 안정을 위한 한국은행의 독립 내지는 한국은행의 중립 보장 문제는 신경제계획에서 언급조차 되어 있지 않을 뿐만

---

12) 정부는 종합토지세의 평균실효세율을 현재의 0.04%에서 1996년에 0.12%로 높인다는 계획을 세우고 있다. 이 점과 관련해서는 안국신(1994)을 참조하기 바란다.

아니라 금융자율화를 조속히 실시하지 않고 단계적으로 추진하고 있다는 점, 정부 주도하에 금융산업구조를 개편하려고 하는 점 등은 과거 관 주도 금융의 연장선상에 있는 것이라 하겠다.

정부가 적극적으로 추진하고 있는 행정규제 완화 역시 그 부작용을 최소화시키는 방안을 함께 마련할 필요가 있다. 개발 위주의 토지제도 규제완화는 부동산투기를 조장할 가능성이 높으며, 환경기준과 산업기준 완화는 환경오염과 산업재해를 더욱 심각하게 할 우려가 높다. 이들 규제완화는 기업의 성장을 우선시하는 단견이라 하겠다.

이러한 현 정부의 경제개혁의 한계와 함께 지적되어야 할 것은 정부가 '효율'을 강조한 나머지 농민, 노동자의 문제를 소홀히 다루고 있다는 점이다.

신경제계획에서는 개혁의 주요 내용이 되어야 할 농민조직의 활성화에 대해서 전혀 언급을 하고 있지 않고, 재벌대기업을 위주로 한 수출상공업자의 이해를 우선시하는 방향의 농업대책을 마련하고 있다. 뿐만 아니라 정부는 UR협상이 쌀 시장 개방으로 확정되고 이에 따라 농민들의 반발이 거세지자 그때서야 서둘러 농어촌발전위원회를 구성하여 농촌의 회생대책을 마련하고 있다.

또한 노동정책에 있어서의 '개혁실험'은 실패로 끝났고, 정부는 노동자들에게 일방적인 '고통분담'을 요구하고 있다. 현 정부의 노동정책은 과거 5공, 6공 정부하의 노동정책과 본질적으로 차이가 없으며, 철저히 '국가경쟁력의 강화'라는 논리 아래 수행되고 있다.[13] 정부는 노·사·정협의체에 의한 임금상승의 억제, 각종 노동자 보호조치의 완화(산업안전관리자 의무고용의 완화, 사업장 근로감독의 완화, 여성근로자의

---

13) 이에 대해서는 조우현·윤진호(1994)를 참조하기 바란다.

야간근로 금지의 철폐) 등의 노동정책을 통해 노동자 보호라는 '형평'의 원칙을 포기하고, 기업의 보호에 앞장서고 있다. 노동자들 스스로 노동정책이 반개혁적이라고 생각하는 상황에서 노동자들의 자발적 참여와 창조적 노동을 기대하기는 어렵다.

이상에서 살펴본 것처럼 현 정부의 경제개혁은 한계를 지닌 것이라 평가할 수 있다. 그런데 한계를 지닌 경제개혁조차 작년 11월 APEC 정상회담 이후에는 후퇴하고 있고, '효율' 위주의 정책기조가 정착되고 있다. 현 정부는 '국제화'를 표방하면서 '국가경쟁력의 강화', '규제완화'를 강조하고 있다.

'국가경쟁력의 강화'라는 논리는 세계적인 차원에서 격화된 기업 간의 경쟁을 국가 간의 경쟁으로 대체시켜, 국가 내의 많은 문제를 은폐시킨 채 기업의 이익을 대변하기 위해, 또한 '규제완화'라는 논리는 기업의 제반 비용을 절감시켜 주기 위해 강조되고 있다.[14]

이러한 논리는 현 정부가 출범하면서 내세웠던 경제개혁을 후퇴시키면서 재벌대기업의 이익을 보장하는 슬로건으로 사용되고 있을 뿐 아니라 '형평'을 유지해야 하는 정부의 최소한의 책무도 포기한 것이라 하겠다. 그리고 인력개발 및 생산성 증가를 통한 국가경쟁력 강화라는 목표를 달성하는 데도 부합하지 않는다. 실제로 국가경쟁력을 강화하기 위해서는 일반대중의 자발적인 참여가 중요한데, 이들이 경제이익에서 소외된 상태에서는 참여를 위한 의식개혁조차 이루어질 수

---

14) '규제완화' 논리에 기반하여 재벌대기업의 횡포를 막고, 경제력 집중을 저지하기 위한 최소한의 조치인 중소기업고유업종제도, 주력업체지정제도, 30대 재벌에 대한 여신관리제도 등은 제도 자체가 유명무실해지고 있고, 점차 폐지되는 방향으로 전개되고 있다. 현 정부는 주력업체제도를 주력업종제도로 완화시켰고, 여신관리제도도 그 대상을 10대 재벌로 축소하고, 나아가서 점진적으로 폐지할 계획을 세우고 있다.

없기 때문이다.

이렇게 볼 때 현 정부의 경제정책은 성장을 지향하는 '효율'의 원칙이 기조를 이룬다고 할 수 있다. 그러나 '형평'의 제고를 통해 모든 경제주체의 자발적 참여를 이끌어내지 않고서는 사회적, 경제적 불만만 증폭될 뿐 '효율'의 제고도 어려울 것으로 보인다.

4. 경제개혁의 방향과 한국경제학의 과제

1) 경제개혁의 방향

오늘날 한국사회는 국내외 환경의 급속한 변화 속에서 새로운 진로를 모색할 기로에 서 있다. 다시 말하면 경제개혁이 절실하게 요구되는 시점, 즉 경제를 지속적으로 발전시키고 동시에 '형평'을 제고해야 할 시점에 와 있는 것이다. 이러한 사정을 고려할 때, 당면한 경제개혁은 적어도 다음과 같은 몇 가지 주요 과제의 실현을 내용으로 하는 것이라 할 수 있다.

첫째, 재벌 규제를 통한 재벌중심체제의 시정. 한국경제의 고도성장 과정 속에서 재벌은 막강한 경제력 집중을 이루었다.[15] 이것은 여러 가지 측면에서 당면한 경제개혁의 과제와 역행하는 것이다. 그 중 주요한 것을 들어보면, 먼저 재벌의 경제력 집중에 따라 부와 소득의 분배가 악화될 수밖에 없기 때문에 '형평'의 제고와 어긋난다. 그리고 재벌은 산업과 금융을 독점함으로써 효율적인 자원배분을 방해하며, 기

---

[15] 1989년 말 현재 광공업부문에서 30대 재벌은 전체 출하액의 35.2%, 부가가치의 29.6, 고용의 16.6%를 차지하고 있으며, 국민총생산의 16.0%를 차지하고 있다. 한편 소유집중 또한 매우 높은데, 1991년 현재 그룹총수 및 그 가족지분율(13.9%)과 계열회사 지분율(33.0%)을 합하면, 30대 계열기업의 내부지분율은 46.9%에 달한다.

술혁신에도 상대적으로 크게 기여하지 못하기 때문에[16] '효율'의 제고
와도 어긋난다. 따라서 재벌 위주의 축적 구조를 전환시키고, 재벌에
의한 경제력 집중을 억제 또는 축소시키는 것이 바람직하다. 그러한
방향의 정책은 여러 가지가 있으나 그 중 몇 가지를 들어보면 다음과
같다.

먼저 실질적인 기업공개와 주식분산을 통해 소유집중을 방지해야
한다.[17] 그리고 경영의 민주화를 이루어야 한다.[18] 또 현재의 독점규
제 및 공정거래법을 대폭 강화, 철저히 실시하고 공정거래위원회의 기
능도 강화시켜야 한다.[19] 그리고 건전한 중소기업을 육성하여 재벌기
업에 대항할 수 있는 세력을 키움으로써 경쟁을 활성화하고 경제의
잠재력을 높여야 한다.

둘째, 민주적인 노사관계의 확립. 이것은 한국에서 특히 절박한 과
제라 할 수 있으며, '효율'과 '형평'을 제고하는 데 핵심적인 내용을 이
루는 것이다. 먼저 '효율'의 측면에서 보자. 오늘날 국제경쟁의 주 무
기인 기술혁신은 사실 현장노동자들에 의한 끊임없는 노동의 개선 과
정에서 이루어지는 경우가 훨씬 많다. 그런데 이것이 가능하기 위해서
는 노동자들의 창의성과 자발적인 기술개발 노력이 발휘될 수 있도록

---

16) 이것은 물론 논쟁의 대상이 될 수 있으나, 오늘날 대규모의 자금이 소요되는
　　프로젝트를 예외로 하면 개인이나 중소기업에 의해 이루어지는 기술혁신이 많
　　다는 것이 학자들의 대체적인 연구결과이다. 따라서 건전하고 견실한 중소기업
　　을 육성함으로써 현재 국제경쟁력을 확보하는 데 필수적인 기술혁신을 더 효
　　율적으로 이룰 수 있다고 볼 수 있다.
17) 그 방식은 여러 가지가 있을 수 있으나, 2차 대전 후 일본에서의 재벌해체 조
　　치 또는 미국독점금지법상의 기업분할명령제 등을 참고할 수도 있다.
18) 이에는 소유와 경영의 실질적인 분리, 노동자의 기업의 의사결정 과정에의
　　참여 등이 포함된다.
19) 또한 공정거래위원회를 행정기관으로부터 독립시켜 공정한 운영을 할 수 있
　　도록 해야 할 것이다.

바람직한 노사관계를 만들어가는 것이 매우 중요하다. 그런 의미에서 민주적이고 자주적인 노동조합의 결성·강화가 중요한 제도적 장치가 된다고 할 수 있다. 다음 '형평'의 측면에서도 민주적인 노사관계의 확립은 매우 중요하다. 민주적인 노사관계를 확립하기 위해서는 노동운동의 자기발전이 가능할 수 있는 노동법의 개정, 인력개발정책과 기술교육제도의 개혁 등 노동정책의 개혁이 절실하며, 경영의 민주화, 작업현장체제의 획기적 전환 등이 요구된다.

셋째, 농업구조의 획기적 전환. 농업과 농촌의 피폐는 단순히 농업의 문제, 농민의 문제로 끝나는 것이 아니다. 식량안보 차원의 문제는 물론 (곡물 메이저의 가격결정력으로 인한) 곡물가격의 불안정 또한 한국경제에 심각한 영향을 끼칠 수 있다. 또 농촌의 피폐로 대규모의 이농이 발생하면 도시 지역에 실업, 주택난, 교통난, 공해 등 각종 사회문제가 발생할 것이며, 자원 및 환경의 파괴는 전 국민의 삶의 공간을 치명적으로 위협하게 될 것이다. 이것이 '형평'은 물론 '효율'마저 해치게 될 것은 자명하다 하겠다. 그런데 오늘날 농업, 농촌의 위기가 발생한 주요 원인은 그동안 공업중심, 도시중심, 성장중심의 경제정책이 전개되어 왔다는 점에 있다. 단순히 UR협상의 타결이라는 외부의 영향에 의해서만 그 위기가 발생한 것은 아니다. 정부는 이제부터라도 생명산업으로서 농업의 중요성을 인식하여 과감한 투자와 획기적인 정책 전환으로 우리의 농업과 농촌을 살려야 할 것이다. 정부의 강한 의지와 농민을 비롯한 전 국민의 철저한 감시, 압력이 전제될 때 경제력 강화와 국민생존권의 확보가 가능할 수 있을 것이다.

넷째, 일반대중의 삶의 질 향상. 그동안의 고도성장 과정 속에서도 부와 소득의 불평등에 따른 빈곤계층은 여전히 존재하며, 또 그 고도성장에 걸맞게 일반대중의 삶의 질이 높아진 것 같지는 않다. 즉 1인

당 국민총생산의 증가에도 불구하고 부와 소득의 '형평' 문제는 여전히 한국경제의 가장 주요한 과제로 남아 있으며, 일반대중의 삶의 질을 규정하는 주택, 교육, 의료, 환경, 교통 등은 열악한 상태인 것이다. 일반대중의 삶의 질이 높아지지 않는 경제성장은 문제가 많다고 할 수 있다.

이상의 과제를 수행하는 데 중요한 것은 민주적이고 자주적인 노동조합·농민조직·대중조직의 결성 및 강화라 할 수 있다. 이들의 견제와 압력이 없거나 약한 상태에서의 경제개혁은 '효율'의 측면에만 치중될 공산이 커서, '형평'을 해칠 뿐 아니라 장기적으로도 '효율'의 향상을 보장하지 못한다.

한편 정부의 각종 정책입안 과정이나 그 실시 과정상의 비민주성 역시 제거되어야 한다. 재정개혁은 재정민주주의를 확립하는 방향으로, 금융개혁은 금융실명제가 실질적으로 정착될 수 있고 또 한국은행이 독자적으로 금융정책을 실시할 수 있도록 하는 방향으로, 기타 행정제도의 개혁은 민주적인 절차와 제도가 마련되는 방향으로 추진되어야 할 것이다.

만약 경제민주화를 ⓐ 민주적인 노조·농민조직·소비자조직 등의 결성 및 강화, ⓑ 실질적인 기업공개와 주식분산, ⓒ 독과점 및 경제력 집중의 규제, ⓓ 금융자율화 등을 내용으로 하는 것으로 정의한다면,[20] 결국 경제민주화의 달성이 곧 '효율'과 '형평'을 제고하는 경제개혁의 실현이라 할 수 있을 것이다.

---

20) 변형윤(1992), p. 17 ; 변형윤(1994), p. 4를 참조하기 바란다.

2) 한국경제학의 과제

경제학은 궁극적으로 실천적 학문이라 할 수 있다. 따라서 경제학자는 현실에 눈을 두고 이론을 연구하며 다시 현실을 전망할 수 있어야 한다. 그런 의미에서 한국경제학은 한국경제가 당면한 과제를 이론적·실증적으로 분석하고, 그 해결방안을 제시하여야 할 것이다.

따라서 한국경제학은 당면한 경제개혁과 관련하여 최소한 다음과 같은 기본과제를 수행하여야 할 것이다.

첫째, 한국경제의 더 엄밀한 연구. 먼저 한국경제의 발전과 구조에 관한 엄밀한 연구, 예컨대 한국의 재벌구조나 노사관계 등이 갖는 문제점들(결국 '효율'과 '형평'의 제고를 저해하는 구조 및 요인들)과 그 구체적 해결방안을 제시할 수 있는 연구가 있어야 할 것이다. 그리고 동시에 한국의 경제현실을 잘 해명하고 앞으로 나아갈 방향을 제시할 수 있는 이론의 개발도 이루어져야 할 것이다.

둘째, 한국적인 경제체제의 연구 및 경제철학의 정립. 오늘날 세계는 서구 자본주의와 기존의 사회주의가 모두 한계를 드러내고 있는 상황에 처해 있다. 그러한 점에서 과연 이 두 경제체제를 넘어서서 한국이 지향해야 할 바람직한 경제체제, 즉 '효율'과 '형평'을 보장하고 자기 발전이 가능한 경제체제가 어떠한 것인지에 대한 연구가 절실히 요청된다. 이것은 물론 통일에 대비한다는 의미에서도 매우 중요한 것이라 할 수 있다. 남과 북이 각각 이질적인 자본주의와 사회주의체제를 채택하고 있음을 감안할 때, 통일 후 '효율'과 '형평'이 보장될 수 있는 경제체제에 대한 연구는 매우 중요하다.

이와 더불어 한국경제를 이끌어갈 경제철학의 정립도 중요한 과제이다. 앞에서 본 것처럼 최근 이루어지고 있는 현 정부의 경제개혁에 가장 큰 문제는 경제철학의 빈곤이라 할 수 있다. 그러한 점에서 한국

적인 경제철학의 정립은 한국경제학이 담당해야 할 주요한 과제인 것이다.

셋째, 구체적인 경제개혁 방안 연구 등, 지향해야 할 기본적인 경제체제에 어느 징도 국민적 합의가 이루어지고 경제철학이 정립되면, 그것을 실현하기 위한 구체적인 방안을 제시할 수 있는 연구가 이루어져야 한다. 즉 한국적 상황에 맞는 재벌규제의 방안, 민주적 노사관계의 수립 방안, 농업구조의 전환 방안, 일반대중의 삶의 질을 높이기 위한 방안, 그리고 그것의 구체적 실현가능형태 등에 대한 연구가 필요한 것이다.

최근 규제완화와 정부의 역할 축소, 즉 경쟁의 확대=시장메커니즘의 강화 논리가 이론적으로나 정책적으로 우세하게 전개되고 있다. 그러나 사실은 이 논리가 한국의 실정에 타당하게 적용될 수 있는지, 또 적용될 수 있다면 그 바람직한 관계는 어떤지 등에 대한 심층적·실증적 연구가 시급하다. 만약 이 논리가 단순히 단기적인 '효율'의 측면만을 중시해 '형평'의 제고를 저해할 가능성이 있다면, 그러한 문제점을 올바로 진단하고 제시하는 것도 당면한 한국경제학의 주요 과제라 할 수 있을 것이다.[21]

그동안의 경제성장 과정과 한국경제학의 동향을 보면 '효율'에 지나치게 집중했던 것으로 보인다. 미국을 중심으로 하는 신고전파이론의 수입, 그리고 그 이론의 한국현실에의 적용에 급급했던 나머지 한국경제의 현실을 정확히 인식하고 그에 걸맞는 이론을 세워 이를 정책화한 것은 거의 없었다고 할 수 있고, 더욱이 '효율'과 '형평'의 제고를

---

21) 이론이 구체적인 현실에 적용될 수 있도록 하는 방안을 강구하기 위해서는, 학회나 연구소 등은 사회의 각계각층에 맞는 구체적인 정책을 제시할 수 있는 마당으로서 역할을 할 수 있어야 한다.

동시에 가능할 수 있게 하는 정책을 뒷받침할 수 있는 경제이론 연구
도 거의 없었다고 할 수 있다. 이와 관련해서는 중국에서 1970년대 후
반부터 추진된 경제개혁을 계기로 중국 현실에 가장 적합한 이론을
개발하기 위해 경제학계에서 활발한 논의가 있었다는 사실,[22] 서독의
경우 오이켄(W. Eucken)을 중심으로 한 이른바 질서자유주의 경제학자
들이 중앙통제적 경제체제를 대체하는 대안으로서 자기 나름의 '효율'
과 '형평'을 조화시킨 사회적 시장경제론을 제시하여 전후 독일경제의
새로운 경제질서 확립에 결정적인 이론적 기여를 했다는 사실은 우리
에게 많은 참고가 될 것이다.

5. 맺음말

최근 한국경제는 경제활력의 상실, 미래에 대한 전망의 불투명 등
어려운 환경에 처해 있다. 이를 극복하기 위해서는 '효율'과 '형평'이
조화를 이루는 경제, 즉 '형평'이 착실히 다져져서 각 경제주체들의
자발적 참여를 유발하여 '효율'을 제고시킬 수 있는 경제로의 전환이
필요하다. 일반적으로 경제개혁은 '효율'과 '형평'이 조화를 이루도록
하는 것이다. 그것은 최근 세계 각국에서 진행되고 있는 경제개혁과
제2차 세계대전 이후 서독과 일본의 경제개혁의 경험이 시사하는 바
이다.

현 정부의 경제개혁은 경제철학의 빈곤, 구체적인 개혁방안의 미흡
이라는 한계를 갖고 있으며, 더욱이 최근에는 국가경쟁력 강화나 규제
완화 논의에서 보듯이 '효율'의 측면만을 중시하는 것 같이 생각된다.

---

22) Lin, Cyril R.(1981), Hsu, Robert C.(1991) 등을 참조하기 바란다.

그러나 그동안의 경제성장 과정에서 알 수 있는 바와 같이 '효율'의 측면만을 중시하는 성장은 '형평'을 해치는 것은 물론 장기적으로 '효율'의 제고마저 위태롭게 한다. '효율'과 '형평'의 동시적인 제고를 의미하는 경제개혁은 장기적 전망 아래에서 일관되게 추진되어야 함에도 단기적 성장 효과만을 노리는 것은 경제개혁의 본래 취지와 부합하지 않는 것이다.

당면한 경제개혁의 주요 과제는 재벌 규제를 통한 재벌중심체제의 시정, 민주적인 노사관계의 확립, 농업구조의 획기적 전환, 일반대중의 삶의 질 향상 등으로 요약할 수 있다. 이들 과제가 효과적으로 추진되고 성과를 거두기 위해서는, 먼저 민주적이고 자주적인 노동조합·농민조직·대중조직이 결성·강화되어야 할 것이고, 또 정부 정책의 입안과정이나 실시과정상의 비민주성이 제거되어야 하고 비효율적이고 비민주적인 제도도 개선되어야 한다.

당면한 한국경제학의 과제는 경제개혁의 과제들을 이론적·실증적으로 엄밀하게 분석하고 그 구체적 해결 방안을 제시할 수 있는 것이어야 한다. 따라서 한국경제의 더 엄밀한 이론적·실증적 분석, 한국적인 경제체제 연구 및 경제철학의 정립, 구체적인 경제개혁 방안 연구 등이 필요하다고 할 수 있다. 그러나 그동안 한국에서 경제학 발전 과정은 선진 자본주의국(신고전파) 이론의 수입, 그것의 한국 현실에의 적용에 치중된 감이 없지 않다. 또한 '형평'과 '효율'의 조화보다는 '효율'의 측면에 치우친 감도 없지 않다.

참고문헌

대한민국정부(1993), 《신경제 5개년계획 1993~1997》.

변형윤(1998), 〈일본경제를 보는 한국의 시각〉, 《경제논집》 27(1).

_____(1992), 〈경제민주화의 의의와 과제〉, 《경제민주화의 길》, 비봉출판사.

_____(1994), 〈강조되어야 할 한국경제의 주요과제는 무엇인가〉, 한미경제학
회 발표논문.

안국신(1994), 〈신경제 5개년계획의 비판적 평가와 대안〉, 서울사회경제연구소
제1차 심포지엄(1994. 1) 발표논문.

윤진호(1994), 〈한국경제의 구조개혁과제〉, 《한국경제론 강의》, 한울.

이 근(1993), 〈중국의 '사회주의 시장경제'의 현실과 전망〉, 《경제논집》 32(1).

조우현·윤진호(1994), 〈김영삼정부의 노동정책—평가와 과제〉, 서울사회경제
연구소 제1차 심포지엄(1994. 1) 발표논문.

Bresser Pereira, L. C. et al.(1993), *Economic Reform in New Democracies*,
Cambridge : Cambridge University Press.

Bruno, M.(1993), *Stabilization and Economic Reform, Theraphy by Consent*,
Oxford: Clarendon Press.

Dornbusch, R. et al. (1993), *Postwar Economic Reconstruction and Lessons for the
East Today*, Cambridge: MIT Press.

Hsu, Robert C.(1991), *Economic Theories in China 1979~1988*, Cambridge:
Cambridge University Press.

Lin, Cyril, R.(1981). "*The Reinstatement of Economics in China Today,*" China
Quarterly.

U.N.(1993), *World Economic Survey 1993*.

《경제학연구》(한국경제학회, 1994. 7)

경제력 집중과 국제경쟁력 강화

한국경제가 당면하고 있는 주요 과제를 두 가지만 들라 하면, 우선 1980년대 말 이후 사회 전반적으로 제기된 민주화 과제, 특히 경제민주화를 달성하는 것과 새로이 변모하는 국제경제환경에 대처하여 안정적인 성장을 유지하기 위한 국제경쟁력의 강화를 들 수 있겠다. 1980년대 말 이후 한국경제는 구조적인 전환을 요구받고 있는데, 이 둘은 그 전환을 위해 반드시 필요한 과제라 할 수 있다. 그것은 물론 경제적인 효율성과 형평성을 높이는 것과 밀접한 관련을 갖는 것이다.

경제민주화의 달성이라는 점에서나 또 국제경쟁력의 강화라는 점에서 재벌 문제, 특히 경제력 집중 문제는 매우 중요한 부분이다. 왜냐하면 이제까지 한국경제의 고도성장 과정에서 형성되어온 경제력 집중은 부와 소득의 분배 상태를 악화시키고, 사회계층 간 갈등을 심화시키는 등 경제적 형평성을 해쳤음은 물론이고 효율성까지도 떨어뜨리는 작용을 하였기 때문이다. 특히 현 시점에서 요청되는 국제경쟁력의 강화가 이제 임금이나 금리 등과 같은 가격변수를 조작하는 것만으로는 확보될 수 없는, 즉 경제제도 전반의 구조적 개혁을 수반함으로써만 달성될 수 있는 것인 만큼, 경제적 효율성을 제고하기 위해서도, 경

제력 집중 문제는 부각되어야 할 필요가 있는 것이다.

아래에서는 경제력 집중의 현황과 그 원인, 경제력 집중이 경제적 효율성에 미치는 영향 등을 살펴보고, 정부의 업종전문화 정책을 중심으로 국제경쟁력 제고를 위한 올바른 재벌정책의 방향을 모색해 보고자 한다.

경제력 집중의 현황과 그 원인

경제력 집중은 일반집중, 시장집중, 산업집중 등 여러 가지 측면에서 언급될 수 있다. 그런데 어떻게 보든 한국에서 재벌의 경제력 집중 정도는 매우 높다. 예컨대, 일반집중의 경우, 금융업을 제외한 전 산업에서 1993년 현재 30대 재벌이 부가가치에서 차지하는 비중은 12.36퍼센트, 그리고 제조업에서는 1990년 현재 부가가치의 30.0퍼센트, 출하액의 35.0퍼센트, 유형고정자산의 32.2퍼센트, 종업원 수의 16.0퍼센트를 차지하고 있다. 시장집중을 보더라도 1987년 현재 제조업에서 30대 재벌의 계열기업이 참여하고 있는 상품시장은 모두 837개였는데, 이 가운데 30대 재벌 계열기업의 평균 시장점유율이 20퍼센트 이상인 상품시장이 65.2퍼센트에 해당되는 546개에 이르고 있다.

그런데 이러한 경제력 집중은 재벌의 비관련 다각화를 통해 형성된 것이며, 그것은 1990년대에 들어와 오히려 심화되었다고 볼 수 있다. 1970년 이후 자산 기준으로 30대 재벌의 계열기업 수의 변동을 보면, 1970년에 평균 4.2개의 계열기업 수가 1987년에는 15.8개, 1994년에는 25.3개로 증가했다. 또 1993년 말 현재 30대 재벌은 평균 19.1개, 5대 재벌의 경우 평균 30.4개의 업종을 영위하고 있는 실정이다. 그리고 재벌은, 총수 및 그 가족이 주식의 일부를 소유하고 나머지 기업의 지

배에 필요한 주식은 계열기업들이 서로 소유하는, 실질적으로는 소수의 가족지배가 대부분인 소유구조상의 특징을 가지고 있다. 그렇다면 왜 이처럼 소유가 집중되어 있고 특히 다각화, 그 중에서도 비관련다각화 정도가 높은가.

우선 그동안의 고도성장 과정에서 정부는 진입규제정책이나 의도적인 자원집중정책을 통해 재벌의 양적 팽창을 도모하는 정책을 펴온 데 반해, 재벌의 경제력 집중을 억제하는 정책을 편 적은 거의 없었다. 오히려 정부는 수출지향적 공업화를 추진하면서 재벌이 자본이나 기술, 경영기법 등을 선진국으로부터 수입하여 최종생산물을 수출하는 것을 통해 비관련다각화를 강화해 나가는 것을 조장하였고, 재벌은 이를 통해 국내시장에서 선점의 이익을 확보하는 등 쉽게 경쟁력을 확보할 수 있었다.

또 재벌은 경쟁력의 원천을 주로 가격경쟁력에 두었기 때문에, 산업의 질적 심화를 통한 발전보다는 비관련다각화를 통해 상대적으로 쉽게 성장할 수 있었다. 재벌은 산업심화보다는 다양한 업종으로 자원을 분산시킴으로써 더 쉽게 축적할 수 있었고, 소유집중을 통해 안정적인 경영권을 확보함으로써 부나 소득의 크기, 경제적 지배력 등을 극대화할 수 있었던 것이다.

경제력 집중의 억제와 국제경쟁력 강화

산업화의 진전과 국제경제환경의 변화로 이제 단순한 가격경쟁력 우위만으로는 국제경쟁력을 확보할 수 없는 상황이 되었고, 새로운 경쟁력 우위의 원천을 확보하는 것이 시급한 과제로 등장했다. 이러한 상황 속에서, 학계나 재계의 일각에서는 재벌의 소유집중과 과도한 비

관련다각화가 새로운 경쟁력 우위의 원천 확보를 저지하는 힘으로 작용한다는 인식이 높아지게 되었다. 정부도 이러한 사정을 감안하여 업종전문화 정책을 통해 재벌의 비관련다각화를 시정해 보고자 하였다.

그러나 이러한 정책이 구체적으로 시행되기도 전에 국제경쟁력 문제가 전면에 등장하자, 마치 국제경쟁력 강화와 경제력 집중 억제가 상충관계에 있는 것 같은 착각 속에서 경제력 집중에 관한 관심과 논의는 퇴조하는 양상을 보이고 있다. 오히려 국제경쟁력의 강화를 위해서는 경제력 집중에 의한 형평성의 저하는 어쩔 수 없는 것이 아니냐, 업종전문화 정책과 관련해서도 재벌에 대한 여신 규제와 출자총액 규제를 완화해야 하지 않느냐는 등의 주장이 펼쳐지고 있다. 뿐만 아니라 그나마 경제력 집중을 저지하기 위해 시행되어온 정부의 재벌정책, 예컨대 여신한도관리(1984), 출자총액의 제한(1986), 상호채무보증의 제한(1993), 부당한 내부거래의 규제(1993) 등도 오히려 약화되고 있기까지 하다. 그렇다면 과연 경제력 집중을 억제하면 경제적 효율성이 저하하여 국제경쟁력은 약화되는 것인가, 결코 그렇지는 않다.

앞에서도 말한 바와 같이 재벌의 경제력 집중 문제는 소수가족의 지나친 소유집중의 문제, 문어발식 확장이라는 과도한 비관련다각화의 문제로 집약할 수 있다. 현재의 재벌 중심의 경제구조는 다음과 같은 면에서 경제적 효율성을 떨어뜨려 국제경쟁력을 약화시키는 힘으로 작용한다.

우선 과도한 비관련다각화는 계열기업의 효율성을 약화시킨다. 비관련다각화는 기술력 제고를 위해 집중되어야 할 연구개발 비용을 분산시킬 뿐만 아니라, 연관산업으로의 확장에 따른 시너지 효과를 창출할 수도 없게 되어 전반적으로 투자의 효율성을 떨어뜨리게 된다. 둘째, 소유와 경영이 소수의 가족에 집중되어 사회구성원 간 갈등을 초

래하고 지대(至大)추구행위를 유발하여 경영자원의 효율적 이용을 저해한다. 셋째, 일반집중은 기술집약형 중소기업의 성장기반을 잠식함으로써 질적 발전을 위한 경제 체질을 약화시킨다.

한편 비관련다각화는 재벌의 소유구조상의 특징과 깊이 관련되어 있다. 재벌의 소유구조상의 특징은 계열기업 간 상호소유구조와 소수 가족에 의한 지배로 요약될 수 있는데, 상호소유구조는 재벌이 한정된 자원으로 더 많은 자산을 보유·운용할 수 있게 해주지만 증대된 자산을 몇 개 주력업종에 집중하기 어렵게 하며, 또 재벌은 이 상호소유구조를 통해 계열기업을 확장함으로써 이득을 얻는다. 그런가 하면 소수 가족 지배는 규모확대지향적 기업경영을 유도하는 경향이 있다.

정부에서 추진하고 있는 업종전문화 정책은 많은 문제를 가지고 있지만 비관련다각화 문제를 시정하고 궁극적으로는 경제적 효율성의 제고를 통하여 국제경쟁력을 강화하기 위한 것이다. 그런데 재벌의 소유구조가 비관련다각화에 의한 경제력 집중을 강화시킨다는 점을 고려할 때, 현재의 업종전문화 정책이 소기의 목적을 달성하기 위해서는 경제력 집중의 억제정책이 함께 수행되어야 한다는 점이 특히 중요하다. 변화된 국제경제환경 아래서 경쟁력 있는 주력업종의 전문화 전략이 필요한 현 시점에서, 비관련다각화를 억제하고 소유구조를 개선시켜 경제력 집중을 억제하는 것은 효율성과 형평성을 동시에 제고시켜 장기적으로 국제경쟁력을 강화시킬 수 있기 때문이다.

비관련다각화를 통한 경제력 집중은 경제적 형평성을 해치는 것임은 물론 현 시점에서 중요한 과제인 국제경쟁력 강화와도 배치된다. 따라서 국제경쟁력을 제고하기 위해서는 과도한 비관련다각화를 억제하고, 비주력업종을 정리하여 주력업종에 대한 투자를 심화하도록 유도하는 정책이 펼쳐져야 할 것이다. 예컨대 출자총액 제한, 상호지급

보증 규제, 기업결합 규제 등과 같은 '공정거래법'상의 정책수단을 동원하여 재벌에 대한 규제를 강화해야 할 것이다.

또 비관련다각화 문제와 소유집중의 문제가 결합되어 있는 이상, 어느 한편만을 해결해 보려는 시도는 그 효과를 기대하기가 어렵다. 예컨대 경영권이 보장되는 선에서의 소유분산은, 낮은 소유지분으로 더 많은 계열기업의 지배를 가능케 함으로써 경제력 집중 문제를 오히려 악화시킬 수도 있는 것이다.

경제력 집중의 억제와 국제경쟁력 강화는 결코 상충관계에 있는 것이 아니다. 경제력 집중 문제의 두 가지 핵심인 비관련다각화의 문제와 소유집중의 문제가 업종전문화라는 효율성 목표와 경제력 집중 억제라는 형평성 목표의 조화 속에서 해결될 때, 비로소 국제경쟁력이 강화될 수 있을 것이다.

《충북지역 경제조사》(충북은행, 1994. 11)

명목뿐인 재벌규제

20년 만의 상법 개정

지난 3월 17일에 개정 상법(商法)이 국회 본회의에서 통과되었고 오는 9월 1일부터 시행하게 되었다. 상법이 개정된 것은 20년 만의 일이라고 한다.

여러 가지 점에서 개정이 이루어졌지만 근래도 우리의 관심을 끄는 중요 개정 사항은 다음의 것이 아닌가 생각된다. 이들의 내용은 각각 다음과 같다.

자본의 확대: 수권(授權)자본의 한도를 발행자본의 4배(현행 2배)로 확대했으며(수권자본의 확대: 제289조), 자본을 5천만 원 이상으로 했으며(최저 자본의 법정화: 제329조), 1주의 금액 5천 원 이상과 각 사채(社債) 금액 천 원 이상을 5천 원 이상과 1만 원 이상으로 인상했으며(주식 가격의 인상: 제329조 및 제472조), 사채 발행의 한도를 자본과 준비금의 총액에서 자본과 준비금의 총액의 2배로 확대했으며(사채 발행 한도의 확대: 제470조), 기명주식의 경우에도 주권의 교부만으로 양도할 수 있도록 했으며(기명주식 양도: 제336조), 이익 배당 총액의 2분의 1

의 한도 내에서 주식으로 이익을 배당할 수 있도록 했으며(주식 배당제의 도입: 제462조), 주주총회의 결의 사항인 준비금의 자본 전입을 이사회의 결의 사항으로 했다(준비금의 자본 전입: 제461조).

운용의 효율화: 회계 감사권만 있는 감사에게 업무 감사권도 부여했고 임기도 1년에서 2년으로 연장했으며(감사 기능의 강화: 제412조 및 제410조), 감사 기간을 1주일에서 4주일로 대폭 연장했고 감사록과 감사보고서의 작성·비치 의무를 부과하는 동시에 감사보고서의 기재 사항을 구체적으로 정했으며(감사 기간 연장과 감사보고서 의무 작성: 제447조 및 제413조), 이사의 임기를 2년에서 3년으로 연장했으며(이사 임기의 연장: 제383조), 이사회 결의 요건을 이사의 과반수 출석과 출석 이사의 과반수로 완화했으며(이사회 결의 요건의 완화: 제391조), 이사회의 업무 집행에 관한 결의 및 감독의 권한을 명백히 했다(이사회의 기능 강화: 제393조).

상호 주식 취득 규제: 다른 회사의 발행주식 총수의 1백 분의 40을 초과하는 주식을 가진 회사(모회사)의 주식은 그 다른 회사(자회사)가 취득할 수 없도록 했으며(자회사의 모회사 주식의 취득 금지: 제342조), 회사·모회사 및 자회사 또는 자회사가 다른 회사의 발행주식 총수의 10분의 1을 초과하는 주식을 가지고 있는 경우에는 그 다른 회사가 가지고 있는 회사 또는 모회사의 주식은 의결권이 없도록 했다(의결권의 제한: 제369조). 다만 자회사의 모회사 주식 취득 금지와 관련해서는 예외 규정을 두고 있다. 즉 회사의 합병 또는 다른 회사의 경영권 전부의 양수로 인한 때와 회사의 권리를 실행하는 데 있어서 그 목적을 달성하기 위해서 필요한 때 등에는 취득 가능하도록 했다. 그러나 이 같은 경우에도 자회사는 그 주식을 취득한 날부터 6개월 이내에 처분하도록 되어 있다.

기타: 매 결산기의 금전에 의한 이익 배당액의 10분의 1(현행 20분의 1) 이상의 금액을 준비금으로 적립하도록 했으며(준비금 적립 기준의 강화: 제458조), 자본 거래에서 발생한 잉여금을 준비금으로 적립하도록 했으며(잉여금의 적립: 제459조), 배당금을 재무제표의 승인이 있는 날부터 2개월 이내에 지급하도록 했으며(배당금 지급 지연의 방지: 제462조), 신종 사채인 신주 인수권부(附) 사채를 발행할 수 있도록 했다(신주 인수권부 사채의 도입: 제516조).

문어발식 기업 확장과 부의 편재

이에서 자본의 확대를 위한 개정은 기업 자금 조달의 원활과, 자금 조달의 편의, 주식 유통의 원활화, 이익의 사내 유보, 자본 전입의 기동성 확보를 도모한 것이며, 운용의 효율화를 위한 개정은 회사의 자주적 감사 기능의 강화, 감사(監事)의 형식적 감사(監査)의 지양, 기업 경영의 안정과 능률, 업무 집행의 기동성 부여를 도모한 것이며, 상호 주식 취득 규제를 위한 개정은 기업 계열회사 간 주식의 상호 보유 제한을 도모한 것임을 알 수 있다.

한마디로 말해서 이들 개정은 그동안 기업의 거대화, 기업 활동의 복잡다기화, 상행위의 방식·풍토를 반영한 것이라고 할 수 있다. 그리고 기타로 묶어진 개정은 주식 배당 제도의 확립, 잉여금의 사외 유출 방지, 배당금 지급 지연의 폐단 제거, 자금 조달의 다양화·대량화를 도모한 것이라고 할 수 있다.

그러나 이러한 개정 가운데 뭐라 해도 우리가 특히 주목해야 할 것은 역시 상호 주식 취득 규제임에 틀림없다. 그동안 대기업과 중소기업 간의 격차, 이른바 재벌의 문어발식 기업 확장 등이 비난의 대상이

되어 온 것이 사실이기 때문이다.

사실 대기업들이 많은 계열 기업군을 거느리게 된 배경에는 갑 법인에 대해서 을 법인이 출자하고 갑 법인은 그 출자한 만큼을 다시 을 법인 또는 다른 기업에 출자하는 형식을 통해서 실제로는 자본을 투자하지 않고 위장 증자와 모회사가 많은 자회사를 소유하는 것을 가능케 하는 상호 주식 취득이라는 가공(可恐)적인 방식의 자행이 있었던 것이다. 그러나 현행 상법에는 그것을 규제하는 장치가 빠져 있었다. 그것이 개정 상법에서 비로소 마련된 셈이다.

그동안의 이러한 가공적인 방식에 의거한 재벌의 문어발식 기업 확장으로 30대 재벌은 1982년에는 그 매출액이 총출자액의 40.0퍼센트를 차지하게 되었고 그 부가가치도 국내 총부가가치에서 비교적 큰 비중을 차지하게 되었다. 이것이 부의 편재를 격화시킴은 말할 나위도 없다.

물론 재벌의 문어발식 기업 확장에는 긍정적인 면이 있다. 즉 그것은 경쟁에 이기기 위해서, 경기 변동에 대처하기 위해서, 또 계열화를 위해서 불가피하거나 필요한 면이 있다. 그러나 재벌에 지나친 경제력 집중은 소외계층의 반(反)자본가적 감정을 불러일으킬 우려가 많다. 현재 분배에 대한 욕구가 강한 사실을 감안할 때 이 점은 특히 강조되어야 할 것이다.

그런가 하면 중소기업이 설 땅을 마련해 주고 경쟁의 기반을 확대해가는 일은 경제의 장기적인 발전을 위해서 매우 중요하다. 중소기업은 1980년에는 사업체 수에서는 제조업 전체의 96.6퍼센트를 차지하고 있지만 종업원 수와 부가가치에서는 각각 49.6퍼센트와 35.2퍼센트를 차지하고 있는 데 불과하다.

또 그동안의 재벌의 문어발식 기업 확장은 모기업 내지 주력 기업

의 재무 구조 개선을 도외시한 채 실현되었다. 30대 재벌의 은행 여신
은 현재 40.0퍼센트를 상회하고 있다. 그리고 대기업의 자기자본비율
은 제조업에서는 1980년에는 16.5퍼센트, 1982년에는 20.9퍼센트에 지
나지 않는다.

이렇게 볼 때 이번에 재벌의 문어발식 기업 확장을 규제한 상법 개
정은 높이 평가되어야 할 것이다.

이미 앞에서 본 것처럼, 예외 규정은 있지만, 개정 상법은 자회사의
모회사 주식 취득을 금지하고 있고 발행주식 총수의 10분의 1을 초과
하는 주식 소유의 경우에 그 의결권을 제한하고 있다. 또 이러한 두
가지 규정을 위반했을 때에는 2천만 원 이하의 벌금을 부과하게 되어
있다. 그러나 다음의 두 가지 점에서 개정 상법이 과연 재벌의 문어발
식 기업 확장을 막는 데 실효를 거둘 수 있을 것인가에 대해서는 회의
적일 수밖에 없다고 하겠다.

재벌의 자체 개혁만이 살 길

우선 갑 회사와 을 회사 간 그리고 여러 계열기업 간에 서로 주식을
직접적으로 바꾸어 갖는 직접적인 상호 주식 보유 형태는 이미 낡은
것이 되고 오늘날 재벌들이 도리어 복잡하고 우회적인 상호 주식 보
유 형태를 즐기고 있음에도 이 간접적인 보유 형태를 규제하는 조항
을 갖고 있지 못하다. 또 기업들이 주식 보유에 직접 참여하지 않으면
서도 특수 관계인들을 분산시켜서 참여할 경우 형식적으로는 경영권
을 확보할 수 있다. 그리고 의결권 제한의 경우에도 10퍼센트 이하에
서 몇몇 주주가 주식을 분산해서 소유하여 의결권을 행사하는 일이
있을 수 있다.

다음에 위반할 때에는 2천만 원 이하의 벌금을 부과할 수 있도록 되어 있기는 하지만 부칙에 자회사가 모회사의 주식을 보유하고 있는 경우에는 개정 상법 시행일부터 3년 이내에 그 주식을 처분해야 한다는 유예 규정을 두고 있다(자회사에 의한 모회사 주식의 취득에 관한 경과 조치: 제9조).

따라서 상법 개정의 정신을 살리기 위해서는 이런 점을 고려해서 복잡하고 우회적이고 변칙적인 상호 주식 보유 형태에 대한 규제, 주식의 위장 분산에 대한 규제 등을 더 한층 강화할 필요가 있다. 그리고 3년이라는 유예 기간을 되도록 단축시킬 필요가 있다. 적어도 현재로서는 시행령에서나마 이런 미비점을 보완하는 방안이 강구되어야 할 것이다.

그러면서 공정거래법이나 금융제도 등 관련 있는 법이나 제도를 여러 가지 각도에서 검토해서 수정하는 등의 노력도 병행해 가야 할 것이다.

그리고 한편 재벌은 문어발식 기업 확장의 긍정적인 면만을 내세우지 말고 경제력의 집중이 부의 편재를 격화시킴으로써 소외계층의 반자본가적인 감정을 유발한다는 점을 깊이 인식하고서 문어발식 기업 확장보다는 도리어 기업 재무구조의 개선, 생산성 향상, 기술개발 등 내부의 충실화를 위해서, 또 중소기업과의 보완 관계 내지 유대 관계를 강화하기 위해서 더 한층 주력해 갈 필요가 있을 것이다.

《월간조선》(1984. 5)

독과점 규제와 물가안정[*]

독과점 규제의 경제적 효과

독과점 규제의 초점은 경제발전 과정에서 독과점이 생산의 효율성
과 기술진보에 미치는 효과에 있기 때문에 독과점 규제의 경제적 과
제는 기업에 대해 적당한 성장의 자극을 주면서 유효경쟁을 확보하는
것으로 요약될 수 있다.

유효경쟁체제 확립을

독점기업은 생산에 있어서 새로운 기업의 진입이 불가능하고 대체
재를 갖고 있지 않기 때문에 가격형성자로서 기능을 갖게 되어 항상
초과이윤을 획득한다. 한편 독점기업은 가격결정 과정에서 타 기업의
반응양식에 관하여 상정하는 추측적 변화에 기반을 두고 담합, 가격선
도 및 추종, 시장분할 등의 다양한 전략을 구사하기 때문에 과점기업

---

* 이 글은 대한상의경제연구센터에서 주최한 독과점 규제와 물가안정에 관한 토
론의 요지를 간추린 것임.

의 가격결정 원리를 일률적으로 규정하는 것은 어려운 일이다. 그러나 독과점가격은 완전경쟁의 상태하에서 최적 자원배분을 보장하는 파레토최적 균형가격이 되지 못하고 경쟁가격보다 높은 수준에서 균형을 이루기 때문에 결국 독과점은 자원배분의 비효율성을 그 단점으로서 갖게 된다. 대부분의 저개발국에서는 시장의 확대가 충분히 이루어지기 전에 전시효과에 의한 소비의 다양화가 이루어져 개별 상품의 시장규모가 작아지고 생산은 다국적기업이나 기타의 선진 외국기업을 통한 선진기술의 단순한 이식을 통하여 이루어짐으로써 독과점이 비교적 쉽게 형성될 뿐 아니라 독과점의 기술혁신 촉진기능은 박탈된다.

또한 기업의 규모확대에 수반되는 생산과정과 생산요소 간의 불균형에 따라 나타나는 잉여생산요소는 기존시장의 낮은 수요탄력성, 낮은 생산요소의 특화도, 좁은 시장규모 및 기술의 불가분성에 따른 높은 수준의 과잉설비와 총합하여 기업의 다변화를 초래한다.

독과점 규제와 관련해서 특기해야 할 것은 현대적 대기업이 자본주의경제의 발전에 따라서 거대화되고 이 과정에서 소유와 경영의 분리 등의 기업조직의 변화가 나타남에 따라서 기업의 사회성이 비교적 중시되는 한편 여러 가지의 새로운 유효경쟁을 제약하는 행위를 취하게 되는바, 이러한 유효경쟁의 제약행위는 선진 외국기업이나 다국적기업을 통해서 더욱 심하게 나타나기 때문에 저개발국에서는 유효경쟁체제의 확립을 위한 더욱 각별한 노력이 요구된다.

독과점은 자유경쟁에 비하여 여러 가지의 비효율성을 내포하고 있으나 독과점기업이 기술도입을 통한 경제개발 과정의 필연적 산물로 대두되므로 독과점의 존속을 허용하는 한편으로 그 폐해를 근절하고 이점을 조장하는 방향의 규제를 실시할 수밖에 없다.

배타적 거래에 강력 규제

그러나 독과점의 규제에서는 파레토최적 조건의 달성에 수반되는 조세 및 보조금의 산출, 비산업에서 가격과 한계생산비 간의 최적차(差)를 산출하는 등의 이론적 문제가 나타나기 때문에 결국 독과점 규제는 일종의 정치적·사회적 협상을 통한 입법의 형태로서 이루어진다.

저개발국에서는 구조적 특성에 기인하는 독과점 촉진적 요소와 선진경제에 의한 다국적기업의 영향에 따라서 독과점의 형성이 훨씬 용이하고 그 폐해도 크게 나타난다. 더욱이 일단 독과점적 지위를 확보한 기업은 그 행동과정에서 국민경제에 대한 폐해를 더욱 확대시키는 경향을 갖는다.

그러나 다른 한편으로는 저개발국에서는 시장규모가 협소한 가운데서 급속한 경제성장이 추구되고 있고 대부분의 기업이 본래 취약한 경제적 기반을 가지기 때문에 독과점의 장점인 규모의 경제, 기술혁신을 통한 기업체질의 강화라는 유치산업보호론적 관점에서 독과점의 긍정적 측면이 매우 크게 강조된다.

이와 같은 분석과 우리나라의 독점금지법에 대한 검토에서 볼 때 우리나라의 독과점 규제는 다음과 같은 방향에서 그 해결책 모색이 이루어져야 할 것이다.

1. 카르텔의 전면적 금지의 철폐 및 생산적 기능으로의 유도를 위한 카르텔에 대한 조건 부과를 이용한 규제방법의 채택
2. 불공정거래행위에 대한 규제에서 재판매 가격 유지 및 배타적 거래에 대한 더욱 강력한 규제
3. 다국적기업 및 선진 외국기업의 거래제한행위에 대한 더욱 면밀한 규제와 외국자본 및 기술의 도입 시에 나타나는 거래제한행

위에 대한 더욱 면밀한 조사 및 검토를 통한 규제의 강화

4. 기업의 다변화에 대한 더욱 강력한 규제

5. 기업에 대한 긴급수급조정권의 폐지와 아울러 물가안정위원회의 독립성 강화 및 공정거래법 운용상에서 기업의 발언권 강화를 통한 독과점 규제의 공정성 확보

6. 공정거래법에서 자체 감독원리의 도입

7. 독과점의 폐해 등을 보다 더 면밀하게 조사할 수 있는 전문기관의 설치 및 전문요원의 확보

8. 독과점규제에서 조세 및 외환정책과의 긴밀한 협조체제 구축

《월간 상의》(1970. 3)

재벌의 윤리와 경제발전

1

최근에 와서 재벌이 많은 논란의 대상이 됨에 따라 재벌의 윤리가 강조되고 있다. 이것은 주로 재벌의 부정적 역할에 기인한다고 할 수 있다. 따라서 여기서는 우선 재벌의 역할(긍정적 역할과 부정적 역할)을 살피고 다음에 이 글의 목적인 바람직한 재벌의 윤리는 무엇인가를 밝히고자 한다. 그러나 재벌이 스스로 바람직한 윤리를 지키기를 바란다는 것은 현실적으로 매우 어려운 일이다. 따라서 끝으로 그와 같은 바람직한 윤리를 재벌로 하여금 지키도록 하는 데 필요하다고 생각되는 제도적 방안에 대해서 언급하기로 한다.

그러나 본론으로 들어가기에 앞서 적어도 재벌과 경제발전이 무엇인가는 명확하게 해 둘 필요가 있다. 원래 재벌이라는 말은 일본에서 만들어진 통속적인 말이며 명확하게 정의될 수 있는 성질의 것은 아니다. 그러나 일단 그것은 '외형적으로는 독립되어 있지만 실질적으로는 동일한 자본에 의해 소유되어 있어서 자금, 인사, 경영 등 모든 면에서 일관된 체계하에서 움직이고 있는 대기업의 집단으로 구성되어

있는 독점자본'으로 정의하기로 한다.

다음에, 경제발전이란 단순한 양적인 경제규모의 확대, 즉 국민소득의 확대를 의미하는 경제성장으로 보는 견해도 있다. 그러나 여기에서는 일단 그것을 '경제성장에 더하여 경제의 자립과 안정의 강화 및 국민복지의 증진'으로 보기로 한다. 만약 경제발전을 경제성장으로만 이해한다면 공해라든지 부당한 폭리 등의 문제(즉 재벌의 부정적 역할로 인한 피해)는 재벌의 윤리와는 무관한 것이 될 것이다.

아래서는 재벌과 경제발전을 이 같이 이해하고 논의를 펼칠 것이다.

2

우선 재벌의 긍정적 역할로서는 저축 및 투자의 주도적인 담당을 들 수 있다. 물론 저축 및 투자에서 정부의 역할이 매우 커진 것은 사실이지만, 자본주의하에서는 저축 및 투자의 중심적 주체는 역시 기업이며, 또한 현대에서는 재벌이 기업의 중심적 형태가 되고 있으므로, 저축 및 투자의 중심적 주체는 재벌이라고 해도 과언이 아니다.

재벌은 비단 이윤의 축적으로 인한 풍부한 자기자본을 갖고 있을 뿐 아니라 튼튼한 공신력과 큰 영향력을 갖고 있어서 주식 발행과 금융기관으로부터의 차입을 통한 타인자본의 동원능력도 막강하다. 재벌은 이와 같이 자기자본 및 타인자본의 풍부한 동원능력을 갖고 투자함으로써 경제성장을 촉진시키는 것이다.

또 한 가지 재벌의 긍정적 역할로서는 대량생산을 통한 규모의 경제의 실현을 들 수 있다. 이 규모의 경제의 실현은 생산비의 절하와 자원의 절약을 가능케 한다. 물론 이 역할은 엄밀한 의미에서는 재벌에 고유한 것은 아니고 대기업에 공통되는 것이다. 그러나 재벌은 대

기업의 집단이므로, 그것을 재벌의 역할이라고 해도 무방할 것이다.

재벌은 거대한 자본동원능력을 갖고 대규모 생산시설에 필요한 대규모의 투자도 할 수 있다.

끝으로 또 한 가지 긍정적 역할로서는 신기술 개발 및 도입을 들 수 있다. 이 역할도 대량생산을 통한 규모의 경제의 실현과 마찬가지로 재벌에 고유한 역할이라기보다는 대기업의 역할이라고 말하여야 정확하겠지만 대기업의 집단이 재벌이므로 재벌의 역할이라고 해도 무방할 것이다.

원래 산업혁명기 즉 고전적 산업자본주의 성장기에서는 신기술의 개발과 이의 생산에의 도입은 소생산자에 의하여 주로 이루어졌으나, 대량생산기술이 일반화된 현대에서는, 특히 선진국에서는 신기술의 개발과 도입은 주로 기업에 의해서 이루어지고 있다. 슘페터에 따르면 경제발전의 원동력은 신기술의 생산에의 응용 곧 '혁신'인데 이는 신기술의 발명, 이를 생산에 도입하려는 기업가의 창의적 의지 및 이를 위한 자금을 공급해 주는 은행의 신용창조의 3요소가 결합되어 이루어진다고 한다. 이와 같은 혁신을 위한 3요소를 가장 잘 구비하고 있는 것이 대기업, 나아가서는 재벌이라고 할 것이다. 재벌은 독자적인 연구개발을 위한 연구기관과 또한 이를 도입하려는 의지와 이에 필요한 자본동원능력을 갖고 있는 것이다.

이상에서 살펴본 경제발전에서 재벌의 긍정적 역할의 세 가지, 즉 저축 및 투자의 주도적인 담당, 대량생산을 통한 규모의 경제의 실현, 그리고 '혁신'의 담당은 항상 분리되어서 이루어지는 것은 아니고 동시에 상호 결합되어서 이루어질 수 있는 것이다. 그러나 이러한 재벌의 세 가지 긍정적 역할은 경제의 자립과 안정의 강화 및 국민복지의 증진과 직결되는 것은 아니므로, 이 세 가지 역할은 주로 경제성장에

의 기여이지 경제발전에의 기여라고 할 수는 없다. 즉 재벌이 이 세 가지 성과를 달성하였다고 하여 곧 재벌이 경제발전에 기여할 수 없는 것이다. 왜냐하면 재벌은 다음에서 살펴보는 바와 같이 경제발전에 대해서 부정적 역할도 하고 있기 때문이다.

3

재벌은 긍정적 역할을 함에도 불구하고 여러 가지 면에서 비판을 받고 있다. 이것은 주로 재벌의 부정적 역할에 기인한다고 할 수 있다. 그런데 그것은 크게 세 가지, 즉 기업으로서 재벌의 부정적 역할, 대기업으로서 재벌의 부정적 역할, 대기업의 집단으로서 재벌의 부정적 역할로 나누어 볼 수 있다. 재벌은 기업이면서 대기업이고 또한 대기업의 집단이기 때문이다.

물론 이 세 가지 부정적 역할 중에서 재벌에 고유한 것은 세 번째 것에 국한한다고 할 수 있다. 그러나 현실적으로는 대부분의 대기업이 재벌 산하에 있으므로, 대기업과 재벌을 현실적으로 분리시키기 힘든 것과 마찬가지로 두 번째의 역할과 세 번째의 역할을 분리시키는 것도 힘든 일이다.

우선 기업으로서 재벌의 부정적 역할로서는 산업공해의 발생, 불량 상품의 판매, 산업재해의 발생, 종업원에 대한 부당한 대우, 부실기업화, 과다한 외채의존 등을 들 수 있다. 이와 같은 부정적 역할은 비단 재벌에만 국한되는 것이 아니고 모든 기업에 해당된다. 그럼에도 이와 같은 부정적 역할에 대한 비난이 재벌로 집중되는 것은 재벌 산하기업이 대기업이므로 그 폐해가 중소기업에서보다 두드러지게 나타나고, 또한 재벌은 중소기업보다 이와 같은 폐해를 스스로 해결할 만한 충

분한 자본이나 기술을 갖고 있으면서도 그것에 소홀한 때문이다.

사실 우리나라에서는 예컨대 자동차 재벌들은 외자의 도입에는 모두 적극적이었으나 무공해차량의 개발을 위해서는 아직 별로 노력하지 않고 있으며, 또한 전자공업에 진출한 재벌들도 모두 외자도입에는 열성적이었으나 불량상품의 판매와 종업원의 처우개선에는 대부분 무관심한 편이다.

다음에 대기업으로서 재벌의 부정적 역할로서는 독과점 폐해의 야기를 들 수 있다. 독과점의 폐해는 불공정성과 비효율성의 둘로 나눌 수 있다. 독과점이 불공정성과 비효율성을 수반한다는 것은 일반적으로 시인되고 있는 사실이다. 독과점하에서는 상품의 가격이 독과점기업에 의해서 부당하게 높이 결정됨으로써 독과점기업은 폭리를 취득하게 되어 공정성이 파괴되며, 또한 독과점적 상품의 가격만이 인위적으로 상승됨으로써 각 상품 가격의 자연스러운 등락을 통한 자원의 최적배분이 왜곡되어 효율성도 파괴되는 것이다.

우리나라의 경우 내구소비재는 거의가 수입이 금지된 품목이면서 국내시장은 몇몇 재벌 산하기업에 의해서 과점되어 있는데 이들 상품의 국내가격은 대부분 국제가격에 비해 훨씬 높다. 그뿐만 아니다. 완전히 한 재벌 산하기업에 의해서 독점되어 있는 상품인 A재(모든 기계의 기초부분품의 하나임)의 경우 역시 수입금지 품목이어서 국내시장을 독점하고 있는 관계로 그 품질이 국제수준 이하임에도 그 기업은 기술개발을 게을리하고 있다. 따라서 그 품질 개선이 전혀 이루어지지 않아 우리나라의 기계공업 전체의 발전을 지연시키고 있는 것이다.

끝으로 대기업의 집단으로서 재벌의 부정적 역할로서는 무분별한 투자를 들 수 있다. 재벌은 산하에 다수의 대기업을 갖고 있으므로 한 산업만이 아니라 여러 산업에 투자한다. 우리나라의 경우 한 재벌이

제당업, 섬유업 등의 경공업에서부터 시작하여 무역업, 보험업, 운수업, 서비스업, 그리고 전자공업, 비료공업 및 조선공업 등 중화학공업에까지 다방면에 걸쳐 자체 내에서 축적된 자본과 막강한 타인자본의 동원능력을 구사하며 투자하고 있는 것이다.

그런데 재벌은 종종 무분별하게 투자함으로써 자본을 낭비할 뿐만 아니라 무력한 시민과 중소기업의 생존권을 위협하고 있는 것이다. 예컨대 토지나 상품을 매점함으로써 주택난을 가중시키고, 인플레를 가속화시켜서 시민의 생활을 어렵게 하거나 중소기업의 분야에까지 침투하여 중소기업을 몰락시키고 중소기업 종사자의 생존기반을 박탈하는 폐해를 끼치는 것이다. 한 재벌기업의 아이스크림 분야의 진출로 기존의 소·영세업자를 전부 몰락시킨 일이라든지, 도시 근방의 수많은 토지가 재벌들에 매점되어 최근의 부동산투기에서 재벌이 지대한 역할을 하고 있다든지 하는 예는 우리 모두가 잘 알고 있는 사실이다.

그런데 이와 같은 대기업의 집단으로서 재벌의 부정적 역할에 기인하는 폐해는 재벌 산하의 대기업이 상호지원을 통하여 부정적 역할을 용이하게 함으로써 더욱 확대될 수 있다. 예컨대 73년 말의 유류파동 때 아이스크림공장과 정유공장을 가진 H재벌은 유류부족 때문에 곤란을 받고 있는 제과점들에게 그들의 아이스크림을 취급한다면 유류를 공급해 주겠다고 제의한 일이라든가, 재벌 산하에 있는 보험회사가 같은 계열의 부동산회사의 골프장 신설에 융자하여 준다든지 하는 것들이 이의 예라고 할 것이다.

4

앞에서 재벌의 경제발전에서 긍정적 역할과 부정적 역할을 살펴보

았다. 이에 비추어 볼 때 결국 경제발전을 위해 바람직한 재벌의 윤리는 재벌의 이러한 긍정적 역할을 살리고 부정적 역할은 억제하는 것에서 찾아야 할 것이다. 바꾸어 말하면 재벌이 그 사회적 책임을 다하는 것에서 찾아야 힐 깃이다.

따라서 우선 재벌에게 바라고 싶은 것은 투철한 사회적 책임감의 견지이다. 재벌은 기업의 지도적인 입장에 있으므로 이 점에서 더욱 앞장서야 할 것이다. 기업이 단순히 소유자의 사유물로 인식되던 시대는 이미 지났다. 기업은 그 소유자 한 사람에 의해서 운영되는 것은 아니며 전 종업원에 의하여 운영되는 것이며 또한 소비자가 있음으로써 존립할 수 있는 것이다. 경제발전, 즉 성장만이 아니라 경제의 자립과 안정의 강화 및 국민복지의 증진은 기업의, 특히 재벌의 참여 없이 실현할 수 없는 것이다. 따라서 재벌은 국민경제의 자립과 안정의 강화 및 국민복지의 증진에 앞장서서 참여하는 것이 바람직하다.

앞서 살펴본 재벌의 폐해는 모두 이 재벌에게 사회에 대한 책임감이 부재함으로 인해서 야기되었다고 볼 수 있다. 공해 및 산업재해의 발생, 불량상품의 판매, 과도한 외자의존, 독과점의 불공정성, 무분별한 투자 등이 그러한 예이다. 이러한 재벌의 폐해를 막고 경제발전을 이룩하기 위해서는 재벌의 사회에 대한 책임감의 견지가 필수적인 것이라고 할 것이다.

그러나 재벌뿐만 아니라 모든 기업의 1차적 목표는 이윤의 추구에 있다. 따라서 재벌은 이윤의 추구와 사회적 책임의 완수를 양립시키는 길을 부단히 모색하여야 할 것이다. 이것은 지난한 일일는지 모른다. 그러나 그 하나의 실마리를, 천민자본주의에서는 단순한 탐욕을 위해서 수단방법을 가리지 않는 것에 반해서 근대자본주의에서는 합리적 정신에 입각하여 저축 및 투자를 통한 합리적인 생산활동을 거쳐서

부를 축적한다고 하는 막스 베버의 지적과 기업가의 창의성을 강조하는 슘페터의 '혁신'이론에서 찾을 수 있지 않을까 생각한다. 따라서 투철한 사회적 책임감과 함께 재벌에 바라고 싶은 것은 합리적 정신에 입각하여 이윤의 축적과 이의 생산부문에의 투자를 통한 합리적 생산 활동의 추구, 창의성의 발휘를 통한 부단한 '혁신'을 위한 노력이다. 이러한 합리성의 추구와 창의성의 발휘는 산업자본주의 시대에서나 독점자본주의에서나 경제발전의 원동력인 것이다. 재벌이 합리성과 창의성에 입각하여, 획득한 부를 저축하여 이를 신기술 도입을 비롯한 생산시설에 투자하여야만 저축 및 투자에서 주도적인 담당, 대량생산을 통한 규모의 경제의 실현, '혁신'의 실현이라는 재벌의 긍정적 역할을 수행하게 되는 것이다. 그렇지 않을 때 재벌의 거대한 자본은 비생산적인 데 투자되며 신기술의 개발과 도입은 정지되며 이로 인해 생산력의 발전은 정체되고 인플레가 발생하게 되는 것이다.

결국 재벌은 합리성과 창의성의 발휘를 통하여 이윤을 추구함과 동시에 긍정적 책임감을 견지함으로써 부정적 역할을 스스로 억제하여야 할 것이다.

5

바로 앞에서 재벌에게 요청되는 것은 투철한 사회적 책임감의 견지, 합리성의 추구, 창의성의 발휘 등 세 가지임을 보았다. 그러나 재벌이 이와 같은 요청을 스스로 수행하기를 바라는 것은 현실적으로 매우 힘든 일이다. 그러나 이 세 가지 요청은 필수적인 것이므로 재벌로 하여금 그것을 수행하도록 하는 제도적 방안이 필요하다.

그런데 재벌의 사회적 책임은 ① 사회에 대한 책임, ② 소비자에 대

한 책임, ③ 주민에 대한 책임, ④ 종업원에 대한 책임, ⑤ 주주 및 채권자에 대한 책임으로 나누어 볼 수 있다. 그러나 이윤추구를 통해서 ⑤의 책임은 자동적으로 해결되는 것으로 생각할 수 있으므로 문제가 되는 책임은 ①, ②, ③, ④이 책임이다. 따라서 재벌이 사회적 책임의 수행 여부를 감시할 주체는 ① 정부(이것은 사회를 대표하는 것이다), ② 소비자, ③ 주민, ④ 종업원의 넷이 된다. 따라서 제도적 방안은 다음과 같이 그 주체에 따라 넷으로 나누어 생각해 볼 수 있다.

① 정부에 의한 것

가. 기업공개 강화: 재벌의 폐해 중 세 번째의 폐해, 즉 대기업집단으로서 재벌의 폐해는 재벌 산하기업이 한 자본에 의하여 소유되어 있기 때문에 발생하고 있는데 이 자본은 주로 한 가족에게 소유되어 있다. 따라서 대기업집단으로서 재벌의 속성을 제거하기 위해서는 이와 같이 한 가족을 위해서 집중적으로 소유되어 있는 재벌기업의 주식을 일반에게 분산시키는 기업공개가 필요하다. 실제로 한국의 재벌 산하기업들은 그들 소유기업의 주식을 일반에게 공개하지 않기 위해서 수단방법을 가리지 않고 있다. 기업공개는 재벌에 의한 대기업집단의 소유를 불가능하게 하기 위한 가장 효율적인 방법이다. 정부는 기왕에 추진하고 있는 기업공개 정책을 더욱 강화하는 것이 국민경제상 바람직하다.

나. 독과점규제법: 대기업의 형성, 나아가서 재벌의 형성은 불가피한 것이라 하더라도 폭리 취득을 위한 의도적 독과점행위는 법으로 규제하는 것이 선진국에서의 예이다.

다. 공해규제법의 강화.

라. 노동3법의 투철한 시행: 현행 근로기준법, 노동조합법, 노동쟁의

조정법 등 노동법의 시행을 강화하는 것이 재벌로 하여금 종업원의 복지를 향상하도록 하는 데 크게 기여할 것이다.

마. 기타: 외자도입심사의 강화는 재벌의 외자의존도를 심화시키지 않도록 할 것이며, 부동산투기 억제를 통한 지가(地價)의 억제 등은 재벌의 부동산투기를 막을 수 있을 것이다. 이 밖에도 정부는 재벌의 투자 및 거래를 억제할 수 있는 입법 및 행정조치를 강구할 수 있다.

② 소비자에 의한 것

이의 대표적인 것으로서는 소비자단체의 결성을 들 수 있다. 이는 재벌의 불량상품이나 폭리를 규제하는 데 매우 유용할 것이다.

③ 주민에 의한 것

공해에 대한 방지책으로서는 공해규제법만이 아니라 현지 주민단체의 적극적인 반대운동도 필요할 것이다.

④ 노동자에 의한 것

종업원에 대한 재벌의 책임은 종업원 스스로가 재벌로 하여금 이를 지도록 하여야 할 것이다. 이를 위해서는 무엇보다도 노동조합이 결성되어야 할 것이다. 그러나 우리나라에서는 노동조합법이 제정되어 있음에도 노동조합을 꺼려서 산하기업에서 노동조합이 결성되는 것을 금지하고 있는 재벌이 상당히 있으며, 더욱이 사무직 종업원들의 노동조합 가입을 거의 대부분의 재벌들이 금하고 있다. 원만한 노사 협조를 위해서도 또 종업원의 복지 향상을 위해서도 노동조합의 결성은 필요한 것이다.

《신동아》(1975. 12)

대기업보다 알찬 중소기업 보살펴 실속을……

공업화냐 농업개발이냐, 수출이냐 내수(內需)냐는 한 나라 경제개발 전략의 가장 중요한 쟁점을 이룬다. 그러나 우리나라는 공업화와 수출을 경제개발전략으로서 채택하되 공업화에서는 1970년대 초까지는 경공업화가, 그 이후는 중화학공업화가 추진되었다.

그리하여 그동안 산업구조, 공업구조, 수출상품구조 등의 고도화 내지는 개선이 실현되었다. 다시 말하면 생산액 혹은 부가가치에서 제조업 비중의 증대, 제조업의 생산액 혹은 부가가치에서의 중화학공업 비중의 증대, 총수출액에서 공산품과 중화학공업 제품 비중의 증대 등이 실현되었다. 그러나 원래는 공업화가 선행하고 수출이 뒤따르는 것이 정상인데 우리나라에서는 수출을 하도 서두르는 바람에 그것이 거꾸로 되어서, 수출이 선행하고 공업화가 뒤따르는 격이 되어버렸다.

말하자면 '수출'주도적 '공업화'가 추진되었으며 좀더 구체적으로는 1970년대 초까지는 '수출'주도적 '경공업화'가, 그 이후는 '수출'주도적 '중화학공업화'가 추진된 셈이다. 따라서 수출은 국내의 제조업의 지원을 제대로 받을 겨를도 없이 달리다 보니 자연히 외국의, 그것도 지리적으로 인접해 있는 것에 주로 기인하겠지만, 일본의 제조업에 크게

의존하지 않을 수 없게 되었다. 게다가 우리나라는 천연자원이 부족한 편이므로 원유를 비롯한 많은 자원을 산유국(産油國)과 자원보유국에 전적으로 의존하게 되어 있다.

사실 우리나라의 상품 수입구조를 보면, 1983년에는 원료 및 연료, 경공업제품, 중화학공업제품은 총수입에서는 각각 37.0, 9.9, 46.5퍼센트를 차지하고 있고 대일(對日) 수입에서는 4.4, 15.2, 80.1퍼센트를 차지하고 있다. 그리고 중화학공업제품 중 대일 수입비중을 크게 만들고 있는 품목은 화학제품·철강·금속 및 동 제품 같은 소재(素材) 내지 중간재, 전기·전자기기 같은 부품, 일반기계류 같은 자본재임을 알 수 있다.

따라서 우리나라의 경우에는, 수출의 증대는 곧 그와 병행하는 수입의 증대를 초래하게 되어 있으며, 그러기에 무역수지(貿易收支, 수출입차)는 만성적으로 적자가 되지 않을 수 없고, 또 대일 무역수지도 그러하다고 할 수 있다. 경상수지(經常收支)의 경우도 마찬가지이다. 그것은 주로 무역수지와 무역외수지(서비스 수출입차)로 구성되는데 무역수지가 압도적으로 큰 비중을 차지하고 있기 때문이다.

그러나 그동안 수출은 기업의 대규모화를 초래하기도 했음을 간과해서는 안 될 것이다. 수출을 하려면 국제경쟁력을 갖추어야 하는데 그러려면 공장규모를 국제단위 규모로 하지 않을 수 없으며, 따라서 공장규모 나아가서 기업규모가 대규모화되었다. 1970년대 전반부터 추진된 중화학공업화도 대규모화를 촉진시킨 것은 말할 나위도 없다. 사실 기업의 독과점화(獨寡占化)가 두드러지기 시작한 것도 대체로 그때부터의 일이라고 할 수 있다.

이러한 기업의 대규모화는 중소기업의 상대적 위축의 초래를 뜻한다. 종업원 수 299인 이하의 규모로 할 때 중소기업은 제조업의 경우

1982년에는 사업체 수에서는 97.3퍼센트를 차지하면서도 종업원 수에서는 53.8퍼센트를, 부가가치에서는 36.2퍼센트를 차지하고 있는 데 불과하다.

그러나 최근에 발표된 힌국신업은행의 자료에 따르면 중소기업은 1983년에는 대기업보다 성장성(成長性)에서는 떨어지지만 수익성(收益性)·안정성에서는 도리어 나았다고 한다. 즉 성장성을 나타내는 지표의 하나인 매출액 증가율은 대기업의 경우 17.06퍼센트인 데 대해서 중소기업의 경우 14.4퍼센트이지만, 수익성을 나타내는 지표의 하나인 총자본 경상이익률은 대기업의 경우 2.63퍼센트인 데 대해서 중소기업의 경우 3.89퍼센트이고, 안정성을 나타내는 지표의 하나인 부채비율은 대기업의 경우 372퍼센트인 데 대해서 중소기업의 경우 343퍼센트이다.

이러한 사실은 한국은행의 자료에 의해서도 뒷받침된다. 그 밖에 한국은행의 자료에 따르면 고정부채(固定負債)를 이루고 있는 외국차관이 자산(資産)에서 차지하는 비중이 1982년에는 대기업의 경우 7.5퍼센트인 데 대해서 중소기업의 경우에는 3.3퍼센트이다.

물론 우리나라 기업의 자기자본비율은 대기업, 중소기업 할 것 없이 매우 낮은 편이다. 한국산업은행의 자료에 따르면 그 비율은 1982년에는 20.5퍼센트라고 한다. 그런데 이것은 미국의 49.0, 대만의 37.5, 서독의 30.4퍼센트에는 말할 것도 없고 일본의 25.1퍼센트에도 크게 못 미친다. 결국 그동안 우리나라 기업은 부채에 의존해서 확장해 온 것이 사실이지만 대기업이 실속 없는 외형 위주의 확장을 추구하고 있는 데 대해서 도리어 중소기업은 더 실속을 차리는 확장을 하고 있다고 할 수 있다.

그렇다면 수출과 관련해서 앞으로 할 일은 우선 수입과의 병행관계

단절의 추진이라고 할 수 있다. 다시 말하면 우리나라의 수입상품구조
를 개편해 갈 필요가 있으며 나아가서 수출이 국내산업 특히 중화학
공업의 지원을 제대로 받을 수 있도록 공업구조를 개편해 갈 필요가
있다. 바로 이것이 다름 아닌 국내소재산업, 부품산업 육성의 필요성
을 강조하는 주장의 내용이다. 이런 수입과의 병행관계 단절 없이는,
우리나라의 무역수지 적자, 나아가서 경상수지 적자의 개선을 기대할
수 없을 뿐 아니라 최근 특히 문제가 되고 있는 대일 무역수지 적자
내지 불균형의 개선도 기대하기 어렵다는 것은 불 보듯 뻔한 일이다.

다음에 할 일은 대기업으로 하여금 수익성·안정성을 높여가는 가운
데서 기업 확장·수출 증대를 실현시키도록 하는 것이라고 할 수 있다.
내실(內實)을 외면한 기업 확장이나 수출 증대는 한낱 허장성세(虛張聲
勢)에 지나지 않을 뿐 아니라 우리나라의 외채 누증을 촉진시키는 면
이 있다. 실속 없는 대기업보다는 차라리 내실을 다져가는 건전 중소
수출기업을 육성해 가는 일이 더 국익에 도움이 될 것이다. 중소수출
기업 나아가서 중소기업의 육성의 필요성을 강조하는 주장의 등장은
바로 여기에 연원한다고 할 수 있다.

어떻든 우리나라의 수출도 이제는 실속을 차릴 때가 되었다. 그런
의미에서 수출의 확대가 국내산업의 지원을 제대로 받는 가운데서 또
대기업이 성장성보다는 수익성·안정성을 더 중시하는 가운데서 그리
고 중소기업이 제대로 역할을 하는 가운데서 실현되어 가도록 하는
일이 특히 강조되어야 할 것이다. 이때 정책적인 뒷받침이 따라야 함
은 재론의 여지가 없다.

《주간매경》(1984. 9. 27)

제4편
한국경제의 진로와 과제

한국경제의 상황과 과제

1. 경제성장 · GNP · 경제개발

경제성장은 무엇인가? 이에 대해서는 여러 가지 정의가 내려질 수 있다. 그러나 보통 그것은 실질국민소득, 혹은 그것을 인구수로 나눈 1인당 실질국민소득의 지속적인 증가로 정의된다. 국민소득에는 GNP, NNP, NI(협의의 국민소득), GDP(국내 총생산) 등 여러 가지가 있다. 그러나 이 가운데서 가장 널리 이용된다고 볼 수 있는 것은 GNP이다. 여기서는 국민소득을 일단 GNP로 한정시키기로 한다. GNP는 한마디로 말해서 일정 기간(보통 1년)에 한 나라의 국민에 의해서 생산된 최종생산물을 시장가격으로 평가하여 합계한 것이다. 여기서 생산물은 유형재뿐만 아니라 사환의 봉사 같은 무형재인 서비스도 포함된다.

이와 같은 그 정의에서 GNP는 다음의 특징을 갖고 있다고 할 수 있다. 우선 합계 개념이다. 따라서 그 내용(구성)이 은폐된다. 지금 세 가지 경우를 75·0·0(Ⅰ), 50·25·0(Ⅱ), 25·25·25(Ⅲ)이라고 하자. 분명히 구성에는 차이가 있지만 세 가지 경우에 합계치는 모두 75이다. 그리고 75를 3으로 나눈 산술평균치는 25이다. GNP는 이 경우의 75와

같은 합계치고 1인당 GNP는 25와 같은 산술평균치이다. 특히 1인당 GNP의 경우에는 산술평균치이므로 추상적인 수치라고 할 수 있다. (Ⅰ)의 경우에는 25는 전혀 존재하지 않는 것이다. 분명히 산술평균은 구체적인 평균인 중위수(中位數)나 최빈수(最頻數)와는 다르다.

둘째, 생산 활동에서 발생한 것을 나타내는 개념이다. 따라서 기존 자본가치의 단순한 등귀 혹은 하락에 기인하는 자본손익(資本損益)이라든가 증여, 유산상속, 자선, 기부금, 정부의 보조금 등은 포함하지 않는다.

셋째, 순계개념(純計概念)이다. 따라서 생산에 사용된 원재료·연료 등의 중간생산물(혹은 중간재)을 포함하지 않는다. 지금 노동을 투하해서 생산된 10의 밀을 원료로 해서 생산된 20의 밀가루를 또 원료로 해서 30의 빵을 생산했다고 하면, GNP는 60(=10+20+30)이 아니고 중복된 부분인 30(=10+20)을 60에서 공제한 30(=10+10+10)이다. 말하자면 GNP는 총생산에서 중복된 부분을 제외한 것, 즉 부가가치의 합계를 의미하는 셈이다.

넷째, 일정 기간에 새로이 생산된 것을 나타내는 개념이다. 따라서 과거의 축적을 나타내는 국부에 새로이 첨가되는 부분을 나타낸다. 국부(國富)는 스톡 개념인 데 대해서 GNP는 생산물의 흐름을 나타내는 유량(flow) 개념이다.

다섯째, 유형재뿐만 아니라 무형재인 서비스를 포함하는 개념이다. 따라서 서비스를 포함하지 않은 스미스의 경우와 구별된다. 스미스는 유형재를 생산하는 노동을 생산적 노동, 무형재를 생산하는 노동을 비생산적 노동으로 구별하고 생산적 노동에 의해서 생산되는 유형재만을 연년(年年)의 순생산물에 포함시키고 있다.

여섯째, 시장가격으로 평가된 개념이다. 즉, 원칙적으로 시장에서

거래되는 재화와 서비스를 가격으로 평가한 개념이다. 따라서 시장에서 거래되지 않고 직접 소비되는 재화라든가 서비스를 어느 범위까지 포함시키느냐의 문제를 야기한다. 그리고 어떤 기준이 되는 해의 가격, 즉 불변가격으로 평가하느냐 혹은 그해 그해의 가격, 즉 경상가격으로 평가하느냐에 따라서 불변가격 표시의 GNP(실질 GNP)와 경상가격 표시의 GNP(명목 GNP)로 나누어진다.

그러나 GNP와 관련해서 다음 사실에 유의할 필요가 있을 것이다.

첫째, GNP의 증가는 반드시 소득의 공평한 분배를 보장하지 않는다. 이것은 GNP가 구성을 은폐하고 있는 합계개념이라는 데에 기인한다. 지금 21 29 41 56……(Ⅰ), 20 26 36 47……(Ⅱ), 19 20 25 32……(Ⅲ)의 경우를 생각해보자. 분명 (Ⅰ), (Ⅱ), (Ⅲ)의 증가로 해서 합계와 산술평균도 증가하고 있다. 즉, 합계는 60 75 102 135……로 산술평균은 20 25 34 45……로 증가한다. 그러나 (Ⅰ)과 (Ⅲ)의 격차는 2 9 16 24……와 같이 커지고 있음을 간과해서는 안 된다. GNP는 합계치에, 1인당 GNP는 산술평균치에 해당되는 것이다. 사실 중동 산유국의 경우처럼 대부분의 국민은 빈곤하면서도 지배자에게 돌아가는 막대한 석유조광료(石油租鑛料) 등으로 해서 GNP의 급격한 증가는 가능하다. 이에 더해서 GNP의 증가는 자원의 효율적 배분이나 경제안정을 보장해주지는 못한다.

둘째, GNP는 시장에서 거래되는 재화와 서비스를 시장가격으로 평가한 것이므로 이에는 여가, 근무시간의 단축, 전원의 아름다움, 신선한 공기 등은 말할 것도 없고 경제성장의 폐해인 공해, 자연자원의 고갈, 환경파괴, 도시문제 등이 반영되지 않는다. 그러면서도 그것은 고도의 기술을 요하는 대량살상무기 등을 반영하는가 하면 또 수질을 오염시키는 화학공장의 제품이라든가 흑백텔레비전을 반영한다(이때

그 무기에 의한 피해나 수질오염에 의한 피해, 진부화의 가속에 의한 피해 등
이 마이너스 요인으로 그것에 반영되지 않음은 물론이다).

셋째, GNP의 증가는 시장에서 거래되는 재화와 서비스가 증가할수
록 커지며 또한 최근의 가격으로 평가될수록 커진다. 따라서 시장거래
화 정도의 증대는 GNP의 증가를 초래하며, 또한 최근의 가격에 의한
평가는 GNP나 1인당 GNP를 증대시킨다.

넷째, GNP는 각종의 생산에 관한 기초통계를 이론에 의거해서 결
합하여 추계된 값이다. 따라서 저개발국일수록 대체로 기초통계가 부
정확하다고 할 수 있으므로, 그것에서 추계되는 GNP에 계상되지 않
던 기초통계가 새로이 작성되게 되면 그에 따라서 GNP가 증가될 수
있다. GNP는 이처럼 기초통계가 정비됨에 따라서 정확도를 높일 수
있으며 또한 증가될 수 있다.

다섯째, GNP는 국민경제의 진정한 건강상태를 반영해준다고 할 수
없다. 즉, GNP는 취약한 산업구조와 시장과 자본의 높은 해외의존도
아래서도 증가할 수 있다. 따라서 GNP가 증가한다고 해서 반드시 산
업구조와 국제수지가 개선되고 경제의 자립도가 제고되는 것은 아니
다. 어떻게 보면 GNP로 한 나라를 파악하려는 것은 마치 사람을 신장
만으로 파악하려고 하는 것과 같다고 할 수 있을 것이다. 신장은 자라
면서도 몸이 허약한 사람이 있듯이 GNP가 증가하면서도 경제체질이
쇠약한 나라도 있을 수 있다. GNP는 또 중동 산유국의 경우처럼 사회
적·문화적·제도적 변화 없이도 증가할 수 있다.

여섯째, 달러로 표시한 GNP 혹은 1인당 GNP는 미국에서의 물가상
승률을 고려하고 있지 않다. 그러나 미국에서도 1960년 이후에는 인플
레이션이 계속되어 달러화의 가치가 크게 떨어지고 있다. 통계에 의하
면 미국의 도매물가는 1965~74년 사이에 1.7배로 상승하고 있다. 따

라서 달러로 표시한 GNP 혹은 1인당 GNP를 운위할 때에는 이 점을 간과해서는 안 될 것이다.

여기서 다음의 사실을 알 수 있다.

첫째, GNP는 여러 가지 문제점을 내포하고 있으며 특히 경제 복지의 지표로서 부적절하다. 쿠즈네츠(S. Kuznets)도 이 점을 시인하고 있다. 오늘날 GNP 대신에 NEW(Net Economic Welfare), 즉 순경제복지 혹은 새로운 사회지표의 사용이 주장되는 것은 바로 이에 기인한다고 할 수 있다.

둘째, 경제성장은 구조적 변화 없이도 이루어질 수 있다. 따라서 경제성장은 경제개발과 동일하지 않다. 경제개발은 보통 경제성장에 구조적 변화를 더한 것을 의미한다. 저개발국은 이중적인 경제구조를 갖고 있을 뿐 아니라 사회·문화·제도 등에 갖가지 전통이 남아 있기 때문에 경제성장 외의 구조적 변화를 필요로 한다. 저개발국에서 필요한 것은 경제성장이 아니고 경제개발이다.

셋째, 경제성장은 공해, 자연자원의 고갈, 환경파괴, 도시문제 등을 야기한다. 그 밖에 경제성장은 ① 사회적 시설이 불충실한 데 기인하는 사적 소비와 사회적 소비 사이의 불균형, ② 생산자에 의한 욕망의 자의적인 창출 및 성장과정에서 생활 패턴의 변화에 의한 욕망의 강제, ③ 인간소외 등을 야기한다. 말하자면 경제성장은 이른바 성장의 폐해를 갖고 있는 셈이다. ②에 대해서 좀더 설명하면 다음과 같다. 첫째 것은, 경제성장에 의해서 충족하는 것으로 되어 있는 수요의 대부분은 성장 그 자체에 의해서 창출되었거나 성장의 수익자에 의해서 유발된 것이라는 뜻이다. 갤브레이스(J. K. Galbraith)는 이 사실을 산업은 소비자가 바라는 바를 생산하고 있는 것이 아니고 소비자가 그 생산물을 원하도록 만들고 있다고 표현하고 있다. 둘째 것은, 예컨대 영

양수준이 불충분하면서도 국제적 전시효과에 영향을 받아 자동차·냉장고·텔레비전 등의 내구소비재에 무리한 지출을 하게 하거나 불건전한 레저에 빠지게 하는 것을 뜻한다.

넷째, 경제성장은 그 성과가 일부의 계층이라든가 지역에 과도하게 집중되면서도 이루어질 수 있다. 따라서 경제성장은 반드시 분배의 공평을 수반하는 것은 아니다. 물론 선진국의 경험에 비추어 보면 경제성장은 분배의 공평을 초래하는 장기적 경향이 있다고 한다. 그러나 이 경향을 찾아낸 쿠즈네츠도 오늘날의 저개발국에서는 분배의 공평을 위해서 사전의 노력이 필요하다는 것을 밝히고 있다. 그는 오늘날의 저개발국의 부유층은 선진국이 개발단계에 있을 때의 부유층과 여러 가지 면에서 차이가 있음을 강조하고 있다.

환경의 보호, 사회간접자본이라든가 사회보장의 충실, 분배의 공평화, 소비자 보호 등을 성장의 질을 향상시키기 위한 노력이라고 한다면 경제성장은 우리로 하여금 이 같은 노력을 요구하게끔 한다고 할 수 있다. 그리고 만약 1인당 GNP나 그 증가가 자신과 상관없다고 느끼는 사람들이 있다면 그것은 바로 경제성장이 반드시 성장의 질의 향상을 초래하는 것이 아니라는 데 기인한다고 할 수 있다.

2. 국제경제환경

대외지향적 공업화 전략으로 고도성장을 추진해온 한국경제에 가장 중요한 영향을 미칠 국제경제환경은 근년에 더욱 한국에 불리하게 변화되어왔다. 국제경제환경의 이와 같은 불리한 변화는 한국의 대외지향적 공업화 전략에 커다란 애로가 되는 것이며, 이러한 불리한 국제경제환경을 여건으로 받아들여 이를 완화 또는 극복할 수 있는 대책

이 요청되고 있다. 한국에 직간접적으로 영향을 미칠 국제경제환경의 변화는 ① 자원 내셔널리즘, ② IMF 및 GATT 체제의 동요 ③ 보호무역주의의 대두, ④ 국제 인플레이션의 지속 등으로 요약할 수 있다. 이들은 서로 관련이 깊은 문제로서 어느 한 문제를 다루면 다른 문제가 모두 관련되기 때문에 중복을 되도록 피하면서 기본적인 문제점을 요약해보기로 한다.

첫째, 자원 내셔널리즘에 관한 문제이다. 자원 내셔널리즘은 그것이 단지 제3차 경제개발 5개년계획기간 중 한국경제에 격심한 불황과 인플레이션을 안겨주었던 일시적인 자원파동 정도로 인식되어서는 안될 것이다. 왜냐하면 그것은 제2차 대전의 종결과 함께 정치적 독립을 획득한 후 빈곤과 선진종주국에의 예속관계를 탈피하려는 저개발 국가들의 경제개발 노력에서 그 대외적인 측면을 반영하는 뿌리 깊은 것이기 때문이다. 사실 자본이 부족하고 기술이 발달하지 못하여 선진국과의 교역에서 만성적인 국제수지적자를 벗어나지 못하고 있는 저개발국이 그들의 이러한 목표를 위해서 자신의 유일한 협상무기인 자원에 대한 주권을 옹호하려고 하는 것은 당연하며 필연적인 추세라 할 수 있다.

자원문제는 바로 이와 같은 자원 내셔널리즘을 그 기본배경으로 하여 일어난 것이다. 즉, 국제자원시장이 언제나 초과수요 상태였음에도 불구하고 주로 선진국의 이익을 위해 인위적으로 낮은 수준에 묶여 있던 몇 가지 자원의 가격이 기초적인 수요·공급의 이론에 따라 현실화되기에 이른 것이며, 이로써 자원의 저가격 시대가 끝나고 자원의 고가격 시대가 도래하게 되었던 것이다.

그러나 자원 내셔널리즘이라는 직접적인 이유 이외에 다음의 몇 가지 현상이 자원문제를 더욱 부채질하였다고 볼 수 있다. 첫째, 주요 자

원에 대해서 국제적인 대자본이 독점적으로 시장을 지배함으로써 가격파동을 더욱 크게 만들었다는 점이고, 둘째는 지속적인 국제 인플레이션과 만성적인 국제통화제도의 불안정성에 의하여 주요 자원에 대한 환물(換物)사상이 더욱 고조되었다는 점이 그것이다.

자원 내셔널리즘과 관련하여 한 가지 더 지적해두어야 할 것은 그것이 저개발국의 경제개발 노력에 대한 선진국의 적극적이고도 실질적인 경제협력을 요구하는 남측(南側)의 공동보조로까지 발전해가고 있다는 사실이다. 이렇게 해서 1976년 5월 5일부터 31일까지 케냐의 나이로비에서 열린 바 있는 제4차 운크타드(UNCTAD) 총회에서는 1차산품 종합계획과 저개발국의 대(對)선진국 채무문제에 있어서 어느 정도의 성과를 거두기에 이르렀다.

물론, 이상에서 말한 자원에 대한 주권 선언이 당장 실천에 옮겨지고 있는 것은 아니다. 원자재의 국제시세가 이들 자원보유국의 카르텔에 의하여 결정되고 있는 것은 석유 이외에는 아직 없다. 그러나 앞으로 자원보유국에 의해서 원자재의 국제시세 및 공급량이 결정되는 경향은 계속 강화되어갈 것이다.

둘째, 제2차 대전 이후 1970년 초까지 국제경제질서의 양대 지주로 존속해왔던 IMF 및 GATT 체제의 동요를 들 수 있다. 원래 미 달러화를 기축(基軸)통화로 하고 고정환율제를 원칙으로 하여 성립된 IMF 체제와 무차별·호혜·다각무역주의를 기본원리로 하는 GATT 체제는 전후 1950년대까지 미국 경제력이 세계경제에서 절대적인 우위를 차지하고 있었다는 사실에 그 존립 기초를 갖고 있었다. 즉, 미국이 항상 국제수지흑자를 기록하고 또 그럼으로써 미 달러화의 실질가치를 유지하고 세계금융시장에 달러 유동성을 원활하게 공급할 수 있는 한에서는 이 양 체제가 제대로 기능할 수 있었으며, 그 점에서 미국의 이

해관계 또한 충분히 대변될 수 있었던 것이다. 그러나 1960년대에 들어와서 서구 국가들과 일본의 경제가 부흥되자 미국 경제력의 절대적인 우위는 사라지게 되었고, 미국의 국제수지가 오히려 적자로 반전함에 따라 미 달러화의 국제공신력이 추락하게 되고 국제환투기 현상이 나타나 양 체제에는 금이 가기 시작했다.

이로부터 파생된 수입제한조치에 대해서는 보호무역주의의 대두와 결부시켜 언급하기로 하고 여기에서는 IMF 체제의 국제 인플레이션과의 관련성에 대해서 좀더 언급하기로 한다. 즉, IMF 체제는 그것이 고정환율제를 도입한 결과 국제수지의 불균형을 원칙적으로 조정할 능력을 갖고 있지 못하며, 그 파급 메커니즘에 있어서도 인플레이션을 유발시키는 방향으로 작용한다는 점이다. 이것은 주로 국제수지의 적자국이 자국 내의 경기침체를 우려하여 국내지출을 억제함으로써 그 해외적자를 해소시키려고 하지 않았다는 것에 기인한다. 따라서 이 나라에서의 인플레이션의 진행은 고정환율제의 메커니즘을 통해 다른 나라들에 파급되어가는 결과를 초래했다. 또 하나의 원인은 위와 같은 국제통화제도의 불안이 계속될 때 국제수지의 흑자국, 즉 강세통화국에 투기성 단기자금이 유입되어 그 나라의 국내유동성을 팽창시켜 결국 인플레이션을 촉발시켰다는 점이다.

셋째, 국제 인플레이션은 선진국에서도 누진적(累進的)으로 심화되어가고 있다. OECD 국가들의 연평균 물가상승률(소비자 물가지수)을 보면 1950년대 후반에는 2.4퍼센트였던 것이 1960년 전반에는 2.6, 1960년대 후반에는 4.2, 그리고 1970~72년간에는 5.3퍼센트로 계속 높아지는 추세를 보여왔다. 특히 이러한 현상은 자원파동이 있었던 1973년에는 더욱 심하였다. 국제 인플레이션이 지속적으로 심화되어가는 원인은 자원 고가격 시대에서 코스트 푸시 인플레이션과 일단

발생한 인플레이션을 수속하지 못하는 IMF 체제의 동요에 있다고 할 수 있다.

여기서 국제 인플레이션과 관련해서 특별히 지적할 수 있는 것은 국제금리의 움직임이 정착되지 못한 상태에 있다는 점이다. 1972년 6월 국제고금리 현상이 나타난 후 1976년 상반기 중에는 많이 낮아지기는 했지만 일단 이러한 현상이 다시 나타나면 당분간 투자재원의 조달을 해외의 금융시장에 의존하지 않을 수 없는 한국으로서는 외자도입에 따른 부담을 가중시켜 개발계획에 추가적인 애로 요인으로 작용하게 된다는 사실을 간과해서는 안 될 것이다. 특히 국제 인플레이션이 완화될 전망 없는 여건 속에서 각국이 긴축적인 금융정책을 추구하게 되면 국제금리는 언제든지 상승할 가능성이 있는 것이다.

넷째, 보호무역주의의 대두를 들 수 있다. 원래 미국의 주도하에 원칙적으로 자유무역을 그 기조로 한 GATT 체제는 1960년대에 들어와서 미국이 국제수지적자를 겪게 되자 미국 자신이 수입제한조치를 취하는 등 동요의 조짐을 나타내기 시작했으며 이에 더하여 자원 내셔널리즘, 국제 인플레이션의 가속화는 보호무역주의의 경향을 더욱 심화시켰다. 즉, 선진국 및 한국과 같이 별다른 부존자원이 없는 저개발국은 심각한 국제수지 악화에 직면하여 국내산업보호, 실업대책, 국제수지 개선을 위해서 정도의 차이는 있지만 수입제한조치(특히 비관세장벽)를 더욱 강화하게 된 것이다. 이로부터 한국의 수출수요는 앞으로 적지 않게 제약을 받게 될 것이다.

이를테면 미국과 EC는 이미 섬유류·신발류 등을 수입제한하고 있으며—일본은 김·생사 등을 수입제한하고 있다. 이러한 추세는 프랑스, 캐나다 및 호주의 경우에도 마찬가지이며—비록 GATT의 신(新)국제라운드를 통해서 세계무역의 축소를 방지하고 자유무역의 유지·

추진을 위한 노력이 펼쳐지고 있다고는 하나 그것이 얼마나 큰 성과를 나타낼지는 각국의 이해관계가 우선적으로 중요시되는 현 국제경제질서의 움직임에 비추어 보아 매우 의문시된다고 할 수 있다. 이 밖에 한국 수출수요는 선진 각국의 경제정책이 종전의 성장위주보다도 국내경제 안정에 더 역점을 두는 패턴으로 전환되고 있으며, 동시에 경제활동의 성과에 대한 판단기준으로서 성장 대신에 복지개념에 더 큰 관심을 나타내기 시작했다는 사실에 의해서도 어느 정도 제약을 받게 될 것이다.

다섯째, 다국적기업1)의 출현과 이에 따른 세계경제 여건의 변화, 특히 우리나라와 관련해서는 외자유치에 따르는 제반 관리에 또한 주목해야 할 것이다.

이상과 같이 볼 때 한국에 불리하게 작용하고 있는 국제경제환경의 변화가 단순히 세계의 경기순환 과정에서 생긴 단기적이고 일시적인 것에 불과하다고 낙관할 수는 없으며 그것이 가까운 장래에 새로운 국제경제질서의 형성과 더불어 쉽사리 해소될 전망 또한 보이지 않는다고 하는 편이 훨씬 더 타당할 것이다.

결국 위와 같은 국제환경의 변화로 투자재원의 국내조달, 기초중화학공업의 적극적인 육성 등 경제자립의 달성이 더욱 시급한 기본과제가 되고 있다. 동시에 해외시장의 새로운 정보를 신속·정확하게 수집할 수 있도록 하는 정부 및 민간의 정보망을 육성·강화하고 한국기업의 해외직접투자를 적극적으로 추진하여 자원의 안정적 공급원의 확보와 현지 판매시장의 확대를 통한 수출증대를 꾀할 필요가 절실하다고 할 수 있다.

---

1) 1971년 말 현재 다국적기업이 산출하는 부가가치액은 세계 총생산액의 20%에 해당한다.

3. 인구 · 자원 · 기술 · 저축

1) 인 구

인구는 어느 시점에서 일정 영역(보통은 국가)에 생존하는 사람의 총수를 말한다. 사람은 경제의 주체인 동시에 생산요소의 하나인 노동을 공급해준다. 한 나라의 사람의 총수가 바로 그 나라의 인구이므로 국민경제의 과제는 그 인구의 필요를 충족시키는 것이며, 인구는 그 나라의 노동의 공급원이라고 할 수 있다.

이러한 인구와 경제의 일반적 관계를 주제로 한다고 할 수 있는 인구이론의 최초의 체계는 1788년에 멜서스(T. R. Malthus)에 의해서 마련됐다고 해도 과언이 아니다. 그는 《인구의 원리》(*An Essay on the Principles of Population*, 1798)에서 식량은 산술급수적으로 증가하는 데 대해서 인구는 기하급수적으로 증가하기 때문에 필연적으로 빈곤과 악덕이 발생한다고 주장했다. 이것이 유명한 멜서스의 '인구론'이며 그것은 고전학파 공유(共有)의 이론이 되었다. 사실 근대인구이론은 모두 그를 에워싸고 전개되었다고 말할 수 있다. 그러나 로잔 학파의 일반균형이론에서는 인구가 여건(datum)으로 다루어지고 있다는 사실을 간과해서는 안 될 것이다.

일반적으로 과잉인구는 경제성장을 저해한다고 알려져 있다. 인구 증가율이 클수록 경제성장률이 낮다는 것과 인구과잉국의 경우에는 1인당 GNP가 낮다는 것은 사실이다. 그러나 이 밖에 인구와 관련해서 다음과 같은 사실이 알려져 있다.

첫째, 과잉인구의 압력은 식량문제, 도시문제를 야기할 뿐 아니라 많은 완전실업자층과 방대한 불완전취업자층 내지 위장실업자층, 중소기업·영세경영의 비중이 높고 상용고(常用雇)의 비중이 낮은 전근대

적인 취업구조(고용구조), 저임금과 심한 임금격차를 야기한다.[2]

둘째, 경제성장률과 고용증가율은 대체로 병행한다. 즉, 경제성장률이 클수록 고용증가율은 커진다.

셋째, 경제성장에 따라서 제1차산업 인구(제1차 취업인구)의 비중은 저하되고 제2차·제3차산업 인구, 특히 제3차산업 인구의 비중은 증대한다. 이 경향을 나타내는 법칙이 바로 클라크 법칙이다.

넷째, 경제성장에 따라서 취업구조도 근대화한다. 즉, 상용고의 비중은 높아진다.

다섯째, 인구 과잉국에서는 대체로 기능 인력의 부족현상이 크게 나타난다. 즉, 기능 인력의 양성과 확보, 바꾸어 말하면 인력개발이 덜되어 있다.

여섯째, 인구 과잉국에서는 대체로 임금수준은 낮으며 임금격차는 크다.

한국도 인구 과잉국이다. 따라서 대체로 상술한 내용은 한국에서도 그대로 적용된다고 할 수 있다. 단지 임금수준만을 보아도 그러하다. 한국의 임금수준은 1974년에 제조업의 경우 월 3만 209원인데 이것은 선진국에 견주어 매우 낮은 것이 사실이다.

2) 자 원

자원도 생산요소의 하나이다. 경제학에서 그것은 토지로 표현된다. 멜서스, 리카도(D. Ricardo)와 같은 고전학파 경제학자들은 자원이 무한히 공급 가능한 것이 아니라는 점에 주목하여 경제성장이 종국적으로 정체되는 이른바 '정상상태'(正常狀態)의 도래를 예언했다.

---

2) 변형윤, 〈과잉인구의 압력〉, 《경제논집》, 1967. 9, pp 1~13.

그러나 1970년경까지, 특히 1973년 10월의 석유파동을 전후한 자원파동이 있을 때까지는 자원의 유한성의 문제가 중시 내지 크게 논의된 것은 자원의 고가유한(高價有限) 시대로 들어간 것으로 볼 수 있는 1970년 초, 특히 1973년을 전후한 시기라고 할 수 있을 것이다.

자원은 여러 가지로 분류할 수 있다. 그러나 그것을 일단 자연자원과 제조된 자원(고업용 원자재)으로 분류해 볼 수 있을 것이다. 그럴 때에는 한국의 경우에는 전자는 부존자원의 빈약에, 후자는 그것의 공급부문인 기초중화학공업, 즉 중화학공업의 기초 및 중간재생산부문의 미개발에 기인해서 각각 부족한 상태에 있다고 할 수 있다. 그런데 그간의 고도성장은 자원에 대한 수요를 증대시켜 더욱더 부족을 확대시켰다고 볼 수 있다

따라서 한국은 자연히 해외자원에 크게 의존하지 않을 수 없다. 특히 한국에 전혀 부존되어 있는 않는 석유 등의 자연자원의 경우에는 그러하다고 할 수 있다. 이와 같은 해외자원에의 의존은 일단 자원의 국제시세가 상승하거나 한국의 환율이 인상되면 한국에 심한 인플레이션, 국제수지의 적자 등 여러 가지 어려운 문제를 안겨주게 되어 있다. 한국의 경우 국내 자연자원의 적극적인 개발, 기초중화학공업의 개발, 자원절약·자원이용의 효율화 등이 절실히 요청되는 것은 바로 이에 기인하는 것이다.

3) 기 술

기술은 한 사회의 공예에 관한 지식의 집합[3]을 말한다고 할 수 있다. 이 기술은 어떤 주어진 투입물의 양으로 상품이나 서비스를 얼마

---

3) E. Mansfield, *Microeconomics*, 1970, p. 134.

만큼 생산할 수 있는가를 결정한다. 그리고 이 기술의 어떤 주어진 수준하에서 주어진 투입물의 양(투입량)과 그것으로 생산할 수 있는 최대의 생산물의 양(산출량)의 관계를 나타내는 것이 생산함수이며 이 기술의 향상이 기술진보(technical or technological change)이다.4) 따라서 기술진보는 생산함수의 상방이동을 초래한다. 만약 생산함수가 쉽게 측정될 수 있는 것이라고 한다면 양 시점에서의 생산함수를 비교함으로써 양 시점 사이의 기간 중에 일어난 기술진보 효과는 간단히 측정할 수 있을 것이다.5)

이 기술진보를 경제성장론에서 중시하게 된 것은 1950년대에 들어와서 미국 등을 중심으로 해서 그것이 경제성장의 원동력으로 인식되면서부터의 일이라고 할 수 있다. 한국의 경우에는 기술수준은 아직도 낮은 수준에 있으며 국내 기술개발보다는 선진국의 기술을 도입·활용하는 단계에 머물러 있는 것이 사실이다. 과학기술개발 투자의 GNP에 대한 비율이 1974년에 0.38퍼센트에 불과한 것과 연구원 수의 인구에 대한 비율이 1972년에 0.17에 불과한 것 등이 우리나라의 기술수준이 얼마만큼 낮은 수준에 있는가를 어느 정도 입증해준다고 할 수 있을 것이다. 1974년에 미국·서독 등 선진국의 기술개발 투자의 GNP에 대한 비율은 3퍼센트, 일본의 그것도 2.1퍼센트에 달하고 있으며,6) 1972년에 미국의 연구원 수의 총인구에 대한 비율은 2.7, 서독의 그것은 1.0, 일본의 그것은 1.7에 달하고 있다.

---

4) J. A. Schumpeter는 기술진보를 기술혁신으로 해석하고 있다.
5) 이 기술진보 효과의 측정을 최초로 한 사람의 하나로서는 R. M. Solow를 들 수 있다(R. M. Solow, "Technical Change and The Aggregate Production Function," *Review of Economics and Statistics*, August 1957, pp. 312~20).
6) 경제기획원, 《경제백서》, 1976, p. 448.

4) 저 축

저축은 투자재원으로서 역할을 한다. 고투자가 고도성장을 가져온 다는 것은 해러드(R. F. Harrod)의 모형을 통해서 간단히 입증할 수 있 다. 고투자는 고저축을 의미하므로 고도성장을 위해서는 고저축이 필 요하게 된다.

오늘날에 있어서는 저축은 국민저축과 해외저축(원조외자·도입외자) 으로 구성되는 것으로 보는 것이 상례이다. 그렇다면 저축이 일정하다 고 할 때에는 국민저축이 작으면 작을수록 해외저축은 커진다고 할 수 있다. 해외저축을 줄이기 위해서 국민저축을 증대시켜야 할 이유는 바로 여기에 있다.

저축은 소득에서 소비를 차감한 것이므로 소비가 작을수록 저축은 커진다고 할 수 있다. 따라서 국민저축 증대를 위해서는 우선 소비절 약 내지 소비억제가 요청된다. 오늘날 대부분의 저개발국은 저축부족 이라는 어려움에 직면하고 있다. 개방체제 아래서 국민경제의 균형조 건은 투자 및 수출이 저축 및 수입과 일치하는 것이므로 저축부족은 곧 경상국제수지적자를 의미한다. 따라서 대부분의 저개발국은 결국 저축부족에다 국제수지적자라는 이중의 어려움에 봉착하고 있는 것이 다. 여기에서 말하는 저축이 국민저축임은 말할 나위도 없다.

한국도 대부분의 저개발국의 경우와 마찬가지로 이중의 어려움에 직면하고 있다. 그동안 투자율이 계속 높아지기는 했지만 해외저축률 은 제1차 경제개발 5개년계획기간 중에는 평균해서 8.7퍼센트, 제2차 5개년계획기간 중에는 10.5퍼센트, 제3차 5개년계획기간 중에는 7.1퍼 센트에 달하고 있다. 이것은 해외저축 의존도가 각각 55.8, 39.9, 43.7 퍼센트임을 말한다. 사실 한국은 필리핀·태국보다 높은 해외저축률을 갖고 있다. 이렇게 한국이 해외저축률이 비교적 높은 것은 주로 한국

의 소비수준이 높은 편인 데다가 그 증가율이 높은 데 기인한다고 할
수 있을 것이다. 한국의 경우에는 소비율(국민소비성향)이 크며 거기에
더해서 소비증가율(국민소비성향)이 크며 거기에 더해서 소비증가율이
필리핀·태국에 견주어서도 높다.

4. 한국경제의 해외의존성 · 경기순환

1) 한국경제의 해외의존성

한국경제는 제1차 경제개발 5개년계획이 추진된 후 고도성장을 이
룩한 것이 사실이다. 그러나 고도성장을 이룩하는 가운데서 한국경제
의 해외의존도가 높아진 것 또한 사실이다. 한국경제의 높은 해외의존
도는 다음에 의해서 입증될 수 있다고 할 수 있다.

(1) 높은 해외 자본의존도: 대만은 말할 것도 없고 필리핀, 태국 등
에 견주어서도 한국의 해외저축률은 높다. 이것은 주로 높은 국내 소
비수준, 낮은 국내 저축수준, 저축동원의 부진, 적극적인 외자도입 등
에 기인하는 것으로 볼 수 있다.

(2) 높은 무역의존도: 한국의 수출의존도와 수입의존도는 높은 편
이라고 할 수 있다. 높은 수출의존도는 주로 수출드라이브정책의 채
택, 양산(量産)체제에 대한 잘못된 이해 등에 기인하는 것으로 볼 수
있다. 국내시장을 고려하지 않고 국제경쟁력의 강화만을 생각하여 양
산체제를 채택한 결과 과잉시설이 발생하여 각 기업은 수출에서 그
활로를 찾지 않을 수 없게 되었다.

한편, 높은 수입의존도는 주로 부존자원의 빈약, 국내 자원개발의
부진, 가공무역형 수출드라이브정책의 채택, 물가정책, 제1차산업과
광업의 상대적 낙후, 경공업 중심형의 공업구조, 양산체제에 대한 잘

못된 이해, 자원절약·자원이용의 효율화의 부진 등에 기인하는 것으로 볼 수 있다.

부존자원이 빈약한 것은 말할 것도 없고 그동안 원자재와 자본재를 수입하여 가공해서 수출하는 정책을 적극적으로 채택해온 것, 어떤 상품의 국내가격이 등귀하면 무턱대고 그 상품을 수입해서 안정시키는 정책을 채택해온 것, 공업화의 추진으로 제1차산업과 광업의 상대적 낙후, 경공업 중심형의 공업구조, 양산체제에 대한 잘못된 이해, 자원절약·자원이용의 효율화가 제대로 추진되어오지 못한 것 등은 부정할 수 없을 것이다. 분명히 한국의 자원(원자재·양곡)과 자본재의 수입의 존도는 높다.

(3) 높은 해외기술의존도: 이것은 주로 낮은 국내기술수준, 기술개발의 부진, 적극적인 해외기술도입 등에 기인하는 것으로 볼 수 있다.

(4) 높은 해외해운업·보험업의존도: 이것은 주로 국내 해운업·보험업의 미발달 및 육성부진, 적극적인 해외 해운업·보험업에의 의존 등에 기인하는 것으로 볼 수 있다.[7] 무역외수지에서 이 부문의 적자가 클 뿐 아니라 계속 확대되고 있는 것은 사실이다.

2) 한국의 경기순환

경기예측과 관련해서 한국은행은 한국이 1955년 이후 대체로 다섯 차례의 경기순환을 가졌음을 밝히고 있다. 그 다섯 차례의 경기순환 중에서 우리 기억에 아직도 생생히 남아 있는 것은 말할 것도 없이 제4순환기에 속하는 1971~72년의 불황과 제5순환기에 속하는 1974~75년의 불황이다. 그러나 이 두 불황을 포함해서 1957년 이후 한국은 아

---

[7] 이러한 여러 가지 원인에 기인하는 높은 해외의존도 외에 미·일에의 편중도 문제로서 지적될 수 있을 것이다.

직 마이너스의 경제성장을 가진 일이 없고 1958~62년(제2순환기의 수축기와 제3순환기의 확장기)을 제외하고서는 6퍼센트를 상회하는 경제성장률을 갖고 있다. 말하자면 한국은 1963년부터 계속 6퍼센트를 상회하는 경제성장률을 갖는 가운데서 세 차례의 불황을 겪은 셈이다. 따라서 한국의 불황은 마이너스의 경제성장률을 나타낸 다른 나라와는 그 양상을 달리한다고 할 수 있다.

한국의 1963년 이후의 경제순환은 6퍼센트의 경제성장률을 상회하는 선에서 일어난 것으로 특징지을 수 있다. 그리고 1971~72년의 불황과 1974~75년의 불황은 비교적 심한 인플레이션과 국제수지 악화를 수반한 불황이며, 한마디로 말해서 전자는 해외의존형 고투자에 국제적 파급효과가 가세되어서 일어난 것이고, 후자는 확대된 해외의존형 고투자에 국제적 파급효과, 석유파동이 가세되어서 일어난 것이라고 할 수 있다.

이제 1971~72년의 불황이 어떤 상태를 말하는가를 밝히면 다음과 같다.

1971년까지의 고도성장은 수출산업, 수입대체산업, 사회간접자본 등의 선도부문(leading sector)에 의해서 주도되었다고 할 수 있다. 그런데 이들 선도부문은 해외의존형인 동시에 국내시장에 비해선 항상 시설과잉형이었다. 즉, 그것은 해외자본과 해외자재 내지 시설재에 크게 의존하고 있었으며, 또 그 가운데 수출산업, 수입대체산업은 대체로 해외원자재에 크게 의존하고 있었을 뿐 아니라 국내시장에 비해서 시설과잉형의 것들이었고 따라서 그들을 지원하는 사회간접자본도 시설과잉형이라고 할 수 있었다.

따라서 미국, 일본 등이 불황에 처하면 수출이 영향을 받게 됨으로써 시설과잉의 정도는 더욱더 커지게 되어 있었으며, 원리금 상환이

이루어지게 되면 기업자금, 나아가서 통화량, 그리고 국제수지가 압박을 받게 되어 있었다. 그런데 미국은 1969~70년에, 그리고 일본은 1970~71년에 불황을 겪었던 것이다. 또 자본재 내지 시설재의 수입이 증가하거나 원자재의 수입이 증가하게 되어도 국제수지가 압박을 받게 되어 있었고, 또 원자재의 가격이 상승하게 되면 국내물가가 상승하게 되어 있었으며, 국내시장의 구매력이 상대적으로 감소하면 시설과잉의 정도는 더욱더 커지게 되어 있었다. 그리고 환율이 인상되면 원리금 상환부담이 증가하게 되고 수입원자재의 원가상승을 통해서 국내물가의 상승이 초래되며, 금리가 인하되면 기업자금의 압박이 감소하게 되고 생산비용의 하락을 통해서 물가의 압박이 감소하게 될 가능성이 있었으며, 세율의 인상 내지 세금공세가 있으면 기업자금에의 압박이 가중되게 되고 생산비용의 상승을 통해서 물가에 그 압박이 가중될 가능성이 있었다.

그런데 고도성장의 과정에서 나타난 부실기업가에 의한 기업운영은 기업자금의 압박을 가중시키고 또 나아가서 부실기업을 발생시켰으며, 그동안의 중화학공업의 미발달은 원자재 및 자본재 내지 시설재의 해외의존을 조장함으로써 국제수지와 물가의 압박을 가중시키고 있었으며, 그동안의 농업의 낙후는 식량의 수입을 통해서 국제수지의 압박을 가중시키고 또 구매력의 상대적 감퇴를 통해서 시설과잉의 정도를 더 크게 했다.

이에 더해서 외자도입은 국제적 전시효과를 통해서 국내 소비수준을 높이는 동시에 외자기업(외자도입에 의해서 세워진 기업)으로 하여금 국내시장에서의 독과점적 지위를 누리게 함으로써 물가상승을 초래하였다. 그리고 대부분의 기업가의 경영합리화 노력의 부족도 기업자금의 압력을 가중시켰다고 볼 수 있다. 1971~72년에 우리가 겪은 불황

은 바로 이상과 같은 상태를 말하는 것이라고 할 수 있다.

5. 한국의 경제정책과 기업

1) 1960년(4·19 이전)까지의 경제정책

대체로 1960년(4·19 이전)까지의 경제정책은 그때그때 야기되는 단기적인 경제문제에 대해서 단편적이며 즉흥적으로 대처한 것이었으며 경제개발이라는 장기적인 관점에서 종합적이며 통일적으로 다루어진 것은 아니었다. 비록 농지개혁과 같은 제도적인 개혁이 이루어졌고, 또 가격·금융·무역·유통 등에 관한 광범위한 통제가 존재하기는 했어도 자유당 정부가 의도적으로 추구한 경제정책의 원칙은 자유방임의 원칙이었다. 물론 이 원칙이 어떤 경제이론에 근거를 둔 것은 아니었다. 어떻든 자유당 정부는 이러한 자유방임의 원칙에 의거하면서 인플레이션 수습, 경제안정과 민족자본의 형성 혹은 축적이라는 커다란 과제를 해결하기 위한 물적 기초를 귀속재산과 미국 원조물자에 두고 있었다고 할 수 있다. 그러나 귀속재산의 불하는 경제원칙에 의해서 이루어졌다기보다는 정치권력의 자의적인 배려에 의해서 이루어졌으며 특혜적인 성격을 띠고 있었다고 볼 수 있다. 따라서 그것은 정치권력에 의존하여 불건전한 자본축적을 도모하는 기업풍토 내지 체질을 조성시켰던 것이다.

한편, 미국 원조물자는 미 정부의 대(對)의회보고서에 명시되어 있는 바와 같이 대한(對韓) 원조가 기본적으로 "한국이 외부의 실질적인 원조를 받지 않고 1949~50년의 생활수준을 지탱하며, 강대국을 제외한 외부의 군사력에 의한 침략에 항거하여 이를 격퇴하기에 충분한 군사력을 유지할 수 있는 정상적인 경제력을 한국에 발전시키는 것"

(《미 상하양원 보고서》, 1954. 7. 29)이었지 자립적인 국민경제의 발전을 위한 것이 아니었기 때문에 그것은 주로 소비재였다고 할 수 있다. 따라서 원조를 통하는 수입대체의 공업화를 초래했으며, 또 수입대체산업을 거의 타 산업과 연관을 갖지 않는 것으로 만들었다. 그뿐 아니라 원조물자는 정치권력과 결탁한 특정한 기업에 염가로 판매됨으로써 기업의 정치권력을 이용한 특혜에 의존하는 자본저축을 초래하여 건전한 기업가정신의 발전과는 상반되는 기업풍토 내지 체질을 조성했다. 이에 더해서 특정 기업에 대한 저리의 자금지원도 그와 같은 풍토 내지 체질을 조성했음은 말할 나위도 없다. 그리하여 민족자본인 중소기업은 외면당하게 된 셈이다.

이렇게 보면 결국 자유당 정부하의 경제정책은 "저개발국 공업화에 있어서는 무엇보다도 국가의 강력한 종합적인 시책의 뒷받침이 관건이 되는 것임에 불구하고…… 관권과 야합한 특정 기업의 보호에 치우쳐 결과적으로는 공업부문의 순조로운 발전을 저해했으며"(《경제백서》, 1962) 국민경제의 대외의존성을 온존·강화하는 것에 지나지 않았다고 할 수 있다.

2) 1960년(4·19 이후)에서 1966년까지의 경제정책

그간의 저성장, 빈곤, 독재에 대한 정치적 불만으로 자유방임적인 가치관이 불신을 받게 된 데다가 국제적으로 저개발국 일반의 경제개발에 대한 논의가 활발히 이루어지게 된 것이 주된 계기가 되어 경제개발 5개년계획이 4·19 이후에 민주당 정부에 의해서 수립되었으며 이는 다시 5·16 이후에 군사정부에 의해서 인계되어 구체화되었다. 말하자면 자유당 정부하의 경제정책에서 자유방임의 원칙은 일대 수정을 받게 된 셈이며 계획화의 원칙과 국민경제에서 정부의 역할이 강

조되게 된 셈이다. 사실 1962년부터 시작된 제1차 경제개발 5개년계획
에서는 경제체제는 "민간인의 자유와 창의를 존중하는 자유기업의 원
칙을 토대로 하되 기간산업부문과 그 밖의 주요 부문에 대해서는 정
부가 직접적으로 관여하거나 또는 간접적으로 유도정책을 쓰는 지도
받는 자본주의체제"라는 것이 내걸어졌다(《경제백서》, 1970).

제1차 5개년계획은 '개발연대의 시발과 제도적 기반정비'를 계획기
조로 삼으며 '주요 애로부문의 타계'라는 이념 아래서 사회간접자본
투자, 기초산업 육성, 소비재 수입대체를 개발전략으로 삼으며 또 전
력·비료·섬유·시멘트를 주요 성장산업으로 삼고 있다. 그리고 이 계
획은 재원조달에서는 내자를 최대한으로 동원하고 부족분을 외자도입
(차관)으로 충당하기로 되어 있다.

그러나 1962년의 통화개혁의 실패, 부정축재 환수를 통한 자본동원
의 부진 등과 1965년의 한일회담의 타결을 계기로 한 일본으로부터의
차관도입의 개시는 자연스럽게 이 기간 중의 재원조달을 외자의존형
으로 만들지 않을 수 없었다. 그리하여 1966년에는 경제성장률 13.4퍼
센트라는 외자를 기반으로 한 고도성장이 실현되었다. 그러나 이것은
외자의존형의 기업풍토 내지 체질을 조장하는 계기가 되었다고 할 수
있다.

이에 더해서 이 계획기간 중에 추구된 소비재 수입대체의 공업화는
이제까지와 마찬가지로 타 산업과의 밀접한 관련 아래, 즉 그것의 원
료와 중간재를 생산하는 산업의 육성과 병행해서 추진되지 않고 수입
원료와 중간재를 가공하는 산업을 육성하는 성격을 띤 것이었기 때문
에 자연히 수입의 증대를 가져와서 무역수지의 개선을 어렵게 만들었
을 뿐 아니라 이 계획기간 중의 계획사업의 대부분은 외자를 주축으
로 하여 추진되었던 관계로 민족자본인 중소기업의 문제를 심각하게

대두시켰으며, 또 이 기간 중에는 자본을 비롯한 자원의 효율적인 운영보다는 국민경제의 양적 확대에 치중한 탓으로 단위기업의 제반 경영조건과 최적 규모를 신중히 고려하지 않은 결과, 뒤의 부실기업이 싹틀 소지가 마련되었다고 할 수 있다.

3) 1967년 이후의 경제정책

1967년부터 시작된 제2차 경제개발 5개년계획은 '고도성장 실현과 공업화'를 계획기조로 삼으며 '대외지향적 공업화'(경제의 개방체제화)라는 이념 아래서 소비재 수출증대, 소비재 및 중간재 수입대체, 사회간접자본의 확충을 개발전략으로 삼으며 또 합성섬유, 석유화학, 전기기구를 주요 성장산업으로 삼고 있다. 그리고 이 계획이 역시 외자를 기본으로 하고 있음은 말할 나위도 없다. 따라서 한마디로 말해서 이 계획은 외자를 기반으로 하는 수출지향적인 공업화정책을 채택하고 있는 것이라고 할 수 있다. 물론 수출은 소비재를 주로 한 것이나 공업화는 중간재 수입대체의 공업화를 포함하고 있으며, 또 중소기업의 육성이 중점시책의 하나였기도 했지만 그 실효는 적었다. 그리고 이 제2차 5개년계획은 계획기간 중에 불황이 시작된 것으로 보는 1971년을 포함하고 있으면서도 고도성장을 실현시켰다. 그러므로 1972년부터 시작된 제3차 경제개발 5개년계획에서도 고도성장이 그대로 추구되게 되었다.

제3차 5개년계획은 '산업구조의 고도화와 안정적 균형성장'을 계획기조로 삼으며 '성장·안정·균형'이라는 이념 아래서 농어촌 경제의 개발, 중화학공업의 건설, 중간재 및 시설재 수출 실현을 개발전략으로 삼으며 또 철강, 수송용 기계, 가정용 전기기구, 조선(造船)을 주요 성장산업을 삼고 있다. 이 계획도 외자를 기반으로 하는 수출지향적인

공업화정책을 채택하고 있는 것임은 물론이다. 다만 외자는 차관 외에 외국인 직접투자를 포함하고 있는 점이 다를 뿐이다. 이 계획 역시 계획기간 중에 1972년의 불황 및 1973년의 석유파동 이후의 심한 불황을 겪으면서도 고도성장을 실현하고 있음은 말할 필요도 없다.

그러나 제2차 및 제3차 5개년계획기간에 이와 같이 고도성장이 실현되었음에도 불구하고 적지 않은 어려운 과제가 한국경제에 안겨지게 되었음을 간과해서는 안 된다. 사실 제2차 5개년계획기간의 후반부터 농공 간·계층 간의 소득격차의 문제, 농업부문의 상대적인 낙후로 인한 식량수입·계층 간의 소득격차의 문제, 지속적인 수입누증·외화가득률 저위의 문제 등이 생겼다. 그리하여 제3차 5개년계획에서는 이미 본 바와 같이 개발전략으로서 농어촌경제의 개발, 중화학공업의 건설이 채택되고 있을 뿐 아니라 소득격차에 대한 고려도 이루어지고 있다.

이 밖의 과제로서는 우선 중소기업의 문제가 지적될 수 있을 것이다. 중소기업의 육성은 제2차 5개년계획의 중점정책의 하나였다. 그러나 기존 중소기업의 체질이 지나치게 취약하고 정부의 정책 자체가 신규공장 건설을 중심으로 한 대기업에 치중되어 있었기 때문에 중소기업의 문제는 뚜렷한 해결을 보지 못한 채 있었으며 중화학공업의 건설에 중점을 둔 제3차 5개년계획에서도 별다른 정책이 제시되지 않고 있다고 해도 지나치지 않다.

다음에는 불건전한 기업풍토 내지 체질의 문제를 들 수 있을 것이다. 이미 자유당 정부하에서 싹트기 시작했다고 볼 수 있는 특혜의존형의 기업풍토 내지 체질과 제1차 5개년계획의 후반부터 싹트기 시작했다고 볼 수 있는 외자의존형의 기업풍토 내지 체질은 기업의 자기자본과 내자조달능력이 빈약한 상태 아래서 급속한 신규공장 건설을

위한 자금조달로 인해서 현재화(現在化) 내지 확대되게 되었다. 그 결과 1969년부터 차관원리금의 상환이 본격화되자 기업의 재무구조의 악화, 부실기업의 문제가 심각하게 대두되었다. 그리하여 정부는 1970년부터 기업의 자기자본 확보를 강력히 촉구하는 한편 자금조달 및 운영의 건실화, 경영의 합리화, 기업이 사회적 책임의식을 강조하는 기업육성 4원칙을 제시하며 부실기업을 정비하기에 이르렀다. 어떻든 한국기업의 체질이 어떠한 것인가는 1972년의 조치에 의해서 여실히 증명되었다고 할 수 있다. 물론 정부는 그 뒤 증권시장의 육성과 병행해서 기업공개정책을 강력히 추진함으로써 기업의 자기자본 조달능력을 제고시켜오고 있다.

끝으로, 높은 무역의존도의 문제를 들 수 있을 것이다. 수출의존도와 수입의존도의 합계인 무역의존도는 1973년부터 70퍼센트(상품의 그것은 60%)를 상회하는 높은 값을 갖고 있다. 이것은 한국경제의 해외의존도(해외의존성의 정도)가 그만큼 높다는 것이다. 바꾸어 말하면 자립도(자립성의 정도)가 그만큼 낮다는 것을 반영하는 것이라고 할 수 있다. 해외의존도가 높은 경우에는 한 나라 경제가 해외여건 변동에 크게 좌우된다. 사실 우리는 무역의존도가 높다는 것이 어떠한 결과를 야기하는가를 1973년의 석유파동 이후에 분명히 알았으리라고 생각한다.

한국경제는 심한 인플레이션과 수입초과를 불황과 함께 겪었던 것이다. 그렇기에 1977년부터 시작되는 '확실한 성장과 사회개발'을 계획기조로 삼고 있는 제4차 5개년계획에서는 개발전략의 첫째 목표로서 경제의 자립구조 강화, 즉 경제의 자립도 제고가 내세워지고 있다. 소득격차, 중소기업의 기업풍토 내지 체질의 문제와 관련해서는 사회개발과 형평의 증진을 개발전략의 하나로, 중소기업의 육성을 중요시

책의 하나로, 기업의 내부금융 및 직접금융 확충·간접금융체제의 개선 등을 자금운용 효율화의 기본방향으로 각각 들고 있다.

4) 기업체질의 개선

앞에서 우리는 한국의 경제정책을 1960년까지, 1960년에서 1966년 까지, 1967년 이후의 세 개의 시기로 나누어서 기업에 미친 영향을 염두에 두면서 극히 간략하게 개관했다. 결국 기업과 관련해서 볼 때에 는 한국의 불건전한 특혜의존형·외자의존형의 기업풍토 내지 체질을 개선시키기 위한 정책수단의 강구와 강력한 구사가 앞으로 경제정책에서 추구되어야 할 가장 중요한 일이라는 것을 이에서 유도할 수 있지 않을까 생각한다. 물론 이미 본 바와 같이 정부는 기업풍토 내지 체질의 개선을 위하여 여러 가지로 노력해왔고 앞으로도 노력하기로 되어 있다. 따라서 여기에서 정부는 합리적인 기업가정신을 적극적으로 발휘시킨다는 관점에서 될수록 직접적인 방법으로 특정 기업을 지원하는 일을 피하도록 할 것과 지나친 개입을 통해서 기업의 창의성의 발휘를 방해하는 일이 없도록 할 것을 강조하는 데 그치기로 한다.

6. 자립적 생산기반의 구축

1) 제1차산업과 광업의 개발

그동안 공업화의 추진으로 제1차산업과 광업이 상대적으로 낙후되었다고 할 수 있다. 그 결과 그나마 빈약한 국내자원마저 제대로 개발되지 못함으로써 식량과 기타 자연자원의 수입의존도가 높아졌고 나아가서 한국경제의 해외의존도가 높아졌다고 할 수 있다. 따라서 제1차산업과 광업의 적극적인 개발이 요청된다. 물론 정부는 현재 양 산

업의 개발을 위해서 여러 가지로 노력하고 있는 것이 사실이다. 그러
나 양 산업의 개발에서는 무어라 해도 생산물의 고가(高價) 유지가 정
책의 중심이 되어야 함은 말할 나위도 없다. 그것은 생산의 자극과 소
득의 향상을 동시에 가져온다고 할 수 있기 때문이다. 고(高)자원가격
에 기인하는 일반물가 상승은 기업에 의한 경영합리화를 통한 공산물
가격·서비스 요금의 상승 억제에 의해서 상당한 정도로 상쇄시킬 수
있을 것이다.

이러한 양 산업의 개발은 자원절약·자원이용의 효율화, 자원낭비적
산업의 억제 등과 결부될 때, 식량, 기타 자연자원의 수입의존도를 낮
추고 나아가서 한국경제의 해외의존도를 낮추는 것 외에 국제수지의
개선, 산업 간의 균형 있는 발전, 사업관련도의 제고, 사업 간의 소득
격차의 축소, 국내시장 협소의 해결, 외화절약, 외화가득률 제고 등을
가져오기도 한다.

2) 기초중화학공업의 개발

그동안의 공업화의 추진으로 산업에서 제조업의 비중이 높아진 것
은 말할 것도 없고 공업에서 중화학공업의 비중이 높아진 것이 사실
이다. 말하자면 산업구조의 개선과 공업구조의 개선이 이루어진 셈이
다. 그러나 중화학공업에서 기초중화학공업, 즉 기초 및 중간 생산재
부문의 비중은 여전히 낮은 것이 또한 사실이다. 이 부문의 상대적 낙
후는 자원 가운데 제조된 자원의 수입의존도와 자본재의 수입의존도
를 높였고, 그 결과 한국경제의 해외의존도를 높였다고 할 수 있다. 산
업의 규제 등과 결부될 때 역시 제조된 자원의 수입의존도를 낮추고
나아가서 한국경제의 해외의존도를 낮추게 된다.

이것은 그 밖에 국제수지의 개선, 공업 간의 균형 있는 발전 내지

구색을 갖춘 공업구조의 실현, 산업관련 효과의 제고, 공업 사이의 소득격차 축소, 생산에 있어서의 국제화, 외화절약, 외화가득률의 제고 등을 가져오기도 하며 또한 기업에 의한 경영합리화와 결부되어 물가안정을 가져오는 소지도 마련해준다. 양 부문의 개발이 원자재의 국제시세의 상승이나 환율인상에 기인하는 제조원가의 상승, 물가상승을 상당한 정도로 막아줄 것임은 틀림없다고 할 수 있다. 현재 한국에서 절실히 요청되는 중화학공업화는 기초중화학공업에 중점을 둔, 혹은 그것을 항상 염두에 둔 것이라고 할 수 있다. 그리고 그것은 어디까지나 내자동원의 극대화와 결부된 것이며 장기간에 걸쳐서 그 해결이 추구되는 것이어야 함은 말할 나위도 없다.

7. 국제수지의 개선

한국의 국제수지는 부존자원의 빈약, 의욕적인 고도성장정책, 수출구조의 취약성 및 수입구조의 경직성을 반영하여 만성적인 적자를 나타내었다. 국제수지의 적자를 개선하기 위한 정책수단은 국제수지의 악화 원인이 어디에 있으며 그 성격이 어떠한가에 따라 그 형태를 달리하게 된다. 국제수지의 적자가 일반적인 경우에는 환율조정 등과 같은 지출전환정책이나 마케팅 활동의 강화와 같은 단기대책으로 이를 극복할 수 있지만 국제수지가 구조적으로 악화되고, 또 이것이 국민경제 자체에 내재하는 구조적 취약성에서 비롯된 것이라면 장기적인 대책으로서 산업의 구조적 개선과 이를 위한 정책이 필요하다.

국제수지의 개선은 경상수지의 개선이 이루어져야 달성되는 것이며 경상수지의 개선은 무역수지 및 무역외수지의 개선으로 이루어지는 것이다. 무역수지 및 무역외수지의 개선을 통하여 국제수지를 개선하

기 위한 정책적 과제를 열거하면 다음과 같다.

첫째, 수출이 장기적으로 신장할 수 있도록, 그리고 수출이익이 극대화될 수 있도록 수출구조가 고도화되어야 할 것이다. 이를 위해서는,

(1) 수출구조를 종래의 경공업 위주에서 소득탄력성이 높은 중화학공업 위주로 전환하도록 해야 한다. 그러나 이러한 구조개편은 자원제약 아래서 이루어져야 한다는 사실을 고려하여 중화학공업 중에서도 수입절약적이며, 고도의 노동집약적인 중화학공업을 전략적으로 육성하여야 할 것이다.

(2) 경공업 중에서도 국내 부존자원을 활용하여 앞으로도 국제적으로 비교우위가 계속될 것으로 예상되는 부문을 수출특화 산업부문으로 계속 육성하는 한편, 원자재 수입에 크게 의존하는 업종으로서 해외수요나 국제경쟁력의 신장이 극히 제한되어 있는 사양수출업종은 시설을 정비하거나 업종을 전환함으로써 산업합리화 정책을 적극 추진해야 할 것이다.

(3) 수출시장의 실질적인 다변화를 기하고 자원의 합리적 배분을 유도하고 경제력 제고를 위한 기업의 창의적 노력을 북돋우기 위하여 가격기구의 기능을 더욱 활용하는 방향으로 수출지원시책이 이루어져야 할 것이다.

(4) 수출이익을 극대화하기 위하여 소득탄력성이 높은 수출상품 개발의 특화와 상품의 고급화를 통해 외화가득률을 높이도록 하여야 할 것이다.

둘째, 수입에 있어서는 종래와 같은 수입의존적·수입유발적 구조를 탈피하여 근본적인 수입절약형 구조로 전환하여야 할 것이다. 이를 위해서는

(1) 농업개발투자를 확대하여 식량을 자급하고 자원공급능력을 확대함으로써 수입수요를 근원적으로 축소하도록 해야 할 것이다. 일반적으로 저개발국이 경제개발 과정에서 국제수지 압박으로부터 벗어나려면 농업부문이 외화획득부문으로 작용해야 하는데, 한국의 경우 그렇지 못하다는 사실은 농업부문의 개발투자의 필요성이 더욱 절실하다는 점을 나타내는 것이다.

(2) 원자재의 수입시장을 다변화하고 개발수입을 촉진하여 원자재의 안정적 확보를 기하도록 해야 할 것이다.

(3) 수출상품의 부가가치를 높이고 경제력을 강화시키기 위하여 원자재 수입대체 및 에너지 산업을 더욱 적극적으로 육성하여야 한다.

(4) 기술개발을 확대하고 이와 병행하여 자원절약형 산업구조를 구축하도록 해야 한다.

(5) 소비구조를 개편하여 소비를 절약하고 소비의 건전화를 이룩함으로써 수입수요를 원천적으로 억제 또는 감소시키도록 하는 제반 시책이 베풀어져야 한다.

셋째, 한국의 국제수지 적자폭을 완화시키는 데 이바지했던 무역외수지가 1974년 이후 적자로 반전된 이후 계속 적자를 나타냈고 앞으로도 적자가 확대될 것으로 예상되고 있으므로 무역외 수지를 개선하는데 적극 노력해야 할 것이다. 이를 위해서는,

(1) 해운업을 적극 육성하여 항만시설을 개발하고 선박을 증강시키며 자국선 적취율을 제고시키는 한편, 제3국 간 운임수입을 증가시켜야 할 것이다. 무역량의 증가에 따라 운임 및 보험료의 지급이 증가되었고 앞으로도 증가될 것이 예상되기 때문에 해운업의 육성을 적극화해야 한다. 자국선 적취율을 제고시키는 방안으로, 첫째, 부정기선 및 전용선의 대량 확보와 이의 항로별 배선(配船)의 효율화를 들 수 있고,

둘째로는 수출의 경우에는 한국에 유리한 CIF조건, 수입의 경우에는 한국에 유리한 FOB조건으로 무역계약 형태를 개선하도록 하는 방안을 들 수 있다.

(2) 관광수입의 증대를 위해 관광자원의 개발, 관광시설의 개선 및 기타 관광 진흥책을 효율적으로 시행하여야 한다.

(3) 도입차관 등의 이자지급 및 과실송금이 앞으로 크게 늘어날 것이므로 경제개발에 소요되는 외자를 선별적으로 도입해야 함은 두말할 필요가 없지만 도입된 외자를 효율적으로 관리하여 외자도입에 따른 비용을 극소화하도록 해야 할 것이다.

(4) 건설용역의 해외진출을 더욱 촉진시키는 한편 용역수입을 극대화하기 위하여 현지 경비를 줄이고 유리한 계약을 체결할 수 있도록 제반 시책이 베풀어져야 할 것이다. 건설용역의 해외진출은 무역외수지의 개선을 위한 전략부문으로서 의의가 크다고 할 수 있다.

8. 내자동원의 극대화

그동안 한국경제의 고도성장은 외자의존형의 고투자에 의하여 크게 뒷받침되었다. 즉, 제1차 5개년계획기간 중 국내총투자의 55.8퍼센트를 해외저축으로 충당하였으며 제2, 3차 5개년계획기간에도 총투자의 외자의존도는 좀 줄어들었으나 역시 상당히 높게 유지되어 1967~75년 중 평균 외자의존도는 약 42퍼센트에 달하였다. 따라서 한국경제가 당면한 과제 중의 하나는 어떻게 외자의존도를 낮추는가에 있다. 이는 외자의존형 경제의 불안정성을 해소하기 위한 현실적인 이유에서 바람직한 것이다. 1977년에 시작된 제4차 5개년계획에서는 총소요투자액의 92.4퍼센트를 국민저축으로 조달하고 나머지 7.6퍼센트만을 해외

저축으로 조달하도록 계획되어 있다. 즉, 총투자의 외자의존도는 1975
년의 41.3퍼센트에서 점차적으로 낮아져 제4차 계획이 끝나는 1981년
에는 총투자의 전액이 내자로 조달될 뿐 아니라 오히려 자본수출을
하게 될 것으로 계획되어 있다.[8] 이와 같이 외자의존도를 계획대로
낮추어가기 위해서는 국민저축률이 높아져야 한다. 그런데 한국경제
의 저축률은 일본이나 대만의 과거 경험에 비추어볼 때 매우 낮았으
나,[9] 그동안 꾸준히 상승되어왔다. 국민저축률은 1961년의 3.9퍼센트
에서 제1차 계획기간 중 6.9퍼센트, 제2차 계획기간 중 14.8퍼센트, 제
3차 계획기간 중 17.0퍼센트로 높아져 왔다.[10] 그러나 1981년의 투자
재원을 모두 국내에서 조달하려면 국민저축률이 1975년의 18퍼센트에
서 1981년에는 26.1퍼센트로 높아져야 하고, 한계저축성향은 연평균
35퍼센트의 수준을 유지해야만 한다.

이와 같이 과거 경험에 비추어 지나치게 의욕적이라고 할 수 있는
국민저축률을 높이기 위하여 필요한 정책적 과제를 간단히 요약해보
자. 국민저축은 민간저축과 정부저축으로 구분되며 민간저축은 다시
가계저축과 기업저축으로 나누어지는데 각 주체별 저축증대방안을 구
분해서 논의하기로 한다.

먼저, 우리나라의 가계저축은 너무나 부진하다. 특히 1960년대 초
가계저축은 마이너스를 나타냈고, 1960년대 중반에 와서야 비로소 플

---

8) 여기서 주의할 것은 1981년 이후에는 우리가 외자를 도입하지 않는다는 것이
   아니라 순계(純計)로 볼 때 자본수출을 하게 된다는 것이다.
9) 우리나라 국민소득계정에는 재고통계의 불비로 인하여 가계저축이 과소 추계
   되는 경향이 있기 때문에 외국과 비교할 때는 이런 점을 감안할 필요성이 있음
   을 지적해둔다.
10) 1973년 국내저축률은 22.1%까지 달했으나 1974년과 1975년에는 국내 경기
    둔화로 인하여 18.8%와 18.0%로 각각 줄어들었다. 그러나 1976년에는 경기회
    복에 따라 저축률이 다시 20%를 상회하게 되었다.

러스로 전환되어 제3차 계획기간 중 4.0퍼센트로 향상되었으나 과거 외국의 경험에 비추어 볼 때 우리의 가계저축은 극히 저조하다고 하지 않을 수 없다.[11] 가계저축의 증대를 위해서는 소비패턴의 건전화와 저축기반의 조성이 필요하다고 할 수 있겠다. 소비패턴의 건전화를 위해서는 정부의 직접적인 통제 혹은 조세 등의 직접적인 수단은 물론이려니와 국민의 의식구조 내지 가치관의 재정립을 위한 간접적인 수단이 병용되어야 할 것이다.

또한 저축기반의 조성을 위해서는 물가안정의 필요성이 가장 절실하다고 보겠다. 우리나라에서는 인플레이션의 압력을 벗어나기 위하여 부동산 등의 실물자산 소유를 선호하는 경향이 일반화되어왔다. 따라서 이와 같이 일반화된 인플레이션 예상심리를 제거하기 위해서는 무엇보다도 장기간 지속되는 물가안정이 필요한 것이다. 또 우리나라에는 선진국으로부터 소비수준을 높이는 역할을 하는 국제적 전시효과로 말미암아 선진국의 소비생활을 모방하도록 하는 유혹이 크게 작용하고 있다. 따라서 국민저축의 증대를 위해서 이러한 전시효과를 근본적으로 방지하는 정책이 필요할 것이다. 이런 의미에서 볼 때 이러한 전시효과를 파급시키는 상품의 수입금지는 물론 수입대체산업의 육성에 있어서 이 효과를 파급시키는 상품을 만드는 기업은 설립하지 않도록 하며, 또한 이 효과를 파급시키는 역할을 하는 서비스산업에 대한 규제를 강화하도록 하는 정책이 추구되어야 할 것이다.

---

11) 윌리엄슨(J. G. Williamson) 교수는 동(同) 국민소득계정상 가계저축에 가계의 부(富)로 볼 수 있는 토지 등의 자본증식분(Capital gains)을 합하면 가계저축률이 상당히 늘어난다고 주장하여 토지투기 등을 막을 수 있는 정책적인 방안이 특별히 고려되어야 한다고 주장한다. J. G Williamson, "Private Domestic Savings in Korea: Can A Pessimistic Past Be Reconciled with An Optimistic Plan?," *Interim Report for the World Bank*, January 1976 참조.

　기업저축 역시 상당히 저조한 상태에 있다. 과거 왕성했던 기업의 투자는 주로 외부금융에 의존하지 않을 수 없었다. 따라서 기업의 저축증대는 자기자금 확충을 통한 재무구조 개선이란 측면에서도 중시된다. 특히 유보(留保)이익의 증대를 위해서는 현재의 배당 위주의 정책이 시정되어야겠으며 오직 기업가 자신들의 솔선수범으로 기업이윤 유보→재무구조 개선 및 유보이익의 최선의 활용→기업성장→주가상승→주주의 자본증식이 현실화될 수 있도록 해야 할 것이다. 또한 비공개기업에 적용되는 현존의 지상배당소득세는 과거 기업가의 몰지각한 행위를 방지하기 위하여 제정된 것이므로 이를 완화하기 위해서도 기업가 자신들의 각성이 필요하다고 하겠다.

　마지막으로, 정부저축의 증대는 내자동원에 직접적으로 기여할 뿐 아니라 적자재정에 의한 인플레이션의 발생을 방지하여 민간저축, 특히 가계저축 증대에 간접적으로 기여한다.

　제3차 계획기간 중 정부부문의 적자는 주로 정부예산 외의 양곡·비료 등 특별계정에서 발생하였으므로 앞으로 재정적자에 의한 통화팽창 요인을 완화하기 위해서는 예산의 특별계정을 포함한 정부 전체의 종합 자금관리체계를 확립하여 정부 전체의 자금관리를 효율화하는 정부계획의 신속한 실시가 바람직하다 하겠다.[12]

　정부저축 증대방안과 관련하여 언급하지 않을 수 없는 것은 공기업의 민영화 및 효율화이다. 특히, 공기업은 경제여건의 변화에 따라 민간이 효율적으로 운용할 수 있을 때에는 특별한 경우를 제외하고는 민영화하는 것이 바람직스럽다. 따라서 중장기 경제계획의 일환으로 공기업의 종합적인 계획수립이 필요하며 이에 따라 공기업의 민영화

---

12) 대한민국 정부, 《제4차 경제개발 5개년계획》(1976. 12) 참조.

가 추진되어야 한다. 그리고 정부저축의 증대는 민간저축 의욕을 저하시키지 않는 범위 내에서 극대화되어야 한다는 점을 유의해야 할 것이다.

9. 기술개발·경영합리화

1) 기술개발

기술개발은 노동생산성의 향상, 가공도의 제고, 자원 절약·자원 이용의 효율화, 공해 제거 등을 가능하게 한다. 그러나 우리나라 기업의 경우에는 선진국 기술의 도입과 모방에 그쳤다고 해도 지나친 말이 아닐 것이다. 그리고 우리나라의 GNP 대비 기술개발 투자의 비율은 매우 낮다(1975년 0.38%). 따라서 정부는 기술개발 투자의 비율을 높이는 외에 기업에 의한 기술개발을 적극적으로 장려하고 추진시킴은 물론 기업에 대한 지원을 유지해가야 할 것이다. 그리고 해외기술은 외자 도입의 경우와 마찬가지로 엄선해서 도입하도록 해야 할 것이다.

그러나 기술개발은 장기간의 경험과 자본의 축적, 그리고 종합성과 일관성을 필요로 하므로 기술개발의 추진에 앞서서 체계화된 장기 기술개발정책의 수립이 필요하다는 것을 잊어서는 안 된다. 이러한 기술개발은 기술의 해외의존도를 낮추고 나아가서 한국경제의 해외의존도를 낮추는 외에 국제수지의 개선, 물가안정 등을 가져다준다.

2) 경영합리화

기업에 의한 경영합리화는 다음의 효과를 갖는다. 첫째, 노동생산성 증대를 통해서 품질이 향상되고 원가가 절하됨으로써 한편으로는 가격하락과 국내시장의 확대를 가능케 할 수 있다. 둘째, 금융비용·영업

외비용의 절감을 통해서, 한편으로는 원가를 절하시킴으로써 가격하락과 국내시장의 확대를 가능케 하고, 다른 한편으로는 자금압박을 완화시킴으로써 타인자본에의 의존도 저하(재무구조의 개선)를 가능케 할수 있다. 셋째, 기업공개를 통한 자금조달(직접금융)을 통해서 자금압박을 완화시킴으로써 타인자본에의 의존도 저하를 가능케 할 수 있다. 넷째, 채무에 대한 강한 책임의식, 원리금 상환에 대한 철저한 대비 등을 통해서 자금압박의 완화를 가져옴으로써 한편으로는 원리금 상환부담의 경감을 가능케 할 수 있다. 다섯째, 적극적인 마케팅을 통해서한편으로는 국내시장의 협소에 따른 판매부진의 해소를 가능케 할 수있다. 마케팅 활동은 품질 및 가격과 함께 국제경쟁력을 구성한다. 여섯째, 경영자에 대한 교육의 강화를 통해서 경영자의 안목을 넓히며경영능력을 강화함으로써 새로이 직면하게 되는 문제 혹은 경영상의여러 가지 애로 내지 문제들의 타개와 해소를 가능케 할 수 있다.

따라서 기업에 의한 경영합리화는 물가안정을 가져오는 외에 한국기업이 직면하고 있는 문제점, 즉 국내시장의 협소, 높은 타인자본의존도, 심한 자금압박, 노동생산성의 저위, 시설과잉 등을 해결할 수 있게 해줄 뿐 아니라 수출확대, 수입의 상대적 감소를 통해서 국제수지의 개선을 가능케 하며, 또한 부실기업의 해소, 독과점의 폐해의 완화등도 가능케 해준다고 할 수 있다.

그러므로 기업은 경영합리화를 위해서 전력을 기울여야 하며, 정부는 이러한 기업에 의한 경영합리화 노력을 적극적으로 장려하고 추진하며 지원하여야 할 것이다. 양산(量産)체제는 이러한 내용의 경영합리화와 결부될 때 비로소 진정한 의미를 갖게 된다는 것을 간과해서는 안 될 것이다.

10. 중소기업의 육성

중소기업의 특성, 역할 등에서 미루어 볼 때, 중소기업의 육성은 대기업과 중소기업 사이의 균형 있는 발전, 격차 완화, 관련도 제고, 국내구매력의 확대, 수출확대, 국내기술의 향상, 고용증대 등을 가져온다고 할 수 있을 것이다. 따라서 한국에서는 중소기업의 육성은 중요한 정책과제가 아닐 수 없다. 중소기업의 육성은 다음의 방향에서 이루어져야 할 것이다.

첫째, 농촌 및 지방공업으로 진출시킨다. 이것은 농업과 공업 간의 연관도를 높이며 기업의 도시편중을 지양하고 나아가서 지역 사이의 격차를 완화시킬 것이다.

둘째, 내수산업의 측면에 중점을 둔다. 이것은 해외경기의 국제적 파급에 기인하는 국내경기의 변동을 완화시키는 완충대의 역할을 상당한 정도로 가능케 할 것이다.

셋째, 기술개발능력을 배양한다. 이를 위해서는 기술개발지원체제의 확립이 전제가 될 것이다. 이러한 기술개발능력의 배양은 앞으로 예상되는 산업의 고도화 내지 중화학공업화의 진전에 따라 요청될 중소기업의 지식집약형화(智識集約形化)에 대한 대비를 위해서도 필요할 것이며, 또한 어느 정도 그 대비를 가능케 할 것이다.

넷째, 생산기반이 위축되거나 제품수요가 현저히 감소하는 업종을 적절한 존립분야로 업종을 전환하도록 유도한다. 이것은 대기업의 잠식에 의한 중소기업의 몰락을 어느 정도 사전에 방지할 수 있게 할 것이다.

다섯째, 대기업과 중소기업 사이에 건전한 하청계열 관계를 조성한다. 이것은 대기업에 의한 일방적인 중소기업의 잠식을 방지하고 상호

간에 보완관계를 형성시킬 것이다. 즉, 대기업은 자본의 절약과 저임금 기반을 간접적으로 이용하여 자본축적을 할 수 있고 중소기업은 안정적인 수요기반을 얻게 된다. 단, 이때 중소기업은 다품종 소량생산에서 단일 및 소품종 대량생산을 위한 전문화기업으로 특화하는 것이 합리적일 것이다.

끝으로, 중견규모형화(中堅規模型化)한다. 이것은 설비의 근대화, 대기업과 중소기업 간의 금융격차의 해소, 과당경쟁기업의 합병유도, 제품 무차별화, 적극적 경영지도 등과 함께 능률적 경영단위를 실현시키며 앞으로 예상되는 산업의 고도화 내지 중화학공업화의 진전에 대한 대비를 가능케 할 것이다. 여기에서 중견규모기업은 자본 및 의사결정의 독립성을 갖고 있고, 자본시장을 통한 자금조달이 가능하고, 개인회사 및 동족회사적인 비능률을 경영합리화로 극복하고 있고, 제품의 차별화(기술, 설비, 고안) 능력을 갖고 있고, 양산에 성공하여 대기업에 대항할 정도의 시장점유율을 갖고 있는 중소기업을 말한다.

11. 물가안정

인플레이션에는 실질소득의 저하 등의 폐해가 있다. 그리고 물가안정은 내자동원의 전제이고 경제개발계획의 전제 중의 하나이다. 따라서 어느 나라를 막론하고 물가안정정책을 취해오고 있다. 한국에서도 지금까지 계속해서 물가안정정책이 추구되어오고 있다.

대체로 현재 추구되고 있는 물가안정정책으로서는 첫째, 안정기조의 견지 및 선별적인 자금방출, 둘째, 독과점가격·서비스 요금의 규제, 셋째, 유통구조의 개선, 넷째, 소득정책, 다섯째, 인플레이션 심리의 근절과 투기 및 비생산적 투자의 억제, 여섯째, 가격의 직접통제 등을 들

수 있다. 물론 외자의 선별도입도 안정기조의 견지와 관련지어 추구되고 있고 또 소비절약·자원절약·경영합리화 등도 물가안정을 위해서 추구되고 있다고 할 수 있다.

그러나 한국의 경우에는 물가안정을 위해서는 기초중화학공업, 즉 중화학공업의 기초 및 중간재 생산부문의 개발이 필요한 전제가 된다는 것을 간과해서는 안 될 것이다. 이 부문의 개발은 공업용 원자재와 자본재의 국산화를 통해서 기업에 의한 경영합리화와 결부될 때 물가안정을 가능케 한다고 할 수 있다.

소득정책, 즉 한국에서 말하는 생산성임금제는 임금인상으로 인하여 물가상승이 초래되지 않도록 하기 위해서 명목임금 상승률을 노동생산성 상승률 이내로 억제하는 것을 내용으로 하고 있다. 그러나 그것은 원칙적으로 말해서 다음의 경우에 비로소 채택되어야 하며 또 실효를 거둘 수 있다. 즉 그것은, 첫째, 기업이 경영합리화를 철저히 잘해서 임금인상이 곧 물가상승을 초래하는 상태에 있는 경우, 둘째, 임금지수와 노동생산지수의 기준시점이 되는 연도의 평균 임금수준이 근로자가 생활할 수 있을 정도의 것이었을 경우, 셋째, 주위에 매우 낮은 임금을 받고 있는 근로자가 없는 경우, 넷째, 필요한 통계를 뒷받침하는 제도가 확립되어 있는 경우, 다섯째, 성숙한 노사 간의 의사소통기구가 존재하고 있는 경우 등에 원칙적으로 진정한 의의를 갖는다.

이에 대해서 임금은 근로자의 소득 원천이므로 시장에서의 구매력을 형성하며, 임금인상에 기인하는 원가상승은 기업에 의한 경영합리화에 의해서 상당한 정도로 상쇄시킬 수 있다고 할 수 있다. 또 사실 그간 실질임금 상승률은 노동생산성 상승률에 미달하고 있다.

이러한 물가안정은 실질소득의 상승을 가져오는 외에 내자동원과 국제수지의 개선 등에도 이바지한다.

12. 소득균점 · 사회개발

1) 소득균점

고도성장이 지속되고 소득수준도 전반적으로 높아지고 있는 상황 아래에서 중요한 정책적 과제 중의 하나가 소득을 어떻게 하면 생산활동에 참가한 많은 사람들에게 균점시킬 수 있느냐 하는 것이다. 지금까지는 사실 이렇다 할 분배나 재분배에 대한 정책적인 고려 없이 경제의 성장에만 치중하여 왔다. 사회보장제도도 몇 가지를 제외하고는 제도로서 큰 발전이 없었다. 따라서 이러한 상황 아래에서 소득균점을 위하여 지적될 수 있는 정책 과제들을 열거해보면 다음과 같다.

첫째, 도시와 농촌 간의 소득격차의 확대를 방지하는 문제이다. 비교하기에 적절한 자료는 아니지만 농가경제조사에서 조사된 호당 평균 농가소득과 도시노동자의 소득을 비교해보면, 1965년 이래 계속 농가의 소득수준이 낮다가 1974년부터 역전되어 이제는 농가의 소득이 도시근로자의 소득보다 약 5퍼센트 정도 높은 것으로 되어 있다. 이러한 결과는 농촌소득이 실제로 어느 정도 개선되기도 하였지만 도시근로자 가구에서 실질임금이 크게 개선되지 못하고 있는 결과라고 할 수 있다. 이것은 1970년을 기준으로 한 실질소득의 지수가 1975년 농가는 176임에 비하여 도시근로자 가구는 112인 점에서도 알 수 있다. 농촌의 소득을 계속 지지해주기 위해서는 우선 농산물가격을 지지해주는 것은 물론, 투입요소인 비료·농약 등의 가격 인상을 적절히 억제해주고 농촌물가, 조세, 교육비 등에서 지역적 고려를 해주어야 할 것이다.

전반적인 도시의 빈민층을 위해서는 그들이 실업 상태이거나 행상·노점 등의 위장실업 상태로 저소득에 시달리고 있으므로 고용기회 창

출, 교육훈련 지원, 공적 부조 강화 등의 조치를 취해야 할 것이다.

둘째, 소득분배에 관한 본격적인 조사를 통하여 분배관계 통계 및 자료를 갖추어야겠다는 것이다. 지금까지는 원래 다른 목적으로 조사된 자료에서 가구의 소득분포를 유도하는 것과 같이 매우 부정확한 통계자료로써 분배를 파악하려고 하였다. 그 때문에 지금까지의 소득분배에 관한 결론은 지나치게 불평등도가 낮다는 것이 대부분이었지만 그 결론을 그대로 받아들이기에는 많은 제약이 있다.

셋째, 한국의 기능적 소득분배에 있어서는 피용자보수와 노동소득 분배율이 낮은 것이 하나의 특징이다. 그러므로 소득의 균점을 위해서는 기능적 분배에서 임금 및 봉급 등의 노동소득을 향상시키도록 하고 그것을 통하여 계층별 분배도 개선해야 할 것이다.

넷째, 소득균점을 위한 실제의 분배정책에서는 그 적용대상을 고용중 또는 실업 중에 있는 임금노동자와 고용 부적격자로 나누어서 대처할 필요가 있다. 왜냐하면 전자는 주로 자기의 노동수입을 통하여 그 소득수준을 올릴 수 있는 것과 달리, 후자는 노동 이외의 수입이 그들의 주된 소득원천이 되기 때문이다. 전자를 위한 대책으로는 직접적인 임금인상을 중심으로 실업보험 등의 실업대책, 직업안정대책, 최저임금제, 의료보험제, 연금, 퇴직금제도 등의 노동정책 및 사회정책이 앞으로의 과제라고 할 수 있다. 후자를 위한 대책으로는 재활교육의 대상자에게 적절한 재활교육을 공공 부담으로 실시하도록 하고, 기타 노동 불능자는 구휼 등 공공 부조를 확대·강화하여야 할 것이다.

다섯째, 소득균점은 성별로 본 비차별 대우에서도 추구되어야 한다.

여섯째, 소득의 균점문제를 가장 원천적인 소득을 얻는 힘이라는 측면에서 접근해보면 두 가지의 과제가 나타나게 된다. 그 첫째가 재산소득을 얻게 해주는 자산 또는 부의 소유의 불평등의 문제이며, 둘째

가 노동소득을 얻게 하는 힘인 인적 자본(human capital)의 불평등을 들 수 있다. 첫째의 문제에는 상속세 등의 세법으로 대처하며, 둘째의 문제에 대해서는 인적 자본의 투자를 높이도록 하는 것이 정책과제로 된다.

이 밖에도 정부가 조세의 감면, 구호 및 부조, 그리고 교육훈련비 등의 지원시책에 기준자료로서 이른바 빈곤선(poverty line)을 책정하는 것도 앞으로의 과제라 할 수 있다.

2) 사회개발

사회개발의 대상은 경제개발계획에서는 부차적으로 취급되어오던 보건, 의료, 교육, 주택 및 환경, 고용과 인력개발, 소득분배, 가족 및 오락을 내용으로 하는 사회·정치·행정 및 공안 등의 측면들을 포함한다. 이와 관련해서 다음의 몇 가지가 앞으로의 과제로서 고려될 수 있겠다.

첫째, 사회개발에 대한 정부의 투자규모인데 1977년 예산 중에서는 총예산의 21.1퍼센트가 ① 보건 및 사회보장, ② 교육 및 문화, ③ 주택 및 환경개선을 내용으로 하는 사회개발 계비(計費)로 되어 있다. 그러나 이러한 투자는 지금까지 경상적으로 해온 정부의 투자범위를 벗어나지 못하고 새로 내건 사회개발 중점투자를 충분히 뒷받침한다고 보기는 어렵다. 따라서 앞으로는 이 부문의 투자규모를 더 확대할 필요가 있다.

둘째, 제도의 측면으로서 사회개발을 정책의 전면에 내건 이상 의료보험, 연금제도, 실업보험 등 사회보장제도를 명실상부하게 확충·실시함이 바람직스러운 앞으로의 과제라고 생각된다.

셋째, 현재 정부 주도 아래 한국개발연구원에서 연구·개발 중인 사

회지표체계(social indicator system)를 앞으로 적극 활용하여 사회개발 사업에 필요한 정보의 체계적인 수집에서부터 그 성과를 평가하는 데까지 그 지표의 측정치를 이용할 필요가 있겠다.

넷째, 지금까지 많은 사람들이 지적해온 것이지만 1인당 국민소득이 국민소득과 후생을 표시하는 진정한 지표로서 상당한 제약이 있는 것을 깊이 인식하고 수집해서 지금 개발 중인 MEW(Measure of Economic Welfare), NNW(Net National Welfare) 등의 개념에도 적극적인 관심을 가지고 나아가 한국의 실정에 잘 맞는 측정체계를 갖도록 노력해야 할 것이다.

13. 인구압력의 감소·인력개발

1) 인구압력의 감소

인구는 국력을 나타낸다. 그러나 과잉인구는 경제성장을 저해할 뿐 아니라 여러 가지 어려운 문제를 야기한다.

따라서 과잉인구대책은 한국과 같은 인구과잉국에서는 그 중요성을 재론할 여지가 없다. 현재 한국에서는 과잉인구대책으로서 해외이민의 추진, 가족계획 등이 채택되고 있다. 그러나 이러한 대책의 효과는 비교적 오랜 시일이 흘러야 비로소 나타난다. 인구 및 가족계획에 대한 교육과 일반 보건교육의 필요성이 강조되는 것은 바로 이에 기인한다.

그리고 이들 대책과 병행해서 과잉인구, 즉 완전실업자층과 불완전취업자층에게 취업기회를 제공해줄 수 있는 고도성장과 식량부족을 완화하기 위한 농업개발의 적극적인 추구가 요청되는 것도 또한 이에 기인한다. 이에 추구되는 고도성장과 농업개발이 내자동원 극대화를

전제로 하는 것임은 말할 나위도 없다. 현재 한국에서 필요한 과잉인 구대책은 내자동원의 극대화를 전제로 하는 고도성장과 농업개발의 지속적인 추구와 이에 병행해서 추진되는 해외이민의 추진, 가족계획 과 인구 및 가족계획에 대한 교육, 일반 보건교육 등이라고 할 수 있 을 것이다.

2) 인력개발

한국과 같은 인구과잉국에서는 기술자, 기술공, 기능공 등의 인력 부족이 하나의 특징으로서 나타난다. 따라서 인구과잉국에서는 인력 의 양성과 확보, 즉 인력개발이 절실하게 요청된다.

한국에서의 인력개발계획은 제1차 과학기술진흥 5개년계획(1962~66) 에서 비롯된다고 할 수 있다. 그러나 체계적인 것이라고 할 수 있는 것은 제2차 5개년계획(1967~71)에서 찾아볼 수 있다. 현행의 인력개발 계획은 제4차 5개년계획(1977~81)인데 이 기간 중에 기능인력13)의 부 족이 심각해질 것으로 예상되고 있다. 따라서 이미 1976년에 인력개발 촉진위원회가 구성되었고, 직업훈련기본법이 제정되었다. 그러나 앞으 로 인력개발정책이 실효를 거두기 위해서는 직업 안정·취업 보장·소 득 보장·재해 대책과 일원화해서 추진할 필요가 있음을 간과해서는 안 될 것이다.

14. 정책귀결

정책과제를 해결하려다 보면 혹시 경제성장률이 둔화 내지 감소될

---

13) 중화학공업과 관련된 기능 인력을 말한다.

는지 모른다. 그러나 그 결과 해외의존도의 저하, 즉 자립도의 제고, 국제수지의 개선, 소득격차의 축소, 물가안정, 인구압력의 감소가 이루어지는 것은 사실일 것이다.

자립적 생산기반의 구축·국제수지의 개선(정책)·내자동원의 극대화·기술개발·중소기업의 육성·인력개발은 자립도의 제고를, 자립적 생산기반의 구축·국제수지의 개선(정책)·내자동원의 극대화·기술개발·경영합리화·물가안정·인력개발은 국제수지의 개선을, 자립적 생산기반의 구축·내자동원의 극대화·중소기업의 육성·물가안정·소득균점·사회개발·인구압력의 감소는 소득격차의 축소를, 자립적 생산기반의 구축·내자동원의 극대화14)·기술개발·경영합리화·물가안정(정책)은 물가안정을, 자립적 생산기반의 구축·중소기업의 육성·인구압력의 감소(정책)는 인구압력의 감소를 가져올 것이다.

자립도의 제고가 얼마나 필요한 것인가는 극심한 인플레이션과 국제수지 악화와 함께 겪은 1974~75년의 불황을 통해서 통절히 느꼈으리라고 생각된다. 자립도의 제고야말로 한국경제의 건전한 발전을 위해서 무엇보다도 우선적으로 해결되어야 할 과제인 것이다.

《분배의 경제학》(1983)

---

14) 물가안정은 내자동원의 전제가 된다.

자원파동 이후의 한국경제의 과제

1. 머리말

자원파동 이후 국제경제 및 각국의 국내경제는 크게 변모하였다. 자원난의 대두, IMF 및 GATT 체제 붕괴의 심화, 코스트 푸시 인플레의 심화, 안정 위주의 정책전환으로 인한 저성장 시대로의 이행, 그리고 경제복지사상의 강화 등이 그것이다.

이와 같은 변모는 결코 갑작스러운 것도, 새로운 것도, 우연적인 것도 아니며 단지 2차 대전 이후부터의, 특히 1960년대부터의 세계경제 변화의 연장일 뿐이다. 왜냐하면 이와 같은 변모의 직접적인 계기가 된 1973년 자원파동의 원인인 자원에 대한 세계적인 초과수요의 누적과 자원민족주의의 강화는 2차 대전 이후 특히 1960년대부터 계속 존재하여 왔던 것이며, IMF와 GATT 체제의 붕괴 및 경제복지사상의 팽배도 역시 1960년대부터 제기되어 온 세계경제의 문제점들을 폭발시키고 또한 그 변화를 가속시킨 것이다.

자원파동이 세계경제에 준 충격은 매우 큰 것이며 이로 인해 각국은 경제적으로 매우 어려운 시련을 겪고 있다. 더욱이 한국과 같이 경

제의 해외의존도가 높은 국가는 더욱 어려운 시련에 처해 있다. 이와 같은 시련을 극복하기 위해 한국의 정부 및 기업이 풀어야 할 과제들을 생각해보는 것이 여기서의 목적이다.

2. 자원파동의 원인

자원파동의 원인으로서 자원에 대한 수요의 증가와 자원민족주의의 강화 이 두 가지를 들 수 있다. 전자는 기본적이며 비인위적인 원인이요, 후자는 표면적이요 인위적인 원인이다.

(1) 우리는 흔히들 국제자원파동의 원인으로서 석유파동을 들고 또 석유파동의 원인으로서는 자원민족주의의 대두와 강화를 든다. 그러나 현재 우리가 겪고 있는 이 자원난의 계기인 자원파동의 근본원인은 자원에 대한 수요의 꾸준한 증가라는 비인위적인 곳에 있는 것이다. 이는 대표적인 국제 원자재가격 지수인 로이터 지수의 변화를 통해서도 분명하게 알 수 있다. 석유파동이 일어난 1973년 10월 이전에 이미 그 지수는 상당히 상승하기 시작하고 있는 것이다. 1972년 8월까지 600이 채 못 되던 이 지수가 동년 9월에 612.1, 동년 12월에 1,072.9, 동년 9월에 1,198.5로 계속 급상승하여 불과 2년 사이에 2배로 뛴 것이다. 석유파동 이후의 이 지수의 최고가 1974년 4월의 1,376.5였던 것에 비하면 석유파동 이전에 이미 국제원자재 시세는 상승할 만큼 상승하였던 것이다.

국제자원파동의 근본원인인 자원에 대한 수요의 급속한 증가는 그러면 무엇에 기인하는 것인가. 그것은 다름 아닌 2차 대전 이후의 선진국, 저개발국, 공산지역, 비공산지역을 막론하고 전 세계의 모든 국가가 지속적으로 고도성장을 해온 데 기인하고 있다. 세계의 총생산은

GDP 기준으로 1953년에서 1960년 사이에 연평균 5.3퍼센트로, 그리고 1960년에서 1969년 사이에는 연평균 5.7퍼센트로 각각 성장하였고 이에 따라 광물자원에 대한 수요는 이 기간 동안 각각 연평균 4.2퍼센트와 4.6퍼센트씩, 그리고 비식용농산자원에 대한 수요는 이 기간 동안 각각 연평균 2.1퍼센트와 1.8퍼센트씩 매년 증가하였던 것이다.

2차 대전 이후 선진국들은 완전고용을 1차적인 경제정책의 목표로 하여 케인스적인 확대재정금융정책을 계속하여 왔으며, 저개발국도 그들의 낙후한 경제생활 수준을 높이기 위하여 국내적으로 계속 경제개발정책을 실시하여 높은 경제성장률을 시현하여 왔다. 공산지역도 계획경제하에서 고도의 경제성장을 계속하여 왔다. 이처럼 국가의 정책적인 뒷받침 아래 세계의 모든 국가가 고도성장을 지속하여 온 것이 바로 국제자원파동의 근본원인인 것이다. 그러나 현재의 자원난은 이와 같은 자원에 대한 수요의 지속적인 증가에만 기인하는 것은 아니다. 이것 외에 자원민족주의의 강화라는 또 하나의, 1960년대부터 세계경제에서 일관된 흐름을 우리는 간과할 수 없는 것이다.

(2) 자원민족주의의 대두나 강화도 1973년 10월 중동전에서 석유무기화 조치에서 비롯된 것은 아니다. 1960년대부터 이와 같은 자원민족주의는 꾸준히 강화되어 왔던 것이다.

2차 대전의 종결과 더불어 대부분의 저개발국은 선진국의 식민지 통치에서 벗어나 정치적인 독립을 획득하였다. 그러나 이들의 경제는 여전히 빈곤과 선진국에의 예속을 벗어나지 못하였다. 이와 같은 상태에서 벗어나기 위한 저개발국의 노력은 대내적으로는 경제개발계획의 실시와 대외적으로는 자원민족주의의 주장으로 나타났다. 이 같은 노력은 1950년대에도 나타났었으나 1960년대로 접어들면서 본격화되었던 것이다.

자본과 기술이 부족하여 선진국과의 교역에서 만성적인 국제수지의 적자를 벗어나지 못하는 저개발국이 그들의 경제적인 비자립 상태에서 벗어나기 위하여 그들의 유일한 협상무기인 자원에 대한 주권을 확보하려고 하는 것은 당연하며 필연적인 추세라고 할 것이다. 사실 세계의 자원은 저개발국이 대부분 보유하고 있음에도 불구하고 이들 자원은 선진국의 이른바 다국적기업들에 의해 개발되고 소유되어 있다. 예컨대 석유의 경우 이른바 '세븐 메이저'라는 선진국의 석유자본이 전 세계의 석유생산량의 61.1퍼센트를 담당하고 있는데 이 중 70.2퍼센트가 해외, 즉 주로 저개발국이 소유하고 있는 석유에서 채굴한 것이다(1969년 기준).

저개발국이 이처럼 자기들이 보유하고 있음에도 외국자본에 의해 소유되어 있는 자원에 대해 주권을 행사하려고 하는 노력은 국유화와 자원수출기구의 설립으로 나타나게 되었으며, 또한 이러한 노력에 저개발국들이 공동보조를 취함으로써 자원에 대한 저개발국의 발언권이 점차 강화되어 오고 있는 것이다. 1964년 3월 제1차 UNCTAD 총회에서 77개 저개발국이 선진국에 대해 최혜국조약의 일반적인 적용과 원조로부터 무역으로의 이행을 요구한 이후 1967년 7월 알제 헌장의 채택, 1968 2월 제2차 UNCTAD 총회, 1971년 11월 리마 헌장 채택, 1972년 4월 제3차 UNCTAD 총회 및 1973년 9월 알제 선언을 거쳐 작년 5월 '자원 및 개발에 관한 UN 특별총회'에서 저개발국의 자원에 대한 항구주권 주장이 채택되기에 이른 것이다.

이러한 저개발국의 자원에 대한 주권선언이 현재 선언에만 그치고 있지 당장 실행에 옮겨지고 있는 것은 아니다. 원자재의 국제시세가 이들 자원보유국의 카르텔에 의해 결정되어지고 있는 것은 석유 이외에는 아직 없다. 그러나 자원보유국에 의해 원자재의 국제시세 및 공

급량이 결정되어 가는 경향은 계속 강화되어 갈 것이다. 석유(OPEC)를 비롯하여 동(1968년 결성, 칠레, 페루, 자이레, 잠비아)과 우라늄(1972년 결성, 캐나다, 프랑스, 호주, 남아연방)에서는 이미 석유파동 이전에 국제 카르텔이 결성되었으며, 석유파동에 자극을 받아 1974~1975년에 걸쳐 다음과 같은 자원에 대해 국제 카르텔이 결성되었거나 이의 결성을 위한 국제회의가 개최되었다.

① 보크사이트(기니, 자메이카, 호주, 수리남, 가나, 시에라리온, 유고슬라비아)

② 수은(알제리, 이탈리아, 스페인, 터키, 유고슬라비아, 멕시코)

③ 텅스텐(호주, 프랑스, 포르투갈, 한국, 타이, 페루, 볼리비아)

④ 은(페루, 멕시코)

⑤ 목재(인도네시아, 말레이시아, 필리핀)

⑥ 바나나(파나마, 코스타리카, 콜롬비아)

⑦ 커피(멕시코, 코스타리카, 과테말라, 엘살바도르)

3. 자원파동이 국제경제에 미친 경향

(1) 자원파동은 우선 원자재의 국제시세를 상승시킴으로써 저가 무제약 자원시대를 끝내게 하고 고가 제약 자원시대의 문을 열었다. 자원파동으로 인한 원자재의 국제시세의 급등이 원자재에 대한 공급량을 증가시키고 그 수요량을 감소시켜 원자재의 국제시세가 1974년 4월 이래로 점차 하락하고 있긴 하나 아직 자원파동 발생 이전인 1974년 초보다 원자재의 국제시세가 약 2배 가까이 높은 것이다. 즉 앞서 살펴본 바와 같이 로이터 지수가 1974년 4월에 1,376.5로 정점에 달한 뒤 계속 하락하고 있으나 1975년 7월 7일의 이 지수는 1,077.2로서 7

년의 평균치인 594.3의 약 2배에 가까운 것이다. 자원민족주의가 점차 강화되어 가고 있는 경향을 생각하며, 원자재의 국제시세가 현재 하락하고 있다고 하더라도 자원파동 이전과 같은 수준까지는 하락하지 않을 것이다.

앞으로 염가의 그리고 공급의 제약을 받지 않는 자원시대는 다시는 오지 않을 것 같다. 자원파동 이전까지는 자원은 인간의 경제생활에서 별로 문제시되지 않던 요소였으나 앞으로는 가장 중요시해야 할 요소의 하나가 된 것이며, 종래에는 자원이 무제한한 것으로 인식되어 왔으나 이제는 유한하며 고갈되어 가고 있는 것으로 인식되고 있다.

(2) 자원파동은 각국의 수입 물가를 인상시켜 비공산지역의 모든 국가에서 인플레를 심화시켰으며 또 하나의 새로운 코스트 푸시 인플레를 야기시켰다. 물론 자원파동 이전에도 2차 대전 후 거의 모든 국가에서 인플레는 계속 진행되어 왔다. 앞에서 언급한 바와 같이 2차 대전 이후 선후진국을 막론하고 모든 국가가 확대재정금융정책을 취하여왔기 때문에 어느 국가에서도 물가는 떨어지는 일 없이 계속 상승만 하여왔다.

이와 같은 확대정책으로 인한 과다한 통화량의 증가가 과거에도 현재에도 인플레의 기본원인이다. 만일 아무리 생산비가 상승한다고 하더라도 통화량의 증가로 유효수요가 계속 증가하지 않는다면 상품은 팔리지 않을 것이고, 따라서 인플레가 일시 발생할 수 있으나 계속 진행될 수 없는 것이다.

이와 같은 초과수요는 선진국의 경우에는 1950년대까지 인플레의 주원인이었으며, 저개발국의 경우에는 자원파동 이전까지 인플레의 주원인이었다.

그러나 선진국의 경우에는 1960년대부터 주로 임금상승에 기인한

생산비의 상승이 인플레를 주도하게 되었다. 즉 자원파동 이전에는 선진국의 경우 1950년대까지는 디맨드 풀 인플레, 그리고 1960년대부터 임금상승으로 인한 코스트 푸시 인플레에 주로 직면하였으며 저개발국의 경우 계속 디맨드 풀 인플레에 주로 직면하고 있었다고 말할 수 있다.

그런데 자원파동으로 인한 국제 원자재 시세의 상승은 이와 같은 종래의 선후진국의 인플레 외에 원자재가격의 상승으로 인한 코스트 푸시 인플레라는 또 하나의 새로운 인플레를 야기하였던 것이다.

자원파동은 이처럼 또 하나의 새로운 인플레를 야기하였을 뿐만 아니라 인플레의 속도도 가속시켰다. 23개국의 선진국으로만 구성되어 있는 OECD 국가 연평균 GNP 디플레이터의 상승률을 보면 1960년과 1972년 사이에는 3.7퍼센트였으나 1972년에는 5.0퍼센트, 1973년에는 7.5퍼센트, 그리고 1974년에는 12.3퍼센트에 이르고 있어 자원파동 이후 인플레가 한층 심화되고 있음을 알 수 있다.

(3) 자원파동은 또한 IMF 및 GATT 체제를 심히 동요시켰다. 2차 대전 이후 1970년 초까지 국제경제질서의 양대 지주는 자유무역주의를 원칙으로 삼은 GATT 체제와 달러를 기축통화로 삼고 고정환율제를 원칙으로 삼은 IMF 체제였다. IMF 및 GATT 체제의 이념은 자유무역주의였으며, 그 존립 주기반은 미국 경제력의 절대적 우위였다. 그리고 이 체제는 미국의 이해를 대변하는 것이었다. 즉 세계 모든 국가가 2차 대전 동안 생산력이 크게 파괴되어 미국으로부터 수입에 대폭 의존하지 않을 수 없었던 상황에서 자유무역이란 곧 미국의 자유로운 수출을 의미하는 것이었으며 또한 이러한 자유무역의 순조로운 신장을 위해서는 각국의 환시세의 안정 곧 고정환율이 필요하였던 것이었다. 또한 달러가 기축통화 곧 국제통화가 됨으로써 미국의 무역은

그 어느 나라보다도 자유로울 수 있었으며, 달러의 국제공신력은 미국의 무역수지의 막대한 흑자가 미국의 대외원조 및 대외투자로 인한 자본수지의 적자를 충분히 상쇄해주는 한 확고한 것이었고, 따라서 달러는 기축통화의 역할을 훌륭하게 수행할 수 있었다.

그러나 1960년대에 들어서서 서구 국가들과 일본의 경제가 부흥되자 미국 경제력의 절대적 우위는 사라지게 되었고, 이에 따라 IMF 및 GATT 체제도 동요하게 되었다. 미국의 국제수지가 적자를 나타내게 되자 달러의 대외공신력은 흔들리게 되고 미국은 국제수지의 개선을 위해 무역 규제를 점차 강화하게 되었다. 이로써 1960년대부터 IMF 및 GATT 체제는 동요되기 시작한 것이다.

이처럼 1960년대 초부터 동요되기 시작한 IMF 및 GATT 체제는 1960년대를 통해 미국의 국제수지의 적자가 지속되게 되자 1970년대 초에 미국을 비롯한 각국의 무역규제의 강화, 미국의 달러의 금태환 정지, 주요국의 변동환율제로의 이행으로 사실상 붕괴되었다. 자원파동(주로 석유파동)은 이 같은 IMF 및 GATT 체제의 붕괴를 더욱 결정적으로 만들었다. 석유파동으로 인해 세계 대부분의 국가를 포함하는 석유수입국의 석유수입량이 대폭 증가함에 따라 국제수지가 대폭 악화하게 되었다. 이에 따라 각국은 국제수지를 개선하기 위해 정도의 차이는 있으나 모두 무역규제정책을 강화한 것이다. 그리고 중동 산유국으로의 국제유동성의 집중은 달러의 대외 공신력 하락으로 인한 IMF 체제의 붕괴 곧 국제통화위기를 더욱 악화시키고 있는 것이다.

(4) 자원파동은 각국이 국내 경제정책을 고용 및 성장 위주에서 안정 위주로 전환하는 것을 촉진시켰다.

원래 고도성장과 물가안정은 양립하기 힘든 것이다. 고용 및 성장 위주의 정책은 확대 재정·금융정책을 낳고 이는 유효수요를 증가시켜

물가안정을 저해하는 것이다. 그동안 선후진국을 막론하고 비공산지역의 거의 모든 국가가 고도성장을 계속해 오는 동안 물가안정은 줄곧 희생되어 왔다.

이와 같이 성장 위주 정책의 지속은 그 내부에 인플레 요인을 계속 축적하여 왔던 것이며, 이 인플레 요인이 석유파동을 계기로 폭발하고 원자재 국제시세의 앙등이 가세함으로써 일어난 것이 현재의 세계적인 인플레인 것이다. 결국 성장 위주의 확대정책은 언제까지나 계속될 수 없다는 것이 증명된 것이다. 이에 더하여 자원난의 대두는 자원을 대량으로 소비하는 성장 위주의 정책을 더욱 어렵게 만든 것이다.

(5) 여기서 하나 덧붙여 언급할 것은 2차 대전 이후 각국에서 경제복지사상이 계속 확대되어 왔으며, 이러한 경향은 최근에 더욱 강화되고 있다는 점이다. 종래 각국의 성장 위주의 경제정책은 국가에 따라 정도 차이는 있으나 인플레 문제만이 아니라, 소득분배 문제 및 공해 문제 등 국민들의 경제복지 문제도 경시하여 왔다. 그러나 이젠 누구를 위한, 또 무엇을 위한 경제성장이냐는 문제에 대한 인식이 높아지고 있다. 고도성장이 상당 기간 계속하여 왔음에도 불구하고 아직도 수많은 국민들이 빈곤에서 벗어나지 못하고 있으며, 공해로 인한 생활환경의 파괴가 심화되고 있어 점차 그 파괴의 도가 커져 가고 있어 국민생활의 안정과 복지가 성장 못지않게 중요하다는, 그리고 경제성장이 곧 국민의 경제복지와 직결되지는 않는다는 평범한 사실이 새삼스럽게 인식되고 있는 것이다.

4. 한국경제의 당면과제

(1) 앞에서 우리는 자원파동으로 인하여 자원난이 대두되었으며,

IMF 및 GATT 체제의 사실상의 붕괴가 더욱 결정적으로 되었으며, 인플레의 진행이 가속되었고, 또한 원자재의 가격 상승에 기인하는 또 하나의 새로운 코스트 푸시 인플레가 일어났으며, 각국의 경제정책의 목표가 고도성장 추구에서 경제안정 곧 저성장 추구로 변화하였음을, 그리고 최근에 와서는 경제복지사상이 더욱 강화되고 있음을 살펴보았다.

우리는 이와 같은 변화들을 한국경제에 관련시켜 볼 때 다음과 같은 점을 느낄 수 있다.

첫째, 국내에서 자원개발의 촉구, 자원 절약 또는 자원 이용의 효율화를 통해 자원의 국내자급도를 높여야겠다는 것이다. 이는 자원난이 대두함에 따라 자원이 성장에 대한 제약요인으로 등장하고 원자재의 해외의존도가 높아지는 것에 대처하기 위해서이다.

둘째, 자원난으로 원자재의 국제시세가 상승함에(또는 환율이 인상됨에) 따라 원자재의 수입가격이 상승하여 코스트 푸시 인플레가 발생하고 있으므로 이를 수습하기 위해서 기업은 경영합리화를 추구하고, 가격인상을 통한 소비자로의 인플레 부담의 전가를 중단해야 할 것이며, 정부도 통화량 공급을 적정하게 유지함으로써 안정기조를 견지해야 하겠다는 것이다.

셋째, 세계의 각국이 모두 저성장 추구의 안정정책으로의 전환을 하고 있고 또한 무역규제를 강화하고 있으며 IMF 및 GATT 체제의 붕괴로 국제경제질서가 혼란을 거듭하고 있어 종전과 같은 세계무역의 순조로운 신장이 다시 재현되기는 어려울 것이므로 우리나라 상품에 대한 수출수요의 계속적이며 순조로운 확대는 어려울 것이다. 즉 수출드라이브정책을 통한 고도성장에 한계가 있을 것이다.

넷째, 경제복지사상이 세계적으로 더욱 강화되고 있으므로 우리도

임금인상, 고용유지를 통해서 국민들에게 최소한의 생존권을 보장해 주어야 하겠다는 것이다.

이하에서 위에서 든 네 가지 점을 고려하면서 앞으로 한국의 기업 및 정부의 과제를 생각해 보자.

(2) 우선 앞으로 기업 과제로서는 다음과 같은 것을 들 수 있을 것이다.

① 자원의 안정적 확보

② 자원의 절약 또는 자원이용의 효율화

③ 자원절약형으로의 진출

④ 원자재 생산부문으로의 진출: 원자재 생산부문으로는 농업, 임업, 수산업, 광업 등 천연원자재 생산산업만이 아니라 가공된 원자재, 예컨대 섬유원료, 화학, 펄프, 나프타, 철강 등을 생산하는 이른바 기초중화학공업을 들 수 있다.

⑤ 경영합리화: 앞서 말했듯이 기업은 생산성의 향상을 통해 생산비를 절감시켜야 할 것이다.

⑥ 인플레 부담 전가의 중단

⑦ 임금인상과 고용유지의 추구 및 종업원에 주식분배: 더욱이 종업원의 주식분배는 종업원으로 하여금 기업에 대해 주인정신을 갖게 하여 열성을 가지고 근무토록 할 것이며, 이는 경영합리화에 크게 이바지할 것이다.

⑧ 경영자의 비전 재정립과 저성장에 적응: 지금까지 한국경제는 고도성장을 추구하여 왔으며, 이에 따라 경영자의 비전도 고도성장에 적응하여 기업의 외형적 발전을 주로 추구하여왔다. 그러나 앞으로 한국경제는 성장률은 낮더라도 경제자립도의 제고, 경제안정과 경제복지를 추구하는 방향으로 나아가야 할

것이므로 기업도 이와 같은 저성장에 적응하여 종업원의 복지와 기업의 내적 건실화(예컨대 재무구조의 개선 등)에 주력하여야 할 것이다. 바야흐로 기업이 그 사회적 책임의 수행을 외면할 수 없는 시대가 온 것이다. 앞에서 든 ⑤, ⑥, ⑦은 이와 같은 기업의 사회적 책임 중에서 한국의 기업이 수행하여야 할 최소한의 것들인 것이다.

(3) 다음에 앞으로의 정부의 과제로서는 아래와 같은 것을 들 수 있을 것이다.

① 자원의 안정적 확보: 이를 위해서는 해외수입선의 다변화와 국제자원협력체제에 적극적 참여 등이 필요할 것이다.

② 자원 절약 또는 자원 이용의 효율화

③ 유류절약 및 자원절약형 국내자원 개발 극대화·전시형 원자재 생산부문(기초중화학공업) 우선형의 중화학공업의 육성: 자원제약 아래서 중화학공업 육성은 이처럼 선별적으로 추진되어야 할 것이다. 그리고 이와 같은 중화학공업의 육성은 원자재의 공급을 더 원활히 함으로써 물가안정에 이바지할 것이다. 또한 이와 같은 중화학공업의 선별적인 육성은 원자재의 국내 자급도를 높여 수출의 외화가득률을 높이는 데도 이바지할 수 있을 것이다.

④ 고미가(高米價) 및 고대맥가(高大麥價) 정책을 통해 식량 증산 및 농업개발

⑤ 가득률 및 시장다변화 우선의 수출확대

⑥ 기업의 사회적 책임 수행 촉구

⑦ 안정기조의 견지와 외자도입의 엄선: 코스트 푸시 인플레 아래서도 적정통화량 공급의 견지가 반드시 필요하다. 왜냐하면

코스트 푸시 인플레 아래서 통화량이 계속 재화의 공급량보다
더 빠른 속도로 증가한다면 디맨드 풀 인플레까지 진행하게
되어 인플레는 더욱 가속될 것이기 때문이다. 그리고 앞서 말
한 바와 같이, 이와 같은 과다한 통화량의 공급 없이는 아무리
생산비가 상승하고 있더라도 인플레가 지속적으로 발생할 수
는 없는 것이다. 곧 안정기조의 견지는 인플레 대책의 기본인
것이다. 또한 과대한 통화량의 공급을 막기 위해서는 국내 통
화량 공급을 유발시키는 단기 고리의 현금차관 등의 도입도
규제할 필요가 있을 것이다.

⑧ 소비패턴의 합리화: 자원 절약을 위해서는 검소한 소비 패턴
이 필요할 것이다.

⑨ 독과점의 규제: 독과점의 가격인상 조작을 규제하는 것도 코
스트 푸시 인플레의 한 대책으로서 필요하다.

⑩ 소비자의 자위단체 육성: 독과점의 가격인상 조작을 막기 위
해서는 소비자들의 자치적 자위단체의 육성이 효과적인 한 방
법일 것이다.

이상과 같은 정부의 과제들은 저성장을 초래할 가능성을 많이 내포
하고 있다. 그러나 자원파동을 겪으면서 경제자립도의 제고가 무엇보
다도 필요한 것임을 통감한 것이 사실이라고 한다면 이상의 과제들은
한국경제에 반드시 필요한 것이라고 할 수 있지 않을까 생각한다. 그
리고 이것은 경제안정과 경제복지를 위해서도 필요한 것이다.

끝으로 이상의 과제들은 현재 우리가 겪고 있는 불황을 극복하기
위해서도 필요한 것임은 두말할 나위가 없다. 한국이 크게 의존하고
있는 미국과 일본의 경기가 아직도 불투명하긴 하지만 빠르면 금년 7
월에서 9월 사이, 늦어도 10월에서 12월 사이에 본격적으로 회복하기

시작하리란 것이 양국에서의 대체로 일치된 견해인 것 같다. 그렇다면 한국과 미국, 그리고 한국과 일본 간의 경기의 시차가 대체로 각각 5~6개월, 그리고 3~4개월이라고 할 때 국내에서 적극적인 확대정책이 추구되지 않는 한 한국의 경기는 내년의 1/4~2/4분기에 본격적으로 회복되기 시작하지 않을까 생각한다. 따라서 그때까지는 이상의 과제들에 더해서 이제까지 취하여 온 불황에 대한 단기대책 즉 공공지출에 의한 취로사업과 새마을사업 등을 계속 추구하는 동시에 고용흡수적인 중소 영세기업에 대한 투자의 증가 등을 추구할 필요가 있을 것이다.

《한국경제의 진단과 반성》(1980)

경제개발의 현 단계와 과제

1. 당면 문제

제4차 경제개발 5개년계획서에 따르면, 계획기간 최종연도인 1981년에는 경제성장률(1975년 불변가격)이 9.0퍼센트, 실업률 3.8퍼센트, 도매물가 상승률 8.0~9.0퍼센트, 무역수지와 경상수지는 각각 13.7억 달러와 11.72억 달러의 흑자, 투자율 26.0퍼센트, 국내저축률 26.1퍼센트, 해외저축률 −0.1퍼센트(즉 투자재원을 국내저축으로 완전 조달), 중화학공업화율(부가가치액 기준) 49.5퍼센트, 중화학공업제품이 공업제품 총수출에서 차지하는 비중(FOB, 1975년 불변가격표시) 50.0퍼센트, 해외채무잔액(경상가격 표시) 136.48억 달러, 이의 GNP에 대한 비율은 23.3퍼센트가 된다고 추산되어 있다(〈표 1〉).

이 계획이 순조롭게 진행되었다면 1981년에는 안정적인 물가수준 아래서 고성장과 고수준고용, 또 자력적 성장 아래서 국제내수균등, 투자재원의 완전한 국내 조달 및 중화학공업화를 중심으로 한 산업구조의 고도화가 실현되었을 것이다. 해외채무잔액 또한 허용할 수 있을 만한 수준에 머물렀을 것이다. 그러나 1978년 후반 특히 1979년부터

〈표 1〉 1981년의 계획치와 실적치

	계획치	실적치
경제성장률(%, 1975년 불변가격)	9.0	7.1
실업률(%)	3.8	4.5
도매물가상승률(%)	8.0~9.0	22.5(11.8)*
경상수지(억 달러)	11.72	△44.78$^{p)}$
무역수지(억 달러)	13.70	△29.85$^{p)}$(△48.78)**
수출(억 달러)	202.42	208.86***(212.54)**
수입(억 달러)	185.42	238.71***(261.31)**
투자율(%, 1975년 불변가격)	26.0	33.2$^{p)}$
국내저축률(%)	26.1	22.9$^{p)}$
해외저축률(%)	△0.1	10.3$^{p)}$
중화학공업화율(%)	49.5	54.0
중화학공업제품이 제조업품 수출에서 차지하는 비중(%, 1975년 불변가격)	50.0	–
〃 (%, 경상가격)	–	47.3
외채잔고(%, 경상가격)	136.48	325.0
〃 (%, 대 GNP 비율)	23.3	51.3

주: *는 연도 말 비율, **는 통관기준, ***는 통관기준액을 국제적 기준으로 조정한 것,
　　p)는 계획치, 또 평가는 FOB 기준.
자료:《제4차 경제개발 5개년계획서》, 1976 및 경제기획원, 한국은행 자료에 따름.

경제상태가 악화되기 시작하여 제4차 계획과 현실 사이에는 커다란 차이가 발생하게 되었다. 1981년에는 경제성장률 7.1퍼센트, 실업률 4.5퍼센트, 도매물가 상승률 11.8퍼센트(1981년 평균으로 22.5%), 무역수지 및 경상수지는 각각 32.0억 달러와 47.0억 달러의 적자, 해외저축률 10.3퍼센트, 중화학공업화율 54.0퍼센트, 중화학공업제품이 공업제품 수출총액에서 차지하는 비중(FOB 기준 경상가격 표시)은 47.3퍼센트, 해외채무잔액(경상가격 표시) 325.0억 달러, 그 GNP에 대한 비율은 51.3퍼센트가 되었다(〈표 1, 2〉).

　1979년과 1980년의 주요 경제지표를 보면, 경제성장률(1975년 불변

〈표 2〉 산업구조, 중화학공업화율, 수출상품구성, 수출의존도

(단위: %)

	1980년		1981년	
	75년 불변가격	경상가격	75년 불변가격	경상가격
산업구조				
농립어업(농업)	16.0 (13.3)	16.3 (13.5)	18.3 (15.6)	18.0 (15.4)
광공업(제조업)	35.7 (34.4)	30.2 (28.8)	35.6 (34.3)	30.9 (29.5)
사회간접자본 및 서비스	48.4	53.5	46.1	51.1
합계	100.0	100.0	100.0	100.0
중화학공업화율	53.2	52.6	54.0	53.0
수출상품구성(통관 기준)				
합계	–	100.0	–	100.0
공업제품		90.0 (100.0)		90.2 (100.0)
중화학공업제품		(46.3)		(47.3)

수출의존도(경상가격)	1980년			1981년		
	수 출	수 입	계	수 출	수 입	계
총계	40.2	50.4	90.6	43.4	51.6	95.0
상품	30.6	38.4	69.0	33.2	38.2	71.4

자료: 한국은행, 《조사통계월보》 1982년 1월, 한국은행, 《주간내외경제》.

가격 표시)은 각각 6.4퍼센트와 −6.2퍼센트, 실업률 3.8퍼센트와 5.2퍼센트, 도매물가 상승률 23.8퍼센트(연간평균 18.0%)와 44.2퍼센트(동 38.9%), 무역수지 52.83억 달러와 47.9억 달러의 적자, 경상수지 41.6달러와 53.2억 달러의 적자, 해외저축률 16.8퍼센트와 12.9퍼센트였다. 1981년의 무역의존도(경상가격 표시)는 95.0퍼센트(수출 43.4%, 수입 51.6%), 상품무역의존도 71.4퍼센트(수출 33.2%, 수입 38.2%)가 되었다 (〈표 2〉). 또한 독과점 경향의 심화, 소득계층 간 및 도시-농촌 간, 기업규모 간의 격차 확대, 기업재무구조의 악화 등 일련의 현상이 나타나고 있다.

경제기획원의 자료에 기초하여 상위 3사의 시장점유율이 50퍼센트 이상인 독과점형 업종을 보면, 1974년에 전 생산업종 중 70퍼센트를

〈표 3〉 도시-농촌 간 소득비교

(단위: 천 원)

연 도	농가소득			도시근로자 가계소득 (D)	대비(%)		
	(A)	0.5ha 미만(B)	0.5~ 1.0ha(C)		A/D	B/D	C/D
1963	93.2	57.5	77.4	80.2	116.2	71.7	96.5
1966	130.2	83.2	108.0	161.5	80.6	51.5	66.9
1970	255.8	163.0	211.7	381.2	67.1	42.8	55.5
1971	356.4	210.5	294.6	451.9	78.9	46.6	65.2
1975	872.9	532.5	776.2	859.3	101.6	62.0	90.3
1976	1,156.3	670.2	977.2	1,151.8	100.4	58.2	84.8
1977	1,432.8	872.4	1,192.9	1,405.1	103.0	62.1	84.9
1978	1,884.2	1,226.3	1,600.5	1,916.3	98.3	64.0	83.5
1979	2,227.5	1,517.1	1,905.9	2,629.6	84.7	57.7	72.5
1980	2,693.1	1,983.2	2,279.7	3,205.2	84.0	61.9	71.0

자료: 《농가경제조사결과보고서》, 《도시가계조사보고서》.

차지했던 것이 80년에는 90퍼센트로 상승하고 있고 또 재벌이 총공업 출하액에서 차지하는 점유율도 77년의 43.9퍼센트에서 79년의 47.9퍼센트로 확대하고 있다.[1] 동일한 자료에 따르면, 전체 가계 중 최하위 소득계층 40퍼센트의 소득비율은 1965년 19.3퍼센트, 1970년 19.6퍼센트로 저하하는 한편, 최고위 소득계층 20퍼센트의 소득비율은 1965 41.8, 1970년 41.6, 1976년 45.3, 1980년 45.4퍼센트로 점차 상승하고 있다. 소득분배의 불평등도를 나타내는 지니계수(0에서 1에 가까워질수록 소득분배가 불평등한 것을 나타낸다)도 1965년 0.3438, 1970년 0.3322, 1976년 0.3908, 1980년 0.3890으로 상승하고 있다.[2]

한편 농수산부의 《농가경제 조사결과보고서》와 경제기획원의 《도시 근로자 가계조사보고서》에 기초한 계측 결과에 따르면, 농가소득은

---

1) 《조선일보》, 1982. 3. 28.
2) 《조선일보》, 1982. 2. 12.

〈표 4〉 중소기업의 비중(제조업)

(단위: %)

	1963	1969	1977	1980
기업수				
중소기업	(98.7)	(97.4)	95.9(93.5)	96.6(94.3)
대기업	(1.3)	(2.6)	4.1 (6.5)	3.4 (5.7)
종업원수				
중소기업	(66.4)	(51.8)	46.0(37.6)	49.6(41.1)
대기업	(33.6)	(48.2)	54.0(62.4)	50.4(58.9)
부가가치				
중소기업	(52.8)	(29.7)	32.4(25.4)	35.2(26.9)
대기업	(47.2)	(70.3)	67.6(74.6)	64.8(73.1)

주: 중소기업은 종업원수 5~299인 규모, 또 ( ) 안은 종업원 5~199인의 경우를 나타낸다.
자료: 중소기업은행, 《중소기업은행 20년사》, 1981 및 동 은행자료.

1975년에 도시근로자 가계소득의 1.016배, 1976년에 1.004배, 1977년에 1.020배였던 것이 1978년 0.983배, 1979년 0.847배 1980년 0.840배로 하락하여 1978년부터는 도시근로자 가계소득을 하회하게 되었다(〈표 3〉).

부가가치를 통해서 대기업(종업원 수 300인 이상)의 비중을 보면, 1980년 광공업은 64.9퍼센트, 제조업은 64.8퍼센트였었다. 1977년까지는 대기업을 종업원 200인 이상의 규모로 분류하고 있는데, 이 분류에 따라도 대기업이 제조업 부가가치 총액에서 차지하는 비율은 1963년 47.2, 1969년 70.3, 1977년 74.6퍼센트(단, 종업원 수 300인 이상으로 계산할 경우에는 67.6%)이었다(〈표 4〉).

자본의 측면에서 보면, 자기자본비율은 본래부터 낮지만 그것은 1978년부터는 다시 점점 더 낮아지고 있어서 높은 부채비율이 한층 더 상승하였다. 금융비용 대 총비용의 비율, 금융비율 대 판매액비율은 모두 상승하는 한편, 총자본의 순이익률, 자기자본의 순이익률, 판

〈표 5〉 기업 재무구조의 추이

(단위 : %)

		1978	1979	1980
자기자본비율	중화학공업	22.5	23.2	17.9
	경 공 업	19.9	18.2	15.9
부채비율	중화학공업	344.5	331.3	460.0
	경 공 업	403.4	449.1	527.9
금융비용 대 부채비율	중화학공업	6.40	7.96	10.60
	경 공 업	9.28	10.36	12.04
금융비용 대 총비용비율	중화학공업	4.70	5.70	7.37
	경 공 업	5.06	6.16	6.81
금융비용 대 판매액비율	중화학공업	4.66	5.72	7.78
	경 공 업	5.00	6.18	7.01
자본금 순이익률	중화학공업	14.87	13.28	-16.91
	경 공 업	24.34	15.73	-2.50
자기자본 순이익률	중화학공업	10.15	7.88	-11.16
	경 공 업	16.21	10.15	-1.49
판매액 순이익률	중화학공업	2.16	1.72	-1.99
	경 공 업	2.17	1.35	-0.17

자료: 한국은행, 《기업경영분석》, 1981.

매액순이익률은 계속 하락하고 있다(〈표 5〉). 뿐만 아니라 정부개입의 심화현상도 두드러진다.[3] 실제로 정부 개입의 정도를 나타내주는 지표인 정책금융의 비중이 해마다 증가하고 있다. 예저금의 대출 총액에서 정부금융이 차지하는 비중은 1977년 45.1, 1980년 52.6, 1981년 7월 말에는 53.8퍼센트까지 상승한다. 여기에 한국산업은행과 수출입은행의 대출금을 합하면 정책금융의 비중은 60퍼센트를 웃도는 것으로 이야기된다.[4] 또한 정책금융잔액은 1981년 말 현재의 예저금대출총잔액의 31퍼센트에 해당하는 5조 9,677억 원, 정책금융에 대한 정부의 2차

---

3) 《제5차 경제사회발전 5개년계획서》, 1981년 8월, pp. 8~10.
4) 《동아일보》, 1981. 9. 30.

보조액은 1981년 618억 원으로, 1977년의 205억 원의 3배에 달한다고
한다.5)

이상의 사실을 한마디로 요약한다면, 현재의 한국경제는 고물가 속
의 저성장 및 지수준고용이 특징이며 당초목표인 자율적 경제성장구
조를 실현하지 못하고 대외채무 누적, 독과점화, 소득분배 불평등을
비롯한 각종 불균형과 정부 개입의 심화에 직면하고 있는 것이 된다.

이리하여 현재의 한국경제는 수많은 난관에 직면해 있다. 물론 이러
한 여러 가지 문제의 한 원인은 제2차 오일쇼크와 그에 따른 세계경제
의 불황에서 찾을 수 있을 것이다. 그러나 그 원인의 대부분은 수출주
도형 공업화정책 및 특히 제3차 경제개발 5개년계획(1972~1976)의 초
기에 시작된 특수한 성격의 '중화학공업 우선투자' 정책에 의해 야기
되었다고 볼 수 있다.

2. 중화학공업 우선정책의 특수한 성격

중화학공업 우선투자가 본격화한 것은 제3차 경제개발 5개년계획기
이다. 이 계획은 수출총액에서 차지하는 공업제품의 비중을 1970년의
83.6퍼센트(1970년 불변가격표시)에서 1976년의 90.4퍼센트로 높인다는
계획적인 수출증대를 겨냥한 것으로서, 중화학공업부문이 제조업부문
생산총액에서 차지하는 비율을 1970년의 35.9퍼센트에서 1976년의
40.5퍼센트로 높이는 동시에 공업제품 수출총액에서 차지하는 중화학
공업제품의 수출비율을 같은 기간에 14.3에서 33.3퍼센트로 증가시키
는 것을 목표로 하였다.6) 또한 산업별 투자배분(1975년 불변가격 표시)

---

5) 《중앙일보》, 1982. 3. 15.
6) 《제3차 경제개발 5개년계획서》, 1971, p. 2.

을 보면 중화학공업 투자는 총투자액의 15.0퍼센트(제조업 60.2%)를 차지하여 통신·수송의 20.5, 주택 15.3퍼센트의 다음에 위치하고, 이는 농업의 7.9퍼센트라든지 농림어업의 10.1퍼센트에 비해 비중이 훨씬 큰 것이었다.

제4차 경제개발 5개년계획(1977~1981년)에 있어서도 물론 중화학공업부문 투자가 우선적으로 취급되고 있고, 사회개발의 촉진, 기술혁신과 함께 자력적 성장구조의 실현이라는 주요 목표를 투자재원의 완전한 국내조달, 국제수지의 균형(이것은 어디까지나 수출의 계획적 증가를 전제로 한다), 산업구조의 고도화를 통해 실현코자 하고 있다. 여기서는 공업제품이 수출총액에서 차지하는 비중을 1975년의 84.9퍼센트(통관기준, FOB 기준)에서 1981년의 92퍼센트로 높임과 동시에, 생산액을 기준으로 한 중화학공업화율을 1975년의 42.4에서 1981년의 49퍼센트로, 또 부가가치기준의 중화학공업화율을 같은 기간에 42.4에서 1981년의 49.5퍼센트로, 공업제품 수출총액에서 차지하는 중화학공업제품의 비중을 34.6(통관기준, FOB 기준)에서 50.0퍼센트로 각각 인상키로 하고 있다. 투자(고정자본형성 기준)의 상업별 배분을 보면, 중화학공업부문은 계획기간 투자총액 중 17.4퍼센트(제조업은 64.1%)를 차지하여 통신·수송의 19.6퍼센트에 다음가는 규모에서, 주택의 15.9, 농림어업 9.4퍼센트(농업은 6.9%)보다도 큰 것임을 알 수 있다(〈표 6〉).

1972년부터 1979년까지의 고정자본형성을 기준으로 한 산업별 투자배분실적(1980 불변가격 표시)을 보면, 중화학공업은 투자총액의 14.5퍼센트에 해당한다(〈표 7〉). 이것은 통신·수송의 24.5퍼센트, 주택 15.8퍼센트에 다음가는 규모이며 농림어업 및 광업의 10.0퍼센트보다도 크다. 한국산업은행의 자료에 따르면, 중화학공업부문의 전산업설비투자(경상가격표시)에 대한 비율은 1975년과 76년 40퍼센트대, 77~79년 50

〈표 6〉 산업별 투자배분실적(1977~1981)(고정자본형성 기준)

(단위: %, 1975년 불변가격)

농림수산업	9.4
농업	6.9
광공업	28.6
제조업	27.1
경공업	9.7
중화학공업	17.4
사회간접자본 및 기타서비스	62.0
전력	12.9
통신·수송	19.6
주택	15.9
합 계	100.0

자료: 《제4차 경제개발 5개년계획서》, 1976, p. 45.

퍼센트대, 80년 40퍼센트대에 이르고 있다.

이와 같은 중화학공업 우선정책의 결과 부가가치를 기준으로 한 공업화율(경상가격 표시)은 1980년에 28.8, 81년에는 29.5퍼센트가 되고, 또 75년 불변가격으로는 각각 34.4, 34.3퍼센트가 되며, 중화학공업화율은 경상가격 표시로 80년에 52.6, 81년 53.0퍼센트, 또 75년 불변가격표시로는 각각 53.2, 54퍼센트가 되었다. 수출총액에서 차지하는 공업제품의 비중(통관기준, 경상가격 표시)은 80년에 90, 81년에는 90.4퍼센트, 또 중화학공업제품이 공업제품 수출총액에서 차지하는 비율은 80년의 46.3에서 81년의 47.3퍼센트로 각각 인상되었다(〈표 2〉). 이리하여 산업구조의 고도화, 공업구조의 고도화, 수출상품구조의 고도화가 분명히 실현된 것이었다.

그러나 문제는 외자와 외국기술, 그리고 차입자금에 의존한 수입 의존적 및 수입유발적인 중화학공업의 설비과잉과 중복투자에 있다. 중화학공업은 대규모의 운전자금을 필요로 하고 국제경제력을 갖기까지

〈표 7〉 산업별 투자배분실적(고정자본형성 기준)

(단위: %)

	1972~1976 (1975년 불변가격)	1972~1979 (1980년 불변가격)
농림어업·광업		10.0
농림어업	10.1	
농업	7.9	
광공업	25.5	
제조업	24.4	23.2
경공업	9.4	8.7
중화학공업	15.0	14.5
기타화학공업		4.5
철강·금속공업		4.5
기계공업		5.6
사회간접자본 및 기타서비스	64.4	66.7
전력	7.5	6.0
통신·수송	20.5	24.5
주택	15.3	15.8
합 계	100.0	100.0

주: *는 전자, 수송용기기를 포함
자료: 《제4차 경제개발 5개년계획서》, 1976, p. 45. 《제5차 경제사회발전 5개년계획서》, 1981, p. 44.

는 상당한 시일이 요구되는 부문이다. 장기적인 수출증대의 관점에서 본다면 중화학공업 건설은 피할 수 없는 것이지만 그러나 그것이 한국경제가 직면하고 있는 난제 중 몇 가지를 야기해 왔다는 것 또한 사실이다.

경제기획원 자료에 따르면, 중화학공업부문에서 외국차관의 비중은 1981년 6월 말 현재 확정기준으로 25.3, 도착기준으로 30.4퍼센트, 또 외국인 직접투자 건수의 61.7퍼센트, 그 금액의 61.1퍼센트를 차지한다. 또한 한국은행의 기업경영분석자료에 따르면, 1980년 중화학공업부문의 총자금 중 14.9와 고정자산 중 14.1퍼센트가 외국차관에 의존

<표 8> 경영지표(1980)

(단위: %)

	중화학공업	경공업
1. 판매액	100.0	100.0
영업외비용	12.1	9.1
지급이자와 할인료	7.0	6.3
사채이자와 차금상각	0.7	0.7
외화차손	3.1	1.2
기타영업외 비용	1.3	0.9
2. 자금	100.0	100.0
자기자금	16.3	17.6
타인자금	83.7	82.4
장기은행차입금	9.6	8.7
외국차관	14.9	6.6
단기은행차입금	16.2	24.4
3. 자산	100.0	100.0
유동부채	47.1	58.3
고정부채	35.0	25.8
외국차관	14.1	5.0
장기차입금	13.4	11.2
은행	11.9	10.0
기타	1.5	1.2

자료: 한국은행, 《기업경영분석》, 1981.

하고 있다. 자기 자본이나 장기차입금(자산)의 비중이 각각 16.3, 13.4 퍼센트임을 생각할 때, 이것은 상당히 큰 숫자다(〈표 8〉). 1980년 말 현재 중화학공업은 기술도입 건수의 80.6퍼센트, 로열티 지불의 76.6 퍼센트에 달하고 있다.

한편, 한국산업은행 자료에 의하면, 은행대출금에 있어서 중화학공업부문은 1980년 말 현재 35.7퍼센트, 81년 11월 말 현재 36.1퍼센트의 비중을 차지하고 있다. 또 자금차입 면에서 보면, 중화학공업부문은 1980년에 자금의 9.6퍼센트를 장기은행 차입금에, 16.2퍼센트를 단

기은행 차입금에 의존하고 있다. 이것은 8.7퍼센트를 장기은행 차입금
에, 또 24.4퍼센트를 단기은행 차입금에 의존하는 경공업과는 대조적
이다. 은행차입금에 있어서는 경공업부문이 커다란 비중을 차지하지
만 외국차관과 은행 차입금을 합친다면 중화학공업 쪽의 비중이 크다.

중화학공업 건설이 외자의존형이라는 것은 계획 자체에서도 분명히
드러난다. 제4차 계획에서 중화학공업부문 투자는 총투자의 17.4퍼센
트, 또한 재정투융자 중 개발지출분을 합치면 17.2퍼센트를 차지하는
데, 외자에 한정하여 이를 살펴보면 그 비중은 기간 중의 도입계획
100억 달러(1975년 불변가격표시) 중 29.8퍼센트이다. 이것은 전력 22퍼
센트, 수송 14.2퍼센트를 크게 웃도는 규모였다. 따라서 이것은 외국기
술에 대한 의존을 전제로 계획된 것이 분명하다. 뿐만 아니라 중화학
공업 건설이 대부분 차입자금에 의존하고 있음은 계획에서 더욱 잘
알 수 있다. 이것은 거대한 자금을 필요로 하는 중화학공업 건설을 추
진하면서도 중화학공업에 대한 정부투자 비율이 부문 투자총액의 불
과 2.7퍼센트에 지나지 않는 데에 기인한다(〈표 9〉).

한국은행의 산업연관분석 자료에 따르면, 중화학공업부문은 투입재
의 수입의존도(수입중간투입액/총 투입액), 수입계수(수입액/생산액), 수
입유발계수 등이 모두 다른 산업보다 크다. 중화학공업의 수입의존도
는 1975년 33.8퍼센트(제조업 평균은 25.2%), 78년 31.5퍼센트(제조업 평
균 24.2%)로 가장 크다. 중화학공업이 수입의존적인 것은 중화학공업
제품의 국산화율이 낮다는 것을 의미한다. 보도에 따르면, 1981년의
국산화율은 선박의 경우 40퍼센트, 농업기계는 25~40퍼센트, 공작기
계 40~60퍼센트, 컬러텔레비전·전동기를 제외한 전자·전기제품의 경
우 40~70퍼센트, 개발단계에 있는 반도체컴퓨터, VTR, 전자교환기
등의 전자·전기제품과 그 부품은 1982년 말에 25~60퍼센트에 이른다

〈표 9〉 부문별 투자계획(1977~1981, 1975년 불변가격)

(단위: %)

	외 자	내외자	정 부*
농림수산업	7.5	10.4	29.8
농업	4.8	7.9	54.3
광공업	39.9	28.3	4.1
제조업	39.3	26.7	2.2
중화학공업	29.8	17.2	2.7
철강	8.4	3.6	6.1
비철금속	1.2	0.6	−
기계	5.7	4.7	0.5
전자	2.2	2.0	1.3
조선	0.9	0.4	−
석유화학	5.7	2.5	7.8
정유	1.9	0.8	−
기타화학	3.8	2.5	−
사회간접자본 및 기타서비스	52.6	61.3	39.3
전력	22.0	13.0	9.8
통신·수송	14.2	14.6	45.2
주택	2.5	13.9	7.8

주: *는 내외자에서 차지하는 정부투자의 부문별 비중을 표시
자료:《제4차 경제개발 5개년계획서》, 1976, p. 162~193.

고 한다. [7] 중화학공업부문의 수입계수는 원유를 포함한 광업(1975년 325.5%, 78년 259.9%)을 제외할 때, 1975년 41.9퍼센트(제조업 평균 24.4%), 78년 45.0퍼센트(제조업 27.6%)로서 가장 높다. 수입계수가 높은 품목은 1978년 현재 국내생산이 불가능한 비경쟁수입품인 비철금속의 관석(원유), 임산물(원목), 특수농산물(원면), 금속광석(철광석) 및 부품의 수입의존도가 높은 일반기계, 정밀기계, 광학기기 등이다.

중화학공업부문은 수입유발계수 또한 크다. 이 수입유발계수는

7)《중앙일보》, 1982. 3. 15.

1975년에 52.1, 78년에는 49.1퍼센트에 이르고 있고, 중화학공업의 비중이 커질수록 수입도 커진다. 수출의 수입유발계수를 보면 1975년과 78년에 각각 36.0퍼센트였다.

중화학공업 중에서 철강부문, 조선부문, 석유화학부문은 1981년 현재 이미 국제경쟁력을 갖는 단계에 이른 것으로 알려지고 있다. 또 자동차부문, 비철금속부문의 경우에는 최대 규모의 공장생산능력으로는 국제적 경쟁규모의 약 절반에 지나지 않지만, 총생산능력으로는 거대한 생산능력을 가지고 있는 부문은 많다.

그런데 1979년에 시작된 중화학공업의 투자조정에서 분명해졌듯이 중복투자가 이루어져 왔다는 것은 중요한 사실이다. 중복투자의 대표적인 예로서는 이미 조정을 마친 발전설비와 건설기계, 자동차, 선박용 엔진, 중전기기, 전자교환기, 동제련 등이 있다. 아무튼 한국의 중화학공업부문에 대한 투자는 분명 상당히 지나친 것이었다.

3. 시급한 중화학공업화 계획의 재조정

중화학공업부문은 외자와 차입자본에 크게 의존하고 있기 때문에 1980년의 영업외비용은 판매액의 12.1퍼센트, 부채비율은 460.0퍼센트에 이르고 있고, 또 환율과 해외금리 변화의 영향을 곧바로 받는다. 환차손은 1980년에 판매액의 3.1퍼센트였다(〈표 5, 8〉). 경공업의 경우에는 영업외비용과 환차손의 비율은 각각 9.1퍼센트, 12.0퍼센트이다. 부채비율은 경공업의 527.9퍼센트에 비하면 낮은 것이지만 그렇다 하더라도 그 비율은 높은 수준에 속한다. 금융비용 대 총비용의 비율, 금융비용 대 총판매액 비율이 1980년에 각각 7.37, 7.78퍼센트에서 경공업의 6.81, 7.01퍼센트를 상회하고 있는 것도(78년과 79년에는 경공업을 하

회하였다) 환율 및 해외금리 상승에 기인하는 점이 많은 것으로 생각
된다(〈표 5〉).

영업외비용이나 금리비용의 증가는 기업재무구조의 악화를 의미한
다. 수출부진, 국내수요의 부진 등에 의한 판매가 제대로 진척되지 않
는 경우 과잉설비 상태에 있는 중화학공업은 한층 더 가동률이 떨어
지게 되고 그 경영 상태는 악화될 수밖에 없다. 이렇게 볼 때, 기업조
사대상 74개사 중 34개사가 합계 2,609억 원의 적자경영이었다는 상공
부의 〈중화학공업의 업종별·주요 업체별 1981년도 가동률 및 경영실
적〉의 결과는 이해될 수 있다고 생각된다. 경제기획원 자료에 따르면
가동률은 1980년 12월, 81년 7월 현재 농업용 트랙터의 경우 각각
11.5, 38.9퍼센트, 선반은 23.4, 32.0퍼센트, 기계는 28.8, 33.7퍼센트,
크레인은 41.2, 67.0퍼센트, 변압기는 37.4, 38.0퍼센트, 승용차는 45.4,
36.4퍼센트였다. 이것은 중공업의 가동률이 얼마나 낮은가를 보여주는
지표에 다름 아닌 것이다.

외자의존은 대외채무누적의 근본적 요인이며 또한 외국기술의존은
국내기술개발을 지연시키는 요인이기도 하다. 한편 차입자본 특히 은
행자본에 대한 의존은 정책금융보조의 확대를 피할 수 없는 것이다.
1981년 11월 현재, 은행대출금 중 중화학공업부문의 비중은 36.1퍼센
트인데 한국산업은행의 대출금만을 보면 그 비중은 46.1퍼센트에 달한
다. 따라서 정부 개입의 정도는 커지지 않을 수 없는 것이다.

중화학공업부문은 수입의존적 및 수입유발적이기 때문에 산업연관
의 정도와 국산화율이 낮을 수밖에 없다. 낮은 국산화율은 낮은 외화
가득률로 나타난다. 외화가득률은 전 상품 및 공업제품에서 모두 상승
되어 왔지만 1978년 이후는 60퍼센트대의 낮은 수준에 머물러 있다.
전 상품의 경우에는 1978년 67.8, 79년 67.9, 80년대 67.9, 81년 67.8퍼

센트였고 공업제품의 경우에는 각각 64.1, 64.4, 64.8, 65.1퍼센트였다.

이렇게 무역수지와 경상수지가 악화되고 이에 따라 외채가 누적, 무역의존도를 상승시키게 된다. 1980년의 자본재수입은 총수입의 23.0, 81년에는 23.5퍼센트이고 원유수입은 각각 25.3, 29.7퍼센트, 공업용 원료 수입은 41.7과 33.3퍼센트를 차지하고 있다. 지역별 무역수지를 보면 중근동의 경우 1980년과 81년에 각각 38.5억 달러와 37.9억 달러의 적자를 기록하고 있는데 이것은 전적으로 석유수입에 기인한 것이다. 그러나 두 해에 각각 28.2억 달러와 28.7억 달러의 적자를 기록한 일본과의 무역관계는 주로 공업용 원료와 기본재 수입에 따른 것이다. 중근동과의 무역수지적자는 1980년의 총무역수지 적자액의 80.4, 또 81년에는 77.7퍼센트이다. 상품무역의존도는 1980년에 69.0퍼센트(수출 30.6%, 수입 38.4%), 81년에는 71.4퍼센트(수출 33.2%, 수입 38.2%)에 달하고 있다(〈표 2〉). 중화학공업의 수출은 이미 지적한대로, 1975년 0.36, 78년 0.36이라는 높은 수입유발계수를 수반하고 있는 점에 주목하여야 한다.

과잉된 중복투자에 따른 과잉설비는 가동률을 떨어뜨릴 뿐만 아니라 경영부진을 초래한다. 설비의 대규모화는 말할 것도 없이 경영의 합리화를 전제로 한다. 따라서 예를 들어 경영합리화가 순조롭게 진행되지 않는 상태에서 설비의 대규모화만이 이루어진다면 당연히 경영부진을 면하기 어렵다. 또 중화학공업에 대한 투자는 그 회임기간이 길기 때문에 일반적으로 인플레를 유발하는 경향이 있다. 이러한 인플레는 자원배분의 왜곡, 소득분배의 불평등화를 초래하는 것이다.

이미 본 것처럼 공장생산능력이 국제적 경쟁규모를 갖게 됨에 따라 대기업과 중소기업 간의 격차도 확대되어 왔다. 공장의 대규모화는 또한 독과점화를 촉진시킨다. 설비과잉에 유래하는 중화학공업의 국제

경쟁력 약화는 산업 전체의 국제경쟁력을 약화시키지 않을 수 없다. 그뿐 아니라 중화학공업에 대한 과대한 투자는 농업에 대한 투자비율을 낮춰서 농공 간 혹은 도시-농촌 간의 격차 확대와 연결된다.

이상에서 중화학공업 우선투자가 직간접적으로 현재 한국경제가 직면해 있는 어려움의 근본요인이었음을 분명히 알 수 있다. 따라서 한국경제의 어려움을 해결하기 위해서는 중화학공업화 계획의 정상화가 이루어지지 않으면 안 된다.

한국산업은행의 조사결과에 따르면, 1982년 397개 주요 기업의 자금 필요액은 설비자금 1조 3,980억 원, 경영자금 5조 2,830억 원, 합계 6조 6,810억 원이라고 한다. 이 중 70퍼센트를 자기 자금, 나머지 30퍼센트를 외부차입금으로 조달하게 되는데, 이 외부자금은 약 1조 5,880억 원이 된다. 6조 6,810억 원이라는 금액은 1982년 2월 말의 국내총통화액이 16조 2,574억 원인 것과 비교하면 그것이 얼마나 큰 규모인가를 알게 된다. 이러한 규모의 자금이 단지 397개 기업에서 필요로 하는 것이라면 한국경제의 중화학공업 부담이 얼마나 큰 것인가를 알 것이다. 중화학공업의 정상화는 점점 더 긴급을 요한다.

정부는 1979년부터 중화학공업에 대한 투자를 조정하고 있다. 그 성과는 점차 나타나겠지만 그러나 현재와 같은 통폐합만으로 과연 중화학공업의 정상화가 실현될 것인가 하는 의문을 누를 수 없다. 경우에 따라서는 설비의 스크랩화가 필요할지도 모른다. 투자조정이라기보다는 정리라고 하는 것이 적당할지도 모르지만 이것은 분명 크나큰 고통을 확대하는 것이다. 그러나 정상화를 위해 불가피하다면 이것은 추진되어야만 한다. 지금까지 경험으로 본다면 외국 합작회사의 반발 때문에 투자조정이 순조롭지 못할 경우도 있겠으나 이것이 정상화를 위해 반드시 필요한 조치라면 합작사의 양해를 얻기 위한 노력도 필

요하다. 중화학공업의 특정 부문을 세계 10위 내의 규모로 확대코자 하는 정부의 계획은 그다지 의미가 있다고 생각되지 않는다. 한국경제에 과중한 부담을 주면서 중화학공업의 특정 부문이 세계 제 몇 위의 규모로 건설된다고 하더라도 그것이 얼마나 의미가 있겠는가. 수출확대를 위한 방법의 하나인 플랜트 수출도 실은 연불수출이기 때문에 막대한 자금 원조를 필요로 한다. 현재의 한국경제는 규모 확대보다 내실을 기하지 않으면 안 된다.

아무튼 장기적이고 종합적인 중화학공업 정상화방안을 만들어 이를 착실히 또한 계속적으로 추진하는 것이 현명한 경제안정화의 방책임을 강조하고 싶다. 이 경우 수출과 정부수요의 창출(농업과 중소기업에 대한 투자증대를 통한), 그리고 내수의 확대가 전제되어야 하는 것은 말할 나위도 없다.

4. 그 밖의 중요 과제

이상과 같은 중화학공업 정상화 노력과 아울러 수출환경의 악화, 높은 해외저축률, 외채누적 등을 고려하는 경우, 수출부진의 쇼크에 대한 완충장치로서 역할을 국내시장에 맡기기 위해 장기적인 노력 그리고 외화절약, 내자동원 확대노력이 필요하게 된다.

먼저 제5차 경제사회발전 5개년계획의 농수산부문 실천계획에 따르면 계획기간 가운데(1982~1986년) 농업에 대한 투자는 4조 6,119억 원인데 이 중 농업생산의 기반 조성에 32퍼센트, 농업기계화에 30퍼센트를 각각 할당하고 있다. 또 1986년에는 쌀의 자급률을 99.4퍼센트로 인상하기 위한 쌀 증산 7개년계획(1982~1988)을 배경으로 하여 식량증산에 5.4퍼센트의 투자를 계획하고 있다.[8] 농외 소득증대정책을 본

격적으로 추진하기 위해(중소기업진흥시책과 유기적 관련을 유지함) 종합
계획을 수립·집행하고 농촌공업을 개발하는 계획 등도 여러 가지 삽
입되어 있다.9) 1980년 현재 농가인구는 총인구의 28.9퍼센트, 또 농업
에 종사하는 인구는 총취업인구의 32.3퍼센트를 가가 차지하고 있다.
따라서 국내시장의 육성과 내수증대는 이 부문을 제외하고는 생각할
수 없는 것이다. 또한 농업투자의 증대는 주택건설, 중소기업 내지 농
촌공업의 건설에 따르는 건설업에 간접적 효과도 크다.

그러나 계획기간 중의 산업별 투자배분을 보면 농림어업과 광업에
대한 투자는 총투자의 9.4퍼센트에 불과하다(〈표 6〉). 이것은 중화학공
업의 철강, 금속공업에 대한 투자비중 9.0퍼센트와 같아서 농업투자규
모는 아무래도 작은 것이다. 또 농업생산 기반조성은 그 투자의 78.5
퍼센트를 재정투융자를 통해 조달하도록 계획되어야 하는 데 대해, 농
업기계화의 경우에는 투자 중 금융 54.6, 자기자본 30.7퍼센트, 또한
식량증산의 경우에는 자기자본 35.2, 금융 34.1퍼센트의 비율로 자본
을 조달하도록 되어 있다.10)

어떻든 농업기계화와 식량증산을 위해 배정되는 재정투융자의 비중
은 대단히 작다. 농산물 가격정책을 통한 보상 없이 과연 농가소득이
나 농림구매력의 향상을 기대할 수 있는가는 문제이다. 증산의욕을 고
취하기 위해서라도 소득보상적인 농산물 가격정책이 채택되어야 한다.

제5차 계획서에 따르면 계획기간 중 중소기업의 기술수준 향상과
시설 근대화 등 체질 개선, 그리고 중소기업의 부품공업에 대한 투자
증대, 기술 및 경영지도사업의 확충을 통한 체질 강화, 또한 농촌공업

---

8) 농업협동조합중앙회, 《농협조사월보》, 1982. 3. p. 9.
9) 《제5차 경제사회발전 5개년계획서》, 1981. 8. p. 55.
10) 농업협동조합중앙회, 앞의 책, p. 9. 1981.8.

〈표 10〉 외화소요액 및 조달액

(단위: 억 달러)

		1980	1981	1982	1986	1985~1986 금액 (억 달러)	1985~1986 구성비 (%)
외화소요	경상수지적자	53	54	49	36	208	44.7
	원금상환	16	18	21	42	159	34.2
	연불수출(순)	2	2	6	17	58	12.5
	외화보유액증가	9	5	5	12	40	8.6
	합계	80	79	81	107	465	100.0
외화조달	차관*	34	52	56	78	333	71.6
	외관채권	1	1	2	5	17	3.7
	기타	45	26	23	24	115	24.7
	원리금상환부담률(%)	13.3	12.8	12.3	11.6		

주: * 뱅크론 포함
자료: 《제5차 경제사회발전 5개년계획서》, 1981. 8, p. 36.

의 개발을 중소기업 진흥정책과의 유기적 관련하에 추진하는 것 등이 시도되고 있다.11) 또한 지난 4월 17일 상공부를 통해 발표된 중소기업진흥 장기계획에 따르면, 계획기간(1982~91년) 중에 중소기업의 부가가치비율을 45.0퍼센트로 상승시킴과 동시에 고용비율도 54.0퍼센트로 증대시켜서 지속적인 성장(연 13.0%)을 추구하는 것이 계획되고 있다. 이를 위해서는 중소기업 대 대기업의 비율을 현재의 30 대 70퍼센트에서 40 대 60퍼센트로 높이고 중소기업의 국산화비율 및 주요 제품의 부품국산화율을 현재의 35 및 54퍼센트에서 70 및 90퍼센트로 각각 높이는 한편, 중소기업은행과 국민은행의 자본금을 증액하여 중소기업의 금융대출비율을 높이고 중소기업에 대한 금융지원을 강화한다. 동시에 중소기업제품에 대한 대기업의 침투를 방지하고 경쟁력을 강화하기 위해 성장한계에 이른 업종에 대해서는 사업전환과 새로운 분야로의 진출을 적극 지도할 것이 지시되어 있다.

---

11) 《제5차 경제사회발전 5개년계획서》, 1981. 8, p. 55.

〈표 11〉 저축률의 국제 비교

국내저축률(경상)　　　　　　　　　　　　　　　　　　　　　　　　　　(단위: %)

	1960	1962	1966	1967	1969	1970	1971	1972	1973	1974
한　　국	0.8	3.2	11.8	11.4	18.8	17.3	15.4	15.7	23.6	20.5
대　　만	12.7	12.4	21.5	22.5	23.8	25.5	28.8	32.1	34.6	31.7
필 리 핀	10.5	13.1	11.1	11.7	17.5	20.8	19.7	18.6	23.9	23.8
태　　국	17.1	18.9	25.0	21.1	21.9	20.8	19.8	22.0	26.3	25.0

가계저축률(경상)

	1960	1962	1966	1967	1969	1970	1971	1972	1973	1974
한　　국	-2.5	-2.3	1.6	-0.6	5.2	3.4	2.5	3.0	9.8	6.1
대　　만	4.3	5.2	10.4	10.0	7.0	10.9	13.1	13.6	16.1	13.5
필 리 핀						4.7	5.6	6.4	9.7	12.8
태　　국						10.1	9.0	11.1	16.0	12.2

국내저축률(경상)

	1975	1976	1977	1978	1979	1980	1981	1960~1981	1970~1978
한　　국	18.6	23.1	25.1	26.4	26.6	19.9	20.0	21.0	
대　　만	26.9	32.5	33.0	35.2	34.6	33.3	30.9	31.6	
필 리 핀	23.8	23.8	24.1	26.1	26.9	24.5	25.2	23.4	
태　　국	23.2	22.1	22.7	24.4	23.2	22.7	22.5	22.9	

가계저축률(경상)

	1975	1976	1977	1978	1979	1980	1981	1960~1981	1970~1978
한　　국	3.4	6.0	8.6	10.0	9.7	5.5			5.9
대　　만	11.0	11.7	13.5	13.6	13.5	12.4			13.0
필 리 핀	12.7	16.4	20.7	19.2					12.0
태　　국	12.2	13.5	11.0	10.3					11.7

자료: 《유엔통계연보》, 1960~1979, 《국제금융통계》, 1980~1981. 단 대만은 《대만국민소득연보》.

　　1980년 현재 한국의 중소기업(종업원 수 299인 이하)은 경공업에만 한정해서 있는 경우 부가가치로는 35.2퍼센트에 불과하지만 기업 수로는 96.8, 종업원 수로는 49.4퍼센트를 차지하고 있다는 점에서 국내시장의 육성, 내수 확대에서 이 부문의 개발은 매우 중요하다. 이런 의미에서 중소기업에 대한 투자비중은 한층 더 확대되어야 한다.

　　끝으로 1981년 말 현재 외채잔고는 325억 달러이다. 그런데 제5차 계획서에 따르면 계획기간 중 465억 달러의 외자가 소요된다고 한다 (〈표 10〉).

　　이것은 1986년의 외채잔고가 645억에 달한다는 것을 의미한다.

1986년의 GNP(80년 불변가격 표시)가 900억 달러로 계획되어 있으므로 이것은 그 71.7퍼센트에 해당된다. 465억 달러 중에서 경상내수적자 보전분이 그 45.2퍼센트인 208억 달러임을 생각하면 무역수지적자와 경상수지적자의 축소를 위한 노력이 있어야겠지만 먼저 외자절약이 우선될 필요가 있다. 동시에 외자소요액을 감소시키기 위해서는 국내자본 동원규모를 극대화해야 한다. 한국은 현재에 이르기까지 국내자본동원을 위한 노력이 계속되어 왔지만 국내저축의 총투자에 대한 비율은 1986년이 되어도 91.1퍼센트에 그치고 계획기간 중에도 86.7퍼센트의 수준에 불과하다고 한다.[12] 이것은 해외저축이 각각 8.9, 13.3 퍼센트가 된다는 것을 의미한다. 한국의 국내저축률(경상가격 표시)은 1970년대에 걸쳐 연평균 21퍼센트로서, 대만의 31.6, 필리핀의 23.4, 태국의 22.9퍼센트의 절반에 불과하다. 가계저축률의 증대를 중심으로 국내저축률을 높이고 해외저축 의존으로부터 얼마나 벗어날 수 있느냐가 한국경제의 중요한 과제가 될 것이다.

《한국경제연구》(1986)

---

12) 《제5차 경제사회발전 5개년계획서》, 1981. 8, p. 19.

한국경제의 당면과제, 그 진단과 대응

외채누증 방지를 위해 경상수지 개선 필요

우리 경제는 현재 여러 가지 도전에 직면하고 있다. 그러나 현재로서는 무엇보다도 외채누증의 방지, 차질 없는 소요외자의 조달, 물가안정의 세 가지가 특히 강조되어야 할 과제가 아닌가 생각된다.

낙관적으로 보는 외국인조차도 외채가 더 이상 늘게 되면 걱정스러운 사태에 이를 것이라고 보고 있을 정도이고(〈표 1〉 참조), 외채수요의 한 항목인 원리금상환액이 금년에는 60억 달러 84년에는 70억 달러, 85년에는 77억 달러, 86년에 85억 달러로 예상되어, 적어도 이의 보전을 위해서라도 새로운 외채가 필요할 것이고 물가안정 없이는 우리 생활의 안정을 기할 수 없는 데다가, 그것은 수출 경제력의 강화, 저축증대를 위해서 반드시 필요한 것이기 때문이다.

그런데 65~82년의 기간을 볼 때 경상수지적자의 보전을 위한 외채가 총외채잔액의 70퍼센트를 상회하고 있을 뿐 아니라 79년 이후의 급격한 외채누증은 주로 그 기간 동안의 큰 폭의 경상수지적자에 기인한다(〈표 1, 2〉 참조).

〈표 1〉 외채잔액 · 외채조달 내역

외채잔액 (단위: 억 달러)		외자조달내역(65~82)	
75	84.56		구성비(%)
76	105.33	경 상 수 지 적 자 보 전	72.3
77	126.48		
78	148.71		
79	205.00	오 차 및 누 락	8.5
80	273.65	외 환 보 유	19.2
81	324.90		
82	373.14	외 채 잔 액	100.0
자료: 경제기획원.		자료: 한국은행,《경제통계연보》.	

〈표 2〉 경상수지

(단위: 억 달러)

72	−3.71	78	−10.85
73	−3.09	79	−41.51
74	−20.23	80	−53.21
75	−18.87	81	−46.46
76	−3.14	82	−26.50
77	0.12	83	−

자료: 한국은행,《주요경제지표》(속보), 1983. 11. 10.

79년 이후의 경상수지적자를 보면 79년에는 41.51억 달러, 80년에는 53.21억 달러, 81년에는 46.46억 달러, 82년에는 26.50억 달러가 된다. 따라서 외채누증의 방지를 위해서는 무엇보다도 경상수지 개선이 필요하다고 할 수 있다. 그리고 투자재원이 내자로 완전 조달되는 경우에는 외자의 도입이 필요 없게 된다. 따라서 내자동원의 극대화도 외채누증의 방지를 위해서 필요한 것이다. 그러나 외자절약이나 차관사업의 축소도 외채누증의 방지 수단이 된다.

결국 이렇게 보면 현재로서 특히 강조되어야 할 과제는 국제내수 개선, 내자동원의 극대화, 차질 없는 양질의 외자조달, 물가안정의 네

가지로 바꾸어 표현될 수 있는 셈이다. 그 중 이하에서는 국제내수 개선, 내자동원의 극대화, 물가안정만을 다루어 보겠다.

낙관적인 대미수출 전망은 곤란

미국의 경기회복 여부는 세계경기의 회복 여부를 좌우한다고 해도 과언이 아니다. 또 미국의 경기가 직접적으로 우리나라의 경기에 크게 영향을 주는 것도 틀림없는 사실이다. 그러면 과연 미국의 경기는 회복되고 있는가, 일단 주요 경제지표를 통해서 볼 때 미국의 경기가 회복되고 있는 것은 분명하다고 할 수 있다.

그러나 미국의 경기회복이 과연 본격적인 것인가 혹은 얼마만큼 오래 지속될 것인가에 대해서는 견해가 엇갈린다. 소비라든가 주택투자 중심의 경기회복이 설비투자의 회복으로 이어져서 순조롭게 회복궤도에 오른다는 견해가 있는가 하면 실질금리가 현재 5.0~6.0퍼센트의 높은 수준에 있기 때문에 설비투자의 회복을 기대할 수 없어서 회복세가 꺾인다는, 다시 말하면 경기회복은 단명에 그친다는 견해가 바로 그것이다.

전자는 금리가 금후에도 하락한다는 것을 전제로 하고 있고 후자는 그것이 쉽게 하락하지 않는다는 것을 전제로 하고 있다고 할 수 있다. 따라서 현재 미국의 경기회복이 단명으로 끝날 것인가 아닌가는 금리의 동향에 달려 있다고 해도 무방하다.

그런데 이 미국의 금리동향 자체가 아직도 불투명한 것은 사실이다. 이렇게 금리의 동향이 불투명하다면 자연히 미국의 경기회복 향방도 아직은 불투명하다고 할 수 있다.

그렇다면 비록 미국의 경기회복에 힘입어 전자제품, 섬유류, 선박

등을 중심으로 우리나라의 대미수출이 크게 증가함으로써 금년 7월까지에 대미무역수지흑자가 크게 늘어나 10억 6백만 달러나 되었다고 해도 현재로서는 미국의 경기회복에 대해서 지나치게 낙관적인 결론을 내리고 그것에 의거해서 우리나라의 대미수출, 나아가서 우리나라의 전체 수출의 전망을 낙관적으로 기대하는 일이 없도록 해야 할 것이다.

이제까지의 경험에 의하면 미국의 경우에는 선거 후에 불황이 뒤따르게 되어있다고 한다. 바로 내년인 84년에 미국의 선거가 이루어지게 되어 있다. 이 면에서도 현재의 미국의 경기회복에 대한 단명설은 타당하게 될는지 모른다.

수입의 동결·축소 노력 강조돼야

따라서 현재로서는 미국의 경기동향보다는 도리어 미국의 대한수입(對韓輸入)규제 강화나 GSP수혜품목수의 감소경향에 더 관심을 기울이면서 대미수출을 증가시키는 노력이 더 절실하게 필요한 것이라고 할 수 있다.

또 대한수입자유화 요구에 대해서도 슬기롭게 대처해 나가야 할 것이다.

물론 대미수출의 증대를 위해서는 말할 것도 없고 수출의 증대를 위해서는 물가안정, 기술개발, 품질개선, 신제품개발, 제품의 고급화, 경영합리화, 수출마케팅의 강화 등이 추진되어야 함은 두말할 나위가 없다.

그리고 경영수지의 개선을 위해서는 이러한 수출증대를 위한 노력의 지속과 함께 수입규모의 동결 내지는 수입규모의 축소를 위한 노

력의 지속이 절대적으로 필요할 것이다.

해외건설의 부진예상, 외채의 원리금상환 부담 증가 등을 감안할 때 현재로서는 수입규모의 동결 내지 축소가 바로 경영내수 개선의 첩경이라고 해도 과언이 아닌 것 같이 생각된다. 79년 이후의 우리나라의 외채가 급격히 누증된 것은 주로 그동안 큰 폭의 경상수지적자 증가에 기인한다면 수입규모의 동결 내지 축소를 통한 경상수지 개선은 아무리 강조되어도 지나치지 않다고 할 것이다(〈표 2〉 참조).

90년대엔 경제성장 성숙단계 진입

미국의 경제사학자인 로스토(W. W. Rostow)는 자력적 성장이 가능한 나라, 즉 그의 성숙단계에 이른 나라인 선진국이 그동안 겪은 경제성장의 과정에는 그들이 어느 역사적인 시점에서 정체 단계로부터 이륙기, 즉 그의 도약단계를 겪었음을 찾아냈다.

오늘날의 저개발국도 이와 동일한 과정을 겪는 것으로 보아 저개발국의 경제성장 내지 경제개발과 관련해서 도약단계를 특별히 강조하고 있다. 그러기에 그의 경제성장론은 경제성장의 도약이론이라고 불리기도 한다.

그런데 그에 따르면 우리나라는 60년대 중반에 도약단계에 들어섰다고 한다. 그리고 원래는 도약단계에 들어서서부터 약 60년 뒤에야 성숙단계에 이르는 것으로 주장했으나 오늘날의 경험에 비추어서 그것을 수정한 듯 우리나라는 아직은 도약단계에 있지만 세계경제 여건에 어떤 돌발사태가 없다면 90년대에는 경제성장의 성숙단계, 즉 선진국의 단계에 들어설 것이라고 말하고 있다.

그러나 그의 이론에는 하나의 커다란 문제가 있다는 점을 결코 간

과해서는 안 될 것이다. 그는 도약단계의 특징의 하나로서 국민소득 (GNP)의 예컨대 5퍼센트 이하에서 10퍼센트 이상으로 생산적 투자율의 증가를 들고 있으면서도 미국인이며 미국의 경험을 중시해서 그런지는 모르지만 투자의 재원 내지 공급원이 무엇이냐에 대해서 별로 심각하게 유의하고 있지 않은 것 같은 느낌을 주고 있다.

미국도 1차 대전 이전 채무국 경험

미국은 채무국으로 있다가 제1차 대전 이후에 채권국으로 바뀐 것이 사실이다. 또 오늘날의 선진국 가운데에는 채무국에서 채권국으로 바뀐 경험을 겪은 나라가 있다.

그러나 오늘날의 시점에서 볼 때에는 저개발국에게는 상황이 선진국의 경험을 그대로 살릴 수 없게 만들고 있다고 해도 지나친 말이 아닌 것 같이 느껴진다.

우리나라가 현재 겪고 있는 외채상환 부담가중도 어떻게 보면 이 말을 뒷받침해 주는 것이라고 할 수 있다. 애초부터 투자는 대부분 내자로 조달하도록 내자동원의 극대화를 도모해가야 한다.

내자동원의 극대화는 외채누증을 방지하는 직접적인 방법이다. 그동안 투자재원의 내자비중이 높아져온 것은 사실이다. 그러나 아직도 우리나라는 국민저축률에서나 가계저축률에서 대만에 비해서는 물론 필리핀, 태국 등에 비해서도 낮은 편이다.

우리나라의 국민저축률을 70~79년에는 연평균으로 21.0퍼센트인데 대만은 27.4퍼센트이고, 필리핀과 태국은 각각 23.4, 22.9퍼센트이다 (〈표 3〉 참조). 그리고 우리나라의 가계저축률은 70~78년에는 연평균 5.5퍼센트인데 대만은 13.0퍼센트, 필리핀과 태국은 각각 12.0, 12.3퍼

〈표 3〉 국민가계저축률

(단위: %)

구분	연도	70	71	72	73	74	75	76	77	78	79
국민 저축률	한 국	17.3	15.4	15.7	23.6	20.5	18.6	23.1	25.1	26.4	26.6
	대 만	25.5	28.8	32.1	34.6	31.7	26.9	32.5	33.0	34.6	33.3
	필 리 핀	20.8	19.7	18.6	23.9	23.8	23.8	23.8	24.1	26.1	26.9
	태 국	20.8	19.8	22.0	26.3	25.0	23.2	22.1	22.7	24.4	23.2
가계 저축률	한 국	3.4	2.5	3.0	9.8	6.1	3.4	6.0	8.6	10.0	9.7
	대 만	10.9	13.1	13.6	16.1	13.5	11.0	11.7	13.5	13.6	13.5
	필 리 핀	4.7	5.6	6.4	9.7	12.8	12.7	16.4	20.7	〃	〃
	태 국	10.1	9.0	11.4	16.0	12.2	12.2	13.5	11.0	〃	〃

자료: 한국은행.

〈표 4〉 GNP 디플레이터 · 물가 상승률

(단위: %)

연도	구분	GNP 디플레이터	물가(연말대비)	
			도매	소비자
58		−1.3	−2.5(−6.3)	5.3(−3.0)
59		1.3	10.3(2.6)	8.4(4.2)
73		13.2	15.0(6.9)	7.4(3.0
74		29.6	44.6	26.0
78		20.6	12.2	16.5
79		19.3	23.8	20.6
80		25.8	42.3	32.8
81		16.2	11.3(20.4)	14.0(28.6)
82		7.7	2.4(4.7)	4.8(7.3)
83. 1~10			−1.0	1.9

주: ( ) 안은 연중대비임 자료: 한국은행, 경제기획원.

센트이다.

국민저축의 증대를 위해서는 가계저축의 증대와 함께 정부저축, 기업저축을 증대시켜야 하며 또 금융기관의 적극적인 저축유인 노력, 주식시장의 육성, 물가안정, 소비절약, 부동산투기 억제 등 노력이 필요할 것이다.

10월 현재로 전년 말에 견주어 물가는 도매의 경우에는 1.0퍼센트

하락했고 소비자의 경우에는 1.9퍼센트 상승했다(〈표 4〉 참조). 따라서 이런 추세로 나간다면 금년의 물가상승률은 도매의 경우 0.0~1.0퍼센트, 소비자의 경우 3.0~4.0퍼센트가 될 것으로 전망된다.

따라서 물가가 크게 안정된 해인 작년보다도 더 물가가 안정되는 해가 되는 셈이다. 82년에는 전년 말 대비로 도매물가는 2.4퍼센트, 소비자물가는 4.8퍼센트 각각 상승했으며 금년은 우리나라에서 가장 물가가 안정된 해라고 볼 수 있는 58년에 이어서 두 번째로 물가가 안정된 해이기도 하다.

원유 · 원자재가격이 물가안정 주인(主因)

58년에는 도매물가 상승률은 전년 말 대비로 −2.5퍼센트, 소비자물가 상승률은 연중대비로 −3.0퍼센트(전년 말 대비의 경우에는 5.3%)이었고 GNP 디플레이터 상승률은 −1.3퍼센트이었다. 즉 도매물가지수로 보나 소비자물가지수로 보나 GNP 디플레이터로 보나 58년에는 물가는 하락했다(단 소비자물가는 전년 말 대비로 보는 경우에는 상승).

58년의 물가하락은 53년 7월 휴전 후 FOA, UNKRA, ICA 등의 외국원조를 주축으로 전쟁복구와 산업재건을 계속 추진했을 뿐 아니라 55년 8월부터 저곡가·저환율·저금리를 주 내용으로 하는 종합안정화시책을 실시해옴으로써 56년부터 통화량의 증가세가 둔화되기 시작했고 또 물가상승세도 진정되기 시작한 데다 57년의 추곡농작과 미국 잉여농산물의 지속적인 도입으로 58년에 곡가가 하락한 데 주로 기인한다.

그러면 82년 이후의 물가안정의 주된 원인은 무엇인가. 그것은 주로 해외원자재물가의 하락 내지 보합과 원유가치 하락이라고 할 수

있다.

61년까지의 기간에서는 우리나라의 주요 물가변동요인은 통화량이었다. 그러나 62년 이후는 수입물가가 주된 물가변동요인으로 되어오고 있다.

특히 2차 계획기간(67~72)부터 그것이 두드러진다. 물가가 안정된 기간은 수입물가가 안정된 기간이기도 하다. 그리고 73년과 79년의 오일쇼크에 따른 수입물가 폭등은 각각 74년과 80년의 물가 폭등을 초래했다.

물가안정 지속 지나친 낙관은 금물

이것은 우리나라의 수입의존도가 크게 높아진 데 기인한다. 상품수입의존도는 62년에 14.3, 72년에 22.0퍼센트이던 것이 74년에는 35.6, 81년에는 39.1퍼센트나 된다. 그런데 해외원자재와 원유수입이 총수입에서 차지하는 비중이 매우 크다. 해외원자재수입의 비중은 70년에는 44.3, 76년에는 42.4, 82년에는 38.8퍼센트이고, 원유수입의 그것은 각각 6.3, 18.3, 25.2퍼센트이다. 따라서 양자를 합치면 각각 50.6, 60.7, 64.0퍼센트가 된다.

그리하여 우리나라의 물가구조는 해외의존형이 되었고 수입물가가 주된 물가변동요인으로 되었다. 사실 수입물가는 82년에는 전년 말 대비로 5.3퍼센트 하락했고 83년 9월 현재로는 2.0퍼센트 하락하고 있다. 3차 계획기간(72~76)부터 도매물가가 원자재가격 내지 에너지 가격에 의해서 주도되어 온 사실도 이러한 우리나라의 해외의존형 물가구조를 입증해 주고 있다고 할 수 있다.

그렇다면 만약 원유가격은 몰라도 해외원자재가격이 상승하게 되면

수입물가가 상승하게 되고 따라서 도매물가가 나아가서 소비자물가가 상승하게 될 것이 아니겠는가. 따라서 해외원자재 가격의 움직임에 대해서 낙관적인 전망을 내리고서 물가에 대해서 지나치게 낙관하는 일은 절대 금물이라고 아니할 수 없다.

해외원자재 대책 서두르도록

대부분의 석유전문가들은 원유가격의 약세 기조가 적어도 84년 말까지는 지속될 것으로 전망하고 있지만 해외원자재가격의 움직임을 반영하고 있다고 볼 수 있는 로이터 지수는 82년 12월 말에 1578.8이던 것이 금년 7월 말에는 1899.7이 되었고 10월 21일 현재로는 1911.7이 되었다.

수입물가도 금년 7월부터 상승세를 보이고 있다. 따라서 해외원자재에 대한 대책을 서둘러야 하지 않을까 생각한다.

그러면서 환율에 대한 대책도 함께 서둘러야 하리라고 생각한다. 금년에는 환율상승률은 2.0퍼센트로 계획 내지 전망되었는데 10월에 이미 6.0퍼센트를 상회하고 있다고 한다. 환율의 상승은 해외원자재나 원유의 국제가격이 상승하지 않아도 국내가격의 상승을 가져와 결국 물가상승을 초래하게 되어있다. 또 그것은 단기적으로는 수출을 촉진하는 효과를 가지겠지만 외자에 대한 기업의 원화부담을 증가시키게 되어 있다.

이 밖에도 정부는 72년 이후 만을 놓고 볼 때, 비경쟁 상품가격 상승률, 즉 정부경영가격과 독과점가격의 상승률이 경쟁상품가격 상승률보다 크다는 사실, 특히 정부경영가격의 상승률이 그러하다는 사실에 특별히 유의할 필요가 있다. 절대로 정부경영가격이 물가상승을 선

도하는 일이 없도록 해야 할 것이다. 72~81년 동안에 경쟁상품가격은 연평균 18.0퍼센트 상승한 데 견주어 비경쟁상품가격은 22.2퍼센트, 정부경영가격은 27.4퍼센트나 상승했다.

물론 작년 하반기부터의 과대한 통화팽창을 고려한 때 물가안정을 위해서는 통화관리 금융기관에 의한 부동자금의 흡수 등도 결코 소홀히 해서는 안 될 것이다.

《인천상의》(1983. 12)

21세기 한국경제의 나아갈 방향

올해는 백 년을 마감하는 해임과 동시에 천 년을 마감하는 해이다. 이러한 의미 때문에 지난 세기 혹은 지난 천 년을 정리하고, 한편으로는 다음 세기 혹은 다음 천 년을 전망하는 행사가 여러 곳에서 열리고 있다. 그런데 천 년을 전망하는 것보다는 백 년을 전망하는 것이 더 쉬운 일이며, 미래를 단순히 예견하는 것보다는 미래에는 이러한 방향으로 가는 것이 바람직하다고 말하는 것이 한결 수월한 일일 것이다.

본론으로 들어가기에 앞서 환기시켜 두고 싶은 것이 있다. 그것은 새로운 세기가 온다고 해서 세상이 그리고 경제가 급격히 변화하거나 비약하지는 않을 것이라는 점이다. 물론 다음 세기에는 이번 세기보다 사회변화의 속도가 빠를 것이다. 하지만 변화의 속도가 아무리 빠르다고 하여도 미래는 항상 현재를 바탕으로 한다.

현재 한국경제는 이른바 IMF 위기에 처해 있다. 이 위기의 원인이 무엇인가에 대해서는 물론 여러 가지 의견이 있을 수 있다. 그러나 본인은 그 근본원인을 주로 관 주도 경제와 시장기능의 제한, 불균형 발전전략, 차입 의존형 기업경영, 무역수지적자 누적, 1990년 이후의 제조업 조로현상 등에서 찾는다. 그러기에 한국경제는 어쩔 수 없이

IMF 위기를 초래한 이들 문제를 미처 해결하지 못한 채 21세기를 맞이할 것이다. 따라서 21세기에는 우선 이들 문제를 해결하는 데 주력해야 할 것이다.

그런데 모든 경제활동은 궁극적으로는 인간 스스로의 자질을 계발하고 삶의 질을 높이는 데 그 목적이 있다고 할 수 있다. 그러므로 경제활동의 결과가 인간의 삶을 더욱 풍요롭게 하는 것으로 귀결되도록 하는 노력도 꾸준히 이루어져야 한다.

그렇다면 결국 21세기의 한국경제는 우선 이 큰 두 줄기를 추구하는 방향으로 나아가야 한다고 할 수 있다. 다시 말하면 시장경제질서의 확립, 균형발전 전략으로 전환, 기업경영의 내실화, 제조업의 활성화 및 경쟁력 제고와 인간중심 경제 지향의 두 가지가 한국경제가 해결해야 할 긴요하고 시급한 과제라 할 수 있다.

이하에서는 이들 다섯 가지를 차례로 간략하게 다루기로 한다.

1. 시장경제질서의 확립

시장경제질서는 다음을 주요 내용으로 한다.

첫째, 자원배분은 시장원리 즉 시장(가격)기구의 조정기능에 맡긴다.

이것은 자원배분 과정에 대한 정부의 개입을 가능한 한 축소하고 경제적 문제가 정치논리에 따라 결정되는 것을 배제한다는 뜻이다. 그리고 민간의 자율적인 판단에 따라 자원배분이 이루어지고 그 결과에 대해서도 민간 스스로가 책임진다는 것을 의미한다. 경제개발 초기에는 민간경제가 아직 미발달·미성숙한 측면이 있기 때문에 정부의 적극적 역할이 필요한 부분이 많다. 그러나 경제가 성장하고 고도화됨에 따라 정부의 개입은 민간의 창의성과 자율성을 저해하고 부정부패를

낳는 원인이 되어 득보다 실이 많아지게 된다.

둘째, 시장조직은 경쟁적이다.

시장원리에 따른 자원배분이 바람직한 이유는 무엇보다도 상호경쟁에 의해 상대적으로 효율적인 생산자가 생존하고, 경쟁의 압력 속에서 경제 전체의 효율성을 높이는 데 있다. 따라서 시장기능이 가져다주는 이득은 시장조직이 경쟁적일수록 더 큰 법이다. 일부 기업이 시장에서 독과점적 지위를 누리거나 경쟁에서 불공정한 행위를 하는 경우, 시장은 자칫 약육강식의 법칙이 지배하는 밀림과 같은 곳으로 전락하고 경제는 효율성의 이득을 얻지 못할 가능성이 크다. 한국의 재벌 기업들은 대부분의 경우 독과점적 지위를 누리고 있거나, 그룹 단위의 경영을 통해서 불공정한 경쟁행위를 하고 있다. 따라서 현재 추진 중인 재벌 개혁은 시장원리를 부정하는 것이 아니라 시장원리의 이득을 얻기 위한 전제조건을 마련하는 것이다.

셋째, 시장실패가 존재하거나 정부의 관리·감독이 필요한 경우에는 정부가 적절히 개입한다.

시장기구에만 맡겼을 때 문제가 해결되지 않거나 오히려 부작용을 낳는 경우가 있는데 그런 경우를 시장실패라고 한다. 시장실패의 대표적인 예는 공해유발의 경우이다. 이 경우 정부의 적절한 규제와 개입이 없다면 환경의 파괴가 초래될 것이다. 그리고 시장조직이 독과점적인 경우에도 시장실패가 나타나 정부의 개입이 필요하다. 정부의 개입이 필요한 또 하나의 분야는 금융감독이다. 자금배분에 대한 정부의 지시와 규제는 억제되어야 하지만, 금융기관의 위험한 투자행위로 인한 부실화를 막기 위해서는 사후적 금융감독이 철저히 이루어져야 한다. 이런 유의 정부개입은 시장원리를 저해하는 것이 아니고 오히려 시장기구가 원활하게 작동하도록 돕는 것이다.

2. 균형발전 전략으로의 전환

경제의 균형발전을 위해 다음을 더욱이 강조하고자 한다.

첫째, 중소기업 중심으로 한다.

국제경쟁을 하기 위해서는 기업의 규모가 커야 한다는 주장도 있지만, 실제로 국제경쟁에서 승패를 좌우하는 것은 기업의 규모가 아니라 기업의 효율성이다. 기업의 규모와 기업의 효율성 간의 관계는 단순하지 않다. 효율성 면에서 대기업이 유리한 경우도 있지만, 중소기업도 장점이 있다. 의사결정 과정이 단순하여 기업 내의 관료주의적 병폐가 적다. 중소기업은 대기업에 비해 진입과 퇴출이 비교적 용이하므로 경제의 유연성을 높일 수 있고, 비효율적임에도 불구하고 퇴출되지 않는 문제가 상대적으로 작다. 재벌과 같은 거대한 기업그룹 하나만 부실화되어도 경제는 막대한 타격을 입지만, 중소기업이 많이 육성된 경우에는 그만큼 위험이 분산되기 때문에 그렇지가 않다.

둘째, 농업과 농촌을 발전시킨다.

급격한 공업화 과정에서 농업의 발전이 소홀히 된 면이 많다. 그 결과 농업생산성이 정체되고 식량 자급률도 감소되며 도시와 농촌 사이의 생활수준 격차도 커지고 있다. 농업과 농촌의 정체는 이미 많은 문제를 낳고 있다. 지난 수년간 수십조 원의 재정자금이 투입되었지만 큰 성과를 거두지 못하고 있으며 농가부채만 증가하였다. 이것은 결국 국민 전체의 부담이 되고 있다. 식량생산 기반의 약화 또한 어떤 재앙을 불러올지 알 수 없다. 소수의 다국적 곡물기업에게 우리의 식량문제를 맡기는 것은 대단히 위험스러운 일이다. 농업과 농촌의 발전은 경제의 균형발전과 식량안보 차원에서 중요하다.

셋째, 부와 소득의 계층 간 불균형을 완화한다.

부와 소득의 계층 간 불균형은 계층 사이의 위화감을 조성하여 사회통합에 큰 장애가 될 뿐만 아니라, 정치적 불안정을 야기하여 경제의 안정과 성장을 위협할 수 있다. 계층 사이의 불균형은 경제성장과 더불어 자연스럽게 완화되는 것이 아니다. 그것의 완화를 위해서는 잘 정비된 조세제도나 사회보장제도와 같은 제도적 장치가 반드시 필요하다. 특히 부의 세습을 제한할 수 있는 엄격한 과세와, 거품이라고 일컬어지는 (부동산 및 금융) 자산가격의 급등으로 인한 불로소득의 발생 여지를 되도록 억제해야 할 것이다.

3. 기업경영의 내실화

기업경영의 내실화를 위해 주로 다음을 강조하고자 한다.

첫째, 기업경영의 최우선 목표를 규모가 아니라 수익성에 둔다.

지금까지 한국에서는 대기업이 곧 우량기업이며 대기업은 망하지 않는다는 그릇된 믿음이 있었다. 그 결과 덩치 키우기가 기업경영의 최우선 목표가 되기 일쑤였고, 기업의 수익성은 극히 낮았다. 한국의 제조업 기업의 매출액 경상이익률을 보면 1996년과 1997년에 각각 1.0과 −0.3퍼센트였다. 이에 반해 1996년에 미국은 8.3, 일본은 3.4퍼센트였으며 1995년에 대만은 5.1퍼센트였다. 이를 보면 한국기업의 수익성이 얼마나 나쁜지를 분명히 알 수 있다.

둘째, 외부차입을 억제함으로써 재무구조를 건실하게 한다.

최근 1~2년간 도산한 대기업의 공통된 특징은 부채비율이 평균에 비해 훨씬 높다는 것이다. 재무구조의 건실화는 기업의 사활과 직결된다. 한국기업은 전체적으로 재무구조가 부실하다. 제조업 부문의 부채비율을 국제적으로 비교해 보면 한국이 1997년에 396.3퍼센트였던 데

반해, 미국과 일본은 각각 153.5와 193.2퍼센트에 불과했다. 더욱이 대만은 1995년에 85.7퍼센트였다. 대만이 경제위기를 비껴간 이유를 알수 있을 것이다. 이러한 높은 부채비율은 수익성 악화의 중요한 원인이기도 한데, 그것은 영업이익률은 비교적 높은 수준임에도 불구하고 금융비용을 제외한 경상이익률은 극히 낮은 데서도 알 수 있다.

셋째, 기업경영의 투명성을 높인다.

IMF는 이른바 'IMF 프로그램'이라는 것을 통해서 한국기업에 대해 경영의 투명성을 유난히 강조하였다. 일부에서는 이것을 두고, 외국자본이 한국기업을 매수하기 쉽도록 하기 위한 것이라고 하지만 투명한 경영과 정확한 기업회계 작성은 정상적인 기업이면 당연히 해야 할 일이다. 그렇게 공개된 경영성과와 재무구조를 보고 기업 내부적으로는 주주들이 경영자에 대해 경영의 내실화를 요구하고, 기업 외부에서는 M&A의 압력을 가한다. 그러한 실질적인 압력이 있을 때 경영자는 기업경영의 내실화에 더욱 박차를 가하게 되는 것이다. 이 기업경영의 내실화는 재벌기업을 비롯한 기업의 소유·지배구조의 개혁을 전제로 하고 있음은 말할 나위도 없다.

4. 제조업의 활성화와 경쟁력 제고

농업, 제조업과 같은 재화산업이 한 나라 산업의 핵이며 서비스산업(SOC·기타 서비스업)은 이 재화산업을 지원하는 역할을 한다. 경제의 서비스화와 정보화가 진행된다 하여도 인간이 재화를 소비함으로써 삶을 영위하는 한 21세기에도 이러한 사실은 변하지 않을 것이다. 그리고 다음에서 알 수 있듯이 한국에서는 이미 제조업의 조로현상이 나타나고 있다는 점에서 제조업의 활성화는 21세기에도 한국경제가

계속 지향해야 한다.

선진국의 산업구조를 보면 서비스산업이 국민생산과 노동력(취업자)인구에서 가장 큰 비중을 차지하고 있다. 물론 그 비중은 50퍼센트를 크게 웃돈다. 따라서 한 나라의 산업구조가 이런 형으로 바뀌어갈 때 산업구조의 선진화 혹은 고도화가 진행 중이라고 일컬어진다.

한국에서도 1985년을 전후해서 서비스산업의 비중이 50퍼센트를 웃돌게 되었고 계속해서 커지고 있다. 말하자면 그동안 산업구조의 산업화가 진행된 셈이다.

그러나 그런 가운데에 제조업의 비중이 1989년을 정점으로 하여 1990년부터 낮아지고 있음을 알 수 있다(1988: 27.7%, 1989: 27.8%, 1990: 27.2%). 그리고 1993년부터는 그것이 서비스산업의 한 부분인 도·소매, 음식숙박업의 비중보다 적게 되었다. 1993년의 경우 제조업의 비중은 24.2퍼센트였던 반면에 도·소매, 음식숙박업의 비중은 25.1퍼센트였다. 그 결과 1993년에 도·소매, 음식숙박업 취업자는 제조업 취업자보다 18.5만 명 더 많았는데 그 폭이 점점 커져서 1998년에는 168.1만 명이나 더 많다.

독일의 경우 제조업 취업자의 비중은 1980~90년에 평균 34.7퍼센트나 되어 같은 기간의 한국의 24.2퍼센트는 말할 것도 없고 정점을 찍은 1989년의 27.8퍼센트보다도 크다. 또한 일본의 경우도 1993~94년에 그 비중이 한국보다 약간 작다. 독일이나 일본이 한국보다 산업화의 역사가 훨씬 긴데도 불구하고 실정이 이러하다고 하면 한국의 제조업은 분명히 정상적인 것이 아니며 조로현상을 나타내고 있다고 할 수 있다. 하루속히 이런 조로현상을 방지하고 제조업을 활성화해야 한다.

제조업 활성화를 위한 방법으로는 공산품 수출증대, 소재·부품의

국산화 촉진, SOC의 정비·확충, 외국 제조업체의 합작 혹은 단독투자 유치 등을 들 수 있다. 한국의 경우 서비스 수출에는 아직도 많은 애로가 있다는 점을 감안하면 공산품 수출증대가 절실한데, 그것을 위해서는 무엇보다 기술수준의 향상을 통한 품질개선이 필요하다. 그리고 중소기업과 벤처기업의 육성은 소재·부품의 국산화 촉진을 위한 밑바탕이 될 수 있을 것이다.

5. 인간 중심 경제의 지향

인간 중심의 경제로 나아가기 위해서는 적어도 다음에 역점을 두어야 할 것이다.

첫째, 인적 자원을 개발하고 그에 대한 투자를 늘린다.

인적 자원이란 인간이 지니고 있는 지식, 숙련, 기술, 정보를 일컫는다. 인간은 모든 생산의 원천이며 기업의 가장 중요한 자산이다. 흔히 21세기는 지식기반 사회가 될 것으로 말하는데 그렇게 되면 인간이 지닌 이러한 자산의 가치가 더욱 커질 것이다. 인적 자원의 개발을 위해서 기업의 직업훈련과 재교육을 강화하고, 정부는 무엇보다도 창의력을 계발할 수 있는 교육방법을 모색해야 할 것이다.

둘째, 참여와 협력의 노사관계를 정립한다.

근로자에게 육체적 힘을 발휘하도록 할 때는 강제나 감독이 생산성의 향상에 큰 효과가 있을 수 있다. 하지만 지적 능력과 창의력은 타인의 강제에 의해서가 아니라 자발적인 참여에 의해서 발휘되는 것이다. 따라서 앞에서 말한 바와 같이 인적 자원의 역할이 중요해질수록 기업 내 인간관계나 노사관계가 참여와 협력의 방향으로 가야만 기업은 활력을 얻을 수 있다. 이를 위해서 사용자는 근로자에게 일방적인

협력만 강요할 것이 아니라 참여의 폭을 넓혀주고 협력을 이끌어낼 수 있는 각종 유인제도를 마련해야 할 것이다.

셋째, 환경의 파괴를 최소화하고 나아가서 환경친화적 성장을 지향한다.

지금까지 경제성장 과정에서 자연환경은 물질의 생산을 위해 이용되고 통제되어야 할 대상으로만 간주되는 경향이 있었다. 그러나 21세기에는 물질적 풍요보다는 쾌적한 자연환경이 더 선호될 가능성이 크다. 그리고 '지속 가능한 성장'이라는 개념이 시사하는 바와 같이 어느 시점에서는 환경파괴가 경제의 지속적 성장을 가로막을 수도 있을 것이다.

넷째, 경쟁의 패자를 포용하는 사회제도를 마련하고 또 그런 사회분위기를 조성한다.

경쟁이 끊이지 않는 시장경제의 특징상 경쟁에서 패배한 사람이 계속 생기게 마련이다. 발전을 위해 경쟁은 불가피하지만, 경쟁의 결과로 패자가 생기면 사회는 그들을 포용할 수 있는 제도적 장치를 가지고 있어야 한다. 그 대표적인 것이 각종 사회보장제도이다. 그리고 고용보험제도와 소비자보호제도의 강화 등도 필요할 것이다. 제도적 장치 외에 패자와 약자를 끌어안으려는 사회구성원들의 마음가짐 또한 중요한데, 그러한 의미에서 도덕과 윤리, 공동체의식이나 종교 등은 자본주의의 부작용을 치유하는 데 있어 매우 중요한 역할을 한다. 21세기에는 경쟁이 한층 치열해질 것이다. 그러다 보면 자칫 인간은 경쟁 속에 매몰되고, 경쟁의 승자는 모든 것을 가지고 패자는 모든 것을 잃을 가능성이 크다.

이상에서 21세기에 한국경제가 해결해야 할 다섯 가지 긴요하고 시급한 과제를 다루었다. 이들은 IMF 위기의 극복과 한국경제의 선진경

제 진입을 실현하기 위한 과제라고도 할 수 있다. 다시 말하면 이 과제들이 결실을 맺을 때 비로소 IMF 위기가 실질적으로 극복되고, 경제도 선진화 되었다고 말할 수 있을 것이다.

《IMF관리 후 한국의 경제정책》(서울사회경제연구소, 1999)

한국경제의 당면과제

　우리나라 경제는 1960년대에 연평균 8.6퍼센트라는 높은 성장을 이룩하였으며 특히 1966년, 1968년, 1969년에는 각각 13.4, 13.3, 15.5퍼센트(잠정)의 매우 높은 성장률을 보였다. 그러기에 현재 고도성장구가의 분위기가 조성되어 있는 감이 있다. 그러면 이와 같은 높은 성장을 초래한 요인은 무엇인가. 그 요인으로서는 여러 가지를 들 수 있다. 그러나 대체로 다음의 몇 가지가 아닌가 생각한다.

　첫째는 경상생산의 극대화를 추구하는 경제개발전략의 채택이다. 경제개발전략에는 경상생산의 극대화를 추구하는 즉 경공업우선형의 것과 생산잠재력의 창조를 추구하는 즉 중공업우선형의 것 두 가지가 있다. 경제개발전략으로서 전자를 채택하는 경우에는 자본은 적고 산출고는 커지기 때문에 자본계수가 작아져서 그것으로 저축률을 나눈 값인 경제성장률은 커지게 되고 후자를 채택하는 경우에는 그 역이 된다. 둘째는 적극적으로 도입하는 정책의 채택이다. 이와 같은 정책을 채택한 결과, 투자재원의 부족은 외자로 메울 수 있었다. 투자재원인 총저축은 국내저축 즉 민간저축과 정부저축의 합계와 해외저축 즉 도입외자로 구성된다. 따라서 총저축은 국내저축이 커지든지 해외저

축이 커지기 마련이다. 총저축이 커지면 그것은 국민소득으로 나눈 값
인 저축률은 커지게 되며 또 나아가서 그것을 자본계수로 나눈 값인
경제성장률도 커지게 된다.

셋째는 수출 확장과 수입대체산업 육성의 추구이다. 1963년을 전후
해서 직면했던 국제내수의 악화를 개선하기 위해서 수출 확장과 수입
대체산업 육성이라는 슬로건이 내걸렸다. 그 결과 상품수출실적은
1960년의 3,280만 달러에서 1968년에는 4억 4,550만 달러로 13.0배나
증가하고 있으며 또 그동안 수입에 의존하던 비료, 시멘트, 정유, 합
섬, 자동차 등의 대규모 공장이 건설되어 가동 중에 있다. 적극적으로
도입된 외자가 투자될 대상을 수출산업과 수입대체산업에서 찾은 셈
이다.

넷째는 월남으로부터의 외화수입이다 그동안 월남으로부터 평균해
서 매년 약 1억 5천만 달러의 송금이 있었다. 이 송금은 그만큼 국제
수지의 악화를 방지한 셈이다.

다섯째는 저임금 노동자의 존재이다. 잘 알려져 있는 바와 같이, 우
리나라는 노동자의 저임금을 특징으로 하고 있다. 사실 우리나라 상품
의 수출을 가능하게 해주고 있는 주요인은 바로 이 저임금이라고 해
도 과언이 아니다.

여섯째는 인플레이션 정책의 어느 정도의 성공이다. 물가안정은 경
제개발계획의 전제가 된다. 왜냐하면 계획치는 불변가격으로 표시되
어 있으나 계획집행에 있어서는 경상가격으로 환산되므로 물가가 크
게 등귀하면 계획치를 경상가격으로 환산한 액이 매우 커져서 조달이
불가능하게 되어 계획치의 실현이 불가능해지기 때문이다. 그런데 전
국도매물가의 경우 등귀율이 1962년 9.6, 1963년 20.5, 1964년 34.7,
1965년 10.0, 1966년 8.8, 1967년 6.4, 1968년 8.1퍼센트인 데서 알 수

있는 바와 같이 1969년부터 물가가 상대적으로 안정되었다.

이상과 같은 요인들로 인해 우리나라는 1969년에 높은 경제성장을 이룩하였다. 그러나 첫째로 그동안에 초래된 공업구조의 기형화, 수송·에너지부문의 애로 등의 교정·제거와 새로운 사회간접자본의 형성·확충의 필요성은 경제생산을 추구하는 경제개발전략의 지향, 즉 생산 잠재력의 창조를 추구하는 경제개발전략으로 전환을 서두르지 않으면 안 되게 만들고 있다.

둘째로 수출전망은 결코 밝다고 할 수 없다. 왜냐하면 다른 저개발국의 공업화에 따라서 수출경쟁이 치열하게 되어 가고 있으며, 비관세장벽이 강화되어 가고 있으며 수출을 확대하는 데 크게 기여한 특혜에도 한계가 있기 때문이다.

셋째로 외자유인의 한계를 점차 느끼게 되었다. 이것은 그동안의 종합제철공장을 위한 차관의 차질에서 쉽게 알 수 있다.

넷째로 월남휴전은 월남으로부터의 송금을 감소시킬 것이다.

다섯째로 노동자들의 임금상승압력이 점차로 강화되어가고 있다. 이것은 현재 생산성임금제의 실시가 제창되고 있는 데서 알 수 있다.

여섯째로 독과점상품가격, 현금차관, 각종 과금, 곡가의 동향으로 미루어 보아 물가안정은 유지되기 어려울 것 같다.

이렇게 보면 그동안 이룩된 높은 성장이 과연 앞으로도 지속될 것인지는 극히 의심스럽다고 할 수 있다. 그뿐 아니다. 그동안의 높은 성장은 첫째로 높은 소비성향을 초래하였다. 이것은 주로 전시효과, 수출 확장, 수입대체산업 육성 등에 기인한다.

둘째로 무역수지의 악화를 초래하였다. 앞에서 본 바와 같이 수출확장은 눈부신 바가 있다. 그러나 수입대체산업 육성과 합쳐서 더 수입이 증가하였으며 소비성향의 고도화도 수입을 크게 늘리는 데 일익

(一翼)을 담당하였다. 그런데 앞으로는 도입외자의 원리금상환 부담의 누증, 미국의 무상원조의 중단, 월남으로부터의 송금의 감소, 수출 확장의 한계 등으로 무역수지 나아가서는 국제수지가 더 한층 악화될 가능성이 많다.

셋째로 상당수 부실기업을 출현시킨다. 이것은 주로 외자도입을 서두른 것과 경영의 후진성에 기인한다.

넷째로 도시문제를 노정(露呈)시켰다. 실업문제는 고사하더라도 국방력의 강화에 따르는 국방비의 문제 등이 있는데 이에 더해서 점차로 도시문제가 초래되기 시작하였다.

따라서 앞으로는 일정의 조정기간을 설정하고 그 기간에 앞으로 예견되는 사태에 대한 대비와 그동안 야기된 여러 가지 문제 등의 해소를 위해서 노력할 필요가 있다고 할 수 있다. 아마 이와 같은 노력은 장기적으로 볼 때 높은 성장의 지속을 가능하게 해주는 것이 되기도 하리라. 물론 고도성장을 마다 할 사람은 아무도 없다. 그러나 성장의 고저를 나타내는 데 사용되는 경제성장률은 다름 아닌 국민 소득증가율을 의미하는데, 같은 국민소득이나 1인당 국민소득이라고 해도 그 내용은 천차만별일 수 있다는 사실을 잊어서는 안 된다. 지금 갑, 을, 병, 정 4인으로 구성되는 1국(國), 2국, 3국, 4국을 생각하여 1국의 경우에는 갑의 소득은 100, 을, 병, 정의 소득은 각각 0, 2국의 경우에는 갑의 소득은 75, 을의 소득은 25, 병, 정의 소득은 각각 0, 3국의 경우에는 갑의 소득은 50, 을의 소득은 25, 병의 소득은 25, 정의 소득은 0, 4국의 경우에는 갑, 을, 병, 정의 소득이 각각 25라고 가정하자 그러면 1국의 경우나, 2국의 경우나 3국의 경우나 또 4국의 경우나 또 다 같이 합계(즉 국민소득)는 25가 된다. 그러나 1국의 경우의 을, 병, 정이나 2국의 병, 정이나 3국의 경우의 정에게는 100 내지 25는 전혀 실

감나지 않는 숫자일 것이다. 이에서 국민소득과 1인당 국민소득이 어떤 내용의 것인지는 짐작할 수 있으리라고 생각한다. 따라서 만약 1국의 경우와 같은 모양으로 국민소득이 증가하여 어떤 나라의 국민소득 증가율 즉 경제성장률이 높아졌다고 하면 그 나라의 많은 사람들은 그 높은 경제성장률을 전혀 실감하지 못하게 될 것만은 불 보듯 뻔한 일이다.

만약 이것이 사실이라면 더욱이 비록 경제성장률이 낮아지는 한이 있더라도 일정의 조정기간을 설정하고 그 기간에 앞으로 예견되는 사태에 대비와 그동안 야기된 여러 가지 문제 등의 해소를 서두를 필요가 있다고 할 수 있을 것이다.

《실업과 생활》(1970. 1)

한국경제 터놓고 따집시다

: '80년대의 의미와 진로[*]

김진현 79년에서 80년으로 넘어간다는 것은 길게 보면 1945년 이후 꾸준히 이루어온 우리 경제에 새로운 변화를 가져다줄 일대 전환점이라고 할 수 있으며, 짧게 보더라도 70년대와 80년대를 구분하는 커다란 분계라고 할 수 있습니다. 특히 79년은 경제적인 면뿐만 아니라 정치·사회적 면에서도 여러 가지 변화를 가져왔던 해입니다. 또한 국제적으로도 서구가 2백여 년 동안 쌓아올린 국제질서 특히 2차 대전 이후에 세워놓은 정치 및 경제 질서가 전환기를 맞이한 것 같습니다.

이런 점에서 좁게는 80년의 우리 경제에, 넓게는 우리 경제와 여러모로 얽혀 있는 세계 경제에 매우 커다란 질적 변화가 예측되고 있는데 이렇게 볼 때 앞으로 우리가 어떻게 나라 살림을 짜 나갈 것이냐, 하는 것이 매우 중요한 일이 될 것입니다. 그런 점에서 올해에 우리나라의 살림을 제약하는 조건, 다시 말해서 우리 경제를 둘러싸고 있는 문제점이나 과제가 무엇이냐 하는 것에서부터 얘기를 시작해야 될 것

---

[*] 김진현(《동아일보》 논설위원) 씨의 사회로 김만제 원장(KDI), 김립삼(전경련 부회장) 씨, 변형윤 교수, 이한빈(부총리 겸 기획원장) 씨 사이의 좌담회 내용이다.

같습니다.

변형윤 1980년대의 막이 열리는 금년에도 작년의 경험에 비추어 볼 때 심한 인플레이션, 심한 무역수지적자, 격화된 노사문제 등에 직면하게 될 것으로 전망됩니다. 물론 이 밖에도 장기적인 문제가 있기는 하겠지만……

사실 경제성장률을 어느 정도로 하느냐에 따라서 달라지겠지만 금년에는 인플레이션율이 20퍼센트를 상회하고 무역수지적자가 60억 달러를 상회하고 임금문제를 에워싼 노사 간의 대립이 첨예화할 것으로 예상됩니다. 따라서 금년에는 인플레이션의 진정, 무역수지적자의 개선, 노사문제의 해결 등이 가장 중요한 과제가 된다고 할 수 있을 것입니다.

이한빈 사실 80년이라는 시점은 어떤 각도에서 보든지 대단히 중요하고 어려운 시점입니다. 해방 후 35년간 누적된 문제에 대한 결산도 있고 동시에 오는 20년을 여는, 80년대뿐만 아니라 90년대를 여는 시기가 됩니다. 우리는 지금까지 60년대 초인 1962년에 시작한 경제개발 및 고도성장의 수레바퀴를 밀고 오면서 그에 따라 생긴 흙덩어리나 패인 구덩이를 엿보고 정리할 시간적인 여유를 갖지 못한 채 달려만 왔습니다.

그래서 80년대는 뭔가 평형을 가져오고 조정을 해야 한다, 즉 이런 과거의 주름을 내부적으로 고르게 해야 될 시대인 것입니다. 그런데 이미 말씀하신 바와 같이 국제적으로 유류라든가 국제수지에서 압박이 오고 있으니 올해는 매우 어려운 해가 될 것 같습니다.

나는 국내적으로 80년대의 경제적 역할에 크게 두 가지의 2중적 과제가 있다고 봅니다. 하나는 경제를 떠난 넓은 의미에서 정치발전, 즉 어떤 의미에서 우리의 오랜 숙제였던 민주화 작업을 당장 풀어야 될

시점에 서 있습니다. 그러니까 해방 후 몇 차례 되풀이되었던 민주화의 과제를 헌법까지 바꾸어가면서 풀어야 하는 매우 중대한 시기에 서있기 때문에 정부의 노력도 거기에 집중되고 그 과정을 어떻게 하면 순조롭게 뒷받침해 주느냐에 온 신경을 집중하고 있습니다. 좀더 자세히 말하면 공업화와 병행해야 될 민주화의 발전, 즉 과거 35년 동안 풀리려다가 안 풀리고 만 국민적 여망을 어떻게 하든지 풀어야 되겠는데, 경제는 그것을 돕는 작업이 가장 중요한 임무가 되어야 하지 않나 생각합니다.

그 다음으로 2차적인 과제는 순수경제적인 것입니다. 이것은 적어도 과거 60년대나 70년대에 활발히 진행되었던 경제성장에 따른 누적된 문제들이나 폐단을 어떻게 처리하느냐, 과거 20년의 주름살을 어떻게 푸느냐 하는 것은 올 한 해에 끝낼 문제가 아니고 80년대 전체를 통해서 마무리 지어져야 할 문제입니다만 올해에 이러한 기초가 잘 세워진다면 새 헌법에 의해서 새로 등장하는 정부가 일하기가 수월할 것이며 또 국민들도 경제 활동을 활발히 해나갈 수 있을 것입니다. 현재 정부가 단순히 순경제적인 시각만 가지고 경제정책을 운영해 가기도 시의에 맞지 않고, 그렇다고 너무 정치적인 발전을 돕는 데만 열중한다면 민심에 악영향을 주게 되므로 자칫 잘못하면 무사안일에 빠지기 쉽게 될 것입니다. 이렇게 되면 그 다음 단계를 위해서는 바람직하지 않게 되고 말 것입니다.

3중의 시련을 이겨내야

김진현 지금 부총리께서 정치·경제를 통합한 하나의 국가적인 과제, 그것도 전환기적인 국가적 과제에서 경제적 역할과 경제 자체의 묵은

숙제를 푸는 문제를 두 가지로 나누어 말씀하셨는데, 현실경제라는 것
은 이 두 과제가 합쳐서 돌아가지만 반면 굉장히 충돌적인 측면이 있
는 것이 사실입니다. 그러나 더 큰 명제를 잘 발견해서 국민적인 합의
에 따라 순리대로 해나가면 잘 풀릴 수 있는 가능성도 없지 않다고 볼
수가 있는데, 그것을 풀어가는 큰 길을 어떻게 보시는지요?

　김립삼 여러분들이 지적하신 것처럼 폴리티컬 이코노믹이라는 과제
에서 80년대의 문제의식은 아주 심각하고 중요하다고 생각합니다. 과
거 20년 동안 전 세계가 평가하는 눈부신 경제발전을 해온 기본적인
자세는 바로 정치 면에서 민주주의를 일단 보류하고 국민적인 에너지
를 경제발전이라는 단일 목표에 총집결한 것이었습니다. 특히 지난 10
년 동안은 전적으로 그렇게 해왔습니다. 80년대를 맞이하여 우리는 경
제적 근대화뿐만 아니라 이 사회의 근대화, 다시 말하면 정치·경제 모
두 완벽한 근대화를 향해서 우리의 민족적인 에너지를 투입하려는 중
요한 해라고 생각합니다.

　그렇다면 경제적인 발전과 정치적인 활성화의 상호관계를 어떤 규
범에다 넣어야 하느냐 하는 것이 중대한 과제로 제기됩니다. 이는 우
리 민족의 예지가 지극히 소요되는 어려운 문제입니다.

　이 문제는 두 가지 측면에서 생각할 수 있는데, 하나는 그동안 우리
가 이룩한 경제발전이 고도로 성숙되어 정치적인 기술이 필요하게끔
복잡하고 다기화된 경제구조를 이미 달성했다는 것입니다. 그러면 우
리가 경험하지 못한 정치적인 철학과 기법으로서 어떻게 정치활성화
를 다루어 나갈 것이냐 하는 점이 중요한 일입니다. 그렇지 않아도 어
려운 경제여건에 추가적인 부담을 준다면 이것은 우리 사회가 감당하
기 어려운 것이 될 우려가 있습니다. 그래서 여기서 한 가지 명백히
해야 할 것은 온 국민들, 특히 언론이나 학계가 생각해야 할 것은 정

치활성화가 경제문제를 다루는 데서 가능한 부정적인 요인이 되지 않게끔 최선을 다해야 된다는 것입니다. 그것이 구체적으로 무엇을 의미하느냐 하면 단적으로 표현해서 경제운용에 경제외적인 요인이 개재되는 것을 최소한도로 막아야 되겠다는 것입니다. 이런 우려를 하게 된 것은 종래에는 정치발전을 뒷전에다 두고 경제에 총집중했기 때문에 오히려 경제외적인 여건이 경제에 작용하지 않았느냐 하고 생각하는 사례가 많았기 때문입니다.

또 한 가지 문제는 계단을 오르는 식으로 후진국에서 중진국, 그리고 선진공업국이 당연히 되는 것으로 생각하는 것 같은데, 과연 순풍에 돛 단 듯이 그렇게 쉽게 선진국에 도달할 수가 있을 것이냐 하는 것을 80년을 맞아 위정자나 기업인, 학계나 국민들이 한번 자성해 볼 필요가 있다고 생각합니다. 우리가 지난 20년을 회고해보면 60년대는 유엔 등에서 후진국을 위한 개발의 60년대, 즉 발전의 10년이라고 했으며, 70년대에는 선발개발도상국과 후발개발도상국이라는 새 용어와 함께 우열이 나타나면서 선발국가는 공업화가 될 수 있는데 후발개도국은 공업화가 어렵지 않겠느냐 하는 전문가들의 의견이 나오고, 이에 따라 일부 후진국들이 공업화 가능성에서 낙제한 연대였다고도 볼 수 있습니다. 이렇게 본다면 80년대에 와서도 선발개발도상국 중에 진짜 선진공업화가 될 수 있는 나라가 있고 이와는 반대로 공업화에서 뒤떨어질 나라가 있을 수 있다고 예상할 수 있는데, 이런 치열한 테스트가 80년대에 우리나라가 당면할 큰 과제가 될 것으로 생각합니다. 여기에 민족적으로 어떻게 대응할 것이냐, 그 첫 관문이 바로 올해인 80년이라고 할 수 있습니다.

또 한 가지 이 선진공업화의 성패의 분기점이 대외적으로 연관된다는 것입니다. 대외적인 공신력이라는 문제가 새로운 차원에서 대두될

것이라는 얘기인데, 이 대외적인 공신력은 비단 무역수지가 어떻다 하는 것도 중요시 되겠지만 정치민주화라고 할까, 정치활성화 등으로 한국이 진짜 근대화된 국가로서의 영역에 들어설 수 있느냐 없느냐 하는 관점에서 국제적으로 평가될 것입니다. 그 평가는 꽁장히 냉혹할 것입니다. 그렇게 본다면 앞에서 지적된 2중의 과제에 해외 문제까지 끼어들면 3중의 시련을 우리 민족이 80년에 걸머지고 나가야 되지 않겠는가 생각합니다.

불가피해진 저성장

김진현 김만제 원장은 어떻게 생각하십니까? 지금까지 우리 경제의 성장이라고 할까, 이것을 우리가 논의하고 있는 80년의 과제와 연결시켜서 말씀을 해주실 수 있을 것 같은데요.

김만제 저는 이번에 정치적인 변화가 있었다고 해서 우리가 어떤 전환기를 맞았다고 보지는 않습니다. 잘 아시겠습니다만 78년도부터 우리 경제가 전환기에 처해 있다 하는 말을 많이 해왔었는데, 지금까지 구사해온 정책수단을 탈바꿈해서 제도도 개선하고 목표도 다양화해야 되겠다는 등의 논의들이 80년대에 들어서면서 하나의 과제로 등장했다고 생각합니다. 실제로 작년에 안정화를 추진해야 한다는 것도 전환기의 한 현상이 아니었는가 생각합니다.

70년대는 우리가 수출을 중심으로 한 공업화를 추진해 오는 과정에서 고용을 창출하고 또 후진적인 농업에서 탈피하여 중진국 정도의 경제수준에 도달했다고 평가합니다. 그런데 우리처럼 중진국 수준에 도달한 나라는 세계에 얼마든지 있습니다만, 여기에서 선진국으로 올라간 나라는 몇몇 없고 다 주저앉고 말아버렸습니다. 그렇다면 우리가

여기에서 주저앉고 마느냐, 또는 80년대에 또 다른 도약을 해서 이른 바 선진국으로 뛰어오를 수 있느냐 하는 것은 전환기에 얼마만큼 우리가 지혜롭게 대처해 나가느냐에 달린 것입니다. 그런 면에서 80년에 우리가 당면하고 있는 경제적 현안문제가 너무도 무겁다고 봅니다.

아까 잠깐 말씀하셨습니다만 외적으로는 제2의 세계적인 에너지위기를 맞이해서 해외경기가 크게 후퇴하고 있고 또 비싼 원유도입이 우리나라의 외환사정과 물가에 커다란 압박을 가하고 있습니다. 여기에다 내적으로는 그동안 누적되어 온 인플레와 일부 비합리적인 중화학공업의 추진으로 인해 우리의 기업이 국제경쟁력을 거의 상실하고 말았다는 데 심각한 문제가 있다고 봅니다. 이로 인해서 결국은 수출을 주축으로 하는 성장, 고용창출, 외화획득이 한계에 봉착했다고 봅니다. 이러한 여건 아래서는 일시적으로 저성장이 불가피하지 않느냐, 다만 이와 같은 저성장에서 앞으로 정부가 다루어야 할 가장 큰 정책적 문제는 인플레의 가속화 경향, 여기에 임금이라든지 농산물 가격 등의 문제가 또 곁들여져서 얘기가 되어야 하겠습니다. 다음은 저성장에서 파생되는 실업과 기업도산의 문제를 어떻게 해결해야 할 것이냐, 또 국제수지적자의 한계, 바꾸어 말씀드리면 외환 조달이 또 하나의 문제가 되겠습니다. 이 세 가지의 문제가 상당히 어렵다고 봅니다.

그러나 잘 알다시피 경제문제라는 것은 강력한 제도와 정부의 집행력의 뒷받침 없이는 위기관리가 불가능한 것입니다. 어떤 정책이 가장 합리적이고 적합하다 하더라도 이 좋은 구상을 차질 없이 밀고 갈 수 있는 정치적 역량이라든지, 행정력, 제도적인 뒷받침이 필요한 것입니다. 특히 제도적 뒷받침을 강조하고 싶은데, 이것이 되느냐 안 되느냐에 따라 위기극복이 되느냐 안 되느냐 하는 관건이 달려 있다고 생각합니다.

저는 작년 12개월 동안 정부를 도와서 안정화시책을 밀고 온 경험에 비추어 볼 때, 지금 우리나라의 각종 제도에 근본적인 개혁이 없이는 저성장을 통한 안정화 달성이라는 것이 사실상 불가능하다고 보고 있습니다. 다시 말씀드려서 지금과 같은 제도의 근본적인 개혁 없이는 재정금융의 긴축이라든지 투자재원을 획기적으로 재분배한다든지 하는 것은 사실상 불가능한 일입니다. 그렇다면 현 정부가 아주 짧은 시일 내에 제도적 개혁을 추진하고 그 바탕 위에서 가장 합리적이고 공평한 정책을 능률적으로 집행해 주기를 바라는 것은 대단히 무리한 주문이 아닌가 보고 있습니다. 특히 과도성격을 띤 현재의 정부에 대해 단시일 내에 인기 없는 제도개혁이나 정책을 추진해달라고 요구한다는 것은 상당한 무리입니다. 따라서 금년에는 지금 정부를 짓누르고 있는 대내외 여건이 원체 불리하기 때문에 위기관리에서 정부가 커다란 시련을 겪을 것으로 생각이 됩니다.

강력한 정부란 무엇인가

김진현 김 원장이 말씀하신 것을 보면 정치발전이라는 대명제와 조화를 이루면서 지속적 경제발전을 해나가기는 어려울 것이라는 이야긴데, 그렇다면 아까 부총리 말씀대로 해방 후의 민족적 숙제인 민주화와 공업화를 함께 해결할 기회가 온 것이 아니라 오히려 더 일이 어렵게 꼬여간다고 볼 수 있겠습니다. 그러나 김 원장이 말씀하신 제도적 개혁이라는 것을 좀더 깊이 파고들어가 보면 정치 및 경제의 민주화라는 과제가 풀릴지도 모르겠지요. 변 선생께서는 그 큰 두 개의 과제가 조화되는 어떤 길을 발견할 수도 있지 않겠습니까?

변형윤 내가 볼 때에는 어렵다는 얘기지 해결할 길이 없다는 것은

결코 아닌 것 같습니다. 일단 이 문제는 입장의 차이에 기인한다고 하면 어떨까요. 처음에 금년만 놓고 얘기하라고 해서 이따금 경제문제만을 얘기했습니다만, 좀더 범위를 넓혀서 얘기하면 다음과 같습니다.

이제까지 경제 제일주의나 경제개발계획이라 하고 내세워져서 마치 경제가 우위를 차지한 것 같은 인상을 주어온 것은 사실이지만, 실제에서는 경제는 정치의 시녀의 역할을 했다고 볼 수 있을 것입니다. 따라서 경제가 정치의 시녀의 역할을 절대로 해서는 안 된다는 교훈을 70년대에서 얻었다고 생각합니다. 김 부회장이 얘기하신 경제는 경제논리에 맡기라는 말은 바로 이런 뜻인 줄 압니다. 그와 아울러 정치 혹은 관이 너무 강요할 것이 아니라 조금만 강요하라는 뜻으로 볼 수 있을 것입니다. 그리고 우리나라는 선발중진국에 속한다고 할 수 있을는지 모르지만 나에게는 외형상으로는 그런지 모르되 도리어 그동안 너무 공업화를 서두른 탓으로, 다시 말하면 공업화의 역사의 길이를 경시한 탓으로 우리나라는 실력을 갖추기가, 선진국으로 발돋움이 벅차거나 어렵게 되지 않았나 하는 생각이 듭니다.

또 경제성장 내지 경제개발을 위해서 정치적으로 강력한 정부가 전제되는 것은 사실이지만, 그 정부의 성격이 중시돼야 한다고 생각합니다. 다시 말하면 국민의 편에 서서 국민의 합의를 얻어 나가는 강력한 정부냐, 국민의 의사는 아랑곳하지 않고 1인당 GNP가 1천 달러가 되면 마이카 시대가 온다는 식의 거창한 슬로건을 내걸고 무리를 강요하는 강력한 정부냐는 명백하게 구분되어야 한다고 생각합니다. 이 두 가지 중에서 후자는 결코 바람직한 것이 못 된다고 할 수 있습니다. 강력한 행정력이라는 것이 이제까지는 국민 편보다도 어떻게 보면 생산자 혹은 기업가 혹은 수출하는 사람의 쪽에 서서 운용되었다고 봅니다. 앞으로 정부가 종래의 그런 방식에서 탈피, 국민을 이해하고 국

민의 합의에 따라 행정력을 편다면 장래를 그렇게 어렵게만 보지 않아도 좋을 것입니다.

김립삼 관리양식에서 김 원장이 강력한 행정력이라는 말씀을 했는데 저는 이 시국에 과도정부라는 말을 좋아하지 않습니다. 특히 경제적인 면에서 볼 때 4·19 직후인 60년대 초도 아닌데 과도기라는 것이 통용될 수 없습니다. 그러나 여기서 강력한 행정력이라는 것이 무엇인가 하는 것을 검토하고 넘어가야 할 필요가 있습니다. 특히 종래 방식의 강력한 행정력에 대해서는 위화감을 갖습니다. 변 교수께서 좋은 점을 지적해주셨는데, 거기에 한 가지만 첨가한다면 강력하게 해주실 때 책임을 꼭 져 주십시오 하는 것입니다. 특히 정부에 각별히 부탁할 것은 책임의식을 명백히 하고 또 국민 앞에 책임을 떳떳이 질 수 있는 행정을 해주신다면 아무리 강력해도 국민들은 순응할 것이라고 믿습니다.

근자에 들은 얘기인데 돼지새끼가 퇴비통에 들어간다, 돼지고기를 너무 많이 수입한 나머지 창고가 없어 수산물 냉동창고까지 사용, 동해안에서 잡히는 수산물을 냉동할 냉동창고가 비좁아 수산물 가격유지에도 문제가 있다는 것입니다. 거짓이기를 간절히 바라지만, 만일 이것이 어느 정도 근거 있는 일이라면 어떻게 이렇게까지 되었느냐 하는 데에 대해 해명이 필요할 것입니다. 이번에 KDI가 80년도 경제성장률을 0~4퍼센트로 내다본 것은 아주 좋은 제안이라고 봅니다. 만일에 큰 정치적 변혁이 없었더라면 이렇게 대담하게 나올 수 있었겠느냐에 대해서 의문을 갖습니다. 그래서 강력한 행정력에 책임을 다함이 뭐냐 하면 허심탄회하게 정직하고 성실하게 우리가 대화를 나누자는 것입니다. 이것이 잘 지켜지면 자연히 국민적 합의가 이루어져 강력한 행정이 될 것입니다.

경제운용에 가장 이성적일수도

김진현 아까 김 원장께서 중진국까지 온 나라는 산업혁명 이후 2백 년을 놓고 볼 때 수없이 많았지만 그 중에서 선진국으로 간 나라는 얼마 안 된다고 지적했는데요. 20세기 후반 특히 70년대 오일쇼크 이후에 와서는 경제수준을 선진국으로 올리기 위해 꼭 민족적인 에너지를 모을 필요가 있는 것이냐, 경제라는 것은 어느 수준 즉 1천 달러나 1천5백 달러 정도라도 좋다, 그래 놓고 거기에서 문화발전을 이루자 하는 것을 강조하는 경향도 있습니다.

이것이 결국은 정치발전을 강조하는 입장이겠지만, 경제는 배 안 고프고 춥지 않고 많은 사람이 그저 크게 불편하지 않는 집을 가질 정도가 되면 되는 것이 아니냐, 분배만 걱정하게 된다면 소득은 적정수준이면 만족할 수 있고, 잉여된 에너지를 경제외적인 정치발전이나 문화발전, 그야말로 역사의 재발견 쪽에 쓰자는 논의가 가능할 것 같습니다. 그리고 또 한 가지는 지금 변 선생께서 말씀하신 것 같이 후진국에서 중진국으로, 중진국에서 선진국으로 가는 데서 경제순리에 따라서가 아니라 관료주도적인 혹은 관주도적인, 좀더 직설적으로 말하면 어떤 집권자의 의지에 경제의 모든 틀을 연결시켜 밀고 온 그러한 경제성장 방식이 잘못된 것이 아니겠느냐 하는 비판적인 입장이 있는 것 같습니다. 이 두 가지가 바로 정치발전 문제와 연결될 수 있지 않을까 하는 생각도 듭니다.

이한빈 이미 우리가 경제적인 중진국으로써 선진국을 쳐다보는 국가가 되었다 하는 사실은 세상이 다 공인해주는 것입니다. 여기에 지금 역사적 과제이며 시대적 과제인 정치와 경제를 어떻게 동시에 발전시켜 나가느냐가 큰 문제로 제기된 것입니다. 적어도 한꺼번에 완전

한 민주화가 이루어지지 못한다 하더라도 선진국을 바라보는 어느 수준까지는 달성되어야 할 것인데, 여기서 정치와 경제를 연결해주는 하나의 모멘트로서 중산층이란 개념을 심각하게 생각해보려고 합니다.

경제적으로 한 나라가 중진국이 되었다 하는 얘기는 단순히 GNP 등 추상적인 것에서 나온 것이 아니라 경제활동 인구 중에서 중산층에 속하는 사람이 얼마나 되느냐 하는 것이 문제가 될 수 있다고 생각합니다. 그런 의미에서 우리나라는 19 부터 80 까지 35년 동안 경제적 중산층을 만드는 작업을 성공적으로 해왔다고 볼 수 있습니다. 우리는 해방부터 6·25사변을 거쳐 60년대 초까지 우선 교육 내지 사회의 온갖 에너지를 쏟았으며, 그 다음 60년대 초부터는 경제 제일주의 목표 아래 경제개발의 에너지로 변한 것입니다. 선교육 후개발의 패턴으로 1세대를 지나는 동안에 이 정도로 성장해온 나라가 세계에 많지 않을 것입니다. 나는 이것이 경제적으로도 높이 평가될 일이지만, 다음 단계에 정치적인 면에까지 파급되느냐 안 되느냐 하는 것이 관건이 된다고 생각하고 이것을 낙관적으로 봅니다.

지난번 10·26사태 이후 일본의 민간경제학자인 오키다 사부로(大來左武郎)가 그동안 우리나라의 경제가 발전했기 때문에 국민이 그와 같은 어마어마한 사태를 겪고도 평정을 유지하고 의연한 자세를 과시할 수 있었다고 지적했습니다. 지금은 외무장관이 되었지만 되기 전의 얘기니까 외교적 수사가 아닌 말로 받아들일 수 있는 것입니다. 그것은 그만큼 교육을 했고 교육을 통한 에너지를 기초로 경제개발을 한 우리나라에 있어서 다음 단계인 정치적 면에도 힘을 발휘할 수 있는 중산층이 경제개발의 덕분에 만들어진 것이라고 생각합니다. 앞으로 헌법을 개정하겠다고 나서는 국회나 정부, 그리고 헌법 개정에 관여된 인사들이 이런 국민의 저력을 올바로 시인하고 들어간다면 우리도 단

순히 경제적인 발전만이 아니라 차제에 정치적으로도 발전되어서 새로운 시대를 열 수 있을 것으로 확신합니다. 그리고 아까 김 부회장이 이런 과정에서 대외적인 공신력을 확보·유지하는 것을 매우 강조하셨는데, 나도 동감입니다. 우리의 경제운영이나 정치발전의 과정이 대외적으로도 신임을 높이 받으면 받을수록 경제제도의 개혁을 하는데도 힘이 생긴다고 생각합니다. 다만 행정적으로 목표를 세우고 일사불란하게 밀고나가는 그런 의미에서의 힘은 달라졌을지 모르겠습니다만 변 교수께서 말씀하신대로 적어도 앞으로 얼마동안은 어느 정치세력의 시녀가 될 필요 없이 경제운영을 할 수 있을 것입니다.

그러니까 이것은 국민이 어떻게 하느냐에 달렸다고 생각합니다. 정부에 있는 장관들 대부분이 과거 20년 동안의 패턴에 익숙해온 사람들이지만, 이제부터는 누구의 시녀도 되지 말고 경제원칙에 따라, 또 양심의 명령에 따라 문제를 풀어나가라, 그리고 개혁을 하다 보면 어느 쪽인가 다치는 데가 생기고 충돌 또한 어쩔 수 없는 것이겠지만, 국민들이 공동운명체 의식을 가지고 밀어줄 테니 경제 자체도 중요하지만 정치적 민주화라는 35년간의 숙제를 소신껏 해결해 나가라고 격려한다면 역설적으로 제일 약해 보이는 정부가 제일 강할 수도 있다고 봅니다.

중산층은 경제발전의 기반

김립삼 아까 김 위원께서 민족적 에너지를 꼭 선진공업국으로 가는 데만 동원할 것인가 그렇지 않으면 1천 달러나 1천5백 달러 정도에서 그 나름대로 우리 생활을 만족시키며 여유를 가지고 문화창조도 할 수 있는 방향으로 나갈 것인가 하는 선택의 문제를 제기하셨습니다.

그런데 제가 보기에는 불행히도 우리의 지정학적 여건으로 그것에 대한 기본적인 선택의 여지가 없다고 봅니다. 우리의 지정학적 여건이라는 것이 아시다시피 3대강국인 일본, 소련, 중공에다 또 북한이 있고 보면 결국 힘이 이 나라 이 민족의 생존을 뒷받침할 수밖에 없습니다. 힘이라는 것이 무엇이냐, 1차적인 힘은 물질적인 힘인데, 공업화가 물질적인 힘의 산출원입니다. 둘째는 심리적인 문제인데 우리가 부존자원이 없기 때문에 개방경제체제로 가는 한 구미, 일본 등 고도소비사회와 접촉이 많을 수밖에 없고, 따라서 옛날식인 동양예지에 그냥 안주하는 식의 사회에 머무르기에는 아마 상당한 정치지도력을 가지고도 곤란하다고 봅니다.

　그 다음으로 아까 김 원장이 경제적 중진국이 된 나라는 많지만 선진공업국이 된 나라는 많지 않다고 했습니다. 사실 근자에 와서 후발개발도상국의 지식인들은 근본적인 좌절감에 빠져있습니다. 그래도 2차 세계대전 이후의 60년대까지만 해도 자기들 나라가 선진공업국이 될 수 있다는 희망을 갖고 있었는데 요즘에는 이것이 불가능하다는 느낌을 가지게 되었습니다. 이른바 신생자원국들이란 자신들의 자원만 믿었지 말단에 있는 기능공에서부터 저 위에 있는 지도적 계층까지 범국민이 부의 창출의 증가에 가담하는 관리기능 면이 전혀 없는 그런 중진국이 대부분이라고 생각합니다. 거기에 비하면 우리는 부를 창조하는 데 있어서 관리기능적인 참여 면이 굉장히 넓다고 하겠는데, 이렇게 볼 때 오늘날의 우리의 핵심 과제는 중산층의 의식을 함양하는 국가적인 노력이 있어야 된다고 생각합니다. 중산층이라는 것은 반드시 집과 마이카를 가지고 있느냐 하는 물질적인 것으로만 평가되는 것이 아니라 의식이 더 중요시 된다고 생각합니다. 누구나 자신이 중산층에 속한다 하는 의식함양이 사회 국가의 목표가 되어야 할 것입

니다.

변형윤 어떻게 보면 긍정하는 것 같고 어떻게 보면 부정하는 것 같은데 아까 김 위원장이 나눈 두 가지 입장과 관련해서 좀더 얘기할 것이 있습니다. 내가 볼 때에 GNP가 허구적인 것이라는 생각을 갖게 된 사람이 많아진 것 같습니다. 사실 경제성장이다, 1인당 GNP가 얼마다 하고 떠들어대도 나와 무슨 상관이 있느냐고 말하는 사람이 많아지지 않았습니까? 따라서 1인당 GNP가 얼마고 하는 말은 안 해도 좋을 것입니다. 1인당 GNP가 1백 달러일지라도 사는 것이 괜찮으면 되는데, 그간 너무도 1인당 GNP가 1천 달러가 되면 마이카 시대가 된다는 식으로 GNP 내지 1인당 GNP의 어떤 수준에 따라서 지나친 기대감을 갖게 한 것이 틀림없는 사실입니다. 그러나 막상 그 수준에 도달해보아도 별것 아니라는 것을 깨닫게 된 셈입니다.

분배를 최우선 정책으로

김진현 정치적인 민주화와 경제적인 공업화를 동시에 달성할 수 있다면 제일 좋겠는데 그것은 남이 해주는 것이 아니라 사실 우리 스스로 생존해 나가면서 이루어야 하는 과제인 것입니다. 이야기를 하다보니 너무 넓은 이야기만 나눈 것 같은데요. 지금부터는 국민생활과 직결되는 문제에 대해서 말씀을 해주셨으면 좋겠습니다.

변형윤 어떻습니까. 이때까지 분배문제를 소홀히 다룬 데 대해서도 많은 비판이 있는 것이 아닙니까? 아까 부총리와 김 부회장께서 얘기하신 중산층을 육성하고 중산층의식을 함양하는 것은 다 좋은 일이지만, 문제는 분배문제에 대한 배려를 이제부터 제대로 하고 그 다음에 분배문제에서 2중구조의 심화현상 내지 양극화현상을 해소하는 방향

으로 나아가지 않고서는 의식을 함양하려고 해도 제대로 안되지 않을
까 생각합니다.

　이런 양극화현상은 대체로 급작스럽게 부국이 된 산유국이나 혹은
미국과의 접촉의 역사가 긴 필리핀이라든가 중남미의 여러 나라의 경
우에 좀더 심한 것 같이 생각됩니다. 그래도 영국의 식민지였던 나라
의 경우에는 그것이 덜 할 뿐 아니라 분배문제에 대해서 상당히 비중
을 두고 기본수요의 충족 등을 강조하고 있는 것 같습니다.

　우리나라의 경우에는 필리핀이나 중남미의 여러 나라 식으로 가다
가는 큰일 납니다. 교육받은 사람들, 유식한 사람들이 많아서 분배문
제에 대한 관심이 크다고 할 수 있기 때문입니다. 따라서 이 점이 특
별히 강조되어야 할 것입니다. 만약 앞으로 정부가 분배문제를 중시하
고 또 그러하다는 것을 국민들이 이해해가기만 한다면 앞에서 얘기된
어려운 문제의 해결 가능성은 크다고 할 수 있을 것입니다.

　이한빈 분배문제가 나왔기 때문에 앞에서 언급한 중산층문제와 연
결시켜 부연하려고 합니다. 나 역시 경제적 공업화와 정치적 민주화를
묶는 구체적인 정책의 제일보의 주안을 고용에 두어야 된다고 생각합
니다. 공업화를 본격적으로 하겠다고 나서는 나라에서는 공업화라는
한쪽 수레바퀴만 밀고 나가는 경향이 많은데 정치발전이라는 또 한쪽
의 수레바퀴를 더 달아서 더러 시끄러운 일이 있더라도 국제적인 공
신력을 확보해 가면서 똑같이 밀고 나가야 한다고 생각합니다. 그 두
바퀴를 돌리는 데 있어서 두 개념으로 자꾸 양분화할 것이 아니라 그
것을 같이 통합해서 밀고 나갈 수 있는 지도원리를 세워 매진한다면
곧 한국적 복지사회가 이룩되리라고 믿습니다.

　그런데 분배다 하면 재정을 통해서 3천7백만한테 똑같은 산술적 평
균치로 나누어주는 것이 아니라는 것은 누구나 다 아는 사실입니다.

복지만 하더라도 제1차적으로는 무엇보다 고용, 즉 처음에는 임금이 넉넉하지 않더라도 사람에게 일거리를 주는 것이 제일 바람직한 복지라고 생각합니다. 그리고 중산층의 육성 면에서 보거나 또는 80년대를 이끌어갈 폴리티컬 이코노미의 이념으로 보거나 한국적 복지라는 이념으로 볼 때 무슨 방법으로든지 아무리 값싸도 좋으니까 일자리를 마련해 보자는 것입니다. 이미 일자리를 갖고 있는 사람의 입장에서는 자기에게 돌아오는 보너스가 좀 줄지 않겠는가, 월급인상률이 물가지수도 못 따라가지 않겠느냐 하는 얘기를 할 수 있겠지만, 그것을 그런 각도로 보지 말고 일자리가 없는 사람의 입장에서 보자는 것입니다. 다만 몇만 원을 줘도 그것이 중요하다는 관점에서 그 저변을 될 수 있는 대로 넓혀서 경제활동인구를 한 사람이라도 더 많이 만들려고 합니다.

독일에서 개최된 학회에 갔다가 감명 깊게 본 것이 있습니다. 독일 인구가 6천만인데 그 중에 경제활동인구가 2천6백만이며 그 중에 1백여 만 명이 외국노동자이고 순 독일 사람은 2천5백만이라는 것입니다. 이런 통계를 보고 서독의 모든 것이 다 부러웠지만 2천6백만이라는 아주 고도로 교육되고 정밀한 기술을 가진 경제활동인구를 가졌다는 것이 제일 부러웠고 이것이 독일로 하여금 오늘날 정치적 안정도 가져오고 경제적 번영을 가져오는 원동력이 된 것 같았습니다.

우리나라의 경우는 3천7백만 국민 중에 현재 경제활동인구가 1천4백만이 됩니다만 이것도 적지 않은 수인데 이들이 무슨 일을 하며 어느 정도의 기술을 가지고 있고 어느 정도의 의식을 가지고 있느냐 하는 것이 앞으로 경제발전도 꾀하고 정치발전도 도모하는 중요한 핵심이 될 것입니다.

사실 경제의 근원은 사람입니다. 요새 내가 "경제는 민심이다"라고

했더니 너무 구름을 잡는 얘기가 아니냐 하는데 결국 경제라는 것도 사람이, 정치도 사람이 합니다. 그래서 고용을 단순히 경기변동정책의 수단으로서보다는 기본적인 사회·정치·경제적인 측면에서 보아야 한다는 것이 제 입장입니다. 이렇게 1년만 해나간다면 그 자체가 처음에 말한 정치적인 발전을 순리적으로 진행시키는 데도 큰 도움이 될 것으로 생각합니다. 만약 실업자가 지금보다 늘어나 80만이 되고 90만이 된다면 세계에서 가장 이상적인 헌법을 우리가 받아들인다 해도 목적한 바를 달성할 수 없을 것입니다. 그래서 내년의 경제성장이 몇 퍼센트가 되건, 과거에 우리가 통념으로 생각하는 것보다 좀 떨어지는 한이 있더라도 아픔을 참고 한번 고빗길을 넘기려 합니다. 그렇게 하면 전보다 더 높은 고지에 이를 수 있게 될 것입니다.

잠재력 키울 수 있는 고용증대를

김진현 1980년을 맞은 정부의 강한 입장을 천명해 주셨는데요. 우리에게 놓인 난제들을 해결하고 하나의 고빗길을 넘기기 위해서는 사회의 안정 즉 민심의 안정이 무엇보다 시급한 문제일 것입니다. 어떻게 보면 교량적 역할을 해야 되는 현 정부의 입장으로서는 단순고용에 그치지 말고 장래에 대처할 수 있는 잠재력을 키워줄 필요가 있을 것 같습니다.

이한빈 그렇습니다. 생활비를 보태준다는 식의 싸구려 일자리를 주는 것이 아니라 새로운 기술의 주입과 향상을 도모해 나가야 할 것이 전제되어야 합니다. 이 작업을 기업이 할 수 있는 것은 기업이 하고 또 정부가 할 수 있는 것은 정부가 해나가면 될 것입니다. 하나의 예인데요. 전쟁에 필요한 군인이지만 평시에도 군대는 당장의 전쟁을 가

상하여 매일매일 고된 교육훈련을 받고 있습니다.

그렇게 하니 우리 군대는 월남전에 나가도 무소불위이고 전 세계에서 손꼽는 막강한 국군이 된 것입니다. 이와 똑같은 개념을 우리의 경제에도 적용, 오일쇼크 등 국제경제에 어려운 고비가 왔다 하더라도 한 가지 기술이라도 습득시키고 또한 더 향상된 기술의 전수 및 고도의 기술개발을 게을리하지 않는다면 새롭게 다가올 기회에 누구보다도 민첩하게 적응하여 생활의 향상은 물론 선진경제로의 도약을 용이하게 하며 많은 시간을 단축시킬 수 있다고 봅니다.

그러니까 단순한 고용정책이 아니라 기술향상정책과 연결만 시킬 수 있다면 스위스나 독일과 같은 직업과 기술을 가진 중산층, 그리고 중산층 의식까지 가진 '진짜' 중산층을 만들 수 있을 것으로 생각합니다.

제도적 개혁의 여러 문제들

김진현 정치발전 문제를 비롯, 내년도 경제문제의 어려운 것까지를 푸는 하나의 열쇠와 철학을 제시하신 것 같습니다. 그러면 내년에 구체적으로 전개될 문제, 다시 말하면 60년대 이후 성장이 몰고 온 틀의 여러 조정 문제라든지 제도적 개혁문제가 논의되어야 할 것 같습니다. 그래야만 우리가 이룬 과거의 성장도 결실을 볼 수 있고 다음 단계에 또 하나의 도약을 기대할 수 있을 것입니다.

또 하나는 역시 무엇보다도 제2의 오일쇼크라 할 수 있는 경제의 암울한 구름입니다. 작년 말까지만 해도 14달러에서 18달러였던 원유가격이 일거에 평균 30달러로 사올 수밖에 없게 되어 2배 이상의 외화부담이 생기게 되었는데 특히 적재자원이 빈약한 상태에서 받은 외부

적인 충격을 어떻게 흡수할 것인가가 중요한 문제입니다. 이 두 가지가 우리가 직면한 올해의 과제인데, 그것이 어떻게 구체적으로 우리나라 경제에 영향을 주겠는가, 그리고 그것을 어떻게 풀어 나가야 되겠느냐 하는 것을 김 원장께서 말씀해 주시지요.

김만제 내년도에 저성장은 불가피한 것이지만 낮은 성장률을 갖고도 그 속에서나마 고용을 최대한 늘리는 정책방향이 매우 중요하다고 봅니다. 그런데 오늘과 같은 어려운 여건 아래서 서로 상충되는 중요한 세 가지 문제들로 고용문제, 물가문제, 국제수지문제가 떠오르는데, 이렇게 상충되는 문제 중에서 어느 한 문제, 예컨대 안정에 지나치게 치우치다 보면 실업이라든지 기업의 도산이나 외환조달능력에 심각한 문제가 발생할 것이고, 또 어느 특정 계층이나 부문에 치명적인 타격을 가져올 것입니다. 부총리께서 말씀하신 실업이 많이 늘면 정치적인 위기가 유발될 가능성이 있다는 지적에 전적으로 동감입니다. 사실 다른 나라도 마찬가지입니다만 일거에 물가가 크게 상승해서 실질소득이 20~30퍼센트 내려갔을 때에 이것이 가져오는 정치적 어려움을 간과해서는 안 된다고 봅니다.

제 생각은 각계각층의 소망과 기대, 그리고 각 부문의 문제를 어느하나도 속 시원히 해결해주지는 못할 것 같습니다. 특정 계층의 커다란 희생을 강요하는 정책추진이란 어려울 것으로 봅니다. 물가가 아무리 올라도 하는 수 없고 국제수지가 크게 구멍이 나도 견뎌보자고 할수도 없고, 물가를 잡다 보면 실업문제가 생기는 형편이라 이러한 여건 하에서 어느 누구도 만족 할 수 있는 해결책은 있을 수 없는 엉거주춤한 상태인 것 같습니다. 다만 각 계층과 부문 간의 불이익과 불만을 되도록 공평하게 감내하는 길밖에 없다고 봅니다.

그렇게 본다면 긴축이 제일 문제가 된다고 봅니다. 우리나라의 현

제도가 긴축을 하게 되어 있지 않아 과거에 몇 번씩 시도해 보았지만 실패하고 말았습니다. 그렇다면 제로성장 또는 4퍼센트 성장을 위한 금융적인 제도와 시책이 과연 추진될 수 있느냐 하는 데 대한 회의를 가져볼 필요가 있습니다. 일단 그렇다면 기업은 긴축에 따르는 여러 가지 부작용을 어느 정도 감수를 할 수밖에 없을 것입니다. 근로자도 마찬가지로 임금인상을 자제해줄 수밖에 없으며 또 정부도 실업의 대량유발 또는 안정을 포기하는 극단적인 정책을 피해야 될 것입니다. 한편 걱정되는 것은 특히 긴축완화를 하게 되면 정부가 국제수지의 위기를 자초하는 결과를 가져오기가 쉽습니다. 그렇게 되면 그야말로 국제적인 망신을 당할 것이 아니냐, 이런 것이 퍽 걱정스럽습니다.

불황을 긍정적으로 이해시켜야

변형윤 어떻습니까, 김 원장! 결과적으로는 그렇게 된다 할지라도 사전적으로는 역시 무엇엔가 역점이 주어져야 하지 않을까요? 나는 이런 입장을 취하고 싶습니다.

아마 부총리께서 과도정부라는 것은 약한 것 같지만 어떻게 보면 역사상 가장 강한 것이 될 수도 있다고 얘기하셨기에 과도정부라는 말을 쓰겠습니다만, 그렇다면 과도정부에게 과중한 부담이 되는지는 모르나 금년에는 불황이 정말 어떤 긍정적인 면을 가지고 있는가를 기업, 공무원, 소비자로 하여금 같이 이해할 수 있게 하는 해로 삼을 수 없겠는가 하고 생각해봅니다.

그렇다 보니 자연히 인플레의 진정에 역점을 둘 수 있지 않을까 합니다. 아마 정부에서 예산을 조정한다고 했는데 거기에서 생기는 여유자금, 특히 연기할 수 있는 사업은 과감히 연기하는 식으로 중화학공

업 투자를 조정해서 생기는 여유자금을 고용흡수적인 산업이나 부문으로 돌리는 한편 케인스적인 실업대책사업에도 돌리도록 하면 인플레이션의 진정을 위한 긴축에서 발생하는 실업을 상당히 흡수할 수 있지 않을까 생각합니다.

작년에 경제안정화 시책이 실시되면서 얼마동안 기업은 기업대로 경영을 알뜰하게 하려고 힘썼고, 공무원이나 소비자들은 그들 나름대로 씀씀이를 줄이려고 애쓴 일이 있지 않습니까? 예컨대 기업의 경우에도 운행차량대수의 제한이라든가 공무원이나 소비자의 경우에도 맥주 먹던 생활을 막걸리 먹는 생활로, 혹은 택시 타던 생활을 안 타는 생활로 전환하는 것과 같이, 우선 정신적으로 절약을 국민 모두에게 생활화·체질화시켜야 되는 것이 급선무라고 생각합니다.

요컨대 불황은 경제 전체, 기업, 소비자의 체질강화라는 긍정적인 면을 갖고 있는데 금년에는 이 긍정적인 면을 국민 모두가 진정으로 이해할 수 있는 해가 되었으면 합니다.

김립삼 변 교수께서 말씀한 불황의 의미를 생활을 통해서 이해하도록 하자는 얘기에 적극 동조합니다. 이와 관련하여 요즘에 느끼는 것은 왜 우리 경제가 이렇게 되었느냐 하는 것입니다. 이 점에 대해서 우리의 위정자나 기업인을 비롯해서 온 국민들의 철저한 반성이 필요하다고 생각합니다.

김 원장께서 고용, 물가, 외환이라는 마의 삼각형 말씀을 하셨는데, 2~3년 전만 해도 이 마(魔)의 삼각형에서 이미 벗어났다고 굉장히 떠들었던 것이 사실입니다. 그런데 왜 이 구렁텅이에 또 다시 빠졌느냐 하는 것입니다. 같은 경제권인 대만이나 일본은 무사한데 왜 우리만 여기에 빠졌느냐 이겁니다. 더욱이 우리 경쟁대상국들은 제1차 오일쇼크에 대응하는 태도와 이번의 오일쇼크에 대응하는 태도가 전혀 달랐

습니다. 여기에 우리가 무엇인가 크게 자성할 점이 있지 않는가 봅니다. 1차 오일쇼크 이후 이들 경쟁상대국들이 운영해온 정책내용을 검토해 보면 80년대 전반기에 취할 우리 경제정책의 방향과 올해에 즉각적으로 어떻게 해야 할 것이냐 하는 방안이 나오리라 생각합니다. 만약 이번 사태를 오일 가격이 대폭 올라갔기 때문에 일어난 것이라고 책임전가 하는 식으로 받아들인다면 이것은 문제의 핵심을 바로 못 잡을 가능성이 많다고 생각합니다. 오일 문제는 모든 나라들이 똑같이 당하는 심각한 문제입니다. 여기에 국가경제를 운영하는 기본적인 자세를 두어야 되지 않겠는가 생각합니다.

김만제 제가 말씀드리는 것은 특히 새로 출범한 정부가 초기부터 현실적으로 지키기가 퍽 어려운 약속을 해서 불신이 생겨 극단적인 책임문제까지 들고 나온다 하면 정부가 굉장히 어려운 입장에 빠지게 될 것이 아니냐 하는 것입니다. 제가 계수적으로 분석하는 바에 따르면 만족스러운 물가안정을 지키기가 퍽 어렵다고 봅니다.

변형윤 그러니까 물가를 15퍼센트 내외로 억제한다는 식의 수치 제시의 방식에서 벗어나서 금년에는 인플레이션의 진정, 즉 물가안정에 최대의 역점을 두고 그것을 위해서 정녕 애써가는 식으로 했으면 좋겠습니다. 어디 정부에서 내거는 물가 억제선을 나타내는 수치를 믿는 사람들이 많습니까?

김만제 솔직히 말씀드리면 저도 고도성장론자인데 지금 전체 행정체제가 고도성장에 맞추어져 있어 제로성장이나 긴축에 어려움이 있는 것이 아니냐 하는 이야기입니다.

변형윤 지금에 있어서는 어쩔 수 없이 안정과 저성장을 권할 수밖에 없지 않느냐고 생각하는 사람들이 많은 것 같습니다. 바꾸어 말하면 국내외 여건에 의해서 안정과 저성장이 강요되고 있다고 보는 사람들

말입니다. 따라서 지금이야말로 저성장과 고도성장의 차이를 우리 모두가 분명히 터득할 수 있는 기회로 삼아야 한다고 생각합니다. 그리고 저성장이라고 해도 별로 두려워할 것이 못 된다는 것도 이해시켜야 합니다.

선별이 필요한 중화학공업

김진현 사실 지금 상태에서 고용이라는 하나의 문제에 접근해 볼 때 결국 재정 면에서 케인스적인 정책을 쓰려고 해도 자금의 여유가 생겨야 되겠는데 그 여유를 국방비에서 얻지 못하는 한은 결국 중화학 쪽의 재정에서 빼낼 수밖에 없을 것입니다. 또 금융제도라는 면에서도 그렇습니다만 노동집약적인 중소기업을 활성화하여 고용을 창출시키려면 상대적으로 중화학공업에 자원의 배분이 덜 가야 될 것입니다. 또 금융의 제도적인 개혁이라는 측면에서 보더라도 결국은 다기화(多岐化)되어 있는 정책금융을 줄여서 이제부터는 개별적인 육성정책에 너무 깊이 몰두하지 않고, 정부의 정책을 금리, 환율 등 몇 개의 큰 정책만을 세우고 몇 개의 법률적인 제도의 가이드라인만 세워놓은 후 민간 주도적으로 나가려 해도 결국은 중화학공업에 손을 댈 수밖에 없습니다. 따라서 문제는 중화학공업의 조정이 가능할 수 있느냐 없느냐에 달려 있다고 생각하는데요.

김립삼 60년대와 70년대를 회고하고 비교할 때 80년대에 확실한 것이 있다면 역설적이지만 오일바람이 광풍처럼 요동을 할 것이라는 것입니다. 그래도 1차 오일쇼크 이후에는 한 줄기 희망이 있었습니다. 이렇게 올려놓으면 그래도 이것이 제 궤도에 올라가겠거니 하는 기대감이 있었지만, 80년대는 그런 것을 기대해서는 안 된다고 봅니다. 이

러한 여건에서 살아남는 길은 경제적인 최강자가 되는 것뿐입니다. 경제는 상대적인 여건에서 경쟁대상국보다 강하면 살 수 있는 것입니다. 일본이나 독일 사람들의 편지를 받아보면 오일가격이 배럴당 40달러가 되어도 염려없다는 것입니다. 자기들 물건값에 오른 석유가격보다 더 많이 붙여 팔 수 있다는 것입니다. 왜 이것이 가능하느냐 하면 자기네는 기술과 두뇌에서 절대적인 세계 우위성을 가진 완전독점상태라 오일가격이 올라봐야 타격이 별로 없다는 식으로 자신만만한 것 같습니다. 우리도 그런 위치까지 우리의 산업경쟁력을 올려놓지 않는 한 당면한 경제문제의 해결뿐만 아니라 선진공업국이 될 수는 없을 것입니다. 그래서 우리가 철저히 반성하는 과정에서 어떻게 하면 우리의 산업을 세계 최강자로 만들 수 있겠느냐 하는 것입니다. 산업을 최강자로 만든다고 해서 모든 산업을 똑같이 최강자로 만들 수는 없는 일입니다. 말하자면 우리의 여건과 또 대외적인 경제여건을 감안해서 상대적으로 맞는 것이 뭐냐 하는 선택을 통해서 어떤 선택된 산업을 세계의 최강자 자리에 올려놓아야 할 것입니다. 그런 관점에서 중화학공업이 다시 검토되어야 되지 않겠는가 생각합니다.

중화학공업은 두 가지 의미에서 선별이 필요하지 않을까 합니다. 하나는 외화수지라는 우리의 힘으로서는 당분간 어떻게 할 수 없는 절대에 가까운 제약조건이 있기 때문에 도저히 동시적으로 추진할 수는 없는 것이고, 또 한 가지는 가급적으로 최강자를 단시일 내에 만들지 않으면 계속해서 부담과 숙제로 남기 때문에 최강자 가능성을 선별해야 되지 않겠느냐, 따라서 중화학공업 육성에 있어서 선진국들의 중화학공업 발전사를 깊이 검토할 필요가 있습니다. 선진국의 중화학공업은 전쟁과 철저하게 기획된 국산화의 소산이라고 생각합니다. 우리의 처지에서 중화학공업육성의 자극제로서 대외전쟁은 생각할 수 없고,

다만 중공업의 국내시장을 어떻게 넓히느냐가 당면 핵심 정책과제라고 생각합니다. 그런데 이 국산화계획도 잘 이행되고 있지 않은 것 같습니다.

그러나 80년대에도 낙관적인 측면은 있습니다. 경제적으로 볼 적에 지금까지는 정부의 예산에서나, 기업에서나 심지어 우리 가계에까지 어마어마한 낭비가 있어왔다고 생각하는데, 이것을 절제하는 국민적인 노력과 반성만 있으면 국민경제의 경쟁력이 상당히 향상될 수 있을 것이라고 생각합니다. 비근한 예가 이번에 대통령 취임 때 아치를 적게 만들었습니다만 명사가 죽으면 남한의 모든 화원의 국화꽃이 동이 난다고 합니다. 마산, 진주지방에서까지 비행기로 국화꽃을 서울 장안에 싣고 오는 이런 식입니다. 비행기는 달구지가 아닙니다. 이런 낭비적인 요소가 많은 것을 절제할 적에 즉 국민경제 운영에 있어서 살빼기운동을 철저히 할 때 급속히 우리 체질이 강화되고 경쟁력이 생기지 않을까 생각합니다.

서서히 풀어야 할 경제체증

김만제 살빼기운동이라는 말씀에 전적으로 동감합니다만, 제가 아는 범위 내에서는 현재 직면한 문제는 그 정도의 살빼기운동으로는 문제를 해결할 수 없다고 봅니다. 국민 모두가 절약하는 것은 좋습니다만 갑자기 소비가 5~10퍼센트 이내로 내려올 수 없습니다. 지금 현재 대외경쟁력이 없는 것이 현실이란 말입니다. 그러면 현 정부에게 어떻게 하라고 하기에는 1년이라는 시간이 너무 짧습니다. 그렇게 하다 보면 불은 떨어지고, 그러면 그것은 해결책이 못된다고 봅니다.

김립삼 지금까지 논의되고 있는 문제는 1980년인 올 한 해에 다 해

결하고 정부에서 다 해결해야 된다는 것이 아닙니다. 문제는 첫째 그런 방향으로 가자는 것이고, 둘째는 어떠한 속도로 가느냐 하는 것이고 그 다음은 기본적으로 이와 같이 할 결의가 되어 있느냐 하는 것이라고 봅니다. 무슨 묘약을 가지고 1년 이내에 우리가 20년 묵은 경제적 체증을 완치할 수 있겠습니까? 대만이나 일본의 경우를 볼 때 1년이라는 것도 우리가 열심히만 하면 상당히 효과가 있을 것이라 생각합니다. 그리고 금년엔 환율문제도 불가불 심각히 검토하지 않을 수 없을 것 같습니다. 다만 안이한 방법으로서 무역수지가 악화되었다고 해서 환율을 주기적으로 올린다 하는 것은 금물이라고 생각합니다. 그간 일본은 170대까지 내려갔다 230대로 올라갔고 대만도 꾸준히 자기네 원화가 절상되면서 국제경쟁력이 더 강화되고 있습니다. 우리하고는 무엇이 다르기 때문에 이렇게 되었느냐, 그런 것을 샅샅이 분석해 나가면 거기에서 답이 나올 것이라고 생각합니다.

역점 두어야 할 중소기업 육성책

김진현 앞에서 약간의 논의가 있었습니다만, 현실적으로 당면한 과제를 풀어나가는 데는 국민의 생활안정이라는 점이 급선무라고 생각합니다. 그래서 고용창출이라는 면과 산업의 육성을 연결시켜 볼 때 중화학공업의 정책적 육성도 중요하지만 노동집약적 중소기업의 적극적 지원을 생각하지 않을 수 없습니다. 전문가들의 주장이 대부분 중화학공업의 휴면기간을 두더라도 중소기업을 적극 지원 육성해 나가야 한다는 것으로 나타나 있는데요.

김립삼 중소기업 육성이라는 것은 사회안정적 요소, 그리고 산업구조적인 측면과 기술개발 촉진이라는 여러 가지 관점에서 앞으로 크게

역점을 두어야 될 것입니다. 전경련에서 한·독경제협력합동회의를 지난 11월 중순에 개최했습니다만 이때에 이리힐 회사 사장이 참석했는데, 그는 자기 증조할아버지가 1880년경부터 한국에 와서 무역회사를 하는 한국을 잘 아는 친구입니다. 이 친구가 한국에 오면 밤낮 소개해주는 회사는 큰 기업 대여섯 회사밖에 없다는 것입니다. 그래서 그 밖의 회사가 없느냐 하면 상대방이 고개를 갸웃한다는 것입니다. 이에 대해 그는 내가 필요로 하는 프로젝트는 당신이 소개해준 대여섯 큰 회사하고는 사이클이 잘 안 맞으니, 종업원이 한 3백 명이나 5백 명 정도 되는 회사하고 거래했으면 좋겠으니 소개해 달라고 하면 누구도 거기에 대해서 선뜻 이런 회사가 있다고 말을 못한다는 것입니다. 그것이 자기가 보건대 독일과 다른 것 같다고 합니다.

지금부터 대기업이 건실화되기 위해서도 중견기업이 커야 되는데 중견기업이라는 것은 기술개발에서도 장점이 있을 수 있다는 것입니다. 대기업이 조직적으로 큰 연구소를 만들어 체계적으로 연구할 수 있는 장점도 있지만 이것이 모든 연구분야에 통용되는 것이 아니라는 것입니다. 중견기업체의 기술개발이란 장점을 대기업으로서는 도저히 당해내지 못한다는 것을 알아두어야 됩니다. 대기업이 되면 벌써 그 조직이 관료화되어 유연성이 결여된다는 것은 모든 대조직에서 볼 수 있는 현상입니다.

그리고 대외적으로 볼 때 한국경제의 경쟁력의 약화 원인이 무엇이냐 하면 중소기업이 대기업을 받쳐주는 힘이 약하다는 것입니다. 이런 관점에서 중소기업, 특히 중견기업 양성에 대해서 새해부터 크게 역점을 두어야 하겠습니다.

김진현 대기업 단체를 대표해서 이런 말씀을 해주신 것을 퍽 기쁘게 생각합니다.

농촌경제에 힘써야

변형윤 나도 그렇게 생각합니다. 그러나 이 기회에 농업문제에 대해서도 얘기해두어야 하겠습니다. 작년에 농촌경제연구원에서 농업정책 협의회가 있었습니다. 마침 사회를 맡아달라고 해서 참석했습니다만 놀란 것이 있습니다. 그 협의회에 경제기획원 차관보를 초청했는데 겨우 주사 한 사람인가가 나왔습니다. 한국개발연구원에서의 경제정책 협의회의 경우와 판이하더군요. 그러니 주최자 측은 말할 것도 없고 그 협의회에 참석한 모든 사람이 이구동성으로 이럴 수가 있느냐, 경제기획원측의 자세가 이러니 농업이 제대로 육성되겠느냐 하고 비난할 수밖에 없는 것입니다. 그들의 기분을 이해할만 했습니다. 이것이 바로 한국의 현 실정입니다. 농업이라면 국가대계를 이끌어가는 가장 중요한 산업부문입니다.

이한빈 앞으로는 절대 그런 일이 없을 테니, 다시 한번 열어 주시겠습니까?(웃음)

변형윤 나오시겠습니까? 그리고 오늘 어떤 조간신문을 보았더니 민성란(民聲欄)에 농촌을 위해 달라는 상당히 유익한 글이 실려 있던데, 농업의 역할을 새로 검토해주시고 새로운 의미부여를 해주셨으면 합니다. 작년에 있는 전경련의 어떤 세미나에서 이미 밝힌 바 있지만 고용문제와 관련해서도 농업의 역할은 크다고 생각합니다. 즉 생업의 증가가 예상될 때 농촌에서 고용흡수는 몰라도 적어도 농촌으로부터 인구유출을 방지하는 역할을 시킬 수 있을 것입니다. 이런 의미에서도 농업투자는 증가되어야 할 줄 압니다.

김진현 농업의 문제는 전보다도 더욱 정부에서 관심을 가져야 할 것입니다. 농업의 부진으로 농업인력의 도시로의 유입은 가뜩이나 긴장

된 고용문제에 심각성을 더해줄 것이며 농산물가격의 불안정은 심리적으로 사회안정에 악영향을 끼칠 것입니다. 그러면 금년도 경제문제를 푸는 데에 기본원리로서 제도적 개혁이라는 말씀을 하시는데 어떻게 고쳐야 할 것 같습니까?

　　김만제 관건은 긴축이라고 봅니다. 우리뿐만 아니라 세계적으로 정치적인 변화가 생기게 되면 환율이 불가피하게 오를 수도 있을 것입니다. 이럴 때 환율만 올렸다면 몹시 서툰 정책을 썼다고 판단합니다. 거기에 병행해야 하는 것이 금융긴축과 또 어느 정도 정부가 저소득층 또는 서민을 위한 시책을 수반해야 한다고 봅니다. 그렇지 않고 원리대로 한다고 환율만 하나 올려놓고 만다거나 금리만 올려놓고 만다면 정치적으로 배겨낼 수가 없을 것입니다. 그럴 때 생필품에 대해서는 어떻게 할 것이냐, 또 조세문제에서 어떤 경감조치를 할 수 있는지도 성의껏 생각해봐야 될 것입니다.

　　또 정책금융도 조정이 되어야 된다고 봅니다. 작년 1년 동안에 뼈저리게 느낀 것인데 수출금융 때문에 긴축이 안 되었습니다. 수출지원금융이 대부분 다 잡아먹어버렸으니 긴축이 될 리가 있습니까? 그러면 어떻게 긴축하느냐? 대만은 74년도에 통화량이 7퍼센트가 늘었습니다. 우리도 그렇게 할 수 있겠느냐 하는 것이 큰 의문입니다. 이와 같이 어려운 작업은 박 정권에서 20년 동안 못한 것인데 이 정부보고 짧은 기간 내에 다 해내라고 요구하는 것은 굉장한 무리라 생각합니다. 그래서 국민들을 잘 납득시켜 공평하게 불만족이 어느 한 변수에 쏠리는 경우만은 피하자는 생각입니다.

　　지난 1·14 조치에 저도 참여했습니다만 아직도 그것이 썩 잘 된 정책의 하나였다고 평가하고 싶습니다. 다만 거기에서 하나 잘못된 것은 금융긴축을 그때 하지 못했던 것입니다. 결국 물가가 45퍼센트 올라

외환위기를 자초했습니다. 만약 1·14 조치에 금융정책만 제대로 병행
시켰다면 문제는 해결됐을 것으로 생각합니다.

언제나 서민입장 고려해야

변형윤 김 원장의 얘기에 하나 보충하고 싶은 것이 있습니다. 그것
은 정부가 어떤 정책을 세울 때에는 그것의 효과를 상쇄시킬 것으로
예상되는 모든 것에 대한 정책도 아울러 세우도록 함으로써 그 정책
이 소기의 효과를 거둘 수 있게 하라는 것, 다시 말하면 정책은 한 묶
음으로 다루어져야 한다는 것입니다.

다음으로 두 가지만 더 얘기한다면 그 하나는 가격현실화를 할 때
에는 언제나 서민의 입장을 고려해야 한다는 것입니다. 작년에 경제안
정화시책을 실시하기에 앞서서 행해진 일련의 가격현실화 조치에서는
이런 점이 소홀히 다루어진 감이 있습니다.

그리고 다른 하나는 가격을 시장기능에 맡긴다고 해서, 즉 기업을
자유경쟁시킨다고 해서 권투에서 헤비급과 라이트급을 아무런 제한
없이 경쟁시키는 것 같은 일이 있어서는 안 된다는 것입니다. 권투에
서 어떤 규칙이 필요한 것과 꼭 마찬가지로 대기업과 중소기업의 경
쟁에서도 어떤 강력한 규칙이 필요한 것입니다. 따라서 정부는 양자
간에 지켜야 할 규칙을 설정하고 그것을 강력히 시행하는 가운데 자
유경쟁을 시켜야 할 것입니다. 그렇지 않으면 중소기업은 거의 모두가
죽어버릴 것입니다.

김립삼 우리나라 경제를 다루는 데서 그동안 너무 거시적인 접근이
됐지 않았느냐, 그러니까 이제는 미시적인 분석을 병행시켜가야 되겠
다는 것입니다. 아까 중소기업 얘기도 나오고 대기업 얘기도 나왔지만

결과적으로 우리 산업이 어떻게 되어야 하느냐, 기업의 체질이 어떻게 되어야 하느냐 식의 미시적인 접근을, 거시적인 것과 서로 비추어보면서 문제를 풀어나가는 것이 절실히 필요할 것 같습니다. 또 80년대 경제를 특히 다루는 데서 이 점에 상당히 비중을 두어야 되겠다고 생각합니다. 개발 초창기에는 거시적인 것으로도 충분했는데 이제는 우리나라 경제가 너무나 다기화되어 있고 구조가 복잡하기 때문에 그것이 어렵습니다. 일본의 경우 1차 오일쇼크 때 보니까 기업 등 지엽적인 것만을 논했습니다. 그들이 왜 미시적 분석만 하고 있는가 의아하게 생각했는데 오늘날에 오니까 그렇게 하는 과정에서 이들 산업과 기업의 경쟁력이 탈바꿈되어 버렸습니다. 이 점을 우리가 배워야 합니다.

끝으로 정부에 부탁드리고 싶은 것은 정치발전을 하는 과정에서 경제문제를 착실히 다루어 궤도를 확실히 놓는 책임을 다해 달라는 것입니다. 다시 말하면 앞으로 어떤 정부가 들어와도 그 기본궤도가 수정이 되어서는 안 되어야 합니다. 만일에 그것이 수정된다면 이 정부가 자기 일을 안 하고 숙제를 다음 정부에 넘겼다 하는 것이 되겠고, 경제순리대로 궤도를 잘 놓았는데도 불구하고 수정한다면 이것은 경제가 정치외적인 부당한 영향을 받는 새 정부가 되었다 하는 비난을 면치 못할 것입니다. 그런 의미에서 새 정부는 경제 및 정치발전 등 당면한 80년대의 과제의 중요성을 인식하고 확고부동한 경제궤도를 놓아달라는 것입니다.

이한빈 지금까지 많은 격려와 정부가 해나가야 할 문제들을 제시해 주셨는데, 이러한 격려의 끝 마디 중 경제에 있어서 과도는 없다는 것이 나로서는 가장 큰 격려인 줄 압니다. 게오르규의 《25시》에 스피노자가 한 말이 나옵니다. "비록 내일 세계의 종말이 온다하더라도 오늘 나는 한 그루의 사과나무를 심겠다"고. 이것으로서 격려에 대한 보답

으로 하겠습니다.

김진현 하여간 금년만 참고 견디면서 우리가 현명하게 그동안에 만성화된 체질개선을 하는 데 최대의 노력을 기울인다면 좀더 살기 좋은 나라가 될 것입니다. 오랜 시간 대단히 감사합니다.

《신동아》(1980. 2)

우리 경제의 당면과제

우리나라는 경제체제로서 자본주의(엄격하게는 자본주의적 시장경제)를 채택하고 있다.

자본주의는 생산수단(토지·자본)이 사유되고 있고 시장기구(때로는 가격기구라고 불리기도 한다)가 개별적인 경제활동의 조정기구로서 역할을 행하는 경제체제를 말한다.

즉 조정기구에 한해서 말하면 '무엇을 어떻게 누구를 위하여'라는 한 나라의 기본적인 경제문제의 해결을 시장기구에 맡기고 있는 것, 즉 시장원리에 맡기고 있는 것이 자본주의이다.

경제운용의 계획화

따라서 자본주의를 경제체제로 채택하고 있는 나라(자본주의국)에서 경제계획 내지 경제개발계획은 사회주의(엄격하게는 사회주의적 계획경제)를 경제체제로 채택하고 있는 나라(사회주의국)의 경제계획과는 자연히 그 성격을 판이하게 달리할 수밖에 없다.

사회주의는 생산수단이 국유 내지 공유되고 있고 계획기구가 개별

적인 경제활동의 조정기구로서 역할을 하는 경제체제이기 때문이다.

사실 오늘날의 선진자본주의 여러 나라도 2차 대전 뒤부터 경제의 운용에 계획화의 생각을 도입해 오기 시작했는데, 이런 추세에 하나의 커다란 영향을 준 것이 다름 아닌 프랑스의 제1차 계획(1947~1950)이라고 할 수 있다.

그런데 그 후 현재에 이르기까지 계속되는 프랑스의 경제계획은 사회주의 여러 나라의 명령적 내지 강권적인 성격을 띠고 있는 경제계획과는 달리 지시적 내지 유도적 계획이다.

다시 말하면 그것은 공공부문에 속하는 프로젝트를 제외하고서는 각 사기업(민간기업)에게 그 생산활동에 대한 틀과 가이드라인을 주는 데 그치는 유연한 성격의 경제계획이다.

다른 선진 자본주의국의 경제계획도 마찬가지이다. 그러면 우리나라의 그동안의 경제개발계획은 유도적 계획이었다고 할 수 있는가.

경제체제로서 자본주의를 채택하고 있는 한 당연히 유도계획이어야 했음에도 그렇지 못했던 것이 사실이라고 할 수 있다.

시장과 민간주도형

제3차 계획(1972~1976)이 실시될 무렵부터 이른바 민간주도형 경제라는 말이 등장하기 시작했고 이어 제4차 계획(1977~1981)부터 유도계획화가 계획서에 내걸렸고 현재 실시 중에 있는 제5차 계획에서도 그러하기 때문이다.

민간주도형 경제란 시장경제의 저널리스트적인 표현에 불과하다. 기업활동의 자율화, 금융의 자율화 등에서 알 수 있듯이 정부의 지나친 개입을 배제하고 개별적인 경제활동을 시장기구의 조정기능에 맡

긴다는 내용의 것이다. 수입의 자유화, 자본의 자유화도 동일한 맥락
에 선 것이라고 할 수 있다.

물론 1950년대에 등장하기 시작한 선진국 경제학자들의 저개발국
(혹은 개발도상국)의 경제발전에 관한 이론, 즉 경제개발론이 경제발전
의 주체로서 사기업 외에 정부를 중시하고 정부를 단지 사기업만을
위해서 존재하는 것이 아니고 그 자체가 적극적·능동적인 역할을 담
당해야 하는 것으로 생각하고 사기업의 사적 합리성이 사회 전체의
공통이익(사회적 합리성)과 모순되는 면을 갖고 있음을 중시하고 있는
것은 사실이며 또 경제발전의 기구로서 시장기구는 불충분하며 정부
의 기획·통제기구가 필요하다고 생각하고 있는 것은 사실이다.

게다가 오늘날의 경제학에 지대한 영향을 미치고 있는 케인스가 전
제를 설정하고 있기는 하지만 정부의 적극적인 개입을 주장한 것도
사실이다. 그의 이론을 따르는 사람들, 즉 케인스 지지자들도 마찬가
지이다. 그 케인스가 설정한 전제는 "영국 정부는 과거와 미래를 불문
하고 설득이라는 방법을 구사하는 지적 엘리트층에 의해서 계속적으
로 지배된다"는 내용의 것이다.

해러드(R. F. Harrod)는 이것을 '하비 로드의 전제'라고 부르고 있다.
그런가 하면 그동안 우리나라는 경제개발전략 내지 정책으로서 수출
주도적 공업화를 통한 고도성장의 실현을 채택해왔다. 그럼으로써 경
제운용에서 경직성을 면치 못했다.

공업화로 고도성장

따라서 이렇게 보면 그동안의 지나친 정부의 개입은 일단 이해가
갈 것이다.

그러나 그런 지나친 정부의 개입은 독과점화·정책금융의 과중, 금융대출 편중, 기업재무구조의 악화, 금융비리 등 여러 가지 면에서 많은 부작용을 야기시키고 있는 것이 오늘날의 현실이다.

기업활동의 자율화·금융의 자율화 등이 최근에 새삼스레 강조되고 있고 또 신문지상에 오르내리고 있는 이유는 여기에 있다. 그뿐 아니라, 정부의 개입에 반대하는 입장을 취하고 있는 보수주의자 내지 자유주의자들이 비판하고 있는 것처럼 현대사회에서는 정치적·사회적 환경이 지적으로 뛰어난 사람들이 공공의 이익을 합리적으로 평가해서 정책결정을 할 수 있다는 케인스의 전제는 성립될 수 없다고 하는 편이 도리어 타당할는지 모른다.

그러나 비록 그렇다고는 하더라도 그동안의 지나친 정부의 개입으로 해서 야기된 갖가지 부작용을 해소하는 방안으로서 민간주도형 경제 내지 유도계획화를 내세워 기업활동의 자율화, 금융의 자율화를 추진한다고 해서 과연 그 부작용이 해소된다고 할 수 있을까.

자율화를 추진하기에 앞서 혹은 병행해서 자율화의 장애요인을 제거하기 위한 구조개선·제도정비 등의 여건 내지 환경조성, 기반조성을 서두르는 것이 더 긴요한 일일 것이다. 만약 그렇지 않고 자율화만을 내세울 때에는 그리고 만약 자율화만 하면 부작용이 해소될 수 있는 것 같은 착각을 국민들로 하여금 갖게 할 때에는 정부는 무책임한 일을 한다거나 혹은 책임전가를 하는 데 지나지 않는 일을 한다는 비난을 면하기 어려울 것이다.

현 시점에서는 어디까지나 자율화가 진정으로 성과를 거둘 수 있도록 하는 유리한 여건 내지 환경 조성, 기반 조성이 더욱더 중시되지 않으면 안 된다.

그리고 그것은 분명히 정부가 해야 할 일이다. 수입자유화, 자본자

유화에 대해서도 마찬가지 말을 할 수 있다. 어떻든 언제나 우리에게 가장 중요한 일은 기업체질의 강화, 경제체질의 강화라는 사실을 중시하여 정부는 그것에 실질적으로 기여하는 방향으로 자율화·자유화를 추진해 주었으면 한다.

《부산일보》(1983. 10. 2)

한국경제의 과제

우리나라는 1962년부터 대체로 수출 확대→공업화 생산증대→고도성장의 실현 즉 수출 주도적 공업화를 통한 고도성장의 실현이라는 경제개발전략을 추진해 왔다고 할 수 있다. 물론 공업화는 제2차 계획이 끝난 1971년까지는 경공업 중심이었고 제3차 계획의 시작 전해인 1972년부터는 중화학공업 중심이었다.

그리하여 한편에서는 산업구조의 고도화(제조업 비중의 확대), 공업구조의 고도화(중화학공업 비중의 확대), 수출상품구조의 고도화(공산품 수출 비중의 확대·중화학공업제품 비중의 확대)가 크게 실현되었을 뿐만 아니라 1인당 GNP의 증가, 고용증대(실업률 저하), 고용구조의 개선(제조업 취업인구 비중의 증대) 등이 실현되기도 했다.

그러나 다른 한편에서는 그런저런 과정에서 갖가지 구조적인 문제가 야기된 것이 사실이다. 다름 아닌 농업·중소기업의 상대적 위축, 무역수지·경상수지 적자의 만성화, 중화학공업의 부실화, 기업재무구조의 악화, 코스트 푸시 인플레이션의 정착화, 외채누증, 소득격차의 확대 등이 그것들이다.

따라서 이들 구조적인 문제가 한국경제가 풀어가야 할 문제라고 할

수 있다. 그러나 이 글에서는 지난 3월에 있은 IMF 협의단의 한국경제 전반에 관한 잠정평가도 참고로 하여 그 문제를 일단 물가안정의 지속, 국내저축 특히 가계저축의 확대, 외채의 감소, 갖가지 격차의 개선으로 묶기로 한다.

물가안정의 지속

작년에는 도매물가는 0.2퍼센트 그리고 소비자물가는 3.4퍼센트의 상승에 그쳤다(전년 말 대비로는 각각 0.8% 하락, 2.0% 상승). 수입물가도 4.4퍼센트 하락했다(전년 말 대비로는 1.8% 하락). 다시 말하면 작년에는 분명히 물가가 크게 안정되었다.

그러나 이러한 물가안정은 주로 국제원유가격의 보합과 수입원자재 가격의 안정에 기인했다고 해도 과언이 아니다. 우리나라는 1970년대 중반부터 코스트 푸시형 물가구조를 갖게 되었기 때문이다. 사실 수입 물가가 안정되었을 때에는 도매물가, 소비자물가도 안정되었다고 할 수 있다. 앞에서 본 것처럼 수입물가는 하락했던 것이다.

그런데 로이터 지수는 작년에 이어서 상승을 계속하여 금년 4월 5일 현재로 2,008.5를 가리키고 있다. 또 수입물가도 수입원자재가격의 상승을 반영해서 작년 5월부터 상승세를 나타내고 있다.

사실 금년 4월까지에 전년 말 대비로 도매물가는 1.0퍼센트 상승하고 소비자물가는 2.2퍼센트 상승함으로써 이미 금년의 물가상승률의 억제 목표를 돌파하거나 위협하고 있다. 그 목표는 각각 1.1퍼센트 내의 2.0~3.0퍼센트이다.

그런가 하면 작년에는 물가지수에 반영되지 않거나 물가지수에 반영된다고 해도 가중치가 작은 품목 즉 부동산가격, 임대료, 레저품목

의 가격, 새로운 개발품목의 가격 등이 크게 등귀했다고 한다.

또한 민간단체의 조사도 지난 약 1년 동안(작년 2월부터 금년 2월까지)에 장바구니 물가가 큰 폭으로 올랐음을 말해주고 있다(《조선일보》, 1984. 3. 5).

그렇다면 물가안정이 실현되었다는 말만 할 것이 아니라 서민의 장바구니 물가, 서민용 주택의 월세·전세 등의 임대료, 대중교통수단 요금 등의 안정에 역점을 두면서 일반물가의 안정을 실현시키도록 할 필요가 있을 것이다.

국내저축의 증대

국내저축의 증대는 투자와 국내저축의 차이를 줄임으로써 외자의 소요를 축소시키는가 하면 초과수요의 축소를 통해서 물가안정을 실현시키기도 한다. 다시 말하면 국내저축의 증대는 외채증가의 억제, 나아가서 투자재원의 자립화와 물가안정을 위해서 필수적인 요건이라고 할 수 있다. 그러하기에 국내저축의 증대는 어느 나라에서나 강조된다.

그런데 우리나라의 국내저축률은 대만이나 일본에 비해서 상당히 낮다. 우리나라의 국내저축률은 1984년에는 21.7퍼센트이었고 1984년에는 25.9퍼센트로 계획되었다. 이에 대해서 대만은 1981년에 30.9퍼센트나 되고 일본은 1980년에 31.8퍼센트나 된다.

그러나 국민저축률의 구성을 보면 우리나라의 경우에는 1984년에는 가계저축률 7.7, 기업저축률 10.7, 정부저축률 7.1퍼센트로 계획되어 있고 대만의 경우에는 1981년에는 각각 12.7, 10.9, 7.3퍼센트이었고 일본의 경우에는 1980년에는 각각 13.9, 15.1, 2.8퍼센트이었다. 이에서

문제는 국내저축률의 수준 자체가 상대적으로 낮은 데 그치지 않고 기업저축률과 함께 민간저축률을 구성하는 가계저축률이 대만이나 일본에 비해서 월등히 낮은 데에도 있다고 할 수 있다.

따라서 앞으로 국내저축률의 제고를 위해서는 사내유보 증대 등으로 기업저축률을 높여가는 한편 예산절약 등으로 정부저축률을 높여가도록 해야 하겠지만 무엇보다도 가계저축률의 제고가 절실하다고 아니할 수 없다. 여기서 기업저축률의 제고는 곧 기업의 자기자본비율의 제고, 나아가서 기업재무구조의 개선을 의미함은 더 말할 나위도 없다.

그런 의미에서 사치성 및 전시용 소비를 자제토록 유도하고 저축운동 등을 적극적으로 전개하는 동시에 가계저축 금리의 상향조정 등의 유리한 저축유인을 마련해 갈 필요가 있을 것이다. 그리고 이와 병행해서 많은 자금이 부동산시장이나 사채시장이나 귀금속시장 등으로 흘러들어가지 않도록 각종의 제도적 장치를 강구하는 한편, 단속도 게을리하지 않아야 함은 두말할 나위가 없다.

외채의 축소

우리나라의 외채잔액은 1983년 말 현재로 401.0억 달러나 된다. 이것은 GNP의 53.5퍼센트임을 말해준다. 그리고 이 401.0억 달러 가운데서 단기외채는 139.7억 달러로서 전체의 34.8퍼센트를 차지하고 있다. 그 결과 원리금상환액은 GNP의 6.2퍼센트인 46.6억 달러 원리금상환부담율(DSR)은 15.4퍼센트로 되어 있다. 그러나 이율은 단기외채를 포함시킬 때에는 19.2퍼센트나 된다고 한다.

물론 정부에 따르면 현재 원리금상환 부담은 감당할 수 있는 규모

의 것이며 또 추가외채의 조달에 어려움이 없다고 한다. 그러나 그렇더라도 현재의 외채잔액의 규모를 미루어 볼 때 외채의 축소 내지 외채 증가의 억제는 시급히 추진되어야 할 것이다.

투자는 국내저축과 무역내수 내지 경상수지의 합계로 정의되기도 한다. 따라서 외채의 축소 내지 외채증가의 억제를 위해서는 국내저축의 증대 외에 무역수지 내지 경상수지의 개선이 요청된다.

이미 잘 알려져 있는 것처럼 1978년에 148.7억 달러이었던 외채잔액이 1983년에 401.0억 달러로 급속히 증가하게 된 것은 1979년에 있었던 오일 쇼크의 여파인 무역수지 내지 경상수지적자의 급속한 증가에 기인한다. 사실 무역수지적자(통관기준)는 1978년에 22.61억 달러이던 것이 1979년에는 52.83억 달러, 1980년에는 47.87억 달러, 1981년에는 48.78억 달러, 1982년에는 23.97억 달러로 그리고 경상수지적자는 10.85억 달러이던 것이 각각 41.51억 달러, 53.21억 달러, 53.21억 달러, 46.46억 달러, 26.50억 달러로 되었다(단 1983년에는 무역수지적자는 17.47억 달러, 경상수지적자는 16.07억 달러).

외채의 축소 내지 외채 증가의 억제와 연관지어서 수출증대와 수입축소 내지 수입증가의 억제가 새삼 강조되는 까닭은 바로 여기에 있다. 그런데 금년 4월까지의 무역수지(통관기준)는 비록 잠정수치이기는 하지만 이미 12.6억 달러의 적자를 나타내고 있다. 이것은 금년에 계획된 무역수지적자를 5.0~6.0억 달러로 한다면 말할 것도 없고 10.0억 달러로 한다고 해도 그것을 상회하는 액수이다.

게다가 우리나라는 이미 미국으로부터 컬러 TV, 강관 등에 대한 덤핑판정 즉 수입규제를 받았는데, 최근의 상공부 교섭대책위원회의 집계에 따르면 이 품목을 포함해서 160여 개에 달하고 있으며 덤핑 혐의 등으로 수출상대국 정부 당국의 조사를 받고 있는 품목도 20여 개나

된다고 한다. 다시 말하면 우리나라는 현재 강화되는 선진국의 수입규제장벽에 직면하고 있다.

따라서 우리나라의 수출증대를 위해서는 우리 산업의 수출경쟁력의 강화가 불가결의 전제이지만 이 장벽을 뚫고 나아가는 것이 급선무라고 할 수 있다. 선진국의 경기회복에 기대를 거는 일은 이제는 그만하고 가혹한 현실을 직시하고 이 장벽을 어떻게 뚫고 나아가는가에 역점을 두면서 수출증대를 실현해 가야 한다. 그러려면 역시 우리 기업의 해외투자를 통한 현지 진출, 상품의 고급화, 새로운 상품의 개발 등이 지속적으로 추진되어야 할 것이다.

이때 중소기업을 크게 활용할 수도 있을 것이다. 그러나 더 나아가서 국내가격과 수출가격 차(差)의 축소, 소나기식 수출의 사전규제, 수출업자 간의 과당경쟁의 방지, 수출업자들의 슬기로운 합동적인 대응조치 등이 있어야 할 것이다.

이렇게 보면 무역수지 내지 경상수지의 개선을 위해서는 현재로서는 수입감소 내지 수입증가의 억제가 중대한 의의를 지니고 있다고 할 수 있다.

그런 뜻에서 산업구조의 개편, 원자재·부품의 국산화 촉진, 소비절약 등이 강조되지 않을 수 없다. 그리고 수출증대를 도모한다는 면이 있기는 하지만 수입자유화는 어디까지나 단계적·점진적으로 추진되어야 할 것이다. 이 밖에 무역수지 내지 경상수지의 개선을 위해서는 수출가득액·수출채산성의 제고, 무역외수지의 개선도 추구되어야 한다.

그러나 외채의 축소 내지 외채 증가의 억제를 위해서는 중화학공업의 정상화, 외채관리의 강화, 외화절약, 단기외채의 장기외채로의 전환 내지 변동금리외채의 고정금리외채로의 전환 등도 아울러 추진되어야 할 것이다.

갖가지 격차의 개선

격차의 개선을 위해서는 농업·중소기업·내수산업 등의 육성이 기초적인 전제가 된다. 농업의 육성을 위해서는 농업에 대한 투자를 증가하도록 해야 한다. 또 가격인상을 통해 식량증산을 자극하도록 해야 한다. 한편 중소기업을 농촌에 유치해서 농촌공업을 육성하는 방법을 고려해 볼 수 있다.

중소기업의 육성을 위해서는 중소기업에 대한 투자를 증가하는 한편 중소기업을 전문화시켜 중소 수출공업·중소 기계공업·농촌공업의 형태 등으로 육성할 필요가 있다. 내수산업의 육성을 위해서는 내수산업에 대한 투자를 증가하도록 해야 한다. 이를 위해서는 상대적으로 수출에 유리한 산업지원제도를 지양할 필요가 있다.

어떻든 이러한 산업정책적인 노력이 조세정책 등의 기타 노력과 결부될 때 비로소 도농 간·규모 간의 격차는 실질적으로 개선되어갈 가능성이 크고 또 실질적인 소득분배의 개선의 가능성도 크다고 할 수 있다.

끝으로 상술한 물가안정의 지속, 국내저축의 증대, 외채의 축소, 갖가지 격차의 개선은 우리 경제의 자립기반을 확고히 해주는 것이기도 함은 두말할 필요가 없다.

《방송통신대학보》(1984. 5. 28)

21세기를 생각하며

흔히 우리 주위에는 경제성장만 되면 또는 1인당 국민소득만 높아지면 선진국권에 접근하고 만사가 다 해결되는 것으로 착각하는 듯한 사람이 많다. 그러한 지표로 한 나라의 국민경제를 파악하려는 것은 마치 사람을 신장으로 파악하려는 것과 같다고 할 수 있을 것이다. 키가 자라면서도 몸이 쇠약해지거나 기형적으로 되는 사람이 있듯이 GNP가 증가하면서도 경제체질이 약화되거나 경제가 기형화해 가는 나라도 있을 수 있다.

우리가 앞으로 15년 후 선진국권에 진입하는 것을 목표로 하는 것은 좋다. 그러나 외채감축·계층 간 소득격차 해소·가속적인 도시화 등 구조적인 난제를 그 기간 안에 과연 어느 정도 해결할 수 있느냐가 문제이다. 4차에 걸친 경제개발계획을 통해서 우리가 얻은 교훈이 있다면 계획은 의욕적이어야 하지만 그것은 어디까지나 실행가능성의 범위 내에서만 그래야 한다는 점이다. 그렇다고 미래를 비관적으로만 보는 것은 결코 아니다. 다만 계획의 규모는 국민경제가 동원할 수 있는 자원의 한계를 넘지 말아야 한다는 사실을 강조하고 싶을 따름이다.

이러한 난제들을 풀어가다 보면 자연히 선진국권에 진입할 수 있다

는 생각이 든다. 장밋빛 청사진을 제시하기에 앞서 현재 우리 경제를 옭아매고 있는 매듭을 풀어나가는 데 국민적 에너지가 집중돼야 할 것 같다.

현재의 기술진보 속도를 생각하면 인류는 20세기 말이 아니라 그 이전에도 또 한 차례의 산업혁명을 겪을 것으로 보인다. 이는 물론 인류의 장래를 밝게 해 줄 것임에 틀림없다. 그만큼 생활의 질이 향상되고 생산성이 높아져 더 많은 과실을 안겨줄 수 있을 것으로 기대되기 때문이다. 그러나 첨단기술이 평화적으로 이용될 경우에 한해서이지 자칫 군사력 강화 따위로 악용될 때에는 인류를 멸망으로 인도할 수 있는 가능성도 배제할 수 없다. 결국 인류의 장래는 인간의 양심이나 양식에 달려 있다고 할 수 있겠다. 기술진보 노력과 함께 심성을 개발하는 노력이 동시에 강구되어야 하는 까닭도 바로 여기에 있다고 생각한다.

또한 우리의 입장에서는 고용문제를 생각하지 않을 수 없다. 현재 진행되고 있는 기술진보는 결국 종래와 동일한 생산기능을 유지하기 위해서 필요한 노동력의 투입이 적어도 될 뿐 아니라 생력화의 극한인 무인화의 가능성을 내포하고 있다. 따라서 기술진보 내지 기술혁신은 '생력화=고용의 둔화'라는 관계를 성립시킨다.

때문에 우리와 같이 과잉인구를 갖고 있는 나라에서는 심각한 고용문제를 야기하거나 가중시킬 가능성이 크다. 이와 함께 하루빨리 도입 기술의존형의 기술진보에서 벗어나야 한다. 자주적 기술개발의존형의 기술진보를 실현시켜야 한다. 첨단기술이라고 해서 유행병처럼 따라가지 말고 우리 실정에 맞는 기술을 특화하여 집중 육성시켜야 한다는 얘기이다. 그것은 기술 면을 통한 외국에의 의존이 초래되는 것을 방지하고 로열티의 지급부담을 덜어줄 수 있기 때문이다.

이제는 그동안 외국기술도입으로 적지 않은 분야에서 자체 개발을 할 수 있는 기반이 상당한 정도로 마련됐다고 본다. 이 같은 노력들과 함께 지도자들의 솔선수범을 전제로 근검·절약의 고삐를 늦추지 말아야 함도 강조하고 싶다.

21세기의 과제로서는 남북한의 통일과 지자제 실시·인권신장·농업 육성·중소기업 확대·공해문제 등을 들 수 있겠다. 또 사회 면에서는 인간소외 문제가 심각하게 될 것으로 보이며 특히 노인과 청소년문제, 사회단층 현상의 심각성이 우려된다. 이에 교육제도를 개혁하여 독서하는 국민풍토를 만들고 서구문화의 분별 수용, 토착화에 힘써야 할 것이다.

이 같은 과제는 앞으로 15년 동안 어떻게 노력하느냐에 따라서 판가름 날 것이다. 하지 않고 내버려 두는 것은 곧 나빠지는 것을 의미한다. 한두 가지 문제만을 부각시키는 일은 피하고 전체를 조화 있게 풀어 나가는 노력이 따라야 할 것이다.

《주간매경》(1985. 1. 3~10)

한국경제의 현황과 대응

선진국의 불황과 보호무역주의 강화가
우리경제의 불황을 가져옴

현재 우리 경제가 불황(불경기)에 처해 있다는 데에는 이론이 없는
것 같다. 사실 감원사태·해고사태가 일어나고 있다는 것과 취업문제가
매우 심각하다는 것을 매스컴도 보도해주고 있다. 그렇지 않아도 해외
건설업, 해운업, 조선업, 기타 많은 중화학공업이 불황을 겪고 있다는
것은 이미 잘 알려져 있는 일이었는데 그것이 현재 전면화한 셈이다.

그러면 그 원인은 무엇이라고 할 수 있는가. 해외건설업의 경우에는
원유가격 하락에 따른 수입감소로 중동 산유국에서 왕성하던 건설 붐
의 냉각에 기인함은 말할 나위도 없다. 그러나 그 주된 원인은 어디까
지나 미국과 일본을 비롯한 선진국의 불황에 있다고 할 수 있다. 그리
고 자국의 산업과 노동 보호의 필요성에 기인하는 보호무역주의 강화
즉 수입규제의 강화도 그 원인의 일부분을 담당하고 있는 것이 사실
이다. 다른 많은 중화학공업의 경우도 선진국의 불황과 보호무역주의
의 강화로 불황을 겪고 있다고 할 수 있다.

그런데 그동안 우리나라에서는 국제경쟁력의 강화라는 명분하에 기업의 대규모화를 추진해 온 결과 거의 대부분의 기업이 과잉시설을 보유하고 있는 것이 또한 사실이다. 게다가 외자를 포함해서 타인자본(빚)에 크게 의존하고 있다. 그러니 그 어려움은 클 수밖에 없지 않은가. 대규모 경공업기업의 경우도 마찬가지다.

그러나 우리 경제의 불황은 국내요인에도 기인함을 간과해서는 안된다. 국내시장이 허약한 데에 기인하는 것도 사실이기 때문이다. 이제 공산품에 대한 국내시장을 생각할 때 빼놓을 수 없는 농업과 중소기업의 실정 그리고 저소득층의 실정을 보기로 하자. 현재 취업자 총인구의 약 25퍼센트를 차지하고 있는 농업과 농촌은 그동안의 공업화의 추진과정에서 상대적으로 위축되어 있다. 물론 그것은 공업화의 추진과정에서 농업이 본래의 역할을 제대로 수행하지 못한 데 기인하지만, 어떻든 현재 실질소득으로 따질 때 농가소득은 도시근로자 가계소득의 약 90퍼센트에 불과하며 또 농가부채는 그러한 농가소득의 30퍼센트를 약간 웃돌고 있다. 그런가 하면 농산물은 싸게 팔고 공산품은 비싸게 사고 있기도 하다. 농산물의 판매가격지수를 공산품의 구매가격지수로 나눈 값(패리티 지수)은 약 90퍼센트에 불과하다.

농업과 중소기업의 침체 등
국내시장이 허약한 것도 불황의 큰 요인

한편 중소기업 또한 그동안 경제력의 집중화 현상 즉 대재벌의 형성현상에서 알 수 있듯이 상대적으로 위축되어 있다. 1982년 현재로 종업원 수에서 전 기업의 60퍼센트를 약간 웃도는 중소기업은 생산액에 있어서는 전 산업의 30퍼센트를 약간 밑돌고 있다(제조업의 경우에

는 종업원 수에서는 55%를 약간 밑돌고 있으면서도 생산액에서는 약 35%를 차지하고 있다). 그런데 제조업의 경우에 한해서 1970~1980년 평균으로 볼 때 중소기업의 종업원 1인당 임금수준은 대기업의 약 75퍼센트에 불과하다.

각도를 달리해서 제조업을 경공업과 중화학공업으로 나누어서 보면 1982년 현재로 경공업은 생산액에서는 약 42퍼센트를 차지하고 있으면서도 종업원 수에서는 약 60퍼센트를 차지하고 있다. 그런데 경공업의 종업원 1인당 임금수준도 역시 중화학공업의 약 75퍼센트에 불과하다. 이어서 제조업의 경우 다수 종업원의 소득이 상대적으로 낮음을 알 수 있다. 제조업은 1982년에는 총취업자의 약 21퍼센트를 차지하고 있다.

다른 한편 소득점유율을 볼 때 상위 20퍼센트 소득층의 소득점유율은 그동안 커졌고 반대로 하위 40퍼센트 소득층 소득점유율은 작아졌다. 즉 소득격차의 확대 내지 소득분배의 악화가 야기되었다. 1982년에는 약 46퍼센트(45.6%)와 16퍼센트이었다. 이것은 곧 저소득층의 소득이 상대적으로 낮아졌음을 의미함은 말할 나위도 없다. 이것은 앞에서 밝힌 농가의 소득, 중소기업 종업원의 소득 등이 상대적으로 낮은 것을 반영하는 것이기는 하지만 주로 그동안의 고물가의 지속에 기인한다고 할 수 있다. 사실 1981년까지 고물가 즉 심한 인플레이션이 지속되었다. 그것은 고도성장의 추구에 기인했다. 다시 말하면 실업의 해소 내지 고(高)고용을 위해서는 고도성장은 추구되어야 하며 따라서 물가는 희생되지 않을 수 없다는 논리에 기인했다.

그러나 고물가의 지속은 그 해를 입는 근로소득층과 그 득을 보는 재산소득층 간의 소득격차를 확대시키게 되어 있다. 물가 등귀분만큼 일정 임금 내지 급여를 받는 근로소득층은 실질소득의 감소를 보는

데 그것이 재산소득층으로 이전된다고 할 수 있기 때문이다. 인플레이
션(소비자물가 상승률)은 1970~1981년 평균 약 17퍼센트이고 1981년에
는 약 21퍼센트였다. 물론 1982년 이후에는 물가안정이 실현되고 있
다. 그러나 물가안정을 명분으로 해서 임금동결 내지 임금의 소폭인상
이 추구되고 있는 데에 문제가 있다고 할 수 있다. 이처럼 국민의 다
수를 차지하는 사람들의 소득의 상대적 위축은 곧 구매력의 상대적
약화를 의미할 것이니 공산품에 대한 국내시장이 허약해지는 것은 당
연한 일이 아니겠는가.

불황 해결 위해 농업과 중소기업의 적극적인 육성,
물가안정이 지속되어야

결국 이렇게 보면 우리 경제의 불황은 주로 중동 산유국 및 미·일
을 비롯한 선진국의 불황과 수입규제 강화라는 해외요인과 농업과 중
소기업의 상대적 위축, 소득분배의 악화라는 국내요인에 기인한다고
할 수 있다. 불황에 기인하는 것은 중동 산유국 및 선진국의 경기가
회복되면 해결될 수 있을 것이다. 따라서 수출시장의 다변화 등 수출
확대를 위한 노력을 계속하면서 때를 기다리면 될 것이다. 그러나 수
입규제 강화와 국내요인에 기인하는 것은 적절한 정책적인 노력 없이
는 해결될 수 없다. 그런데 그 해결에는 오랜 시일이 걸리며 또 큰 고
통이 따르게 되어 있다. 여기에 우리 경제의 불황 해결에 어려움과 고
민이 있는 것이다.

불황의 해결과 관련해서 일단 생각할 수 있는 대책으로서는 뭐니
뭐니 해도 농업과 중소기업의 적극적인 육성, 물가안정의 지속을 들
수 있을 것이다. 농업과 중소기업의 육성은 공산품에 대한 국내시장의

육성이라는 관점에서뿐 아니라 그들이 고용흡수적인 산업이라는 관점에서도 강조되지 않을 수 없다. 소득분배의 악화를 방지하기 위해서 물가안정의 지속은 절실하다. 그러나 이때 물가안정을 임금 동결이나 임금의 소폭 인상의 뜻으로 받아들이는 일은 없어야 한다. 또 국제경쟁력의 강화, 관민의 통상외교 강화 등을 통한 선진국의 수입규제 강화에 대한 대응도 필요한 불황 해결책이라고 할 수 있을 것이다.

물론 이러한 주된 대책 외에 기업의 타인자본 의존에서 탈피하기 위한 노력의 지속과 그것을 지원하는 정부의 대책이 추구되어야 한다. 이것은 불황에 처했을 때의 어려움을 덜기 위해서 절실한 일이다. 그리고 단기적으로는 취업사업의 확대 등 케인스적인 대책이 추구되어야 한다. 이때 물가안정과 국제수지를 해치지 않는 범위 내에서 이루어져야 함은 말할 나위도 없다.

《유공》(1985. 11)

한국 자본주의의 나아갈 길

한국은 경제체제로서 자본주의를 채택하고 있다. 1960년대 이후 임금노동자의 총취업 인구에서의 비중, 상품생산의 총생산에서의 비중, 실물부문에 대한 화폐금융의 비율 등이 모두 현저하게 높아진 것도 사실이다. 따라서 한국 자본주의의 나아갈 길을 밝히는 일은 곧 경제체제의 측면에서 본 한국경제의 과제 제시라고 할 수 있다.

한국경제는 1960년대 이후 공산품 특히 1970년대 후반부터는 중화학공업제품을 주로 하는 급속한 수출신장을 통한 고도성장의 추구라는 경제개발전략의 추진으로 1인당 GNP 현저한 증가, 산업구조의 고도화, 공업구조의 고도화, 수출상품구조의 고도화 등을 실현시켰으며, 또 1986년에는 저유가·저국제금리·엔고의 이른바 3저현상에 힘입어 괄목한 만한 수출신장, 큰 규모의 무역수지·경상수지흑자·매우 낮은 물가 등을 실현시키고 있다.

사실 1962년에 87달러이던 1인당 GNP는 1986년에는 2천2백 달러를 상회할 것으로 전망되고 있으며, 1962년에 14.4퍼센트이던 제조업의 GNP에서의 비중(경상가격표시)은 1985년에는 28.1퍼센트나 되며, 중화학공업의 제조업 부가가치에서의 비중, 공산품수출의 총수출에서

의 비중 및 중화학공업제품 수출의 총공산품 수출에서의 비중도 각각 50, 90, 50퍼센트를 상회하고 있다. 그리고 1986년에는 수출은 340억 달러, 무역수지흑자, 경상수지흑자는 국제수지 기준으로 각각 43억 달러, 45억 달러, 도매물가 상승률, 소비자물가 상승률은 각각 3.8, 1.5퍼센트로 전망되고 있다.

그러나 다른 한편에서는 그러한 경제개발전략의 추진과정에서 우선 한국경제의 경제자립도 하락 내지 대외의존성 심화가 발생했다. 고도성장의 실현을 위해서는 높은 수준의 투자가 필요한데 그 투자재원을 해외저축(외채)에 크게 의존하다 보니 자본의 해외의존도가 높아질 수밖에 없었다. 외채총액은 1985년에는 468억 달러이며 1986년에는 18억 달러가 줄어서 450억 달러가 될 것으로 전망하고 있다.

또 급속한 공산품 수출을 추구하다 보니 공업화를 서두르지 않을 수 없으며 농업과의 보완관계를 고려할 겨를이 없었다. 따라서 농업의 상대적 위축은 당연한 결과라고 할 수 있으며, 그것을 자연히 식량자급률의 하락, 나아가서 식량의 수입의존을 야기하지 않을 수 없을 것이다.

그런가 하면 급속한 공산품 수출의 추구는 1970년대 전반부터 중화학공업화를 서두르게 했는데 그 중화학공업화는 석유다(多)소비형·자원다소비형이라고 할 수 있는 데다가 제조업부문 사이의 보완관계를 고려할 겨를이 없이 추진됨으로써 중화학공업의 소재·부품생산부문이 충분히 육성될 수 없었다. 그 결과 석유·기타 자원, 소재·부품의 수입의존도는 높아지게 되었으며 또 수출은 수입유발적인 것으로 되었다. 소재·부품의 경우 특히 일본에 크게 의존하고 있는데 대일무역수지적자는 주로 이에 기인한다고 할 수 있다. 그리고 1970년대 이후에 물가구조가 수입물가의존형과 코스트 푸시형이 된 것도 이러한 석유·기타

자원, 소재·부품의 수입의존도의 제고에 기인함은 말할 나위도 없다.

급속한 공산품수출의 추구는 이러한 결과만을 초래하지 않았다. 국내기술 개발이 제대로 안 되어 있기 때문에 외국기술에 의존도가 점점 높아만 갔다. 로열티(기술대가지급)는 1980년대에 들어서서 크게 증가하고 있다.

결국 그동안의 경제개발전략의 추진은 자본, 식량, 석유·기타 자원, 소재·부품, 기술 등의 수입의존도를 높임으로써 한국경제의 대외의존성을 심화시켰다고 할 수 있다. 그런데 석유·기타 자원을 제외한 나머지는 미국과 일본에 크게 의존하고 있다. 게다가 상품수출도 이들에 크게 의존하고 있으며 특히 대미의존도는 크다. 이러한 대외의존성 심화로 인해서 한국경제는 제1차·제2차 석유파동 시에는 상대적으로 더 어려움을 겪었으며 3저 현상이 나타난 1986년에는 상대적으로 더 유리함을 보여주고 있는 것이다. 그리고 경제개발전략의 추진으로 국내경기·경제성장 등이 수출에 크게 의존하게 되었는데 그 수출이 미국과 일본의 경기에 크게 의존하고 있으므로 한국의 경기는 미국과 일본의 경기, 수입규제조치 등에 크게 좌우되게 되어 있다.

다음 경제개발전략의 추진 과정에서 독과점화·경제력 집중이 크게 현재화했다. 수출신장을 위해서는 무엇보다도 가격경쟁력의 강화가 필요했다. 그러다 보니 제조원가를 낮출 필요가 있었으며, 따라서 그것을 가능케 해주는 양산체제가 요청되게 되어 공장의 대규모화, 나아가서 기업의 대규모화가 추진되지 않을 수 없었다. 그리고 금융·재정 등의 지원정책, 외자도입상의 특혜 등도 수출에 있어서 유리한 이들 대기업에 치중하지 않을 수 없었다.

그 결과 독과점화·경제력 집중은 계속적으로 진행되었으며 또 중소기업은 상대적으로 위축될 수밖에 없었다. 이처럼 한국의 독과점화·경

제력 집중은 소자본 사이의 경쟁과정에서 생산력과 기술의 우위를 바탕으로 하여 자본의 집적·집중과정을 거쳐서 성립된 선진 자본주의국과는 판이하다.

종업원 규모 3백 명 미만을 중소기업이라고 할 때 그것의 광공업 전체에서의 비중은 1963년에 사업체 수에 있어서는 99.0, 부가가치에서는 50.1, 생산액에서는 53.9퍼센트이던 것이 1984년에는 각각 97.5, 36.4, 34.7퍼센트로 낮아졌다. 여기에서 중소기업의 비중은 특히 부가가치와 생산액에서 현저히 낮아졌음을 알 수 있다. 이것은 곧 대기업의 비중이 현저히 높아졌음을 말하는데 특히 종업원 규모 5백 명 이상의 거대기업의 경우 그러하다. 광공업 전체에서 사업체 수, 부가가치, 생산액 등의 대기업 비중은 1963년에 각각 0.5, 37.2, 36.1퍼센트이던 것이 1983년에는 1.5, 54.1, 56.4퍼센트로 늘어났다.

물론 이러한 경제력 집중은 말할 것도 없이 대기업의 시장지배력 강화를 초래했다. 출하액을 기준으로 할 때 30대 대기업군의 시장점유율은 1977년 이후 계속적으로 높아져서 1982년에는 40.0퍼센트를 상회하고 있으며 또 1982년 현재로 제조업기업 3만 5,971개의 0.75퍼센트에 불과한 30대 대기업군에 속하는 271개 기업이 제조업의 부가가치, 자산의 3분의 1이상을 점유하고 있고 고용에서도 거의 20퍼센트에 이르고 있다.

그런데 한국기업은 투자재원의 대부분을 국내금융기관 차입이나 해외 차입에 의존하는 타인자본 의존적인 자금조달방식을 취함으로써 취약한 재무구조를 갖고 있다는 데에 문제가 있다고 할 수 있다. 한국기업의 자기자본비율은 1984년에 20퍼센트를 약간 상회하는 데 불과하다. 따라서 한국기업은 국내경기가 악화되면 부실화할 가능성이 매우 크다.

끝으로 경제개발전략의 추진과정에서 공업과 농업 사이의 불균형, 대기업과 중소기업 사이의 불균형, 수출부문과 내수부문 사이의 불균형 등이 확대되었으며 또 따라서 계층 사이의 소득 불평등도 확대되었다.

이미 밝힌 바와 같이 농업의 상대적 위축은 농업과의 보완관계를 고려하지 않고 공업화를 서두른 데에 기인한 것이다. 농가소득은 실질소득으로 따질 때 1981년에는 도시근로자 가계소득의 91.2, 1983년에는 90.1퍼센트에 불과하고 농가부채는 1983년에는 농가소득의 25.1, 1984년에는 32.1퍼센트나 된다.

그리고 농수산부 자료에 따르면 1985년에는 농가호당 평균부채는 202만 원을 약간 상회하는데 부채를 갖고 있는 농가는 전체 농가의 79.2퍼센트나 되며 그 비중은 1980년대에 들어서서 계속 증가되고 있다고 한다. 그것은 1983년에는 75, 1984년에는 78퍼센트이었다. 게다가 농산물은 싸게 팔고 공산품은 비싸게 사고 있기도 하다. 농산물의 판매가격지수를 공산품의 구입가격지수로 나눈 값(패리티율)은 1983년에는 89.8퍼센트에 불과하다. 보통 농업의 역할로서 드는 식량·공업용 원료의 공급, 노동력의 공급, 투자재원 및 외채의 공급, 시장제공 등에서 그동안 농업은 노동력의 공급만을 제대로 수행했다고 해도 과언이 아닐 것이다.

다른 한편 중소기업의 상대적 위축은 수출을 서두른 나머지 금융·재정적인 지원정책, 외자도입상의 특혜 등을 수출에서 유리한 대기업에 치중한 데 기인했다. 그리고 내수부문의 상대적 위축의 원인도 바로 여기에서 찾을 수 있다.

계층 간 소득의 불평등, 즉 소득분배의 불평등이 확대되었는가에 대해서는 여러 가지 논란이 있고, 또 어떤 공식통계상으로는 1980년대에

들어와서 다소 개선을 보인 것으로 되어 있다. 그러나 지하경제의 큰 비중, 임금소득자와 비임금소득자 사이의 격차 확대, 물가안정을 명분으로 한 임금동결 내지 소폭의 임금인상의 추구 등을 고려할 때 소득 분배는 악화되었다고 할 수 있지 않을까 생각된다.

사실 경제기획원과 KDI의 50개 시 근로자 가구조사에 따르면 지난 1985년 말 현재로 도시근로자 가구 중 최하위에 있는 10퍼센트 가구의 월평균소득은 12만 5천여 원이고 최상위 10퍼센트 계층의 월평균소득은 108만여 원으로 두 계층 사이의 소득 격차는 8.6배라고 한다. 1984년의 그것은 8.4배였다. 그런데 계층 간 소득격차는 1980년대 말까지 가속화될 것으로 전망하고 있다.

그리고 1981년까지 심한 인플레이션율 즉, 소비자 물가상승률은 1970~1981년 사이에는 연평균 16.8퍼센트이었고 1981년에는 21.3퍼센트이었다. 이러한 심한 인플레이션은 고도성장의 추구를 위해서는 불가피했다는 논리, 다시 말하면 실업의 해소 내지 고고용을 위한 고도성장은 추진되어야 하며 따라서 물가는 희생되지 않을 수 없다는 논리에 기인함은 말할 필요가 없다.

그러나 고(高)인플레는 투자재원조달의 한 수단으로써 이용되기도 하지만 근로소득계층에게 실질소득의 감소를 가져오게 하고 그것을 재산소득계층으로 이전시킴으로써 근로소득계층과 재산소득계층 사이의 소득격차를 확대시키게 되어 있다. 그리고 고도성장은 곧 고(高)고용이라는 단순논리는 반드시는 성립되지 않는다. 고고용을 위해서는 어디까지나 적극적인 고용흡수정책이 요청된다고 할 수 있다.

앞에서 밝힌 바를 경제체제의 측면에서 볼 때 한국경제는 현재 경제자립도 하락 내지 대외의존성 심화, 현저한 독과점화·경제력 집중, 소득분배의 불평등 심화에 직면하고 있음을 알 수 있다. 따라서 현 단

계에서 경제체제와 관련한 한국경제의 과제는 경제자립도 제고 내지
대외의존성 극복, 독과점화·경제력 집중 완화, 소득분배 개선의 셋으
로 묶어 볼 수 있다. 물론 이들 과제가 손쉽게 해결될 수 있으리라고
기대하기는 어렵다. 또 해결되기 위해서는 정책주체의 의지와 정책주
제에 대한 국민협조가 반드시 필요한 전제조건이 된다.

그러나 그렇더라도 1960년대 이래 추진돼온 경제발전전략의 전환을
전제로 하면서 일단 생각할 수 있는 해결수단을 들어 본다면 다음과
같다. 경제자립도 제고를 위해서는 자본과 관련해 볼 때 가계·정부저
축의 극대화 및 기업 재무구조 개선, 즉 자기자본비율 제고, 외채감축
등을, 식량과 관련해서는 농업 육성 강화 등을, 석유·기타 자원과 관
련해서는 소비절약을, 소재·부품과 관련해서는 중화학공업의 소재·부
품 생산부문 육성 강화를 각각 들 수 있으며, 독과점화·경제력 집중
완화를 위해서는 중소기업 육성 강화, 독과점화·경제력 집중 완화를
들 수 있고, 소득분배 개선을 위해서는 농업·중소기업 육성 강화, 내
수부문 육성 강화, 소득재분배정책 추진, 부동산투기·증권투기 등의
억제, 극빈층(極貧層)에 대한 '기본수요'의 충족, 사회보장제도의 도입
확대 등을 들 수 있을 것이다.

농업·중소기업 육성 강화는 대외의존성 극복과 소득분배 개선을 위
해서 다 같이 필요한 것임을 간과해서는 안 된다. 또 농업·중소기업
육성 강화는 고용증대를 낳을 수도 있다. 그리고 대외의존성 극복을
위한 노력에서는 자본·무역·기술 등의 해외시장 다변화 특히 미국과
일본으로부터 타 선진국으로의 전환 등이 못지않게 중시되어야 함은
두말할 필요도 없다.

일반적으로 자본주의의 주된 결함으로서는 주기적인 경기변동 내지
경기순환의 발생, 즉 불황과 대량실업 내지 실업증가의 주기적 발생,

독과점의 폐해, 소득분배의 악화가 들어진다. 한국의 경우에는 경기가 수출에 크게 좌우되는데 그 수출은 또 미국과 일본에 크게 의존하고 있는 탓으로 이들의 경기에 좌우되게 되어 있다. 그렇다면 대외의존성 극복은 미국과 일본으로부터의 경기파급의 영향의 완충을 통해서 자본주의의 주된 결함 중 불황과 대량실업 발생 내지 실업 증가를 상당한 정도로 방지할 수 있게 한다고 할 수 있다. 그리고 독과점화·경제력 집중 완화는 자본주의의 주된 결함 중 독과점의 폐해를 개선할 수 있게 하며, 또 소득분배 개선은 자본주의의 주된 결함 가운데 소득분배 악화를 방지할 수 있게 한다고 할 수 있다.

어떻든 한국자본주의의 앞날은 경제자립도 제고, 독과점화·경제력 집중 완화, 소득분배 개선에서 얼마만큼 성과를 거두느냐에 달려 있다고 단언할 수 있다.

《동아일보》(1978. 1. 22)

1990년대 한국경제의 과제

2000년이 되면 한국도 선진국이 될 수 있을까. 지난해(1989) 말 이래 여러 사람으로부터 받은 질문이다. 솔직히 말하면 그것은 매우 당혹스런 질문이다. 10년 뒤면 분명히 판가름 날 일일 뿐만 아니라, 질문자들 대부분이 선·후진국 구분을 1인당 GNP를 기준으로 하는데, 그것은 별로 의미가 없다고 생각했기 때문이다. 실제로 쿠웨이트나 아랍에미리트가 1인당 GNP는 매우 높지만 UN의 공식적 분류에 따르면 이들은 아직도 저개발국이다(1987년 현재 서독의 1인당 GNP는 1만 4,100달러, 쿠웨이트는 1만 4,610달러, 아랍에미리트는 1만 5,830달러, 일본은 1만 5,760달러다).

그렇다면 1인 GNP를 주요 기준으로 하기보다는 오늘날 선진국으로 분류되고 있는 나라들(1인당 GNP가 물론 높긴 하다)의 모습에 가까워지는 것이 실질적인 의미가 있지 않을까 한다. 선진국이 되는 실질적 조건을 충족시키기 위해서는 앞으로 10년간 적어도 다음의 다섯 가지에 주력할 필요가 있다고 나는 생각한다. 물론 이는 물가안정이나 공해방지, 사회보장 확충이 지속적으로 추진된다는 것을 전제하고 있다.

첫째, 원만한 노사관계의 정립이다. 임금보다도 복지후생시설이나

경영참여의 문제가 앞으로 노사관계의 가장 큰 쟁점이 될 것이라는 어느 여론조사 결과를 감안할 때 원만한 노사관계의 정립은 더욱 강조되어야 할 것이다. 물론 이것은 대등한 노사관계를 전제로 한 것이다. 총취업자 중 피고용자(상시고용·임시고용·일용 모두 포함)의 비중이 1984년에 52.9퍼센트, 상시고용·임시고용 비중은 지난해에 48.1퍼센트, 제조업 취업자 중 中화학공업 취업사의 비중이 지난해에 50.4퍼센트나 된다는 사실에 유의할 필요가 있다. 또한 고용자의 극기적(克己的) 혹은 절제된 생활도 요구됨은 당연하다.

둘째, 기술개발의 촉진이다. 수출경쟁에서 우리를 뒤쫓고 있는 중국 등의 후발공업국을 이기기 위해서뿐만 아니라 선진국의 기술보호주의의 심화 경향을 고려할 때 이것은 강조되지 않을 수 없다. 제품의 고급화, 창조적인 제품생산을 위해서는 그에 상응하는 기술의 개발이 절대로 필요할 것이 아닌가.

1986년 이후 기업은 상대적으로 기술개발에 소홀했다고 말할 수 있다. 이것이 부동산투기 및 증권투기에 기인한 것이라고 한다면 기술개발의 촉진을 위해서도 부동산투기 및 증권투기는 강력히 규제되어야 할 것이다.

셋째는 산업공동화(産業空洞化)의 방지다. 국민경제의 생산구조나 노동력(취업자 인구) 구조에서 상업(도소매업)이 대표하는 서비스산업의 비중이 커지는 것은 산업구조의 고도화 혹은 선진국형화라고 불린다. 그러나 이때 유의해야 할 것은 선진국의 경우에는 농업·제조업 등의 이른바 재화생산부문이 제 구실을 다하는 가운데 그런 현상이 일어났다는 사실이다. 따라서 재화생산부문이 제 구실을 다하지 못하면서 그것을 지원하는 부문인 서비스산업의 비중이 커지는 것은(산업공동화) 결코 바람직하지 못하다. 그렇다면 이 현상을 방지하기 위해서

는 농업·제조업 등 재화생산부문의 강화가 절실하게 필요하다고 할 수 있지 않을까.

사치·낭비·향락화와 관계가 깊은 산업인 도소매업, 음식·숙박업, 개인 서비스업 등이 서비스산업에 포함되므로 사치·낭비·향락화의 진행에 따라 서비스산업의 비중은 증대될 수 있다. 따라서 산업공동화의 방지를 위해서도 사치·낭비·향락화 풍조는 강력히 규제되어야 하며, 또한 이 바람을 일으키는 진원으로 볼 수 있는 부동산투기·증권투기도 규제되어야 할 것이다.

넷째, 도시주택난의 해소다. 당장 시급을 요하는 문제일 뿐 아니라 기본수요의 하나인 주(住)의 문제를 해결하지 못하고 있는 선진국은 없다. 이런 점을 감안할 때 주택문제는 거듭 강조되어야 한다. 이를 위해서도 부동산투기의 강력한 규제가 필요할 것이다. 그리고 이농현상이 이 문제를 가중시켰다고 한다면 그것을 방지하는 의미에서도 농업부문의 지원강화가 필요하다.

다섯째, 소득분배 개선과 경제력 집중 방지다. 각종 여론조사 결과에서 알 수 있듯이 소득분배의 악화, 경제력 집중이 우선적으로 해결해야 할 과제로 지적되고 있음을 감안할 때, 이를 해결하기 위한 적극적인 노력이 절실하다고 할 수 있을 것이다. 또 이런 것들이 자본주의체제 결함 중 가장 큰 것이라는 점에서도 특별히 유의하지 않으면 안된다.

소득분배의 악화는 농민과 근로자가 각기 제 목소리를 내지 못한데도 기인한다고 볼 수 있으므로 노동조합의 민주화·농민조직의 민주화 역시 촉진되어야 할 것이다. 그리고 경제력 집중 방지를 위해서는 견제세력으로서 중소기업을 육성할 필요가 있으며, 그런 의미에서 중소기업에 대한 적극적인 지원이 이루어져야 할 것이다.

또 소득분배 개선·경제력 집중 방지·증권투기의 강력한 규제가 요청됨은 물론이다.

이 다섯 가지 문제가 사실 난제임에 틀림없다. 그러나 이것들을 실현시키는 가운데 1인당 GNP가 한국개발연구원(KDI)이 전망한 대로 2000년에 오늘날의 영국·이탈리아 수준인 1만 1,050달러가 된다면 그 이상 무엇을 바라겠는가. 그렇게 되는 경우라면 성녕 선진국이라고 해도 전혀 이상하지 않을 것이다.

《한국일보》(1990. 1. 16)

한국경제의 정책과제

한국경제의 당면 과제는 중장기적 관점에 비추어서 해결되어야 한다. 그러면 현재 특별히 관심을 가져야 할 한국경제의 중장기적 과제는 무엇이라고 할 수 있는가. 물론 여러 가지가 있다.

특별히 관심을 가져야 할 한국경제의 중장기적 과제는 일단 (1) 수출 촉진 (2) 기술향상(기술개발·기술도입) (3) 물가안정, (4) 산업공동화 방지 (5) 소득분배 개선 (6) 경제력 집중 방지 (7) 금융자율화 (8) 건전한 사회기풍 확립 등이라고 할 수 있지 않을까 생각된다.

현재 '신경제 5개년계획'(1993~1997)이 실시 중에 있다. 따라서 계획서에 의거해서 이 계획이 중장기적 과제에 제대로 대처하고 있는지 여부를 검토해 볼 필요가 있다. 지금 계획서에서 분명히 언급되어 있는 경우를 '대처하고 있다'고 보고 이것을 ○표, 전혀 언급되어 있지 않은 경우를 '대처하고 있지 않다'고 보고 ×표로, 그리고 애매한 경우를 '의문스럽다'고 보고 △표로 각각 표현하기로 한다면, 그 검토 결과는 다음과 같다.

수출촉진, 기술향상, 물가안정은 ○표라고 할 수 있다.

수출촉진 방향은 비교적 자세히 언급되고 있고 기술개발과 기술도

입은 적극적으로 추진하게 되어 있다. 또 물가안정도 적극적으로 추진
하기로 되어 있다. 그러나 이 밖에 다른 과제는 ×표이거나 △라고 할
수 있다.

산업공동화 방지는 농업 활성화, 제조업 활력화, 서비스산업 이상
비대화 방지 등을 주 내용으로 하는데 농업 활성화의 핵이라고 할 수
있는 민주적인 농민조직의 결성·강화를 선혀 고려하고 있지 않을 뿐
아니라 제조업 활력에 필수적이라고 할 수 있는 민주적인 노동조합의
결성·강화도 고려하고 있지 않다. 여기서 '민주적'은 다수의 참여, 구
성원 의사의 굴절 없는 반영 등이 이루어진다는 것을 뜻한다. 그런가
하면 서비스산업의 이상 비대화 방지 시책도 분명하게 제시하지 못하
고 있다.

소득분배 개선은 그 기반 조성을 전제로 하는데 그것의 핵이라고
할 수 있는 민주적인 농민조직의 결성·강화 등을 전혀 고려하고 있지
않다.

경제적 집중 방지는 실질적인 기업 소유 분산(기업공개 및 주식 분
산), 공정거래위원회의 충분한 지위 격상 및 권한 강화 등을 핵으로
하고 있다고 할 수 있는데 그들은 거의 고려되고 있지 않다. 따라서
그들에 대해서 소극적이라고 할 수 있다.

금융자율화는 금융거래 질서, 정책금융의 축소, 중앙은행의 독립,
금융기관 인사 및 경영의 자율화 등을 주된 내용으로 하지만 그 핵은
중앙은행의 독립이라고 할 수 있다. 그런데 중앙은행인 한국은행의 독
립은 전혀 고려되고 있지 않다.

건전한 사회기풍 확립은 경제의식 개혁을 개인에 호소하는 차원에
서 다루고 있다는 점, 관광산업을 국가 전략산업으로 육성한다는 점
등을 감안할 때 소기의 성과를 거두기가 어렵다고 할 수 있다.

결국 이렇게 보면 앞으로 계속해서 강조되어야 할 장기적 과제는 검토 결과가 ×표이거나 △표로 되어 있는 산업공동화 방지, 소득분배 개선, 경제력 집중 방지, 금융자율화, 건전한 사회기풍 확립이라고 할 수 있을 것이다.

《서울경제신문》(1995. 1. 12)

통일한국의 경제적 이념

1. 머리말: 통일의 경제적 의의

한국사회의 이상적인 구조를 그려내는 데에 전제되어야 하는 것은 남북한이 통일된 상태가 되는 것이다. 왜냐하면 한반도의 분단은 일본 제국주의 지배의 파생물로서 대부분의 한국사회의 문제는 여기에 기원을 갖고 있기 때문이다. 일본의 한반도 지배는 한국경제의 자본주의 발전의 길을 열었지만 그러한 지배의 결과는 한국경제를 자생적인 자본주의 발전의 길에서 탈락시키고 식민지 반(牛)봉건적 경제를 고착시켰다.

이러한 식민지 종속국의 지위에서 벗어나 자립적인 민족경제를 추구해갈 계기가 될 수 있었던 1945년의 해방은 미국과 소련에 의해 한반도가 분할, 점령됨으로써 한국경제의 순조로운 발전을 저지하는 제한된 의미의 민족독립에 지나지 않았다. 그 당시 미국의 입장은 세계 자본주의의 전반적인 후퇴에 대응한 자본주의 중심국으로서의 이해관계의 표현으로 파악할 수 있고, 소련의 입장도 사회주의 혁명을 세계화하여 사회주의 세계시장 경제체제를 확대하려는 이해관계의 표현으

로 파악할 수 있다.

기본적으로 경제적 제국주의의 속성에서 완전히 벗어나지 못한 세계자본주의와 사회주의 종주국의 균형점으로 설정된 것이 한반도의 분단인 것이다. 한반도의 분단은 식민지적 경제구조에서 탈피를 지연시키고 남북한의 국내적 경제보완 기능마저 상실시켰으며 미국과 소련이라는 자본주의와 사회주의의 중심국에 대한 의존관계를 산출하는 것이었다. 이러한 측면에서 고려할 때 식민지적 경제구조를 근본적으로 청산하고 자립하여 민족경제를 수립하기 위한 전제로서 통일의 역사적 의의와 요청이 있는 것으로 생각된다.

이 글은 통일된 한반도를 전제로 하여 거기서 전개되는 한국경제가 어떤 양상의 것인가에 관심을 두고 썼다. 그러나 여러 가지 어려움으로 말미암아 사실적이라기보다는 당위적인 면에, 이론적이기보다는 정책적인 면에 더 관심이 집중되어 있다. 어쨌든 이러한 논의가 활발해짐으로써 통일한국의 모습이 더욱 구체적으로 설정될 수 있을 것이며, 그런 미래상은 지금의 남북한 체제나 국민들의 의식의 이질성(異質性)을 해소시켜 나갈 방향이 될 수 있을 것이다.

2. 통일한국의 경제체제

오늘날 지구상에 존재하는 여러 경제체제를 소유형태와 경제조정기구를 기준으로 분류하면 자본주의 시장경제체제, 사회주의 계획경제체제, 자본주의 계획경제체제, 사회주의 시장경제체제 등 네 가지 형태가 될 것이다. 통일한국에서 바람직한 경제체제의 윤곽을 기술하기 위해서는 여기서는 먼저 순수한 자본주의 시장경제와 사회주의 계획경제가 어떻게 변화되며 그들 사이의 관계가 어떻게 전개될 것인가에

관심을 두고자 한다.

양 체제의 전개방향에 대한 논의는 이행론(移行論)·접근론·대립론·수렴론(收斂論) 등 네 가지로 대별할 수 있다. 이 중 수렴론은 양 체제의 특징이 전반적으로 변화되며 그 변화의 방향은 동일하여 결국 새로운 하나의 체제에 수렴하게 될 것이라는 입장이다. 그러므로 양 체제의 단순한 접근은 부정되며 일정한 새로운 체제—갤브레이스(J. K. Galbraith)의 신산업국가, 뮈르달(G. Myrdal)의 복지국가, 틴베르헌(J. Tinbergen)의 최적체제(最適體制) 등—가 이론적으로 제시된다.

일반적으로 수렴론은 산업화의 진행을 이데올로기의 이질성을 넘어선 보편적인 사회현상으로 파악하여 과학·기술 복합체의 혁명적 진보에 낙천적인 신뢰를 보인다. 그래서 수렴론은 산업화의 진행 혹은 과학·기술 복합체의 진보를 유일한 근거로 하여 두 체제의 장래를 예측하고 있는 것이다.

경제적, 기술적 관점에서 두 체제의 수렴을 주장하는 근거는, 첫째로 전자공업의 급속한 발달과 컴퓨터 사용의 일반화로 인해 시장과 계획의 기능이 통합될 것이며, 둘째로 두 체제 모두에서 테크노스트럭처(techno-structure)가 경제활동의 지배자로 성장하고 있으며, 셋째로 경제조정방식에서 시장이냐 계획이냐 하는 양자택일적인 방식이 지양되고 혼합된 제3의 형태가 채택되고 있다는 것이다. 이러한 수렴론의 근거에 대해서는 몇 가지 중요한 비판이 있다. 그러나 현실적으로 볼 때 이행론의 입장에서와 같이 두 체제 중 어느 한편이 다른 한편으로 일방적으로 이행되고 있지는 않으며, 대립론의 입장에서와 같이 두 체제의 대립이 완화될 수 없고 점점 심화되어가는 것도 아니다. 이런 점을 고려하면 두 체제의 현재 상태를 이해하는 데는 접근론이나 수렴론이, 또한 두 체제의 장래를 예측하는 데는 수렴론이 상대적인 타당

성을 가질 수 있는 것으로 생각된다.

이 글에서는 통일 이후 한국경제체제를 자본주의와 사회주의 체제가 수렴한 형태로 가정하고자 한다. 이것은 수렴론이 갖는 이론상의 한계를 그대로 갖는 것이지만 경제체제의 선택 가능성을 인정하고 통일의 방식이 평화적인 것이 된다면 위의 가정은 현실적으로 가장 유력한 가정이 될 수 있을 것이다.

그러나 이 가정은 남북한 경제체제의 중간적 절충의 실현을 의미하는 것이 아니고 다만 3장에서 제시될 통일한국 경제의 이념과 목표에 입각하여 두 체제 모두 수정과 개혁이 가능한 상대적인 체제라는 사실을 의미할 뿐이다. 그리고 두 체제의 수렴형태로 통일한국의 경제체제를 가정하는 경우 여기서 전반적인 경제운용을 담당하는 주체는 정치적·이데올로기적 성격을 갖지 않고 순수한 경제·기술적 문제해결에 지식과 관심을 갖는 집단, 즉 테크노스트럭처가 될 것이다. 통일한국의 경제체제의 더 구체적인 형태에 대해서는 뒤에서 논의할 것이다.

3. 통일한국 경제의 이념과 목표

모든 사회적 존재는 그것이 어떠한 사회적 조건 아래에서도 추구해야 할 보편적인 이념과 목표를 갖고 있으며 동시에 각 사회의 일정한 발전단계에 걸맞게 추구해야 할 특수한 이념과 목표를 갖고 있다고 볼 수 있을 것이다. 통일한국에 있어 전자를 '복지국가의 실현'으로 규정하고, 후자를 '자립적 민족경제의 실현'이라고 규정하고자 한다.

민주주의적 복지국가의 이념은 2차 대전 이후 영국이나 스웨덴 등 서구의 거의 공통된 이념으로서 이는 이데올로기적 대립을 넘어서 모든 경제체제가 추구해 나가야 할 보편적인 이념이 될 수 있을 것이다.

기본적으로 복지국가는 그 국민 전체를 빈곤, 실업, 부자유 등으로부터 해방시키는 데 필요한 제반 목표를 국가의 의무로서 추구하는 것이다. 이 목표는 경제성장, 완전고용의 실현, 경제적 평등의 확대, 정치발전 등 네 가지로 집약될 수 있을 것이다. 위의 목표들은 현실적으로 볼 때 조화로운 보완관계를 유지하지 못하고 상호 대립적인 관계에 있을 수 있다.

먼저 경제성장과 경제적 평등의 확대 사이의 관계는 특히 저개발국에서 상충관계에 있게 되며 이는 경제성장의 참된 의의를 왜곡시키고 있다. 그런데 경제성장은 평등분배의 목표에 결부될 때만 정책적 목표로서 의의를 갖게 되며 성장이 사회·경제적 불평등의 심화를 수반하면서 이루어지는 경우, 이는 그 자체로서 아무런 의미를 갖지 못할 것이다. 어떤 발전단계에서도 정책목표로서 경제성장은 평등분배에 대해 항상 부차적인 지위에 있는 것으로 생각된다.

또한 경제성장과 정치발전이라는 목표 사이에도 상충관계가 흔히 발생한다. 이 경우 일정한 사회적 생산수준이 확보되기 이전 단계에서는 경제성장이 정치발전에 선행하는 1차적인 목표가 될 것이다. 왜냐하면 모든 국민이 인간다운 생활을 할 수 있을 정도의 물질적 생산수준이 확보되지 않는 저개발 상태에서 정치적 자유의 확대는 가능하지도 않으며 그것이 가능하다 할지라도 그 성질상 큰 의미를 갖지 못하는 것이므로 경제성장이 정치발전에 우선하는 것으로 생각된다.

그러나 어느 정도의 물질적 생산수준이 제고된 이후의 단계에서는 정치발전이 경제성장에 선행하는 1차적인 목표로 전환되어야 할 것이다. 왜냐하면 이 단계에서 인간다운 삶이란 물질적인 풍요 속에서 실현되는 것이 아니라 삶의 질적인 조건의 충족에서 비롯되는 것으로 생각되기 때문이다. 이 자립적 복지국가의 이념과 더불어 통일한국에

있어서는 민족경제의 이념이 실현될 것이다.

자립적 민족경제의 실현은 국민경제 내부의 경제적 관계들을 다음과 같이 변화시키는 데서 찾아질 것이다.

첫째로 사회적 생산력의 담당 주체는 민족자본가로 되고, 둘째로 민족경제의 담당 세력은 민족자본가를 포함한 민족구성원 일반이 되며, 셋째로 국민경제 내부에 완결된 자율적 재생산구조를 가능한 한도까지 추구하게 될 것이다. 이러한 목표를 위해 원격지(遠隔地)상업이론에 의한 개발방식에 우선하여 국내산업 사이의 유기적 연관성을 극대로 높이는 국지적(局地的) 개발방식을 추구하게 될 것이다. 그런데 복지국가의 이념과 자립적 민족경제의 이념은 상호 배타적인 관계에 있을 아무런 이유가 없다. 양자의 관계는 상호 보완적인 것으로 이해 가능한 것이다.

4. 통일한국 경제의 과제

1) 경제조정기구

일반적으로 시장기구에 의한 경제조정은 가계에서 소비선택의 자유와 기업에서 영업의 자유가 확보된 가운데 경제의 모든 활동이 가격을 매개로 하여 조정되는 방식을 의미한다. 그러나 이러한 시장기구의 작용에 경제의 운용을 일임한다는 것은, 이론상으로나 역사적 경험에 비추어 볼 때나 바람직하지 못하다.

이론상 시장기구가 제대로 작용하기 위해서는, 첫째로 가격이 정확한 정보를 전달하고 신축적으로 조정되어야 하며, 둘째로 경제 안에 외부효과가 없어야 하고, 셋째로 공공재의 수요가 없어야 하는 것이지만 현실적으로 이러한 조건을 충족시키는 경제는 존재 가능하지 않을

것이다. 그리고 역사적 경험에 비추어 볼 때도 시장기구는, 첫째로 경제적 불완전 고용을 실현시키고, 둘째로 불평등한 소득분배를 산출하며, 셋째로 자본의 집중, 집적(集積)과 독과점화(獨寡占化)를 심화시키는 경향을 갖고 있다.

이와 같이 시장기구는 많은 결함을 내포하고 있지만 이러한 사실이 시장기구를 전면적으로 대체할 나른 기구의 존재나 그러한 기구의 완전함을 제시하는 것은 아니다.

한편, 계획기구에 의한 경제조정은 순수하게 계획당국의 계획과 통제에 의해 경제활동을 조정하는 방식으로 시장기구에 의한 경제조정의 대안으로 제시된 것이다. 그러나 계획기구는 다음과 같은 결함을 갖고 있다.

첫째로 계획의 목표가 주로 생산력의 급속한 증대나 경제외적인 요구를 충족시키는 데 있을 뿐만 아니라 목표 결정이 비민주적인 방식을 통해 이루어질 수 있으며, 둘째로 경제계획의 불완전성으로 말미암아 생산에서 애로부문이나 분배 및 소비에서 부조화가 발생할 가능성이 높으며, 셋째로 강력한 경제적 유인(誘因)이 존재하지 않으므로 중앙당국의 강력한 감독이 없는 한 품질의 저하, 기술혁신의 소홀 등이 일어날 가능성이 높으며, 넷째로 이 결과 획일화되고 저질의 제품만 생산되어 소비자의 기호에 부응하지 못하고 소비자의 효용을 절감시킬 가능성이 높은 것이다.

여기서 우리는 시장기구와 계획기구의 장점들이 혼합된 경제조정기구를 바람직한 것으로 설정할 수 있다. 그리고 계획기구나 계획화가 어느 범위까지 작용할 것인가의 문제는 앞서 제시한 복지국가와 자립적 민족경제의 이념과 목표에 근거하여 규명될 문제이다. 복지국가의 실현을 위해 국가는 계획기구에 의해 자본축적과 고용수준을 제고하

고 강력한 소득분배정책을 추구해야 한다. 그러나 계획화는 국민의 자유 신장이라는 목표와 연관시켜 볼 때 무한히 확장될 수 없는 본질적인 한계를 지니는 것이므로 전체주의 사회를 실현하는 도구로 이용되어서는 안 된다.

이런 맥락에서 볼 때 통일한국에서 추구되는 계획화의 기본적인 성격은 강제적·명령적인 것이 아니라 지시적·교육적인 것이 될 것이다. 한편 자립적 민족경제의 실현을 위해서도 민족의지의 표현으로서 경제의 계획화에 의한 개발이 필요할 것이다.

이상의 논의를 통해 통일한국의 경제체제의 성격을 좀더 구체적으로 나타내면, 자본주의를 기반으로 하여 복지국가와 자립적 민족경제의 이념과 목표의 실현을 위해 강력한 계획화가 시도되는 형태가 될 것이며, 따라서 이의 경제체제는 계획성이 강한 영국, 스웨덴, 프랑스 등 서구 선진국형이 될 것으로 전망할 수 있다. 그리고 여기서의 경제조정기구의 운용은 테크노스트럭처에 의해 이루어지게 될 것이다.

2) 소유형태

통일한국 경제가 계획성이 강한 서구 선진국형의 체제를 갖게 된다면 민간부문에는 사적 소유의 원칙이 적용될 것이다. 그리고 공유화 혹은 국유화의 영역이 크게 확대될 것이다. 그러나 기간산업의 육성이나 공공재의 공급 등을 목적으로 하는 국유화는 응당 필요한 것이지만 그 외의 목적을 갖고 행해지는 국유화 조치는 민주주의를 유지하는 가운데 신중하게 이루어져야 할 것이다. 그리고 소유의 형태와 관련하여 고려되어야 할 것은 소유와 결합된 경제권력을 어떻게 통제할 것인가 하는 점이다. 이를 위해 첫째로, 민간부문 안의 여러 권력 간의 견제와 균형이 확보되도록 해야 한다. 이것은 한 경제권력의 지나친

확장을 통제하기 위해 그것과 반대되는 힘을 갖는 경제권력을 보호·육성하는 일이 될 것이다. 기업가의 권력과 노동조합의 권력, 생산자의 권력과 소비조합의 권력의 균형이 항상 유지되도록 해야 한 것이다. 둘째로, 이러한 민간부문 내부의 여러 권력 간의 균형이 현저히 파괴되는 경우 정부는 강력한 행정적 통제를 해야 하며 필요한 경우에는 정부가 입법을 통해 경제권력을 깊고 그 사용에 대한 결정을 정치적인 통제의 직접적인 범위 안에 두어야 한다. 독과점기업의 국유화가 그 예이다.

3) 산업구조

자립적 민족경제의 실현을 위해 통일한국 경제에서는 산업구조의 이중성과 대외관계의 종속성을 극복하는 일이 이루어질 것이다. 그중 산업구조는 다음과 같이 변화되어 이중성이 극복될 것이다.

첫째로, 국민경제를 형성하는 각 산업 간의 유기적 연관성이 최대한으로 확보될 것이다. 즉 비교생산비이론에 의한 국제적 분업관계로 말미암아 국내의 원료산업이 외국의 제품산업과의 관련에서, 혹은 국내의 제품산업이 외국의 원료산업에 기반을 두고서 개발되지는 않을 것이다.

둘째로, 산업 간의 균형적 발전이 도모될 것이다. 이 균형적 발전은 산업구조 면에서 농업과 공업 또는 소비재 공업과 생산재 공업 사이의 문제뿐만 아니라 산업조직 면에서 대기업과 중소기업, 내수기업과 수출기업 사이의 문제도 그 대상으로 하는 것이다.

셋째로, 국민경제의 주체적 조건이 최대한 충족될 수 있을 것이다. 이를 위해 외국자본의 도입은 필요한 범위로 축소되고 민족자본이 육성·개발될 것이다. 아울러 민족자본의 주체의 하나인 중소기업의 성장

이 소수의 독과점기업에 의해 저지되지 않도록 정책적인 노력을 하게 될 것이다. 왜냐하면 자본의 성격이나 산업조직에서 주체적인 조건을 충족시키는 것은 산업구조의 개편방향과 긴밀한 관련을 갖는 것이기 때문이다.

4) 기업경영과 노사관계

통일한국 경제가 계획성이 강한 서구 선진국형의 체제를 갖는다고 하면 민간부문의 산업은 사적 소유, 사적 경영의 원칙에 의해 경영될 것이다. 앞서 제시된 통일한국 경제의 이상 실현을 위해 기업의 경영에 있어 다음과 같은 변화가 이루어질 것이다.

첫째로, 기업성장의 성격이 전환될 것이다. 자본—그것의 성격이 어떤 것이든—과 노동력 투입의 양적 확대, 즉 생산요소 투입의 확대만으로 이루어지는 기업의 성장은 지양되고 기술혁신과 경영합리화를 기반으로 하는 기업성장이 추구될 것이다.

둘째로, 자산의 성격전환이 이루어질 것이다. 즉, 재무구조에 있어 외국자본의 비중이 낮아지고 점차 순수한 민족자본으로 그것을 구성해 갈 것이다.

셋째로, 기업을 지배하는 주체의 성격전환이 이루어질 것이다. 기업의 실질적인 지배력은 기업의 소유자, 즉 자본가에서 전문적 기술을 갖는 경영자 집단인 테크노스트럭처로 옮겨질 것이며, 이 테크노스트럭처는 자본가의 권력을 배제하고 극대이윤에 선행하여 사회복지 증진을 기업의 실질적인 목표로서 추구하게 될 것이다.

한편 노사 사이의 계급적 대립의 발생 가능성을 근원적으로 제거하여 합리적인 노사관계를 정립하기 위해 노동자가 테크노스트럭처를 구성하거나 테크노스트럭처에 참가하게 될 것이다.

먼저 공기업에서는 노동자의 테크노스트럭처 구성, 즉 '노동자 경영'이 실시될 것이다. 이러한 제도적 장치에 의해 노동자의 소외는 극복되고 산업민주주의가 실현될 수 있을 것이다. 그리고 일반 사기업에서는 노동자가 테크노스트럭처에 참가하게 될 것이다. 이것에 의해 기업민주화의 조건이 확보될 것이며 노사 사이의 갈등도 크게 해소될 것이다. 이와 더불어 정책저으로는 최저임금제 등의 임금보호책이 강화될 것이다.

5) 소득재분배

자본주의 시장경제의 불평등화 요인을 시정하고 합리적인 소득분배를 실현하려는 것이 자본주의 경제에 계획기구가 도입된 가장 중요한 동기라 하겠다. 계획기구는 첫째로 노동시장의 임금결정 그 자체에 압력을 가함으로써 합리적인 소득분배를 꾀하고, 둘째로 이미 성립된 분배상태를 사후에 조정함으로써 합리적인 소득분배를 꾀할 수 있다.

통일한국에서 소득재분배 정책은 강력하고도 포괄적인 사회보장제도의 실시에 의해 이루어질 것이다. 정부는 노동능력이 있는 사람에게는 사회보험을 과감히 확대하고 노동능력이 없는 사람에게는 국가부조 등 지출을 크게 증대시킬 것이다. 이러한 사회보험과 국가부조에 의해 각각 소득의 수평적 재분배와 수직적 재분배가 이루어지게 된다. 그러나 영국에서 베버리지안(案)의 의도가 충분히 성공하지 못했다는 사실에서 알 수 있듯이 사회보장의 완벽한 실현은 어려운 것이며 그것이 제대로 실현된다 하더라도 본질상 국민의 최저생활을 확보하는 데 그치는 것이므로 조세정책이나 소득원천의 확대정책 등 더 강력한 소득재분배 정책이 실시될 것이다.

6) 대외관계

자립적 민족경제의 이념과 연관시켜 볼 때 대외적으로 종속성을 극복하는 것이 통일한국 경제의 대외관계의 중심과제가 될 것이다. 일반적으로 경제의 자립이라고 하면 국제수지, 재정수지 등의 균형이나 완전고용의 달성을 그 충분조건으로 설정하고 있지만 이러한 논의는 구조적·질적 측면을 무시하고 역사발전 단계의 차이에서 유래하는 개별 국민경제의 성격 차이를 간과한 도식적인 이론에 지나지 않는 것이다.

한 국민경제의 자립이란 절대적인 의미에서 국민경제 내부의 분업체계의 확립을 뜻하는 것이 아니라 비교생산비설에 입각한 국제분업의 필요성을 선별적으로 인정하는 가운데 달성되는 단위경제 안의 상대적 분업체계의 확립을 의미한다고 할 수 있다. 그리고 이에 따라 상품시장에서도 해외시장에의 의존성이 점차 줄어들게 되는 것이다.

대외의존성을 탈피하고 자립적 민족경제를 이룩하기 위해 다음과 같은 것들이 추구될 것이다. 먼저, 새로운 산업자본이나 이미 존재하는 민족자본을 집중적으로 육성할 것이며 외국자본의 도입은 상대적으로 축소될 것이다. 이와 함께 수출시장의 다변화, 소득탄력성이 높은 상품의 개발, 상품 질의 고급화 등 수출구조의 고도화가 이루어질 것이며, 농업개발 투자를 확대하여 식량의 완전한 자급자족을 이룩함으로써 수입수요를 줄이고 불가피한 수입의 경우 그것의 수입시장을 다변화하는 등의 수입절약형 구조로의 전환이 이루어질 것이다.

《통일정책》(1979. 12; 원제 〈통일한국의 미래상, 경제분야〉)

조세부담률

제6차 경제사회발전계획이 올해로 끝나게 됨에 따라 현재 7차 계획의 확정을 위한 작업이 진행 중이다. 그런데 보도에 따르면 지난 16일 KDI에서 열린 협의회에서 7차 계획의 일환으로 중기재정운용계획(92~96년)안이 확정되었고 그 안에 따르면 조세부담률(GNP 대비 국세 및 지방세 비율)은 올해의 19.5퍼센트(추정)에서 내년인 92년에는 19.7퍼센트, 96년에는 22.0퍼센트로 높아지게 되어 있다고 한다. 이것은 곧 국민 1인당 조세부담액으로 따지면 그것이 올해의 89만 3천 원에서 92년에는 102만 3천 원, 96년에는 173만 3천 원으로 오른다는 것을 의미하는 셈이다.

물론 최종 확정되기까지에는 몇 차례의 여론 수렴과정이 있으리라고 생각한다. 그러나 나는 이 계획안만은 절대로 전문가나 각 직능단체 대표들의 의견만을 듣고 최종 확정해서는 안 된다는 점을 강하게 주장한다. 그것은 담세자인 국민들의 이해관계와 긴밀히, 그리고 직접적으로 관련된 것이므로 당사자인 국민들에게 어떤 형식으로든 직접 의견을 묻고 그것을 수렴하여 반영하는 일을 소홀히 할 때는 국민들로부터의 강한 조세저항이 우려되기 때문이다.

어떻게 보면 많은 사람들의 주머니 사정과는 유리되기 쉬운, 그래서 다소 허구적인 것으로 느껴지고 있다고 할 수 있는, GNP의 증가율을 뜻하는 경제성장률, 그것도 그 전망치를 전체로 해서 산정된 조세부담률이나 조세부담액은 현실과는 동떨어진 것이 되기 쉽다. 때문에 그 추진 내지 실시 과정에서 조세저항을 유발시킬 가능성은 얼마든지 있는 것이다.

그동안 국민의 의식수준이나 감정이 크게 달라졌음을 볼 때 정부는 그 가능성을 결코 가벼이 보아 넘겨서는 안 될 것이다. 그런 의미에서 당사자인 국민들의 의사를 직접 묻고 반영하는 절차를 통해 상호 이해관계를 조정하고 국민적 이해를 도출하는 과정은 계획안의 성공적 수행을 위해 반드시 필요한 전제라고 할 수 있다.

《내외경제신문》(1991. 8. 24)

긴축경제와 기업체질 강화

우리는 아직 '성장후퇴'(growth recession)에 직면하고 있을 뿐이고, '성장후퇴'는 일단 경기가 가장 나쁠 때의 경제성장률이 플러스인 경우의 뜻으로 해석하면 될 것이다.

(1) 불황을 어떤 사람은 단순히 경기가 나쁜 상태, 즉 한 나라 전체의 입장에 서서 생산활동 둔화·성장 둔화·실업 증가 등이 발생한 상태, 혹은 기업의 입장에 서서 자금난·수익 내지 이윤 저하 등이 발생한 상태로 보는가 하면, 또 어떤 사람은 경기가 나쁜 정도를 기준으로 해서 생산활동 둔화·성장 둔화·실업 증가 등이, 혹은 자금난·수익 내지 이윤 저하 등이 심하게 발생한 상태로만 보는가 하면, 또 어떤 사람은 경기가 가장 나쁠 때의 경제성장률을 기준으로 해서 그것이 플러스인 경우와 마이너스인 경우로 나누어서 마이너스인 경우로만 보는 것 같다.

이처럼 불황이라는 개념은 사람에 따라서 구구한 개념인 것이다. 그러면 우리가 현재 직면하고 있는 상태는 무엇이라고 할 수 있는가.

불황을 단순히 경기가 나쁜 상태로 본다면 우리는 현재 불황에 직

면하고 있다고 할 수 있을 것이다. 그러나 불황을 경기가 가장 나쁠 때의 경제성장률이 마이너스인 경우로 본다면 그렇지 않다고 할 수 있다. 우리는 아직까지는 이른바 성장후퇴(growth recession)에 직면하고 있을 뿐이라고 할 수 있다. 경제기획원의 전망에 따르면 금년의 경제성장률은 8.0~9.0퍼센트로 전망되기 때문이다. 성장후퇴는 일단 경기가 가장 나쁠 때의 경제성장률이 플러스인 경우의 뜻으로 해석하면 될 것이다. 물론 불황을 성장후퇴로 본다면 우리가 불황에 직면하고 있다고 말해도 무방함은 말할 나위도 없다.

현재로서는 긴축정책을 지속하면서 산업별, 기업별 대책과 실업대책을 병행해 가는 것이 바람직스럽다고 할 수 있다.

(2) 불황을 어떻게 보든 그 상태 아래서는 실업증가, 자금난 등의 현상이 발생하는 것은 틀림없는 일이다. 따라서 자연히 이들의 해소를 위해서 경기부양대책, 나아가서 확대정책이 필요하다는 논의가 있을 수 있다. 그러나 아직도 이들 정책이 채택되어서는 안 된다고 말하지 않을 수 없다. 즉 앞으로 긴축정책은 지속되어야 한다고 말하지 않을 수 없다.

그 이유는 다음과 같다.

우선 앞에서 본 바와 같이 우리는 아직까지는 성장후퇴에 직면하고 있다고 할 수 있기 때문이다. 분명히 금년에는 플러스의 8.0~9.0퍼센트의 경제성장률이 예상되고 있다. 그뿐 아니다. 이 수치는 비교적 큰 편이라고 할 수 있다. 사실 이 8.0~9.0퍼센트의 경제성장률은 1960년의 1.1퍼센트와 1962년의 2.2퍼센트에 비해서는 말할 것도 없고 1965년의 5.8, 1967년의 6.6, 1970년의 7.4, 1972년의 5.7, 1974년의 7.5,

1975년의 7.0퍼센트보다 높다.

둘째로는 금년에도 성장 둔화, 실업 증가, 자금난 외에 고물가와 심한 경상수지 불균형이 예상되기도 하는데, 고물가의 진정(물가안정)과 심한 경상수지 불균형의 시정을 위해서는 긴축징책이 요청되기 때문이다. 경제기획원의 전망에 따르면 물가는 도매의 경우에 24.0~25.0퍼센트, 소비자의 경우에는 21.0 - 22.0피센드의 상승률이, 그리고 경상수지는 29억 달러의 적자가 예상된다고 한다.

셋째로는 실업이냐 고물가냐의 선택에서 실업자에게도 고물가의 폐해가 미치므로 고물가의 진정에 선택의 우선순위를 주는 것이 이론적으로 바람직하다고 할 수 있기 때문이다. 고물가의 폐해는 원칙적으로는 누구에게나 미치게 되어 있다.

넷째로는 성장후퇴이든 불황이든 그것은 자본주의경제 국가들에서 과열경기의 진정을 통해서 경제체질과 기업체질을 강화시키는 역할을 하는 경기변동 내지 경기순환의 한 국면이기 때문이다. 자본주의경제는 단기적으로는 경기변동 내지 경기순환을 반복하면서 장기적으로는 성장·발전해 온 것이 사실이다. 공황은 바로 이 불황이 급작스럽게 오는 심한 것을 말한다. 불황·공황은 자본주의경제 국가들의 경제체질과 기업체질을 강화시키는 역할을 해왔다고 할 수 있다.

다섯째로는 경기변동 내지 경기순환 과정에서 발생하는 실업은 실업대책으로서 해결될 성격의 것이라고 할 수 있기 때문이다. 이때 실업대책으로서는 고용흡수효과가 큰 산업이나 기업에 대한 투자증가, 취로사업의 확대 등이 들어질 것이다.

끝으로 경기부양대책, 나아가서 확대정책은 물가안정과 경상수지 개선을 목표로 하는 경제안정화대책에 대해서 착란적인 작용을 하는 것이라고 할 수 있기 때문이다.

어떻든 현재로서는 긴축정책을 지속하면서 산업별, 기업별 대책과 실업대책을 병행해가는 것이 바람직스럽다고 할 수 있다. 그렇다면 기업은 긴축정책을 전제로 해서 성장후퇴이든 불황이든 그것을 극복해가도록 해야 할 것이다.

기업체질 강화의 길은 경영합리화, 원가절감 노력의 극대화 추구라고 할 수 있을 것이다. 그 방안으로서는 자기자본비율의 제고 및 기술개발을 들 수 있다.

(3) 앞에서 말한 바와 같이 불황은 자본주의경제 국가들에서 경제체질을 말할 것도 없고 기업체질을 강화시키는 역할도 한다. 다시 말하면 그것은 긍정적이고 적극적인 면을 갖는다. 따라서 우리 기업은 이번 기회를 체질강화의 기회로 삼아야 할 것이다.

다행히도 우리나라는 1960년대 이후에는 1960년의 1.1퍼센트, 1952년의 2.2퍼센트라는 매우 낮은 경제성장률을 경험한 일은 있어도 '0'이라든가 마이너스의 경제성장률을 경험한 일은 없다.

그러나 선진국은 말할 것도 없고 고성장기에는 경제성장률이 5퍼센트인 상태를 불황으로 우려하던 일본도 1974년에는 -1.8퍼센트의 경제성장률을 경험했으며, 또 1970년대에 들어서서 계속해서 10.0퍼센트를 상회하는 경제성장률을 경험하던 대만도 역시 1974년에는 경제성장이 거의 없었다고 해도 과언이 아닐 정도인 0.6퍼센트의 경제성장률을 경험했다.

우리나라라고 해서 일시적으로나마 앞으로 이런 상태에 빠지지 말라는 법은 없다. 따라서 각 기업은 이런 매우 어려운 상태에 앞으로 직면하게 된다고 해도 그것을 능히 극복해 나갈 수 있는 경험과 힘을

이번 기회에 충분히 쌓으며 축적해 갈 필요가 있을 것이다.

그러면 기업체질 강화의 길은 무엇이라고 할 수 있는가. 무어니 해도 그것은 경영합리화·원가절감 노력의 극대화 추구라고 할 수 있을 것이다. 이것만이 기업이 어려운 상태를 극복하며 사회적 책임을 수행하는 길이기 때문이다.

물론 기업의 사회적 책임으로 여러 가지를 들 수 있을 것이다. 그러나 염가의 양질 제품과 설비를 소비자에게 공급하는 것이 기업의 1차적 사명이라고 한다면 역시 경영합리화·원가절감의 극대화 추구가 기업의 사회적 책임을 수행하는 가장 중요한 길이라고 할 수 있을 것이다.

경영합리화·원가절감 노력으로는 여러 가지를 들 수 있다. 그러나 여기서 중요하다고 생각되는 세 가지만을 들기로 한다. 우선 자기자본비율의 제고, 직접금융비율의 제고, 다시 말하면 타인자본의존형으로부터의 탈피를 들 수 있을 것이다. 금융긴축이 이루어지기만 해도, 또 증권시장이 침체만 되어도 우리 기업이 자금난을 겪게 되어 있는 것은 바로 타인자본의존형 내지 차입금의존형인 데 기인함은 잘 알려져 있는 사실이다. 그러므로 기업은 이런 상태로부터 탈피하려는 길을 이번 기회에 찾도록 적극적으로 노력해야 할 것이다. 제조업에서는 1978년에는 자기자본비율은 21.4퍼센트이고, 차입금의존도는 48.0퍼센트이다. 물론 직접금융비율의 제고를 위해서는 적극적인 증권시장의 육성이 전제됨은 재론의 여지가 없을 것이다.

다음으로 기술개발을 들 수 있을 것이다. 기술개발만이 저렴한 양질의 제품 생산을 가능케 하며, 나아가서 새로운 상품개발도 가능케 하며 시장개척을 뒷받침해 주는 것이기 때문이다. 이 기술개발을 위해서는 이를 뒷받침해 주는 투자의 증가가 있어야 함은 물론이다.

끝으로 유류 및 자원절약 혹은 유류 및 자원이용의 효율화를 들 수 있을 것이다. 이미 고가격·유제한의 자원시대가 개막된 한 유류 및 자원의 고가격과 공급제한은 예상될 수 있는 일이라고 할 수 있을 것이다. 따라서 이들의 절약 내지 이용효율화를 위한 노력은 반드시 필요하다고 할 수 있다.

그러나 이러한 기업에 의한 경영합리화, 원가절감 노력의 극대화 추구는 정부에 의한 자극 외에 기업가 내지 경영자의 자세의 재정립의 뒷받침을 받을 때 비로소 결실을 맺을 수 있음은 말할 나위도 없다.

따라서 정부는 이런 경영합리화·원가절감을 위한 노력이 현저한 기업에 대해서 세제 및 금융상의 우대혜택을 주는 등의 조치를 취해야 할 것이다. 그리고 기업가 내지 경영자는 호황만이 계속되는 것이 아니라는 생각을 확고히 갖는 한편 불황의 기업체질 강화라는 긍정적이고 적극적인 역할을 중시하여 앞으로 어떠한 어려운 상태에 직면하게 된다고 해도 그것을 능히 극복해 나갈 수 있는 경험과 힘을 쌓으며 축적해 가는 데 솔선수범해 가도록 해야 할 것이다.

현재 우리가 겪고 있는 상태가 진정으로 우리 기업에게 값진 것, 좋은 교훈을 주는 것이 되어야 하겠다.

(4) 불황을 어떻게 보느냐는 사람에 따라서 다른 것이 사실이다. 그러나 현재 우리가 직면하고 있는 상태는 엄밀하게 말하면 성장후퇴라고 할 수 있을 것이다.

1976~78년에 계속해서 10.0퍼센트를 상회하던 경제성장률이 금년에는 8.0~9.0퍼센트로 전망되기 때문이다. 그러나 이 경제성장률은 비교적 큰 수치일 뿐 아니라 고물가의 진정과 심한 경상수지 불균형의

시정을 필요로 하는 등의 이유로 해서 경기부양대책, 나아가서 확대정책은 채택되어서는 안 된다고 할 수 있다.

현재로서는 긴축정책을 지속하면서 산업별·기업별 대책과 실업대책을 병행하는 것만이 필요하며 바람직스러운 것이라고 할 수 있다. 이에 더해서 정부도 긴축정책을 계속해서 추진하기로 한 줄 안다.

따라서 각 기업은 일단 긴축정책이 시속된다는 전제 아래에서 기업체질을 강화시킨다는 불황의 긍정적이고 적극적인 역할을 살리기 위해서 타인자본의존형으로부터의 탈피, 기술개발, 유류 및 자원절약 혹은 유류 및 자원이용의 효율화를 주 내용으로 하는 경영합리화·원가절감 노력의 극대화를 추구해 가야할 것이다. 어떻든 현재 겪고 있는 상태가 진정으로 우리 기업에게 값진 것, 좋은 교훈을 주는 것이 되었으면 한다.

《선경》(1979. 9)

기초연구 분야에 주력해야 한다

노동집약형 산업, 자본집약형 산업은 비교적 잘 알려져 있는 산업분류이다. 그러나 20년 동안에 지식집약형 산업으로 불리는 제3의 분류가 등장했다. 이것은 지식이 생산의 중요한 요소가 되는 산업을 말하며 전자, 컴퓨터, 기계, 화학 등의 이른바 하이테크산업 혹은 고기술산업이 이에 해당된다.

그런데 OECD가 1984년 11월에 발간한 자료에 따르면 유럽의 약 200개 사에 대한 앙케트 조사결과 컴퓨터, 전자공학, 정보공학, 생화학, 화학, 금속, 기계기술, 제조기술, 로봇 등 9개 고기술산업에서 미국과 일본이 1, 2위를 다투고 있음이 판명되었다고 한다.

물론 금속과 로봇에서는 분명히 뒤지고 있고 전자공학과 제조기술에서는 호각을 이루고 있으므로 미국이 나머지 5개 산업에서 일본보다 앞서고 있는 것이 사실이다.

이것은 어떻게 보면 미·일 양국이 국제경쟁력을 유지할 수 있는 유일한 산업은 이 지식집약형 산업임을 반영하는 것일는지도 모른다.

사실 양국은 모두 고(高)임금국이며 노동집약형 산업에서는 저개발국과의 경쟁력을 상실했고 자본집약형 산업에서는 현재 자본시장이

국제화해 이미 경쟁력을 상실하고 있는 중이라고 할 수 있다.

그런데 지식집약도의 높이는 연구개발투자의 높이에 따라 규정되는데, OECD의 1979년 발간 자료에 따르면 일본의 고기술산업의 연구개발투자가 전체 연구개발투자에서 차지하는 비중은 미국에 비해서는 훨씬 작다(미국 62%, 일본 42%).

그러기에 현재 미국에서는 많은 지금을 기초연구(물리학, 화학, 생물학에 의해서 대표된다)의 분야에 제공하여 세계에 공헌하고 있는 데 대해서 일본의 공헌은 지나치게 작은 것이 아닌가라는 논의, 즉 기초연구의 진보에 힘입어 발전해 온 일본의 고기술산업이 과대한 이익을 올리고 있음에도 일본은 얼마만큼 기초연구의 진보에 공헌해 왔는가라는 논의가 강해지고 있다고 한다.

《재정》(1986. 11)

말뿐인 경영합리화 지양해야

국내외의 경제전망이 불투명하다고 하더라도 우리 기업은 수출에서 활로를 찾아야 한다는 명제를 계속 지닐 수밖에 없다. 수출상품의 고급화와 국내기업 간의 지나친 경쟁배제 등이 필수적으로 따라야 하는 것은 물론이며 더욱 기본적으로는 경영내실화가 이루어져야 한다.

경영합리화, 원가절감 등이 구호에만 그쳐서는 안 된다. 경기전망이 불투명할수록 일단 불황에 직면했다는 기분으로 경영전략을 짜고 또 임해야 한다. 불황기를 눈앞에 두고 무리하게 시설투자를 한다든지 기업인수경쟁을 벌여서는 안 된다. 77~78년의 경영확장정책은 지난해 하반기에 두드러지게 나타난 일부 기업의 도산과 계열기업 처분, 대표적인 재벌기업들의 심각한 자금난 등으로 그 폐해가 입증된 셈이다.

경영내실화와 함께 기업의 사회적인 책임을 강조하지 않을 수 없다. 특히 원가상승요인을 제품가격으로 전가시키지 않고 적극적인 원가절감 노력으로 자체에서 흡수한다든지, 품질향상에 더욱 노력하는 자세가 아쉽다. 문화재단을 설립하고 병원을 지어 공공단체에 기부하는 일 등도 기업이익을 사회에 환원하는 한 형태임에는 틀림없다.

그러나 기본적으로 중요한 것은 소비자들에게 더 싼값으로 더 좋은

제품을 공급해주는 일이다. 기업의 사회적 책임도 여기에서부터 비롯되는 것이다.

원만한 노사협조체제의 구축에도 힘써야 한다. 훌륭한 제품은 직장을 내 몸 같이 아끼는 근로자들의 지세가 다듬어져 있을 때에 가능한 것이다. 금전적인 처우개선은 물론 복지후생시설의 확충 등 작업환경 개선이 시급히 이루어져야 한다. 근로조건이 개선된다면 노사협조는 원만하게 이루어질 수 있을 것이다.

또한 기업의 자금조달방식에 전기가 마련되어야 한다. 지난해에 이어 올해에도 정부의 금융긴축시책은 불가피한 실정이다. 전통적인 은행 의존형에서 급격히 전환한다는 것은 어려운 일이지만 직접금융의 폭을 점진적으로 넓히려는 노력을 해야 한다.

《경향신문》(1979. 1. 4)

대담

장외(場外)가 지배하는 경제*

우리 경제 '과락'(科落)이 많다

최청림 요즘 우리 경제가 어렵다, 경기가 나쁘다는 말들이 많이 있습니다. 특히 수출실적이 크게 저조해서 3월 들어 반짝하고 나아지는 것 같더니 4월부터는 다시 주춤하고 있습니다. 늘어도 시원치 않은 판인데 오히려 작년에 비해 떨어지고 있습니다. 이래가지고 정부가 계획한 경제성장 목표를 달성할 수 있겠냐고 우려하는 사람이 적지 않습니다. 선생님께서는 요즘 경기를 어떻게 보시는지요.

변형윤 여러 가지 요인을 안고 있는 경기를 한마디로 말하다 보면 장님 코끼리 만지는 식이 되기 쉽겠습니다만 우선 정부가 발표하는 경기선행지표 등을 봐도 경기가 나빠지고 있는 것은 사실인 것 같습니다. 물론 매우 나쁘냐, 비교적 나쁜 편이냐의 견해 차이는 있을 수 있겠지요. 그러나 그 같은 수치개념, 평균개념을 차치해 두더라도 여러 부류의 승객을 태우고 다니며 이런 말 저런 얘기를 자주 듣는 택시

---

* 1985년 6월 당시 조선일보 경제부장 최청림(崔青林) 씨와의 특집대담 〈시국을 토론한다〉의 내용.

운전기사에게 물어보면 '경기가 나쁘다'고 말하는 승객이 훨씬 많다고
합니다.

최청림 지난 1월부터 3월까지의 경기선행지수를 보면 계속 마이너
스를 나타내고 있음을 알 수 있습니다. 최근의 경기선행지수도 계속
감소될 추세를 보이고 있습니다. 다시 말하면 경기가 앞으로도 회복
조짐을 보이기 어렵지 않겠느냐는 얘기죠. 경기동행지수는 0.1퍼센트
이나마 증가한다고 하지만 제자리걸음이나 마찬가지 아니겠습니까?

변형윤 그래서 한국개발원(KDI)이 조심스럽긴 하지만 정부가 계획
한 올해 경제성장률 7.5퍼센트는 무리라고 보는 것도 그 같은 실상을
파악했기 때문이겠죠.

최청림 사실 정부의 성장목표는 이렇게 하겠다는 의욕지수도 포함
된 것이니까요. KDI는 올해 성장률을 6.8퍼센트로 조심스럽게 낮춰
전망하고 있더군요. 그러나 외부에서 우리를 보는 눈은 더 가혹한 것
같습니다. 홍콩 국제금융시장에서는 올 한국의 경제성장률을 4.5퍼센
트로 내다보고 있습니다. 말을 안 하려들긴 하지만 한국은행에서도
5~6퍼센트로 잡고 있고 우리의 경쟁국인 일본도 우리의 성장률을 5
퍼센트 정도로 보고 있습니다. 이것이 모두 경기가 위축되리라는 예측
에 따른 진단이랄 수 있겠습니다. 하나같이 이런 식으로 우리 경제가
예상보다 위축된다고 보고 있는데 그 같은 경기침체가 경기순환론에
따른 일시적 주춤현상이냐, 아니면 구조적인 문제 때문이냐를 따져보
고 싶습니다.

변형윤 우리 경제의 침체현상은 실상 79년부터 나타나고 있는 경향
이라고 봅니다. 기업의 원가상승압력을 덜어주기 위해 금리도 낮추고
수출을 확대하기 위한 진흥정책 등을 쓸 때는 약간 나아지는 듯 보이
다가 그것이 줄어들면 다시 제자리로 되돌아가곤 했습니다. 제 실력이

아니라 남이 떠받쳐 줄 때는 표면적인 결과가 좋은 것으로 나타나 잘
되는 것처럼 착각을 일으키게 한다고나 할까요. 그런데 지원의 손을
놓아버리면 주저앉게 되는 거죠. 따라서 요즈음의 경기는 경기순환론
에 의한 일과성(一過性)의 불황이라기보다 분명히 구조적 결함에 따른
경기침체현상으로 봐야 할 겁니다.

경제의 앞길에 안개가 자욱

최청림 누군가 그런 말을 하더군요. 우리 경제는 총점으로 보면 합
격인데 주요 과목에서 과목낙제가 많다고 말입니다. 건설, 해운, 합판
등 수출 대종산업은 내리막길에 접어들었고 섬유, 신발, 기계산업 등
이 휘청거리는 것을 보면 과락이 많다는 거죠.

경제 전반을 훑어보면 겉으로는 그럴듯한데 업종별로 하나하나 뜯
어보면 내세울 만한 경쟁력 있는 종목이 없는 실정이라는 뜻입니다.
특히 해외건설과 해운은 골칫거리입니다. 그렇다면 뭐가 있느냐, 전자
산업이 있기는 합니다. 그러나 전자제품도 VTR, 컬러TV 등을 제외한
이른바 첨단산업 제품은 경쟁력이 낮아 어려운 형편이라고 합니다.

64KD램이 개당 1달러 70센트로 양산체제에 들어갔다고 하나 일본
은 70~80퍼센트, 현물시장에서는 50센트에 덤핑 판매되고 있습니다.
자동차 및 부품사업은 유망하긴 합니다만 아직 초기단계라서 일반관
리비 정도를 뽑는 수준일 뿐 돈을 벌어들이는 단계에는 이르지 못하
고 있다고 합니다. 이렇게 변변한 업종이 없고 문제 산업이 너무 많다
는 것이 곧 구조적 문제라는 지적도 있습니다.

변형윤 그동안 지나치게 수출만 외치다 보니 수출과 내수산업이 밀
착되지 못한 채 유리돼 실속을 차릴 여유가 없었습니다. 수출만 하면

여러 가지 면에서 혜택을 주니까 긴 안목을 갖고 장래에 대처하는 지혜가 부족했습니다. 내가 잘 아는 중소 봉제업체의 경우 2~3년 선부터 '앞이 불투명하다'면서 새 업종으로의 전환 움직임을 보이더군요. 그러나 많은 기업들이 수출혜택에 눈이 어두워 멀리 내나보지 못하고 오늘에까지 와버렸다는 느낌입니다.

최청림 우리 산입이 왜 경쟁력이 없느냐 하면 과거의 정책과 연관될 수밖에 없을 것 같습니다. 정부가 너는 뭐해라, 너는 뭐해라 하고 일일이 업종을 지정해주고 은행융자다, 관세보호장벽이다 하는 식으로 지원해줬습니다. 게다가 고도성장에 따른 인플레경제로 내수나 수출에서 손해 봐도 공장부지다 뭐다 하는 시설물 값이 인플레 덕으로 턱없이 올라 채산을 맞출 수 있었습니다. 경영기반이나 내실을 다지지 않아도 기업은 살아남았어요. 그 결과 기업체질은 약화됐고 급기야 경쟁력 저하, 수출부진 등으로 이어지는 것 아니겠습니까?

변형윤 기업체질 강화 얘기는 오래 전부터 강조돼 왔습니다. 물론 기업하는 사람들이 더 잘 알고 있었겠죠. 그러나 현실에 얽매여 끌려갔고 체질은 더욱 약해져 손질하기 어려운 상태에까지 이른 것 같습니다. 고질병이 되었다고 하면 좀 심한 표현일 것 같습니다만 어쨌든 쉽게 해결하기 어렵게 돼있습니다.

최청림 정책하는 사람들도 병의 심각성은 내심 인정하는 것 같습니다. 다만 겉으로는 인정을 안 해요. 인정하면 골치 아프거든요. 우선 자리보전이 어려워지고 여러 가지 파급효과가 엄청나게 크거든요. 그래서 숲에 들어가면 죽은 나무도 있는 것 아니냐는 식으로 별것 아닌 일처럼 끌고 가려고 합니다. 그리고는 다음 사람에게 문제를 떠넘기는 것이죠. 결국 책임 안 지려는 무사안일 때문입니다. 그래 놓고는 그만두고 난 후 개인적으로 만나보면 그때 그 정책은 이렇게 했어야 했다

고 솔직히 털어놓은 고위관리도 있어요.

요즈음도 수출부진, 경기침체 국면을 보고도 결코 불황이 아니라고 강변하고 있지 않습니까. 그래 놓고도 속으로는 겁나는지 민간신용을 슬슬 풀어가고 환율을 연동화시키는 등 대책을 펴고 있습니다.

안정기조 포기한 것 아닌가

변형윤 안정기조를 지킨다고 하면서도 사실을 들여다보면 확대정책을 쓰고 있는 셈입니다. 올 들어 환율 굉장히 올랐죠? 아마 작년 1년 동안 오른 만큼 이미 4월 말까지 다 올랐을 겁니다. 현상이 불황이라면 현상을 인정하고 어떻게 하겠다는 비전을 제시해야지, 겉으로는 아니라고 하면서 속으로만 인정하는 식은 정책의 신뢰성 측면에서 곤란합니다.

최청림 안정화시책은 이미 깨졌고 경제기조가 흔들리고 있다는 말씀이신지…….

변형윤 안정적 성장이란 말은 언뜻 보기엔 좋죠. 그러나 실제는 지금까지도 안정보다 성장에 비중을 더 둬왔습니다. 정부관계자들은 안정화시책으로 물가가 안정됐다고 기회 있을 때마다 자랑하지만 그게 어디 정책을 잘해서 안정된 겁니까? 석유값 등을 비롯한 해외원자재 가격의 안정 덕으로 물가안정이 이룩됐다고 봐야죠. 오히려 일본이나 대만 등 경쟁국보다 물가상승률이 더 높아 경쟁력이 약화됐다는 측면까지도 있는데 말입니다.

최청림 저는 물가안정에 관해서는 일단 어느 정도 점수를 줘도 괜찮지 않을까 합니다. 물론 저임금 저금리, 예산동결 등 저물가정책으로 인한 폐해는 있었습니다만 그래도 같은 조건에서 중남미나 이스라엘

같은 나라의 인플레 예를 보면 우리가 한 자리 숫자에서 안정시켰다
는 것은 중요하다고 봅니다.

변형윤 그런 점은 있어요. 우리가 당면한 문제 중 외채문제가 중요
포인트인데 외채란 국제수지적자가 쌓이면서 더욱 많아지고 있거든요.
따라서 물가를 안정시켜야 국제수지 적자폭이 줄고 외채를 감축해나
갈 수 있습니다. 결국 안정화시책을 펴나갈 수밖에 없었는데 그런 점
은 정부의 공로라고 봐야 하겠지요. 그러나 다른 측면의 희생이 너무
컸다는 점은 꼭 지적하고 싶습니다. 특히 임금을 억눌러서 물가를 안
정시키는 방법은 찬성할 수 없습니다.

지금처럼 근로자들에 대한 여러 가지 혜택이 주어지지 않은 상황에
서 물가안정을 이유로 저임금 상태를 정당화시키는 것은 비판하고 싶
습니다.

최청림 임금인상을 지나치게 억눌러서 사회적 빈곤감이 팽배해가는
경향은 경계해야 합니다. 계층 간의 이해를 조화시키는 데 실패한 결
과 노사분쟁이 잇달아 일어나고 있는 것 아닌가도 싶습니다.

변형윤 물가안정 바라지 않는 사람이 누가 있겠습니까. 소득분배 면
에서도 인플레는 근로자에게 불리합니다. 물가가 오르면 오를수록 소
득격차는 더욱 심해지죠. 그런 측면에서 물가는 안정돼야 합니다. 그
러나 물가안정이 물가고정은 아닙니다. 예컨대 물가가 오른다고 해도
옛날처럼 20~30퍼센트 하는 식이 아니라 일반사람들이 받아들여 견
딜 만한 수준, 즉 합의될 만한 선이 있다면 그리 끌어가면서 다른 쪽
이 희생당하지 않도록 배려하고 조화해 나가야 된다고 봅니다.

갈 때까지 가놓고 나중에 노사문제 등 부작용이 터져 나온 후에 땜
질하려는 식은 곤란합니다. 그런 조화와 조정의 역할을 맡으라고 정부
가 있는 것 아니겠습니까.

의식주의 가격안정이 중요

최청림 물가가 오르면 빈곤자는 더욱 빈곤해지고 부자는 더욱 부자가 되죠. 인플레는 가난한 사람의 돈을 부유한 사람에게 몰아주는 제로섬 게임이니까요. 문제는 물가안정이 성장의 전제조건, 즉 수단인데 그것이 마치 목적인 것처럼 혼동해서 물가안정을 위해서는 모든 것을 희생해야 된다는 식은 말이 안 되죠. 경제운용이란 농민, 노동자의 이익도 대변하면서 경제를 이끌어 가야 하는데 무슨 고지정복을 위한 작전처럼 '무조건 돌격' 식으로 끌고 가는 것은 안 됩니다. 물가안정을 이루는 과정에서 신축성과 유연성이 적다는 점은 비판이 많은 것 같습니다.

그렇다고 해서 어떤 때는 총통화증가율을 20몇 퍼센트로 했다가 어떤 때는 9퍼센트대로 가고, 금리를 대폭 내렸다가 다시 올리는 등 종잡을 수 없게 정책을 끌어가는 것을 신축성이라고 보기는 곤란합니다. 이유야 물가안정에 있다고 하는데 너무 솜씨가 서툴러서 운용의 묘미를 살리지 못하는 것 같습니다.

변형윤 물가가 안정됐다고 하나 중요한 것은 생활필수품 값의 안정입니다. 전체 물가가 안정됐으면 뭐 합니까. 서민들이 피부로 느끼는 장바구니물가가 안정돼야죠. 즉 먹는 것, 입는 것을 비롯해서 주택, 교통수단 등의 이용가격이 싸야 합니다.

최청림 대만에 가봤더니 경제정책이라는 것이 아주 미시적으로 세분돼 있더군요. 우리는 국민소득, 경제성장률, 수출 등 정책목표가 거시적인데 비해 대만은 식(食), 의(依), 주(住), 행(行: 교통), 육(育), 낙(樂: 오락) 등 6가지를 기본목표로 삼고 있는 것이 인상적이었습니다. 우리는 과거 너무 큰 목표에 집착해서 정작 중요한 점을 등한시한 경

향이 없지 않습니다. 더구나 아직도 절대빈곤층이 상당수 있는 실정이니 더욱 그렇습니다.

변형윤 사실은 그것이 중요한 것입니다. 아까는 중남미, 이스라엘이 물가가 많이 오른 나라라는 지적이 있었는데 인플레는 심했지만 식품료는 안정돼 있어요. 돈 있는 사람이 별도로 사 쓰는 물건 값은 비싸지만 서민들의 생활필수품값은 안정돼 있습니다. 중남미를 봐도 몇 백 퍼센트씩 물가가 오르는 가운데서도 고기값이 쌉니다. 일부 국가는 식료품값이 세계에서 가장 싼 나라에 속하기도 합니다. 나는 대만처럼 6가지는 아니더라도 의, 식, 주, 행만이라도 안정시키는 것이 중요하다고 생각합니다.

최청림 사실은 국민의 기본수요를 잘 충족시켜주는 나라가 잘사는 나라 아닌가 싶습니다. 이집트 카이로에 간 적이 있었는데요. 빵 폭동이 일어났더군요. 정부보조금이 줄어 빵 값이 올라서 폭동이 일어났다는 겁니다. 최근 이집트 아래 수단의 누메이리 대통령이 쿠데타로 쫓겨났는데 주요한 이유가 빵값을 대폭 올려 국민들의 반감을 샀기 때문이라는군요. 필리핀에서는 주(住) 폭동이 일어난 적이 있습니다. 국민의 5퍼센트가 국부의 90퍼센트를 점유하고 있는 나라가 필리핀입니다. 집 없는 사람들이 부자동네에 쳐들어가 집을 부수고 난동을 편 일이 있었습니다. 이 같은 폭동들은 우리에게도 시사하는 바가 많은 줄로 압니다.

상대적 빈곤이 왜 생겼느냐, 그 이유는 사회지도층 인사들이 너무 흥청망청하는 것을 많이 보여줬기 때문이라고 봅니다.

변형윤 좋은 지적입니다. 최근 TV를 보면 지나치게 호화로운 쇼가 많이 나오고 먹고 마시는 잔치를 자주 보여주는 데 고쳐야 합니다. 사회지도자들이 근검절약을 솔선해서 보여줘야 합니다.

유휴시설로 투자효과 올릴 수도

최청림 투자 얘기 좀 해보시지요. 경제성장이란 투자의 증가, 소비, 수출의 증가에 의해 이룩되는 것인데 그동안 투자가 부진해서 성장잠재력이 줄어들고 있다고 합니다. 건축허가면적, 기계출하지수 등 생산적 투자지표를 보면 상당히 부진한 모습입니다. 그 대신 빌딩이나 유통산업 먹고 마시는 산업 즉 소비성투자는 늘어나고 있습니다.

변형윤 투자가 부진하다는 것은 기업들이 자기들 입으로 얘기하고 있으나 틀림없는 일인 것 같습니다. 그러면 왜 투자가 부진하냐, 그것은 두 가지의 측면이 있습니다. 첫째는 앞이 불투명하기 때문일 것입니다. 불투명한 안개를 걷어주는 일이 정부가 해야 할 일이 아닌가 합니다. 둘째는 투자에 대한 기대이익이 적다는 점입니다. 기업이 투자를 해야 된다는 당위성은 인정하면서도 실제 투자해서 손해 본다면 누가 투자하겠습니까?

그렇다고 해서 옛날식으로 세금감면이나 금융혜택 식으로 해결하려고 하면 새로운 문제가 발생합니다. 그 방법 말고 우리 기업들이 갖고 있는 많은 과잉시설, 유휴시설들을 이용하는 것도 한 가지 방안이 될 수 있을 것입니다. 최신식 시설 등 꼭 해야 할 것은 제외하고 남아있는 시설을 가동하는 것이 이미 투자된 것을 이용한다는 점과 신규투자를 하지 않아도 된다는 이중의 효과를 올릴 수 있을 것입니다.

최청림 미래가 불확실해서 투자가 안 된다는 말씀에 전적으로 동감입니다. 기업인들의 말을 들어봐도 장기 비전의 예측이 불가능해서 선뜻 투자를 할 생각이 안 든다는 겁니다. 그러면 왜 그렇게 장래가 불확실하냐 하면 제가 볼 때는 경제정책에 문제가 있는 것 아니냐 하는 생각입니다.

특히 요즘은 총선거 후 재야인사들이 전면에 나서는 등 정국이 불투명하고 노사분규, 학원문제 등이 복잡하게 얽혀들어 민주주의의 판이 깨지는 것 아니냐는 불안감마저 갖고 있습니다. 세계 어느 나라를 봐도 정치아 사회가 불안하면 투자가 이루어진 예가 없습니다. 정치 사회분야에 불투명한 안개가 끼어있으니 ……. 위험부담이 크기 때문이죠.

변형윤 안개를 없애려면 단기 처방보다 근본적인 치유를 할 수 있는 장기처방이 아쉽습니다. 정책을 잘 이끌어가야 할 텐데 말입니다.

최청림 사실 지금이 투자해야 할 시기인데도 투자가 생산적인데 보다 급하지 않은 비생산적인 분야에 몰리고 있다고 우려하는 의견이 높습니다. 50년대에 영국은 경제적으로 독일보다 강국이었습니다. 그 후 영국은 금융, 유통업 등 비생산적인 분야에 투자를 편중했습니다. 그 대신 독일은 정부의 지도로 철강, 기계 등에 투자했습니다. 그 결과 60~70년대에 들어와 독일은 경제 모범국으로 부상했습니다. 영국은 생산성이 낮아지고 따라서 임금도 낮아 노동쟁의가 잦아지는 등 많은 문제가 들어나 경제대국의 대열에서 뒤떨어져버리고 말았습니다. 최근 들어서는 독일경제가 주춤거리는데 그 이유는 기업인들이 70년대 이후 첨단기술 투자에 등한시했고 근검절약하던 국민들이 먹고살 만해지니까 흥청거렸습니다. 그 결과 독일경제가 상당히 어려워지고 있다고 합니다. 그러한 현상을 우리는 타산지석으로 삼아야 할 것 같습니다.

변형윤 수출을 안 하면 안 되는 기업은 투자를 하지 말래도 투자를 합니다. 문제는 투자대상인데도 우선순위가 낮은 쪽에서 순위가 높은 시설투자 쪽으로 유도하는 정책이 필요하겠죠.

'장외경제'(場外經濟)의 입김은 신뢰성 해쳐

최청림 경제정책이라는 것은 어떤 종류의 것이든 성패의 관건이 신뢰성 여부에 있다고 봅니다. 그런데 아까도 말이 나왔습니다만 안정화 시책을 편다고 해놓고 뒤로는 슬금슬금 확대정책을 쓰고 있습니다. 정책이 불신을 받으면 반드시 실패하고 만다는 것이 역사의 교훈입니다. 그래서 말씀인데 우리 경제정책이 잘못되고 불신 받는 이유로 경제권 외의 입김도 하나의 몫을 차지하는 것 아니냐는 의견도 있습니다.

요새 장외정치라는 말이 유행하고 있는데 경제에도 '장외경제'가 있다는 얘기입니다. 기업투자가 경제원리에 의한 것이 아니라 외부의 입김으로 좌지우지되는 경우가 많다는 것입니다. 그래서인지 뒷얘기, 소문, 루머가 난무합니다.

변형윤 이른바 정경유착이라는 말로 표현할 수 있겠지요. 누가 누구를 도와준다, 누가 배경이다, 어떤 인간관계를 맺고 있다는 말이 나돌고 있습니다. 경제가 정치의 영향을 전혀 안 받을 수는 없다고 봅니다만 정도 문제지요. 정치인이나 권력을 행사하는 위치에 있는 사람들이 자제해야 됩니다. 능력이 있고 자금여력이 있는 기업들이 스스로 투자를 해야지, 아는 사이니까 기업을 인수토록 한다든가 하면 안 되지요.

최청림 경제논리는 경쟁이고 경쟁은 공정성이 전제돼야 합니다. 따라서 기업 활동도 합리성, 도덕성이 강조되는 것입니다. 현재 그 같은 '장외경제'의 입김은 그런 의미에서 우리 기업의 장래를 위해 불행하다고 할 수 있습니다. 최근 부실기업 정리에 관여하고 있는 은행사람들이나 공무원과 대화해보면 사방에서 압력을 많이 받는다고 합니다. 그 얘기는 결국 부실기업을 도와준 사람들이 있다는 얘기죠.

변형윤 장외경제권에서의 힘이 강하게 작용하고 있다는 반증이군요.

최청림 경제정책의 불신이 가져오는 좋은 예가 있습니다. 금세기 최고의 위대한 경제학자라는 슘페터 박사가 오스트리아 재무장관을 했는데 경제정책에 실패해서 단명으로 끝나고 말았습니다. 실패 이유는 우선 관리들이 협조하지 않았고 기업이 소화 못하는 이상적인 정책을 편 데다 국민의 습성과 수준이 정책과 맞지 않았기 때문이라는 것입니다. 이렇게 이상이 좋아도 현실과 조화 안 되면 정책이 성공할 수 없는데 이상조차도 문제가 있다면 얘기가 안 되는 것입니다.

변형윤 나도 그 비슷한 얘기를 들었는데 '돈을 버는 법'이라는 책을 써서 베스트셀러 작가가 된 사람이 주식투자에 실패해서 책 써서 번 돈을 모두 까먹었다고 하더군요. 같은 이야기지요. 최근 문제가 되고 있는 소값 같은 것을 보면 정책의 신뢰성이나 일관성이 얼마나 중요한 지 실감납니다. 수입을 권장할 때는 언제고 손해 보게 되니까 농민에게 손해를 감수해야 된다고 하는 식이니 농민들에게 정책 당국의 말이 먹혀들겠습니까? 누가 그러는데 농민들은 정부가 시키는 반대로 하면 이익 본다고 생각한답디다. 소를 팔라면 사고, 사라고 하면 판다는 것입니다. 그래야 손해를 덜 보는 것을 체험적으로 알고 있기 때문이라는 겁니다.

최청림 소값 문제는 사실 농정책임자에게 근본적인 잘못이 있다고 봅니다. 제가 농수산부의 고위 관계자와 만난 일이 있는데 '소값 문제는 사정이 있었다'고 변명하더군요. 소값이 좋으니까 어떤 사람들이 수입하도록 권장, 정부가 수입을 했다는 것입니다. 저는 그 말을 듣고 아찔했습니다. 비경제권의 작용이 있었다고 하더라도 장기안목으로 수요공급을 예측하여 정책을 펴나가야 할 위치에 있는 사람이 정책입안자의 자리에 있었다니 한심한 생각이 들었습니다.

변형윤 이제는 실업문제로 넘어가 보기로 할까요.

실업이 사회분위기 해칠 위험도

최청림 올 들어 3월까지 평균 실업자가 70만 명 선이라고 합니다. 정부통계로는 4월 중 실업률이 5.4퍼센트라고 하는데 통계방법에 문제가 있습니다. 1주에 한 시간만 일해도 고용인구에 포함되고 있습니다. 우리나라 국민들의 1주 평균 근로시간이 54시간으로 세계최고라는데 1주 1시간 근로자를 상근근로자라고 볼 수는 없겠지요.

변형윤 실업자가 많다는 것은 취직경쟁이 격심해졌다는 점에서 쉽게 알 수 있습니다. 1월에서 4월까지는 농한기라서 실업자가 늘어난 것처럼 보일 수도 있겠지만 다른 분야까지 그렇다면 중대한 일이죠. 실업문제는 사회가 흡수할 능력을 크게 상회하는 대학정원에도 이유가 있을 것입니다. 그래도 대학졸업생은 어떻게든 자기 살 길을 헤쳐 나간다고 봅니다만 그렇지 못한 수준에 있는 사람들에게 실업문제는 생존과 직결돼 있으니 걱정이 되는 것입니다. 해결방법은 옛날식으로 인플레정책이나 확대경제보다 성장률이 낮아도 고용효과가 높은 농업, 중소기업 등을 중시하면 해결의 길이 있다고 봅니다.

최청림 경제는 곧 먹고 살 일자리를 주는 일입니다. 최근 실업의 구조를 보면 절대 실업자 수보다 고학력실업, 노령실업 등 배운 사람들이 많습니다. 그들의 일자리가 없으면 정부에 대한 불만세력이 될 수 있습니다. 체제유지를 위해서도 지식층 숙련실업자가 없어야 합니다. 그러나 50~55세만 되면 자리에서 물러나야 하는 현실에다 의식화된 학생, 노동자, 농민 등 불평세력이 합세되면 사회분위기를 악화시키는 데 큰 영향을 발휘하게 될까 걱정입니다.

변형윤 물론 그런 고급 실업자 대책도 마련돼야 하겠습니다만 나는 그보다 자기 힘으로 헤쳐 나갈 능력이 부족한 사람들에게 정책 비중

을 더 두어야 한다고 생각합니다. 그런 다음에 고학력 실업자문제를
해결해야 될 것으로 봅니다.

최청림 1퍼센트 성장하면 5만 명을 고용으로 흡수할 수 있다고 합
니다. 따라서 인구증가율을 감안하면 매년 7~8퍼센트씩 성장을 해야
한다는 것이 확대경제정책의 이론적 배경이었습니다. 그런 이론에 따
라 확대성장정책을 펴려면 자본축적이 없는 우리는 외채를 끌어와야
합니다. 그런데 우리 외채가 얼마입니까. 현지금융을 포함하면 5백억
달러에 이르고 있습니다. 그러니 외채를 더 쓸 수도 없는 상황입니다.
오히려 외채를 줄여가야 할 형편입니다. 결국 고용을 늘리려면 외채를
써야하는데, 외채는 더 쓸 수 없는 형편이니 실업을 감수해야 된다는
얘긴데, 실업은 현실이란 말입니다.

변형윤 그래서 주장하는 것인데 말입니다. 고용효과가 높은 농촌,
중소기업을 중시해야 된다는 말입니다. 농촌에 중소기업형 공장을 세
우고 도시 실업인을 농촌으로 흡수해야 합니다. 그리고 희망이 없는
대기업에 구제금융을 하지 말고 그 돈을 중소기업에 돌려야 합니다.
대기업 1개에 주는 돈이면 중소기업 수백 개를 지원할 수 있습니다.
또 인구의 30퍼센트를 점하는 농촌을 더 이상 피폐화시켜서는 안 됩
니다.

빈부격차문제 해결방안 시급

최청림 경제의 효율성과 관련해서 생기는 부수적 실업문제도 있습
니다. 경제의 효율을 위해 기계화 및 자동화로 가긴 가야 하는데 기계
화는 고용감소의 역효과도 있거든요.

변형윤 첨단산업은 육성해가야 합니다. 그러나 실업자문제를 고려

해가면서 육성해야 합니다. 우리가 가야 할 길이 그 길인 것만은 틀림없습니다. 그러나 첨단산업 육성을 중화학투자 하듯이 정부 주도로 되풀이하면 안 됩니다. 기업이 스스로 하도록 유도해야 합니다. 거듭 말하지만 그렇게 기업이 첨단산업으로 가도록 하면서 고용문제는 농촌, 중소기업 쪽에서 해결방법을 찾아야 한다는 것입니다.

최청림 요즈음 사회가 술렁이는 이유 중 하나도 실업자 문제가 촉매작용을 하기 때문이라는 위험한 느낌도 듭니다만 그 같은 근로자의 외침이 반드시 실업이나 임금에만 있다고 보지 않는 시각도 있는 것 같습니다. 당면문제는 민주화 요구가 큰 비중을 차지하고 있다고 보는 사람들이 많습니다. 민주화의 요구는 평등 욕구라고 볼 것입니다. 산술적 평등은 안 되고 효율적 평등이어야 하는데 산술적 평등을 요구하는 경향이 짙습니다.

변형윤 사실입니다. 과거 고도성장장기에 인플레를 감수하며 지내는 동안 빈부의 격차가 더 크게 벌어졌습니다. 그 전에는 거의 같은 처지였다고 생각하는 빈(貧) 계층이 부(富) 계층에 대해 '네가 뭐 잘났느냐, 너나 나나 마찬가지다'는 사고방식이 머릿속을 지배하고 있습니다. 그런 심리가 작용하여 평등화 요구로 이어지고 있는 것 같습니다.

최청림 과거 정부가 국민들에게 '참아라, 참아라' 했는데 참는 대상이었던 근로자 및 농민들이 '계속 참다 보니 집도 절도 없더라, 참아보니 옛날 그대로다'라고 현실에 불만을 터뜨리고 있는 셈입니다.

변형윤 그것이 바로 자본주의의 약점입니다. 우리가 자본주의 체제, 시장경제 체제를 채택하여 길을 걷기 시작했을 때 자본주의의 가장 아픈 측면에 신경을 썼어야 합니다. 그러나 불행하게도 그렇지 못한 측면이 많았습니다. 특히 분배문제를 등한시했습니다. 이제부터라도 그런 약점을 해결하는 데 노력을 기울여야 합니다. 정부가 약한 계층

에만 강한 자세를 보여서는 안 됩니다. 사회지도층이 근검절약하여 계
층 간의 위화감을 좁혀가야 합니다.

최청림 자본주의와 매치되는 정치체제는 자유민주주의 아니겠습니
까? 민주주의와 자본주의는 동전의 앞과 뒤 같은 관계입니다. 사본주
의 원리나 민주주의 원리가 모두 경쟁과 자율입니다. 자본주의 잘하면
민주주의 잘되고, 민주주의 잘하면 자본주의 잘됩니다. 이런 체제에서
자율화, 민주화 요구는 당연한 것이고 경제에 대한 비판도 자유로워야
할 것입니다.

부실기업 정리 빠를수록 좋다

변형윤 부실기업 얘기 좀 합시다. 한 때 외화벌이의 총화였던 해외
건설과 해운이 문제아로 변했습니다. 이 두 개 업종이 진 빚만 수조원
이라는 천문학적 수치입니다. 원론적인 말이지만 부실기업은 정리가
빠를수록 좋습니다. 회생 가능성 없는 기업에 구제금융을 내주면 빚
안지고 열심히 기업을 운영해 나가는 기업가는 허탈감을 갖게 될 것
입니다. 열심히 기업 할 필요가 없지 않겠느냐는 생각을 갖게 만든다
면 큰일입니다.

최청림 회생 가능성 없는 기업을 정리하지 않으면 금융기관이 부실
화됩니다. 밑 빠진 독에 물 붓기 식 지원이 과거 많았습니다. 건설, 해
운업체가 지고 있는 은행부채가 은행 전체 자본금의 2.4배나 됩니다.
실제로 은행들은 모두 문을 닫을 지경이 됐다고 봐야겠습니다. 다만
경제의 심장인 은행의 공신력 등 때문에 도산하도록 방치할 수 없어
한국은행의 특별지원, 즉 발권력에 의존하게 됩니다. 한은의 발권력에
의한 지원은 결국 국민의 부담으로 돌아가게 됩니다. 수술하면 살아날

것과 수술해도 죽을 것을 가려 결단을 내려야죠. 그러나 그러지 못하는 핑계는 있습니다. 부실기업을 정리하면 사회에 충격을 준다는 것이죠. 그래서 우물쭈물 하는 경향도 있습니다. 종업원 문제, 대외공신력 관계 등을 거론합니다만 실제로는 조금만 힘이 있어도 그 기업은 정리대상에 들어가지 않는 경우도 있습니다. 기준과 원칙이 없고서야 정리되는 기업도 승복하지 않을 것입니다.

변형윤 타당하고 합리적인 기준에 의거, 부실한 기업은 빨리 정리해야 되겠지요. 당사자야 이유도 있겠고 사정이 딱하기는 합니다만 대를 위해 소를 희생해야지요. 원래 구제금융이란 미국 크라이슬러 회사처럼 살아날 기업에만 해줘야지 못 살아날 기업에 돈을 주면 국민경제에 큰 멍울을 남기게 됩니다.

최청림 은행들은 돈이 없다고 아우성입니다. 구제금융식의 대출행위 때문이라고 봐도 과언이 아닙니다. 그러다 보니 건전기업은 지원을 못 해주고 잘 못하는 기업만 돈 얻어 쓰는 것이 현실입니다.

그것은 건전한 기업의 투자가 부진한 요인도 됩니다. 조금만 밀어주면 금방 좋아질 중소기업이 어려움에서 벗어나기 힘듭니다. 어떤 중소기업을 경영하는 사람의 말이 1백억 원만 지원해주면 생산량과 이익을 50퍼센트 이상 늘릴 수 있다고 눈물을 흘리더군요.

변형윤 안타까운 일입니다. 구제금융 준다고 살아난다는 보장이 없으니 장기적으로는 더 나쁜 상태에 빠지게 됩니다.

최청림 부실기업정리문제는 어떻게 보면 단순한 경제문제가 아닌 사회·정치문제라고 할 것입니다. 사회정의적인 측면에서 사회 위화감을 조성하게 됩니다. 단순한 경제문제로만 접근해서는 안 됩니다.

변형윤 가치판단 기준이 흐려지고 사회불안이 야기될 소지가 있죠.

최청림 저는 원칙적으로 경제란 물처럼 자연스럽게 흘러가야 하는

것이라고 주장해왔고 충격요법을 반대하는 편입니다만, 이것 하나는 주장하고 싶습니다. 최선을 다했는데도 할 수 없이 부실화된 기업은 어쩔 수 없다하더라도 흥청망청 거리다 기업을 망친 기업주는 경제에 충격을 줘도 사법적으로 처벌해야 한다는 것입니다. 몇 십만 원만 훔쳐도 벌 받는데 수천억 원의 손실을 끼친 기업인이 버젓이 나돌아 다니는 것은 어불성설입니다.

부실기업주는 형사처벌해야

변형윤 좋은 제안입니다. 내 생각에는 부실기업주를 처벌한다고 해서 경제계에 충격을 줄 것 같지는 않습니다. 당연하다고 생각하겠지요. 부실기업주를 그냥 떠나라고 한다면 공평하지 못한 처사입니다. 그냥 놔두면 부실조장의 염려도 없지 않습니다.

최청림 흔히 말하듯 기업은 망해도 기업인은 사는 일은 없어야 합니다. 옛날에 부도내고 망했던 부실기업의 주인이 버젓이 잘 먹고 잘사는 꼴을 보면 어처구니없다는 생각이 듭니다. 그들은 어떻게 보면 절도범이나 마찬가지입니다. 그들이 어떻게 골프 치고 자가용 타고 다닙니까. 깡통을 차도 시원치 않은 사람들이 부자 행세하게 두어서는 안 됩니다. 혼나야 됩니다.

변형윤 언론기관에서 진정한 기업가 상(像)을 부각시켜 반사적으로 부실 기업인이 어떤 인물인지 대비되도록 하는 캠페인을 벌이면 어떨까 생각해봅니다. 그렇게 해서 공감을 얻으면 사법적 형사적 처리가 가능하지 않을까요?

최청림 기업성금 등에 대해서는 어떻게 보십니까. 기업인들 사이에 터놓고 말하지는 못하지만 불평이 많습니다. 공식적으로는 어느 재벌

이 성금액수가 150억 원이라고 하지만 실제는 7백억 원 수준이락도 합니다. 별의별 단체가 누구누구 이름을 팔아 성금을 강요한다고 합니다. 지금 버는 돈을 재투자해도 기업이 굴러갈까 말까 한 실정인데 오히려 기업능력을 약화시키는 그런 성금이 큰 문제인 것 같습니다.

변형윤 예컨대 의제 세금, 위장 세금이라고 표현할 수 있겠지요. 실제로는 세금인데 성금이라는 말만 쓰고 있을 뿐입니다. 기업가다운 기업가가 능력을 발휘하지 못하고 사교를 잘하는 사람이 기업을 늘려나가는 형편이니 말이 됩니까? 성금이란 비경제권의 움직임과 밀접한 관계가 있는 것이 틀림없으니까 말입니다.

최청림 어떤 그룹의 1년간 순이익이 7백억 원이 안 되는데 성금액이 7백억 원을 넘는다는 것은 일종의 코미디죠. 20억 원의 순익을 낸 기업은 70억 원을 성금으로 냈다고 하더군요. 그래가지고야 사내유보나 재투자에 의한 확대재생산을 할 수 있겠습니까. 또 은행의 구제금융을 받은 기업이 성금을 내는 것도 자주 봅니다. 구제금융 받는 기념으로 성금을 내는지는 모르겠습니다만, 기업인에게 물어보면 사회분위기 때문에 안 낼 수 없다고 합니다. 부실기업의 장이면서 체육단체를 맡는 얼빠진 사람도 있습니다. 회사 경영에 전력을 쏟아도 부족한 형편에 체육단체는 무슨 체육단체입니까. 보기 딱합니다.

변형윤 국회의원 하던 사람도 있지요? 어쨌든 성금은 양성화하든지 세금화해야 될 것입니다. 이런 말도 들었습니다. 과거엔 성금 규모도 작고 종류도 적었지만 돈을 내면 고맙다는 얘기라도 들었는데 요즘은 고맙다는 말도 못 듣는다는 것입니다. 정책은 정정당당하게 대도를 걸어야 할 줄 압니다.

《월간조선》(1985. 6)

《한국재정론》[*]
: 납세자 주권의 확립을 위하여

본서의 저자는 이론과 실무적인 경험을 겸비한 흔치 않은 교수이다. 그러기에 글 하나하나에 현실감각이 넘쳐흐른다고 할 수 있다. 바로 그런 저자의 글을 모아서 펴낸 책이 본서이다. 물론 《한국재정론》의 체계화를 의도하고 펴낸 책이다.

이것은 머리말에서 저자가 밝힌, "그동안 저자는 대학 안팎으로부터 청탁을 받아 우리 재정의 이론을 비교적 가까이에서 지켜보고 그 사실을 증언할 기회를 많이 가졌다…… 우리 사회에서 납세자주권이 확립되고 재정민주주의가 발전하기 위해서는 '한국재정의 현실과 과제'에 대해 누군가가 먼저 입을 열어야 한다고 생각되어 그동안 주요 신문·잡지에 기고한 글들을 가려 감히 이 책을 펴내기로 한 것이다. 우리 학계에서 체계적인 《한국재정론》이 나오고……"에서 충분히 읽을 수 있다.

본서는 제1편 한국예산론, 제2편 한국경비론, 제3편 한국조세론, 제

---

* 이 책은 이칠성이 쓴 것으로서 박영사에서 1986년 출간되었다.

4편 한국재정의 과제, 부표로 구성되어 있다.

그리고 제1편은 제1장 국회·예산심의 현장, 제2장 철저한 양출제입 (量出制入)원칙, 제3장 경비팽창가설의 3개 장으로, 제2편은 제4장 퇴색되는 작은 정부론, 제5장 문제 많은 예산 운용방식, 제6장 '숨은 보조금'·조세감면, 제7장 '숨은 경비'·잡부금의 4개 장으로, 제3편은 제8장 연례행사 세제개편, 제9장 현행세제에 쌓인 과제들, 제10장 신세(新稅)는 악세(惡稅)인가, 제11장 징세군단·국세청의 4개 장으로, 제4편은 제12장 복지국가와 중산층, 제14장 시급한 금융자산 실명화, 제15장 복지재정의 확립을 위해 등 4개 장으로 각각 구성되어 있다. 따라서 부표를 제외하면 4개 편 15개 장으로 구성되어 있는 셈이다.

이상과 같은 본서의 구성에서 알 수 있듯이 제1편은 우리나라 예산은 어떤 내용의 것인지, 어떻게 편성되는지, 어떤 애로와 문제점을 내포하고 있는지를, 제2편은 우리나라 정부 세출이 어떻게 행해지고 있는지, 어떤 문제점을 갖고 있는지를, 제3편은 우리나라 정부의 주세입원인 세금은 공평하고 정당하게 부과되고 있는지, 우리나라 세제는 어떤 내용으로 제정·운영되고 있는지를, 제4편은 우리나라 재정이 앞으로 추구해야 할 방향은 어떤 것인지를 주로 다루고 있다. 그리고 맨 끝의 부표는 1971년에서 금년까지의 예산의 규모를 비롯해서 예산과 관련 있는, 또 그 전제가 되는 각종 지표를 싣고 있다.

본서의 글 중 특히 평자의 주목을 끄는 것은 제1편 제1장의 국세 11조 8천2백억 원의 행방(p. 3~8), 동 제3장의 87년 예산안과 건전재정원칙(p. 120~126), 제2편 제4장의 반(反)케인스학파의 교훈(p. 159~168), 동 제6장 확대일변도의 감면특전(p. 228~239), 동 제7장의 조세부담률 19.3퍼센트의 허·실(p. 261~265), 제3편 제11장의 원천징수 의무 확대와 공평과세(p. 415~419), 제4편 제14장의 지하경제와 분배상

태(p. 518~525) 세제개혁의 선결문제·실명제(p. 556~564), 동 제15장의 레이건 세제개혁과 우리 입장(p. 576~580) 복지재정과 양대 현안(p. 590~603) 등이 아닌가 생각된다.

이들은 저자의 기본적인 생각과 주장이 무엇인지를 잘 알 수 있게 해주는 글이라고 해도 무방할 것이다.

이제 이들을 통해서 저자가 어떤 생각과 주장을 하는지를 보기로 하자. 저자는 우선 예산은 균형재정주의에 입각하여 운영되어야 한다는 생각을 갖고 있다. 저자는 다음과 같이 말하고 있다.

"예산 당국은 예산의 사정과정에서는 내년도의 경제전망을 견실하게 내다보고 균형재정주의에 입각하여 세입규모를 정확하게 책정하고 그 범위 안에서 우리 세금이 산업별·지역별·계층별로 편중 배분되는 일이 없도록 최선의 노력을 다해야 한다(p. 123).

갖가지 경제단체들의 조세감면 요구를 뿌리치고 세입을 확충하기 위해서는 각 부처의 기구증설·직급인상 등 행정비의 팽창과 각종 기금의 남발과 낭비를 방지하고 국민복지와 기술개발 등을 위한 세출을 획기적으로 염출하기 위해서는, 나아가 국가재정의 건전화를 위한 백년대계를 확립하려면 무엇보다도 먼저 국가적 차원에서 이와 같은 예산운영의 기본원칙이 하루속히 수립, 준수되어야 한다(p. 126).

균형예산주의의 측면에서 볼 때 세출예산 면에서는 특별회계에서 발생하는 국가 채무액과 일반회계에서 지나치게 많은 국고채무 부담행위, 세입예산 면에서는 방위비·교육세 등 임시세 수입 등은 그 모두가 불건전한 요소들이라고 볼 수 있다. 때마침 우리 경제는 지극히 불안하고 불확실한 안팎의 여건에 봉착하고 있다.

따라서 반케인스학파의 경제학자들이 주장하는 균형예산주의는 그 어떤 형태를 취하든 간에 무모한 예산팽창에 제동을 걸 수 있는 우리

재정의 기본원칙의 하나가 되어야 할 것이다(p. 168)."

다음에 조세감면폭은 대폭 축소해야 한다고 생각하고 있다. 저자의
말은 다음과 같다.

그러나 그렇다고 하더라도 일반국민에게, 모든 산업부문에게 골고루
보편적으로 혜택이 돌아가는 감세조치가 아니라 국고수입에 막대한 결함
을 초래하면서까지 특정 계층·특정 산업·특정 지역에만 특혜가 되는 감
면 특전은 설사 그 목적이 경제난국의 타개에 있다고 하더라도 결코 더
이상 제한 없이 남용되어서는 안 될 것이다(p. 237). 그러므로 앞으로
우리나라 세제개편에서는…… 조세감면의 폭을 대폭 축소하여…… 개편
하는 편이…… 정책방향일 것이다(p. 579).

셋째로 조세체계에서는 역진적인 간접세 중심주의를 지양하고 직접
세 중심주의를 채택해야 한다고 보고 있다. 저자의 표현을 빌리면 다
음과 같다.

그런데 주의해야 할 점은 미국의 조세제도는 완전한 직접세 중심주의
인데 반해 우리나라는 철저한 간접세 중심주의에 의해서 운영되고 있고
미국은 사회보장제도가 비교적 철저하게 확립되어 있는 데 비해 우리나
라에서는 이 제도가 아직도 전혀 실현되지 못하고 있다는 점이다.

따라서 앞으로 우리나라가 (조세부담의 누진성을 획기적으로 완화하는
것 등을 내용으로 하는―평자 주) 미국의 세제개혁안에 영향을 받아 만
약 그 내용을 액면 그대로 받아들여 세제개편에 반영한다면 소득이 많을
수록 조세부담이 높아지는, 이른바 누진세인 직접세의 비중은 더욱더 줄
어들고 그 대신 가난할수록 세 부담이 무거워진다는 이른바 역진세인 간

접세의 비중은 더욱 크게 늘어나게 될 것이다.

그러므로 앞으로 우리나라의 세제개편에서는…… 직접세의 비중을 획기적으로 높이는 직접세중심의 조세체계로 개편하는 편이 가장 올바른 정책 방향일 것이다(p. 579).

넷째로 지하경제를 양성화해야 하며 금융자산은 완전 실명화해야 한다는 생각을 갖고 있다. 저자에 따르면 다음과 같다.

우리 사회의 경우에도 조선일보의 인터뷰에서는 이 규모가 GNP의 20~30%는 될 것이라고 내다보고 있다. 물론 우리 사회에서 지하경제의 규모가 얼마나 큰지 아직은 아무도 모른다.

그러나 다른 나라와 비교할 때 우리 사회에서도 지하경제는 결코 적지 않을 것이고 그것이 세무행정과 각종 규제를 교묘하게 회피하면서 지금도 탈세를 꾀한다는 사실만은 역시 분명하다고 보아야 할 것이다(p. 525).

우리 사회의 빈곤문제를 해결하기 위해서는 무엇보다도 먼저 일하고자 하는 사람들에게 일할 수 있는 기회, 잠재력을 발휘할 수 있는 기회가 사회적으로 보장되어야 한다.

그리고 그와 함께 아니 그보다 더 앞서야 할 시급한 사회적 과제는 비록 그 일이 어렵고 힘든 일이라고 하더라도 우리 국민이 모두 힘을 모아 '지하경제를 지상경제로' 끌어올리는 일이라고 생각된다(p. 525).

……이럴수록 지하경제에 대한 세무행정력은 더욱 강화되어야 하겠다고 생각한다(p. 419).

……금융자산의 완전한 실명화만이 소득의 평등배분과 세금의 공평과
세를 달성할 수 있는 유일한 길이라는 사실을 잊지 말아야 할 것이다(p.
564).

그러나 우리가 냉정하게 생각해야 할 점은 첫째로 모든 금융자산에
대한 거래를 하루속히 완전히 실명화해야 한다는 것이다…… 지금 금융
기관에서 실시하고 있는 예·적금에 대한 실명확인은 저축실적을 늘리기
에 급급한 나머지 거의 대부분이 형식으로 치우쳐 있고 엄청난 규모에
달하는 국·공채의 대부분과 회사채는 모두 다 가명으로 거래되고 있다.
그 결과 사채·뇌물·투기 등 지하경제를 통한 탈세행위는 말할 것도 없
거니와…… 상속·증여세의 탈세행위도 제도상 포착할 수 있는 길은 완전
히 막혀있는 것이다(p. 601).

끝으로 현실적 조세부담률은 공식 통계상보다 훨씬 크며 사회보장
비의 비중은 매우 낮다는 것을 알고 있어야 한다는 생각을 갖고 있다.
저자는 다음과 같이 말하고 있다.

조세부담률은 일반적으로 일반국민이 그의 소득 가운데서 몇 퍼센트를
세금으로 부담해야 하는가를 나타내는 지표로서 인식된다. 그러므로 분
모는 국민총생산(GNP)이 아니라 감가상각비 등을 감가한 국민소득(NI)
이 대입되어야 하는 것이다. 그러므로 세수 목표액에다 잡부금과 조세지
출이 포함된 실제부담액을 분자로, GNP보다 약 10퍼센트가 적은 NI를
분모로 하여 조세부담률을 계산할 때 우리 국민들이 내년에 부담해야 할
현실적인 조세부담률은 19.3퍼센트보다 훨씬 높은 약 30퍼센트를 초과하
게 될 것이다. …… 조세부담률은 단지 전 국민이 부담해야 할 평균치에

불과하고 우리가 현실적으로 부담해야 할 개별적인 부담 수준과는 전혀 다르다는 점이다(p. 264).

그런데 문제는 이들 사회보장비의 합계액 2,978억 원은 올해 예산 총액 10조 4,167억 원 가운데서 차지하는 비중이 너무나 적다는 점이다.

다른 나라의 경우를 살펴보면 스웨덴의 경우에 사회보장비는 예산규모가 아니라 국민소득의 30.9퍼센트, 서독의 경우에는 25.1퍼센트, 미국의 경우에는 13.9퍼센트, 심지어 일본의 경우에도 7.9퍼센트가 사회보장비로서 지출되고 있다. 이들에 비해 오늘날 우리나라의 사회보장비는 국민소득은 고사하고 국가예산의 단지 3퍼센트에 불과한 너무나 한심한 실정을 나타내고 있는 것이다(p. 6).

…… 우리가 낼 세금 13조 1,975억 원이 바탕이 된 국가예산에는 사회개발비로서 분명히 8퍼센트가 들어 있다.

그러나 그 가운데서 인력개발·인구대책·보건·생활환경·주택·체육·문화비 등을 제외한 사회보장비는 단지 3퍼센트밖에 안 된다. 그리고 거기에는 관계관청의 물건비와 인건비까지 들어 있다. 따라서 구호를 필요로 하는 계층에 대한 실제지급액은 그보다 더욱 적은 '저복지 상태'에 머물러 있다는 것을 알 수 있는 것이다(〈머리말〉).

이에 더해서 친절하게 부표를 붙임으로써 1971년 이후의 재정과 관련된 주요지표를 알아보기 위해 방대한 '예산개요'나 국민소득계정 등을 살펴볼 필요가 없도록 한 점도 특기할 만하다. 물론 그동안 신문·

잡지 등에 기고한 글들을 모은 책이기에 본서도 그런 것이 갖는 중복, 용어통일의 결여 등의 단점을 갖고 있는 것이 사실이다. 그러나 그것은 별로 문제가 안 될 뿐 아니라 본서가 갖는 여러 장점에 의해서 가려질 수 있는 것이다.

어떻든 본서는 재정학을 공부하는 대학생과 고시수험생들에게는 좋은 교과서가, 그리고 예산을 편성·집행하는 공무원들이나 국가재정에 크게 영향을 받는 기업인들 등에게는 하나의 훌륭한 교양·지침서가 될 것이라고 확언할 수 있다.

《월간조선》(1986. 11)

경제활동, 소비, 저축, 투자

제5편

한국경제의 정신풍토

1. 머리말

오늘날 한국경제가 당면하고 있는 여러 가지의 어려운 문제들—크게는 인플레나 경제성장에서부터 작게는 한 가정의 소비나 저축에 이르기까지—에 관한 논의에서 정신풍토에 관한 문제가 많이 거론되고 있다. 이는 다른 모든 사회적 현상과 마찬가지로 경제현상에서도 그 종국적 주체가 즉 인간의 정신상태가 위와 같은 여러 가지 어려운 경제문제의 발생원인의 하나로서 작용하고, 또한 우리 국민의 정신풍토의 개선이 위와 같은 문제들의 해결에 필수적이라는 인식에 말미암은 것이다. 더욱이 최근 일련의 사태—예컨대 은행의 부정대출, 부당한 저임금, 정부 당국의 관기(官紀) 숙정작업, 호화 주택건설 붐 등—는 한국경제의 정신풍토에 대한 논의를 다시 한 번 야기하고 있다.

물론 인간의 정신이란 그가 속해 있는 시대와 사회로부터 독립하여 존재할 수는 없다. 공간적으로, 시간적으로 고정불변한 인간정신이란 관념적 존재에 불과할 뿐이다. 예컨대 고정불변의 국민성 운운하는 것은 현실적으로 근거 없는 주장일 뿐 아니라 대개의 경우 왜곡된 현실

인식에 기인하거나 아니면 조작된 주장이 많은 것이다. 사회란 항상 변하는 것이며 이에 따라 그 사회 속에서 생활하는 인간의 정신도 변한다는 것은 부언(附言)을 요하지 않는 사실인 것이다.

그러나 사회의 변화가 인간의 정신을 변화시키는 것이 사실이듯이 인간정신의 변화가 사회를 변화시킬 수 있는 것도 사실이다.

우리는 어떤 사회가 커다란 변화를 겪을 때는 그 사회의 주체인 인간의 정신상의 변화가 이 사회의 변화에 지대한 역할을 한다는 사실을 알고 있다. 예컨대 근대시민사회의 성립에 계몽사상이 크게 기여했다든지, 영국 산업혁명의 진행과정에서 근대적 직업윤리에 투철한 기업가들의 역할이 지대했던 것 등이다. 사회와 인간정신이 그 변화과정에서 서로 원인과 결과로 상호작용하면서 발전해 간다는 것은 자명하면서도 실상 잊기 쉬운 사실이다. 우리나라는 어려운 여건하에서 타국보다 뒤늦게 경제발전을 추진하려고 하고 있으므로 정신풍토의 개선을 통한 의식적 노력으로써 물질적으로 불리한 여건을 극복하는 것이 더욱 필요하다고 하겠다.

그리고 주지하는 바와 같이, 사회의 변화에 영향을 미치는 것은 불특정 다수의 인간의 정신이지 어느 특정한 소수의 인간의 정신이 아닌 것이다. 물론 사회적으로 중요한 지위에 있는 어떤 개인이나 소수의 사고방식이 상당한 정도로 사회에 영향을 끼치는 수도 있다.

그러나 이때 이 개인이나 소수의 사고방식이 대다수 타인에 의해서 용납될 수 없는 것이라면 그 개인이나 소수는 그런 예외적인 사고방식을 고치거나 아니면 버려야 할 것이다.

어떤 개인이나 소수의 특정한 정신은 심리학이나 의학의 관심대상이 될 수 있는 것이지 지금 우리의 논의의 대상은 아닌 것이다.

여기서 우리가 말하는 정신풍토란 말도 이와 같은 다수에게 공통된

일반적 정신을 뜻한다고 하겠다. 또한 주지하는 바와 같이 인간정신에 영향을 끼치는 사회적 현상은 경제만이 아니다. 정치, 문화 등 모든 사회적 현상이 인간의 정신에 영향을 끼치는 것이다. 그러나 여기서는 주로 경제적 관점에서 한국의 정신풍토를 고찰해 보고자 한다. 즉 한국경제의 특수성이 한국경제의 정신풍토에 어떠한 영향을 끼쳤으며 이로 인해서 한국경제의 정신풍토의 문제점으로서는 어떠한 것이 발생했으며 더 나아가서 바람직한 한국경제의 정신풍토의 개선방향은 무엇인가를 생각해 보고자 한다.

2. 한국경제의 특수성

한국경제의 정신풍토는 한국경제의 특수성에서 크게 영향을 받았다. 따라서 먼저 한국경제의 특수성을 고찰해 보자.

1) 이중구조

한국경제의 특수성으로서는 우선 이중구조를 들 수 있다. 경제의 이중구조란 농업과 공업 간의 그리고 공업부문 내에서도 근대적 대기업과 중소 영세기업 간의 생산력의 격차 및 이에 따르는 소득수준의 격차와 산업연관성의 결여를 말한다.

즉 한쪽에는 전근대적 생산기술을 탈피하지 못하여 생산력과 소득수준이 낮은 농업과 중소 영세기업이 있는 반면에, 동시에 한쪽에는 이들 전근대적 산업부문과 산업연관성도 별로 없이 근대적 생산기술을 도입하여 생산력도 높고 소득수준도 높은 대기업이 존재하고 있는 것이다. 예컨대 농공(農工) 간에 관해서 보면 58년과 71년 사이에 농업생산의 증가율은 공업생산의 1/4 안팎에 불과하다(〈부표 1〉 참조).

또한 총인구 중 농가인구가 차지하는 비중이 분배국민소득총액 중 농업소득이 차지하는 것보다 대개 매년 15~20퍼센트포인트나 높아 농업부문의 소득수준이 비농업부문보다 낮은 것을 알 수 있다(〈부표 2〉 참조). 이와 같은 경제의 이중구조는 주로 한국경제가 영국과 같은 자생적 농업혁명을 거치지 못하고 자본주의로 이행되었을 뿐 아니라 일제의 식민 지배를 거침으로서 봉건적 요소를 청산하지 못한 데 기인하는 것이다.

그런데 이러한 이중구조는 우리나라 경제구조의 낙후성의 대표적 특질로서 낮은 국민소득 수준과 국민소득의 편중된 분배의 원인이며 또한 경제발전에 대한 큰 장애요인이기도 하다.

바로 이와 같은 전근대적 경제구조의 잔존이 한국경제의 정신풍토에 여러 가지 전근대적인 불합리한 요소를 남기고 있는 것이다.

2) 서비스부문의 비대

우리나라는 기초적 생산부문인 농림어업과 광업, 제조업 및 사회간접자본부문에 견주어 상업 등의 기타 서비스업이 비정상적으로 비대해 있다. 그동안의 경제성장 과정을 통해서 제조업 및 사회간접자본부문이 상당히 발전하여 이 현상은 어느 정도 개선되었으나 아직도 상업 등의 기타 서비스업의 국민총생산에서 비중은 35퍼센트를 넘고 있다(〈부표 3〉 참조).

이는 그동안 한국경제가 왜곡된 변천과정을 밟아 왔던 데 기인하는 것이며 또한 아직도 상업자본주의적 요소가 많이 남아 있다는 것을 말한다고 하겠다. 이와 같은 경제구조의 상업자본주의적 요소가 한국경제의 정신풍토에 남아 있어 산업자본주의적 요소인 생산보나는 유통에서 부를 획득하고자 하는 사고방식을 낳고 있다고 하겠다.

3) 정부 역할의 비대

해방 후 줄곧 경제 전반에 걸쳐서 정부의 역할이 절대적이었다. 근대적 기업가층이 제대로 형성되어 있지 못한 상황 아래에서 경제는 정부에 의해서 주도되이 있었다. 원조와 조세를 관리함으로써 국내총자산 중 정부가 자유로이 처분할 수 있는 부분이 매우 컸으며 또한 무역, 외횐, 금융, 외자, 물가, 후생 등 국민경제의 전 분야에 걸친 정부의 영향력은 절대적이다. 예컨대 1953년에서 1972년 사이에 정부는 국내총자본형성의 약 20~30퍼센트를 담당하였다(〈부표 4〉 참조). 그러나 우리나라 경제발전에서 정부의 역할은 항상 올바른 방향으로만 작용한 것은 아니다. 때로는 정부 역할의 비대화가 국민경제의 정상적 발전에 여러 가지 나쁜 영향을 미치기도 하였다. 그리하여 이와 같은 정부 역할의 비대는 정부의 특혜에 대한 의존심을 낳아 합리적 직업윤리의 발전을 어렵게 하고 있다.

4) 높은 해외의존성

우리나라는 식량, 원자재, 기술, 자본, 시장 등 많은 면에서 높은 해외의존성을 보이고 있다. 예컨대 1953년에서 1972년까지에 해외저축은 국내 총투자재원의 약 반을 조달해주었으며(〈부표 5〉 참조). 국내 총가용자원의 약 8퍼센트를 공급하였다(〈부표 6〉 참조). 또한 73년의 무역 및 수입의존도는 각각 60.9와 34.6퍼센트로서 지나치게 높은 수준을 나타내고 있다(〈부표 7〉 참조).

이와 같은 높은 해외의존성은 한국경제의 자립성의 취약을 말해 주고 있으며 또한 우리나라 정신풍토에 사대주의(주체성의 결여) 및 전시효과로 인한 사치성향의 고조를 낳는 한 원인인 것이다.

5) 안정기조의 취약성

경제의 안정, 즉 경기 및 물가의 안정을 위해서는 국내수요와 국내 공급의 지속적 균형과 국제수지의 지속적 균형이 필요하다.

그러나 우리나라는 해방 후 줄곧 인플레와 국제수지 역조를 면하지 못하고 있다(〈부표 8〉 및 〈부표 9〉 참조).

이와 같은 경제의 안정기조의 취약성은 계획성 있는 가계나 기업의 운영을 어렵게 하고 대신에 투기적 이윤의 기회를 제공함으로써 투기 심을 조장하고 생산부문보다는 유통부문을 부의 획득의 원천으로 여기게 함으로써 근대적, 합리적 정신의 발전에 장애요인으로 작용하고 있다.

이상의 고찰을 통해서 한국경제는 지속적인 고도성장을 이룩하고 있었음에도, 아직도 거기에는 이중구조, 서비스부문의 비대, 정부 역할의 비대, 높은 해외의존성 및 안정기조의 결여 등 국민경제구조의 취약성으로 말미암아 경제적 정신풍토상에 봉건적 요소 내지 전근대적 요소, 상업자본주의적 요소, 특혜지향성, 사대주의, 혹은 소비성향, 투기성 등 비합리적 요소들이 남아 있는 것으로 볼 수 있다.

3. 한국경제의 정신풍토

최근 우리나라에서 논의되고 있는 정신풍토의 문제점은 그 내용을 둘로 나눌 수 있는 것 같다. 하나는 개인윤리의 부재요, 다른 하나는 근대적 직업윤리의 부재이다. 이 정신풍토상의 문제점은 2절에서 살펴본 바와 같이 한국경제의 구조적 특수성의 영향 아래서 형성된 것이다. 이하에서 이 둘을 고찰해 보자.

1) 개인윤리의 혼란―도덕의 타락―

개인윤리는 개인의 경제생활에서가 아니라 모든 사회적 활동에서의 판단기준이다. 따라서 개인윤리는 직업윤리의 토대가 되는 것이다.

현재 우리나라의 개인윤리의 문제점으로서는 부정직, 불성실, 준법정신의 결여, 사치심 등을 들 수 있는바, 이는 곧 도덕의 타락이라고 말할 수 있을 것이다. 이런 도덕의 타락의 기본요인은 다음 셋으로 나눌 수 있을 것 같다.

(1) 배타적 이기주의

이는 타인의 재산이나 권리, 이익을 무시하고 자신의 권리나 이익만을 추구하는 사고방식이다. 이기주의란 자신의 생명을 본능적으로 유지하려고 하는 자연스런 마음으로서 나쁜 것도 아니고 또 우리 마음에서 없앨 수도 없는 것이다. 타인의 재산과 이익을 존중하면서 합리적 방법을 통해서 자신의 이익을 도모함으로써 자신의 명예와 부를 축적하고 부당한 외부의 침해로부터 자신의 권리와 이익을 적극적으로 지키는 정신은 근대시민의 정신이다.

문제는 수단과 방법을 가리지 않고 자신의 이익만을 추구하는 데 있다. 이와 같은 배타적 이기주의는 나아가서 사회와 국가의 이익이나 명예까지 희생시켜 가면서 자신의 눈앞의 이익만을 추구하게 되는 것이다. 이와 같은 배타적 이기주의는 모든 윤리적 혼란의 기본요인인 것 같다. 예컨대 부정대출, 불량상품 판매, 증수회(贈收賄) 등이 배타적 이기주의의 대표적인 예인 것이다.

(2) 배금주의

이는 금전 만능주의라고도 볼 수 있다. 또한 이는 화폐경제사회에서

의 물질 만능주의적 사고방식이라고도 할 수 있다. 거의 모든 유형적·무형적 물건이 화폐를 교환수단으로 하여 상품으로 매매되는 사회에서 화폐는 인간생활에 필수적인 것이다. 그러나 이때 수단방법을 가리지 않고 화폐를 획득하려고 할 때 이를 배금주의라고 하는 것이다.

우리는 주변에서 타인의 인권까지 무시하면서 화폐만을 추구하는 예를 보는 경우가 많다. 예컨대 가혹한 저임금 같은 것이 그 예이다.

(3) 향락주의

이는 근면한 노동보다는 향락만이 가치 있다고 생각하는 사고방식을 말한다. 괴로움보다 즐거움을 추구하는 것은 당연하다고 하겠으나 즐거움을 육체적 쾌락이나 물질적 안락에서만 찾는 것이, 그리고 노력 없이 쾌락을 누리려 하거나 과도한 쾌락을 누리려고 하는 것이 문제인 것이다.

저개발국의 경우 서구 소비문화의 무비판적인 수입으로 인한 전시효과가 이와 같은 향락주의 만연에 하나의 큰 요인으로 작용하고 있는 것 같다.

향락주의가 만연하는 곳에서는 윤리가 추락할 뿐만 아니라 근면한 노동을 통한 생산의 증가나 검소한 생활을 통한 저축의 증대가 곤란할 것이다. 호화주택 건설 붐, 유흥산업 번창, 사치성 소비재산업의 번창 등은 모두 이런 향락주의의 예들이다.

개인윤리의 부재(도덕의 타락)는 이처럼 배타적 이기주의, 배금주의, 향락주의로 나누어 설명할 수 있다. 이 개인윤리의 부재는 수단과 방법을 가리지 않는 사고방식과 사치성향을 낳아 검소하고 합리적인 근대의 직업윤리의 형성을 어렵게 하고 있다.

2) 직업윤리의 혼란

개인윤리 즉 도덕이란 인간사회에서 어느 시대나 장소를 막론하고 그 기본적 내용은 거의 동일하다 할 것이다. 예컨대 근면과 정직은 봉건시대에서도 개인의 미덕이있고 지금도 미덕이다. 그러나 근대적 산업자본주의가 발달하기 위해서는 이런 개인윤리만이 아니라 합리적이고 진취적인 근대직 직업윤리가 필요하다. 서구의 산업혁명의 주도층은 합리적이고 진취적이었던 신흥기업가층이었다. 우리에게 필요한 근대적 직업윤리의 내용으로서는 직업노동의 존중, 합리성 및 창의성(진취성)을 들 수 있는데, 우리나라에서 이 셋이 아직 확립돼 있지 못한 것 같다. 이하에서 이 셋을 부문별로 고찰해 보자.

(1) 직업노동의 비존중

근대적 직업윤리의 첫 번째 내용으로서는 직업노동의 존중을 들 수 있는데 이는 다시 ① 향락보다는 노동을 중히 여기고, ② 또 유통부문에서보다는 생산부문에서 부를 획득코자 하며, ③ 또한 노동의 대가인 이윤 및 임금을 존중하고 나아가서 이를 얻고자 적극적으로 노력하는 세 가지의 사고방식을 말한다고 볼 수 있다.

첫 번째 것 ①은 인간의 활동 중 노동을 가장 가치 있는 것으로 생각하는 것을 말하는데, 이때 노동은 세속적 직업노동이며 이때 이 직업노동의 종류를 차별하지 않는다. 그러나 우리나라 같이 직업에 따라 보수가 많은 차이가 있는 경우에는 이와 같은 모든 노동의 평등한 대우는 사실상 힘들다. 다음 두 번째 것 ②는 생산적 노동의 존중을 말하는데 우리나라에서는 생산적 노동 이외에도 투기나 특혜 등을 통해서 쉽게 많은 돈을 벌 수 있음으로 말미암아 생산적 노동에 대한 상대적 경시현상이 있다고 보인다. 그리고 세 번째 것 ③은 정당한 보수의

존중, 나아가서 정당한 방법을 통해서 쉽게 많은 돈을 벌수 있음으로 말미암아 생산적 노동에 대한 상대적 경시현상이 있다고 보인다. 부의 획득을 위한 적극적 노력은, 생산적 방법을 통한 경우에는 사회적 생산을 증가시키나 그렇지 않고 상업적 방법만을 통해서 부를 획득한다면 사회적 생산증가는 없을 것이며, 비합리적 방법을 통해서 부를 획득한다면 이는 사회적 불의를 야기하게 될 것이다.

(2) 합리성의 결여

합리성은 과학성과 계획으로 나눌 수 있다.

근면한 노동의 효과가 더 많이 나타나기 위해서는 과학성이 필요할 것이다. 그리고 기업이나 가계의 안정에 필요한 소득의 안정적이고 지속적인 획득이 필요한데, 이를 위해서는 요행을 바라기보다는 계획에 입각하여 사회적으로 필요하고도 합당한 노동을 근본으로 삼아야 할 것이다. 예컨대 복권당첨을 믿고 가계를 꾸려 나갈 수는 없는 것이며 갓이나 짚신의 제조를 업으로 하거나 아니면 해적을 업으로 하는 기업은 오늘날 제대로 성립할 수 없을 것이다. 투기성, 비과학성, 무계획성은 합리성의 반대되는 것들이며 모두 전근대적 요소로서 아직까지도 우리나라 경제의 정신풍토에서 많이 찾아볼 수 있는 것들이다.

예컨대 부동산투자, 매점매석, 특혜 등을 통해서 돈을 벌려고 하는 것을 볼 수 있는 것이다. 이와 같은 요행을 통한 부의 획득은 부의 생산이 아니라 재분배일 뿐이다.

(3) 창의성의 결여

근대적 직업윤리의 또 하나의 내용은 창의성(진취성)이다.

주지하는 바와 같이 산업혁명 시대에 전근대적인 신흥자본가들은

신기술을 적극 도입하여 생산력을 비약적으로 발전시켰다. 비단 기업가만이 아니라 노동자, 관료, 주부에 이르기까지 모두 창의적인 노력을 통해서 생산을 증가시키거나 소비를 절약할 수 있을 것이다.

이와 같은 창의성은 내외적으로 어려운 여건 속에서 경제개발을 이룩하려는 우리나라에서 특히 필요한 것이다.

창의성이 부족한 곳에서는 의타심괴 무사인일주의가 만언하기 쉽다. 국내자본보다는 해외로부터의 원조나 차관을 기대하며, 자체의 경영합리화를 통해서 이윤을 증가시키기보다는 정부나 금융기관으로부터의 특혜를 기대하며, 자신의 노력으로 재산을 모으기보다는 부모의 유산을 기대하는 것이 모두 의타심의 예이며, 형식주의에 흘러 아까운 시간과 물자를 낭비하면서도 실질적으로 아무런 내용도 없는 외면상의 성과만을 과시하거나 재래의 방법만을 답습하여 항상 제자리에 머물러 있을 뿐 발전이 없고, 외국이나 타국의 제품만을 모방하는 데 급급하여 항상 남의 뒤만 쫓아가는 예를 볼 수 있는데, 이것들이 모두 무사안일주의의 예인 것이다.

이상에서 한국경제의 정신풍토의 문제점을 개인윤리의 부재(도덕의 타락)와 근대적 직업윤리의 미확립이란 두 가지 면에서 고찰하였다. 그런데 이와 같은 도덕의 타락이나 근대적 직업윤리의 미확립은 모두 한국경제의 특수성을 배경으로 형성된 것이다. 2절에서 본 바와 같이 한국경제는 봉건적 요소와 상업자본주의적 요소가 남아 있다. 이것이 한국경제의 정신풍토의 전근대적 요소 즉 합리성과 창의성의 결여 및 생산적 노동의 경시를 낳고 있으며, 또한 정부 역할의 비대 및 경제의 안정기조의 취약성이 특혜와 투기를 통한 안이한 부의 획득을 가능케 함으로써 투기심 및 의타심을 조장하여 합리성 및 창의성을 결여시키

고 있으며, 또한 경제안정기조의 취약이 합리적 계획의 수립을 어렵게 하여 합리성을 모자라게 하고 있으며, 높은 해외의존성은 의타심을 유발해 창의성을 저해하며 또한 소비문화의 유입을 야기하여 향락주의를 널리 퍼뜨리고 있으며, 또한 경제의 혼란과 불안정은 성실하고 정직한 노력에 대한 합당한 보수를 기대하기 어렵게 함으로써 도덕적 타락을 야기하고 있는 것이다.

4. 한국경제의 정신풍토의 개선 방향

막스 베버(Max Weber)는 그의 저서 《프로테스탄티즘의 윤리와 자본주의정신》에서 자본주의를 천민자본주의(Pariah Capitalism)와 근대자본주의(Modern Capitalism)로 나누고 근대자본주의 발전에는 청교도의 엄격하고 합리적인 직업윤리가 그 발전요인의 하나로서 크게 기여했다고 주장한다. 왜냐하면 전근대적인 천민자본주의 아래서는 탐욕적 동기에 의해서 투기적이거나 약탈적 방법으로 주로 상업이나 해외무역 및 고리대에서 부를 획득하였으나 근대적 자본주의 아래서는 노동자나 자본가나 모두 근대적 직업윤리에 투철하여 합리적 직업노동에 열심히 노력함으로써 정당한 부를 획득하고 또한 이 획득한 부를 검소한 생활을 통해서 축적함으로써 이를 다시 생산에 투자하였기 때문이라고 한다. 이와 같은 베버의 주장에 따라 본다면 한국경제의 정신풍토에는 3절에서 본 바와 같이 아직 천민자본주의적 요소가 많고 근대적 직업윤리가 아직 형성되지 못한 것 같다.

이는 2절에서 본 바와 같이 한국경제에 아직 전근대적 요소가 많기 때문이라고 생각된다.

따라서 한국경제의 정신풍토의 개선을 위해서는 한국경제의 전근대

적 요소 및 비합리적이고 불안정한 요소를 청산하는 것이 필요할 것이다. 그러나 머리말에서 말한 비와 같이 사회와 인간정신은 서로 영향을 주고받으면서 변화해 가는 것이므로 한국경제의 올바른 정신풍토의 화립은 한국경제의 발전에 기여할 수 있을 것이다.

한국경제에 필요한 올바른 정신풍토의 개선 방향은 3절에서 본 바와 같이 개인윤리의 획립과 근대적 직업윤리의 확립일 것이다.

근대적 개인윤리로서는 합리적 개인주의 혹은 공리주의 등으로도 말할 수 있겠으나 무엇보다도 그 내용은 인본주의(Humanism)가 되어야 할 것 같다. 인본주의란 인간을 모든 가치의 기준으로 삼는 사고방식이다. 따라서 인간 이외의 그 어떤 것으로 인해서 인간이 수단시되는 것을 거부한다. 뿐만 아니라 이의 해결을 위해서 적극적으로 노력한다. 이때의 인간이란 추상적 개념으로서의 인간도 아니고 또 자신만도 아니라 모든 구체적 인간을 말하는 것이다. 따라서 인본주의는 배타적 이기주의나 배금주의를 부정하게 된다.

그리고 근대적 직업윤리의 내용은 3절에서 본 바와 같이 직업윤리의 존중, 합리성, 창의성이 되어야 할 것이다.

5. 맺는말

위와 같은 바람직한 정신풍토를 조성하기 위한 하나의 전제조건으로서 선행되어야 할 것은 일체감의 확립인 것 같다. 왜냐하면 정신이란 남에게 강요할 수는 없는 것이고 오직 납득을 통해서 스스로 자기 것으로 만들도록 해야 하기 때문이다. 물론 서로 간의 일체감이 없더라도 서로의 이해는 가능하다. 그러나 그 주장을 자기의 것으로 받아들이는 데는 일체감이 선행되어야 할 것이다.

그리고 정신풍토의 개선방법의 하나로 들 수 있는 것은 전통의 올바른 계승을 들 수 있을 것 같다. 전통이란 우리의 생활에서 생성된 것이므로 우리에게 친근하며 또 우리의 생활과도 부합된 것이 많기 때문이다. 예컨대 서양의 청교도정신에서 엄격한 도덕심을 배워 오기보다는 우리 전래의 염치심과 절제심을 새로운 내용으로 되살리는 것이 더 쉬우며 우리의 실정과도 조화가 잘 되는 윤리를 우리로 하여금 갖게 할 수도 있을 것이다. 물론 이와 같은 전통의 계승이 편협한 국수주의로 흘러서는 안 될 것이다. 외국의 제도나 문물 중 우리가 배울 것은 정확하게 또 비판적으로 배우고 우리의 전통 중 버릴 것은 과감하게 버려야 할 것이다. 동시에 계승할 것은 새로운 내용으로 창조적으로 계승하여야 할 것이다.

〈부표 1〉 농업과 산업의 생산지수의 변화

연 도	농업생산지수 (11964~66=100)	산입생산지수[1)] (1970=100)
1958	71.3	18.1
59	72.5	20.8
60	72.0	22.7
61	80.2	24.0
62	76.0	28.1
63	82.8	31.7
64	98.0	34.3
65	95.3	36.8
66	106.7	45.1
67	101.7	57.1
68	103.2	74.8
69	119.2	89.7
70	115.9	100.0
71	117.3	115.4
71/58	1.6	6.4

주: 1) 제조업, 광업, 전기업을 말함.
출처: 한국은행, 《경제통계연보》.

〈부표 2〉 농가인구와 농업소득

(단위 : %)

연 도	농가인구/총인구	농업소득/분배국민소득 (National Income)
1955	61.9	40.8
56	64.9	42.9
60	58.2	34.2
62	57.5	33.6
64	55.5	42.7
65	55.2	34.8
66	54.0	32.3
67	53.9	27.6
68	52.2	25.4
69	50.3	26.0
70	45.7	25.6
71	45.8	27.0
72	44.9	26.8

출처: 한국은행, 《경제통계연보》.

(단위: %)

산업별 \ 연도별	1953	1954	55	56	57	58	59	60	61	62	63	64	65	66	67	68	69	70	71	72
1. 농업, 임업 및 어업	47.1	48.0	46.7	43.8	44.4	44.8	42.6	41.3	44.1	40.3	40.0	42.6	39.4	38.9	34.3	31.1	30.5	28.0	26.5	25.2
2. 광업 및 채석업	1.1	0.8	0.8	0.8	0.8	0.9	1.0	1.3	1.3	1.6	1.5	1.5	1.6	1.4	1.5	1.3	1.1	1.2	1.1	1.0
3. 제조업	6.1	6.8	7.9	9.3	9.3	9.7	10.2	10.8	10.6	11.7	12.6	12.3	13.9	14.5	16.6	18.7	19.7	21.6	23.3	25.2
4. 건설업	1.6	1.9	1.8	1.7	2.1	2.1	2.3	2.2	2.4	2.7	2.9	2.9	3.3	3.7	3.9	4.9	5.8	5.3	5.3	4.9
5. 전기, 수도 및 위생사업	0.4	0.4	0.4	0.4	0.5	0.6	0.6	0.7	0.6	0.8	0.8	0.9	1.0	1.0	1.2	1.5	1.5	1.7	1.8	1.9
6. 운수, 보관 및 통신업	1.5	1.8	1.8	2.0	2.5	2.4	2.9	3.1	3.0	3.2	3.5	3.8	4.2	4.4	4.9	5.4	5.5	5.8	5.9	6.1
7. 도매 및 소매업	11.2	11.2	11.9	11.9	12.3	13.0	14.0	14.9	13.8	14.2	14.7	13.2	13.6	14.0	15.1	15.7	15.7	16.6	17.6	18.3
8. 금융, 보험 및 부동산업	1.8	1.4	1.8	1.8	1.7	1.7	2.1	2.2	2.0	2.2	2.0	2.1	2.1	2.0	2.1	2.1	2.2	2.2	2.3	2.2
9. 주택소유	4.5	4.4	4.3	4.4	4.2	4.1	4.0	4.0	3.9	3.8	3.6	3.4	3.3	3.0	2.9	2.7	2.5	2.4	2.3	2.3
10. 공공행정 및 국방	14.3	12.7	11.9	11.5	11.5	10.1	8.5	8.2	7.8	7.9	7.5	7.1	6.9	6.5	6.4	6.0	5.5	5.1	5.1	4.7
11. 서비스업	9.1	9.6	9.5	10.6	10.4	10.6	11.0	10.5	9.9	10.3	10.2	9.8	10.1	9.7	9.8	9.4	8.9	8.9	8.6	8.6
12. 해외부문	1.3	1.0	1.0	0.9	0.9	0.8	0.8	0.8	0.6	0.6	0.6	0.5	0.6	0.9	1.4	1.3	1.1	0.5	-0.1	-0.4
농업 및 어업(①)	47.1	48.0	46.7	43.8	44.4	44.8	42.6	41.3	44.1	40.3	40.0	42.6	39.4	38.9	34.3	31.1	30.5	28.0	26.5	25.2
광업 및 제조업(②, ③)	7.2	7.6	8.7	10.1	10.3	10.6	11.2	12.1	11.9	13.3	14.1	13.8	15.5	15.9	18.1	20.0	20.8	22.8	24.4	26.2
사회간접자본 및 건설업(⑤, ⑥, ④)	3.5	4.1	4.2	4.7	5.0	5.1	5.8	6.0	6.0	6.7	7.2	7.6	8.5	9.1	10.0	11.7	13.0	13.3	13.0	12.9
기타서비스업(⑦, ⑧, ⑨, ⑩, ⑪, ⑫)	42.2	40.3	40.4	41.4	40.3	39.5	40.4	40.6	38.0	39.7	38.7	36.0	36.6	36.1	37.6	37.2	35.7	35.9	36.1	35.7

출처: 한국은행, 《경제통계연보》, 1973, pp. 264~5.

(단위: %)

연도별	1953	1954	55	56	57	58	59	60	61	62	63	64	65	66	67	68	69	70	71	72
국내 총자본형성	100	100	100	100	100	100	100	100	100	100	100	100	100	100	100	100	100	100	100	100
고정 자본소모 충당금	29.8	45.2	39.8	50.5	30.3	37.4	48.6	45.8	36.8	41.5	29.2	36.4	37.6	26.1	27.0	23.8	20.7	22.7	23.9	34.4
저축	58.5	40.0	34.0	32.7	57.5	58.8	46.8	36.3	57.8	33.8	40.6	56.9	56.2	55.0	48.7	41.9	49.5	45.3	40.4	45.6
일반정부	12.6	0.5	4.9	52.5	23.3	23.7	23.7	37.6	31.0	40.4	23.5	30.6	37.7	25.6	29.3	29.4	24.2	27.7	24.5	18.5
공공민간 기업인	1.2	1.3	1.0	1.6	2.7	5.7	10.0	9.7	13.0	21.2	14.0	12.7	17.0	10.4	10.6	7.1	5.2	5.1	4.5	5.8
가계 및 민간비영리단체	44.7	38.2	28.1	-21.4	31.5	29.4	13.1	-11.0	13.8	-27.7	3.1	13.6	1.5	19.0	8.8	5.4	20.1	12.5	11.4	21.3
경상해외잉여의 적자	11.7	14.8	26.2	16.8	12.2	3.8	4.6	9.4	0.5	20.2	22.0	5.6	-2.0	12.5	18.5	28.4	25.5	27.4	36.6	18.4
통계상 불일치	—	—	—	—	—	—	—	8.5	4.9	4.5	8.2	1.1	8.2	6.4	5.8	5.9	4.3	4.6	-0.9	1.6

〈부표 5〉 국민저축과 해외저축의 구성비

(단위: %)

연도	1953	54	55	56	57	58	59	60	61	62	63	64	65	66	67	68	69	70	71	72	53~60 평균	61~72 평균
국내총투자	100	100	100	100	100	100	100	100	100	100	100	100	100	100	100	100	100	100	100	100	100.0	100.0
국민저축	59.0	54.8	36.1	36.5	13.2	29.9	12.1	33.8	50.8	49.6	54.5	54.0	51.0	58.8	60.0	56.9					33.1	48.6
민간	74.0	77.9	56.0	61.5	31.9	43.5	22.6	35.3	47.3	38.1	41.5	35.5	27.5	38.0	34.5	33.3					55.1	37.6
정부	-15.0	-23.1	-19.9	-25.0	-18.7	-13.6	-10.5	-1.5	3.5	11.5	13.0	18.5	23.5	20.8	25.5	23.6					-22.0	11.0
해외저축	41.0	45.2	63.9	63.5	78.3	65.2	83.4	58.0	48.1	42.2	39.0										65.9	46.9
경상순이전	30.2	36.2	63.6	67.0	82.3	76.1	67.6	37.4													55.1	30.5
해외저축순이전	10.8	9.0	0.3	-3.5	-4.0	-10.9	15.8	20.6													10.8	16.3
통계상불일치	—	—	—	—	—	4.9	4.5	8.2	1.1	8.2											1.1	4.6

출처: 한국은행, 《경제통계연보》, 1973, pp. 298~9.

〈부표 6〉 국내 총가용자원 중 해외요인의 비중

(단위: %)

	1953	54	55	56	57	58	59	60	61	62	63	64	65	66	67	68	69	70	71	72	53~60 평균	61~72 평균
GNP(A)	93.9	95.0	93.5	90.3	91.1	92.7	93.6	92.1	92.2	90.2	90.3	93.4	94.0	92.2	91.8	89.7	90.1	91.2	89.9		94.7	92.1
해외순차입(B)	1.6	1.0	1.3	-0.7	0	-1.0	-0.4	-0.4	-1.3	1.9	3.5	0.7	-0.3	2.5	3.8	6.8	6.8	6.8	2.0		3.7	2.2
해외순이전(C)	4.5	4.0	5.2	10.4	8.9	8.3	6.8	8.3	9.1	7.9	6.2	5.9	6.3	5.3	4.4	3.5	3.1	2.0	8.4		1.6	5.7
합계(B+C)	6.1	5.0	6.5	9.7	8.9	7.3	6.4	7.9	7.8	9.8	9.7	6.6	6.0	7.8	8.2	10.3	9.9	8.8	10.1		5.3	7.9
합계(A+B+C)	100	100	100	100	100	100	100	100	100	100	100	100	100	100	100	100	100	100	100	100	100	100

출처: 한국은행, 《경제통계연보》, 1973, pp. 296~7.

〈부표 7〉 무역 및 수입의존도

(단위: %)

연 도	무역의존도	수입의존도
1953	12.9	9.7
55	12.6	9.8
57	14.2	12.0
59	13.5	10.2
61	21.1	14.8
63	21.9	16.3
65	25.6	16.0
67	36.3	22.6
69	42.8	26.9
70	42.7	26.2
72	50.8	28.2
73	60.9	34.6

주: 1) 73년은 한국은행, 《통계월보》, 1974. 2에서 산출.
출처: 한국은행, 《한국의 국민소득》, 1973, pp. 192~3에서 발췌.

〈부표 8〉 물가상승률

(단위: %)

연 도	전국도매물가상승률	서울소비자물가상승률	GNP환가지수상승률	연 도	전국도매물가상승률	서울소비자물가상승률	GNP환가지수상승률
1954	28.1	37.3	31.6	1964	34.6	29.5	32.1
55	81.9	68.0	65.3	65	10.0	13.6	8.2
56	31.4	22.5	30.6	66	8.9	12.0	14.3
57	16.3	23.1	20.4	67	6.4	10.9	14.0
58	−6.5	−3.1	−0.5	68	8.1	11.2	11.8
59	2.6	4.3	2.6	69	6.8	10.0	13.2
60	10.7	8.3	9.5	70	9.2	12.7	15.3
61	13.2	8.0	15.1	71	8.6	12.3	11.5
62	9.4	6.5	13.9	72	14.0	11.8	14.5
63	20.6	20.7	28.7				

출처: 한국은행, 《한국의 국민소득》, 1973, pp. 192~3에서 산출.

〈부표 9〉 국제수지의 추이

(단위: 백만 달러)

연 도	60	62	64	66	68
Ⅰ. 재화 및 용역순계	−262.3	−292	−221	−323	−666.4
무역거래순계	262.5	−335.3	−244.9	−429.5	−835.7
무역 외 거래순계	10.2	43.3	23.9	106.5	169.3
Ⅱ. 이전지급거래순계	275.7	236.5	194.9	219.6	226.1
Ⅲ. 경상거래총계(Ⅰ+Ⅱ)	13.4	−55.5	−26.1	−103.4	−440.3
Ⅳ. 자본 및 화폐용금 순계	−11.3	57.1	27.2	99.0	436.3
Ⅴ. 오차 및 누락	−2.1	−1.6	−1.1	4.4	4.1

연 도	69	70	71	72
Ⅰ. 재화 및 용역순계	−794.4	−802.7	−1,018.1	−541.0
무역거래순계	−991.7	−922.0	−1,046.0	−574.5
무역 외 거래순계	197.3	119.3	27.9	33.5
Ⅱ. 이전지급거래순계	245.8	180.2	170.6	169.8
Ⅲ. 경상거래총계(Ⅰ+Ⅱ)	−548.6	−622.5	−847.5	−371.2
Ⅳ. 자본 및 화폐용금 순계	554.9	638.7	834.4	329.9
Ⅴ. 오차 및 누락	△6.3	−16.2	1.1	41.3

출처: 한국은행, 《경제통계연보》.

《노사논총》(경희대학교 노사문제연구소, 1975)

아쉬운 비즈니스 사회의 풍토개선

현재 우리나라에서도 경영합리화가 부단히 강조되고 있고 또 선형계획법(LP), 오퍼레이션 리서치(OR), 품질관리 등의 새로운 관리기술이 도입 내지 채택되고 있다. 경제학을 하는 필자도 경영합리화를 부르짖고 또 새로운 관리기술의 필요를 역설하는 편이다. 그러나 그러면서도 어딘지 미심쩍은 생각을 하는 것만은 틀림없는 사실이다. 그런데 거기에는 거기대로 이유가 있는 것 같이 생각된다. 그 이유는 대체로 다음의 네 가지인 것 같다.

첫째는 얼마만큼 경영자가 그 필요성을 인식하고 있고 또 얼마만큼 그것에 대해서 적극적으로 협력하고 있는가가 꽤 의심스러운 것이다. 필자는 오래 전에 어떤 잡지에 〈새로운 경영통계 확립을 위한 과제〉라는 짧은 글을 쓴 일이 있는데 거기에서 새로운 경영통계 확립을 위해서 필요한 과제로서 맨 먼저 든 것이 바로 경영자의 인식과 적극적 협력이다. 물론 우리나라의 경영자 중에는 새로운 관리기술에 대해서 깊은 인식을 갖고 있고 또 적극적으로 협력하고 있는 사람이 있을 것이다. 그러나 아직도 얼마만큼 그들이 그것에 대해서 인식을 갖고 있고 또 적극적으로 협력을 하고 있는지 매우 의심스럽다고 아니할 수

없다.

둘째는 일본의 어느 OR 전문가의 글이 실감이 나는 것이라는 점이다. 그는 어떤 글 가운데서 일본에 비즈니스에서 OR의 가능성이 운위되기 시작한 지는 상당히 오래고 또 OR의 수법에 대해서 연구하고 배우는 사람이 상당히 많은데도 아직도 좀처럼 구체적인 실시 예가 나타나지 않는 이유로서 다음의 여섯 가지를 들고 있다. 즉,

① 일의 규칙(work of rule)이 암묵리에만 인정되는 경향이 강한 것,
② 경험이라든가 예감에 의지하는 경영자가 많은 것,
③ 품의(稟議)제도라는 것이 있어 기업조직 내에서 의사결정의 실태가 명백치 않은 것,
④ 라인과 스태프의 분화가 늦어져 기업조직 내에서 스태프의 기능이 명백치 않으며 따라서 스태프의 지위가 약한 것,
⑤ 신뢰할 만한 기업 외의 컨설턴트가 적은 것,
⑥ OR의 전제가 되는 산업공학(industrial engineering), 시스템 분석(system analysis), 데이터 처리(data processing) 등 관리기술의 기업조직 내 침투가 불철저한 것을 들고 있다.

셋째는 우리 사회에서 일반적으로 볼 수 있는 통폐의 하나가, 무엇이든지 일면만을 부각시켜서 강조하고 그 대신 그것과 관련 있는 것은 경시 내지 무시(심하게 말하면 망각)해버리는 경향이 있는 것인데, 비즈니스 사회도 그 통폐를 그대로 지니고 있는 것이다. 예를 품질관리에서 들면 주란(J. M. Juran)은 품질에 관한 기능에는 인수기능을 하는 품질검사, 예방기능을 하는 품질관리, 보증기능을 하는 품질보증의 세 가지 면이 있으며, 품질보증은 품질검사 및 품질관리의 업무가 정

당하게 영위되고 있는가 아닌가를 감사하여 경영자에게 보고하는 스태프업무라고 말하고 있다.

그런데 보통 품질관리 하면 품질에 관한 기능 가운데 예방기능만을 의미하는 것처럼 생각하기 쉽다. 또 우리나라에서도 그렇게 생각하게 만드는 경향이 있다. 그러나 품질에 관한 기능 모두가 품질관리로 간주된다는 점을 잊어서는 안 된다. 따라서 품질관리를 다룰 때에는 예방기능을 하는 품질관리는 물론, 그것에 선행하는 품질검사와 그것에 후속되는 품질보증에 대한 것도 아울러 고려하여야 한다.

넷째는 경영자의 통계, 통계방법에 대한 인식이 결여되어 있거나 부족하며 따라서 기업조직 내에 보고 시스템이 확립되어 있지 않는 것이다. 여기에서 말하는 보고 시스템은 경영자가 필요로 하는 통계를 조직적, 계획적으로 정비하는 제도를 말한다. 바꾸어 말하면 종래의 통계가 부문관리자의 업무상의 필요에 따라 각 부문에서 개별적으로 작성되고 있는 데 대해서 보고 시스템은 기업 전체의 입장에서 경영자의 기능을 과학적으로 수행하는 데 필요한 여러 통계를 체계적으로 보고시키는 제도를 말한다.

영국, 미국 등의 선진비즈니스 사회를 보면, 거기에서는 경영자의 인식과 협력의 정도가 매우 높으며, OR와 관련해서 언급한 일본의 현상과는 거리가 먼 상태에 있으며, 일면만을 부각시켜서 강조하지 않고 그것과 관련 있는 것을 중시하는 경향이 있으며, 경영자가 통계, 통계방법의 필요 불가결함을 잘 인식하고 있으며, 따라서 기업조직 내에 보고 시스템이 확립되어 있는 경우가 많다.

분명히 그 사회에서는 일의 규칙이 가능한 한 명백하게 되어 있으며, 기록할 수 있는 것은 기록에 남기는 것이 통례로 되어 있으며, 기업 외의 컨설턴트가 크게 공헌을 하고 있으며, 어떤 관리기술의 전제

가 되는 기술과 또 그와 관련이 있는 기술을 확고하게 확립시키고 있을 뿐 아니라 조직상에도 명시하고 있으며, 경영자가 경험이라든가 예감에 의지하지 않고 통계, 통계방법을 경영의 모든 면에 활용하여 큰 성과를 거두고 있다.

이와 같이 선진비즈니스 사회 풍토와 우리나라 비즈니스 사회의 풍토 간에는 커다란 차이가 있다. 따라서 만약 이 자이를 무시하고서 경영합리화다 새로운 관리기술의 도입이라 해본들 그것은 한낱 형식상의 것 내지 구두선에 지나지 않는 것으로 그칠 가능성이 다분히 있다.

그러기에 필자는 경영합리화의 추진, 새로운 관리기술의 도입이 진정한 의미에서 좋은 결실을 맺도록 하기 위해서 우리나라 비즈니스 사회의 풍토개선을 새삼 제창한다. 이와 같은 풍토개선의 병행 없이는 경영합리화의 추진도, 어떤 새로운 관리기술의 도입도 분명히 형식적인 것이 될 것이다.

《품질관리》(한국무역협회, 1969. 10)

기업인의 윤리확립 결의문

발표한 4개항

보도된 바에 따르면 최근에 대한상의회장을 비롯한 3백여 명의 기업인이 한자리에 모여서 기업윤리 확립결의대회를 가졌다고 한다. 그리고 거기에서 기업의 사회적 책임 인식과 노사협조 확립, 공정경쟁, 국제경쟁력 강화 및 불의와의 타협 배제 등 4개 항의 결의문이 채택되었다고 한다.

한마디로 말해서 기업윤리 확립을 위한 지도적인 기업인들의 주체적인 노력이 천명된 셈이다. 그러나 제 아무리 지도적인 기업인들의 주체적인 노력이라고 해도 거기에는 어쩔 수 없는 한계가 있게 마련이다. 시간이 흐름에 따라서 그 결의의 강도가 약화될 것이 자명하기 때문이다.

그러기에 모처럼의 결의가 실질적인 결실을 맺도록 하기 위해서는, 다시 말하면 한낱 구두선(口頭禪)에 그치지 않게 하기 위해서는, 그 결의를 실천하지 않고서는 못 배기는 환경 내지 여건의 조성이 주체적인 노력에 못지않게 중시되어야 한다.

정부, 소비자, 근로자, 언론기관의 부단한 감시기능이 강조되는 이유는 바로 여기에 있다.

그런 의미에서 정부는 정부대로 그 결의를 성실하게 실천하기 위해서 노력하는 기업인을 적극적으로 지원하는 한편, 그렇지 않은 기업인을 철저히 규제 내지 단속하도록 해야 할 것이며, 소비자는 소비자대로 그 결의의 실천을 소홀히 하는 듯한 기업인을 철저히 고발하도록 해야 할 것이다. 근로자는 근로자대로 그 결의의 실천을 위해서 필요한 한에서는 적극적으로 협조하도록 하면서 소속하는 기업의 기업인이 그 실천에 덜 적극적인 경우에는 역시 고발을 불사하도록 해야 할 것이다. 언론기관은 올바른 여론의 형성을 통해서 그 결의를 성실히 실천하기 위해서 노력하는 기업인은 사회에서 크게 명성을 얻으며 또 칭송을 받도록 하는 한편, 그렇지 않은 기업인은 사회의 비난 내지 지탄의 대상이 되도록 해야 할 것이다. 물론 이 가운데에서도 언론기관의 역할은 특히 강조되어야 한다.

그러나 이렇게 말하면서도 기업인에게 가장 중요한 일은 무어라 해도 기업의 사회적 책임을 다하는 것과 종업원을 자기 식구처럼 대하는 마음가짐을 강하게 갖는 것이라는 것을 상기시키고자 한다. 어떻게 보면 기업인이 두 가지에 투철하다는 것은 노사협조 확립, 공정경쟁, 국제경쟁력 강화, 불의와의 타협 배제도 실현시킨다는 것을 포함하고 있다고 할 수 있기 때문이다.

저임금 없애도록

기업의 사회적 책임도 일종의 장님 코끼리 만지기 식의 용어임에 틀림없다. 따라서 사람 나름으로 그 해석이 각각 다르다. 그러나 그것

은 일반적으로는 값싸고 품질 좋은 상품과 서비스를 생산하여 공급하는 것이다. 우리나라에서는 정부의 특혜적 지원 없이도 국제적 경쟁력의 강화를 통해서 수출을 확대하고, 나아가서 경제성장-고용증대 등에 기여할 뿐 아니라, 경제성장에 기여라는 명분하에 나쁜 노동조건이나 저임금의 지속을 추구하는 일 등을 지양하는 것을 뜻한다고 할 수 있다.

그리고 이런 내용의 기업의 사회적 책임을 다하기 위한 노력을 구현하는 가장 중요한 방법은 경영합리화 노력에서 찾아진다고 할 수 있다. 이 노력은 말할 것도 없이 적극적인 연구개발 투자, 금융비용·영업외비용의 절감, 적극적인 국제적 마케팅활동, 경영자에 대한 교육 강화 등을 주 내용으로 한다.

적극적인 연구개발 투자는 기술 향상을, 기술 향상은 생산성 향상을 초래하며, 이 생산성 향상은 품질 향상-원가 절감을 통해서 국제경쟁력 강화, 나아가서 수출 확대를 가능케 하고 다른 한편으로는 원가 절감, 나아가서 가격 하락을 가능케 하고 다른 한편으로는 자금압박의 완화, 나아가서 타인자본 의존도의 저하(재무구조 개선)를 가능케 한다. 적극적인 국제적 마케팅활동은 해외시장의 개척, 나아가서 수출 확대를 가능케 한다. 마케팅활동은 품질 및 가격과 함께 국제경쟁력을 구성한다. 경영자에 대한 교육 강화는 경영자의 안목을 넓히며 경영능력을 강화함으로써 새로 직면하게 되는 문제 혹은 경영상의 여러 가지 애로의 타개를 가능케 한다.

환경-여건 조성해야

한편 기업인이 자기 식구처럼 대할 때 즉 특별히 보살피는 마음가

짐과 따뜻한 정으로 대할 때, 그 종업원들이 기업을 위해서 최선을 다 하려고 노력할 것은 불을 보듯 뻔한 일이 아니겠는가.

따라서 모름지기 사회의 칭송을 받는 기업인은 적어도 이런 내용의 경영합리화의 추구가 곧 기업의 사회적 책임을 다하는 것이라는 인식 을 갖고 있어야 할 것이다. 그리고 아울러 무언중에 자기 종업원을 특 별히 보살피는 미음과 따뜻한 정으로 대하는 자세를 갖고 있어야 할 것이다. 한편 정부, 소비자, 근로자, 언론기관은 이런 기업인의 사기를 북돋우어 주고 그렇지 못한 기업인은 사회의 지탄을 받도록 감시기능 을 강화해가야 할 것이다.

결국 현 시점에서 절실한 일은 적어도 이런 기업인이 되기 위한 기 업인들의 노력과 기업인들이 이런 기업인이 되지 않고서는 못 배기도 록 하는 환경 내지 여건의 조성이라고 할 수 있다.

《조선일보》(1984. 11. 29)

대담

요즘 세상 어떻습니까

: "들뜬 풍조 잡혀야 경제 산다"[*]

경제적 위기론, 총체적 난국이란 말과 함께 시작된 90년 경오년 한 해가 저물어가고 있다. 부동산투기 열풍과 전세금 폭등에 따른 일부 세입자들의 잇따른 자살사건, 끝내 실시유보로 돌아선 금융실명제 파동, 고물가, 수출부진, 인력난 등 숱한 경제적 과제들로 점철된 한 해였다. 우리 경제는 어디로 가고 있는 것일까. 함께 타개해 그 열매를 나눠 가질 방안은 없는 것인지. 지난 87년 회갑을 넘기고도 청년 못지않은 열의로 학문과 현실참여에 나서고 있는 변형윤 서울대 경제학과 교수(63)를 그의 교수연구실에서 만나 이런 문제들을 짚어보았다. 변 교수는 작년 여름 발족된 경제정의실천시민연합 공동대표로서 소득분배 개선 등 경제적 형평을 위해 힘쓰고 있다.

최희조 매년 이맘때면 되풀이되는 얘깁니다만 올해 역시 나라 안팎으로 다사다난한 한 해였고 그만큼 아쉬움이 큰 것 같습니다. 경제적인 측면에서 올 한 해를 어떻게 보십니까.

---

[*] 1990년 12월 23일 당시 경실련 공동대표직에 있던 변형윤 교수와 동아일보 최희조(崔熙助) 경제부장대우와의 대담내용.

변형윤 연초의 불안한 출발에 비하면 성장은 높은 편이었지요. 그러나 속을 들여다보면 제조업은 제몫을 못한 채 조로(早老)현상, 공동화현상을 보였으며 서비스업의 이상비대화 문제가 두드러집니다. 내실 없는 성장이란 말이지요. 물가도 많이 뛰었고 86~89년까지 4년간 큰 폭의 흑자를 냈던 국제수지도 올해 적자로 발전됐고요. 수치분석을 떠나 올해는 유달리 모두가 들뜬 채 살아온 것 같아요.

최희조 6공화국 출범 때 정부는 경제적 불평등을 해소한다면서 금융실명제, 토지공개념 등을 통한 개혁을 내걸었습니다. 그러나 올 3월 금융실명제는 실종됐고 토지공개념도 상당폭 완화되는 등 정부의 개혁의지가 후퇴했다는 평입니다. 연초엔 총체적 난국이란 얘기도 나왔고 위기론도 등장했지요.

변형윤 난국이니 위기니 말들 하지만 저는 정부와는 달리 해석하고 싶어요. 정치적 목적을 가지고 난국 얘길 꺼낸 게 아닌가 해요. 노사분규가 심해지자 노동자들의 목소리를 막으려고 그런 게 아니겠어요. 총체적 위기니 뭐니 하는 말은 함부로 할 게 아닙니다. 그러나 또 한편으론 이런 생각을 합니다. 모두들 들떠 있다는 거죠. 즉 궂은일을 하지 않으려는 풍조가 번지고 있고 제조업이 제몫을 못하는 조로현상이 나타나는 것들, 이것이 위기라고 봐요. 또 정부가 금융실명제나 토지공개념을 주장하고 나선 것은 자본주의체제의 결함인 불로소득의 폐해를 고쳐 체제 자체를 공고히 하기 위한 공약이었지요. 실명제를 유보한 것은 바로 정부가 약속을 어긴 것입니다.

(변 교수는 정부가 경제침체, 증시침체 등을 실명제 '유보'의 명분으로 내세웠으나 증시가 나아지지도 않았고 부동산투기 역시 치유되지 않았으며 물가는 큰 폭으로 오르는 등 오히려 나빠졌다고 지적하면서 "약속을 어긴 정부에 대해 국민들은 할 말이 있을 것"이라고 덧

붙였다.)

최희조 분수를 지키지 않는 과도한 소비문제가 한창 제기됐었지요. 요즘 연말을 맞아 고급호텔 연회장엔 빈자리를 찾아볼 수 없을 정도랍니다. 과소비문제는 어떻게 보십니까.

변형윤 먼저 확실히 할 게 있어요. 돈이 없는 측은 과소비를 하려야 할 수 없어요. 있는 측, 그것도 부동산투기나 증권투자를 통해 쉽게 돈을 번 측이 역시 돈을 쉽게 쓰는 겁니다. 돈이 많은 과소비 계층은 경기가 좋고 나쁘고를 따질 필요 없이 항상 돈을 쓰는 거지요. 노동자들의 소비성향이 높아졌다 해서 문제라고 지적을 하지만 임금이 오르면 소비가 어느 정도 느는 것은 당연해요. 이들의 소비가 조금 는다 해서 걱정할 일은 아니지요. 이 사람들은 애써 돈을 벌었기 때문에 돈을 헤프게 쓰지도 못합니다. 결국 땀 흘리지 않고 돈을 번 사람들이 자세를 바로잡기 전에는 과소비문제가 해결되지 않을 것이라 생각해요.

최희조 연초 전세금 폭등 파동이 있었고 전세금을 마련하지 못한 가장들의 자살사건도 있었습니다. 정부가 주택 2백만 호 건설목표를 세우고 신도시 개발도 벌이고 있습니다만 주택문제는 어떻게 보십니까?

변형윤 임금인상을 억제해야 물가가 안정된다고 정부는 얘기하지만 무엇보다도 전·월세가 안정돼야 물가가 안정되는 겁니다. 집값이 계속 크게 오르는 것은 돈이 있는 쪽에 너무 많이 몰려 있기 때문이지요. 아파트값이 올해에도 많이 올랐는데 한때 주춤한다 해도 돈 있는 사람들은 2, 3년 뒤에 또 오른다고 기대하고 계속 투기에 나섭니다. 집값 오름세 기대심리가 번져 투기는 사라지지 않지요. 이걸 부추기는 게 많이 풀려 있는 돈이지요. 돈이 생산적인 투자에 쓰이도록 해야 하는데 말입니다. 2백만 호 주택건설계획에 대해서도 분명히 말씀드릴 게 있어요. 그것은 집을 몇 채나 짓느냐 하는 것보다도 무주택서민이 그

들 능력에 맞게 들어가 살 수 있는 규모의 집을 얼마나 많이 짓느냐 하는 일이 중요하다는 얘깁니다. 민간업자들이 신도시 개발을 맡아 대형아파트만 지어놓으면 저소득 무주택자는 들어가지 못하고…… 이래선 안 된다 이겁니다.

최희조 앞서 지적하셨습니다만 제조업 공동화현상이 심화되고 한편으로 인력난이 심각해지고 있습니다. 동남아 지역의 값싼 노동력을 수입하자는 주장도 있지요.

변형윤 지금도 기특하고 고개숙일 만큼 훌륭한 사람도 많아요. 그러나 일하길 꺼리는 사람이 있고 이들의 목소리가 커지면 큰 문제입니다. 요즘 구직난 속의 구인난을 겪고 있는데 중소기업들, 특히 방직 등 섬유업계에선 이미 수년 전부터 인력문제로 큰일 났다는 얘길 해왔어요. 또 농업부문도 이미 오래전부터 젊은 일꾼이 없다, 이농현상이 심각하다는 식의 얘기가 있었지 않아요. 웬만한 사람은 모두 도시로 가요. 그것도 서비스 쪽으로 말입니다. 제조업의 인력난이 생기면 농촌에서 인력을 공급받아야 하는데 이미 도시로 서비스업 쪽으로 모두 나가버렸단 말예요. 지금이라도 늦지 않았으니 농업부문을 잘 살게 해야 합니다. 또 외국에서 노동력을 수입해오는 것은 사회적으로도 문제가 되니 기혼여성 여유인력 등을 활용하는 방안을 강구하는 게 나을 듯해요.

최희조 수출이 올해 크게 부진했습니다. 반면 내수 쪽은 큰 폭으로 성장해 올 경제성장을 주도했지요.

변형윤 일본의 수출액이 많지만 국민총생산의 10퍼센트에 불과해요. 내수가 크고 튼튼하단 얘기지요. 그런데 우리의 경우 내수는 주로 서비스, 건설 쪽이니까 문제란 말입니다. 수출이 부진한 것은 기술개발이 안 됐기 때문입니다.

최희조 5공과 6공의 경제정책이 비슷한 면도 차이 있는 면도 있습니다만 정부정책에 대해선 어떻게 보십니까.

변형윤 한마디로 불확실하다고 봐요. 뭐가 뭔지 잘 모르겠어요. 안정성장을 한다면서 분배문제도 무시하지 않겠다고 하는데, 되는 것도 없고 안 되는 것도 없다는 식인 것 같아요. 5공 정부가 분배문제를 강하게 내세운 것은 국민들이 분배악화를 거론하니까 그걸 받아들인 것이 아닙니까. 분배문제는 소득만 갖고 따질 게 아니라 금융자산, 부동산 등을 모두 포함한 부(富)로 따져봐야 해요. 그럴 때 우리의 분배문제는 아주 심각한 지경입니다. 정부의 경제정책이 정치에 좌우되고 불로(不勞)소득계층의 큰소리에 따라가선 안 됩니다. 유신 때나 5공 때는 '아니오'라고 외칠 수 있는 비판 견제세력이 없었습니다. 지금도 그런 견제세력 절실합니다.

(그는 자신이 공동대표로 참여하는 경제정의실천시민연합도 이 같은 비판 견제세력의 하나라고 말하면서 경실련을 '극좌나 우를 배제한 온건 진보론자들이 정책대안을 내고 경제정의를 구현하기 위해 만든 모임'이라고 소개한다.)

최희조 새해 경제는 어떻게 보십니까. 올해까지 드러난 우리 경제의 문제점을 해결하기 위한 처방은 없습니까.

변형윤 다들 내년엔 더 어려워질 것이라고 보는 것 같아요. 성장둔화, 두 자릿수 물가, 국제수지적자 확대 등 각 연구기관의 전망들이 모두 우울한 수치예요. 올해에도 보았듯이 모두들 들떠 있는데 차분히 가라앉아야 경제문제들이 해결될 것 같아요. 땀 흘려 일하는 아름다움, 저축과 절약의 미덕이 강조돼야 해요. 해결책은 각자 자신의 입장에서 찾지 말고 대원칙으로 돌아가 논의돼야 합니다. 불경기를 기업, 국민, 정부 모두가 체질을 강화하는 기회로 삼아야 할 것입니다. 두려

위할 것도 아니에요.

지난 55년 이래 서울대 강단을 지켜온 변 교수는 지난 80년 '서울의 봄' 때 서울대 교수협의회장을 맡아 일하다 군부의 미움을 사 그해 7월 해직됐다가 4년여 뒤인 84년 9월 복직됐다.

영국의 경제학자 앨프리드 마셜이 말한 '냉철한 머리와 뜨거운 가슴'을 가지라고 후학들에게 빠짐없이 일러주는 그는 "정책 책임자가 되라면 어떻게 하겠는가"란 질문에 "그럴 자격이 없으며 한때 제의를 받기도 했으나 교수란 교수로 남아야 된다는 게 내 기본생각"이라면서 한마디로 '아니오'라고 대답한다.

《동아일보》(1990. 12. 23)

신명나는 사회[*]

　신명나는 사회를 만들기 위한 캠페인을 벌이고 있는《중앙일보》는 변형윤(서울대 경제학과)·조동일(서울대 국문학과) 교수 간의 대담을 마련, 우리 사회의 신명을 되살리기 위해 어떤 일들을 해야 하는가를 짚어 보았다.

　두 교수는 모두 불합리한 제도와 관행의 개선, 각자가 창의성을 발휘할 수 있는 제도적 여건조성과 함께 각 개인들의 올바른 가치관 형성을 강조했다. 다음은 그 요지.

　조동일 신명이란 우리 민족의 전통에서 특별한 의미를 갖고 있습니다. 개인의 창의적 요구와 시대 및 대중의 요구가 일치되는 조건이 갖춰졌을 때에야 신명이 나타난다고 볼 수 있습니다. 신명난다고 하는 사고의 원형을 가장 잘 보여준 전형이 원효라고 봅니다. 원효는 고도의 철학적 논리를 구현하면서 노래하고 춤추고 다니며 대중을 널리 교화하는 행각을 벌였습니다. 철학적이고 사변적인 것과 예술적이고 직감적인 것이 혼연일체를 이뤄야 합니다. 우리 전통사상사에서 신명

---

　* 서울대 조동일(趙東一) 교수와의 대담. 조동일 교수는 국문학자이다. 조현욱 기자가 정리한 것이다.

의 시작이 원효라면 종점은 최제우의 동학이라고 할 수 있습니다. 동
학도 시대를 꿰뚫는 논리적 사고와 이를 노래로 표현하는 예술적 창
조성을 함께 갖고 있었거든요. 논리적으로 직감적인 것, 지식인의 작
업과 대중의 움직임이 하나로 연결돼야 신명이고 활력이라고 할 수
있습니다.

　이런 활력이 일제 식민지와 과거 군사문화의 권위주의에 의해 사회
적으로 억압된 것이지요. 우리가 지향하는 신명나는 사회란 어떻게 정
의할 수 있을까요.

　변형윤　각자가 대접을 받는다고 만족하는 활기찬 사회를 말하는 것
아니겠습니까. 일, 즉 근로에서 신명이 강조돼야 하겠고 특히 농업과
제조업의 활력이 중요합니다.

　조동일　일할 보람을 가질 여건이 갖춰지고 일한 결과에 만족을 느끼
는 사회를 말하는 거겠지요. 이런 사회로 나아가기 위해서 어떤 일을
해야 할까요.

　변형윤　신바람을 말하려면 한이 맺힌 사람들, 억울한 사람들을 회복
시켜 주어야 합니다. 해직교수와 교사를 복직시키고 양심수도 풀어주
어야지요. 물가도 내리고 경제생활도 안정이 돼야 합니다. 투기와 불
로소득을 없애고 금융실명제도 해야 합니다. 지역 간 갈등이 심하면서
신바람이 날 수도 없으니 지방자치도 빨리 시행해야 하구요. 인사에서
도 상벌을 명확히 해서 올바로 일한 사람이 대접받고 인정받는 사회
가 돼야 합니다.

　조동일　과거 권위주의 시대에 정치적으로 이용하기 위해 신바람을
강조한 일이 있었지요. 잘못된 제도는 그대로 둔 채 잊어버리고 노래
하고 춤추고 잘 지내라는 것이었지요. 이것은 신명에 대한 명예훼손에
해당합니다.

창의력을 제약하는 권위주의 통치하의 나쁜 제도와 관행을 정부에서 시급히 개혁하지 않고서는 신명을 논할 수 없겠지요. 우리 속담에 "하던 굿도 멍석 깔아놓으면 안 한다"는 말이 있듯이 우리 민족의 신명에는 자발적 창의성이 대전제가 됩니다. 이를 되살리기 위해 무엇이 필요한지 언론과 지식인층이 계속 문제를 제기해 줘야겠습니다.

변형윤 이제는 사회가 총체적으로 분화된 결과 '우리'라는 단어가 설득력을 잃어가고 있어요. 기득권층과 기득권을 못 가진 층이 분리된 것이지요. 개혁을 통해서 기득권층이 조금 양보하고 억울하다는 느낌을 가졌던 사람들이 불만을 누그러뜨리는 사회분위기를 조성해야 합니다.

조동일 정부의 역할에 대해 말한다면 이제는 정부가 장구를 칠 테니까 국민은 신명을 내라는 권위주의를 버려야 합니다. 신명은 자발적인 의식에서 나오는 것이니까요. 정부는 사회가 제대로 돌아가도록 규칙을 제정하고 불공정행위를 응징하는 역할, 경기장의 경비 역할을 하는 데 그쳐야 합니다. 정부가 직접 나서서 이래라 저래라 하는 식으로 개입해온 과거의 잘못을 되풀이하지 말아야지요.

변형윤 정부는 할 일은 안 하고 안 할 일을 더 많이 했지요. 규칙을 잘 만들고 이것을 잘 지키도록 하는 심판의 역할을 제대로 하지 못했던 게 사실입니다.

조동일 정부의 투자도 사회간접자본과 기술부문에 하는 것은 좋지만 정부가 어떤 주장의 방향을 이끌어 가기 위해 투자를 하는 것은 좋지 않습니다. 하라는 심판직은 직무유기하면서 이데올로기 조작으로 금서탄압이나 하고 국민필독서나 보급하려는 것은 큰 잘못입니다. 교육부를 예를 들면 교육의 재정과 여건, 시설을 책임 있게 뒷받침하는 것이 주 책무인데도 교육의 내용이나 질에까지 간섭, 관여하고 있는

게 현실입니다.

변형윤 출판·문화·교육계 전반에 걸쳐 자치·자율을 허용하는 게 중요합니다. 정부는 최소한의 심판지 역할만 해주면 교수들이 알아서 할 것이고 이것이 민주주의이며 민주화라고 할 수 있겠지요.

조동일 민주화의 최소요건은 정치와 선거의 민주화입니다. 그러나 다른 분야에서도 국민 각자의 자발적인 노력을 저해하는 제도를 손질해야 신바람이 날 수 있습니다. 이런 실질적·제도적 변화 없이 기분만으로 신이 난다는 것은 가짜입니다.

변형윤 제도와 여건의 뒷받침이 없으면 한낱 구호로 끝나게 되겠지요. 각 분야에서 자기 목소리가 나올 수 있도록 자율을 보장하고 정부는 현명한 심판자에 머무르는 것이 좋습니다.

조동일 현재 우리 사회가 위기라는 말을 많이 하는데 위기의 심각성을 강조하다 보니 우리의 능력을 과소평가하는 경향이 있습니다.

특히 일본과 비교를 많이 하는데 언론이 우리의 뒤떨어진 점만 너무 강조하고 있다고 봅니다. 우리의 장점을 발굴해서 분석하고 확장해야지 우리가 일본을 못 따라 간다는 식의 비관주의 분위기는 잘못됐다고 생각합니다. 신명나는 사회의 본질적 요소는 자신감입니다. 경제나 기술문제를 제외하면 우리가 일본보다 잘하는 분야가 더 많습니다.

변형윤 비관론에 빠져서는 신명이 나지 않지요. 그러나 경제나 상업 쪽은 우리가 확실히 뒤떨어진 게 많은 것도 사실입니다. 일단 우리가 잘하는 점과 못하는 점을 객관적으로 파악해 정확히 아는 것이 중요하다고 생각합니다.

조동일 지금까지 정부의 과장된 홍보 때문에 국민들 사이에는 오히려 우리의 성과에 대한 불신감이 팽배해 있고 어두운 점에 대한 인식이 보편화돼 있습니다. 그러나 어려움을 타개할 수 있는 가능성이 자

발적인 창의력에 의해서 여기저기서 이뤄지고 있습니다. 그걸 우리가 찾아내서 확대해 나가면서 자신감을 회복해야 합니다.

학문의 측면에서는 수입된 학문의 한국화와 한국학의 세계화가 이뤄져야 합니다. 세계 역사나 경제의 흐름을 거시적으로 보는 넓은 안목을 가지고 우리의 능력과 장점을 살려 나가는 것이 신명나는 사회를 이루기 위해 특히 긴요합니다.

이것을 정부에서 하는 것이 아니라 모든 일을 맡아서 하는 우리 각자가 자기 자리에서 자기 일을 통해서 하는 것이 핵심이라고 생각합니다.

변형윤 수입학문인 경제학의 경우 지금까지는 외국 것을 소화하는 단계를 크게 벗어나지 못하고 있습니다. 자신감을 가진다는 것은 가능하지만 상당히 시간이 걸릴 것입니다.

조동일 우리 풍토를 일본과 비교하면 일본은 전공을 세분하는 특징이 있고 우리는 포괄적이고 총괄적으로 하는 특징이 있습니다. 그래서 부분이 치밀하지 못하다는 말을 듣기도 하지만 본래 신명나는 사회라고 하는 것도 부분이 치밀하기보다는 전체적인 통찰력을 중시하는 사회라고 할 수 있습니다. 학문연구에서나 사회활동에서나 각자가 자기 자리에서 생각하지만 자기 일에 매몰되지 않고 전체를 바라보는 통찰력을 갖는 것이 긴요합니다.

그렇게 해서 좀더 비약적인 발전을 기대하고 한꺼번에 많은 일을 하면서 성과를 거둬야 합니다. 남들이 하는 것처럼 한 단계 한 단계 밟아 나가는 것이 반드시 옳은 것은 아니라고 봅니다. 여기에 결점과 문제점도 있겠지만 그래도 이것이 궁극적으로 우리 장점이 아닌가 생각합니다.

변형윤 각자는 자기 분야에서 최선을 다하고 그 각자가 하는 일을

꿰매서 한 나라 전체로서 힘이 붙도록 분위기를 이끄는 게 정부와 지도자의 역할입니다. 과연 무엇이 신나는 사회를 만드는 데 필요한 것인지 찾아내서 정리하고 질서를 주어서 끌어가면 2~3년 지나가는 사이에 신바람 나는 사회가 되는 것이 아니겠는가 하고 생각하고 싶습니다.

조동일 그러나 그것은 지도자를 과대평가하는 관점이 아닌지 모르겠습니다. 개개인이 총괄적인 안목을 가지고 자기 분야와 이웃 분야와의 연관관계를 꿰도록 해야 밑으로부터의 총괄적인 정리와 방향제시가 가능합니다. 각자는 자기 일만 하고 그걸 총괄적으로 꿰는 것은 지도자에게 맡긴다면 현재의 지도자가 그럴 능력도 없고 지도자 할 사람도 없습니다.

정부나 지도자는 이렇게 할 수 있는 여건을 마련하는 것이 일차적인 임무입니다. 정부나 대통령이 스스로 지도를 한다고 나설 때 또 무리가 생기는 것이라고 생각합니다.

변형윤 각 분야의 신바람을 국가적인 신바람으로 포괄하는 기능과 역할, 사회 전체의 방향을 이끄는 역할을 각자에게 맡기기는 어렵지 않겠습니까.

조동일 그런 사람들이 여러 분야에서 내부로부터 자연발생적으로 나타나야 합니다.

변형윤 그건 군웅활보가 될 가능성이 많고 시간이 너무 많이 걸릴 겁니다. 각 분야의 사람들이 모여서 협의하는 경우에도 이를 주선하는 역할은 정부가 해야 할 것입니다.

조동일 정부의 역할은 의견조정과 교통정리에 그치고 정부가 스스로 방향제시까지 하려고 하면 안 된다는 뜻으로 정리하면 되겠습니다. 자발적인 변화와 발전이 전제돼야 신바람이라고 할 수 있지요.

변형윤 신바람을 위해서는 무엇보다 바람직한 가치관의 확립이 중요합니다. 원칙을 지키는 사람이 바보가 되고 부정부패하는 사람이 잘 사는 사회에서는 신바람이 날 수 없습니다. 교육과 취업의 기회균등을 전제하면서 능력과 공적에 따라서 평가를 받도록 하는 것이 자본주의 체제하의 경제정의라고 할 수 있습니다.

한편으로는 능력 있는 사람뿐 아니라 인간성이 좋은 사람이 대접받는 사회가 되는 것도 나는 바라고 있습니다.

조동일 공정한 경쟁이 중요하지만 우리는 출발조건은 불평등하고 결과는 평등하게 돼 있습니다. 연공이 차면 승진하고, 열심히 일하나 놀고먹으나 같은 대우를 받으니 이건 어거지 평등이지요. 출발은 평등하게 하고 열심히 한 사람이 더 잘되게 결과는 불평등하게 나도록 하는 것이 진짜 평등이지요.

변형윤 그런 변화를 위해서는 언론이 사회의 목탁 기능을 제대로 해야 합니다. 공직자와 사회지도층이 자신을 제어하고 극기하는 깨끗한 사생활을 하는 것도 필요하고요. 기업에서도 사용자들이 모범을 보여야 근로자도 신바람이 나지 않겠어요.

조동일 결국 가치관의 확립을 위해서는 문화와 교육의 활력이 핵심입니다. 특히 교육과 문화의 다양화와 활력을 위해서도 지방자치를 빨리 실현해야 합니다. 교육에서도 서울 중심의 정치사만 가르치다 보니 서울로 가야만 무슨 일이 된다는 의식이 깊어지는 것 아니겠습니까. 정치도 마찬가지입니다. 대통령이 되는 사람도 시의원·도의원으로 시작해 인정을 받고 커 나가는 풍조가 돼야 합니다.

변형윤 서양에서 지방자치가 일찍 확립된 것은 봉건사회의 지방분권적 전통에 힘입은 바가 큰 데 비해 우리는 봉건사회를 거치지 못하고 조선조의 중앙집권적 체제가 그대로 내려왔지요. 시민혁명도 아직

도 진행 중이고요. 그런 점에서 봉건제도와 시민혁명을 거친 서구사회보다 우리가 불리한 입장에 놓인 것이 아닌가 싶습니다.

조동일 그 반대로 우리는 시민혁명이 진행 중이니까 다른 나라보다 더 잘살 수 있고 사회의 활력도 더 크다고 볼 수도 있습니다. 할 일이 많다는 게 최대의 신바람 아니겠습니까.

변형윤 글쎄요. 합리적 사고와 행동을 할 훈련도 전통도 확립이 안 된 데서 오는 어려움도 큽니다. 그래서 민주화와 지방자치 실시를 다시 강조하게 되는 것이지요.

《중앙일보》(1993. 1. 8.)

저축 증대와 전시효과

1. 자본과 경제발전

자본은 한 사회의 생산성을 결정하는 중요한 요인이라는 점에서, 그리고 대부분의 저개발국이 자본의 부족 때문에 고통을 받고 있다는 사실에서, 경제발전을 결정하는 가장 중요한 전략적 요인으로 간주되어 왔다. 로스토는 한 나라가 도약의 단계에 들어서려면 생산적 투자가 국민소득의 10퍼센트를 넘어야 한다고 특별히 강조하고 있으며[1] 루이스도 경제성장 이론의 핵심은 국민소득 중 4~5퍼센트 정도밖에 투자하지 못하던 경제가 12~15퍼센트의 자발적 투자를 수행할 수 있는 단계로 전환되는 과정을 인식하는 것이라고 말함으로써 경제성장의 중심적 요인을 급속한 자본축적이라고 설명하고 있다.[2]

그러나 이와 같은 자본중시 이론은 동시에 여러 가지 비판을 받아 왔다. 즉 ① 자본축적은 새로운 기술혁신을 포함한 자본재의 축적으로

---

1) W. W. Rostow, *The Stages of Economic Growth*, Cambridge University Press, 1960, pp. 17~35.
2) W. A. Lewis, *Theory of Economic Growth*, George Allen & Unwin Ltd, 1965, p. 225.

나타날 수 있다. ② 선진국의 경우를 보면 자본형성은 단순히 기존 자본의 양적인 증가나 주택의 건설, 유동자산의 증가로 이룩된다. ③ 새로운 자본의 추가적인 형성 없이 감가상각과 이의 보충과정에서 새로운 기술 도입과 기술의 개선은 가능하며 새로운 생산의 증가는 자본에 기인한다기보다 기술혁신에 기인한다. ④ 새로운 자본형성은 반드시 생산성을 증가시키는 것이 아니고 오히려 생산성을 해치는 경우도 있다.[3] ⑤ 자본형성은 무한히 가능한 것은 아니다. ⑥ 다른 생산요소가 부족하고 조건이 좋지 못하면 자본형성은 가능하지도 않고 수익력도 없다. ⑦ 자본을 흡수할 수 있는 한계점에서는 다른 생산요소, 예컨대 노동력, 기술, 경영능력, 조직의 공급이 더 필요하게 된다 등이 이들 비판의 요약이다. 따라서 우리는 자본의 역할에 대하여 더 정확한 이해를 하기 위해서 이러한 비판에 적절한 해답을 주어야 한다.

이론모델 가운데서 자본, 기술, 노동, 경영능력, 조직 등을 분리하여 독립적인 요인으로 다루는 모델은 더 우아하고 정교하게 보일지 모르며 또 때때로 정책적인 처방을 구하는 데 유리할지 모르나 대체로 큰 실질적인 의미는 없다. 투자활동과 자본형성이 새로운 기술혁신이나, 조직의 개선을 가져오지 않는다고 생각하는 것은 무리한 추상이다. 대개의 투자는 새로운 기술혁신을 이용하기 위하여 행해지고 투자의 붐이 기술혁신을 자극한다고 하겠다. 넉시는 이와 같은 사실을 예를 들어 다음과 같이 설명하고 있다. "자본이 증가할 때 당연히 그 기술적 형태는 변화하는 것이다. 각자가 1달러어치의 삽을 가지고 도로공사에 임하고 있는 일단의 노동자를 상정하자. 가령 1인당 자본이 1천 달러로 증가한다면 각자는 1천 달러에 해당하는 장비를 갖추고 작업할 수

---

3) 탄자니아의 땅콩 재배 산업에서 새로운 자본투하가 모두 실패로 돌아간 것은 많은 경제학자들 사이에 거론되고 있다.

있으므로 각자에게 1천 개의 삽을 준다는 것은 무의미한 노릇이다. 그
들은 적어도 트랙터나 소형 트럭을 갖고 작업할 것이다."[4] 여기에서
트랙터의 사용은 삽의 사용보다 훨씬 높은 생산성을 가져올 것이고
국민소득을 증가시킬 것인데 보통 이것은 새로운 투자활동을 통하여
이루어진다고 볼 것이다. 기술진보는 자본형성의 물리적 측면이라고
볼 수 있겠다.

　기술진보의 논의는 분명히 선진경제의 상황을 염두에 두고 행해진
것이다. 모든 생산요소가 완전히 고용되어 있는 선진경제에서는 생산
성의 향상은 새로운 기술의 개발과 도입을 통해서만 가능한 것이다.
신고전파의 이론모델도 결국 이러한 것을 다루고 있는 모델이다. 기술
의 진보는 비용을 절감시키고 이윤의 폭을 넓힘에 따라 기업의 투자
를 자극한다. 이 자극은 이자율을 상승시키고 상승된 이자율에 따라
가능케 되는 저축량에 따라서 투자는 증대되고 높은 생산수준에서 균
형하는 것이다.[5] 이와 같이 선진경제의 성장은 새로운 기술과 지식의
문제임에 반하여 저개발경제는 그 상황을 달리한다. 저개발경제가 문
제 삼는 것은 새로운 기술의 발명이라기보다 이미 존재하는 선진국의
기술과 지식의 습득인 것이다. 현재의 상태에서 저개발경제는 아직 경
제적 적용을 보지 못한 많은 기술과 지식을 축적하고 있는 셈이다. 이
미 알려져 있는 기술수준의 한계 내에서 생산요소들이 과소고용되어
있는 것이다. 이러한 과소고용은 현존하는 생산요소를 잘못 결합하는
데서 일어난다기보다는 한 생산요소, 즉 자본이 부족하기 때문에 일어

---

4) R. Nurkse, *Problems of Capital Formation in Underdeveloped Countries*, Oxford
　University Press, p. 2.
5) Meier & Baldwin, *Economic Development* 중에서 자본축적의 메커니즘에 관한 각
　학파의 이론을 간략히 소개하고 있다. 저자는 선진경제에서 신고전학파가 가정
　하는 완전고용은 부적합하다고 논하고 있다.

난다고 할 수 있다. 자본의 형성은 이미 알려진 기술과 지식을 유용하게 저개발경제에 동화시킴으로써 잠재적 기술수준과 현실적 기술수준의 차이를 줄이고 생산요소의 과소고용(특히 노동의 낭비)을 지양하여 높은 생산을 가능케 하는 것이다. 저개발국은 현재의 소비를 절약하고 미래의 생산을 위하여 자원을 전환시킴으로써 선진국의 기술과 지식을 도입하여 생산성을 향상시키게 되는 것이다. 다른 생산요소의 공급에 견주어 자본의 공급이 경제발전의 장애로 등장하는 것이 대개의 저개발국의 현실이다. 〈표 1〉은 선진국과 저개발국의 자본량의 차가 얼마나 현격한가를 보여주고 있다.

〈표 1〉 선진국·저개발국의 1인당 실물자본의 비교(1956년)

	전력시설 용량 (1,000KW)	철로 (톤·km)	전화 (1인당)	주택 (1인당)	라디오 방송국 (총수)	트랙터 (1인당)	가축 (1인당)
이 집 트	–	70.5	0.008	0.211	–	0.005	0.19
아르헨티나	0.114	843.5	0.059	0.584	64	0.003	5.30
스 페 인	0.147	–	0.041	0.226	165	0.001	1.06
헝 가 리	0.129	830.2	0.187	–	–	0.003	11.23
이 탈 리 아	0.279	304.6	0.051	0.257	274	0.35	0.49
일 본	0.172	514.5	0.040	0.185	186	0.000007	0.76
캐 나 다	0.836	290.8	0.280	0.243	249	0.028	1.09
스 웨 덴	0.901	1,499.3	0.361	0.317	35	0.017	0.61
영 국	0.574	682.7	0.139	0.280	60	0.008	0.78
미 국	0.816	5,644.7	0.358	0.303	3,504	0.027	1.11

출처: Pepelasis, Mears & Adelman, *Economic Development*, p. 94에서 전재.

〈표 1〉에도 부분적으로 표시되어 있지만 저개발국에서 사회간접자본의 부족은 특히 심각하다. 오랜 동안의 비효율적인 행정과 외국인에 의한 지배는 문맹, 무관심, 빈곤, 열등한 기술수준과 함께 사회간접자

본의 형성을 위한 좋은 조건을 만들지 못하였다. 도로, 학교, 통신시설 등의 공공시설은 사회의 생산성을 높이는 데 중요하지만 즉시 보상을 받지 못할 뿐 아니라 또한 그 건설에 오랜 기간이 걸리기 때문에 이런 사회간접자본의 형성은 더욱 어려운 것이다. 유럽에서는 산업혁명 전에 정부, 군대, 교회 당국 그리고 민간재단이 많은 자원을 운하, 도로, 항만 등의 건설에 투하하였다. 선진국이 발전의 자연적인 과정에서 형성한 것을 저개발국은 허리띠를 졸라매면서 의식적으로 달성하지 않으면 안 되게 된 것이다.

또 선진국은 그 발전의 초기단계에서 기술적으로 비교적 작은 규모의 투자밖에 가능하지 않았다. 이러한 투자를 위해서 필요한 생산수단은 기업가의 저축의 공급에 비해서 작았다. 혁신에 의해서 얻어지는 이윤은 다시 자본으로 되돌아와 다음의 기술혁신을 위한 자금의 역할을 하였다. 그리고 또 당시에 있어서 무역의 확대는 기술혁신이나 자금의 투입을 통한 생산함수의 변동 없이 단순히 기존의 생산요소 사용의 확대를 통해서도 경제성장이 가능할 수 있도록 하였다. 선진국의 무역의 주도권 장악과 식민지의 존재는 유리한 교역조건 아래서 계속적으로 생산을 증대시킬 수 있게 하였다. 자본은 성장의 엔진으로서 부각되기보다 성장의 결과로 간주되었다. 따라서 자본형성은 전혀 문제될 바가 아니었던 것이다. 그러나 현재의 저개발국의 상황은 이와 다른 것이다. 무역의 불안정과 교역조건의 악화는 성장을 가로막고 있으며 결과적으로 자본의 형성을 가로막고 있다. 따라서 저개발국에서는 자본은 경제발전의 엔진 또는 전략적 요인으로서 부각되는 것이다.

2. 자본의 원천

앞에서 자본의 역할을 다루었다. 그리하여 자본이 경제발전의 엔진 또는 전략적 요인임을 보았다. 그러면 이와 같은 자본의 원천은 무엇인가. 이것을 여기서 다루기로 한다.

저개발국의 자본형성과 낮은 저축수준은 빈곤의 악순환이라는 명제로 설명되어 왔다. 즉 실질소득이 낮은 결과 저축능력이 낮고, 낮은 저축능력은 자본형성을 낮은 수준에 머물게 함으로써 생산을 더 높은 수준으로 끌어올리지 못하게 한다는 것이다. 그러나 저개발국이 생리적으로 필요한 최저의 소비수준에 있기 때문에 저축이 불가능하다는 것은 자멸적인 편견 이외의 아무것도 아니다. 이와 같은 생각은 선진국이 오늘날의 저개발국과 같은 소득수준 아래서는 저축은 일어나지 않았고 따라서 오늘날의 저개발국은 저축을 할 수 없거나 기껏해서 낮은 수준의 저축밖에 할 수 없다는 어두운 가정에 근거를 두고 있다. 저축량은 최저의 생리적 필요량에 의해서 결정되기보다는 심리적, 사회적 요인에 따라서 결정된다. 낮은 저축량이 단지 저소득의 결과라고 할 수 없으며 심리적, 사회적 요인이 개선되고 제도적 개선이 밑받침한다면 고소득국의 저축률을 능가할 수 있는 것이다.

가난하기 때문에 국민소득의 12퍼센트 정도를 저축할 수 없는 나라는 없다. 가난하다고 해서 전쟁을 일으킬 수 없다거나, 자원을 낭비할 수 없다거나 한 나라는 없다. 국민소득의 40퍼센트가 지주의 지대소득으로 들어가고, 이것이 사치스럽고 호화로운 생활에 낭비되는 나라에서는 빈곤은 저축할 수 없는 원인으로 생각될 수 없는 것이다. 그런 나라에서는 잉여가 없기 때문에 생산적 투자가 적은 것이 아니라 잉여가 생산적 자

본을 창출하는 대신 비생산적인 기식자(寄食者)를 유지하거나, 피라미드, 사찰의 건조, 그 밖의 내구소비재의 소비에 사용되기 때문이다. 이와 같은 잉여가 그 대신 자본가의 이윤으로 흡수되거나, 조세로서 생산적 정부로 들어가게 되면 인플레이션 없이 높은 수준의 투자가 가능하게 되는 것이다.6)

이것은 루이스의 말이다. 그의 말과 같이 빈곤하기 때문에 저축이 없는 것이 아니라 현재의 잠재적 저축을 생산적 투자로 유도할 능력과 의지가 없기 때문에 저축이 없는 것이다. 잠재적 저축을 생산적 투자로 전환하려는 의지가 생기고, 이를 위한 제도적 여건이 마련되면 능히 자본형성을 위한 저축량을 공급할 수 있는 것이다.

국민소득 중 상위그룹에 속하는 부분과 재산소득이 차지하는 부분이 크다는 것은 높은 잠재적 저축의 가능성을 말해주는 것이다. 대개 상위의 소득층이 저축할 수 있는 여력을 갖고 있기 때문이다. 파텔 (Patel)의 인도 국민소득의 연구는 인도와 미국에서 재산소득이 차지하는 몫이 거의 같음을 보여주고 있으며7) 그는 이어 다음과 같은 결론을 내리고 있다. 인도에서 ① 자가고용의 소득은 국민소득의 반 이상을 차지한다. ② 임금과 봉급이 차지하는 비율은 23퍼센트에 지나지 않으며 이것은 미국에 비해서 낮은 비율이다. ③ 재산소유에 따른 소득은 총소득의 23퍼센트를 넘는다. 이 중에서 저축의 가능성과 관련하여 중요한 의미를 가지는 것은 마지막 결론이다. 대체로 영국, 미국 등의 재산소득은 20~25퍼센트에 이르고 있고 이러한 소득 가운데 상당

---

6) W. A. Lewis, *op. cit.*, p. 236.
7) R. J. Chelliab, *Fiscal Policy in Underdeveloped Countries*, George Allen and Unwin, London, 1960, p. 119. Meier의 앞의 책에 발췌되어 수록되어 있음.

한 부분이 저축된다. 그러나 인도는 이러한 저축의 잠재적 가능성을 이용 못하고, 낮은 저축수준에 머물러 있는 것이다. 쿠즈네츠(S. Kuznets)도 인도의 1/5의 상위 소득그룹이 전체 소득의 55퍼센트를 차지하고 있다고 밝히고 있다. 인도 이외의 다른 나라도 이와 비슷하다. 스리랑카는 10.6퍼센트의 소득층이 전체 소득의 37퍼센트를, 필리핀은 10퍼센트의 소득층이 전체 소득의 37.3퍼센트를 차지하고 있다.8)

이상과 같은 자료에 비추어 볼 때, 이러한 나라들이 5퍼센트 이상의 저축과 투자를 할 수 없다는 것은 받아들이기 어렵다. 이러한 나라들에서 잠재적 저축률은 현실의 저축률보다 훨씬 높음이 분명하다.

저축의 원천의 하나로서 제시되는 것은 경제잉여다. 한 사회나 국가가 문명사회로 들어간다는 것은 경제체제가 기본적인 소비 이상의 잉여를 발생시키기 때문에 가능하다고 하겠다. 배런의 논의를 따라 우리는 현실경제잉여와 잠재경제잉여를 구분할 수 있다.9) 현실경제잉여는 현재의 생산과 소비의 차이며 이는 실제의 재산축적과 동일하다. 잠재경제잉여는 현재의 자연조건과 기술수준에서, 모든 생산요소를 고용함으로써 얻어질 수 있는 총생산과, 기본적인 소비로 간주되는 부분과의 차다. 현실경제잉여와 잠재경제잉여의 차이는 생산요소가 유휴하고 있다거나, 기술적으로 잘못 고용·결합되어 있기 때문에 일어나는 수도 있다. 그러나 그 차이의 더 큰 원인은, 잠재경제잉여가 비생산적 투자, 비생산적 소비를 위하여 사용되기 때문이라고 할 수 있다. 한 사회는 경제잉여를 여러 목적을 위하여 사용할 수 있다.

한 사회나 경제를 특징짓는 것도 결국 이러한 잉여가 사용되는 목

---

8) *Ibid.*, p. 120.
9) P. A. Baran, *The Political Economy of Growth*, Monthly Review Press, New York, 1957, pp. 22~23.

적과 방법에 달린 것이라고 할 수 있다. 경제잉여가 비생산적 투자나, 비생산적 소비에 사용되는가, 아니면 생산적 투자를 위하여 사용되는가 하는 것은 그 자체가 그 사회경제의 구조적 특질을 나타내는 것이다. 그러나 적어도 경제발전이 가장 소망스러운 목표의 하나로 선택되었다면 경제잉여가 비생산적 투자나 소비에 사용되지 않고 생산적 투자로 진화될 수 있도록 해야 한다. 현실경제잉여를 잠재경제잉여의 수준까지 끌어올리도록 하는 모든 노력이 있어야 하는 것이다.

경제잉여의 관점에서 보면 고소득층은 높은 경제잉여를 실현시킬 수 있는 가능성을 가지게 된다. 그러나 이 가능성은 자연적으로 실현되어 생산적 투자로 전환되는 것은 결코 아니다. 자본주의 발달의 초기 단계에서는 대부분의 고소득층은 봉건적 성향이 강하고, 낭비적 성향이 농후하다. 지주, 화폐 대부업자, 중간상인 등은 사치스러운 생활을 누려서 잉여를 잠식하는 한편, 잔여의 잉여도 외환에의 투기나, 금·은 등 귀금속의 보장에 사용할 뿐이다. 루이스가 저축량은 국민소득분배의 불평등의 함수가 아니라 생산적인 투자를 하는 계층이 국민소득분배에서 차지하는 몫의 함수라고 말한 것도 이러한 현실을 두고 한 말이다. 민간부문에서 자발적 저축과 생산적 투자가 일어날 가망이 없을 때는 정부가 이러한 잉여를 소비에서 끌어내어 생산적 투자로 전환시킬 의욕과 능력을 갖추어야 한다.

또한 저축능력이 지주, 자본가 등을 포함한 상위의 높은 소득층에만 존재한다고 말하는 것도 지나친 과장이다. 중위 혹은 하위 중에서 비교적 상층인 임금생활자나 소상인 등이 기본적인 소비수준에 머물러 있는 것은 아니다. 그들은 때때로 높은 소비수준을 따라 가려는 과시적 욕망에서 무리한 소비패턴을 보이고 있는 것이다. 소위 화이트칼라나, 숙련노동자들은 자본가나 지주, 그리고 외국인의 소비패턴에 자극

을 받아 소비를 소득수준 이상으로까지 몰고 가는 경우도 드물지 않은 것이다.

낮은 저축은 이상과 같은 요인에 기인한다. 그러나 그 밖에 금융기관의 부실과 이에 대한 불신도 저축의사와 능력을 크게 떨어뜨린다. 우리나라의 저축행태에 관한 한 연구는 낮은 소득층일지라도 많은 저축유인을 갖고 있음을 보여주고 있다.[10] 미래의 지출을 위하여 저축할 많은 동기를 가지고 있을 뿐만 아니라 그들의 재산을 은행의 예금과 같은 유동성의 형태로 보유하려는 동기가 강함을 보여주고 있다. 이러한 저축성예금은 곧 소비자금화 할 가능성이 있는 것이긴 하지만, 그것이 계속적으로 증가한다면 순저축의 형성에 큰 공헌을 할 수 있다. 은행과 정부에 대한 불신은 이러한 저축유인에 대하여 찬물을 끼얹는 것이다.

마지막으로 자본의 원천의 또 다른 하나로서 우리의 흥미를 끄는 것은, 넉시의 농촌의 과잉인구이다. 농촌의 과잉인구는 농촌부문의 '저축'에 기식하고 있다. 즉 농촌인구의 한계생산성이 0이거나 0 이하이기 때문에 농촌부문에서 노동력을 뽑아내도 전체의 농업생산고는 줄지 않는다. 이때 이 과잉인구를 도로, 항만, 간척사업 등의 사회간접자본의 건설에 투입한다면 이에 따라 자본형성이 증가하는 것이다. 이때 새로운 자본형성에 투입된 노동자나 농업에 잔류한 농민들이 이전과 동일한 소비수준에 머물러 있고, 또 노동력이나 생산물의 이동에 따른 추가적 비용이 거의 무시할 만하다고 가정하면 사회간접자본 형성에 노동자가 투입된 만큼 저축과 소득의 증대가 가능하게 된다는 것이다. 이러한 넉시의 견해는 ① 농촌의 한계노동생산성이 0에 가까운 것도

---

10) 이창열, 《한국의 금융과 자본동원》, 고려대학교 아시아문제연구소, 1966, p. 349.

아니고, 0 이하는 더욱 아니다. 즉 농촌에서 농민을 끌어내면 농업생산고는 감소한다. ② 농촌에서 노동력의 감소로 잔류농민의 평균생산성이 높아질 때 이전과 동일한 소비수준에 머물 이유가 없고 새로이 자본형성에 투입된 노동자도 마찬가지다. ③ 노동력과 생산물의 이동에는 비용이 따르고, 어떠한 사업이라도 주택과 같은 간접자본이 필요하다. 이러한 비용에 대한 지출은 다른 부문의 생산성의 향상이 없는 한 인플레이션을 유발시킬 뿐이다 등의 비판을 받지만, 특수한 경우에 농촌공동체 내에서 과잉인구가 지역개발사업을 통하여 자본형성을 이룬다는 점에서 이것은 저축의 잠재적 원천이 되는 것이다.

이상 자본의 원천에 관한 고찰을 통하여 그것이 단순히 저소득수준에 의하여 제약을 받기보다, 다른 심리적, 사회적 요인에 따라서 제약받고 있음을 보았다. 그 사회가 이룰 수 있는 잠재적 저축량은 현실의 저축량보다 훨씬 높은 것으로서 이를 동원할 의욕과 조건이 구비된다면 더욱 높은 수준의 저축과 자본공급이 가능한 것이다.

그러나 저개발국의 자본형성은 또 하나의 난관을 극복하지 않으면 안 된다. 전시효과에 기인하는 소비에 대한 압력이 그것이다. 따라서 이것을 다음에서 다루기로 한다.

3. 전시효과(展示效果)

케인스의 국민소득론은 저축의 공급에 대하여 낙관적 전망을 하고 있다. 한계소비성향은 평균소비성향보다 낮고 따라서 소득이 증가함에 따라서 저축할 수 있는 능력은 끊임없이 증가하는 것이라고 보고 있다.

이와 같은 소비와 저축의 이론은 횡단면분석에 의해서 어느 정도

입증이 가능한 단기적인 타당성을 가질는지 모르나 장기적으로 볼 때 타당한 것은 아니다. 스미시스(A. Smithies)는 이것을 소비함수(저축함수로 지환해도 좋나)의 이동을 통히여 설명하고 있다.

그에 의하면 단기적 소비함수 CF_1, CF_5, CF_{12} 등의 이동을 통하여 장기적 소비함수 C는 〈그림 1〉에서 보는 바와 같이 원점을 지나는 직선으로 결정된다고 한다.

〈그림 1〉 소비함수

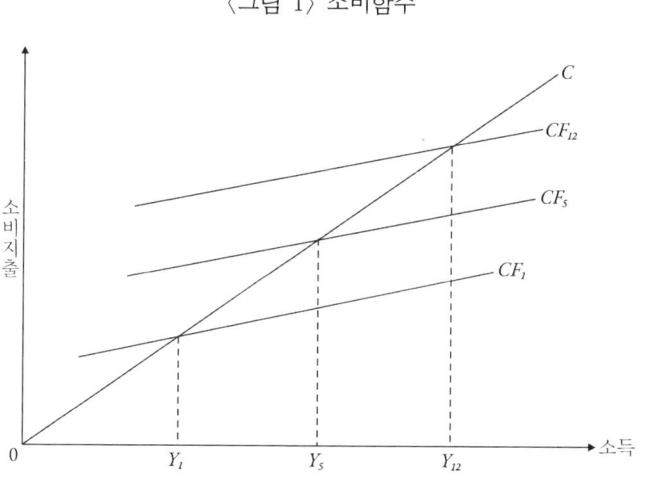

그는 이러한 소비함수의 상향적 이동을 ① 인구가 소비성향이 비교적 낮은 농촌에서 소비성향이 높은 도시로 이동한다. ② 인구의 연령분포가 더욱 소비지향적인 노년층의 증대로 변동한다. ③ 새로운 상품 특히 내구소비재의 출현으로 이것의 소비가 점차 필수적인 것으로 됨에 따라 소비가 증가하게 된다는 이유를 들어 설명하고 있다[11].

그런데 듀젠베리는 이상의 세 가지 요소가 소득의 증가와는 무관한

11) G. Ackley, *Macroeconomic Theory*, New York, 1961, p. 240.

것이라고 논하고, 이와 같은 소비함수의 변동은 개인 소비행위의 상호
의존성에 기인한다고 밝히고 있다. 즉 소비와 저축의 수준이 케인스에
서와 같이 절대적 소득수준에 따라 결정되는 것이 아니라 상대적 소
득수준에 따라 결정된다는 것이다. 절대적 소득수준이 증가하여도 상
대적 소득수준이 낮으면 계속해서 저축할 여지가 없게 되는 것이다.
각 개인의 소비행위가 상호의존한다는 가정은 사회적 기초를 갖는 것
이다. 첫째로 인간은 남들보다 다소 뛰어난 소비행위를 하고 있음을
이웃에 보임으로써 사회적 우월을 나타내 보려는 욕망을 지니는 것이
다. 둘째로 우월한 상품, 우월한 소비패턴 또는 새로운 욕구충족수단
을 접하게 되면 사람들은 일종의 열등감 또는 불만감을 느끼게 되며,
여기에서 생기는 새로운 욕망은 그들로 하여금 이러한 소비패턴과 수
준을 모방하도록 만들며, 결국 소비성향을 높이는 것이다. 후자의 현
상이 이른바 듀젠베리의 전시효과이다.[12]

　이상에서 설명한 전시효과의 이론은 듀젠베리가 케인스의 소비함
수, 특히 그의 두 기본적 가정 즉 ① 각 개인의 소비행위는 다른 사람
의 소비행위로부터 독립되어 있고 ② 소비관계는 시간에 따라서 가역
적(可逆的)이라는 점을 비판함으로써 선진국의 불경기이론에 새로운
조명을 하기 위한 것이었다. 그러나 이러한 이론은 저개발국의 새로운
경제현실을 밝히는 데 큰 도움을 주는 것이다.

　개개인의 소비성향의 수준이 그의 절대적 소득수준의 높이에 의존
하는 것이라기보다 그가 빈번히 접촉하게 되는 이웃의 소비패턴으로
부터 중대한 영향을 받게 된다는 듀젠베리의 설명은 국제적 국면에서
도 동일하게 적용될 수 있다. 이리하여 넉시는 국제적 전시효과의 이

---

12) J. S. Deusenberry, *Income, Saving and the Theory of Consumer Behaviour*,
Cambridge, Mass., 1949, p. 27.

론을 전개하여 오늘날의 저개발국이 보여주는 높은 소비성향의 원인을 규명하려 한다.

넉시는 저개발국의 자본형성에 관한 그의 논문에서 국제적 전시효과가 오늘날의 저개발국으로 하여금 과도한 소비성향을 지니게 만듦으로써 경제발전에 지대한 핸디캡을 초래하고 있다고 보고 있다. 즉 새로운 소비패턴에 대한 지식 또는 접촉은 이전에 미처 인식치 못하였던 가능성에 대하여 사람들의 눈을 뜨게 만든다, 그것은 상상과 욕망의 지평선을 확대시킨다. 더 빈곤한 국가에서 이러한 상품들은 주로 국산품이 아니라 수입된 상품들인 것이다. 그러나 더 근본적인 문제는 신상품의 존재 또는 단지 새로운 소비방법에 대한 지식만으로도 일반적 소비성향은 상승하는 경향이 있다는 사실이다. 선진국의 진보된 소비수준이 지니는 매력과 이를 모방하고자 하는 욕망은 뒤늦게 경제발전을 시도하고 있는 국가들에게는 중대한 장애가 된다. 물론 새로이 발생된 욕구는 그것이 사람들로 하여금 노동과 생산에의 의욕을 자극시킨다는 의미에서 중요시해야 될지도 모르나 그렇다고 하여도 부가된 산출이 여전히 소비되지 않고 저축되어 투자되리라는 보장은 없는 것이다.

국제적으로 전시효과를 일으키는 요인의 강도는 선진국과 저개발국 간의 실질소득 내지 소비수준의 격차와 저개발국 국민의 이에 관한 지식의 보급도라는 두 개의 요소에 의하여 결정된다. 다음의 〈표 2〉에서 보는 바와 같이 미국을 포함한 유럽의 여러 나라에서의 1인당 소득 수준과 아시아 및 아프리카 지역과의 격차는 더 확대·심화되고 있는 것을 알 수 있다. 표 가운데 '세계 평균소득에 대한 비율'로 되어 있는 부분은 전 지역의 1인당 평균소득에 대한 해당 지역의 1인당 국민소득의 백분비를 표시한 것이다.

〈표 2〉 1938년과 1961년의 인구와 소득분배율

(단위: %)

	1938년			1961년		
	분 배 율		세계 평균소득에 대한 비율	분 배 율		세계 평균소득에 대한 비율
	인 구	소 득		인 구	소 득	
유럽이주민으로 건설된 나라	7.1	29.6	419	7.3	41.3	542
유 럽	26.4	46.6	177	21.4	38.8	181
중 · 남 미	6.0	4.2	71	7.8	4.7	69
아 시 아	53.2	17.3	33	56.9	13.1	23
아 프 리 카	7.3	2.3	32	7.4	2.0	22

출처: Meier, *Leading Issues in Development Economics*, p. 6.

이와 같은 소득의 격차는 필연적으로 소비패턴 내지 소비수준의 격차를 뜻하는바, 이것은 국제적 전시효과를 추진시키는 두 번째 요인에 의해서, 더 현실적인 문제로 등장한다. 통신수단이 이전에 비하여 더욱 밀접하게 되고 그 결과로서 위와 같은 소비수준의 격차에 대한 지식이 현저히 증가하고 있다. 영화, 라디오, 항공기와 같은 발명품들이 여기에 기여했던 것은 물론, 저개발국에서 국민교육의 일반적 경향이 생산력 개선이라는 목표를 달성하기 이전에 소비욕구의 자극에 기여하고 있다는 사실도 하나의 이유가 될 것이다. 여하튼 근대세계에서 상호교섭은 매우 밀접한 것이다. 선진국의 소비수준의 매력은 일차적으로 저개발국의 도시 내의 고소득층에 그 영향을 미칠 것이나 교육과 매스컴의 매개의 덕분으로 머지않아 저개발국의 저소득층에로 그 영향이 유포될 수 있을 것이다.[13]

이와 같이 저개발국의 낮은 저축률은 절대적으로 낮은 소득수준에

---

13) R. Nurkse, *op. cit.*, p. 65.

만 그 원인이 있는 것이 아니고 선진국의 우월한 소비패턴의 전시효과에 기인한 높은 소비성향에 더 깊은 원인이 있다는 것이다.

경제발전의 단계에서 싱장의 강도를 결정하는 것은 ① 전년도의 국민순생산 중 얼마만큼이 새로이 투자될 수 있는가 ② 투하된 단위자본이 일정한 생산기간이 경과한 후에 얼마만한 소득의 증가를 가져올 수 있는가 하는 두 요인, 즉 ① 국민소득에 대한 투자의 비율과 ② 자본의 평균생산성의 함수라고 볼 수 있다. 만약 자본의 생산성이 0.5(즉 최초의 생산기간이 경과한 뒤 1의 소득증가를 원한다면 그만큼의 투자를 해야 한다)이며 국민소득 가운데 10퍼센트가 투자된다면 연간성장률의 크기는 0.5×10%=5%로 된다. 그런데 자본의 평균생산성이란 그 경제사회의 제반 조건에 따라 광범위하게 결정되는 것이며 비교적 고정적이라고 볼 수 있으므로 결국 연간경제성장률은 국민소득 대 투자의 비율(투자율)에 의존한다고 할 수 있을 것이다.

지금 예를 들어 자본의 평균생산성이 0.5인 사회에서 경제성장이 시작되는 과정을 상상하여 보자. 국민순생산의 10퍼센트가 투자로 흡수된다면 1차년도의 성장률은 위에서 언급한 바와 같이 5퍼센트로 될 것이다.

만약 산업자본주의 융성기의 유럽에서와 같이 이윤을 추구하는 기업가계층이 강력한 사회계층으로 존재하며 종교적, 사회적 요인이 대중의 소비성향을 더 완만히 증가시키는 경우를 상정하여 소비는 연 2.5퍼센트라는 낮은 비율로 상승한다고 가정하였을 때 국민소득(국민순생산)은 〈표 3〉과 같이 연차적으로 신장될 것이다.

즉 5차년도에 이르러서 순투자는 10에서 32로 증대되었으며 이는 투자율을 0.1에서 0.24로 제고시켰다. 이로 말미암아 국민순생산의 연 성장률은 5에서 12퍼센트로 신장되었던 것이다.

다음에는 검약과 이윤추구를 지향하는 사회적 전통 대신에 어울리지 않게 높은 소비성향을 지니는 사회를 상정하여 높은 소비성향이 그 사회의 경제성장을 둔화시키는 예를 들어보자. 자본의 평균생산성과 투자율은 종전의 경우와 동일하게 각각 0.5 및 0.1이라고 하고 소비만이 순생산의 증가율과 같은 수준인 5퍼센트로 증가한다고 가정한다면 〈표 4〉와 같을 것이다.

이상 간단한 이론모델을 통하여 보았듯이 국제적 전시효과에 기인하는 소비에 대한 압력은 경제발전의 중요한 장애요인으로 나타나며 저개발국은 이의 극복이라는 새로운 과제를 갖게 되는 것이다.

바로 위에서 국제적인 전시효과가 저개발국의 필요한 자본형성을

〈표 3〉 국민순생산(1)

	국민순생산 (a)	소 비 (b)	투자 (c)	투자율 (c/a)
1 차 년 도	100.0	90.0	10.0	0.10
2 차 년 도	105.0	92.25	12.75	0.121
3 차 년 도	111.4	94.56	16.48	0.148
4 차 년 도	119.6	96.92	22.68	0.190
5 차 년 도	130.9	99.34	31.56	0.241

〈표 4〉 국민순생산(2)

	국민순생산 (a)	소 비 (b)	투자 (c)	투자율 (c/a)
1 차 년 도	100.0	90.0	10.0	0.1
2 차 년 도	105.0	94.5	10.5	0.1
3 차 년 도	110.25	99.25	11.0	0.1
4 차 년 도	115.76	104.16	11.6	0.1
5 차 년 도	121.55	109.35	12.2	0.1

위한 저축능력에 미치는 영향을 주로 넉시의 이론을 중심으로 고찰하
였다. 그 결론은 전시효과의 영향이 저소득이라는 요소에 못지않게 저
개발국의 낮은 저축률과 일반적 자본부족 현상의 원인으로 작용하고
있다는 것이었다. 그러나 우리는 여기에서 이에 대한 최종적인 결론을
내리기 전에 국제적 전시효과가 미치는 영향에 대한 대조적인 견해,
어쩌면 그것은 저개발국의 경제발전을 위하여 긍정적이며 적극적인
역할을 할지도 모른다는 견해에 대하여 살펴볼 필요가 있을 것이다.

더구나 우리나라에서 위에서 언급한 바와 같은 선진국 소비패턴의
접촉에 따른 소비성향의 증대—전시효과는 이미 상당한 정도로 파급·
진전되어 있는 것이 실정이고 보면, 이를 긍정적으로 선용할 수도 있
다는 견해는 각별한 관심의 대상이 되지 않을 수 없는 것이다. 이와
같은 견해를 뒷받침하고 있는 것으로서 다음과 같은 몇 가지 주장을
추려볼 수 있겠다.

① 경우에 따라서는 소비재로 획득되었던 상품이 차후에 생산재로
　서의 기능을 수행할 수도 있다.
② 선진국 소비재의 사용이 경제변동을 쉽게 하도록 국민의 문화적
　태도를 형성하는 데 기여할 수 있다.
③ 새로운 소비수준에 대한 전망이 노동의 공급을 자극할 수 있다.
④ 증가된 소비가 자본의 공급을 증가시키고 경제활동을 확대시키
　는 제반 반응을 불러일으킬 수 있다.[14]

우선, 첫째 주장은 이를 뒷받침하기 위한 예로서 특히 인도네시아에
서 자동차가 중요한 운송수단으로 사용되고 있다는 사실과 2차 대전
직후 그리스에 최초로 수입된 전기냉장고가 약제사 또는 의사에 의해

---

14) Pepelasis, Mears & Adelman, *Economic Development*, Analysis and Case Study, p.
　104.

페니실린 등의 항생제 보관에 사용되었다는 사실 등을 들고 있다. 그러나 원래 소비재와 자본재의 구별은 엄격할 수가 없는 것이고, 특히 선진국의 사회 경제적 분위기 속에서 소비재로 간주되었던 것이 때에 따라서는 그것을 수입한 저개발국에서 자본재로서의 기능할 수도 있을 것이나, 이것은 너무나 당연한 이야기인 동시에 지극히 부분적인 이야기에 지나지 않는 것이다.

둘째 항목을 뒷받침할 수 있는 예로서는 사진기, 라디오, 시계, 현대적 운송수단 등이 들어지고 있다. 한 사회의 소비습관은 그 사회의 가치관 내지 문화적 태도를 반영하는 것이지만 거꾸로 이러한 가치관이 소비패턴의 독립적 변화로 말미암아 수정되는 경향도 있다는 것이 이 견해의 중심적 논의이다. 그러나 더 객관적으로 볼 때 과연 진보된 소비행위를 함으로써 가치관의 근대화가 함께 이루어질 수도 있다는 이 논의는 얼마나 타당성을 가질 수 있겠는가? 오히려 선진 소비재를 소비함으로써 더 고도한 문화인이 되어 볼 수 있다는 이러한 착각이 저개발국에서 국제적 전시효과를 촉진시키는 한 요인이 아닐까 한다.

셋째 항목에 나오는 논의는 더욱더 저개발국의 현실과 동떨어진 이야기임을 알 수 있다. 즉 진보된 생활수준에 대한 매력이 소득에 대한 수요를 증가시켜 노동선호를 변화시킨다는 것이다. 여가와 노동 간의 선택의 문제를 이야기한다는 것은 이미 저개발국의 차원에서 벗어난 이야기인 것이다. 그 어떠한 진보된 생활수준에 대한 매력이 생존 그 자체의 매력보다 클 것인가? 노동의욕이 부족하여 가난하다는 논리는 적어도 우리에게는 몰상식한 일에 지나지 않는다.

넷째 항목에 나오는 주장은 증대된 소비가 시장을 확대시키고 이제까지 이용되지 못하고 있던 저축을 동원하며 투자량을 증가시키는 여러 조건을 형성시킬 수 있다는 것이다. 즉 도입된 외국 소비재의 전시

효과에 의해서 국내시장이 확대되면 이 확대된 시장을 대상으로 하여 이를테면 수입대체산업이 설립되어 수입된 반제품에 마지막 손질을 가하여 의약품, 라디오, 음료, 만년필, 전기용구, 화학제품 등의 완제품을 공급한다는 것이다. 그러나 이와 같은 논의는 그 사회 어딘가에 '존재하고는 있으나 이용되지 못하고 있는' 상당한 저축이 존재하고 있음을 전제로 하고 있으며, 또한 투자수요를 증대시킨 동일한 요인—증대된 소비가 동시에 저축에 아무런 영향도 끼치지 않는다고 가정하고 있다. 그러나 우리나라를 포함한 저개발국은 투자유인의 부족 때문에 저축이 이용되지 못하는 것이 아니라 저축의 마진, 그 자체가 협소하기 때문에 자본의 공급 면에서 어려움을 느끼고 있는 것이다.

결국 전시효과가 미치는 영향이 저개발국에 유익한 방향으로 작용할지도 모른다는 견해는 오로지 오늘날의 저개발국의 현실에 대한 몰이해나 지나친 주관에서 나온 것이라고 아니할 수 없겠다.

4. 우리나라에서의 전시효과

바로 앞에서 우리는 통신수단과 무역교류가 발달함에 따라서 고도한 선진자본주의국의 소비수준이 행사하게 되는 전시효과가 그에 접하는 저개발국 국민의 소비욕망을 그의 능력 이상으로 증대시키며, 결과적으로 저개발국의 경제발전에 도움이 되는 것이 아니라 저해를 끼치게 된다는 것을 살펴보았다. 그러면 우리나라에서는 어떠하였던가.

〈표 5〉에서 개인부문 수지(가계 및 비영리기관)를 살펴보면 소비지출이 가처분소득 중에서 차지하는 비율—평균소비성향은 1960~1967년의 8년간 평균 0.993으로서 거의 1에 육박하고 있다. 더욱이 그 가운데 2개년은 부(負)의 저축을 나타냄으로써 일반소비대중이 그들 소득

⟨표 5⟩ 가처분소득과 소비지출

(단위: 10억 원, %)

	가처분소득	민간소비지출	평균소비성향	평균저축성향
1960	204.61	207.26	1.013	−0.013
1961	247.95	245.44	0.990	0.010
1962	283.31	293.79	1.037	−0.037
1963	405.70	399.55	0.985	0.015
1964	597.02	585.96	0.982	0.018
1965	671.38	669.08	0.997	0.003
1966	847.95	805.90	0.950	0.050
1967	986.06	973.55	0.987	0.013
평 균			0.993	0.007

출처: 한국은행, 《국민소득연보》, 1953~67, p. 38.

⟨표 6⟩ ECAFE 각국과의 저축률 비교(1961~66년 평균)

(단위: %)

국　　　　명	국민저축률	민간저축률	정부저축률
파 키 스 탄	12.1	−	−
필 리 핀	15.5	14.3	1.2
타 이	20.0	18.9	1.1
대 만	15.9	14.3	1.6
일 본	36.0	28.7	7.5
한 국[1]	7.6	6.3	1.3
	(13.3)	(6.9)	(6.4)

주: 괄호 안은 1968년 수치임.
　　1) 1962~67 평균
출처: 한국은행, 《조사월보》, 1969. 8, p. 19.

의 거의 전부를 소비에 충당하고 있음을 보여주고 있다.

그러나 이와 같이 높은 소비성향의 존재를 단지 저소득이라는 요인에 돌릴 수는 없겠다. ⟨표 6⟩에서 볼 때 일반적으로 저소득국이 고소득국보다 낮은 저축률을 보이는 것은 사실이나 우리나라와 비슷한 저소득국들의 저축률을 보면 대체로 우리의 2배 이상에 이르고 있는 것

〈표 7〉 국내총자본형성에 대한 투자재원의 구성

(단위: %)

	총투자	국내저축 (a+b)	순지출 (a)	자본소모 (b)	해외저축 (c+d)	순차입 (c)	순이전 (d)	통계상 불일치
1960	100.0	14.5	−31.5	46.0	78.3	−4.0	82.3	7.2
1961	100.0	29.2	−7.6	36.8	65.2	−4.3	69.5	5.6
1962	100.0	11.3	−30.2	41.5	83.0	10.0	73.0	5.7
1963	100.0	37.5	8.2	29.3	58.5	20.7	37.8	4.0
1964	100.0	48.3	11.8	36.5	48.6	5.1	43.5	3.1
1965	100.0	51.3	12.7	38.6	44.4	−1.1	45.5	4.3
1966	100.0	54.4	28.4	26.0	39.3	12.6	26.7	6.3
1967	100.0	51.2	24.3	26.9	41.5	19.1	22.4	7.3
평균	100.0	37.21	20.13	35.2	57.35	7.26	50.09	5.06

출처: 한국은행, 《국민소득연보》, 1953~67, p. 173.

이다. 결국 저소득수준이라는 요인만 가지고서는 우리나라의 낮은 저축률 현상을 다 설명할 수 없을 것이다.

더욱이 이 7.6퍼센트의 국민저축도 고정자본의 감가상각 5.6퍼센트[15])를 고려하면 국민순저축은 2.0퍼센트밖에 안 되는 것이다.

그리고 국민순저축이 2.0퍼센트라는 낮은 수준에 머무르게 된 데에는 정부부문의 영향이 특히 컸음을 앞의 〈표 6〉에서 보아 알 수 있다.

국민순저축이 이와 같이 낮으면서도 우리나라 경제가 이제까지 지탱할 수 있었던 것은 절대적으로 해외로부터의 자본이전, 즉 외국무상원조와 외국자본도입에 의존함으로써 가능했던 것이다 〈표 7〉에서 알 수 있는 바와 같이 1960~67년의 8년간을 평균하여 볼 때 소요되었던 국내총자본형성 중 국민저축이 기여한 것은 자본소모를 겨우 충당할 만한 37.2퍼센트에 불과하였으며 나머지 62.8퍼센트는 대외경상계정

---

15) 1962년 5.4%, 1963년 5.4%, 1964년 5.3%, 1965년 5.7%, 1966년 5.6%, 1967년 5.9%의 평균임(한국은행, 《국민소득연보》, 1968, p. 11).

<표 8> 외국 경제원조의 재화별 구성

(단위: %)

연 도	소비재 및 기타	투자재
1955	82.1	17.9
1956	90.5	9.5
1957	91.7	8.3
1958	91.1	8.9
1959	88.4	11.6
1960	91.2	8.8
1961	88.9	11.1
1962	94.1	5.9
1963	96.4	3.6
1964	98.2	1.8
1965	98.8	1.2
1966	99.5	0.5
1967	92.6	7.4
1955~1958평균	88.8	11.2
1959~1967평균	94.2	5.8
1955~1967평균	92.6	7.4

주: 1. 1955~1958은 경제베이스이며 1959~1967은 통관베이스임.
　　2. 투자재는 기계류와 운반기기를 말함.
출처: 한국은행.

적자로 볼 수 있는 순국제이전 50.1퍼센트와 외자도입 7.3퍼센트로 조
달되었던 것이다.

　물론 이와 같은 높은 소비성향을 가져온 요인으로서는 낮은 소득수
준과 연평균 15.0퍼센트16)의 높은 물가상승률을 들 수 있다. 그러나
휴전 이후 새로운 민주주의의 문물과 함께 들어온 유럽문명의 전시효
과가 소비성향의 상승에 박차를 가해 왔고, 또 <표 8>에서 보는 바와

---

16) 1962년 9.6%, 1963년 20.5%, 1964년 34.7%, 1965년 10.0%, 1966년 8.8%, 1967
　　년 6.4%의 평균임.

같이 원조물자의 대부분이 소비재 또는 소비재 생산을 위한 원료이었으며 10퍼센트에도 미달하는 투자재도 주로 소비재 생산을 위한 시설이었다는 점으로 보아, 결국 외원(外援)이 재화 면에서 볼 때 소비조장적인 효과를 가져왔다는 사실을 상기해야 할 것이다.

즉 외국원조는 우리나라에서 국제적 전시효과를 더 촉진시킨 주요한 요인인 동시에 전시효과가 야기한 증대된 소비를 현실적으로 가능하게 만든 하나의 수단이었던 것이다.

5. 전시효과에 대처하는 방안

앞에서 밝힌 바와 같이 선진국의 진보된 소비수준의 매력이 경제발전을 뒤늦게 시도하고 있는 국가들에게 하나의 저해요인을 만드는 것이라면 이에 대해서 어떤 대책이 취해져야 할 것인가?

이론적으로 가장 극단적이며 완전한 전시효과 저지책은 이른바 고립주의의 채택이라고 할 수 있겠다. 아무리 생활수준의 격차가 크다고 하여도 일체의 무역이 단절되어 있다면 그것이 국민의 선망을 불러일으킬 길이 없는 것이며 따라서 전시효과는 그 효력을 발휘할 수가 없게 될 것이다.

그러나 완전한 고립주의가 현실적으로 초래하게 될 국제정치적 희생을 제외하고서라도 거기에는 경제적인 측면의 손실도 수반되는 것이다. 전시효과를 더 넓은 의미로 확장시켜 소비에서의 전시효과와 생산에서의 전시효과로 크게 나눈다고 하자. 고립은 전자를 제외함과 동시에 후자, 즉 과거의 발전국가들이 저개발지역을 발판으로 그것의 상대적 희생 위에 군림하며 독주할 수 있었던 것 대신에 오늘날 저개발국들이 지니는 강력한 이점—선진국들이 이미 이루어 놓은 고도의 생

산수단과 기술을 활용할 수 있는 특권마저 포기하는 결과가 되는 것이다.

기술 면에서는 유럽을 모방하면서도 소비패턴에서는 그야말로 고립을 지켰던 나라는 일본이 대표적일 것이다. 전통적 생활방식과 소비수준이 외국과의 접촉에 의해서 선동되지 않았으며 1860~1920년간의 소비의 소득탄력성은 지극히 낮았다. 새로운 자본재 생산공업의 생산물의 수요는 정부부문에서 마련되는 한편, 새로운 소비재 생산공업의 생산물은 국내에서 소비되지 않고 수출시장으로 공급되었으며, 1920년대 이전까지는 외자도입이나 외국인 투자의 유치 없이 국민소득의 12~17퍼센트에 달하는 저축을 함으로써 자력으로 공업화를 위한 자본형성을 이룩하였던 것이다.

그러나 전시효과 저지책에는 이 고립주의의 채택 이외에 다음과 같이 무역정책적 방안, 조세정책적 방안, 기타 방안 등을 생각해 볼 수 있다.

우선 무역정책과 자본축적을 밀접히 관련지어서 생각한 것은 해밀턴(A. Hamilton) 또는 리스트(F. List) 등에 의한 보호관세를 통한 유치산업 육성이론이었다. 이것은 자본의 공급 면이 아니라 그것의 수요 면을 고려의 초점으로 하고 있는 것이었다. 관세를 통하여 국내시장이 보호되며 이 보호된 국내시장이 비록 적은 것이긴 하나 국내산업의 투자유인을 증대시킨다는 점에 관한 것이다.

확실히 사치품에 대한 수입제한은 ① 그만큼의 외환을 자본재의 수입에 선용할 수 있으며 ② 전시효과의 악영향을 절감할 수 있다는 이점을 갖는다.

그러나 국제적 전시효과는 수입상품에 대한 소비함수에만 영향을 미치는 것이 아니라 일반적 소비함수를 전체적으로 위로 이동시키는

것이다. 따라서 사치품의 수입을 제한 내지 금지시킨 경우에는 국내자원의 더 많은 부분이 사치품 또는 준사치성 소비재의 생산에 동원됨으로써 국내자원의 낭비를 초래할 뿐만 아니라 사치품 수입절감으로 가능하였던 수입자본재 증가를 상쇄하여 전국적으로 볼 때 자본증대를 전혀 가져오지 못하는 수도 있는 것이며, 이와 같은 실례는 라틴아메리카에서 쉽게 찾아볼 수 있다. 이 지역의 여러 나라에서는 비록 사치품에 대한 수입제한은 실시되고 있으나 국민소비성향을 견제할 수 있는 실질적인 보완조치가 부재함으로써 결국 수입제한이 국내 사치품공업 육성을 위한 셈이 되어버렸다. 따라서 사치품 또는 일정한 소비재에 대한 수입제한을 실시할 경우에는 동일하거나 유사한 종류의 상품에 대한 국내생산을 규제할 수 있는 방안이 함께 실현되어야 한다.

다음으로 이미 2절에서 우리는 일국의 저축능력은 1인당 국민소득의 수준에 의하여 직접적으로 결정되는 것이라기보다 상층소득인구에 집중되는 국민소득의 비율과 전체 소득 중에서 재산소득이 차지하는 비율 등이 더 중요한 결정요인임을 보았다. 인도의 실례에서도 어느 정도 나타났던 바와 같이 가능한 저축량은 현실의 저축수준을 훨씬 넘어서고 있으며 이것은 결국 가난하기 때문에 저축을 못하고 있는 것이 아니라 얼마간에 발생하는 경제잉여가 낭비적인 소비로 유용되고 있기 때문인 것임을 뜻한다. 따라서 자발적 민간저축이 실현되고 있지 못한 경우에는 정부가 저축의 주체로 등장하여 경제의 각 부문에서 발생하는 경제잉여를 강제저축의 방법으로 동원하여 생산적 투자에 연결시켜야 할 필요성이 있는 것이다.

배런이 말하는 잠재경제잉여는 다른 말로 표현하여 그 나라의 잠재저축능력으로 볼 수 있겠는데, 저축능력의 증대를 위해서는 산출량의

증가가 필요한 것과 동시에 이른바 기본적인 소비의 수준을 낮추든가 아니면 적어도 그것이 무리하게 확장되는 것을 억제하여야 한다. 즉 조세정책은 현재 생산적 투자에 이용되지 않고 있는 경제잉여를 대폭적으로 거두어들이는 것이어야 함과 동시에 기본적인 소비를 설정하고 그 이상의 소비에 대하여는 사치성에 따라서 극히 고율의 소비세를 부과함으로써 기본적인 소비 그 자체가 선진국으로부터의 전시효과에 의해 증가되는 것을 막는 것이어야 한다.

끝으로, 한번 채택된 금전지출의 규모에서 후퇴한다는 것은 습관화된 금전지출의 규모를 부(富)의 취득에 맞추어서 확대하는 것과는 대조적으로 무척 어려운 일이다. 습관적인 지출의 많은 항목은 따지고 보면 거의 다 순전히 낭비적인 것이며 허영적인 것에 지나지 않는다. 즉 사람들이 필요 이상으로 많은 것을 소비하는 직접적인 이유는 그 소비하는 양과 질에서 체면유지라는 인습적인 기준에 따라가고자 하는 욕망 때문인 것이다. 따라서 일정한 소비항목이 습관적 소비규모 속에 한번 자리 잡게 되면 생활양식의 불가결한 부분으로 되어버리는 것이며, 이들을 단념한다는 것은 생명과 건강유지에 필요한 항목을 단념하는 것과 마찬가지로 어려운 일이다. 그러나 현재의 지출규모에서 후퇴하지 않는다는 것에 의해서 체면유지가 완전히 가능한 것은 아니다. 체면유지는 과시적 소비의 꾸준한 전진을 요구한다. 만약 남들이 소비항목을 개선하고 있는 가운데서 자기 자신도 어느 정도 소비를 증대할 수 있는 수단을 가지고 있을 때 그것을 눈에 띄게 증대시키지 않는다면 그는 좋지 않은 세평을 듣게 되는 것이다. 뿐만 아니라 사람들은 자기와 동일한 계층이라고 생각되는 사람보다 앞서려는 욕망을 지닌다. 즉 모든 계층은 사회적으로 자기 아래 계층이나 자기보다 훨씬 높은 계층과는 스스로를 비교해보지 않지만 자기와 동일한 계층

또는 바로 자기 위에 있는 계층을 선망하고 그들과 경쟁하려 한다. 바꾸어 말하면 금전지출에서 체면유지라는 기준은 세평에 의해서 정해진 자기와 비슷한 계층의 수준에 따라서 결정되는 것이다.

그러면 이와 같이 증대하는 과시적 소비의 지출수준을 유도하는 것은 무엇일까. 오늘날의 저개발국에 있어서 새로운 소비재란 대부분 선진공업국의 고안품으로서 직접 수입되었든가 아니면 국내의 이른바 수입대체산업의 생산물인 것이다. TV, 각종 음료, 상용의약품, 신기한 화학제품, 승용차 등의 선진국 소비재는 한번 도입되어 소비되기 시작하면 사람들의 비교심과 경쟁욕을 자극하여 과시적 소비의 수준을 더 급속히 끌어올리고 있는 것이다.

생활수준의 향상, 이것이 경제발전의 궁극적 목표라는 것은 두말할 나위도 없다. 그러나 바로 그 목표를 위해서는 당분간 검소한 생활로 소비수준의 상승을 억제하고 그 잉여를 생산적 투자에 집중시키는 의식적 노력이 요청되는 것이다. 만약 그렇다면 고속도로와 현대적 공공건물, 1인당 TV 또는 자가용차의 대수 등의 이야기는 저개발국 국민은 아랑곳하지 않는 것이 어떨까? 모름지기 저개발국 국민의 의식적 노력이 그들의 경제를 돌파기(Break-through)에 올려놓을 때까지는 생활수준의 정체를 어느 정도 무릅쓰고라도 선진국으로부터 새로운 소비재가 저개발국 국민의 생활에 반드시 필요한 품목으로 인식되어 가고 있는 일은 적어도 바로잡아야 한다.

《저축과 성장》(1969. 11)

가계저축 증대방안

1. 가계저축률 · 국민저축률

가계저축은 가계 및 민간비영리단체에 의한 저축을 말한다. 이것은 기업저축, 정부저축, 경상수지잉여 내지 흑자와 더불어 국민저축을 형성한다. 따라서 이것이 크면 클수록 국민저축은 커지게 되어 있다. 그리고 일반적으로는 이것이 국민저축 중에서 가장 큰 비중을 차지한다.

그런데 우리나라의 경우에는 가계저축의 GNP에 대한 비율인 가계저축률은 1971~75년 사이에는 연평균으로 5.6퍼센트, 1976년, 1977년에는 각각 6.7, 9.2퍼센트인 것으로 알려져 있다. 같은 기간에 그것은 일본의 경우에는 16.0, 17.8, 17.5퍼센트, 대만의 경우에는 13.7, 11.3, 11.5퍼센트나 된다(〈표 1〉).

이에서 우리나라의 가계저축률은 비록 일본이 국제적으로 매우 높은 국가로 정평이 나 있다고는 해도 그것의 반에도 미달할 뿐 아니라 대만에 비해서도 매우 낮음을 알 수 있을 것이다. 우리나라의 가계저축을 높여야 할 필요는 바로 이런 국제 비교에서도 말미암는다고 할 수 있다.

〈표 1〉 저축률

(단위: %)

구 분	국민저축률			가계저축률			해외저축률		
	한국	일본	대만	한국	일본	대민	한국	일본	대만
1961~65평균	6.2	35.7	16.1	1.2	−	8.5	8.6	1.6	3.0
1966~70평균	14.9	39.2	23.8	4.0	12.4	12.4	9.7	−1.0	1.4
1971~75평균	18.7	37.5	29.4	5.6	16.0	13.7	8.5	−0.8	−0.6
1976	23.1	32.3	29.9	6.7	17.8	11.3	2.4	−0.7	−2.0
1977	25.1	32.4	30.1	9.2	17.5	11.5	0.6	−1.6	−5.0
1978	26.4	−	32.7	10.9	−	−	3.3	−	−6.5

출처: 저축추진중앙위원회 미발표 자료, 1978.

〈표 2〉 1인당 GNP와 국민저축률

(단위: 달러, %)

구 분	1인당 GNP			국민저축률		
	한국	일본	대만	한국	일본	대만
1962	87	621	153	3.2	35.8	12.3
1965	105	906	206	7.4	34.1	19.4
1966	125	1,035	223	11.8	35.0	22.2
1976	765	4,924	967	23.1	32.3	29.9
1977	965	6,005	1,079	25.1	32.4	30.1
1978	1,278	−	−	26.4	−	−

출처: 〈표 1〉과 동일.

이런 낮은 가계저축률로 인해서 우리나라의 국민저축률, 즉 국민저축의 GNP에 대한 비율도 일본과 대만에 비해서 매우 낮음은 말할 나위도 없다.

사실 우리나라의 국민저축률은 1971~75년 사이에는 평균적으로 18.7퍼센트, 1976년, 1977년에는 각각 23.1, 25.1퍼센트인 데 비해서 일본은 37.5, 32.3, 32.4퍼센트, 대만은 29.4, 29.9, 30.1퍼센트나 된다. 우리나라의 해외저축률이 일본과 대만에 견주어 매우 높은 것은 바로

이런 우리나라의 국민저축률이 낮은 데 기인한다고 할 수 있다(〈표 1〉
및 〈표 2〉).

2. 가계저축에 영향을 끼치는 요인

가계저축에 영향을 끼치는 요인으로서는 일반적으로 ① 소득수준
② 추가 혹은 임시소득 ③ 소득의 분배구조 ④ 통화가치 내지 물가수
준 ⑤ 금리수준 ⑥ 가족구조·가족의 연령구조·가구주의 연령 ⑦ 전시
효과 ⑧ 정치적 환경·사회인습·국민의 심리상태 ⑨ 계몽·교육 등이
들어진다. 이들을 각종의 조사결과에 따르면 대체로 우리나라에서도
그대로 적용된다고 할 수 있을 것이다.

그러나 현 시점에서는 이들 중에서 소득수준, 통화가치 내지 물가수
준, 전시효과, 사회인습의 네 가지가 특히 중시할 필요가 있는 것 같이
생각된다.

1967년부터 격년으로 실시되어 오고 있는 한국은행 저축부의 〈저축
시장조사〉 결과에 따르면 소득의 증감이 저축증감의 주요 요인의 하
나, 저소득이 저축불가능의 주요 요인의 하나로 각각 되어 있고 물가
상승이 저축불가능 내지 저축감소의 주요 요인의 하나, 부동산투자 및
귀금속투자의 주요 동기의 하나, 물가안정이 저축과 관련한 정부 및
금융기관에 대한 주요 요구사항인 것으로 각각 되어 있고 소비증대가
저축불가능 내지 저축감소의 주요 요인의 하나로 되어 있으며 생활합
리화가 저축증가의 주요 요인의 하나로 되어 있기 때문이다.

이런 사실을 뒷받침해주는 자료의 일부가 〈표 3〉에서 〈표 5〉까지이
다. 물론 정치적 환경·국민의 심리상태 등과 계몽·교육도 이들에 못지
않게 중시되어야 할 요인이기는 하겠지만 여기서는 이들을 논외로 하

〈표 3〉 전 도시근로자 가구의 저축률

(단위: 원, %)

구 분	1966	1971	1976	1978
소 득	13,460	37,660	95,980	159,690
소 비 지 출	12,660	32,520	78,860	124,050
비 소 비 지 출	440	2,290	4,370	6,060
가 처 분 소 득	13,020	35,370	91,610	153,630
저 축	360	3,850	12,750	29,580
저 축 률	2.8	8.1	13.9	19.3

출처: 한국산업은행, 《조사월보》, 1979. 2, p. 8.

〈표 4〉 저축증감 이유

(1) 저축증가 이유   (2) 저축감소 이유   (단위: %)

구 분	1976	1978	구 분	1976	1978
소 득 증 가	72.2	70.4	소 득 감 소	42.4	45.8
생 활 합 리 화	42.8	38.1	물 가 상 승	63.7	51.0
저축할 필요성 발생	44.8	49.1	세 금 증 가	10.1	2.8
저축 확고 또는 권유	7.9	4.7	차 입 금 상 환	10.7	18.4
저축 환경의 유리	–	9.2	소비할 일이 많아져서	33.6	48.4
예상 외 소득발생	4.6	–	저 축 환 경 유 리	–	5.9
기 타	4.3	–	기 타	9.5	–

출처: 한국은행 저축부, 《저축시장조사》, 1979. 4. 30, p. 110 및 p. 117.

〈표 5〉 물가상승이 저축에 끼친 영향

(단위: %)

구 분	1976	1978
저축할 수 없게 되었다	15.8	21.8
저축금액이 줄어들었다	13.5	20.1
저축금액은 불변이다	29.0	30.7
저축금액은 늘었다	10.1	14.3
모르겠다	31.7	13.1

출처: 〈표 4〉와 동일, p. 27 및, p. 78.

기로 한다.

그럴 때에는 현 시점에서는 소득수준의 제고 즉 경제성장의 지속, 통화가치 내지 물가수준의 안정(물가안정), 전시효과의 방지, 생활합리화 내지 소비조장적인 사회인습으로부터 탈피를 위한 노력이 우선 요청되고, 다음에 그러한 노력과 병행하는 각 개인의 저축노력이 요청된다고 할 수 있을 것이다.

주로 전자는 정부와 관련 있는 것이고 후자는 개인과 관련 있는 것이다.

3. 가계저축의 형태

가계저축은 여러 가지 형태로 행해지는 것이 상례이다. 그러나 〈저축시장조사〉에서와 같이 그것은 크게 제도금융저축, 제도외 금융저축, 실물저축의 세 가지로 나누어 볼 수 있다.

그러나 여기서는 이들 세 가지 중에서 계(계의 부은 돈), 사채(사채 준 돈), 사장현금(곧 사용하기 위해서 보유하고 있는 현금을 제외한 것) 등의 제도외 금융저축과 현물, 부동산, 귀금속 등의 현물저축을 제외하기로 한다. 즉 여기서는 제도금융저축만으로 한정하기로 한다.

제도금융저축은 다름 아닌 예금, 신탁, 보험, 유가증권 매입, 출자금 및 예탁금, 부금, 어음 매입 등을 말한다.

이것을 좀더 구체적으로 표시하면 다음과 같다.

은행예금   정기예금(특별정기가계예금 포함)
              정기적금
              저축예금

주택 또는 상호부금, 목돈마련저축(재형저축)

보통예금

기타

신　　탁　　금전신탁

보　　험　　생명보험 및 교육보험

농·수협공제조합

유가증권　　국공채

금융채

주　식

회사채

증권저축

재형증권투자신탁

증권투자신탁

신용협동기구　　신용협동조합

마을금고

농·수협상호금융(농어가목돈마련저축 포함)

상호신용금고　　상호신용금고

단기금융　　단기금융회사어음 매입

　　이렇게 가계저축을 제도금융저축으로 한정시킨 것은, 그 목적이나 동기야 어쨌든 원칙적으로 말해서, 우리 개인의 장래에 대한 대비와 장래의 더 나은 생활의 실현을 가능케 함으로써 개인에게 도움을 주는 동시에 정부의 정책과 계획에 순응하는 자금조달을 가능케 할 뿐 아니라, 외국차관의 감소와 투자증대에 따른 기업의 생산 활동의 왕성, 수출의 증대 등을 통한 경제성장의 실현을 가능케 함으로써, 또 소

비의 감소를 통해서 결과적으로 물가안정의 실현을 가능케 함으로써, 기업에 도움이 되고 국가에 도움이 되기도 하는 것은 바로 이 제도금융저축이라고 할 수 있기 때문이다.

다시 말하면 개인, 기업, 국가의 삼자 모두에게 도움을 주는 가계저축은 제도금융저축인 것이다.

따라서 앞으로는 단순히 가계저축률을 높이는 데 그치지 말고 이 제도금융저축의 비중을 높여 가는 데에 더 주력해야 할 것이다.

4. 가계저축 환경의 조성

이미 밝힌 바와 같이 가계저축 증대를 위해서는 우선 경제성장의 지속이 필요하다. 그러나 그것은 저물가와 결부된 경제성장 나아가서 고도성장의 지속이어야 함은 두말할 필요가 없다. 일본은 고도성장기에 그랬고 대만도 제1차 오일쇼크 직후인 1974년과 1975년을 예외로 하고서는 1970년대에 저물가와 고도성장을 병진시켜 오고 있다.

그러나 경제성장의 지속의 결과, 소득수준이 높아짐에 따라서 저축률이 높아지는 것은 분명한 사실이지만 같은 소득수준에서도 나라에 따라서 저축수준에 차이가 나타날 수 있음을 간과해서는 안 될 것이다. 우리나라와 일본, 대만 사이에는 분명히 그 차이가 크다(〈표 1〉 및 〈표 2〉 참조).

다음에 물가안정의 실현이 필요하다. 이의 실현을 위해서는 수요억제, 경영합리화 등의 원가상승요인의 제거, 통화증발의 억제, 인플레이션 심리의 진정 등이 요청될 것이다. 그러나 물가상승 내지 인플레이션은 어디까지나 증상에 불과하므로 그 병인을 정확하게 찾아내어서 관련된 모든 분야에서 지속적으로 치료하지 않으면 낫기 어렵다는 것

〈표 6〉 이웃소득에 대한 평가별·구매관습별 저축률

(1) 이웃소득에 대한 평가별 저축률   (단위: %)

자기의 소득이 더 높다고 생각한다	비슷하다고 생각한다	더 낮다고 생각한다	기 타
20.7	29.7	35.0	29.0

(2) 구매관습별 저축률   (단위. %)

꼭 있어야 되거나 그저 쓸모가 있을 것 같아 구매	물건이 마음에 끌려서 구매	남들이 가지고 있는 것을 보고 구매	미 상
30.1	27.8	27.1	15.4

출처: 〈표 3〉과 동일, p. 24 및 p, 26.

을 잊어서는 안 될 것이다.

셋째로 전시효과의 방지가 필요하다.

전시효과의 방지, 즉 우리나라 국민으로 하여금 선진국 국민들의 그리고, 국내에서는 저소득층의 사람들로 하여금 고소득층의 사람들의 높은 소비생활을 모방하도록 자극하는 매력의 방지를 위해서는 정부의 조세정책, 수입정책, 외자도입정책, 국산화정책 또는 수입대체산업 육성정책, 매스컴정책, 문교정책, 출판정책, 관광정책 등에서 이 효과가 그 위력을 발휘할 소지를 사전에 제거하는 조치와 고소득층의 지나친 소비풍조의 억제가 강력히 요청될 것이다. 물론 이 밖에도 소비 조장을 억제하기 위한 조치들이 있다.

그러나 현 시점에서는 이 효과의 방지가 가장 주요하다고 할 수 있을 것 같이 생각된다. '자기의 소득이 이웃소득보다 더 높다'고 생각하는 경우와 '남들이 가지고 있는 것을 보고 구매한다'고 하는 경우가 저축률이 가장 낮은데(〈표 6〉) 내구소비재에 대한 지출 중에서 차지하는 텔레비전과 냉장고 지출의 구성비가 1974~77년 사이에는 16.7과 11.1

〈표 7〉 주요 전자·전기제품에 대한 지출의 구성화

(단위: %)

구　　　분	1966~69	1970~73	1974~77
전 자 제 품			
라　디　오	6.1	1.4	1.6
텔 레 비 전	2.2	17.1	16.7
전　　　축	-	1.6	2.8
녹　음　기	1.7	1.4	1.8
전 기 제 품			
선　풍　기	12.7	6.2	3.6
냉　장　고	0.5	4.1	11.1
믹　　　서	0.5	1.2	1.1
세　탁　기	-	-	1.9
전 기 밥 솥	-	-	1.9
보 온 밥 통	-	-	3.9
다　리　미	1.0	0.9	0.6

출처: 〈표 3〉과 동일, p. 27.

〈표 8〉 소득계층별 소비지출 구성비(1963~77 평균)

(단위: %)

구　　　분	저소득층가구	중소득층가구	고소득층가구
식 료 품 비	60.5	54.6	48.0
주　거　비	5.7	5.0	5.6
(내구소비재)	(1.2)	(1.8)	(2.9)
광　열　비	8.0	6.3	5.6
피　복　비	7.5	9.9	11.2
잡　　　비	18.3	24.2	29.6
(교 육 비)	(2.9)	(5.5)	(8.2)
계	100.0	100.0	100.0

주: 도시근로자 가구조사 자료에서 표본 가구소득의 낮은 편으로부터의 40%를 저소득층
　　가구, 그 다음 40%를 중소득층 가구, 나머지 20%를 고소득층 가구로 구분한 것임.
출처: 〈표 3〉과 동일, p. 18.

퍼센트인 데다가 전축, 세탁기의 비중도 2.8, 1.9퍼센트나 될 뿐 아니
라(〈표 7〉) 점차 컬러텔레비전, 자동차, 에어컨의 시대에 접어들고 있
는 한편 고소득층의 경우에는 소비지출에서 내구소비재 지출의 비중

이 높다는 것을 통해서 알 수 있듯이(〈표 8〉) 내구소비재를 중심으로
한 이러한 고소비풍조가 고소득층의 주도하에 이루어지고 있으며 그
것이 저소득층으로 파급될 것으로 예상할 수 있기 때문이다.

그뿐 아니라 국제적으로 저축률이 높은 것으로 정평이 나 있는 일
본의 경우와 비교할 때 가계저축에 영향을 미치는 요인 중에서 우리
나라의 경우와 가장 큰 차이를 만드는 것이 소비패턴의 급격한 서구
형으로의 변화과정에서 검소하고 절약하는 분위기의 견지라는 것을
감안할 때 이 효과의 방지는 강조되고도 남음이 있다고 할 수 있다.
일본은 2차 대전 후의 소비패턴의 서구형으로의 변화과정 또는 생활
양식의 급격한 서구화 과정에서도 검소하고 절약하는 분위기나 환경
을 유지할 수 있었기에 높은 가계저축률을 지속시켜오고 있다고 할
수 있을 것이다. 끝으로 생활합리화 또는 소비조장적인 사회인습으로
부터의 탈피가 필요하다. 이의 탈피를 위해서는 자기분수 지키기, 관
혼상제에서의 낭비 제거, 가계부 작성 및 검토의 장려 등이 요청될 것
이다. 저개발국 국민들이 선진국 국민들에 견주어 생활의 모든 면에서
합리화가 덜 되어 있는 것이, 또 사회인습이 소비조장적인 성격을 강
하게 띠고 있는 것이 사실이라고 한다면, 이 면에서 노력은 강조되어
야 할 것이다.

적어도 경제성장이 지속되고 물가가 안정되고 생활합리화 또는 소
비조장적인 사회인습으로부터 탈피가 실현되도록 노력해 간다면 가계
저축에 유리한 환경이나 여건이 조성되는 셈이라고 할 수 있다. 이렇
게 유리한 환경이 조성될 때 비로소 개인의 저축노력은 결실을 맺을
수 있다고 할 수 있는 것이다.

1971년 이후의 우리나라 가계 및 비영리단체 소비지출 증가율을 볼
때 30퍼센트 미만이 정상이지만 인플레이션이 심했던 1974년, 1975년,

〈표 9〉 소득증가율 · 가계소비지출 증가율 · 민간소비율

(단위: %)

구 분	1971	1972	1973	1974	1975	1976	1977	1978	1971~78 평균
가처분소득 증가율	24.1	22.4	28.0	39.9	31.3	30.6	28.2	36.1	30.1
가계 및 민간비영리단체 소비지출 증가율	25.4	20.7	19.8	43.2	36.2	27.6	23.6	32.0	28.6
민간소비율 (혹은 민간소비성향)	73.9	73.4	67.3	69.4	70.9	65.6	63.2	62.1	68.2

출처: 한국은행,《1978년 국민총생산실적추계》, 1979. 8, p. 11 및 p. 25.

1978년에는 각각 43.2, 36.2, 32.0퍼센트이고 1971~78년 사이의 연평균 가처분소득증가율과 연평균 가계 및 민간비영리단체 소비지출증가율이 각각 30.1과 28.6퍼센트인 데서 알 수 있듯이 양자 사이에 별 차이가 없고 점차 하락하고 있기는 하지만, 1971~78년 사이의 연평균 민간소비성향 내지 민간소비율이 68.2퍼센트임을 각각 고려할 때(〈표 9〉) 물가안정, 소비절약, 생활합리화를 위한 정부의 조치는 경제성장의 지속과 함께 가계저축에 유리한 환경의 조성을 위해서 반드시 필요한 일임을 알 수 있을 것이다.

사실 이런 유리한 환경이 조성될 때 저축 미담의 주인공인 구두쇠나 알뜰주부의 사기는 높아질 수 있을 것이다.

5. 가계저축 주역으로서의 개인의 노력

물론 가계저축의 증대를 위해서는 이런 정부의 조치 외에 제도금융저축기관, 즉 은행, 보험회사, 증권회사, 신탁회사, 신용협동기구, 상호신용금고, 단기금융회사의 저축유인노력이 또한 필요하다. 그러나 역시 가계저축의 주역은 우리 개인임에 틀림없다. 정부도 제도금융저축

기관도 가계저축과 관련해서는 조역에 불과한 것이다.

가계저축의 주역으로서 우리 개인은 우선 구두쇠 또는 알뜰주부를 본받아서 소비절약을 실천해 갈 필요가 있을 것이다. 이때 특히 고소득층이 소비절약에서 솔선수범을 해야 함은 말할 나위도 없다. 저축 미담의 주인공인 구두쇠 또는 알뜰주부는 언제나 어김없이 적은 소득으로 악착같이 아껴 쓰면서 살림을 꾸리며 저축을 해서 마침내는 가난과 살림의 어려움을 극복한 사람들이다. 그리고 그들은 또 지독한 사람들, 개성이 강하고 강한 사람들, 체면이라고는 아예 생각도 하지 않는 사람들, (좋은 의미에서) 허영·사치라고는 전혀 모르는 사람들이라고 할 수 있다. 따라서 이런 사람들에게는 전시효과도 또한, 허영과 사치풍조도 그 위력을 발휘할 수 없게 되어 있는 것이다. 다음에 생활의 모든 면에서 합리화를 추구할 필요가 있을 것이다. 다시 말하면 모든 면에서 낭비의 제거를 위한 노력을 할 필요가 있을 것이다. 자기 분수를 알고 자기 살림의 실상을 정확하게 파악하고 겉치레 사회인습 등에 매인 지출이라든가 불필요한 지출이 있으면 그것을 억제하도록 하는 노력 말이다. 자기 살림의 실상을 정확하게 파악하기 위해서는 가계부의 작성과 검토는 필수적이라고 할 수 있고 또 자기 분수를 아는 데 있어서는 저축유관기관 등에서 작성한 표준지출모형 등이 많은 참고가 될 것이다.

끝으로 제도외 금융저축이라든가 실물저축을 억제할 필요가 있을 것이다. 물론 개인의 처지에서 볼 때 이들이 저축임에 틀림없지만 이들은 원칙적으로 따지면 개인, 기업, 국가의 삼자에게 다 같이 도움이 되는 것이 아니라고 할 수 있기 때문이다. 이들을 우리나라에서 성행할 수 있게 만드는 요인이 있는 것은 사실이다. 인플레이션의 진행, 부동산투기와 실물투기의 유리성 같은 것이 그것이다. 따라서 앞에서 든

물가안정을 위한 대책과 아울러 정부로서는 부동산투기, 실물투기와 제도외 금융저축의 억제를 위한 강력한 규제조치를 취해갈 필요가 있을 것이다.

적어도 그들이 덜 유인력을 갖도록 하는, 즉 덜 매력적이 되도록 하는 조치는 취해가야 할 것이다.

6. 결 어

개인의 입장에서는 제도외 금융저축과 실질저축도 저축임에 틀림없다. 그러나 원칙적으로 말해서 이들은 개인, 기업, 국가 모두에게 도움이 되는 것은 아니라고 할 수 있다. 모두에게 도움이 되는 저축은 다름 아닌 제도금융저축인 것이다. 특히 이 제도금융저축의 증대는 결과적으로는 물가안정의 실현에 도움이 되기도 한다.

그런데 가계저축률도 그렇지만 특히 이 제도금융저축률은 우리나라의 경우에는 매우 낮은 편이다. 따라서 이 저축률을 높이기 위해서, 다시 말하면 이 저축을 증대시키기 위해서 개인과 정부는 공동으로 노력할 필요가 있다고 할 수 있다.

이 제도금융저축률의 제고를 위해서는 정부는 경제성장의 지속과 더불어 물가안정의 실현, 전시효과의 방지, 생활합리화의 장려, 제도외 금융저축과 실물저축에 대한 규제나 덜 매력적으로 만드는 조치 등을 통해서 제도금융저축에 유리한 환경 또는 여건을 조성해 갈 필요가 있을 것이다.

그리고 〈저축시장조사〉 결과에 따르면 '우선 저축한다는 사람의 비중이 비교적 크다(조사자의 45% 안팎이다)'는 점을 감안할 때 우리나라 국민의 저축 자세는 건전하다고 말할 수는 있지만 개인은 어디까지나

가계저축의 주역이라는 강한 의식하에 소비절약의 추구, 생활합리화의 추구, 제도외 금융저축과 실물저축의 억제 등을 강력히 실천해 갈 필요가 있을 것이다. 물론 이때 제도금융기관의 저축유인노력이 전제됨은 새론의 어지가 없다.

어떻든 우리나라의 가계저축률은 말할 것도 없고 제도금융저축률이 하부속히 일본 수순에 가까워졌으면 한다. 그리고 이에 더해서 기업저축, 정부저축, 경상수지잉여 또는 경상수지적자의 축소가 기업과 정부의 공동노력을 통해서 실현됨으로써 국민저축률도 하루속히 일본 수준에 가까워졌으면 한다.

《조사월보》(국민은행, 1971. 5)

가계저축의 증대를 재삼 강조한다

극히 최근에 YMCA 지도자모임에 참석해서 외채문제에 관한 특별 강연을 할 기회가 있었다. 따라서 자연히 외채절감 내지 외채증가축소와 관련해서 저축증대의 필요성을 언급하지 않을 수 없을 것 같아서 다시 한번 주요국의 저축률에 관한 통계 자료를 챙긴 일이 있었다.

그리하여 1970년 이후를 기점으로 분석해 볼 때 서독의 국민저축률이 1977~79년을 제외하고는 우리나라의 국민저축률보다 항상 높다는 사실을 알고서 우선 놀라지 않을 수 없었다.

국민저축률을 구성하는 개인가계에 의한 저축률, 기업에 의한 저축률, 정부에 의한 저축률 등으로 구분되어 있는 통계자료가 제시되지 않은 탓으로, 이 세 가지 구성요소 중에서 어떤 부분이 가장 비율이 높아서 결과적으로 전체의 비율이 높아졌는지는 몰라도, 적어도 가계저축률이 우리보다 높다는 사실만은 틀림없다고 추측할 수 있다.

어떻든 서독의 국민저축률은 1982년에도 우리나라의 22.4퍼센트보다 높은 23.0퍼센트이다. 그리고 그 다음으로 일본의 경우 제1차 오일쇼크 기간인 1974~75년에 1972년까지 11퍼센트대에 머물던 가계저축률이, 잘 알려진 대로 도리어 현저하게 커져서 1974년 16.7, 1975년

16.1퍼센트로 된 데 그치지 않고 그 이후도 12퍼센트대 이상을 유지해 오고 있다는 데 놀라지 않을 수 없었다. 1982년의 가계저축률은 12.5퍼센트이다.

그러면 우리나라의 가계서축률은 어떠한가. 우리나라의 가세서축률은 1974~75년에 낮아지지 않은 것은 사실이지만 모처럼 1977~79년에 11~12퍼센트까지 올라갔다가 1980년에 그 반으로 떨어진 후 계속해서 그 선을 유지해 오고 있음을 알 수 있다. 1980년 6.0, 1981년 6.3, 1982년 6.6퍼센트이며 1983년에는 7.1퍼센트로 나타나고 있는 것이다.

결국 이렇게 보면 현재 우리나라의 가계저축률은 일본의 절반에 지나지 않는 셈이다. 그뿐 아니다. 1982년의 저축률은 대만에 견주어서도 매우 낮다고 할 수 있다. 대만의 국민가계저축률은 1982년도의 경우 11.5퍼센트나 된다. 그리고 이렇게 가계저축률이 매우 높기에 국민저축률도 따라서 매우 높다. 1982년에는 일본의 가계저축률은 31.2, 대만은 30.4퍼센트이다.

따라서 서독보다도 국민저축률을 높이기 위해서라도 또 일본이나 대만을 의식해서라도 가계저축률은 계속 높여갈 필요가 절실하다고 하겠다. 그러다 보면 국민저축률도 자연히 높아져서 결과적으로는 투자재원의 완전 국내조달이 실현될 수 있는 것이다. 물론 여기서 말하는 가계저축은 은행에 예금을 하거나, 수익유가증권을 사두려는 것은 물론, 보험에 들거나 투자신탁에 예탁하는 것을 모두 포함하고 있다는 사실을 간과해서는 안 된다.

어떤 개인의 입장에서 보면 살고 있는 집 이외에 따로 집을 사둔다거나 토지와 귀금속, 서화, 골동품 등과 같이 값나가는 물건을 사두거나, 계에 들고 사채놀이를 한다든지, 심지어는 암시장에서 달러화나 엔화를 사서 비축하는 행위까지도 저축이 될는지 모른다. 또 사실 그

런 개인의 축재행위를 저축이라고 생각하는 사람도 있을지 모르겠으나, 그런 것은 여기서 말하는, 혹은 보통 말하여지는 저축은 결코 아닌 것이다.

사실 생산활동을 하는 기업이 필요로 하는 자금을 어떻게 국내에서 조달하는가 그 과정을 생각하면 은행예금 등의 보통 말하여지는 저축이야말로 생산활동과 직결되는 것이라고 할 수 있다. 뿐만 아니라 기업이 필요로 하는 자금의 많은 부분이 외국차관에 의해서도 조달됨을 생각할 때 국내에서 행해지는 건전한 형태의 저축이 많아질수록 기업의 외국빚은 줄어들게 된다고 결론지을 수 있다.

그런데도 이렇게 중요한 우리나라의 가계저축은 일본의 저축률과 비교해 보면 절반에 지나지 않는 실정이다. 그러면 그와 같이 매우 높은 일본의 가계저축률은 무엇에 기인한다고 할 수 있는가. 그 이유로서는 여러 가지가 거론되는 것 같다. 그러나 내가 분석하기엔 제2차 대전 후 생활양식의 급격한 서구화 과정 내지 소비패턴의 서구형으로의 변화 과정에서도 가능했던 검소하고 절약하는 환경 내지 분위기의 견지가 가장 커다란 요인인 듯하다. 그리고 제1차 오일쇼크 때 보여준 일본인의 특유한 기질도 무시할 수 없을 것으로 생각된다. 물가상승에 기인하는 보유금융자산의 실질적 감소분의 보전을 위한 피나는 노력 말이다.

사실 이런 노력이 있었기에 일본에서는 1974~75년에 도리어 가계저축률이 현저하게 높아졌던 것이다. 그리고 나에게는 이 두 가지 요인 중 특히 전자가 우리나라와 일본의 가계저축률에서 차이를 만드는 결정적 원인이라는 생각이 드는 것만은 틀림없다.

그러기에 나는 무엇보다도 검소하고 절약하는 환경 내지 분위기의 조성을 위한 정부와 사회지도층 인사의 지속적인 노력과 솔선수범을

강조하면서 우리 각자, 특히 부유층의 저축하고자 하는 굳건한 마음가짐과 노력을 강조하지 않을 수 없다. 그런 의미에서 우선 나는 우리 각자가 알뜰주부상 수상자들을 본받을 것을 주장한다.

다음으로 전체적·종합적인 관점에서 이른바 국제적 전시효과가 그 위력을 발휘할 소지를 사전에 제거하기 위한 정부의 조치, 정부에 의한 사치풍조 및 사치조장행위의 강력한 법적 규제 등을 주장한다.

그러나 저축증대를 위해서는 물가안정과 각종의 저축유인의 활용이 필요하다는 것도 주지의 사실이다. 따라서 끝으로 나는 이 면에서 정부의 노력도 강조하지 않을 수 없다.

저축은 앞에 밝힌 바에서 알 수 있듯이 자금조달, 외국빚의 감소를 가능케 함으로써 기업에 도움이 되고 우리나라의 외채감소 내지 외채 증가 감소에도 결정적인 작용을 하는 것이다. 물론 그것은 우리 개인의 장래의 나은 생활, 장래에 대한 대비를 가능케 하는 것이기도 하다.

이처럼 저축은 개인의 이익, 기업의 이익, 나라의 이익을 동시에 충족시키는 것이라고 할 수 있다. 따라서 이런 의의를 갖는 저축의 증대를 위해서 정부와 사회지도인사, 개인의 3자가 일치하여 노력해 갈 필요가 있다. 그러나 그 주역은 어디까지나 개인이라고 할 수 있는 한 우리 각자는 이런 점을 의식하고서 나름대로 최선의 노력을 다해야 할 것이다.

하루속히 우리나라의 가계저축률도 일본 수준에 가까워지기를 진심으로 고대한다.

《재정》(1986. 5)

저축 증대와 국제적 전시효과[*]

국민저축률의 제고

우리나라의 국민저축률은 일본, 대만에 비해서는 말할 것도 없고 필리핀에 비해서도 낮다. 1976년 현재로 국민저축률은 일본, 대만, 필리핀의 경우 각각 32.3, 30.0, 24.3퍼센트인 데 견주어 우리나라의 경우에는 22.3퍼센트에 불과하다.

따라서 이 점에서도 국민저축률을 제고시키는 일은 절대 필요하다고 하지 않을 수 없다. 국민저축은 가계(도시·농촌가계)의 개인저축, 기업의 사내유보·감가상각, 정부의 정부경상잉여의 셋과 국제수지잉여로 구성된다. 그리고 개인저축은 금융기관의 예금, 증권시장에서 유가증권투자의 형태로 행해진다. 그렇다면 국민저축률의 제고를 위해서는 가계는 소비억제 내지 소비절약을 통해서 소비여력을 늘리도록 하는 한편 금융기관과 증권기관은 적극적으로 예금과 유가증권투자를 유치하도록 하며, 기업은 사내유보·감가상각을 늘리는 한편 국제수지

---

[*] 이 글은 한국은행 저축부가 주최한 〈내자동원 극대화에 관한 심포지엄〉에서 변형윤 교수가 발표한 기조연설 내용이다.

잉여를 늘리는 데 기여하도록 하며, 정부는 정부경상잉여와 국제수지 잉여를 늘리도록 하는 일이 절대로 요청된다고 할 수 있다.

한마디로 말해서 경제개발의욕은 각각 가계의 경우에는 예금과 유가증권투자유치의욕, 기업의 경우에는 투자의욕과 사내유보·삼가상각의욕 및 국제수지잉여에의 기여의욕, 정부의 경우에는 정부경상잉여·국제수지잉여의욕으로 표현되어야 한다고 할 수 있다.

그러나 여기에서는 개인저축에 초점을 두기로 한다. 개인저축률은 일본의 경우는 1975년에는 21.8퍼센트로서 국민저축률 32.0퍼센트의 68퍼센트를 차지하고 있다.

개인저축률의 비교

우리나라는 개인저축률에 있어서도 일본, 대만, 필리핀에 비해서 낮다. 1976년에는 개인저축률은 일본, 대만의 경우 17.5, 11.2퍼센트, 필리핀의 경우 8.1퍼센트(1975년)인 데 비해서 우리나라의 경우에는 7.0퍼센트이다. 이처럼 일본이 개인저축률은 매우 높은데 그러면 그것이 높은 이유는 무엇이라고 할 수 있는가? 그 이유는 여러 가지가 들어질 것이다.

그러나 대체로 ① 사회보장이 불충분한 데 기인하는 노후 내지 불시의 사태에 대한 대비 ② 주택마련을 위한 준비 ③ 높은 실질소득의 전기대비증가율 ④ 1가구당 가구인원의 감소에 따른 소비수요의 저하 ⑤ 고도성장에 따르는 실질소득의 증가 ⑥ 보너스, 기타 임시소득비율의 증가 ⑦ 물가상승에 기인하는 보유금융자산의 실질적 감소분의 보전 등이라고 할 수 있을 것이다.

이 중에서 ①과 ②는 통계적 검증에 따라 전적으로 혹은 거의 지지

되지 않은 것이며 ③과 ④는 별로 유력한 이유가 못 되는 것이며 1973년이 석유파동 이후에 들어지게 된 ⑦은 아직 통계적 검증이 끝나지 않은 미해결의 것으로 알려져 있다. 현재로서는, 남은 ⑤와 ⑥이 일본의 높은 개인저축률을 증명해 주는 가장 유력한 이유로 꼽히고 있다. 말하자면 실질소득의 증가와 임시소득률의 증가, 두 가지만에 의해서 일본의 높은 개인저축률의 대부분이 설명된다고 할 수 있는 셈이다.

그러나 어떤 교수는 듀젠베리(J. S. Duesenberry)의 '상대소득가설'이 중요한 의미를 갖고 있다고 한다. 즉, 각 가계는 접촉하고 있는 사람들의 평균적인 소비수준이 상승하고 생활양식이 고상해지는 것을 따라 보조를 맞추어 가지 않으면 안 된다고 하는 의무감이라고 할 생각에 사로잡혀 있는 것 같다고 한다. 이와 같이 각 가계는 그 소득이 증가함에 따라서 소비수준을 높이고 생활양식을 변화시키면서도 다른 한편에서는 매우 검소한 행동양식을 취하며 절약을 계속함으로써 저축을 증가시켜 왔다고 한다.

그렇다면 일본의 높은 개인저축률은 2차 대전 때의 급격한 서구화 과정 내지 소비패턴의 급격한 서구형으로의 변화과정에서도 가능했던 검소하고 절약하는 분위기 내지 환경의 견지에 의해서도 설명될 수 있다.

개인저축률의 제고

일본의 높은 개인저축률은 결국 물질소득의 증가, 임시소득률의 증가, 검소하고 절약하는 분위기 내지 환경의 견지의 세 가지에서 말미암았음을 알 수 있다. 그러나 우리나라와 관련해서는 현재로서는 검소하고 절약하는 분위기의 조성이 특히 강조되지 않을 수 없다. 일본의

경우에는 이미 조성되어 있던 검소하고 절약하는 분위기가 생활양식의 급속한 서구화 과정에서도 그대로 지켜졌다고 할 수 있는 데 대해서 우리나라의 경우에는 그러한 분위기가 조성되어 있었는지도 의심스러운 데다가 급속히 파괴되었다고 말할 수 있기 때문이다.

물론 이 분위기의 조성을 위해서는 계몽 및 교육, 물가안정, 부동산투기 억제 등이 필요할 것이다. 그러나 우리나라가 현재 세찬 국제적 전시효과의 바람에 직면하고 있음을 감안할 때 그들에 못지않게 이 효과의 방지가 그 분위기 조성을 위해서 반드시 필요한 일이라고 할 수 있지 않을까 생각된다. 알뜰주부상 수상자들의 경우처럼 남들의 빈정거림, 비웃음을 아랑곳하지 않는, 그야말로 개성이 강하고 또 강한 사람들이 아니면, 대개가 대세에 휘말리게 되는 것이 상례라고 한다면, 더욱이 그러하다고 할 수 있을 것이다.

따라서 개인저축률의 제고를 위해서는 소비억제 내지 소비절약, 즉 저축은 미덕이라는 생각에서 검소한 생활, 낭비 없는 생활, 허영과 사치를 버리는 생활, 인습에서 벗어나는 생활 등의 실천을 통해서 저축여력을 늘리도록 하는 개인적인 입장에서 저축노력과 이와 병행해서 검소하고 절약하는 분위기 조성을 위한 계몽 및 교육, 물가안정, 부동산투기 억제, 국제적 전시효과의 방지 등이 추진되어야 할 것이다.

저축증대를 위한 교육이 중요

노벨경제학상 수상자인 틴베르헌(J. Tinbergen)도 저축증대를 위해서 교육이 매우 중요함을 강조하고 있다. 그리고 인플레이션은 강제저축의 실현을 위한 수단으로서 사용될 수도 있으며, 사용되기도 하였다. 이에 더해서 우리나라의 실정에서 볼 때 물가안정은 단기간 내에 실

현되기는 어렵고 시일을 요하는 것이라고 할 수 있다. 그러나 물가가 안정되지 않는 한 저축을 하려는 사람이 거의 없거나 저축을 강조하는 사람들의 사기가 꺾일 것이므로, 어디까지나 물가안정은 저축여력이 생겼다고 해도 그것이 부동산시장으로 흘러 들어가면 금융시장과 증권시장에서 저축증대는 기대할 수 없게 될 것이다.

끝으로 넉시(R. Nurkse)는 국제적 전시효과, 즉 선진국 국민들의 높은 소비생활이 주는 매력은 현재의 저개발국 국민들로 하여금 선진국 국민들의 소비생활을 모방하도록 자극함으로써 소비수준을 높이게 하여, 그렇지 않아도 저축여력이 별로 없는 것이 보통인데, 그 소비여력의 부족을 확대시키는 경향이 있는 것으로 보고 있다. 말할 나위도 없이 국제적 전시효과가 위력을 발휘하게 되는 것은 유행을 통해서이고, 이 유행은 바로 강하고 올바른 개성의 발휘에 의해서 방지할 수 있으므로 우리 각자에게 강한 개성을 발휘할 것을 호소하고 또 그것을 위한 장기적인 계몽과 교육을 실시하는 것을 우선 효과의 방지를 위한 조치 혹은 대책으로서 생각할 수 있을 것이다.

그러나 이보다도 ① 정부의 조세정책, 수입정책, 외자도입정책, 국산화정책 내지 수입대체산업육성정책, 매스컴정책, 문교정책, 출판정책 등에서 전체적 및 종합적인 관점에서 이 효과가 위력을 발휘할 소지를 사전에 제거하는 조치 ② 정부에 의한 사치풍조 혹은 사치조장행위의 강력한 법적규제 ③ 유행을 별로 의식하지 않는 생활과 무턱대고 선진국의 새로운 소비재 혹은 새로운 소비산업이 우리의 생활 혹은 우리나라에 꼭 필요한 것으로 여기지 않는 생활에서 공무원과 사회지도인사의 솔선수범 등이 더 강조되어야 할 것이다.

물론 이번 9월과 10월에 걸친 저축증대운동에서도 명시적으로는 아니더라도 각종 실천사항을 훑어볼 때 이 효과의 방지를 위해서 노력

하기로 한 면이 없지 않아 있다고 할 수 있다. 그러나 저축하는 생활의 정착화는 단시일에는 실현될 수 없는 것이다. 그렇다면 그 정착화를 위해서는 계속적인 이 전시효과에 대한 특별배려가 강조될 필요가 있다고 할 수 있을 것이다.

이렇게 보면, 도시가계 농촌가계 할 것 없이 가계의 저축을 위한 노력을 뒷받침하는 의미에서 국제적 전시효과의 방지를 위한 갖가지 노력은 절대로 필요한 것이라고 할 수 있으며, 또 현재 소비자주권이 의문시되는 것이 사실이라고 한다면, 다시 말하면 기업의 판매전략에 의해서 상품의 판매가 좌우되는 것 같은 감이 있는 것이 사실이라고 한다면, 기업에 대해서도 앞에서 든 바 있는 조세정책, 수입정책, 외환도입정책, 국산화정책 내지 수입대체산업육성정책 등에서의 사전규제를 통해서 이 효과에 대한 배려를 하면서 저축을 극대화해 가도록 하는 것이 바람직스럽다고 할 수 있을 것이다.

《금융경제》(1978. 10)

한국 기업의 과제
: 자금조달구조 · 재무구조와 관련해서

1. 머리말

1986년의 한국경제는 좋은 실적을 올렸다. 따라서 한국기업도 호황을 누렸다. 그러나 과연 한국기업이 그 본분을 다했다고 할 수 있는지는 의문스럽다. 왜냐하면 한국기업의 본분은 어디까지나 취약한 자금조달구조·재무구조의 개선에서 찾아야 하는데 그 개선이 제대로 이루어지지 않고 지표로 볼 때는 도리어 그 취약성이 더 해졌다고 볼 수 있는 면이 있기 때문이다. 이 글은 지표를 통해서 이 점을 부각시키기 위한 것이다.

이하에서는 한국기업의 자금조달구조·재무구조의 취약성, 1986년의 경제실적·경영실적을 차례로 다루고 그 뒤에 1986년이 준 교훈은 무엇인가, 그리고 다시 강조되어야 할 과제는 무엇이며 그 과제의 해결을 위해서 기업과 정부가 해야 할 일은 무엇인가를 다루기로 한다.

2. 취약한 자금조달구조 · 재무구조

한국기업의 자금조달구조·재무구조와 관련해서 몇 가지 특기할 만한 사실이 있다. 그 중 세 가지만 들면 다음과 같다.

(1) 내부유보, 감가상각비로 구성되는 내부자금의 비중이 낮다. 그것은 1980~85년 평균으로 27.3퍼센트에 불과하다. 분명히 일본의 1980~84년 평균의 46.3퍼센트에 견주어서는 말할 것도 없고 대만의 37.5퍼센트에 견주어서도 낮다(〈표 1〉), 그리고 내부자금 조달액의 매출액에 대한 비율도 낮다. 그것은 1980~84년 평균으로 4.8퍼센트에 지나지 않는다. 1970~74년 평균 및 1975~79년 평균은 각각 이보다 약간 높은 5.3, 5.6퍼센트이다(한국은행, 《조사통계월보》, 1986. 3, p. 5 참조). 또한 기업의 투자재원 자급도(저축/투자)도 낮다. 그것은 1980~84년 평균으로 43.7퍼센트에 불과하다(〈표 2〉). 물론 그것은 1985년에는 51.8퍼센트로 높아졌지만 여전히 일본의 1980~84년 평균 66.5, 대만의 67.4퍼센트에 비해서 낮다.

따라서 자연히 외부자금의 비중, 외부자금조달액의 매출액에 대한 비율, 외부자금조달의존도는 높다. 외부자금의 비중은 1980~85년 평균으로 72.7퍼센트이다. 그것은 1985년에는 64.7퍼센트이지만 여전히 일본의 1980~84년 평균 53.7퍼센트, 대만의 62.5퍼센트보다 높다. 그리고 외부자금조달액의 매출액에 대한 비율은 1980~84년 평균으로 10.5퍼센트이다(〈표 3〉). 이것은 1970~74년 평균 18.7, 1975~79년 평균 16.2퍼센트에 비해서 크게 낮아졌지만 일본의 1980~84년 평균 2.1퍼센트의 약 5배나 된다. 외부자금조달의존도는 1980~84년 평균으로 66.3퍼센트이다. 역시 1970~74년 평균 78.5, 1975~79년 평균 74.3퍼센트에 비해서 크게 낮아졌지만 일본의 1980~84년 평균 34.5퍼센트의

<표 1> 기업부문의 자금조달

구　　　　분	한 국 1980~85 (평균)	대 만 1980~84 (평균)	일 본 1980~84 (평균)
내 부 자 금	27.3(35.1)*	37.5	46.3
외 부 자 금	72.7(64.9)	62.5	53.7
계	100.0(100.0)	100.0	100.0

주: * ( ) 안은 1985년 수치임.
출처: 한국은행 조사제2부, 〈주요국의 자금순환분석비교〉, 1987. 4, p. 12.

<표 2> 기업의 투자재원 자급도(저축/투자)

구　　　　분	1980	1981	1982	1983	1984	1980~84 (평균)	1985
한　　　국	28.5	32.5	40.2	50.2	49.3	43.7	51.8
대　　　만	52.1	55.3	70.1	74.8	89.1	67.4	−
일　　　본	62.6	62.0	66.9	70.6	69.7	66.5	−

주: * 대만은 저축을 경상잉여와 고정자본소모로 구분하여 발표하지 않고 있음.
출처: 한국은행 조사제2부, 〈주요국의 자금순환분석비교〉, 1987. 4, p. 9.

<표 3> 기업의 외부자금조달(제조업 기준)

(단위: %)

구 분	한 국					일 본	
	1970~74 (평균)	1975~79 (평균)	1980~84 (평균)	1985	1986	1975~79 (평균)	1980~84 (평균)
외부자금조달 /매출액	18.7	16.2	10.5	8.8	9.2	2.5	2.1
외부자금조달 의존도	78.5	74.3	66.3	60.7	58.5	32.0	34.5

출처: 한국은행, 《조사통계월보》, 1986. 3, p. 9.

약 2배나 된다.

(2) 외부자금조달에서는 간접금융의 우위체제가 지속되고 있다. 간접금융의 비중은 1970~74년 평균 57.3, 1975~79년 평균 54.1, 1980~84

〈표 4〉 기업의 외부자금* 조달구조

(단위: %)

구　　　　분	1970~74 (평균)	1975~79 (평균)	1980~83 (평균)	1980~84 (평균) (신계열)
간 접 금 융	57.3	54.1	57.7	57.8
은　　　행	42.8	34.6	31.3	29.2
비 은 행	14.5	19.5	26.4	28.7
(단자회사)	(2.8)	(5.0)	(5.1)	(7.8)
직 접 금 융	18.0(42.7)**	26.3(45.9)	38.3(42.3)	38.5(42.2)
기 업 어 음	−1.0	3.2	11.2	8.1
유 가 증 권	16.8	22.9	26.8	25.4
주 식	0.7	6.2	12.8	13.8
회사채	16.1	16.6	14.0	11.6
해 외 차 입	24.7	19.5	4.0	3.7
합　　　계	100.0	100.0	100.0	100.0

주: * 기업신용 제외, 자금순환통계 개편 이전의 민간법인기업 기준(단기신용 계열의 경
　　우는 민간기업 기준)
　　** ( ) 안은 해외차입을 포함하는 수치임.
출처: 한국은행,《조사통계월보》, 1986. 3, p. 12.

년 평균 57.8퍼센트이다(〈표 4〉).

　이처럼 간접금융의 우위체제가 지속되고 있는 것은 일본의 경우와
마찬가지로 이른바 슘페터 식의 경제발전을 취해오고 있는 데 기인한
다고 할 수 있을 것이다. 슘페터는 기업가의 기술혁신을 경제발전의
기동력 내지 동인으로 보고 있고, 또 기업가는 필요자금을 은행 등의
금융기관으로부터 항시 공급받을 수 있는 것으로 보고 있다.

　이자부 금융부채잔액의 매출액에 대한 비율도 낮아지기는 했지만
높다. 그것은 1980년 평균으로 46.0퍼센트나 된다(〈표 5〉). 1970~74년
평균은 50.8, 1975~79년 평균은 48.4퍼센트이다. 그러나 단기부채비율
은 높아졌다. 단기부채비율은 1970~74년 평균 19.6퍼센트이던 것이

1975~79년 평균 20.5, 1980~84년 평균 22.1퍼센트이며, 1985년에는 22.9퍼센트나 된다.

〈표 5〉 이자부 금융부채 잔액비율(제조업 기준, 매출액 대비)

(단위: %)

구　　　분	1970~74 (평균)	1975~79 (평균)	1980~84 (평균)	1985	1986
금융 부채잔액	50.8	48.4	46.0	46.9	45.9
장 기　부 채	31.2	27.9	23.9	24.0	23.7
단 기　부 채	19.6	20.5	22.1	22.9	22.2

출처: 한국은행.

따라서 금융비용의 비중도 크다. 그것은 1980~84년 평균으로 6.3퍼센트이다(〈표 6〉). 그것은 1970~74년 평균 7.0퍼센트보다 약간 낮고 1975~79년 평균 5.1퍼센트보다 높지만 일본의 1985년의 2.2퍼센트, 대만의 1984년의 3.1퍼센트에 견주어서는 매우 높다. 각각 약 3배, 2배나 된다.

〈표 6〉 금융비용의 비중(제조업 기준, 매출액 대비)

(단위: %)

한 국					대 만	일 본
1970~74 (평균)	1975~79 (평균)	1980~84 (평균)	1985	1986	1984	1985
7.0	5.1	6.3	5.3	8.5	3.1	2.2

출처: 한국은행.

그러나 외부자금의 우위체제로 해서 비록 직접금융의 열위체제가 지속되고 있다고는 해도 해외차입을 제외한 기업어음, 유가증권에 의한 자금조달의 비중은 계속 크게 증가하고 있다. 그것은 1970~74년

평균 18.0퍼센트에서 1980~84년 평균 38.5퍼센트로 크게 높아졌다
(〈표 4〉). 이것은 기업공개 촉진시책 등 정부의 적극적인 자본시장 육
성노력에 힘입은 주식시장의 높은 신장, 단기금융회사 설립 등의 단기
자금 조달시장의 괄목할 만한 신장 등에 기인한다. 그와 달리 해외차
입은 1970~74년 평균 24.7퍼센트에서 1980~84년 평균 3.7퍼센트로
크게 낮아졌다.

(3) 자기자본율이 낮고, 부채비율이 높으며, 기업의 단기지불능력을
나타내는 유동비율이 낮고, 차입금의존도가 높다. 자기자본비율은
1980~84년 평균으로 20.0퍼센트이다(〈표 7〉). 그것은 1970~74년 평균
23.7, 1984년에는 22.6퍼센트이지만 1980년에는 17.0, 1981년에는 18.1
퍼센트였다. 자기자본비율은 일본의 경우 1985년에 27.1퍼센트이지만
대만의 경우에는 1984년에 42.7퍼센트이다.

부채비율은 1980~84년 평균 405.6퍼센트이다. 1970~74년 평균으
로는 324.9, 1984년에는 342.7퍼센트이지만 1980년에는 487.9, 1981년
에는 451.5퍼센트였다. 부채비율은 일본의 경우 1985년에 268.8이지만
대만의 경우에는 1984년에 134.5퍼센트에 불과하다. 유동비율은 1980~
84년 평균으로 97.2퍼센트이다. 그것은 1970~74년 평균으로는 121.9,
1975~79년 평균으로는 112.0퍼센트이지만 1981년에는 95.2, 1982년에
는 96.6퍼센트였다.

유동비율은 일본의 경우 1985년에 120.4, 대만의 경우 1984년에
112.2퍼센트이다. 차입자금의존도는 1980~84년 평균으로 46.0퍼센트
이다. 그것은 1984년에는 41.5퍼센트이지만 1980년에는 49.3, 1981년
에는 49.4퍼센트였다.

〈표 7〉 제조업 경영지표(1)

(단위: %)

구　　　　분	한 국										대 만	일 본
	1970 ~74 (평균)	1975 ~79 (평균)	1980	1981	1982	1983	1984	1980 ~84 (평균)	1985	1986	1984	1985
자기자본비율	23.7	21.8	17.0	18.1	20.6	21.7	22.6	20.0	22.3	22.2	42.7	27.1
부 채 비 율	324.9	359.7	487.9	451.5	385.8	360.3	342.7	405.6	348.4	350.9	134.5	268.8
유 동 비 율	121.9	112.0	98.9	95.2	96.6	97.1	98.4	97.2	103.8	101.0	112.2	120.4
차입금의존도			49.3	49.4	45.9	43.7	41.5	46.0	46.7	46.0	35.6	34.7

출처: 경제기획원, 《한국경제지표》, 1986. 4/4, p. 29.
　　　재무부, 《재정금융통계》, 1987. 6, p. 36.
　　　한국은행, 《알기 쉬운 경제지표해설》, 1987, p. 169.

3. 1986년의 경제실적·경영실적

1986년의 한국경제는 주로 저유가, 저국제금리, 저달러의 이른바 3 저(低)의 호재에 힘입어서 고성장, 저실업, 저물가 내지 물가하락, 큰 규모의 무역수지·경상수지 흑자, 투자재원의 자립, 외채잔액의 감소 등을 실현시켰다.

〈표 8〉에서 보는 바와 같이 1985년에 경제성장률은 5.6, 실업률은 4.0퍼센트이던 것이 1986년에는 12.5, 3.8퍼센트로 되었다. 물가상승률 은 도매의 경우 0.9, 소비자의 경우 2.5퍼센트이던 것이 −2.2, 2.3퍼센 트로 되었다. 즉 도매물가는 도리어 2.2퍼센트만큼 하락했다.

그런가 하면 무역수지, 경상수지는 0.19억 달러의 적자, 8.87억 달러 의 적자이던 것이 42.06억 달러의 흑자, 46.17억 달러의 흑자로 되었 다. 국민저축률, 해외저축률은 28.6, 3.1퍼센트이던 것이 32.8, −2.7퍼 센트로 되었다. 즉 국민저축률이 2.7퍼센트만큼 투자율을 웃돌고 있다. 해외저축률 −2.7퍼센트의 결과 외채잔액은 468억 달러에서 445억 달

〈표 8〉 주요 경제지표

(단위: %, 억 달러)

구 분	경제 성장률	실업률	도매물가 상승률	소비자물가 상승률	경상수지	무역수지	국민저축률 (경상가격표시)	해외저축률 (경상가격표시)	외채 잔액
1970	7.6	4.5	9.4	15.6	−6.23	−9.22	15.7	9.1	23
1975	6.8	4.1	26.5	25.2	−18.87	−16.87	19.1	10.1	85
1979	7.0	3.8	18.8	18.3	−41.51	−43.96	28.1	7.1	203
1980	−4.8	5.2	38.9	28.7	−53.21	−43.84	20.8	11.5	272
1981	6.6	4.5	20.4	21.3	−46.46	−36.28	20.5	9.8	324
1982	5.4	4.4	4.7	7.3	−26.50	−25.94	20.9	7.0	371
1983	11.9	4.1	0.2	3.4	−16.06	−17.64	25.3	4.7	404
1984	8.4	3.8	0.7	2.3	−13.73	−10.36	27.9	4.0	431
1985	5.6	4.0	0.9	2.5	−8.87	−0.19	28.6	3.1	468
1986	12.5	3.8	−2.2	2.3	46.17	42.06	32.8	−2.7	445

출처: 경제기획원,《한국경제지표》, 1986. 4/4.
　　　경제기획원,《외채백서》.
　　　한국은행 조사제2부,《주요경제지표》, 1987. 5. 15 등.

〈표 9〉 제조업 경영지표(2)

(단위: %)

구　　분	매출액 증가율	매출액 영업이익률	매출액 경상이익률	기업 경상이익률	이익잉여금 비율
1970~74	−	9.4	4.1	−	1.8
1979	30.5	−	2.7	10.7	−
1975~79	−	7.3	3.5	10.5	4.5
1980	37.2	−	−0.2	9.1	−
1981	33.9	−	0.0	10.0	−
1982	12.3	−	0.9	8.8	−
1983	17.8	−	2.7	9.6	−
1984	17.9	−	2.7	9.7	−
1980~84	23.4	7.5	1.2	9.4	2.0
1985	9.8	7.8	2.5	9.4	3.7
1986	16.8	7.9	3.6	19.5	5.2

출처: 경제기획원,《한국경제지표》, 1986. 4/4, p. 29.
　　　재무부,《재정금융통계》, 1987. 6, p. 36 등.

〈표 10〉 업종별 경영지표(제조업)

(단위: %)

	매출액증가율		매출액경상이익률		자기자본비율	
	1985	1986	1985	1986	1985	1986
제 조 업	9.8	16.8	2.5	3.6	22.3	22.2
음 식 료 품	6.3	12.7	1.6	2.5	19.1	20.7
섬 유 · 의 복	8.9	23.6	1.6	3.9	16.7	19.3
제 재 · 가 구	−0.3	7.6	−3.3	−0.3	5.0	8.2
종 이 · 인 쇄	6.5	20.2	3.6	3.7	20.6	20.5
석 유 · 화 학	9.2	−1.3	3.2	4.8	28.2	26.8
비 금 속 광 물	6.3	13.5	5.6	5.3	28.6	29.5
제 1 차 금 속	7.0	16.2	3.6	5.0	27.8	26.2
조 립 금 속 기 계	14.9	28.5	2.0	2.6	20.1	19.5
대 기 업	10.2	15.1	2.3	3.6	22.5	21.9
중 소 기 업	8.4	24.7	3.1	4.0	21.3	23.5
수 출 기 업	9.5	27.3	2.8	4.2	25.0	22.5
내 수 기 업	10.0	10.1	2.3	3.2	20.8	21.9

출처: 한국은행.

러로 23억 달러 감소되었다.

　여기에서 알 수 있듯이 한국경제는 1986년에는 3저 호재의 덕을 톡톡히 본 셈이다. 그러면 1986년의 한국기업의 경영실적은 어떠한가. 기업의 경우도 3저의 호재의 덕을 본 것이 사실이다.

　제조업의 매출액증가율은 1985년에 9.8퍼센트이던 것이 1986년에는 16.8퍼센트로 되었다(〈표 9〉). 중소기업의 경우에는 그것은 24.7퍼센트나 된다(대기업의 경우 15.1%, 〈표 10〉). 그리고 수출기업의 경우에는 27.3퍼센트나 된다(내수기업의 경우 10.1%). 그런가 하면 수익률도 높아졌다. 매출액영업이익률은 7.8이던 것이 7.9퍼센트로 되었다. 매출액경상이익률은 2.5이던 것이 3.6퍼센트로 되었다. 중소기업의 경우에는 그것은 4.0퍼센트나 된다(대기업의 경우 3.6%). 그리고 수출기업의 경우

〈표 11〉 기업의 외부자금 조달구조

(단위: %)

연도 구분	1985		1986	
간　접　금　융	48.5	(54.5)*	39.9	(44.7)*
통 화 금 융 기 관 차입	30.6	(34.3)	29.9	(33.5)
비 통 화 금 융 기 관 차 입	17.9	(20.1)	10.0	(11.2)
단　자　차　입	-1.7	(-1.9)	2.4	(2.7)
보　험　차　입	3.9	(4.4)	0.1	(0.1)
개 발 기 관 차 입	10.9	(12.2)	1.6	(1.8)
직　접　금　융	40.7	(45.6)	49.3	(55.3)
유 가 증 권 발 행	26.2	(29.4)	32.7	(36.3)
기　업　어　음	0.4	(0.4)	9.1	(10.2)
회　　사　　채	13.9	(15.6)	8.8	(9.9)
주　　　　식	6.7	(7.5)	10.6	(11.9)
해　외　차　입	0.6	(0.7)	5.2	(5.8)**
직　접　투　자	1.4	(1.6)	2.5	(2.8)
차　관　도　입	0.8	(0.9)	1.6	(1.8)
기　　　　타***	24.7	(15.6)	22.2	(24.5)
기　업　신　용	10.8		10.8	
합　　　　계	100.0	(100.0)	100.0	(100.0)

주: * ( ) 안은 기업신용 제외 시의 수치를 표시.
　** 1986. 1/4분기는 1.0%, 1987. 1/4분기는 7.8%임.
　*** 기업신용, 정부차입, 미지급금, 퇴직급여충당금 등.
출처: 한국은행, 《조사통계월보》, 1987. 3, p. 26.

에는 4.2퍼센트나 된다(내수기업의 경우 3.2%). 한편 기업경상이익률은 크게 높아졌다. 그것은 9.4이던 것이 19.5퍼센트로 되었다. 이익잉여금 비율도 3.7에서 5.2퍼센트로 높아졌다.

　매출액경상이익률 3.6퍼센트는 1980~84년 평균 1.2퍼센트의 3배나 되며 1975~79년 평균 3.5퍼센트와 같다. 기업경상이익률 19.5퍼센트 는 1975~79년 평균 10.5퍼센트의 거의 2배, 1980~84년 평균 9.4퍼센 트의 2배를 상회한다. 그리고 이익잉여금 비율 5.2퍼센트는 1980~84

년 평균 2.0퍼센트의 2.5배가 될 뿐 아니라 1975~79년 평균 4.5퍼센트를 상회한다.

그런가 하면 자금조달 면에서도 간접금융의 비중이 크게 낮아지고, 반면에 직접금융의 비중이 크게 높아졌다. 간접금융의 비중은 1985년에 54.4이던 것이 1986년에는 44.7퍼센트이며, 따라서 직접금융의 비중은 45.6이던 것이 55.3퍼센트로 되었다(〈표 11〉).

그러나 이러한 가운데에서도 1986년에는 다른 한편에서 경영실적의 부정적인 면이 노정된 사실에 특별히 유의할 필요가 있다. 즉 상술한 경영실적의 긍정적인 면과 대조를 이루는 그것의 부정적인 면이 발생했음을 간과해서는 안 된다.

사실 1986년에는 수출액 및 수익의 호전, 자금조달 면에서의 개선 등에도 불구하고 금융비용비중의 증대, 해외차입비중의 증대, 재무구조의 악화 등의 현상이 발생했다.

(1) 금융비용은 1985년에 5.3퍼센트이던 것이 8.5퍼센트로 되었다. 이것은 1970~74년 평균 7.0퍼센트보다도 크다(〈표 6〉). 그리고 해외차입비중은 1985년에 0.7퍼센트이던 것이 5.8퍼센트로 크게 높아졌다(〈표 10〉). 이것은 1980~84년 평균 3.7퍼센트보다도 크다. 그런데 그것은 1987년 1/4분기에는 7.8퍼센트나 된다. 1986년 1/4분기의 그것은 1.0퍼센트에 불과했다.

(2) 자기자본비율은 1986년에는 1985년의 22.3퍼센트에서 22.2퍼센트로 낮아졌다. 이러한 현상은 대기업, 수출기업의 경우 두드러진다. 자기자본비율은 대기업의 경우 1985년에 22.5퍼센트이던 것이 1986년에는 21.9퍼센트로, 수출기업의 경우 25.0퍼센트이던 것이 22.5퍼센트로 낮아졌다(〈표 11〉). 그러나 그와 달리 중소기업의 경우에는 21.3에서 23.5퍼센트로, 내수기업의 경우에는 20.8에서 21.9퍼센트로 도리어

높아졌다. 대부분의 중화학공업기업의 경우도 대기업, 수출기업의 경우와 마찬가지이다.

그리고 부채비율은 1985년의 348.4퍼센트에서 1986년에는 350.9퍼센트로 높아지고, 유동비율은 1985년의 103.8퍼센트에서 101.0퍼센트로 낮아졌다. 이러한 현상은 수출기업의 경우에 특히 두드러진다. 한국무역협회가 509개 수출업체를 대상으로 한 86년도 수출기업의 경영실태분석에 따르면 1986년에는 부채비율은 1985년의 299.7퍼센트에서 317.7퍼센트로 높아지고 유동비율은 106.5퍼센트에서 100.3퍼센트로 낮아졌다고 한다.

그런가 하면 차입금의존도는 1985년의 46.7퍼센트에서 1980~84년 평균과 같은 46.0퍼센트로 낮아지기는 했지만 여전히 1984년의 41.5퍼센트에 견주어서는 말할 것도 없고, 1983년의 43.7퍼센트에 견주어서도 높다.

4. 1986년의 교훈

앞에서 알 수 있듯이 1986년은 경제의 좋은 실적, 기업의 매출액 및 이익의 호전 가운데에서도 기업의 자금조달구조·재무구조가 악화될 수 있다는 사실을 하나의 교훈으로서 알려주고 있다. 즉 경제가 좋은 실적을 올리고 기업의 매출액과 수익률이 올라가면 당연히 기업의 자금조달구조·재무구조는 개선되는 것으로 받아들여지고 있지만 반드시 그렇지 않다는 점을 1986년은 분명히 밝혀주었다. 자금조달구조·재무구조가 취약하기에 한국 기업은 하루속히 그런 취약상태에서 벗어나야 할 터인데, 그것도 기업경영환경이나 기업의 처지가 유리한 가운데에서도 그렇지 못하고 도리어 그 취약상태가 더해진 감이 드니, 이런 사실을

더욱 강조하지 않을 수 없다.

물론 1986년의 상태는 주로 설비투자 확대, 여유자금의 금융자산 운용 등에 기인한다고 한다. 그러나 설비투자 확대는 몰라도 여유자금은 우선 외부차입자금의 상환으로 돌려야 할 것이다. 그리고 설비투자 확대도 외부차입자금을 상환하는 가운데에서 이루어져야 함도 말할 나위가 없다. 어디까지나 그것이 취약한 자금조달구조·재무구조의 개선을 위해서 노력하는 가운데서 이루어질 때 비로소 의의를 갖게 되는 것이다. 그동안 취약한 자금조달구조·재무구조의 개선, 특히 재무구조의 개선이 1980년대에 들어서서 지연되고 있는 것이 고투자기(高投資期)에 누적된 외부차입자금으로 인한 과다한 금융비용 부담으로 기업경영환경이 1970년대에 비해서 상대적으로 악화되어서 현재화한 데 기인한다는 것이 사실이라면, 더욱이 그러하다고 할 수 있다. 과오는 되풀이되어서는 안 되기 때문이다.

따라서 1986년의 경험은 취약한 자금조달구조·재무구조의 지속적인 개선이 한국 기업의 재강조되어야 할 과제임을 알려주고 있다고 할 수 있다. 그 과제의 해결을 위해서는 기업의 자주적인 노력이 있어야 한다. 그러나 그와 함께 그 노력을 뒷받침해주는 정부의 노력이 뒤따라야 함은 두말할 필요도 없다.

기업은 투자효율의 제고, 내부자금 비중의 제고, 타인자본의존도의 저하 등의 노력을 적극적으로 추진해야 한다. 그러나 재무구조의 취약은 그동안 경제개발 추진과정에서 나타난 국내저축의 부족, 해외저축에의 의존, 인플레이션의 지속, 금융·세제상의 불합리 등에 주로 기인한다고 할 수 있다.

따라서 정부는 금융시장, 자본시장의 적극적인 육성을 통해서 국내저축의 증대, 해외저축 감소를 실현할 필요가 있다. 그리고 물가안정

을 견지해 갈 필요가 있다. 오랫동안 계속되어온 인플레이션은 기업으로 하여금 타인자본을 선호하게 만들었으며, 더욱이 금융차입을 통해서 토지나 기타 부동산에 투자토록 했다고 할 수 있기에 물가안정은 거듭 강조되어야 한다.

그러나 이와 함께 금융·세제상의 불합리가 재무구조의 취약을 초래한 바 적지 않으므로 정부는 금융·세제상의 불합리를 제거해 갈 필요가 있다. 예컨대 특정 산업을 지원하기 위한 정책금융의 지원, 부실기업에 대한 구제금융의 지원 등이 그것이다. 정책금융은 여신의 할당과 금리상의 혜택으로 외부차입자금에 의존한 경영을 더 유리할 수 있도록 했으며 구제금융은 방만한 경영과 기업부실을 촉진하기도 했다. 그리고 기업으로 하여금 타인자본을 선호케 하고 있는 이른바 법인원천소득에 대한 2중과세의 완화, 이자소득·배당소득에 대한 과세방식의 개선 등을 추진해 갈 필요가 있다. 전경련의《87년판 민간경제백서》에 따르면 법인기업이 사업활동에서 이윤을 획득했을 때 현행 세제 아래서는 그 이윤에 대해서 최고 명목세율 30~33퍼센트의 법인세를 부과하고, 법인의 이윤이 주주에게 배당될 때 최고 명목세율 55퍼센트의 개인소득세를 과세하고 있다(p. 155). 따라서 이로 말미암아 기업의 자금이 자동적으로 기업에 환유·유인되는 것을 저해하고 있다. 또 차입금이자에 대해서는 회계처리상 손비(損費)로 인정해 주는 것과는 달리 기업의 지급배당소득에 대해서는 이와 균형되는 조치가 없으며, 나아가서 이자소득과 배당소득을 차별하여 과세하고 있다(p. 155~156). 이처럼 현행 세제에는 기업으로 하여금 타인자본을 선호하게 만드는 요소를 포함하고 있기에 그 개선이 필요하다.

5. 맺음말

1986년의 경험은 한국 기업의 재강조되어야 할 과제가 취약한 자금조달구조·재무구조의 개선이라는 것을 알려주었다고 할 수 있다. 즉 1986년에는 외채잔액이 23억 달러나 감소했는데 기업의 해외차입비중은 도리어 증대한 것은 과연 바람직스러운 일인지, 기업의 외부자금비중, 차입금의존도는 감소했는데 금융비용은 도리어 제고된 것은 과연 바람직스러운 일인지, 기업은 호황을 누렸는데 자기자본비율은 저하되고 부채비율은 제고되고 유동비율은 저하되었는데 이 역시 과연 바람직스러운 일인지 등의 의문이 제기되었다고 할 수 있다.

그렇다면 가장 알맞은 이 과제의 해결 내지 의문의 해답을 제시하기 위해서 한국 기업은 진력해야 할 것이다. 정부의 경우도 마찬가지라고 할 수 있다. 이 글에서는 바로 이를 생각해 볼 수 있는 극히 일부분만이 소개되었을 뿐이다.

《조사월보》(국민은행, 1987. 7)

중소기업의 빚

극히 최근에 1,943개 중소기업에 대한 국민은행의 조사결과가 발표되었다. 그것에서 하나의 주목할 만한 사실이 밝혀졌다. 그것은 총차입금에서 사채 비중이 1980년 이후 계속해서 낮아지는 가운데 총차입금 잔액이 1985년에 도리어 크게 증가했다는 사실이다. 조사결과에 따르면 1980년에 10.1퍼센트이던 사채의 비중은 1985년에 3.5퍼센트가 된 데 대해서 총차입금 잔액은 1985년 말 현재로 6조 8,343억 원이며 1984년 말 현재보다 26.2퍼센트나 증대했다.

말하자면 중소기업의 빚은 크게 는 셈이다. 이것은 주로 은행 등의 제도권 금융기관의 중소기업에 대한 대출자금 규모의 계속적인 확대에 기인한다고 한다.

중소기업은 원래 고용흡수를 촉진한다, 대기업으로 전환의 기반이 된다, 지역발전에 기여한다는 등의 적극적·긍정적인 역할을 한다. 따라서 선진국에서는 중소기업은 중시되고 있으며 사실 사업체 수, 종업원 수, 부가가치 등에서 매우 큰 비중을 차지하고 있다.

선진국의 하나인 일본을 예로 들 때 분명히 제조업에 종사하는 중소기업은 1982년에는 사업체 수, 종업원 수, 부가가치에서 99.2, 72.0,

55.9퍼센트라는 높은 비중을 차지하고 있다.

그러면 우리나라의 경우는 어떠한가. 선진국의 경우와 달리 우리나라에서는 중소기업의 지위가 상대적으로 약한 것이 사실이다. 다시 말하면 중소기업은 종업원 수, 부가가치에서 낮은 비중을 차지하고 있으며 부가가치에서 더욱 그러하다.

중소기업은 1983년에는 사업체 수, 종업원 수, 부가가치에서 99.3, 56.7, 37.4퍼센트를 차지하고 있다. 그러기에 그동안 중소기업의 육성이 강조되어 왔고 또 최근으로 올수록 중소기업의 육성을 위한 정부의 갖가지 정책이 강화되고 있다. 제도권 금융기관의 중소기업에 대한 대출금 규모의 계속적인 확대도 사실은 중소기업 육성책의 일환에 불과하다고 할 수 있다.

그러나 만약 그러한 대출금 규모의 확대가 앞서의 예처럼 중소기업의 차입금, 즉 빚을 크게 증대시키는 역할을 한다면 그것은 결코 바람직스러운 일이 아니지 않을까. 아니 본래의 의도 내지 취지에 크게 벗어나는 일이지 않을까. 어디까지나 그 본래의 의도는 건전한 재무구조를 갖는, 즉 빚의 비중이 별로 크지 않은 중소기업의 육성에 있는 줄 안다.

그렇다면 앞으로는 대출금 규모를 계속해서 확대해 가되 빚의 큰 증대가 일어나지 않도록 하는 방지책도 아울러 강구해갈 필요가 절실하지 않을까.

《매일경제신문》(1986. 7. 14)

서민 · 서민금융

1. 머리말

서민경제니 서민금융이니 하는 말은 흔히 듣는 말이다. 또 국민은행법 제1조를 보면 "본 법은 영세금융에 관한 정부의 시책에 순응하여 서민경제의 발전과 향상을 기하기 위하여 주식회사 국민은행(이하 국민은행이라 한다)을 설립함을 목적으로 한다"로 되어 있다. 이에서 알 수 있는 바와 같이 국민은행은 서민경제의 발전·향상을 기하기 위하여 설립된 국책은행이다. 그러기에 국민은행을 특수서민금융기관이라고 부른다.

그러나 대체로 서민경제, 서민금융이라는 말의 함축내용은 명확히 규정되지 않은 채 묵계적으로 받아들여지고 있는 것 같이 생각된다. 따라서 여기서는 우선 그 말의 함축내용의 정립을 위한 계기를 마련하기 위하여 우선 서민이라는 개념을 잠정적으로 규정하기로 한다. 그리고 나아가서 서민금융의 본질과 특징을 밝히기로 한다.

2. 서민이란

1) 우리나라에서의 서민

우리나라 봉건사회의 신분계층은 양반, '양인', 노비로 대별된다. 양인은 법제상 노비와 준별되고 있었지만 양반과의 구별은 어느 정도 법제상의 구별과 사회관습상의 구별에 입각하고 있었다.

오늘날 말하는 서민은 대체로 양인(良人)을 뜻하는 것으로 보면 무방할 것 같다. 지금 이 양인을 중간계층이라고 부른다면 고려시대의 중간계층은 양민, 백정, 제술(製述)과 명경(明經)의 출신자, 의복(醫卜)·지리·율(律)·산업(算業) 등의 출신자 등을 말하고 있었다.

양민은 양농(良農)으로서 국역(國役)의 가장 중요한 담당자였으며 백정(白丁)은 국역에서 면제되는 대신 국가로부터 토지의 분배를 받을 권리가 없는 자였다. 그리고 그 밖의 자는 하급관리였다. 이들은 교육에 있어서 국자학(國子學), 사문학(四門學), 태학(太學)에 입학할 자격이 없었고 관등(官等)으로는 각각 정5품과 정7품 이상으로 승진할 수 없도록 제약받고 있었다.

이조시대의 중간계층은 고려시대보다 훨씬 복잡했다. 중인(中人)은 의(醫)·역(譯)·산(算)·관상(觀相)·율(律)·사자(寫字)·도화(圖畵) 등 기술업무를 담당하였으며 경외(京外)의 아전(衙前)은 모두 이에 속하고 있었다. 서민(庶民)은 양농을 말하며 고려시대에서와 마찬가지로 국역의 중요한 담당자였으며 상인(常人)은 중인, 서민 이외의 중간계층을 말하였다.

그러나 1895년의 갑오경장(甲午更張) 이후 이상과 같은 봉건적 신분제도는 타파되었다. 즉 종래의 법률적 및 사회관습적인 신분계층의 구별이 경제적인 것으로 바뀌게 되었다. 그리하여 노비계층은 해체되고

새로이 종래의 중간계층에 합쳐지게 되었다.

따라서 갑오경장 이후의 서민이란 임진왜란 전후에 시작하여 갑오경장까지 계속되어 오고 있던 '시민문학' 내지 '평민문학'이라고 할 때의 서민에 종래의 노비계층을 합친 것이라 고 할 수 있다. '서민문학'에서 말하는 서민은 양반권세가, 대상부가(大商富賈)를 제외한 아전·소상인·수공업자·기타 기술직자·양농 등을 말하고 있었다.

그리고 이와 같은 서민개념을 좀더 명확하게 나타내주는 말이 1920년대에 사용되기 시작한 '민중'이 아닌가 생각한다. 이 민중이라는 말속에는 소자본가·지식인·노동자·농민이 모두 포함되고 있었다. 즉 민중은 일제(日帝)의 지배하에서 일부 친일파를 제외한 우리나라 사람의 일체감을 나타내는 동시에 저항의 중요 세력으로서 노동자 및 농민에 역점을 둔 말이었다.

2) 서양에서의 서민

서민이라는 말은 동양(한자문화권)의 말이기 때문에 서양에서의 서민의 범위를 정하는 것은 어려운 일인 것 같다. 그러나 이것을 서양의 'commons'에 상응하는 개념으로 보고 사회계층의 최상부와 최하부를 제외한 나머지 여러 계층 또는 여러 집단의 포괄적인 명칭이라고 가정한다면, 고대사회에서는 군왕과 고대귀족을 제외한 자유농민·상인·병사(兵士) 등을, 중세사회에는 도시민(중세도시의 상인 길드 및 크라프트 길드성원). 자유농민 등을, 근대사회에서는 최하부가 해체되었기 때문에 중소상공업자·농민·봉급생활자·노동자층을 말하는 것으로 보아도 무방할 것이다.

그러나 좀더 구체적으로 서민의 개념을 표시하는 의미에서 20세기 초의 독일의 Schultze-Delitzsch식 서민은행과 이탈리아의 Luezatti식 서

민은행 조합원의 직업별 구성을 들면 다음과 같다.

(1) Schultze-Delitzsch식 서민은행의 경우
다음은 1,223개 은행에서 얻은 것이다.

독립의 직업자 또는 정원사 등	27.05(%)
그들의 조수 및 농업 또는 원예에 종사하는 노동자	2.53
제조업자 건물청부업자 및 광산 소유자	3.75
독립의 청부기술공	23.75
공장노동자, 광부, 선반공	7.31
독립의 상인 및 중개인	9.99
상사회사의 사용인	1.32
대마차집(貸馬車屋), 여관·주막주인 및 상점주인	4.80
우편배달원, 철도사무원 및 그 부속원, 우편국사무원	3.09
사환 및 잡부	0.77
의사, 약화학자, 학교장, 미술가, 문학가, 공무원	7.21
무직업자	8.40
계	100.00

(2) Luzzatti식 서민은행의 경우
다음은 639개의 은행에서 얻어진 것이다.

토지 소유자	6.56(%)
소경작자	24.12
농업 일용노동자	4.66

대제조업자 및 대상인	4.77
소상인 및 제조업자	25.25
공장노동자	8.11
사환, 잡부, 회사원, 교사 등	18.86
무직업자	7.67
계	100.00

대체로 일반적인 개념규정을 뒷받침해 주고 있는 것 같이 생각된다.

3) 일본에서의 서민

《서민금융》(1927)의 저자인 마에다(前田繁一)에 따르면 서민은 재산가가 아닌 자, 다시 말하면 면세점 이하의 소득을 갖는 자 혹은 소득세를 낸다고 해도 일정액 이하의 소득밖에 갖지 못하는 자, 소농·소상공업자 등을 말한다.

다음에 《조선금융론 10강》(1940)의 저자 스즈키(鈴木武雄)에 따르면 서민은 봉급생활자, 임금노동자, 소상공업자, 소농, 빈농 등을 말한다.

셋째로 《중소기업의 금융문제》(1968)의 저자인 호소노(細野孝一)에 따르면 서민은 일반시민, 노동자, 봉급생활자, 중소농민, 중소상공업자 등을 말한다.

끝으로 공고법(公庫法)연구회의 〈국민금융공고법〉의 해설에 따르면 서민은 국민대중과 동일한 개념이며 국민대중은 국가권력에 의한 피통치자, 즉 중류 이하의 중소상공·농어업자, 자유직업자, 봉급생활자, 노동자, 영세민 등으로 구성되는 계층의 사람들을 말한다. 〈국민금융공고법〉 제1조는 "국민금융공고는 서민금고 및 은급금고의 업무를 승계하고 은행, 기타 일반의 금융기관으로부터 자금의 융통을 받는 것이

어려운 국민대중에 대하여 필요한 사업자금을 공급함을 목적으로 한다"로 되어 있다.

3. 서민금융

앞에서 서민의 개념이 어느 정도 명확해졌으리라고 생각한다. 서민금융은 바로 이 서민에 대한 금융을 말한다. 따라서 서민금융은 일반서민금융, 봉급생활자금융, 농어촌서민금융, 중소상공업금융 등으로 구별될 수도 있다.

1) 서민금융의 본질

서민금융은 서민에 대한 고리대자본의 압박을 배제함과 아울러 서민에 적정한 자금공급의 길을 터주는 것을 본질로 하고 있다.

사실 자본주의경제가 발달한 오늘날에도 아직 비자본주의적인 경영을 영위하며 그 수입은 자본적 이윤이라기보다는 도리어 임금에 가까운 사업, 즉 농민이라든가 도시의 소상공업자 또는 불시의 재액 기타 생활적, 소비적 필요를 위하여 화폐를 빌리는 노동자라든가 봉급생활자 등에 대해서는 은행은 거의 관계가 없고 고리대금업자라든가 전당포 즉 전(前)자본주의적 금융기관이 여전히 중요한 역할을 하고 있다.

여기서 고리대자본이란, 은행을 전형적인 것으로 하는 근대적 금융기관과 서민금융기관이 아닌 곳의 융통자금을 말한다. 고리대자본의 대차관계를 잘 관찰하면 현대에서 은행자본의 대차관계와 그 취지를 달리한다. 고리대자본의 차용자는 정도의 차는 있으나 모두 생활적, 소비적 필요에서 화폐를 차용하는 데 대해서 대부자인 고리대자본가는 이식(利息)을 위하여 화폐를 대부해준다. 즉 차용자는 화폐를 자본

으로서 전혀 이용하지 않는 데 대해서 대부자는 화폐를 자본으로서 이용한다. 대부자에게는 그것은 화폐보다 많은 화폐라는 자본운동을 하는 화폐이지만, 차용자에게는 그것은 단순히 상품구매수단 내지 지불수단인 화폐에 불과하며 자본으로서는 작용하지 않는다.

한편 은행자본은 마찬가지로 '화폐→더 많은 화폐'라는 자본운동을 하며 이식을 낳는 자본인 점에서 고리대자본과 다른 바 없지만 그 차용자에게도 자본으로서 이용되는 것이 보통이며 이 점에서 고리대자본과 매우 다르다. 즉 그 차용자에게는 은행에서 대출된 화폐는 '화폐→상품→생산……별개의 상품→더 많은 화폐'(산업자본의 경우)라는 자본운동을 하든가, 혹은 '화폐→상품→더 많은 화폐'(상업자본의 경우)라는 자본운동을 하며 그 가치를 증식하여 회수되는 것이 보통이다. 그러므로 은행에 의한 대차관계는 한마디로 자본주의적 기업을 대상으로 하는 관계이다.

그러므로 은행이 이득하는 이자는 자본주의적 기업이 그 가치를 증식한 이윤에서 지불되는 것이며, 원칙적으로 이윤의 일부이자 이윤보다 작은 것이 아니면 안 되는 셈이며, 말하자면 한계가 있으나 고리대자본에서는 이와 같은 한계가 없다.

근대적 은행제도가 고리대자본의 지배를 타파하고 이자를 고리로부터 해방함으로써 기업의 발전에 현저한 공헌을 한 것은 말할 나위도 없다. 그러나 근대적 은행제도는 어디까지나 산업자본 내지 상업자본 즉 자본주의적 기업을 위하여 구래(舊來)의 고리대자본을 배제한 것이며 자본주의경제가 발달한 오늘날에도 자본주의적인 의미에서는 화폐를 차용하지 않으며 또 차용할 자격도 없는 사회층에 대해서는 은행은 대체로 관계가 먼 존재이며 여전히 고리대의 형태를 취한 자금이 융통되고 있다. 따라서 서민금융은 근대적 은행제도에 의해서는 전혀

혜택도 받을 수 없었던 사회층의 금융으로서 이들 사회층의 전통적 금융기관으로서 잔존하고 있는 여러 형태의 고리대자본가의 압력을 배제하려는 데 그 특질이 있다고 할 수 있다.

2) 서민금융은 반드시 소비금융이 아니다

서민금융은 소비금융이기도 하고 생산금융이기도 하다.

흔히 서민금융은 소비금융이며 생산금융이 아니라고 말하여지지만 이것은 그다지 정확한 것이 못 된다.

물론 서민금융의 대상이 되는 서민 중에는 봉급생활자라든가 노동자가 큰 부분을 차지하고 있으며 이들이 금융을 받는 주 이유는 본인 또는 가족의 병, 기타 불시의 지출로 인해서 수입이라든가 적은 저축의 인출로써는 도저히 충족할 수 없다는 사실 때문이며, 따라서 차용한 화폐를 생활적 소비에 지출하는 순전한 소비금융이다. 그러나 소상공업자라든가 소농, 빈농 등도 보통 서민금융의 대상인 서민 속에 포함된다. 이들에 대한 금융은 순전한 생활적 소비금융에 속하는 것도 있지만 반드시는 그뿐이 아니고, 예컨대 자금을 차용하여 원료를 구입하고 기계를 설치하고 작업장의 설비를 개량하고(소공업자의 경우) 혹은 상품을 구입하고 점포를 개장하고(소상업자의 경우) 혹은 비료, 농구를 구입하고 토지를 구입하는(농민의 경우) 경우에는 분명히 생산적인 금융이며 결코 소비금융은 아니다. 만약 이와 같은 경우를 보통 서민금융에 포함시킨다고 하면 서민금융을 소비금융으로 규정하는 것은 곤란하다.

그러나 이들 소농공상업자(小農工商業者)에 대반 금융은 보통 말하는 생산금융 혹은 생산신용과 차이가 있는 것은 사실이다. 소농공상업자의 경영은 때때로 '사업' 또는 '생업' 등의 명칭으로 불리고 있는 바

와 같이 '기업' 즉 자본주의적 이윤경제의 경영과 다르다. 물론 이들도 가능한 한 판매액을 많이 올리고 경영상의 비용을 감축하여 이른바 순익을 많이 하는 것을 목표로 하고 있는 점에서는 다를 바 없지만, 그 순익은 기업이윤이라기보다는 '임금소득'에 가까우며, 따라서 가계와 경영은 분리하기 어려울 만큼 혼합되고 있는 것이 보통이며, 그 금융문제는 도리어 생활의 문제이다. 즉 소농공상업자의 생산적 활동은 자본주의적 의미에서 '생산적' 즉 '이윤생산적'인 활동으로는 볼 수 없다. 따라서 자본주의적 신용조건을 구비하지 못하고 있다. 따라서 이들에 대한 금융은 농공상 경영을 위한 생산적 산업적 금융이라고 해도 이른바 '생산적 신용'-'이윤생산적 신용'으로서의 색채를 현저히 결여하고 있으며 은행의 대부대상이 되지 않는다.

이렇게 생각하면 서민금융은 소비금융뿐 아니라 생산적, 산업적 금융 가운데 자본주의적, 이윤생산적 기업에 대한 것이 아닌 것도 포함하며 반대로 소비금융은 무엇이든 서민금융에 포함되느냐 하면 그렇지는 않다. 토지, 가옥 등의 부동산이라든가 유가증권 혹은 서화, 골동품 등의 동산이라든가 자산을 많이 소유하고 있는 사람은 전혀 생산적 활동을 하지 않고 있으며, 따라서 사치적, 소비적 필요에서 화폐를 차용하는 경우라고 해도 그 자산의 담보가치에 의거해서 은행으로부터 융통을 받을 수 있다. 그러므로 소비금융이 곧 서민금융은 아니다.

3) 서민금융은 농어촌금융과 다르다

농어촌금융은 도시금융에 대한 말이며 혹은 상공금융에 대한 농어업금융을 그 장소에 의해서 표현한 말이다. 자금은 대체로 도시로 집중하는 경향이 있고 또 근대적 금융기관도 도시로 집중하는 경향이 있다고 하면 농어촌금융은 분명히 하나의 중요한 특수금융을 형성함

은 말할 나위도 없다. 따라서 가능한 한 농어촌으로 자금의 환원을 도모하는 것, 토지의 자금화에 편의를 주는 것, 토지의 개량 획득과 같은 장기자금도 윤택하게 공급해주는 것 등이 농어촌금융의 중심적인 과제가 되며 그것을 위한 특수금융기관 또한 설립되어 있다. 그러나 이들 특수금융기관은 원칙적으로 토지담보금융의 기관이며 근소한 농토밖에 갖고 있지 못하는 소농·빈농에게는 원칙적으로 관계가 없는 금융기관이다. 서민금융은 도시와 농어촌에 걸치는 금융이지만 농어촌 서민금융은 농어촌금융과 반드시 동일한 것이 아니며 농어촌에서 '서민적' 근로농어민을 대상으로 하는 금융이다.

4) 서민금융의 특징

서민금융은 원칙적으로 무담보 또는 동산담보의 대부와 저리장기공급·할부상환을 특징으로 한다.

서민의 대부분은 충분한 담보나 물적 신용을 갖지 못한다. 그리고 또 일시에 많은 자금의 공급을 받아도 그것을 유용하게 이용하는 능력도 또 그것을 상환하는 경우에도 갚을 능력이 없다. 따라서 서민금융은 농산물이라든가 각종 제품 등의 동산을 담보로 하여 대출하든가, 또는 물적 신용 이외에 대인신용·대단체적인 신용에 의거하는 금융이 되지 않을 수 없다.

그리고 그 금융은 절차가 간이하며 소액의 자금을 비교적 장기저리로 공급하고 할부의 방법으로 그것을 상환시키는 금융이 되지 않을 수 없다.

따라서 서민금융은 그 자금조달에 있어 높은 이윤과 고도의 안정성을 추구하는 금융자본에만 의존하기 어려우며 상호금융 혹은 정책금융과 같은 특수한 자금조달방식을 원용하는 경우가 허다하다.

4. 맺는말

이상의 고찰을 요약하면 다음과 같다.

첫째로 서민은 일본의 〈국민금융공고법〉에서 말하는 국민대중과 농일한 개념이라고 할 수 있다. 즉 서민은 중류 이하의 중소상공농어업자, 자유직업자, 봉급생활자, 노동자, 영세민 등으로 구성되는 계층의 사람들을 말한다.

둘째로 서민금융은 그와 같은 서민에 대한 금융을 말한다. 그리고 서민금융은 일반서민금융, 봉급생활자금융, 농어촌서민금융, 중소상공업금융 등으로 구별될 수도 있다. 그러나 우리나라에서는 중소광공업금융을 전담하는 중소기업은행이 있으므로 중소광공업금융은 물론 서민금융이기는 하지만 중소기업은행의 융자대상기업체의 규모 이하인 소영세기업(국민은행법 제19조 1항 및 동 시행령 제20조의 49인 이하의 규모기업……)에 대한 금융이 국민은행이 전담할 서민금융이라고 할 수 있을 것이다.

셋째로 서민금융은 근대적 은행제도에 의해서 전혀 혜택을 못 받고 있는 서민에 대한 고리대자본의 압력을 배제함과 아울러 서민에 적정한 자금공급의 길을 터주는 것을 본질로 삼고 있다.

넷째로 서민금융은 생산금융이기도 하고 소비금융이기도 하다.

다섯째로 서민금융은 농어촌금융과 다르다. 농어촌금융은 도시금융에 짝하는 말이다. 물론 농협, 수협 등이 있다. 그러나 어디까지나 농어촌서민금융 즉 '서민적' 근로농어민에 대한 금융은 존재할 수 있다.

끝으로 서민금융은 원칙적으로 무담보 또는 동산담보의 대부와 저리장기공급·할부상환을 특징으로 한다.

《조사월보》(국민은행, 1971. 5)

증권시장이 걱정이다

　지금 증권시장이 야단이다. 금융실명제 실시를 보류했음에도 불구하고 주가가 계속해서 하락하니 더욱 걱정이다. 종합주가지수는 지난 4월 14일에 드디어 800.0선을 밑돌아 793.14로 되었다. 이것은 16개월 전인 1988년 11월 22일의 784.16과 거의 같은 수치이다. 그 당시만 해도 기복을 보이면서도 종합주가지수가 상승을 거듭했던 데 견주어서 작년 4월 1일을 고비로 하락을 계속해온 터라 이 사실은 더욱이 충격적으로 받아들여질 수밖에 없다. 종합주가지수는 작년 3월 31일 1003.31로서 1000.0선을 웃돈 뒤 4월 1일에는 1007.77이라는 최고치를 나타냈다.

　사실 작년 3, 4월에는 온통 세상이 주식열기로 뒤덮였다고 해도 과언이 아니었다. 만나는 사람마다 주식에 관한 이야기를 하지 않는 일이 거의 없었을 뿐 아니라 심지어는 버스나 전철에서 아낙네들이 하는 대화의 주 내용마저 그러했고, 농촌에 사는 사람들도 주식만 사면 일확천금하는 것 같은 착각에 빠져들고 있었던 것이 사실이다.

　나는 지금도 그 당시의 어느 날 버스에 올라타면서부터 내가 내릴 때까지, 큰 소리로 주식을 사면 곧 벼락부자가 되는 것 같이 떠들던

한 무리의 아낙네들을 떠올리곤 웃음을 금치 못한다. 그리고 '그들이 곧 깨닫고 더 이상 주식에 손을 안 대었으면 좋았겠는데' 하는 생각을 하기도 한다. 물론 그들의 얼굴을 기억할 리가 없다. 그러면 왜 그런 생각을 하느냐고 물을는지 모른다. 그 대답은 간단하다. 그 뒤에 일어난 일이 그들이 착각에 빠져 있었다는 것을 일깨워주었을 것이고 또 그들을 크게 실망시켰을 것임에 틀림없기 때문이다.

사실 1988년 11월 20일경에 주식을 산 사람이 작년 4월 1일에 그것을 팔았다면 주식당 약 29.0퍼센트의 이익을 본 데 반해서 거꾸로 그날 산 주식을 그동안 혹시나 하면서 갖고 있다가 지난 4월 10일경에 팔았다면 주식당 약 29.0퍼센트의 손해를 보았으리라는 계산이 나왔다.

원래가 주식을 사는 것은 그것을 발행한 기업의 소유주가 됨과 함께 배당금을 받을 권리를 보유하는 것을 의미한다. 따라서 배당금이 은행 등의 금융기관에 예금해서 받는 금리보다 높으면 그것으로 족하게 생각해야 하는데, 그렇지 않고 일종의 투기나 도박을 하는 기분으로 주식을 사다 보면 본의 아니게 큰 손해를 볼 수 있다. 기우이지만 앞에서 이야기한 아낙네들이 자칫 바로 이런 일을 저질렀을는지도 모르지 않는가.

그들을 이른바 선의의 제3자라고 한다면 이런 사람들을 보호하는 것이 정책 당국이 할 일이 아닐까. 그런 의미에서 정책 당국은 앞으로는 이런 사람들이 주식투자의 본래 의미를 제대로 이해하고 주식을 사도록 계도하는 노력을 하는 한편, 배당금이 금융기관의 금리보다 높도록 상장기업이 견실한 경영을 하는지 아닌지 감시하는 일을 게을리하지 말아야 할 것이다. 작년 말 현재로 주식투자자가 총인구의 13.9 퍼센트인 588만 명이나 된다는 사실을 감안할 때 더욱이 이 점은 강조되어야 하는 줄 안다.　　　　　　　　　　　　　　《생활성서》(1990. 5)

증시를 살리는 길

1989년 4월 초의 어느 날 낮에 한 무리의 아낙네들이 버스에 올라타면서부터 줄곧 주식에 관한 얘기를 했다. 주식을 사면 큰 벼락부자가 되는 것 같이 떠들던 그들의 얘기는 내가 차에서 내릴 때까지도 계속되었다. 나는 최근에 그때의 일을 새삼 떠올리곤 웃음을 금치 못한다. 그리고 '그들이 곧 깨닫고 더 이상 주식에 손을 안 대었으면 좋았겠는데' 하는 생각을 하기도 한다. 물론 그들의 얼굴을 기억할 수는 없다. 그런데도 내가 지금 새삼스럽게 그 아낙네들을 떠올리며 그런 생각을 하는 이유는 간단하다. 그 뒤에 일어난 일들은 그들이 착각에 빠져 있었다는 것을 일깨워주었을 것이고, 또 그들을 크게 실망시켰을 것이 틀림없기 때문이다.

사실 주가는 1989년 4월 1일(종합주가지수 1007.77)을 정점으로 하여 그 뒤 기복을 나타내면서 계속 하락했다. 따라서 1989년 4월 1일을 전후로 해서 주식을 산 사람은 다소를 불문하고 손해를 본 셈이다. 물론 그 뒤 증시부양을 위해서 1989년 12·12조치, 1990년의 5·5조치, 올해의 8·4조치 등이 취해져왔다. 그러나 그럼에도 올해 8월 4일에는 종합주가지수가 드디어 501.48로서 1989년 12월 29일의 502.74를 밑돌았

고 8월 21일에는 459.07까지 하락했다. 그리고 8월 18일을 전후해서는 '암담한 증시', '곤두박질 증시', '증시 붕괴위기' 등의 말까지 신문에 등장했다.

그런데 8월 24일에 새로운 증시부양조치인 '증시안정을 위한 종합대책'이 확정 발표되리라는 것을 예상, 8월 22일부터 주가는 반전하기 시작해서 급등세 내지 급상승세를 보였으며, 8월 31일에는 종합주가지수가 567.80이 됨으로써 10일 사이에 103.73포인트(22.6%)나 상승했다.

현재로서는 주가의 방향을 정확하게 예측하기는 어렵지만 8월 22일 이후의 주가동향을 보거나 주가의 앞날에 대해서 낙관론을 펴는 사람들의 자신감에 찬 주장을 보건대, 자칫하다가는 또다시 그 아낙네들과 같은 불이익을 입는 사람들이 대량으로 발생할 수도 있겠구나 하는 걱정이 앞선다. 그러니 자연히 3년 전의 일이 머리에 떠오를 수밖에 없다.

그런 의미에서 이번에는 1987년 이후의 일, 특히 1989년에 겪은 일이 재연되지 않도록 사전에 적절한 조치를 취해감으로써 그 아낙네들과 같은 이른바 '선의의 제3자'(소액투자자들)를 보호하며 주가의 안정적인 상승을 실현하도록 해야 할 것이다. 나아가 이번 기회에 주식시장을 기업의 자금조달기능을 행하는 자본시장 내지 증권시장의 중심으로 건실하게 육성해 나가도록 해야 한다. 그러기 위해서도 주가의 안정적인 상승은 반드시 필요하다고 할 수 있다.

그러므로 선의의 제3자들은 이번의 주식 급등세가 증시의 자생력에 기인하는 것이 아니고 어디까지나 기관투자가들의 주식매입 확대를 골자로 하는 8·24조치라는 정부의 인위적인 부양책에 기인한 것이라는 점과, 주가를 움직이는 기본 요인은 어디까지나 실물경기와 상장기업의 영업실적과 재무구조라는 점, 그리고 원래가 주식을 사는 것은

그것을 발행한 기업의 소유주가 됨과 함께 배당금을 받을 권리를 보유하는 것을 의미하며, 따라서 배당금이 은행 등의 금융기관에 예금해서 받는 금리보다 높으면 그것으로 족하다고 생각해야 한다는 점에 특별히 유의해야 한다.

그리고 정부나 정책 당국은 주식을 사는 사람들이 주식투자의 이러한 본래 의의를 제대로 이해하고 주식을 사도록 계도하는 한편 상장기업이 견실한 경영과 재무구조의 건전화를 위해서 얼마나 노력하고 있는지에 대한 감시를 게을리해서는 안 될 것이다. 또 기관투자가들은 이제까지 어떻게 보면 독자(獨自)의 투자전략이라든가 투자행위를 하기보다는 타율적으로 움직인 경향이 강했다고 할 수 있는데, 앞으로는 정보를 입수하고 전략을 짜내는 이른바 운영의 노하우를 축적해가야 할 것이다. 이것은 분명히 주식시장의 활성화를 위해 필요한 것이다.

어떻든 이번 기회에 주식시장에 대한 자의적인 조작으로 주가를 회복시키고 또 상승시키려는 시도는 한낱 미봉책에 지나지 않으며 중장기적으로 바람직하지 못하거나 무의미하다는 인식 아래 주식시장과 관련된 모든 주체가 자기 역할이 무엇인지를 분명히 인식함으로써 주식시장, 나아가 자본시장이 기업의 자금조달 기능을 할 수 있게 되었으면 한다.

《서울경제신문》(1992. 9. 6)

소비구조의 변화와 유통경제

경제는 기본적으로 생산 유통, 그리고 소비의 3면이 조화되어야 균형적인 발전을 할 수 있다. 근년 우리 경제는 기계화와 기술혁신에 힘입어 생산시설이 근대화되고 양산화되었으며 소비생활 또한 소득의 증가와 생활개선으로 고도화되고 다양화되어가고 있다. 그러나 이를 연결지을 유통부문만은 여전히 구태의연하다. 유통부문의 낙후는 생산과 소비의 원활한 순환을 저해할 뿐만 아니라 소비자물가를 올리는 직접적인 요인으로도 작용하는 등 많은 사회문제까지 일으키고 있다. 드러커(P. F. Drucker)는 '유통은 경제의 암흑대륙'이라고 말한 바 있지만 우리나라의 유통부문은 그야말로 암흑대륙과도 같이 그 실태가 불명하여 근대화시책의 방향조차도 잡을 수 없는 실정이었다.

이와 같은 점에서 볼 때 유통의 근대화는 우리 경제가 해결해야 할 중요한 과제 중의 하나가 아닐 수 없다. 본사가 협찬하고 있는 한국경제연구센터(대한상공회의소 부설)에서는 '소비구조의 변화와 유통경제'라는 과제를 가지고 그간 수개월간의 연구기간을 거쳐 '심포지엄'을 열었다. 여기 유통부문의 근대화를 저해하는 요인은 무엇이며 근대화를 충족하기 위한 최선의 방향은 무엇인지 이날 발표된 요지와 각계의 코멘트를 간추려본다. ―편집자

본 과제의 연구목적은 근년의 경제성장 과정에서 소비구조와 생산구조의 변화가 뚜렷하게 나타나고 있지만 이 양자를 연결하는 유통구조의 근대화가 지체됨으로써 그것이 경제성장의 한 애로요인으로 되고 있는 사실을 밝히고 유통근대화의 방향을 모색하려는 데 있다.

소비구조와 생산구조의 변화에 유통구조가 적응하지 못하고 있는 사실을 고찰하며 유통경로, 유통기관, 유통마진, 물적유통활동 및 유통조성활동의 여러 측면에서 유통활동의 현황을 검토하고 문제점을 도출함으로써 유통부문의 후진성과 그 근대화의 필요성을 밝힌 뒤 유통근대화의 기본방향과 유통활동의 개선방향을 제시하려는 것이다.

먼저 소비구조 및 패턴의 변화를 보면 최근 수년간 민간소비지출의 규모가 점차 확대되고 있는 과정에서 음식물비, 주거비, 의복비 등과 같은 기초적 지출의 비중이 크게 감소하거나 안정되고 있는 것과 달리 교통통신비, 유흥오락비 등과 같은 수의적 지출의 비중이 증대되는 구조적 변화를 보이고 있다.

경제가 발전하고 서유럽화로의 진전과정에서 엥겔계수가 낮아지고 있는 것과 달리 문화비, 잡비의 비중이 증가하여 소비구조가 고도화되고 있음을 뜻한다.

도시가계 및 농촌가계의 소비구조 변화는 농촌가계가 음식물비의 비중이 높고 주거비는 낮으며 잡비의 비중은 비슷하나 농촌가계의 잡비는 교제·증여·관혼상제비가 과반을 차지하는 데 반하여 도시가계에서는 교육·미용위생·교통통신비의 비중이 높다.

소비지출구조가 생활수준의 향상을 반영하는 방향으로 변화하고 있으나 도시가계가 농촌가계보다 급속한 변화를 보이고 있다.

생산패턴의 변화는 생산재의 생산수준이 소비재보다 갑자기 상승하고 있고 생산재 중에서는 원재료와 건설자재보다 자본재가, 소비재 중

에서는 비내구재보다 내구재가 더욱 급속한 생산확대를 보이고 있고 섬유류, 전기기기류, 수송용기계류 등의 생산품목이 다양화해지고 고도화되어가는 경향을 발견할 수 있다.

유통구조의 변화와 현상을 보면 유통부문의 비중이 부가가치 및 취업자구성에서 증대되고 있다. 유통부문 자체 내에서는 상거래 유통부문의 비중이 물적유통부문보다 압도적으로 크나 부가가치 성장률은 후자가 전자보다 높다.

유통활동의 현황과 문제점을 보면 유통경로가 길고 다단계여서 불완전취업의 온상이 되고 유통마진의 확대가 불가피하며 유통체계의 혼란과 상품가치의 조작이 용이하고 중소기업에서 생산되는 경쟁제품의 유통경로에서는 중간상인의 지배력이 절대적이어서 생산자본까지도 지배하는 경우가 허다하다.

그리고 유통기관은 종업원 수, 자본구성, 점포면적, 운영비, 자산규모 등의 여러 측면에서 규모의 영세성을 벗어나지 못하고 있으며 유통기관 상호 간 기능상의 분화가 이루어지지 않고 효율적인 유통기능에 필요한 물적유통시설을 갖추지 못하고 있는 것이 일반적이며 시장조사업이나 신용조사업과 같은 상거래촉진기관이 발달되어 있지 않고 일반대중을 대상으로 하는 전근대적 형태의 유통기관과 고소득층의 과시소비에 영합하는 근대적 형태의 유통기관이 격심한 2중구조를 이루고 있다.

유통마진과 가격형성 면을 보더라도 유통경로가 길고 다단계이며 여기에 기식하는 불완전취업이 많으므로 유통마진이 크고 품목에 따라 유통마진의 격차가 심하고 변화추세도 불규칙하고 유통단계별 유통마진의 크기도 품목이나 유통마진의 경로에 따라 차이가 있으며 유통비의 구성을 보면 물적유통비용의 부담이 증대되는 경향이 있다. 또

한 유통마진의 확대를 위한 가격조작의 사례가 허다하다.

이상에서 지적한 바와 같이 우리나라의 유통부문은 유통경로, 유통기관, 유통마진, 물적유통활동, 유통조성활동의 여러 측면에서 후진성을 탈피하지 못하고 있으며 이러한 유통활동의 낙후와 비효율은 생산부문의 확대와 공업화의 전진에 대한 애로요인이 되고 있고, 소비수준의 상승이나 소비구조의 고도화에 적응하지 못하는 유통활동을 압박하고 있다.

소비구조는 앞으로 실질적인 소비수준의 상승에 따라, 한편으로는 내구소비재나 오락 등과 같은 선택적 소비의 비율이 증가하고 따라서 소비수요의 다양화가 초래될 것이며, 다른 한편으로는 교통통신비와 교육비 등과 같은 사회적·공공적 소비지출의 비율이 증대될 것이다.

더욱이 소비수요의 다양화 과정에서 유통부문이 현재와 같은 후진성을 탈피하지 못하면 소비수요를 오도하고 소비자후생을 저해할 가능성이 크므로 소비자 조직화를 추진할 필요가 있다.

한편 공업화의 추진에 따라 생산구조의 고도화와 생산수준의 제고가 계속될 것이다.

그러나 이에는 생산물의 분배기능이 강화되도록 유통부문의 생산성 상승이 뒤따라야 한다. 그리고 경제개발계획의 추진, 지역개발의 추진, 소비자의식의 향상은 유통의 근대화를 촉진할 것이다. 그런데 자칫 잘못한다면 그것은 도리어 유통부문의 이중구조를 초래하거나 심화시킬 가능성이 많다고 본다. 따라서 유통근대화를 추진하는 데 이 점에 특별히 유의하여 적절한 대책을 강구하여야 할 것이다.

이제 유통활동의 개선방향과 유통근대화방안에 대해서 살펴보겠다.

첫째, 유통경로의 개선에 있어서는 길고 복잡한 유통경로의 종적, 횡적인 결합을 도모하여야 한다. 유통경로의 종적 결합은 생산지를 시

발점으로 하여 유통경로를 계열화하는 것을 의미하며 횡적 결합은 유통기관을 중심으로 유통경로를 거대화하는 것을 의미한다.

둘째, 유통기관의 개선방향은 도매상의 기능을 강화하고 소매상과 기능의 분화를 노모하여야 한다. 이를 위하여는 도시근교에 종합도매센터를 설치하여 도매단계에서의 물적유통을 여기에 집중시킴으로써 도매상에서 상품분화를 실현하는 동시에 소매상과 기능을 분화시킬 필요가 있다.

그리고 소매상의 대형화와 전문화를 도모해야 한다. 즉 염가로 양산되는 대중소비품목의 취급기관을 대형화하여 대량공급, 품질보증, 유통비 절감을 실현하는 한편, 대형화가 불가능한 유통기관은 기술적 특수품목을 취급하는 전문점으로 전환시켜야 한다. 또한 유통기관이 과학적 경영관리방식을 도입하도록 행정지도를 강화하여야 할 것이다.

셋째, 유통마진의 축소문제에서는 유통경로의 통합이나 유통기관의 생산성 향상이 유통마진의 축소를 통하여 소비자 이익의 증대를 가져오도록 하는 제도적인 기반이 확립되어야 한다. 공정거래제도, 상품의 규격화 및 품질표시, 정찰제 등의 확립이 그것이다.

물론 유통경로나 유통기관의 개선 없이도 유통마진이 축소될 여지는 있는 것이다. 즉 동일품목이라 할지라도 시장에 따라 혹은 금액에 따라 상이한 가격이 형성되며 또 계절적으로 가격의 변동이 심한 것 등은 주로 유통과정에서 조작에 기인한 것이다.

상품의 규격화, 품질표시, 정찰제 그리고 계절상품의 적절한 수급대책 등에 따라 유통마진의 시간적·장소적 평준화를 도모함으로써 유통마진의 축소가 가능한 것이다. 또한 회원제도에 입각한 소비자조합의 육성을 검토할 필요가 있다고 본다.

넷째, 물적유통활동의 개선문제에서는 유통기관이 생산과 소비를

원활하게 연결하기 위하여는 효율적인 물적유통활동과 유기적으로 결합되어야 하며 이는 한편으로 사회적 물적유통시설의 확충과 다른 한편으로 개별적인 유통기관의 적절한 물적유통시설의 확보를 의미한다.

사회적 물적유통활동의 확충은 ① 절대적 수송능력의 확대, 물자의 형태 및 특성에 적합한 전용수송시설의 확충, 고속수송체계의 확립, 컨테이너 수송방식의 도입 등에 의한 수송활동의 강화 ② 수하역 방식을 탈피하고 포크·리프트, 팔레트 등 장비에 의한 하역방식의 도입과 그에 따른 하역능률의 향상 ③ 보통창고의 절대량 증가와 저온창고·냉장창고 및 유통창고 등 특수창고의 도입에 의한 보관활동의 강화를 내용으로 한다.

그러나 이와 병행하여 물적유통수요의 측면에 관하여도 ① 차등과금 내지 편의과금 등에 의한 물적유통의 시간적 평준화 ② 정보유통의 원활화와 상품의 표준화에 의한 물적유통의 단축과 거래단위의 대단위화에 의한 물적 유통의 대량화 ③ 상품의 규격화와 포장의 표준화 및 경량화 등에 의한 물적유통의 표준화 등이 도모되어야 한다.

다섯째, 유통조성활동의 강화.

유통근대화를 위해서는 우선 유통업에 대한 금융이 강화되어야 한다. ① 유통기관의 대형화에 필요한 장기저리의 시설자금 융자 ② 민간기업의 물적유통시설 투자에 필요한 시설자금의 지원 ③ 소비자조합의 운영에 필요한 운전자금의 지원 등은 정책금융의 일환으로 취급되어야 할 것이다.

다음에 세제 면에서도 ① 인정과세제도의 점진적인 폐지를 위한 단계적 노력 ② 소비자조합의 육성을 위한 조세유인의 부여 ③ 물적유통시설 투자에 대한 가속상각(加速償却) 인정 등과 같은 노력이 있어야 한다.

끝으로 유통활동, 특히 상거래활동에 관한 기본적인 통계조사가 강화되어야 한다.

《서울경제신문》(1969. 12. 24)

문화적, 사회적 소비 증대

소득증대에 힘입어
소득 중 소비율 저하

우리가 경제개발계획을 수립하고 공장을 세우며 도로를 닦고 발전소를 건설하는 것도 궁극적으로는 더 풍족한 소비생활을 누리기 위한 것이다.

그러나 풍족한 소비생활을 조속히 실현하고자 하면 할수록 생산적인 투자를 늘려야 하고, 그러기 위해서는 저축을 늘리고 소비를 줄일 것이 요청된다. 사실 우리나라에서는 소득수준에 비하여 지나치게 높은 소비수준이 항상 문제되어 왔다. 소득수준(혹은 그 변화)과 소비수준(혹은 그 변화) 간의 상대적 관계는 흔히 소비성향(혹은 한계소비성향)에 의하여 표시되는데, 우리나라의 소비성향(및 한계소비성향)은 1953~68년간에 평균 93.8퍼센트(및 93.3%)의 높은 수준을 보이고 있으며, 1962년까지는 소비성향이 98.5퍼센트에 이르기까지 매년 상승되어 오다가(한계 소비성향은 1을 상회) 1963년 이후에 비로소 저하되기 시작하여 1968년에는 86.7퍼센트(및 78.9%)로 하락하였다.

쿠즈네츠(S. Kuznets)에 따르면, 선진국군과 후진국군의 소비성향은 각각 76~80과 80~87퍼센트의 수준이라고 하는데, 이로써 우리나라는 후진국 중에서도 소비성향이 매우 높은 편임을 알 수 있다.

그러나 근년에 이르러 이러한 성향이 급격히 낮아지고 있다는 것은 매우 바람직한 현상이며, 이러한 추세를 지속시키고 그것을 더욱 가속화하는 것이 바로 경제개발계획을 성공시키는 핵심이라 할 것이다.

정부의 계획에 따르면, 1인당 소득수준이 1968년의 139.9달러에서 1976년에는 372.6달러로 상승함에 따라 소비성향은 78퍼센트 수준으로 낮아질 것으로 보고 있다.

물론 소득수준의 상승에 따라 소비성향 및 한계소비성향이 낮아진다는 것은 경험법칙으로 정립되고 있지만, 우리에게는 이러한 경험법칙의 작용만으로 위와 같은 계획이 쉽게 실현되리라고 기대하기 어려운 몇 가지 요인이 있다.

고소득층의 전시효과로
급속한 저하는 어려워

첫째, 우리나라 경제는 대외적으로 선진국들로부터 강력한 전시효과에 노출되어 있어 소득수준의 상승은 비례적으로 소비지출 증가를 초래할 가능성이 크다는 점이다.

둘째로 대내적으로는 소득격차의 확대에 따라 고소득층으로부터 전시효과가 강력하게 작용하여 전체적 소비수준을 끊임없이 제고하고 있다는 점.

셋째로 실질적인 물가안정이 실현되지 않고 있는 현실에서 부동산투자나 사금융 등과 같이 생산적 효과가 적은 매우 제한된 대상을 제

외하면 저축증대의 경제적 유인이 거의 존재하지 않는다는 점 등이
그것이다.

더욱이 영국과 이태리는 1860년대로부터 1950년대에 이르기까지
약 1세기 동안 각각 3.8 및 11.3퍼센트, 미국은 1930~50년대까지 20여
년 동안 5.7퍼센트, 그리고 일본은 1900년대부터 1950년대까지 50여
년 동안 16.7퍼센트포인트의 소비성향 감소를 가져왔을 뿐이다.

물론 경제발전 단계나 경제적 여건 그리고 정책적 작용의 차이 등
을 감안하면 우리나라의 소비성향은 이들보다 더 급속한 추세로 낮아
질 수 있겠지만, 1970년대 후반에 들어서기까지 겨우 5년여 동안 무려
8.7퍼센트포인트의 하락을 실현한다는 것은 그렇게 쉬운 일이 아닐 것
같다.

소비구조 고도화
문화비적 잡비 증대

소득수준의 상승은 소비수준을 변화시킬 뿐만 아니라, 소비지출의
내용도 크게 변화시켜 이른바 소비구조의 고도화를 수반하는 것으로
알려지고 있다.

우리나라의 경우에도 민간소비지출의 구성을 보면 이러한 소비구조
고도화의 추세를 발견할 수 있다. 즉 1953~68년간의 민간소비지출총
액 중 주거비와 피복비의 비중은 각각 8 및 11퍼센트 안팎의 수준에서
기복을 나타내고 있고, 광열비는 1963년까지 급격히 증대되다가 그 뒤
에는 4퍼센트 수준으로 낮아지고 있지만, 음식물비의 비중은 1953년
의 67.6으로부터 1968년의 56.1퍼센트로 매년 현저히 낮아지는 것과는
달리, 의식주 등 기본적인 생활을 위한 지출이 아니라는 의미에서 문

화비적 성격이 강한 잡비는 그 지출비중이 1951년의 12.1에서 1958년의 21.8퍼센트로 해마다 크게 증대되고 있는 것이다.

뿐만 아니라 음식물비의 내용에 있어서도 주식비가 60퍼센트를 점하고, 부식비와 기호식품비는 각각 33과 10퍼센트 정도에 지나지 않는다는 사실에서 소비구조의 전근대성은 다시 확인되는 것이다. 이러한 후진적인 소비구조가 1970년대 후반에는 상당히 고도화되리라는 것은 지금까지의 변화추세나 선진국들의 경험적 사실에서 짐작할 수 있지만, 소득수준의 상승에 따른 소비수준의 상승을 정책적으로 당분간 견제하여야 할 우리나라에서는 소비구조의 고도화도 그만큼 제약받지 않을 수 없을 것이다.

그러나 지금까지 적극적인 전화사업과 광물성연료의 보급 과정에서 크게 증대되어온 광열비의 비중이 점차 낮아지고, 자가소유율의 상승과 주생활의 고급화에 따라 주거비의 비중이 종래와는 달리 확대될 것이며, 그보다는 완만하겠지만 1962년경부터 화학섬유의 보급으로 낮아지는 경향을 보인 피복비의 지출비중이 앞으로는 의류 및 장신구의 다양화와 고급화로 높아지는 방향으로 전환될 것이다.

지역 · 계층 간 격차 심화
소득정책이 좌우

위와 같은 소비구조의 변화 과정에서 우리는 두 가지 내용의 주요한 소비패턴의 변화를 전망할 수 있겠다.

그 하나는 내구성소비재나 오락 등의 지출과 같은 이른바 선택적 소비의 비율이 한층 증가할 것이라는 점이다.

이는 소비수요의 다양화를 의미하는 것인데, 이에 따라 공급되는 상

품이나 서비스의 내용도 풍부하게 되어 소비자의 선택여지를 넓히겠지만, 반면에 공급측이 광고활동 등으로 소비자 수요를 오도할 가능성도 다분히 있다.

따라서 소비자의식의 향상이나 소비자 조직화의 필요성이 인정되고, 기업 측에서도 기업이념의 확립이 더욱 중요한 과제로 될 것이다.

다른 하나의 변화는 교통통신비와 교육비 등과 같은 사회적·공공적 재화나 서비스에 대한 지출이라는 형태로 이른바 사회적 소비의 비율이 증대할 것이라는 점이다. 그것은 공공투자의 사회적 중요성을 증대시키고, 또한 공공사업의 효율화를 중대한 정책과제의 하나로 등장시킬 것이다.

선택적 소비지출이나 사회적 소비지출의 비율이 증가함으로써 소비생활이 다양성을 띠고 편의성을 찾아가는 위와 같은 소비패턴의 변화는 특히 도시가계 내지 도시생활에서 두드러지게 나타날 것이다.

사실 농촌가계는 그 소비구조가 낙후되어 있고 그 개선 추세도 완만한 것이었다.

따라서 현재로서는 도시가계와 농촌가계의 소비수준의 격차 및 소비구조의 차이가 축소되고 해소되리라는 전망은 좀처럼 서지 않는 것 같다.

그뿐 아니다. 앞으로 효율적인 산업정책과 더불어 적극적인 소득정책이 경제개발정책의 일환으로 채택되지 않는 한, 소비수준 및 소비구조의 지역적인 격차뿐 아니라, 소득계층 간의 격차도 그 확대적인 운동을 중단하리라고 기대하기가 어려운 것으로 보인다.

《현대경영》(한국능률협회, 1969. 11)

소비패턴의 혁명

: 생활태도의 개선을 위하여[*]

지금까지의 소비패턴

변형윤 바쁘실 텐데 이렇게 나와 주셔서 감사합니다. 오늘 주어진 제목은 '소비패턴의 혁명'이란 것인데, 이 소비패턴의 혁명이란 얘기는 곧 소비패턴의 개선이란 뜻으로 가볍게 받아들여서 주어진 시간 내에서 여러 가지 얘기를 했으면 좋겠습니다.

그러면 우리나라의 그간의 소비패턴은 어떠했는가? 그것을 현 선생님께서 한번 말씀해 주시죠.

현기순 저는 전문가가 아니니까 수치적인 것은 말씀드릴 수 없습니다만, 우선 제가 살아온 동안만이라도 50년의 세월인데 가정에서도 소비생활의 중심체가 남자에게서 여성 주부에게로 넘어온 것 같습니다. 또 그 소비패턴이 예전에는 실생활에 한계를 두고 식생활과 깊은 연관 위에 극히 소분야에 있어서 문화·문명의 발달에 따라서, 또 사회과

---

[*] 이 글은 변형윤 교수(당시 서울대 상대학장)가 여성저축생활중앙회 회장 현기순 씨와 나눈 대담(1972. 1. 10)을 김영숙 씨가 정리한 것이다.

학의 발달에 따라서 넓어지고 깊어졌다고 볼 수 있습니다. 해방 후 그때만 하더라도 돈을 가지고서도 물건이 없어 살 수가 없었는데 지금은 돈을 갖지 않고서도 얼마든지 물건을 살 수 있는 시대가 왔다고 봅니다. 그러니까 그 변화라는 것은 우리가 수치적이라든지 또 어떤 무엇으로 말할 수 없더라도 그 소비패턴의 형태가 굉장한 변화를 가져왔다고 생각을 합니다.

거기에 대해서 소비자 자신으로서도 그 변화된 과정을 인식하고 또 이것을 어떻게 소비생활에 계획성을 가지고, 적절화시키느냐 하는 정신자세가 또한 필요하다고 보겠습니다. 돈을 가지고 자기가 한 물건을 구입하는 데 그 필요성이나 효용을 비교·대조하고 또 그것이 어떠한 비중을 차지하고 있는가를 판단해야 할 것이라고 생각합니다. 즉 무계획적인 소비패턴이 우리의 소비생활에 적용되어서는 안 된다고 봅니다. 남이 사니까 나도 산다는 식의, 다시 말해서 자신도 모르는 사이에 유행을 따라서 남의 권유에 의해서 물건을 산다는 식의 계획성 없는 소비패턴은, 당연히 우리 주위에서 없어져야 하리라 믿습니다.

변형윤 네. 이제 선생님께서 말씀하신 것을 그대로 받으면 이제까지는 돈이 있어도 못 사는 그런 시대였는데 돈이 없어도 월부로 살 수 있는 시대로 바뀌었다는 말씀인 것 같습니다. 그것이 언제서부터냐 하면 1960년대에 들어와서가 아닌가 합니다.

그런데 그런 월부로서 살 수 있게 된 것은 좋지만 지금 말씀하신 대로 그 분수란 것을 자칫하면 잊어먹기가 쉽고 자기 수입에서 소비한 나머지는 저축을 하려고 하다 보면 이미 그런 여력이 없어지게 되는 것입니다.

또 한 가지 유행이라고 말씀하셨는데 유행을 좇는다는 것은 여성도 문제가 되겠지만 남성도 민감한 것 같아요. 텔레비전이다 그 밖에 신

문이다 라디오다 하는 매스컴을 통해 유행을 느끼고 또 패션쇼를 통한 유행 등 한국의 경우는 이른바 저개발국에서 볼 수 있는 현상인데, 수입대체산업 육성이란 것이 있지 않습니까?

이 수입대체산업의 육성은 국내에서 수입을 억제하기 위하여 이루어지는데 비스코스, 나일론 등을 생산하는 공장의 설립이 바로 그 예입니다.

매스컴이나 패션쇼를 통해서 눈으로 봐도 실제로 그것을 국내에서 입수할 수 없으면 상당히 억제를 할 수 있겠는데 오히려 매스컴, 패션쇼 등을 통해 자극을 많이 주고 그 자극을 뒷받침해 주는 그런 수입대체산업들이 많이 늘어나고 있습니다.

개선이 시급한 소비패턴

변형윤 결국 한마디로 말해서 저축할 수 있는 여력이 적어졌다는 데서 소비패턴이 개선되어야 할 이유를 찾고 있는 것 같습니다. 그러면 특별히 꼬집어서 그 이유를 몇 가지 말씀해 주십시오.

현기순 네. 소비패턴을 개선해야 되겠다 하는 것은 우리가 해방과 더불어 자유라는 말이 우리들의 소비생활에서 가장 큰 차이가 된 것 같은 느낌을 갖게 됩니다. 동시에 우리나라 사람들이 나 자신의 물적 만족감을 먼저 갖게 되는 이런 생활태도가 된 것 같아요. 그래서 국가의 국민경제와는 관련 없이 우선 나 자신의 물질만족감을 가져야 되겠다 하는 것이 우리들의 정신생활을 압도적으로 지배하는 것 같아서 돈 위주, 물품 위주의 형태로 변형해 가는데, 여기서 분수라는 것의 말을 저는 이렇게 생각하고 싶습니다.

예를 들어서 우리가 한 달에 10만 원을 번다고 해서 그에 합당한

소비패턴을 가져야 옳다고 보아서는 안 된다고 생각해요. 우리는 전체 국민의 GNP가 얼마니까 그에 합당한 것을 우리 국민이 전체적으로 해 나가도록 하는 그런 노력이 필요하다고 생각합니다. 다시 말하면 자기가 현재 돈이 있다고 해서 '도둑촌'이라는 크나큰 집에 에스컬레이터를 놓고 산다는 것은 그 사람이 그만한 능력이 있으니까 한 것이지만, 우리 국민 전체로 보았을 때는 그것이 상당히 좋지 않은 영향을 끼친다고 봅니다. 주택의 사치란, 자기 하나만을 중심으로 생각했지 국민경제 입장에서 보았을 때 국민 전체가 어느 방향으로 어느 선까지 절제를 해 나가야 되겠느냐는 것은 생각하지 못했다고 봅니다. 가정경제와 국가경제의 연관성이라든지 국민 전체의 평균GNP 또는 우리나라의 경제정책 방향이 어떠한 것인가를 도외시한 소비패턴에 불과하며 나 개인이나 국가이익을 위해서 어떠한 저축을 한다든가 하는 생각은 전혀 없는 것 같아요.

현재 대부분의 사람들이 물가지수의 상승으로 인한 적자가계로서 상당히 무언가 불안정한 상태에서 생활하고 있는 것이 사실입니다. 그 원인은 물론 물가상승에 따르는 수입의 증가가 뒷받침이 안 되었다고 하는 점도 있겠지만 그보다는 시대에 알맞은 소비패턴을 주부를 비롯해서 가족 전체가 생각을 못했다고 저는 봅니다.

내가 어려서 공부할 때만 해도 연필 조그마한 것을 깎아서 쓰는 것을 자랑으로 삼았는데 지금의 아이들은 볼펜을 쓰다가 그냥 팽개치는 것이 하나의 습성처럼 되었습니다. 소비하는 것의 즐거움이 한쪽은 아껴 쓰는 즐거움이고 한쪽은 낭비하는 습성을 즐거움으로 느끼고 있는데…… 이것이 어디서 왔느냐하면 매스컴에서 영향을 받았다고 봅니다. 그 매스컴을 통한 영향이 별안간 국민 전체에 좋지 않은 영향을 주는 경향이 많고, 한마디로 말해서 무계획적인 겉치레가 국가나 개인

에게 손해를 끼쳤다고 봅니다. 그러니까 소비생활에 신중을 기하는 태도, 또 저축을 할 줄 아는 검소한 생활을 할 수 있는 정신적 자세가 특히 필요하다고 봅니다.

가령 예를 들면 왕자가 다니는 영국의 귀족학교에 가보면 아이들이 다 헤어진 너덜너덜한 옷을 입고 다니는데 그것은 우리 몇 대 조상이 입던 옷이라 하는 식의 긍지를 하나의 자랑으로 삼고 있습니다. 우리나라에서는 아마 이처럼 해진 옷을 입는 아이는 극히 드물 것입니다.

그러면 이것은 무엇을 말하는 것이냐 하면 매스컴을 통한 민감한 유행의 자극 때문에 하나의 사치 풍조의 정신상태가 머릿속에 깊이 박혀 있다는 것입니다. 다시 말해서 소비생활인지 사치생활인지 구별 못하는 이러한 소비패턴은 당연히 개선되어야 한다고 봅니다.

변형윤 물론 개선되어야 하겠지요. 우리들이 생활을 위한 소비인지, 향락하는 소비인지, 사치하는 소비인지 모를 생활을 하다 보니 저축을 할 여유도 없어졌고 부채도 많아지고…… 그러므로 해서 우리가 어떤 계획을 세우는 데 큰 차질을 가져오게 됩니다.

경제학을 하는 사람의 입장에서 볼 때 저축의 여력이 생기려고 하면 소비패턴을 고침으로써 소비하는 부분이 또 그 액수가 적어진다는 점에서 소비패턴의 개선이 필요하다고 하겠습니다.

물론 점차적으로 소비수준이 상승함에 따라 소비패턴이 따라서 변화하면, 문제는, 소득은 전반적으로 늘지 않는데 다수의 국민이 그것을 생각지 않고 지나친 소비생활을 하는 데 기인하는 것 같습니다. 그런 경우에는 저축은 불가능하게 됩니다.

따라서 경제학적 입장에서 볼 때 저축은 두 가지로 나뉩니다. 국내저축과 해외저축으로 나뉩니다. 그런데 국내에서 과도하게 소비가 행해지기 때문에 계획된 저축이 이루어지지 않으면 계획된 투자를 위해

부족분을 외채(해외저축)에 의존하게 되지요. 외채는 원금 외에 이자를 붙여서 상환해야 하므로 외채에 의존하면 의존할수록 이자의 증액으로 인한 국민경제의 부담이 가중하는 것은 사실입니다.

그러므로 일반국민의 평균 소득수준을 고려치 않은 소비패턴은 개선되어야 하리라고 봅니다.

소비억제와 저축생활

변형윤 이제까지 소비패턴이 개선되어야 하는 이유를 얘기했는데 그러면 그러한 개선이 어떠한 방법으로 이루어져야 하는가에 대해서 몇 말씀해 주시죠.

현기순 네. 우선 저희 여성의 입장에서 볼 때에 저는 이렇게 말하고 싶습니다.

금년에는 저축을 위해 가계부를 적고 15퍼센트는 저축을 하되, 나머지 돈으로 생활하다 모자라면 이를 메우는 한이 있어도 우선 하고 보자는 것이고, 가족구성과 가족이 원하는 방향으로 쓸 수 있는 저축(교육, 월동)을 한다든지 그 목적이 뚜렷해야 한다고 봅니다. 우리 가정에서 가장 가계부가 팽창하는 것이 11, 12월이고 1, 2, 3, 4, 5, 6월에 가장 생활비가 적게 드는데 이럴 때에 조금이라도 저축을 하는 것이 좋지 않을까요?

수입별로 보아 4그룹을 대상으로 조사해 보았는데, 첫째 1그룹은 월수 3만 원 이상, 2그룹은 3~5만 원 이상, 3그룹 월수는 5~10만 원, 4그룹 월수는 10만 원 이상으로 하고, 그 지출을 분석한 결과,

　　4그룹—특정비목에 주의했으면 좋겠다(주거비, 교육비 등의 과잉지출을 피해야 한다).

3그룹―우리나라의 중견 및 지도층으로 4그룹과 동일하게 생활이 윤택해야 할 그룹인데도 경조비의 과잉지출로 제일 못사는 그룹이 되었으며, 소비패턴을 다시 반성해야 할 것이다.

2그룹―비교적 여유 있는 생활을 하고 있고,

1그룹―저소득층이므로 식생활에 치중한다는 것을 알았습니다.

첫째, 현금을 갖고 다니지 말라는 것입니다. 돈을 가지고 있으면 자연히 소비하는 데 쓰게 되는 경우가 많기 때문에 되도록이면 돈을 가지고 다니지 않는 것이 좋겠고,

둘째, 쇼핑할 때에는 쇼핑 리스트를 작성해라.

우선 쇼핑을 하고자 할 때에는 자기가 무엇이 필요하고, 자기의 예산에 맞는 쇼핑을 할 수 있도록 세밀한 계획을 세워서 리스트를 작성한 뒤에 물건을 사도록 하자는 것이고,

셋째, 월부를 피하고 현찰로 사자.

우선 돈을 안 주고 산다고 해서 월부로 사면 그 당시에는 부담이 없어 좋지만 나중에 이자가 가산되어야 하는 것이니까 부담이 결국 많아지는 것이고 현찰로 사면 그러한 이자가 붙지 않기 때문에 월부보다도 싼 물건을 사는 것이니까 되도록 이러한 방법을 쓰자는 것이고,

넷째, 분수에 맞는 현금지출을 하자.

남이 하니까 나도 한다는 식의 현금지출을 삼가야 되는 것이 자기의 수입에 맞추어 합당한 액의 경조비를 지출하는 것이 분수에 맞는 현금지출이라고 봅니다.

다섯째, 소비를 위한 수입증가는 피해야 한다.

수입은 적은데 너무 소비가 심하다고 하면 그것은 결국 수입과 지출의 대차대조표(balance sheet)가 맞지 않는다는 얘기이고 보면 적자생활을 면치 못한다는 결론밖에 나오지 않으니, 이렇다면 안정된 가계부

를 유지하지 못하게 되는 것이니까 되도록 주의하는 것이 좋을 것 같습니다.

대개 이러한 다섯 가지의 유의점만 잊지 않고 소비생활을 한다면 소비패턴은 저절로 개선되지 않을까 생각됩니다.

균형성장의 접근(approach)으로

변형윤 여러 가지 좋은 말씀 많이 해주셨는데 우선 수입 중에서 저축을 하고 나머지를 가지고 생활을 하자고 나도 말하고 싶습니다. 일본만 하더라도 나쁜 점도 있고 좋은 점도 있겠으나 오늘날에 와서 경제적으로 세계강대국이 된 것은 사실인데 그 사람들은 봉급생활을 하는 사람도 자기 수입의 몇 퍼센트는 우선 저축을 하고 나머지를 가지고 생활한다고 합니다. 국민 각자가 다 같이 이처럼 노력한 결과가 오늘날의 일본을 만든 것이라고 볼 때 우리도 우선 그런 것을 생각하는 것이 좋지 않겠느냐고 생각합니다. 그렇다면 그러한 요인을 가능케 하는 백그라운드, 즉 환경이 조성되어야 한다고 봅니다. 우리나라에서는 인플레의 영향을 크게 받아 왔다고 봅니다. 그러기에 애써 저축을 해도 별 효과를 느끼지 못하고 하루살이 인생과 같은 식의 생활풍조 속에서 사는 것이 사실입니다. 소비패턴의 개선방법에 있어서 말하고 싶은 것은 우선 국민각자가

첫째, 매스컴의 영향을 받아도 거기에 따르지 말고 저축하는 정신을 기르자는 것이 한 가지이고.

둘째, 패션쇼계 인사들은 오늘 아침 파리 등에서 유행한 것을 오늘 저녁에 우리에게 빨리 보급시켜야 한다는 식의 생각은 되도록 삼가해 주었으면 좋겠고.

셋째, 수입대체산업 육성이라고 해서 아무거나 하지 말고 지나치게 소비성향을 높이는 산업의 육성을 정부에서도 삼가해 주어야 하겠고.

넷째, 저축에 있어서는 개인저축과 국민 전체의 저축이 있는데 개인저축이라 하면 대개 패물을 산다든지 쌀을 사 놓는다든지 하는 것이 보통인데, 개인적으로 볼 때에는 이것이 저축의 형태가 되겠지만 국민경제 전체로 볼 때에는 결코 저축으로 볼 수는 없습니다.

따라서 정부는 개인이 그러한 것을 하지 못하도록 선도할 필요가 있으며 국민의 각오가 또한 필요한 것이라 봅니다. 그런 의미에서 국민은 물론 특히 정부, 지도층 인사 등은 청교도정신을 발휘할 필요가 있습니다.

결론적으로 말하면 소비패턴의 개선을 위해서는 균형성장론적 접근이 절대로 필요하다고 할 수 있겠습니다. 경제성장론과 불균형성장론이 있는데 불균형성장론은 특정 부문에다 중점적으로 투자하면 이 중점적 투자가 이 부문의 성장을 가져와서 관련된 타 부문에 영향을 미침으로써 타 부문도 성장하게 되므로, 우선 특정 부문을 중점적으로 성장시켜야 한다는 것을 내용으로 하는 것과 달리 균형성장론은 모든 부문을 동시에 일제히 성장시켜야 한다는 것을 내용으로 합니다. 그런데 소비패턴의 개선을 위해서는 모든 국민이 일제히 노력해야 하기 때문에 균형성장론적인 접근이 절실하지 않은가 봅니다.

새해부터는 모든 국민이 반성하고 소비패턴의 개선에 앞장서야 할 것입니다. 이제 시간이 다 된 것 같습니다. 여러 가지 좋은 말씀 많이 해주셨습니다. 감사합니다.

《비지니스》(1972. 2)

서평

《발전과 환경위기》[*]
: 환경문제는 바로 국가 경쟁력 문제

최근 전 세계적으로 환경문제에 대한 관심이 높아지고 있다. 1972년 스톡홀름회의가 열린 이후 1992년 리우환경회의에 이르기까지 국제적 수준에서뿐만 아니라, 각국의 민간 및 정부 차원에서도 환경문제를 해결하고 환경위기를 극복하려는 노력들이 전개되어 왔다. 그런데 환경문제는, 각국의 경제적·정치적 이익이 첨예하게 대립되고 있는 현실을 감안할 때 기업이나 국가의 경쟁력 문제와도 직결되어 있는 문제라 할 수 있다.

환경문제를 다루는 연구는 그 분야에 따라 각양각색이다. 또 환경문제를 바라보는 시각이나 그것이 발생한 원인 및 해결방식 또한 매우 다양하다. 이 책은 특히 경제발전과 환경의 관계를 집중적으로 다루고 있다. 또 환경문제에 관한 기존의 이론이나 현실의 환경문제를 설명하기보다는, 기존 이론의 한계를 지적하면서 환경문제를 바라보는 시각을 새롭게 제시하고 있다.

---

* 원서는 Michael Redcliff, *Development and Environmental Crisis*, 1984, Methuen이고, 김현수, 이상헌, 장윤희가 번역을 맡은 역서가 한울에서 출간(1993)되었다.

저자는 '발전이 현저하게 환경을 위협하는데도 우리에게는 그 도전에 맞설 수 있는 도덕적 혹은 지적 수단이 없다. 과연 우리에게 그런 수단을 가질 능력이 있는가'라는 문제의식에서 출발한다. 이러한 문제의식으로부터 서사는 우선 기존 이론들이 간과하고 있는 문제가 무엇인가를 지적한다. 먼저 환경문제는 사회제도와 경제관계에 뿌리를 둔 구조적인 문제임에도 불구하고 기존 이론들은 이것을 서로 별개의 것으로 취급하여 왔다는 것이다. 그리고 환경위기가 국제적인 정치·경제관계의 틀 속에서만 해결될 수 있다는 점에서 정치적인 문제임에도 불구하고, 환경문제는 탈정치화되어 왔다는 것이다.

경제발전과 환경(환경보전)의 관계에 관한 신고전파 경제학적 접근, 맑스주의적 접근, 환경주의적 접근 등은 모두 이러한 한계를 갖고 있다. 신고전파 경제학적 접근은 기본적으로 시장메커니즘에 의존하고 기술을 개발함으로써 환경문제가 해결될 수 있다는 낙관론에 치우친 나머지 현재 저개발국의 경제발전과 환경파괴의 문제에 관한 올바른 해답을 내리지 못하고 있다. 맑스주의적 접근에서는 환경문제가 중요한 문제로 취급되지도 않았으며, 맑스주의 이론들 자체가 환경문제를 내포하기에는 난점이 있다. 한편 환경주의적 접근은 환경을 중시하고 있기는 하지만 환경문제를 구조적인 문제로 인식하고 있지 않으며, 또 일관된 정치적 관점을 결여하고 있다는 한계를 갖고 있다.

저자는 이렇게 기존 이론을 비판하면서 특히 저개발국의 빈곤과 자원고갈문제, 그리고 기술변화가 환경에 미치는 영향과 그것이 국민들의 삶에 미치는 효과에 대해 집중적으로 분석하고 있다. 그리하여 저자는 현재까지 경제발전이라는 구실로 환경을 파괴한 것은 선진국의 경제발전 논리에 의존한 결과이며, 따라서 저개발국이 경제발전과 환경(환경보전)이라는 두 개의 과제를 동시에 실현할 수 있는 길은 지속

가능한 자원 이용에 관심을 집중하고 이제까지 자원파괴적으로 작용하여 온 시장메커니즘을 신봉하거나 적용하기보다는 새로운 메커니즘을 찾아 그것을 통해 인간의 필요를 충족시키는 것이라고 주장한다.

이 책은 위 세 가지 접근의 한계를 지적하면서, 특히 맑스주의적 접근과 환경주의적 접근의 새로운 결합을 시도하고 있다는 점에서 일단 이론적으로 의의가 있다. 또 기존의 서구 경험과 이해에 기초한 발전 전략을 부정하고 저개발국의 입장에서 환경과 발전 문제를 바라보고 있다는 점에서도 의의가 있다. 저자는 저개발국의 발전이 선진국이 지배하는 국제경제체제 속에서 이루어지는 한 저개발국의 환경은 파괴될 수밖에 없다고 보고, 저개발국이 경제발전과 함께 환경을 보존하기 위해서는 전 세계적 규모에서 작용하고 있는 구조적 장애(저자는 멕시코 농업의 경우를 예로 들면서 미국에 지나치게 의존하는 상태에서 벗어나야 한다고 주장한다)를 극복해야 한다고 강조하고 있다.

이러한 의의를 갖고 있음에도, 이 책은 저개발국의 환경문제의 원인에 관한 설명에 치중한 나머지 그 뚜렷한 해결책을 제시하지 못하고 있다는 점, 농업발전과 환경문제를 주요 테마로 설정한 결과 현재 더 심각한 환경파괴의 주범이라 할 수 있는 공업에 대한 분석을 결여하고 있다는 점, 오래 전에 쓰였기 때문에 급변하는 각국 또는 전 세계적 수준에서의 환경문제와 그 대응에 관한 논의를 결여하고 있다는 점(이 점은 옮긴이들이 책 뒷부분에 최신의 논문들을 수록했기 때문에 상당히 완화되었다고 할 수 있지만) 등의 약점을 갖고 있다.

그동안 한국의 경제발전 과정은 환경보존적이라기보다는 환경파괴적이었다. 그 결과 이제 국민들의 삶의 조건이 악화되고 있고 기업의 비용 부담도 증대되고 있다. 따라서 이제까지 경제발전이라는 구실로 도외시되었던 환경문제에 새로운 관심과 노력을 기울여야 한다. 경제

발전과 환경보전은 결코 상충관계(trade-off)에 있는 것이 아니다. 게다가 환경을 무시한 경제발전을 어렵게 만드는 그린라운드(Green Round) 등의 움직임이 현재 니티나고 있지 않다.

《현대경영》(1994. 9)

서평

《환경경제혁명》[*]
: 기업의 환경운동은 경쟁력 강화에도 유리

최근 들어 우리 사회에도 환경보호에 대한 관심이 부쩍 늘고 있다. 과거 경제성장에 주력하여 공기 오염, 수자원 오염, 산림 파괴 등에 대해 등한시했지만 이제 '삶의 질'을 높이자는 주장이 곳곳에서 제기되고 있으며, 사회운동으로까지 발전해가고 있다. 그런데 여기서 우리는 한 가지 문제를 제기할 수 있다. '과연 환경보호는 경제성장과 배치되는 것일까?' 다시 말하여 '환경을 지키려고 하면 그 반대급부로 경제성장을 희생해야만 하는 것일까?' 하는 의문이다.

소개하려는 이 책은 '경제성장과 환경의 관계'를 다루고 있다. 이 책은 과거 환경보호론자들이 주장했던 '자연환경 그 자체의 보호'라는 시각에 반대하면서 신환경경제학을 주창하고 있다. 환경보호론자들의 주장은 극단적으로 환경보호를 위해서는 성장저하도 감수해야 한다는 것인데, 이러한 주장에 따를 경우 높은 실업, 경기침체, 기업의 환경비용증가 등의 문제를 발생시켜, 대부분의 경제주체들로부터 반발을 사

---

* 원저는 Michael Silverstein, *The Environmental Economic Revolution*, 1993, St. Martins Press이며, 이경주의 번역으로 한국경제신문사에서 출간(1994)했다.

게 되고, 결국 환경보호에 그리 큰 도움이 되지 못한다는 것이다. '신환경경제학'은 이러한 경제성장과 환경 간의 관계를 대결구도로 파악하는 사고로부터 탈피할 것을 요청하면서, 환경에 건전한 행위가 경제에도 건전한 행위가 된다는 것을 강조하고 있나. 심화되는 경생 속에서 자원을 효율적으로 사용하는 기업이 그리고 소비자의 녹색제품 선호로의 소비구조 변화에 부응하여 제품과 사용원자재를 환경보호에 기여하게끔 하는 기업이 경쟁에서 비교우위를 갖는다는 것이다. 결국 '신환경경제학'은 환경보호와 경제성장을 함께 달성해 가는 것을 목표로 하고 있는 것이다.

이 책이 가지는 강점은 이 같은 새로운 시각의 제시와 함께 그 논리를 많은 사례로써 뒷받침하고 있다는 점이다. 저자는 미국을 대상으로 하면서 녹색사업 등 신종사업이 급속히 성장하고 있을 뿐 아니라 기초 화학공업, 광업 및 금속공업, 목재 및 제지공업, 식품공업 등 많은 산업에서도 우량기업들이 생산물의 제조 및 유통방법, 포장 및 판매방법에서의 변화를 통해 수익을 증대시켜 가고 있다는 것, 그리고 국가마다 산업발전단계, 문화적 환경 등의 차이에 따라 그 양상은 다르겠지만 결국 공해생산경제에서 환경중시경제로 이행하는 경로를 밟을 것은 분명하다고 보고 있다.

저자는 이러한 변화를 '산업혁명 2단계'라고 일컬을 만큼 커다란 변화라고 여기고 있다. 환경을 소수민족 고용, 탁아시설 설치 등과 같이 모든 일의 전제조건으로 보고 있는 것이다. 따라서 환경이냐 경제냐 하는 식으로 선택을 하는 것은 부적절하다는 것이다.

'환경을 고려하는 것이 경제적으로도 유리하다'라는 이 책의 관점은 한국의 현실에서도 매우 커다란 시사를 주고 있다. 한국의 경우 환경은 기업들에게 부담을 주는 것으로만 여겨지고 있으며, 기업들이 생산

과정에서 인체에 결정적으로 피해를 입히는 폐수, 매연을 배출해도 그 기업의 제품에 대해 불매운동조차 변변하게 일어나지 않고 있는 상황이다.

그리하여 기업은 사적비용보다 사회적비용을 더욱 크게 하는 외부비경제를 통하여 그 부담을 사회에 전가하는 방식으로 고성장을 누려왔다. 더욱이 환경정책 역시 성장정책의 하위에 자리해 있었다. 물론 최근 일부 기업에서 '녹색제품'을 강조하면서 적극적으로 홍보활동에 나서고 있는 변화를 보이고 있지만, '과연 사용되는 원자재를 효율적으로 사용하고 있는가?', '원자재의 선택, 생산과정 등에서 공해유발요인이 없지 않는가?'라는 질문에 대해서 그 답은 긍정적이지 못하다.

특히 국제적으로 활발히 논의되고 있는 '그린라운드' 역시 한국경제를 압박해 올 것은 거의 확실하다. 무역을 성장의 견인차로 활용하여 온 우리의 입장에서 이러한 국제경제환경의 변화는 한국경제의 성장에 미치는 영향 또한 클 것이라고 예상된다.

그러나 기업들은 이에 대비하여 '규제를 어떻게 벗어날 수 있을까'라는 수동적 태도로 일관하고 있는 것이 아닌가 하는 느낌이 든다. 기업들이 환경보호에 힘쓰는 것이 경쟁력 제고를 위해서도 바람직하다는 적극적 사고로 전환해야 할 것이며, 구체적으로는 제품 사이클의 초기부터 환경을 고려하는 방향으로 전 생산과정을 바꾸는 것이 절실하다 하겠다. 이는 비용 면에서 사후에 발생하는 환경문제를 해결하는 것보다 유리할 뿐 아니라 환경 중시의 방향으로 변화하는 해외시장에서 경쟁력을 높이는 데도 유리하기 때문이다.

그러나 이러한 시사점에도 불구하고 이 책은 소비자의 녹색제품 요구를 지나치게 강조하는 문제가 있다. 실제로 소비자들은 소비과정에서 제품과 포장 등이 공해를 유발시키는가의 여부는 판단할 수 있지

만, 그 사용원재료 및 생산과정에서도 그러한지를 판단하기가 어렵다. 따라서 기업들로 하여금 생산, 판매의 전 과정에서 환경을 고려하는 것이 경쟁력 제고에 유리하다고 판단하게 하려면, 기업의 구체적인 생산활동을 감시하고, 이를 소비자들에게 알려주는 사회적인 여건이 조성되어야 할 것이다. 결국 환경보호를 위한 시민운동의 성장이 기업을 환경보호에 나서도록 강제한다는 것은 더 강조할 나위가 없다.

《현대경영》(1995. 6.)

학현 변형윤 약력

1927년 1월 6일 황해도 황주읍 예동리에서 출생

학 력
경기중(5년제) 졸업(1944). 서울상대 졸업(1951). 경제학 박사(서울대, 1968).

현 직
서울대 명예교수(1992~). 대한민국 학술원 회원(1993~). 서울사회경제연구소 이사장(1993~). 한국경제발전학회 이사장(2007~).

전 직
서울상대 강사·교수(1955~75); 학장(1970~75).
경제개발5개년계획 평가교수(1966~80).
UN 경제개발연수원 강사(1968).
서울대 사회과학대학 교수(1975~80, 1984~92); 해직(1980), 복직(1984).
서울대 교수협의회장(1980, 1987~89).
한국계량경제학회장(1986). 한국경제학회장(1989).
경제정의실천시민연합 공동대표(1989). 한겨레신문사 이사(1991). 포항공대 이사(1996 ~2005). 한겨레통일문화재단 이사장(1996). 서울시정개발연구원 이사장(1996). 통일부 통일고문(1998). 한국외대 이사장(1998~2001). 제2건국위 대표공동위원장·고문(1998~ 2003). 상지대 이사장(2004~07).

상 훈
다산경제학상(1985), 서울특별시 문화상(2001), 국민훈장 무궁화장(2000).

주요 저서
《경제수학》(1957), 《통계학》(1958), 《한국경제론》(편저, 1977), 《한국경제의 진단과 반성》(1980), 《반주류의 경제학》(편역, 1981), 《분배의 경제학》(1983), 《현대경제학연구》(1985), 《한국경제연구》(1986), 《경제를 되새기며》(2000).